Anforderungsbereich III (Reflexion und Problemlösung)

Er umfasst den selbstständigen und kritischen Umgang mit neuen und umfassenden Sachverhalten – Ziele sind eigenständige Wertungen, Deutungen und Begründungen.

beurteilen urteilen	Hypothesen oder Behauptungen im Zusammenhang → *prüfen* und eine Aussage über deren Richtigkeit, Angemessenheit usw. machen, wobei die Kriterien selber gefunden werden müssen
bewerten Stellung nehmen	wie → *beurteilen*, aber zusätzlich mit Offenlegen und → *Begründen* eigener Wertmaßstäbe, die Pluralität einschließen und zu einem Werturteil führen, das auf den Wertvorstellungen unserer freiheitlich-demokratischen Grundordnung basiert
entwickeln	Analyseergebnisse und eigenes Fachwissen heranziehen, um zu einer eigenen Deutung zu gelangen
sich auseinandersetzen diskutieren	zu einer historischen Problemstellung oder These eine Argumentation → *entwickeln*, die zu einer → *begründeten* Bewertung (→ *bewerten*) führt
prüfen überprüfen	Aussagen (Hypothesen, Behauptungen, Urteile) auf ihre Angemessenheit hin → *untersuchen*
vergleichen	auf der Grundlage von Kriterien historische Sachverhalte problembezogen → *gegenüberstellen*, um Gemeinsamkeiten, Unterschiede, Ähnlichkeiten, Abweichungen oder Gegensätze zu → *beurteilen*

Übergeordnete „Operatoren", die Leistungen in allen drei Anforderungsbereichen verlangen

interpretieren	Sinnzusammenhänge aus Materialien erschließen und eine → *begründete* Stellungnahme abgeben, die auf einer Analyse (→ *analysieren*), Erläuterung (→ *erläutern*) und Bewertung (→ *bewerten*) beruht
erörtern	eine These oder Problemstellung durch eine Kette von Für-und-Wider- bzw. Sowohl-als-auch-Argumenten auf ihren Wert und ihre Stichhaltigkeit hin abwägend → *prüfen* und auf dieser Grundlage eine eigene Stellungnahme dazu → *entwickeln*; die Erörterung einer historischen Darstellung setzt deren Analyse (→ *analysieren*) voraus
darstellen	historische Entwicklungszusammenhänge und Zustände mithilfe von Quellenkenntnissen und Deutungen → *beschreiben*, → *erklären* und *beurteilen*

Zusammengestellt nach www.kmk.org/doc/beschl/196-13_EPA-Geschichte-Endversion-formatiert.pdf und Renate El Darwich/Hans-Jürgen Pandel, Wer, was, wo, warum? Oder nenne, beschreibe, zähle, begründe. Arbeitsfragen für die Quellenerschließung, in: Geschichte lernen H. 46 (1995), S. 33-37

BUCHNERS KOLLEG 12 GESCHICHTE

Ausgabe Sachsen

**Herausgegeben von
Maximilian Lanzinner**

C.C.Buchner

Buchners Kolleg Geschichte 12
Ausgabe Sachsen

Unterrichtswerk für die gymnasiale Oberstufe

Herausgegeben von
Maximilian Lanzinner

Bearbeitet von
Dieter Brückner, Peter Brügel, Bernhard Brunner, Ralph Erbar, Harald Focke, Christoph Hamann, Silke Klewin, Maximilian Lanzinner, Lorenz Maier, Thomas Ott, Andreas Rose, Markus Sanke und Jürgen Weber unter Mitarbeit der Verlagsredaktion

Dieser Titel ist auch als **digitale Ausgabe** erhältlich (**BN** 466901).

Zu diesem Lehrwerk ist **Lehrermaterial** auf CD-ROM erschienen (**BN** 4670).

1. Auflage, 2. Druck 2016
Alle Drucke dieser Auflage sind, weil untereinander unverändert, nebeneinander benutzbar.

Dieses Werk folgt der reformierten Rechtschreibung und Zeichensetzung. Ausnahmen bilden Texte, bei denen künstlerische, philologische oder lizenzrechtliche Gründe einer Änderung entgegenstehen.

© 2013 C.C.Buchners Verlag, Bamberg
Das Werk und seine Teile sind urheberrechtlich geschützt. Jede Nutzung in anderen als den gesetzlich zugelassenen Fällen bedarf der vorherigen schriftlichen Einwilligung des Verlages. Dies gilt insbesondere für Vervielfältigungen, Übersetzungen und Mikroverfilmungen. Hinweis zu § 52 a UrhG: Weder das Werk noch seine Teile dürfen ohne eine solche Einwilligung eingescannt und in ein Netzwerk eingestellt werden. Dies gilt auch für Intranets von Schulen und sonstigen Bildungseinrichtungen.

Lektorat: Doreen Eschinger
Assistenz: Kerstin Schulbert

Einband: ARTBOX Grafik und Satz GmbH, Bremen
(unter Verwendung folgender Abbildungen: Amerikanisch-sowjetische Konfrontation am Checkpoint Charlie in Berlin, Foto vom Oktober 1961 / Blick auf das zerstörte Dresden, Foto von Walter Hahn von 1945)
Herstellung: ARTBOX Grafik und Satz GmbH, Bremen
Druck- und Bindearbeiten: creo Druck und Medienservice GmbH, Bamberg

www.ccbuchner.de

ISBN 978-3-7661-**4669**-4

Mit Buchners Kolleg Geschichte lernen und arbeiten

Buchners Kolleg Geschichte ist **Lern- und Arbeitsbuch** zugleich. Es enthält einerseits Material für den Unterricht und ist andererseits für die selbstständige Wiederholung des Unterrichtsstoffs und für eine systematische Vorbereitung auf das Abitur geeignet.

Die **Einführungsseiten** leiten in Text und Bild in die zwei Großkapitel ein.

Orientierungsdoppelseiten stehen am Beginn der sieben Themenkapitel. Die Chronologie stellt zentrale Daten mit prägnanten Erläuterungen zusammen. Der problemorientierte Überblickstext skizziert die Stoffauswahl und vermittelt die Relevanz des Themas. Durch übergreifende Arbeitsaufträge werden Anregungen für die Wiederholung und Vertiefung des Stoffes gegeben.

Jedes Kapitel ist geteilt in einen **Darstellungs- und Materialienteil**. Die Darstellung ist in überschaubare Einheiten gegliedert und vermittelt ein Verständnis für die historischen Zusammenhänge und Strukturen. Die Materialien decken alle wichtigen Quellengattungen ab. Sie veranschaulichen und vertiefen einzelne Aspekte, stellen kontroverse Sichtweisen dar und thematisieren weiterführende Fragen. Darstellungen und Materialien sind durch Verweise miteinander vernetzt.

Die **Methodenkompetenz** wird auf zwei Ebenen gefördert:
- Arbeitsaufträge zu den Materialien trainieren den sicheren Umgang mit Methoden.
- Thematisch integrierte Methoden-Bausteine führen auf optisch hervorgehobenen Sonderseiten zentrale historische Arbeitstechniken für die eigenständige Erarbeitung und Wiederholung an einem konkreten Beispiel vor.

Thematisch eingeordnet lenken die Seiten „**Geschichte regional**" den Blick auf das Geschehen in Sachsen und beleuchten Entwicklungen im gesellschaftlichen, politischen und wirtschaftlichen Bereich.

Auf unserer Homepage (*www.ccbuchner.de*) bieten wir Filmausschnitte zu Ereignissen, die in diesem Buch behandelt werden („**Geschichte in Clips**"). Geben Sie dazu in das Suchfeld unserer Internetseite den im Buch genannten Code ein.

Auf den **Zusammenfassungs- und Vertiefungsseiten** der Rubrik **Perspektive Abitur** finden Sie zum Abschluss jedes Großkapitels themen- und fächerübergreifende Arbeitsaufträge, mit denen sich die erworbenen Kompetenzen überprüfen lassen. Literatur- und Internettipps regen zu eigenständigen Recherchen an und unterstützen bei der Prüfungsvorbereitung.

Abschließend werden unter der Rubrik **Klausurtraining** Hinweise für das systematische Vorgehen bei der Bearbeitung einer Klausur gegeben. Am Beispiel einer Übungsaufgabe mit Lösungsvorschlägen kann das erworbene Wissen angewendet und überprüft werden.

Inhalt

Demokratie und Diktatur in der zweiten Hälfte des 20. Jahrhunderts

■ Besatzungszeit und deutsche Teilung
Einführung 9
Zwischen Zusammenbruch und Neubeginn 10
Die doppelte Staatsgründung 24

■ Die Bundesrepublik Deutschland: politische und wirtschaftliche Entwicklung 1949-1989
Einführung 37
Aufschwung, Protest und Reform: die 1950er- und 60er-Jahre 38
Methoden-Baustein: Karikaturen interpretieren 59
Die Entwicklung in den 1970er- und 80er-Jahren 62

■ Die Deutsche Demokratische Republik 1949-1989: Staat und Wirtschaft
Einführung 73
Auf- und Ausbau des neuen Systems 74
Geschichte regional: Terror gegen Regimegegner – das „Stasi-Gefängnis" Bautzen II ... 86
Stabilisierung und Niedergang der DDR 96
Methoden-Baustein: Schlüsselbilder interpretieren 113

■ Von der friedlichen Revolution zur Wiedervereinigung
Einführung 117
Das Ende der SED-Herrschaft 118
Die deutsche Einheit 124
Methoden-Baustein: Zeitzeugen befragen 133
Perspektive Abitur: Zusammenfassen und vertiefen 136
Perspektive Abitur: Weiterlesen und recherchieren 137

Die Suche nach dauerhaft friedlichem Zusammenleben im 20. Jahrhundert

■ Die Weltkriege: Ursachen und Auswirkungen
Einführung 141
Vorgeschichte und Ausbruch des Ersten Weltkrieges 142
Kriegsverlauf – Kriegsalltag – Kriegsende 150
Methoden-Baustein: Mit Karten arbeiten 161
Die Entfesselung des Zweiten Weltkrieges 164
Kriegsverlauf – Kriegsalltag – Kriegsende 173
Geschichte regional: Luftangriffe auf Dresden – Ereignis und Erinnerung 182

Wiederherstellung von Frieden durch Verträge

Einführung 189
Der Versailler Vertrag: Beendigung des Ersten Weltkrieges 190
Die Konferenz von Potsdam: Beendigung des Zweiten Weltkrieges 196
Der Zwei-plus-Vier-Vertrag: Beendigung der deutschen Teilung 203
Methoden-Baustein: Einen Essay verfassen 209

Konflikt und Konfliktlösung im 20. Jahrhundert

Einführung 213
Der Ost-West-Konflikt seit dem Zweiten Weltkrieg 214
Krisen und Konflikte im Zeichen des Kalten Krieges 221
Methoden-Baustein: Politische Reden interpretieren 231
Das Ende der Bipolarität 234
Der Weg zur europäischen Integration 238
Von der Wirtschaftsgemeinschaft zum Markt ohne Grenzen 244
Weltmacht Europa? Erweiterung und gegenwärtige Herausforderungen
der Europäischen Union 248
Kollektive Sicherheitssysteme: die Vereinten Nationen 261
Perspektive Abitur: Zusammenfassen und vertiefen 268
Perspektive Abitur: Weiterlesen und recherchieren 269

Wahlpflichtthemen

- **Der Erste Weltkrieg im europäischen Gedächtnis** (Wahlpflicht 2) 270
- **Mythen der Nationen: Arminius – „Gründungsvater" der Deutschen?**
  (Wahlpflicht 5) 280

Perspektive Abitur: Klausurtraining 288
Perspektive Abitur: Übungsaufgabe mit Lösungsvorschlägen 289

Anhang

Weitere Methoden
Personenregister
Sachregister
Bildnachweis

Methoden wissenschaftlichen Arbeitens

Geschichte In Clips:
Auf unserer Hompage (www.ccbuchner.de) befinden sich Filmausschnitte zu Ereignissen, die in diesem Buch behandelt werden. Geben Sie dazu in das Suchfeld unserer Internetseite den im Buch genannten Clip-Code ein.

Die deutsche Geschichte nach 1945 war länger als vier Jahrzehnte die Geschichte einer geteilten Nation. Mit der bedingungslosen Kapitulation des nationalsozialistischen Deutschland gegenüber den alliierten Siegermächten endete am 8. Mai 1945 in Europa der Zweite Weltkrieg – die größte, von Deutschen verschuldete Katastrophe des 20. Jahrhunderts. Die überlebenden Opfer des NS-Regimes wussten, dass sie ihre Rettung allein der totalen Niederlage Deutschlands verdankten. Den vielen Regimetreuen und Mitläufern stand hingegen eine ungewisse Zukunft bevor. Die Siegermächte waren sich uneins, was mit dem besetzten Land geschehen sollte, setzten aber alles daran, dass von den Deutschen keine Gefahr mehr für den Weltfrieden ausgehen konnte.

Die Solidarität der Siegermächte zerbrach schon bald nach 1945 im Ost-West-Konflikt, der sich zuspitzte und in einen Kalten Krieg mündete. Eine der Folgen war die staatliche Spaltung Deutschlands. Weder die Sowjetunion noch die Westmächte waren aus machtpolitischen Gründen bereit, auf ihren Teil Deutschlands zu verzichten. Jahrzehnte der Konfrontation und Abgrenzung bestimmten die Existenz der beiden 1949 gegründeten deutschen Teilstaaten. In beiden Fällen wurden aus den besiegten Deutschen Verbündete der ehemaligen Besatzungsmächte.

So entwickelten sich zwei deutsche Staaten, die gegensätzlicher kaum sein konnten. Die DDR im Osten Deutschlands mit ihren etwa 17 Millionen Einwohnern war eine importierte kommunistische Diktatur im Machtbereich der Sowjetunion, die ihre fehlende Legitimität bei den Bürgern durch Mauer, Geheimdienst und das Herrschaftsmonopol einer Partei (SED) ersetzen musste. Die Bundesrepublik Deutschland im Westen, Heimat von rund 60 Millionen Einwohnern, war zunächst nur als Provisorium ins Leben gerufen worden, entwickelte sich gleichwohl dank der Führung und Hilfe der westlichen Demokratien zu einem demokratischen und wirtschaftlich prosperierenden Rechtsstaat. Erst infolge des vor allem wirtschaftlich begründeten Zusammenbruchs der kommunistischen Staaten in Europa konnten die Ostdeutschen die Diktatur der SED beseitigen und sich als freie Bürger für eine Wiedervereinigung Deutschlands entscheiden. Sie wurde am 3. Oktober 1990 durch den Beitritt zur Bundesrepublik vollzogen.

Demokratie und Diktatur in der zweiten Hälfte des 20. Jahrhunderts

Besatzungszeit und deutsche Teilung

◄ **Die Alliierten in Berlin.**
Foto vom Juni 1945.

Kriegsende und Besatzungszeit

- **Juli/Aug. 1945** — Potsdamer Konferenz der alliierten Siegermächte über Deutschland.
- **1945–1948** — Rund 14 Millionen Deutsche werden aus den ehemaligen Ostgebieten des Deutschen Reichs sowie aus Ost- und Südosteuropa vertrieben.
- **1945/46** — Die Alliierten bilden in ihren Besatzungszonen Länder und setzen Regierungen ein.
- Im Nürnberger Prozess werden die Hauptkriegsverbrecher verurteilt. Bis 1949 finden zwölf Nachfolgeprozesse statt.
- **1945–1948** — Entnazifizierung durch die Alliierten in den Besatzungszonen.
- **1945–1952** — Bodenreform und radikale Enteignungen im sowjetisch besetzten Teil Deutschlands.

Beginn des Wiederaufbaus

- **1946/47** — In den Ländern der Westzonen finden freie Wahlen statt.
- **21./22.4.1946** — KPD und SPD in der Sowjetischen Besatzungszone schließen sich zur SED zusammen.
- **1947** — Gründung der Bizone aus US-amerikanischer und britischer Besatzungszone. 1948 schließt sich die französisch besetzte Zone an (Trizone).
- **Juni 1947** — Im Frankfurter Wirtschaftsrat tagen Vertreter der Länder der Westzonen: das erste deutsche Parlament nach dem Zweiten Weltkrieg.
- **20. 6. 1948** — Währungsreform und Einführung der D-Mark in den Westzonen.

Der Weg in die Teilung

- **1948/49** — Berlin-Blockade. Die Stadt wird geteilt und erhält getrennte Verwaltungen.
- Die Länder der Westzonen beraten über einen Bundesstaat. Der Parlamentarische Rat in Bonn beschließt ein gemeinsames Grundgesetz, dem die Länderparlamente zustimmen.
- **1948–1952** — US-amerikanische Aufbauhilfe (Marshall-Plan) für die westeuropäischen Länder.
- **23. 5. 1949** — Mit der Unterzeichnung des Grundgesetzes wird die Bundesrepublik Deutschland gegründet.
- **1949** — Am 14. August finden erste Wahlen zum Deutschen Bundestag statt. Konrad Adenauer (CDU) wird zum Bundeskanzler der Bundesrepublik Deutschland gewählt.
- Der Deutsche Volksrat in der SBZ erklärt sich zur „Provisorischen Volkskammer" und gründet mit der Annahme einer Verfassung am 7. Oktober die DDR.

Der Weg in die deutsche Teilung Auf ihrer Konferenz in Potsdam im Sommer 1945 erzielten die alliierten Siegermächte nur Formelkompromisse darüber, wie das besetzte Deutschland wiederaufgebaut und demokratisiert werden sollte. Sie behielten ihre Hoheit über Deutschland als Ganzes, einen Friedensvertrag gab es vorerst nicht.
Die vier Mächte USA, UdSSR, Großbritannien und Frankreich teilten Deutschland in Besatzungszonen auf. Die Ostgebiete des Deutschen Reichs kamen unter sowjetische bzw. polnische Verwaltung. Aus diesen Gebieten sowie aus dem übrigen Ost- und Südosteuropa wurden insgesamt etwa 14 Millionen Deutsche vertrieben.
Bei einer katastrophalen Versorgungslage mussten die Alliierten in ihrer jeweiligen Besatzungszone das öffentliche Leben regeln, für die Deutschen ebenso wie für viele heimatlose NS-Opfer aus anderen Ländern (Displaced Persons).
Noch lebende hochrangige Vertreter des NS-Regimes wurden 1945-1946 in Nürnberg vor ein internationales Gericht gestellt. Die deutsche Bevölkerung sollte entnazifiziert und umerzogen werden. Die Westalliierten gaben diese Aufgabe in die Hände von Deutschen. In der Sowjetischen Besatzungszone (SBZ) wurden ganze Gruppen der Gesellschaft pauschal zu NS-Verbrechern erklärt und abgeurteilt. Es fand eine radikale Bodenreform zur Enteignung der landwirtschaftlichen Güter statt.
Im Westen entstanden frei gewählte Landesregierungen, wirtschaftliche Hilfe gewährte seit 1948 der Marshall-Plan. Im selben Jahr entstand die Trizone als Zusammenschluss der westdeutschen Länder. Eine Währungsreform sollte die Wirtschaft in Gang bringen. Die Fachleute in Westdeutschland setzten auf das Konzept einer Sozialen Marktwirtschaft.
In der östlichen Besatzungszone schlossen sich Kommunisten und Sozialdemokraten auf Druck Moskaus 1946 zur „Sozialistischen Einheitspartei Deutschlands" (SED) zusammen, die alle wichtigen Posten besetzte. Die radikale Enteignung und Verstaatlichung der Agrar- und Industriebetriebe diente der Errichtung einer sozialistischen Planwirtschaft.
Die USA und Großbritannien, seit 1948 auch Frankreich, drängten darauf, dass die Länder ihrer Zonen einen Bundesstaat bildeten. Die deutschen Politiker zögerten, da sie eine Teilung der Nation befürchteten. Unter der Bedingung, ein „Provisorium" (Übergangslösung) zu schaffen, wurde ein Grundgesetz erarbeitet, das die Länder der Westzonen zu einem Bund vereinte. Durch die Annahme des Grundgesetzes entstand die Bundesrepublik Deutschland, gegründet am 23. Mai 1949.
Die Sowjetunion reagierte auf die Entstehung des westdeutschen „Separatstaates", wie sie ihn nannte, mit Wahlen zu einem Deutschen Volkskongress. Dieser gründete einen Deutschen Volksrat, in dem die SED dominierte. Auf Weisung Moskaus erklärte sich der Volksrat zur „Provisorischen Volkskammer" und verabschiedete am 7. Oktober 1949 die Verfassung der Deutschen Demokratischen Republik. Vier Jahre nach Kriegsende standen sich zwei getrennte deutsche Staaten gegenüber.

▶ *Wie sah der politische und gesellschaftliche Neubeginn in Deutschland nach 1945 aus und welche Brüche und Kontinuitäten zur nationalsozialistischen Vergangenheit lassen sich erkennen?*
▶ *Welche Grundsätze kennzeichneten die Besatzungspolitik der Alliierten im Nachkriegsdeutschland?*
▶ *Wo lagen die Ursachen für die Teilung Deutschlands und welche Spielräume hatten die politisch Handelnden?*

Zwischen Zusammenbruch und Neubeginn

▶ **Das „Bornerianum" der Universität Leipzig am Kriegsende.**
Foto von 1945.
Mehrere Gebäude der Universität waren bei einem Luftangriff am 4. Dezember 1943 schwer getroffen worden. Die Gebäude an der Universitätsstraße und der Grimmaischen Straße einschließlich des Bornerianums wurden vollständig zerstört, Augusteum, Albertinum und Johanneum wurden schwer beschädigt.

Harry S. Truman (1884–1972): Als Vizepräsident wurde er nach dem Tod von Franklin D. Roosevelt im April 1945 US-Präsident. Seine Amtszeit dauerte bis 1953.

Winston Churchill (1874–1965): britischer Journalist, Offizier und Politiker; 1940–1945 und 1951–1955 Premierminister, 1940–1955 Führer der Konservativen. 1953 erhielt er den Nobelpreis für Literatur.

Josef Stalin (eigentlich J. W. Dschugaschwili, 1878–1953): seit 1927 sowjetischer Diktator, erhob den Führungsanspruch der Sowjetunion im sozialistischen Lager, verfolgte Gegner mit brutalen Mitteln

Kriegsende Das Deutsche Reich war im Mai 1945 vollkommen zusammengebrochen. Mit der bedingungslosen Kapitulation der Wehrmacht gab die Reichsleitung alle Regierungsgewalt in die Hände der Sieger. Die USA, Großbritannien und die Sowjetunion (im Juli 1945 wurde auch Frankreich in den Kreis der alliierten Siegermächte aufgenommen) trugen nun die Verantwortung für Deutschland. Es gab vorerst keinen Friedensvertrag mit Deutschland, sondern lediglich Abkommen der Siegermächte über die Regelung des öffentlichen Lebens.

Die Potsdamer Konferenz Die politischen, territorialen und ökonomischen Probleme, die der Zweite Weltkrieg in Europa hinterlassen hatte, sollten auf einer Konferenz gelöst werden, zu der sich die „Großen Drei", **Harry S. Truman**, **Winston Churchill** (der nach seiner Wahlniederlage am 28. Juli von *Clement R. Attlee* abgelöst wurde) und **Josef Stalin**, mit ihren Beraterstäben vom 17. Juli bis zum 2. August 1945 im Schloss Cecilienhof bei Potsdam einfanden.* Frankreich wurde an den Verhandlungen nicht beteiligt und fühlte sich deshalb an die Ergebnisse der Konferenz nicht gebunden.

Über die politischen Grundsätze der zukünftigen Behandlung Deutschlands bestand zwischen den Alliierten seit der Konferenz von Jalta (Februar 1945)** äußerliche Einigkeit. Allerdings verbanden die Westmächte und die Sowjetunion mit den gefundenen „Formelkompromissen" unterschiedliche Inhalte. Neben der Frage der polnischen Westgrenze stritt man im Verlauf der Konferenz am heftigsten über die Reparationen, die Deutschland leisten sollte. Schließlich kam man überein, dass jede Besatzungsmacht ihre Reparationsansprüche im Wesentlichen aus ihrer eigenen Zone befriedigen sollte. Damit war das Land in vier Reparationsgebiete geteilt, obwohl man sich in der Abschlusserklärung darauf geeinigt hatte, Deutschland während der Besat-

---

* Zur Potsdamer Konferenz und zum „Potsdamer Abkommen" vgl. auch das Kapitel „Wiederherstellung von Frieden durch Verträge", S. 188 ff., hier vor allem S. 196 ff.
** Siehe S. 177 und S. 196.

zungszeit als eine „wirtschaftliche Einheit" zu behandeln. In der polnischen Grenzfrage akzeptierten beide Westmächte die Oder-Neiße-Linie „bis zur endgültigen Festlegung" durch einen Friedensvertrag. Polen musste nun Gebiete im Osten an die Sowjetunion abtreten und erhielt im Westen Gebiete des ehemaligen Deutschen Reiches (Westverschiebung). Ein Zusatzprotokoll hielt auch die „Umsiedlung" der deutschen Bevölkerung aus allen sowjetisch und polnisch besetzten Gebieten sowie aus Ungarn und der Tschechoslowakei fest.

Oder-Neiße-Linie: von den Alliierten verfügte Grenzlinie zwischen Polen und Deutschland entlang der Flüsse Oder und Neiße westlich von Stettin bis Görlitz; seit 1990 endgültige Staatsgrenze zwischen Deutschland und Polen

Der Zusammenbruch als „Stunde Null"?
Der Zusammenbruch des staatlichen und gesellschaftlichen Lebens in Deutschland bei Kriegsende war zugleich auch die Stunde der Befreiung von einem menschenverachtenden Regime.

Befreit waren die Opfer der NS-Verfolgung, zumal die Überlebenden der Konzentrations- und Vernichtungslager. Insgesamt 750 000 Menschen konnten gerettet werden. Das Ende der Kriegshandlungen, des Nazi-Terrors und der Propaganda ließ Millionen von Deutschen aufatmen, doch standen viele vor dem Nichts, und der tägliche Kampf ums Überleben ging weiter. Erleichterung und Bedrückung, Apathie und ein Hochgefühl der Freiheit vermischten sich zu einer verschwommenen Stimmungslage, die häufig mit dem Begriff der „Stunde Null" umschrieben worden ist. Der Begriff enthält sowohl die Vorstellung vom totalen Zusammenbruch als auch die Hoffnung auf einen radikalen Neubeginn. Er darf aber nicht darüber hinwegtäuschen, dass auch nach 1945 viele politische und gesellschaftliche Kontinuitäten wirksam blieben.

Zahllose Familien waren zerrissen, Frauen suchten ihre Männer, Eltern ihre Kinder, Ausgebombte ein Dach über dem Kopf, Flüchtlinge und Vertriebene eine neue Heimat. Jeder zweite Deutsche war damals auf Wanderschaft. Hinzu kamen etwa neun bis zehn Millionen ausländische Kriegsgefangene und Zwangsarbeiter (Displaced Persons, „DP's"), von denen die meisten schnell in ihre Heimat zurückkehren wollten. Auf der anderen Seite befanden sich etwa elf Millionen deutsche Soldaten in alliierter Gefangenschaft. Die Westmächte entließen die meisten von ihnen bald nach Kriegsende, die letzten von ihnen 1948. Von den drei Millionen Gefangenen in sowjetischer Hand mussten die meisten jahrelang Schwerstarbeit unter harten äußeren Bedingungen leisten. Über eine Million verloren ihr Leben. Erst 1955 sagte die Regierung in Moskau die Entlassung der letzten Gefangenen aus den Straflagern zu.

▲ Deutsche Soldaten nach der Kapitulation auf dem Weg in die sowjetische Kriegsgefangenschaft.
Foto aus Berlin, Mai 1945.

Zerstörte Infrastruktur
Weite Teile Europas lagen in Trümmern. Not und Hunger gehörten zum Alltag der Überlebenden. Deutschland schien im Mai 1945 ein in Auflösung befindliches Land zu sein. Viele Städte waren nahezu entvölkert, weil die Menschen versucht hatten, sich durch die Flucht aufs Land vor den Luftangriffen zu schützen. So hausten in dem schwer getroffenen Köln bei Kriegsende von ursprünglich 770 000 Einwohnern noch ganze 40 000 in den Trümmern. Mehr als drei Viertel der Wohnungen waren vernichtet (▶ M1). In den Städten fehlte es für Millionen Menschen an Gas, Wasser, Strom. Post und Telefonverkehr waren zusammengebrochen.

▶ **Kriegszerstörungen in den deutschen Städten.**
Nach: Adolf Birke, Nation ohne Haus. Deutschland 1945-1961, Berlin 1994, S. 24

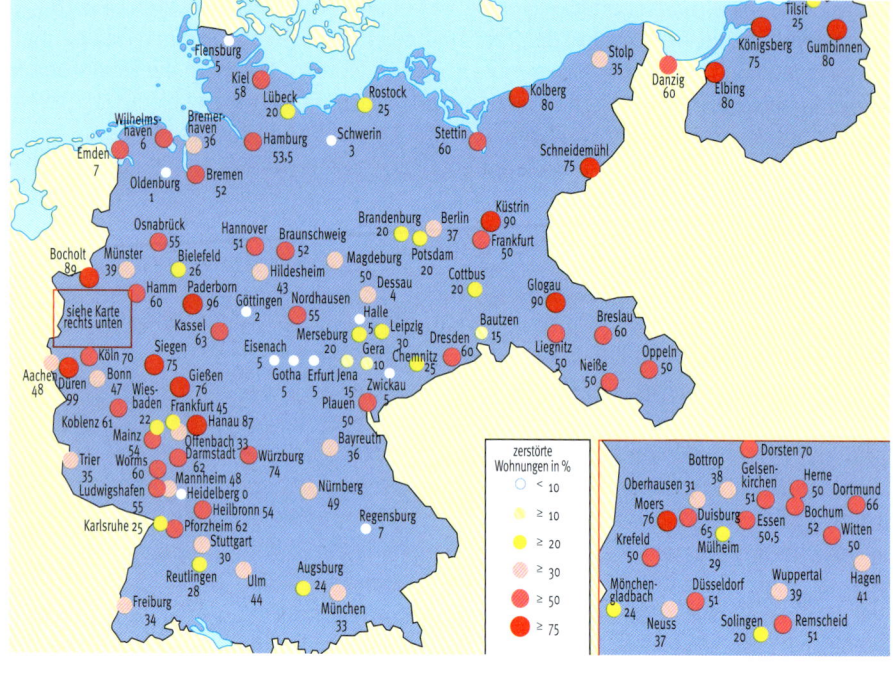

▲ **„CARE-Pakete" aus dem Ausland.**
Ausstellungsstücke aus dem Haus der Geschichte in Bonn.

CARE: Abkürzung für *Cooperative for American Remittances to Europe* (später *to Everywhere*); in den USA gegründete Organisation für Hilfssendungen nach Europa und später auch weltweit

Die Wohnungsnot der Obdachlosen wurde noch durch die Millionen von Flüchtlingen und Vertriebenen aus dem Osten verschärft, die nach einer Behausung suchten, aber auch durch die Besatzungstruppen, die Häuser und Wohnungen für ihren Bedarf beschlagnahmten. Ein Zimmer diente häufig als Wohnraum für ganze Familien. Keller, Dachböden, Viehställe, stillgelegte Fabriken, primitive Baracken wurden zu Notunterkünften umgestaltet, in denen die Menschen auf engstem Raum und unter elenden Bedingungen leben mussten.

Schlimm war die Verkehrssituation: Ganze 650 Kilometer des Schienennetzes waren noch intakt, die meisten Lokomotiven und Waggons unbrauchbar geworden. Straßen, Schienen und Flüsse mussten erst wieder passierbar gemacht werden. Die industrielle Kapazität war hingegen nur zu einem Fünftel zerstört, was annähernd dem Stand von 1936 entsprach.

Hunger und Not Ein katastrophales Bild bot in den ersten Nachkriegsjahren die völlig unzureichende Versorgung der Bevölkerung in den Städten. War der durchschnittliche Kalorienverbrauch einer Person kurz vor Kriegsende bereits von 3000 auf gut 2000 Kalorien abgesunken, so halbierte er sich bis Mitte 1946 noch einmal. Für einen „Normalverbraucher" hieß dies beispielsweise, dass er täglich mit zwei Scheiben Brot, etwas Margarine, einem Löffel Milchsuppe und zwei Kartoffeln auskommen musste. Aber die Menschen litten nicht nur an Hunger, es fehlte auch an Brennstoffen, Kleidung und Hausrat. Krankheiten wie Typhus, Diphtherie und Keuchhusten grassierten. Ein Teil der produzierten Waren kam auch deshalb bei den Verbrauchern nicht an, weil sie als Tauschgegenstände auf dem florierenden *Schwarzmarkt* benötigt wurden.

Ohne die Einfuhr von Nahrungsmitteln und Kohle durch die Besatzungsmächte wäre die Situation noch schlimmer ausgefallen. Die Militärregierungen veranstalteten „Schulspeisungen" für Kinder und Jugendliche zwischen sechs und 18 Jahren. Karitative Organisationen, vor allem in Amerika, schickten Lebensmittel („CARE"-Pakete) nach

West-Berlin und Westdeutschland, um die schlimmste Not zu mildern. Amerikanische und kanadische Bürger finanzierten für Westdeutschland bis 1963 insgesamt etwa 9,5 Millionen Pakete in einem Gesamtwert von umgerechnet 177 Millionen Euro.

Flucht und gewaltsame Vertreibung Zu den einschneidendsten Folgen des Zweiten Weltkrieges wurde für etwa 20 Millionen Menschen in Europa der Verlust ihrer Heimat. Er traf Polen, Tschechen, Slowaken, Ukrainer, Weißrussen, Litauer, Ungarn und Deutsche. Rund 14 Millionen Deutsche aus Ostpreußen, Pommern, Brandenburg und Schlesien sowie den deutschen Siedlungsgebieten in Ost- und Südosteuropa mussten ihre Heimatorte verlassen. Nach Schätzungen kamen dabei etwa 2,5 Millionen Menschen ums Leben.

Anfang 1945 flohen mehr als sechs Millionen Menschen aus den deutschen Ostgebieten vor der anrückenden Roten Armee. Die Zivilbevölkerung war Misshandlungen, Vergewaltigungen, Plünderungen und Verschleppungen ausgesetzt. Im Juni 1945 begann die brutalste Phase der gezielten Vertreibung von rund 300 000 Deutschen östlich von Oder und Neiße. Aus der Tschechoslowakei wurden gleichzeitig etwa 800 000 meist ältere Menschen, Frauen und Kinder vertrieben. Was Deutsche zuvor an ihren Nachbarn in Osteuropa verübt hatten – Unterdrückung, Verfolgung und Vertreibung –, schlug nun mit aller Grausamkeit auf sie zurück.

Obwohl auf der Potsdamer Konferenz eine „Ausweisung Deutscher aus Polen, der Tschechoslowakei und Ungarn" in „ordnungsgemäßer und humaner Weise" beschlossen worden war, blieb der Rachegedanke zunächst das vorherrschende Motiv für die Vertreibung, die erst nach 1947 in eine „geordnete Umsiedlung" überging (▶ M2).

Die Vertriebenen und Flüchtlinge konnten meist nur wenig Besitz retten. Für die sowjetische, britische und amerikanische Besatzungszone (die französische Besatzungsmacht weigerte sich bis 1948, Flüchtlinge aufzunehmen) bedeutete dieser Zustrom eine Verschärfung der ohnehin schon katastrophalen Versorgungs- und Wohnsituation. Zur materiellen Not kam hinzu, dass die Einheimischen die Flüchtlinge selten mit offenen Armen empfingen, mussten sie doch selbst Wohnraum abgeben und das Wenige, was sie zum Essen hatten, teilen.

▲ Flüchtlinge schleppen sich bei Kriegsende über die Elbbrücke bei Tangermünde.
Foto vom 1. Mai 1945. Ganze Trecks verließen den Osten Deutschlands, um der Verfolgung zu entkommen. Hunderttausende kamen auf der Flucht ums Leben.

Integration der Vertriebenen Bis 1950 wurden knapp acht Millionen Vertriebene in Westdeutschland und 4,4 Millionen auf dem Gebiet der späteren DDR aufgenommen. Besonders schwierig war die Wohnungs- und Beschäftigungssituation: Millionen mussten über Jahre in Lagern leben, 3,4 Millionen Vertriebene im Westen Deutschlands bis 1963 noch einmal ihren Wohnsitz wechseln. Von den Vertriebenen, die zunächst in die Sowjetische Besatzungszone (SBZ) bzw. DDR gelangt waren, flüchteten mindestens 2,7 Millionen erneut und verließen das Land. Von den zehn Prozent Arbeitslosen, die es 1950 in Westdeutschland gab, war jeder Dritte ein Vertriebener.

Die 1949 gegründete Bundesrepublik legte mit Gesetzen unter dem Schlagwort „*Lastenausgleich*" (Lastenausgleichsgesetz 1952, Bundesvertriebenengesetz 1953)* die

---
* Siehe S. 43.

Basis dafür, dass sich die Heimatvertriebenen bereitwillig in die westdeutsche Gesellschaft integrierten. Der Staat garantierte Hilfen, entweder als individuelle Entschädigung oder als Beihilfen zum Aufbau einer neuen Existenz. Die enorme Verbesserung der Beschäftigungssituation – 1960 war nahezu Vollbeschäftigung erreicht – war der entscheidende Grund für die gelungene Integration. Ihrerseits trugen die Vertriebenen zum wirtschaftlichen Aufstieg der Bundesrepublik bei.

In der DDR bekamen etwa 350 000 Vertriebene, offiziell „Umsiedler" genannt, im Zuge der Bodenreform* Land zugewiesen. Vergleichbare Entschädigungen wie in der Bundesrepublik gab es in der DDR nicht. Erst nach der Wiedervereinigung 1990 erhielt rund eine Million ehemaliger Vertriebener in den neuen Bundesländern eine einmalige Zuwendung von umgerechnet je 2 050 Euro (Vertriebenenzuwendungsgesetz von 1994).

Deutschland wird in Besatzungszonen geteilt

Schon auf der Konferenz von Jalta im Februar 1945 hatten die Vereinigten Staaten, die Sowjetunion und Großbritannien vereinbart, Deutschland zum Zwecke der Besatzung in drei Zonen zu teilen. Im Juli 1945 erhielt dann auch Frankreich aus den von Briten und Amerikanern besetzten Gebieten eine eigene Besatzungszone zugewiesen. Die vier Zonen waren nur als rein militärische Abgrenzungen gedacht, denn nach wie vor sollte Deutschland von den Siegermächten gemeinsam verwaltet werden.

In Berlin wurde der *Alliierte Kontrollrat* eingerichtet, ein Gremium der vier Militärgouverneure, das die Regierung für ganz Deutschland übernahm. Gemeinsam sollten die alliierten Befehlshaber die Besatzungsziele festlegen und dann in jeweils eigener Verantwortung in den Besatzungszonen umsetzen. Da im Kontrollrat jedoch das Einstimmigkeitsprinzip galt, führten Meinungsverschiedenheiten zwischen den Siegermächten bald zu seiner Handlungsunfähigkeit. Nach dem 20. März 1948 trat der Kontrollrat nicht wieder zusammen.

Politische Konzepte der Besatzungsmächte

Pragmatisch, von den Gegebenheiten vor Ort geleitet, waren die alliierten Besatzungstruppen zunächst bemüht, die Verwaltung ihrer Gebiete in Gang zu bringen, damit die lebensnotwendigen Einrichtungen funktionieren konnten. Sie setzten Bürgermeister, Landräte und andere Verwaltungsfachleute ein, die unter der strengen Kontrolle der Besatzungsoffiziere tätig werden durften. Wie man jedoch mit den Deutschen in Zukunft verfahren sollte, blieb zwischen den Siegermächten strittig.

1. Die amerikanische Deutschlandpolitik hielt bis 1946 an einer primär moralisch begründeten Politik der Bestrafung und Umerziehung (*Re-Education*) der Deutschen fest. Es gab aber in Washington bereits damals einflussreiche Kräfte, die zur Sicherung Westeuropas gegenüber der Sowjetunion den Zusammenschluss und den raschen Wiederaufbau der westlichen Besatzungszonen forderten.
2. Großbritannien war aus dem Krieg militärisch als Sieger, wirtschaftlich jedoch nahezu ruiniert hervorgegangen. Das Land war tief verschuldet, 1945/46 hungerte die Londoner Bevölkerung fast ebenso wie die Menschen im zerstörten Berlin. Die Briten wollten die deutsche Volkswirtschaft rasch wieder in Gang setzen, um sie von eigenen Hilfslieferungen unabhängig zu machen. Wie die USA setzten sie auf eine politische Stabilisierung Westdeutschlands gegen die Ausweitung des Kommunismus.

---

* Siehe S. 26.

▲ Die Besatzungszonen und die 1946/47 gebildeten Länder.

3. Frankreich war zunächst an einem politisch und ökonomisch zerstückelten Deutschland interessiert. Eine deutsche Bedrohung sollte dauerhaft verhindert werden. Entsprechend blockierte die französische Regierung bis 1947/48 alle Versuche der Briten und Amerikaner, gemeinsam die wirtschaftliche und politische Krise in Deutschland zu steuern, und schottete die eigene Besatzungszone von den übrigen ab.

4. Die sowjetische Regierung unter Stalin behielt sich die Einflussnahme auf ganz Deutschland vor, weil sie dringend Reparationslieferungen für das eigene Land benötigte. In der Sowjetischen Besatzungszone (SBZ) sollten grundlegende Strukturreformen stattfinden und ein kommunistisches Herrschafts- und Gesellschaftssystem mit Vorbildcharakter für Gesamtdeutschland errichtet werden.

Der Nürnberger Prozess ▄ Die Alliierten hatten sich nicht zuletzt auf die Verfolgung und Verurteilung der deutschen Kriegsverbrecher geeinigt. Am 20. November 1945 eröffnete der Internationale Militärgerichtshof, zusammengesetzt aus Vertretern der Siegermächte, das Strafverfahren gegen die noch lebenden inhaftierten Vertreter der NS-Führung. Als Ort des Verfahrens wählte man Nürnberg, die Stadt der NS-Reichsparteitage. Angeklagt waren insgesamt 22 Einzelpersonen, ferner die Organisationen NSDAP, Gestapo und SD, SS, SA, die Reichsregierung und das Oberkommando der Wehrmacht. Die vier Anklagepunkte lauteten:
1. *Verschwörung gegen den Frieden* (Vorbereitung eines Angriffskrieges),
2. *Verbrechen gegen den Frieden* (Führen eines Angriffskrieges),
3. *Kriegsverbrechen* (Verstoß gegen die Haager Landkriegsordnung von 1907 durch Tötung und Misshandlung von Kriegsgefangenen, Hinrichtung von Geiseln, Misshandlung der Zivilbevölkerung, Verschleppung zur Zwangsarbeit),
4. *Verbrechen gegen die Menschlichkeit* (Völkermord).

▲ **Am 20. November 1945 begann vor dem Internationalen Militärgerichtshof in Nürnberg der Prozess gegen die Hauptkriegsverbrecher.**
Foto von November 1945.
Hinter der Absperrung sitzen in der ersten Reihe (von links): Hermann Göring (Reichsminister für Luftfahrt), Rudolf Heß (stellvertretender Parteiführer der NSDAP bis 1941), Joachim von Ribbentrop (Reichsminister des Auswärtigen), Wilhelm Keitel (Chef des Oberkommandos der Wehrmacht), Ernst Kaltenbrunner (ab 1943 Chef des Reichssicherheitshauptamtes), Alfred Rosenberg (ab 1941 Reichsminister für die besetzten Gebiete), Hans Frank (Generalgouverneur von Polen), Wilhelm Frick (1933 - 1943 Reichsinnenminister, ab 1943 Reichsprotektor in Böhmen und Mähren), Walter Funk (ab 1938 Reichswirtschaftsminister), Julius Streicher (1924 - 1940 Gauleiter der NSDAP in Franken, Herausgeber des „Stürmer") und Hjalmar Schacht (1935 - 1937 Reichswirtschaftsminister).

Nach einjähriger Verhandlung wurden zwölf Angeklagte zum Tode verurteilt, sieben erhielten lange Haftstrafen, drei wurden freigesprochen. Von den angeklagten Organisationen wurden die NSDAP, die SS, die Gestapo und der SD zu verbrecherischen Organisationen erklärt; die Strafverfolgung ihrer Mitglieder wurde jedoch von einer nachweislichen persönlichen Schuld abhängig gemacht.

Der Nürnberger Prozess war ein wichtiger Schritt zur Aufhellung der Geschichte des NS-Regimes. Ein nachträgliches Bemänteln und Beschönigen der nationalsozialistischen Verbrechen ist angesichts der Beweiskraft der vielen tausend Dokumente und Zeugenaussagen seitdem unmöglich. Dass der Einzelne für seine Taten haftet und sich nicht hinter seinem Amt oder seiner Funktion verstecken kann, ist eines der wichtigsten Ergebnisse dieses Prozesses. Allerdings diente der Nürnberger Prozess auch vielen Deutschen als Entlastung: Während die noch lebenden, vormals führenden Kräfte des NS-Regimes vor Gericht standen, glaubte sich die Bevölkerung von der Frage einer Mitverantwortung entbunden (▶ M3).

Nachfolgeprozesse In allen vier Besatzungszonen fanden zwischen 1945 und 1949 zahlreiche weitere Prozesse gegen mutmaßliche NS-Täter statt. Von besonderer Bedeutung waren die zwölf großen Verfahren vor amerikanischen Militärgerichten in Nürnberg gegen SS-Ärzte, Juristen, Leiter von Einsatzgruppen der Sicherheitspolizei, Industrielle, hohe Offiziere der Wehrmacht, SS-Führer, leitende Beamte des Auswärtigen

Amtes und KZ-Wächter. Insgesamt verurteilten die westlichen Besatzungsmächte 5 025 Angeklagte, 486 wurden hingerichtet.

Von westdeutschen Gerichten wurden von 1948 bis 1951 weitere 5 487 Personen wegen NS-Verbrechen verurteilt. Danach fanden nur noch wenige Prozesse gegen NS-Täter statt. Die systematische Erforschung und Verfolgung von NS-Gewaltverbrechen begann erst seit 1958 mit der Gründung der Zentralen Stelle der Landesjustizverwaltungen zur Aufklärung nationalsozialistischer Verbrechen in Ludwigsburg. Vorausgegangen war der sogenannte „Ulmer Einsatzgruppenprozess": In einem Gerichtsverfahren wurden dabei ein ehemaliger Polizist, der auf Wiedereinstellung geklagt hatte, und von ihm benannte Zeugen des Massenmordes an Juden während der NS-Zeit überführt und verurteilt. Eine breite Öffentlichkeit nahm Anteil an Großverfahren wie dem ersten Auschwitz-Prozess in Frankfurt am Main (1963-1965) und dem Majdanek-Prozess* in Düsseldorf (1975-1981). Erst diese Prozesse machten den Deutschen das ganze Ausmaß des Holocaust deutlich.

In einem der letzten großen NS-Prozesse wurde 1992 in Stuttgart der ehemalige SS-Lagerkommandant von Przemysl in Polen, *Josef Schwammberger*, zu lebenslanger Haft verurteilt. Noch im April 2001 verurteilte das Landgericht Ravensburg einen ehemaligen SS-Offizier wegen der Ermordung von Zwangsarbeitern im Frühjahr 1945 zu zwölf Jahren Freiheitsstrafe. Viele Täter konnten dagegen nie belangt werden.

Entnazifizierung Neben der Aburteilung der Kriegsverbrecher gehörte zum Entnazifizierungskonzept der Alliierten auch eine umfassende politische Säuberung im besetzten Deutschland. Anders als Briten und Franzosen betrieben die Amerikaner die Entnazifizierung mit großer Strenge und einem gewaltigen bürokratischen Aufwand. Von 18 000 Volksschullehrern in Bayern verloren 10 000 ihre Stellen. In Hessen wurde jeder zweite Beamte und jeder dritte Angestellte entlassen. Ausnahmen wurden jedoch immer gemacht, wenn es um Experten ging, die für den Wiederaufbau benötigt wurden. In allen drei Westzonen wurden mehr als 170 000 NS-Aktivisten in Internierungslager gebracht („automatischer Arrest"), die meisten von ihnen aber bald wieder entlassen – die letzten 1948.

Im März 1946 übergaben die Amerikaner die Entnazifizierung in deutsche Hände. Jeder Deutsche über 18 Jahren musste einen Fragebogen mit 131 Fragen über seine berufliche und politische Vergangenheit ausfüllen. *Spruchkammern* stuften in einem prozessähnlichen Verfahren die erfassten Personen in fünf Kategorien – Hauptschuldige, Belastete, Minderbelastete, Mitläufer und Entlastete – ein und verhängten die vorgesehenen Strafen.

Bei mehr als 13 Millionen Fragebögen in der US-Zone fielen 3,4 Millionen Personen unter die Entnazifizierung, zehn Prozent von ihnen wurden verurteilt, aber nur knapp ein Prozent tatsächlich bestraft. Es war die Zeit der „Persilscheine", die man sich wechselseitig ausstellte, aber auch der Denunziation und der Korruption. Viele empfanden es als ungerecht, dass die harmloseren Fälle zuerst und mit Strenge, die verantwortlichen Nazis aber erst später und dann oft milde behandelt wurden. Außerdem gelang es zahlreichen schwer belasteten NS-Tätern, durch Tarnung und geschickte Anpassung an die neuen Verhältnisse durch die Maschen der Justiz zu schlüpfen – eine Hypothek, die später noch schwer auf der jungen Bundesrepublik lasten sollte.**

---

* Majdanek: Vorort von Lublin (Polen), bei dem die Nationalsozialisten ein Vernichtungslager einrichteten. Es existierte von Herbst 1941 bis Juli 1944; etwa 200 000 Menschen kamen in Majdanek zu Tode.
** Siehe S. 47f.

Zentrale Stelle der Landesjustizverwaltungen zur Aufklärung nationalsozialistischer Verbrechen: Sie nahm ihre Arbeit am 1. Dezember 1958 auf und ermittelte systematisch zu nationalsozialistischen Verbrechen, die jenseits der alten Reichsgrenzen an Zivilisten und in den KZ begangen wurden, da die bundesdeutschen Staatsanwaltschaften und Gerichte für in deren Bezirk begangene Straftaten oder dort lebende Täter zuständig waren. Ab 1964 wurde ihre Zuständigkeit auf das Bundesgebiet erweitert. Schon 1959 leitete die „Zentrale Stelle" den Staatsanwaltschaften 400 Vorermittlungen, teilweise mit hunderten Beschuldigten, zu. Ihr erster Leiter, Erwin Schüle, trat 1966 wegen falscher Angaben zu seiner NSDAP-Mitgliedschaft und wegen des Vorwurfs der Beteiligung an Kriegsverbrechen in der Sowjetunion zurück.

„Persilschein": im Volksmund Bestätigung, wonach jemand Gegner oder zumindest nicht Sympathisant des Nationalsozialismus war

Neugründung von politischen Parteien in den Westzonen

Die Demokratisierung setzte Parteien voraus, deren Zulassung im „Potsdamer Abkommen" vorgesehen war. Im August/September 1945 lizenzierten die Vereinigten Staaten und Großbritannien die bislang illegal tätigen Gruppierungen – darunter das „Büro Dr. Schumacher" in Hannover – als Zentralstelle der wiederbelebten „Sozialdemokratischen Partei Deutschlands" (SPD) und die in Köln von verschiedenen Politikern des ehemaligen Zentrums und christlichen Gewerkschaften gegründete „Christlich-Demokratische Union" (CDU).

Die CDU war das parteipolitische Novum der Nachkriegszeit. Die Überwindung der konfessionellen Spaltung zwischen evangelischen und katholischen Wählern sowie die Einbeziehung konservativ-bürgerlicher Schichten und der christlichen Gewerkschaften sollten mit dem Begriff „Union" zum Ausdruck gebracht werden. Kennzeichnend für die Gründungsphase der CDU ist ihr antikapitalistischer Akzent, die Forderung nach Vergesellschaftung bestimmter Grundstoffindustrien sowie nach Mitbestimmung der Arbeitnehmer (Ahlener Programm von 1947). Vorsitzender der CDU in der britischen Zone wurde im März 1946 Konrad Adenauer. 1950 schlossen sich die CDU-Verbände unter seiner Führung zur Bundespartei zusammen. Die bayerische „Christlich-Soziale Union" (CSU) verweigerte sich 1946 dem bundesweiten Zusammenschluss der Union.

Die SPD knüpfte organisatorisch, programmatisch und personell an ihre Stellung in der Weimarer Republik an. In den weitgehend von Kurt Schumacher formulierten „Politischen Leitsätzen" wurde die sofortige Sozialisierung der Bodenschätze und der Grundstoffindustrien gefordert. Zu ihren Zielen gehörten die Mitbestimmung der Arbeitnehmer und eine volkswirtschaftliche Gesamtplanung für die vergesellschafteten Betriebe. Bereits Ende 1947 brachte es die Partei wieder auf 875 000 Mitglieder.

Die liberalen Parteien betonten stärker als die anderen das Recht auf Privateigentum und die Bedeutung der freien Initiative für die Wirtschaft. Ende 1948 schlossen sich konservativ-liberale und liberaldemokratische Politiker zur „Freien Demokratischen Partei" (FDP) zusammen. Theodor Heuss wurde ihr erster Vorsitzender.

Auch die „Kommunistische Partei Deutschlands" (KPD) wurde in den Westzonen wieder zugelassen, wo sie jedoch ohne größere Wahlerfolge blieb.

Konrad Adenauer (1876-1967): 1917-1933 Oberbürgermeister von Köln, 1948 Vorsitzender des Parlamentarischen Rates, 1950-1966 Mitbegründer und Bundesvorsitzender der CDU, 1949-1963 Bundeskanzler, 1951-1955 zugleich Bundesaußenminister

Kurt Schumacher (1895-1952): 1946-1952 erster Vorsitzender der SPD nach dem Zweiten Weltkrieg

Theodor Heuss (1884-1963): 1945-1946 Kultusminister von Württemberg-Baden, 1949-1959 erster Präsident der Bundesrepublik Deutschland

Lucius D. Clay (1897-1978): amerikanischer General; 1947-1949 Militärgouverneur der US-Besatzungszone in Deutschland

Staatlicher und politischer Neuaufbau in den Westzonen

Schon Ende Mai 1945 setzten die Amerikaner in Bayern eine erste provisorische Regierung ein. Im Herbst 1945 wurden die Länder Bayern (ohne die Pfalz), Großhessen und Württemberg-Baden gegründet; Bremen folgte 1947 nach. Koalitionsregierungen aller wieder zugelassenen Parteien wurden unter Aufsicht der Militärregierung tätig.

Da die amerikanische Militärregierung ihre Zone möglichst rasch aufbauen wollte, veranlasste General Lucius D. Clay schon im Oktober 1945 in Stuttgart die Gründung eines Länderrates, eine Art ständiger Konferenz der Ministerpräsidenten der US-Zone, zur Bewältigung gemeinsamer Probleme.

Die Amerikaner ließen Anfang 1946 auch als Erste wieder demokratische Wahlen in Gemeinden und Kreisen zu. Im Sommer 1946 entwarfen Verfassunggebende Versammlungen die zukünftigen Länderverfassungen, die nach Genehmigung durch die Besatzungsmacht im November/Dezember 1946 durch Volksabstimmung in den drei Ländern der US-Zone in Kraft gesetzt wurden. Erstmals nach 13 Jahren wählten die Bürger in demokratischen Wahlen ihre Landtage, aus denen demokratisch legitimierte Regierungen hervorgingen (▶ M4). Die Besatzungsbehörden verlegten sich nunmehr auf die Kontrolle der deutschen Behörden.

In der britischen Zone zog sich der Prozess der Länderneugründung länger hin. Hier entstanden die Länder Nordrhein-Westfalen, Schleswig-Holstein (beide August 1946) und Niedersachsen (November 1946). Die ersten Landtagswahlen fanden hier 1947 statt.

In der französischen Zone zögerte die Besatzungsmacht den staatlichen Neuaufbau in den 1946 geschaffenen Ländern Rheinland-Pfalz, Württemberg-Hohenzollern und Süd-Baden noch bis Mitte 1947 hinaus, verhängte eine strenge Zensur in allen politisch-gesellschaftlichen Bereichen und untersagte zunächst den neu gegründeten Parteien, das Wort „deutsch" im Parteinamen zu verwenden. Das Saarland blieb vorerst unter französischer Verwaltung.

Reparationen und Wiederaufbau Nach zähen Verhandlungen einigten sich die vier Mächte Ende März 1946 im Alliierten Kontrollrat auf eine drastische Absenkung der gesamten industriellen Tätigkeit in Deutschland. Doch die Westmächte beließen es bei einem Abbau von 668 Werken bis zur endgültigen Einstellung der Demontagen im Jahr 1951. Dies bedeutete einen Kapazitätsverlust von nicht mehr als fünf Prozent gegenüber 1936.

Demgegenüber demontierten die Sowjets in ihrer Zone bis 1948 etwa 3 000 Betriebe, was einer Kapazitätsminderung von schätzungsweise 30 Prozent gegenüber 1936 entsprach. Alles in allem beliefen sich die Reparationsleistungen Ostdeutschlands an die Sowjetunion auf etwa 14 Milliarden Dollar. Das war deutlich mehr, als Stalin ursprünglich von ganz Deutschland gefordert hatte.

Die Sowjetunion weigerte sich bald, die in Potsdam vereinbarten Gegenleistungen aus ihrer Zone (vor allem Nahrungsmittel) für ihren Anteil an den in den Westzonen demontierten Industrieausrüstungen zu liefern. Im Mai 1946 stoppte deshalb General Clay die amerikanischen Reparationslieferungen in die UdSSR. Die Solidarität zwischen den ehemaligen Verbündeten war aufgekündigt.

Stattdessen wurden die Westzonen in das umfassende Wiederaufbauprogramm der US-Regierung für Europa (*Marshall-Plan*) einbezogen.* Insgesamt erhielt Westdeutschland ca. 1,4 Milliarden Dollar an Hilfen. Der wirtschaftliche Wiederaufbau wurde dadurch wesentlich verstärkt und beschleunigt. Außerdem war eine wichtige Vorentscheidung für die Einbindung dieses Teils von Deutschland in die westliche Gemeinschaft gefallen. Anders als nach dem Ersten Weltkrieg wurde der ehemalige Feind als künftiger Partner behandelt.

▲ Abtransport von Maschinen aus einem Flugmotorenwerk in die UdSSR.
Foto, um 1946.
Häufig wurden deutsche Arbeitskräfte gezwungen, ihre eigenen Betriebe zu demontieren. Fälle sind belegt, bei denen russische Offiziere ein Fußballstadion umstellen und das gerade laufende Spiel unterbrechen ließen, um Arbeiter zu requirieren. Ähnliches geschah auf Tanzveranstaltungen und in Gaststätten.

---

* Siehe S. 26 und S. 216.

▲ „Trümmerfrauen" bergen Ziegelsteine im Berliner Stadtbezirk Prenzlauer Berg.
Foto von 1945.

M1 Mythos „Trümmerfrau"

Die Historikerin Marita Krauss setzt sich mit der Bedeutung der Fotografien aus den ersten Nachkriegsjahren auseinander, die sogenannte „Trümmerfrauen" bei Aufräumarbeiten zeigen:

Die Bilder von Trümmerstädten, oft im Geiste ästhetisierender Ruinenromantik inszeniert, liefern ein großes Panorama des deutschen Leidens aufgrund des Bombenkriegs der Alliierten. [...] Solche Architekturfotos werden ergänzt durch
5 ikonografisch[1] reduzierte Bilder des Kriegsbeschädigten, des ankommenden Flüchtlingstransports, des Schlangestehens vor Lebensmittelgeschäften, paradierender Besatzer in Uniform, manchmal Hand in Hand mit einem deutschen „Fräulein". Auch diese Bilder erzählen von deutschem Leiden. Sie
10 sind die Gegenerzählung zu den Bildern aus den Konzentrationslagern, die das Schreckliche thematisieren, das die Deutschen anderen zufügten.
In diesem Spektrum nehmen die Bilder der Trümmerfrauen einen besonderen Platz ein. Sie sind Teil einer Hoffnungs-

[1] Ikonografie: Geschichte der Bilder; Bildikonen sind Bilder, die symbolisch für historische Ereignisse stehen und in das kollektive Gedächtnis einer Gesellschaft eingegangen sind, vgl. dazu auch den Methoden-Baustein auf S. 113 ff.

15 ikonografie. Die Fotos bilden keine düstere Trümmersituation ab, sie stehen vielmehr für den Neuanfang. [...] Zeitlich liegt der Schwerpunkt der Bilder im Sommer 1945 und 1946 und geografisch in Berlin. Dieser geografische Schwerpunkt ist kein Zufall: Trümmerfrauen im engeren Sinn gab es vor allem in Berlin: Hier mussten sich die Frauen ab dem 1.6.1945 beim
20 Arbeitsamt melden, sie wurden registriert und als „Hilfsarbeiterinnen im Baugewerbe" dienstverpflichtet. [...] Ein Grund für die Dienstverpflichtung von Frauen mag vor allem für die amerikanische Militärregierung darin gelegen haben, Frauen auf diesem Wege zu den Ernährern der Familien zu
25 machen: Dies sollte helfen, die weiter bestehenden autoritären Familienstrukturen umzugestalten.
In den meisten westdeutschen Städten wurde die Trümmerräumung jedoch von Anfang an anders organisiert: Sie lag in den Händen professioneller Baufirmen, die überwiegend
30 Männer beschäftigten. Gut belegt ist dies beispielsweise für München oder für Heilbronn. Wenn es Zwangsverpflichtungen gab, dann von ehemaligen NS-Parteigenossen und von deutschen oder ungarischen Kriegsgefangenen, die unter alliierter Aufsicht standen. [...] Es sollten, so die übereinstim-
35 mende Haltung der Stadtverwaltungen und der Militärregierungen, diejenigen den Schutt wegräumen, die für den Krieg verantwortlich waren. NS-belastete Frauen waren dabei mit zu erfassen, hätten sie doch auch, so eine Münchener Stadträtin, während der vergangenen Jahre Zeit gehabt, „herum-
40 zulaufen und Geld einzusammeln [...], sie müssen heute auch in der Lage sein, hier mitzuarbeiten". [...]
Warum, so ist zu fragen, war es wichtig, dass die Rolle der Frauen bei der Trümmerräumung so betont wurde? Warum verschwanden vor allem die räumenden Männer in der Iko-
45 nografie des Trümmerfotos? Diese Betonung scheint nicht primär zeitgenössisch zu sein: In München wurde jedenfalls in dem Aufbaubericht „Aus Trümmern wächst das neue Leben" von 1949 korrekt die Rolle der amerikanischen Besatzer, der deutschen und ungarischen Kriegsgefangenen, der NS-
50 Belasteten und dann auch der Baufirmen genannt. Keine Trümmerfrau weit und breit. Doch ein Blick in die Frauenzeitschriften dieser Jahre mit den sprechenden Namen „Der Regenbogen" und „Der Silberstreifen" zeigt: Viele Frauen sahen sich selbst in der Rolle, die ihnen dann nachträglich zugewie-
55 sen wurde. So heißt es in einer Leserzuschrift des Jahres 1946: „Wenn man der Frau auch jetzt die Schippe in die Hand drückt, weil es um den Aufbau von Heimat, Existenz und Familie geht, wird sie mitarbeiten in der Hoffnung, dass diese Prüfungszeit Befreiung von überholten Vorurteilen bringen
60 wird." (Der Regenbogen, 1946, H. 3) [...] Frauen, so suggerieren diese Texte, waren nicht an der „Verwahrlosung" während der NS-Zeit beteiligt, sie sind „anständig" und „gerecht" geblieben und bieten sich daher als Wegweiserinnen in die

▲ Auf dem Weg in eine neue Heimat.
Foto von 1945/46.

Nachkriegszeit an. Damit wird die aktive Rolle der Frauen während der NS-Zeit verleugnet, deren Dimensionen inzwischen immer deutlicher zutage treten. [...]
Ein Zweites kommt hinzu: Als die neue Frauenbewegung der 1970er-Jahre auf die Suche nach den Frauen in der Geschichte ging, war es nahe liegend, den eigenen Müttern ein Denkmal zu setzen. In den Blick kamen damit die „starken Frauen" der Nachkriegszeit, die in einer vaterlosen Gesellschaft die Kinder alleine großzogen, für Essen und das alltägliche Überleben sorgten. Da diese Alltagsarbeit, tatsächlich das millionenfache Schicksal der Nachkriegsfrauen, nicht spektakulär genug schien, trat die „Trümmerfrau" im engeren Sinne in den Mittelpunkt, die mit schwerer Arbeit den Karren aus dem Dreck zog und „wie ein Mann" anpackte. Es ist daher nicht verwunderlich, dass manche Trümmerfrauen-Bilder eigentlich „Trümmerspechte" zeigen, also Frauen, die Holz für den heimischen Ofen aus den Ruinen holen.

Marita Krauss, Trümmerfrauen. Visuelles Konstrukt und Realität, in: Gerhard Paul (Hrsg.), Das Jahrhundert der Bilder, Bd. I: 1900 bis 1949, Göttingen 2009, S. 740 f. und 743 f.

1. Arbeiten Sie heraus, warum gerade Fotografien von „Trümmerfrauen" in das kollektive Gedächtnis der Deutschen eingingen.
2. Stellen Sie dar, welche historischen Tatsachen über die Betonung der Aufbauarbeit der „Trümmerfrauen" in Vergessenheit gerieten.

M2 Vertreibung als Ausdruck der Rache

Aus Anlass des Besuches des deutschen Bundespräsidenten Richard von Weizsäcker in Prag hält der tschechoslowakische Staatspräsident Václav Havel am 15. März 1990 eine Ansprache, in der er auch auf die Vertreibung der Deutschen aus seinem Land eingeht. Erstmals bekennt sich ein führender Politiker der Tschechoslowakei zu der Verantwortung für das mit der Vertreibung begangene Unrecht:

Sechs Jahre nazistischen Wütens haben [...] ausgereicht, dass wir uns vom Bazillus des Bösen anstecken ließen, dass wir uns gegenseitig während des Krieges und danach denunzierten, dass wir – in gerechter, aber auch übertriebener Empörung – uns das Prinzip der Kollektivschuld zu eigen machten. Anstatt ordentlich all die zu richten, die ihren Staat verraten haben, verjagten wir sie aus dem Land und belegten sie mit einer Strafe, die unsere Rechtsordnung nicht kannte. Das war keine Strafe, das war Rache. Darüber hinaus verjagten wir sie nicht auf Grundlage erwiesener individueller Schuld, sondern einfach als Angehörige einer bestimmten Nation.
Und so haben wir in der Annahme, der historischen Gerechtigkeit den Weg zu bahnen, vielen unschuldigen Menschen, hauptsächlich Frauen und Kindern, Leid angetan.
Und wie es in der Geschichte zu sein pflegt, wir haben nicht nur ihnen Leid angetan, sondern mehr noch uns selbst: Wir haben mit der Totalität so abgerechnet, dass wir ihren Keim in das eigene Handeln aufgenommen haben und so auch in

20 die eigene Seele, was uns kurz darauf grausam zurückgezahlt wurde in Form unserer Unfähigkeit, einer anderen und von anderswoher importierten Totalität entgegenzutreten. Ja noch mehr: Manche von uns haben ihr aktiv auf die Welt geholfen. [...]
25 Die Opfer, die eine Wiedergutmachung verlangt, werden also – unter anderem – auch der Preis für die Irrtümer und Sünden unserer Väter sein.
Wir können die Geschichte nicht umkehren, und so bleibt uns neben der freien Erforschung der Wahrheit nur das Eine:
30 Immer wieder freundschaftlich die zu begrüßen, die mit Frieden in der Seele hierher kommen, um sich vor den Gräbern ihrer Vorfahren zu verneigen oder anzusehen, was von den Dörfern übriggeblieben ist, in denen sie geboren wurden.

Presse- und Informationsamt der Bundesregierung (Hrsg.), Bulletin Nr. 36, 17. März 1990, S. 278

1. Benennen Sie den Unterschied zwischen Strafe und Rache.
2. Erläutern Sie die Argumentation, mit der Havel die Vertreibung der Deutschen ein Unrecht nennt.
3. Bewerten Sie die Schlussfolgerung, die Havel für das Verhältnis der Tschechen zu den Deutschen zieht.

◀ „Er hat's mir doch befohlen!"
Karikatur von 1946.
■ Interpretieren Sie die Aussagen der Karikatur.

M3 Über die Schuldfrage nach dem Zusammenbruch der Diktatur

In Leserbriefen nehmen Zeitgenossen zum Problem der „Entnazifizierung" Stellung. R. A. aus Erkrath-Unterbach schreibt:

Hören wir doch jeden Pg.[1] – er ist unschuldig. Noch sehe ich das Plakat, das wir in amerikanischer Gefangenschaft herausbrachten. Ein SA-Mann: Ich folgte meinem verführten Herzen, ich bin unschuldig. Ein SS-Mann: Ich folgte nur dem Führer, ich bin unschuldig. Ein Pg.: Ich war nur Mitglied der 5 Partei, ich bin unschuldig. Ein Wehrmachtsoffizier: Ich folgte nur den Befehlen meiner Vorgesetzten, ich bin unschuldig. Darunter, eine Frau mit einem Kind auf den Armen, auf Trümmern sitzend: „Sollen das die Schuldigen sein?" – Lassen wir endlich die verfluchte Weichheit. Schuldig sind alle, der 10 eine mehr, der andere weniger.

Folgendermaßen äußert sich Dr. W. B. aus Düsseldorf:

Jede Beurteilung nach einem Schema ist misslich. Das Milieu – nicht nur das allgemeine historische, sondern auch das persönliche und lokale Milieu – die Motive, die Nötigung zur Handlung spielen eine Rolle. [...] Die Frage nach der Gesin- 15 nung ist zunächst nicht eine Frage der Vergangenheit, sondern der Gegenwart. Es kommt darauf an, wie der ehemalige Pg. heute gesinnt ist und nicht, wie er früher gesinnt war. Der Pg. kann aber seine politische Ansicht – früher oder später – durchaus geändert haben, vielleicht gerade aufgrund der 20 Erfahrungen, die er als Parteigenosse mit der Partei gemacht hat. Es ist sogar denkbar, dass aus einem Saulus ein Paulus, aus einem großen Nazianhänger ein überzeugter Anhänger und Wegbereiter der Demokratie geworden ist. Entscheidend für die Beurteilung müsste deshalb an sich das Verhalten und 25 die politische Überzeugung des Pg. in der Jetztzeit sein. Dies einwandfrei festzustellen, würde allerdings eine recht schwierige und höchst individuelle Aufgabe sein, die eine genaue Kenntnis der Einzelpersönlichkeit und gute Menschenkenntnis voraussetzt (der äußere Schein kann trügen). 30 Für ein öffentlich-rechtliches Verfahren ist diese Methode wenig geeignet. Daher wird man andere, handgreiflichere Methoden hinzuzuziehen suchen. Und als solche bietet sich eben am einfachsten das Verhalten in der Vergangenheit, aus dem man mit einer gewissen Wahrscheinlichkeit auf Gesin- 35

[1] Pg.: im „Dritten Reich" übliche Abkürzung für „Parteigenosse"

nung und Verhalten in der Gegenwart und Zukunft schließen kann.

Erster Text: R. A. aus Erkrath-Unterbach, in: Freiheit vom 8. November 1946, zitiert nach: Pädagogisches Institut der Landeshauptstadt Düsseldorf (Hrsg.), Dokumentation zur Geschichte der Stadt Düsseldorf. Nach dem Zweiten Weltkrieg 1945-1949, Düsseldorf 1981, S. 221
Zweiter Text: Dr. W. B. aus Düsseldorf, in: Die Gegenwart, Nr. 9/10 vom 31. Mai 1947, S. 11, zitiert nach: Dokumentation zur Geschichte der Stadt Düsseldorf, a.a.O., S. 222

1. Arbeiten Sie die Argumente der Leserbriefschreiber heraus.
2. Gibt es Ihrer Meinung nach ein „Recht" auf politischen Irrtum unter den Bedingungen der Diktatur? Wo würden Sie die Grenzen ziehen?
3. Übertragen Sie die Argumente der beiden Briefschreiber auf die Debatte über die Aufarbeitung der DDR-Vergangenheit.

M4 Erste Landtagswahlen nach dem Krieg

In den Ländern der Westzonen treten 1946/47 die neu formierten Parteien zu Landtagswahlen an:

	Wahlbeteiligung in %	CDU/CSU Mandate	% d. gült. Stimmen	SPD Mandate	% d. gült. Stimmen	KPD Mandate	% d. gült. Stimmen	FDP Mandate	% d. gült. Stimmen	Sonstige Mandate	% d. gült. Stimmen
Baden 18.5.1947	67,8	34	55,9	13	22,4	4	14,3	9	7,4	–	–
Bayern 1.12.1946	75,7	104	52,3	54	28,6	–	6,1	9	5,6	13	7,4
Bremen 12.10.1947	67,8	24	22,0	46	41,7	10	8,8	17	19,4	3	13,6
Hamburg 13.10.1946	79,0	16	26,7	83	43,1	4	10,4	7	18,2	–	1,6
Hessen 1.12.1946	73,2	28	30,9	38	42,7	10	10,7	14	15,7	–	–
Niedersachsen 20.4.1947	65,1	30	19,9	65	43,4	8	5,6	13	8,8	33	22,3
Nordrhein-Westfalen 20.4.1947	67,3	92	37,5	64	32,0	28	14,0	12	5,9	20	10,6
Rheinland-Pfalz 18.5.1947	77,9	48	47,2	34	34,3	8	8,7	11	9,8	–	–
Saarland 5.10.1947	95,7	–	–	17	32,8	2	8,4	3	7,6	28	51,2
Schleswig-Holstein 20.4.1947	69,8	21	34,0	43	43,8	–	4,7	–	5,0	6	12,5
Württemberg-Baden 24.11.1946	71,7	39	38,4	32	31,9	10	10,2	19	19,5	–	–
Württ.-Hohenzollern 18.5.1947	66,4	32	54,2	12	20,8	5	7,3	11	17,7	–	–

Nach: Merith Niehuss und Ulrike Lindner (Hrsg.), Besatzungszeit, Bundesrepublik und DDR 1945-1969, Stuttgart 1998, S. 86f.

1. Vergleichen Sie die nach 1945 entstehende Parteienlandschaft mit der in der Weimarer Republik. Welche Kontinuitäten und Brüche lassen sich dabei feststellen? Was sind die Gründe dafür?
2. Erklären Sie, warum CDU/CSU und SPD in jedem Land die beiden stärksten Parteien sind.

Die doppelte Staatsgründung

Im Westen: die Bizone Seit 1946 warnte die britische Regierung nachdrücklich vor der „russischen Gefahr" und drängte auf die Schaffung eines separaten Westdeutschland. Nachdem auf der Pariser Außenministerkonferenz von April bis Juli 1946 die Sowjetunion alle amerikanischen Vorschläge blockiert hatte, schlug die US-Regierung im Alliierten Kontrollrat die sofortige Verschmelzung der eigenen mit einer oder mehreren Besatzungszonen vor. Die Sowjets und die Franzosen lehnten ab, die Briten stimmten einer Fusion zu. Die Rede von US-Außenminister *James F. Byrnes* am 6. September in Stuttgart wurde von den Zeitgenossen als die lang erwartete Wende in der amerikanischen Deutschlandpolitik verstanden (▶ M1).

Am 1. Januar 1947 trat das britisch-amerikanische Abkommen über die Bildung des Vereinigten Wirtschaftsgebietes (*Bizone*) in Kraft. Die weitere Entwicklung zeigte, dass mit der Gründung der Bizone, der sich 1948 auch die französische Besatzungszone anschloss, das Fundament für den späteren westdeutschen Staat gelegt worden war.

Der Frankfurter Wirtschaftsrat Die wichtigste Neuerung in der Zone war die Schaffung eines Wirtschaftsrates im Juni 1947, des ersten deutschen Parlaments nach dem Krieg, dessen Beschlüsse über ein Land hinausreichten. Die Abgeordneten des Wirtschaftsrates wurden von den Landtagen der acht Länder der Bizone gewählt. Im Exekutivrat (dem Vorläufer des späteren Bundesrates) saßen Vertreter der acht Länder, die zusammen mit dem Wirtschaftsrat die fünf Verwaltungsdirektoren ernannten und kontrollierten. Entscheidungen für das Vereinigte Wirtschaftsgebiet bedurften jedoch weiterhin der Genehmigung durch Amerikaner und Briten.

Im Osten: Neubeginn unter sowjetischer Besatzung Während die westlichen Besatzungstruppen zunächst viel improvisierten, um das Leben in halbwegs geordnete Bahnen zu lenken, ging die sowjetische Besatzungsmacht gezielter ans Werk.

Schon Anfang Mai 1945 war eine Gruppe deutscher Exilkommunisten in die Sowjetische Besatzungszone (SBZ) eingeflogen worden. An ihrer Spitze stand der ehemalige kommunistische Reichstagsabgeordnete **Walter Ulbricht**, der seit 1938 in Moskau gelebt hatte. Er und weitere Spitzenfunktionäre der KPD hatten genaue Vorstellungen von einer wirtschaftlich-sozialen Umwälzung, bei der der politische Einfluss der Sozialdemokratie und der sogenannten bürgerlichen Kräfte ausgeschaltet werden sollte. Ulbricht gab dazu im Mai 1945 die Devise aus: „Es muss demokratisch aussehen, aber wir müssen alles in der Hand haben."*

In den im Juli 1945 errichteten (1952 wieder aufgelösten) Landesverwaltungen in Brandenburg, Mecklenburg-Vorpommern, Sachsen, Sachsen-Anhalt und Thüringen besetzten KPD-Funktionäre die Schlüsselfunktionen. Dies galt erst recht für die ebenfalls im Juli 1945 geschaffenen und wesentlich wichtigeren elf Zentralverwaltungen (für Verkehr, Finanzen, Justiz etc.). Die Zentralverwaltungen waren unmittelbar der sowjetischen Militärregierung zugeordnet und hatten deren Befehle zu vollziehen.

Walter Ulbricht (1893 – 1973): 1950 – 1971 Generalsekretär der SED, 1960 – 1971 Staatsratsvorsitzender der DDR

---

* Das Zitat ist von Wolfgang Leonhard (geb. 1921) in seiner Autobiografie „Die Revolution entlässt ihre Kinder" von 1955 überliefert. Leonhard war Mitglied der „Gruppe Ulbricht", wandte sich jedoch 1949 vom Kommunismus ab und emigrierte Ende der 1950er-Jahre in die Bundesrepublik.

▶ **Propaganda für den Volksentscheid in Sachsen zum „Gesetz über die Übergabe von Betrieben von Kriegs- und Naziverbrechern in das Eigentum des Volkes".**
Foto aus Leipzig, 1946.
1946 wurden die Bürger in Sachsen zu einem Volksentscheid über die Enteignung wichtiger Industrie- und Gewerbebetriebe aufgerufen. Zwei Drittel der Bevölkerung stimmten zu. Dies genügte der SED, um die Enteignung auch in allen übrigen Gebieten Ostdeutschlands durchzuführen. Sachsen galt damit für die Partei als „Motor der weiteren antifaschistisch-demokratischen Bewegung".

Entnazifizierung in der SBZ Die Entnazifizierung in der Sowjetischen Besatzungszone betraf über eine halbe Million ehemaliger Nationalsozialisten in Justiz, Schule, Verwaltung und Industrie. Sowjetische Militärtribunale haben schätzungsweise 45 000 Personen verurteilt und etwa ein Drittel von ihnen in Zwangsarbeitslager deportiert. Betroffen waren nicht nur NS-Täter, sondern auch viele Gegner des Kommunismus. Dagegen wurden bereits frühzeitig die ehemaligen kleinen Parteimitglieder von einer Bestrafung ausgenommen, um sie möglichst rasch in die neuen Verhältnisse zu integrieren. Weit umfassender als das systematische Vorgehen gegen missliebige Personen waren die zur selben Zeit durchgeführte Bodenreform* sowie die Enteignung und Verstaatlichung der großen Industriebetriebe. Als „strukturelle Entnazifizierung" sollten diese Maßnahmen jeden Rückfall in den Nationalsozialismus verhindern.

Politische Parteien in Ostdeutschland Die Sowjets gestatteten noch vor Beginn der Potsdamer Konferenz als erste in ihrem Machtbereich die Gründung politischer Parteien (10. Juni 1945). KPD, SPD, CDU und LDPD (Liberal-Demokratische Partei Deutschlands) schlossen sich bereits einen Monat später zur „Einheitsfront der antifaschistisch-demokratischen Parteien" (Antifa-Block) zusammen.

Schon bald förderte die *Sowjetische Militäradministration in Deutschland* (SMAD) einseitig die Kommunistische Partei. Die KPD war wegen ihrer Nähe zur Besatzungsmacht in der Bevölkerung unbeliebt. Nach katastrophalen Wahlniederlagen der Kommunisten in Österreich und Ungarn suchte die KPD den Zusammenschluss mit der SPD, um damit ihren vermeintlich schärfsten Konkurrenten auszuschalten.

Kurt Schumacher warnte vor der Fusion, und auch die SPD in der sowjetischen Zone wollte darüber zunächst nur auf einem gesamtdeutschen Parteitag entscheiden. Der Besatzungsmacht gelang es mit Drohungen, Redeverboten und Verhaftungen sowie durch Überredung führender Sozialdemokraten der sowjetischen Zone, den Widerstand zu brechen. Schließlich stimmten Otto Grotewohl und die Spitze der Ost-SPD auf dem „Vereinigungsparteitag" in Berlin am 21./22. April 1946 geschlossen für die Vereinigung der beiden Arbeiterparteien zur *„Sozialistischen Einheitspartei Deutschlands"* (SED) (▶ M2).

Obwohl die sowjetische Militärregierung CDU und LDPD in der Folgezeit massiv benachteiligte, erhielten die bürgerlichen Parteien bei den Kreis- und Landtagswahlen vom 20. Oktober 1946 mehr als die Hälfte der Stimmen. In Berlin, wo die SPD noch kandidieren durfte, wurde die SED mit 19,8 Prozent der Stimmen nur drittstärkste Partei. Die Sowjets verstärkten daraufhin ihren Druck auf alle zugelassenen Parteien. Die SED selbst wurde zu einer „Partei neuen Typus" nach stalinistischem Modell umgebildet und von oppositionellen Kräften „gesäubert". Etwa 6 000 Sozialdemokraten wurden von sowjetischen Militärgerichten als „Agenten" verurteilt und in Arbeitslager gebracht. Rund 100 000 Sozialdemokraten flohen in den Westen.

▶ **Geschichte In Clips:** Zur Gründung der SED siehe Clip-Code 4669-01

Otto Grotewohl (1894-1964): 1945 Mitbegründer der ostdeutschen SPD, 1946-1954 Vorsitzender der SED (zusammen mit Wilhelm Pieck), 1949-1964 Ministerpräsident der DDR

---
* Siehe S. 26.

▲ Junker-Land in Bauernhand.
Propagandaplakat für die Bodenreform, 1945.

▲ Westdeutsches Plakat, um 1949.

▲ Ostdeutsches Plakat von 1948.

Umgestaltung der ostdeutschen Wirtschaft Bei der Umgestaltung der SBZ erwiesen sich die Demontagen in ihrer Wirkung noch gravierender als die unmittelbaren Kriegszerstörungen. Zur Befriedigung der sowjetischen Forderungen nach Gütern aus der laufenden Produktion gingen zusätzlich ganze Industriezweige in das Eigentum der Siegermacht über („Sowjetische Aktiengesellschaften", SAG) und fielen damit für den wirtschaftlichen Wiederaufbau in Ostdeutschland aus. Auf Befehl der sowjetischen Besatzungsmacht wurden von 1945 an in Etappen insgesamt 75 Prozent des Industrievermögens, etwa 9 000 Firmen einschließlich aller Banken und Versicherungen, entschädigungslos enteignet und verstaatlicht („Volkseigene Betriebe", VEB). Die bisherigen Eigentümer wurden pauschal zu Nazis und Kriegsverbrechern erklärt. In einer Volksabstimmung in Sachsen stimmten über 77 Prozent diesen Maßnahmen zu. Wer zuvor als „Aktivist des Faschismus" oder „Kriegsinteressent" eingestuft worden war, hatte dabei kein Stimmrecht.

Auch die Bodenreform ging auf einen sowjetischen Befehl zurück. Sie betraf 35 Prozent der Agrarfläche in der Sowjetischen Besatzungszone. Unter der Parole „Junkerland in Bauernhand" wurde 7000 Großgrundbesitzern ihr Land entschädigungslos entzogen und zum größten Teil an 500 000 Landarbeiter, landlose Bauern, Flüchtlinge und Vertriebene verteilt; ein Drittel blieb in öffentlichem Besitz („Volkseigene Güter"). Auf die Enteignung und Umverteilung folgte die Kollektivierung: Die Bauern schlossen sich auf staatlichen Druck hin seit 1952 in „Landwirtschaftlichen Produktionsgenossenschaften" (LPG) zusammen. Dabei hatten die meisten Höfe so wenig Land zugewiesen bekommen, dass keine funktionsfähigen Betriebe entstehen konnten.

Hilfe im Westen: der Marshall-Plan Seit Kriegsende hatten die USA erhebliche Wirtschaftshilfe in Form von Krediten, Lebensmitteln und Rohstoffen für zahlreiche europäische Länder geleistet: Über elf Milliarden Dollar waren bis Ende 1947 nach Europa geflossen. Vor allem Großbritannien und Frankreich, aber auch zahlreiche osteuropäische Regierungen profitierten davon, ohne dadurch den allgemeinen wirtschaftlichen Niedergang bremsen zu können.

Um die drohende ökonomische Zerrüttung und politische Destabilisierung in Europa zu verhindern und einem wachsenden politischen Druck der Sowjetunion entgegenzuarbeiten, entwickelte die US-Regierung ein umfassendes Wiederaufbauprogramm für Europa (Marshall-Plan). Der wegweisende und völlig neue Gedanke dieses Hilfsprogramms war die amerikanische Forderung nach zwischenstaatlicher Zusammenarbeit der Empfänger. Formal auch an die Sowjetunion und die Staaten in ihrem Machtbereich gerichtet, versprach dieses Programm allen Ländern Europas die großzügige Finanzhilfe der USA bei ihrem wirtschaftlichen Wiederaufbau.*

16 europäische Länder schlossen sich 1948 zur OEEC („*Organization for European Economic Cooperation*") zusammen, die über die Verteilung und Verwendung der amerikanischen Gelder zu wachen hatte. Alles in allem belief sich die amerikanische Marshall-Plan-Hilfe bis 1952 auf rund 14 Milliarden Dollar. Ein Zehntel davon floss nach Westdeutschland.

Selbstverständlich nutzte das Wiederaufbauprogramm auch der amerikanischen Wirtschaft, die einen funktionierenden westeuropäischen Absatzmarkt benötigte. Doch mindestens gleichrangig war das Interesse der USA, die liberaldemokratischen Gesellschaften in Westeuropa zu festigen.

---

* Siehe auch S. 19 und S. 216.

Wie erwartet lehnte die sowjetische Regierung den Marshall-Plan ab. Offiziell sah sie darin eine Gefährdung der Souveränität der europäischen Staaten. Zugleich verbot Moskau allen osteuropäischen Ländern und der eigenen Besatzungszone die Annahme des amerikanischen Angebots. Stattdessen reagierte Stalin zunächst mit zweiseitigen Handelsabkommen, schließlich 1949 mit der Gründung des *Rates für Gegenseitige Wirtschaftshilfe* (RGW). Darin lenkte die Sowjetunion die Volkswirtschaften der ostmitteleuropäischen Verbündeten auf die Moskauer Bedürfnisse hin. Die Spaltung Europas in zwei Blöcke war offenkundig geworden.

Währungsreform und Entscheidung für die Soziale Marktwirtschaft Anfang 1948 setzte der neu gewählte, zunächst noch parteilose Wirtschaftsdirektor Ludwig Erhard im Frankfurter Wirtschaftsrat gegen den heftigen Widerstand der sozialdemokratischen Fraktion eine Neuorientierung der Wirtschaftsordnung im Sinne einer Sozialen Marktwirtschaft durch. Bis dahin wurden die Produktion, Verteilung und Preise aller Güter staatlich festgelegt – nun sollte diese Reglementierung weitgehend entfallen und eine Belebung der Marktkräfte in Gang gesetzt werden. Dazu bedurfte es jedoch einer umfassenden Reform des zerrütteten Geldwesens. Um 1947 war noch immer zu viel Geld in Umlauf, für das es keine ausreichenden Sachwerte gab. Das war die verspätete Rechnung für Hitlers über die Notenpresse finanzierte Rüstungspolitik.

Während die von Erhard propagierte Wirtschaftsreform von den Deutschen ausging, war die Währungsreform ein Anliegen der Westalliierten, vor allem der Amerikaner. Die neuen deutschen Banknoten wurden in den USA gedruckt und nach Bremerhaven gebracht. An einem Freitag, den 18. Juni 1948, erfuhren die Deutschen, dass am 20. Juni die allseits erwartete Währungsreform stattfinden würde. Jeder erhielt zunächst 40 „Deutsche Mark" als „Kopfgeld" (später noch einmal 20 DM).* Löhne, Gehälter, Pensionen und Mieten wurden im Verhältnis 1:1, Schulden auf ein Zehntel in DM-Beträge umgewertet. Sparer wurden mit einem Schlag nahezu enteignet, denn die Guthaben in Reichsmark konnten nur zu einem Bruchteil umgewandelt werden.

Die Währungsreform von 1948 war einer der radikalsten Einschnitte der Nachkriegszeit. Zugleich sorgte sie wie kaum ein anderes Ereignis für Aufbruchstimmung. Mit einem Schlag waren die Schaufenster mit all den Waren gefüllt, die man lange vermisst hatte. Denn wegen der Geldentwertung hatten die Händler ihre Waren gehortet, statt sie zum Verkauf anzubieten. Gleichzeitig mit der Währungsreform beschloss der Frankfurter Wirtschaftsrat auf Betreiben Erhards die Aufhebung der Preisbindung und Wirtschaftsbeschränkungen; ausgenommen davon waren Haupt-

▲ **Plakat des Freien Deutschen Gewerkschaftsbundes (FDGB), Leipzig, Herbst 1948.**
Während an westdeutschen Baustellen Plakate auf die Hilfe durch den Marshall-Plan hinwiesen, durfte in der Sowjetischen Besatzungszone keine amerikanische Hilfe angenommen werden.
▪ *Analysieren Sie, mit welchen Mitteln auf dem Plakat gegen den Marshall-Plan Stellung bezogen wird.*

Ludwig Erhard (1897-1977): 1949-1963 Bundesminister für Wirtschaft, 1963-1966 Bundeskanzler, 1966/67 Vorsitzender der CDU

Soziale Marktwirtschaft: Wirtschaftsordnung, die soziale Gerechtigkeit auf der Grundlage einer leistungsfähigen Wettbewerbswirtschaft vorsieht. Der Begriff wurde 1946 von dem Nationalökonomen Alfred Müller-Armack (1901-1978) geprägt.

---

* Das entspricht ca. 20 bzw. 10 Euro. Allerdings war die Kaufkraft des Geldes wesentlich höher als heute.

▲ **Schaufensterauslage eines Textilgeschäftes.**
Foto von 1949/50.
■ *Erläutern Sie, worauf der Slogan „Erhard befiehlt – wir folgen!" anspielt. Inwiefern widerspricht diese Botschaft den Prinzipien der Sozialen Marktwirtschaft?*

nahrungsmittel und wichtige Rohstoffe. Wettbewerb und Verbrauch sollten ab sofort die Wirtschaft steuern, nicht mehr der Staat. Unmittelbar nach der Währungsreform und der Umstellung auf die Soziale Marktwirtschaft blieb der erhoffte Aufschwung zunächst aus. Die Zahl der Arbeitslosen nahm sprunghaft zu. Steigenden Preisen versuchte Wirtschaftsminister Ludwig Erhard mit „Preisregeln" gegenzusteuern. Auch in Erhards Partei, der CDU, wurde der Ruf nach stärkeren staatlichen Eingriffen in die Wirtschaft immer lauter. Erst während des sogenannten „Korea-Booms" wurden ungeheure Kräfte freigesetzt, durch die sich Westdeutschland wirtschaftlich rasch erholen konnte. Angesichts des Korea-Krieges 1950-1953 konzentrierten die kriegführenden Staaten ihre industrielle Produktion auf den Militärsektor, während die westdeutsche Industrie den Weltmarkt mit modernen Verbrauchsgütern zu beliefern begann.

Die Berlin-Blockade 1948/49 ■ Die Antwort Stalins auf die Währungsreform in den Westzonen war die Berliner Blockade von 1948/49. Sie war der gewaltsame Versuch, die Schaffung eines westdeutschen Staates jenseits des kommunistischen Machtbereichs in letzter Minute zu verhindern.

Nachdem Verhandlungen der vier Siegermächte über die Einführung der D-Mark in Berlin geplatzt waren, verbot am 19. Juni 1948 der Chef der sowjetischen Militärverwaltung Sokolowski die Einführung des neuen Geldes in ganz Berlin. Vier Tage später wurde für die Ostzone eine eigene Währungsreform angeordnet, unter ausdrücklicher Einbeziehung ganz Berlins. Gegen die Einbeziehung ihrer drei Sektoren erhoben die Westmächte sofort Einspruch und dehnten ihrerseits den Geltungsbereich der neuen D-Mark auf West-Berlin aus. In der Nacht vom 23. zum 24. Juni 1948 wurde daraufhin die Elektrizitätsversorgung West-Berlins unterbrochen; es begann die Sperrung des Personen- und Güterverkehrs sowie der Lebensmittellieferungen. Mit der Blockade zu Lande und zu Wasser wollte die Sowjetunion die 2,1 Millionen West-Berliner aushungern und in einer Art Geiselnahme die Westmächte zwingen, ihre Weststaatspläne aufzugeben und ganz Berlin den Sowjets zu überlassen.

Den USA und ihren Verbündeten blieb zur Versorgung der eigenen Truppen sowie der West-Berliner Bevölkerung nur noch der Luftweg. Im Rahmen des als *Berliner Luftbrücke* bekannt gewordenen Unternehmens wurden 2,34 Millionen Tonnen Lebensmittel, Kohle und Maschinen nach West-Berlin gebracht. Erst am 4. Mai 1949 einigten sich die vier Siegermächte in New York auf das Ende der Blockade. Am 12. Mai, nach 322 Tagen, wurde sie aufgehoben.

Für die Sowjetunion erwies sich die Berlin-Blockade als schwerer Fehler: Stalin hatte keines seiner Ziele erreicht, stattdessen im In- und Ausland viel Ansehen verloren. Dagegen verstanden sich Deutsche und Westalliierte zum ersten Mal als Verbündete. Amerikanische und britische Flugzeuge über Deutschland bedeuteten nicht mehr Schrecken und Zerstörung wie während des Bombenkriegs, sondern sorgten für Beistand und Hilfe.

Während der Blockade war Berlin zu einer gespaltenen Stadt geworden, der Ost- und der Westteil hatten eigene Oberbürgermeister und getrennte Verwaltungen eingesetzt.

▲ „Gefährliche Passage."
Karikatur aus der „New York Sun", wieder abgedruckt in „Der Spiegel" vom 18. September 1948.

Im Westen: Trizone und Beratungen über eine Bundesverfassung

Seit Ende 1947 waren Amerikaner und Briten entschlossen, ihre Besatzungszonen in einen westdeutschen Teilstaat umzuwandeln. Dieser sollte eine leistungsfähige Wirtschaft haben und dadurch von den Hilfslieferungen der westlichen Alliierten unabhängig werden. Die Franzosen zögerten in dieser Frage zunächst. Dennoch beauftragten die drei westlichen Militärgouverneure am 1. Juli 1948 die Ministerpräsidenten der elf westdeutschen Länder mit Verfassungsberatungen zur Gründung eines westdeutschen Staates. Die Einzelheiten waren in den sogenannten „Frankfurter Dokumenten" festgelegt: Eine einberufene Verfassunggebende Versammlung sollte eine demokratische Verfassung für einen föderalistischen Staat erarbeiten, der die Grund- und Menschenrechte garantierte. In einer Volksabstimmung sollte dann die Verfassung in Kraft gesetzt werden. Die Ministerpräsidenten stimmten diesem Angebot einer beschränkten Selbstverwaltung zu, nachdem sie durch einige Korrekturen den provisorischen Charakter des geplanten politischen Gebildes verdeutlichen konnten: Um die Chance eines vereinigten deutschen Staates offenzuhalten, wurde nicht von einer Verfassunggebenden Versammlung gesprochen, sondern von einem *Parlamentarischen Rat*, und statt einer Verfassung sollte ein *Grundgesetz* verabschiedet werden.

Der Parlamentarische Rat

Die 65 Abgeordneten des in Bonn tagenden Parlamentarischen Rates waren von den Länderparlamenten im August 1948 gewählt worden. Mit jeweils 27 Abgeordneten waren SPD und CDU/CSU gleich stark vertreten. Zum Präsidenten wurde der 72-jährige Parteivorsitzende der CDU in der britischen Zone, Konrad Adenauer, gewählt, während der Vorsitz im Hauptausschuss, in dem die wichtigsten Verfassungsberatungen stattfanden, an Professor **Carlo Schmid** (SPD) ging.

Carlo Schmid (1896-1979): Politiker und Staatsrechtler, einer der „Väter des Grundgesetzes", Vizepräsident des Deutschen Bundestages 1949-1962 und 1969-1972

Viele Verfassungsfragen wurden vor dem Hintergrund der Erfahrungen der Weimarer Republik und der nationalsozialistischen Diktatur rasch und einvernehmlich gelöst. Dazu gehörten die unbedingte Geltungskraft der Grundrechte, die starke Stellung des Regierungschefs (Kanzler), das konstruktive Misstrauensvotum, die Machtbeschränkung des Staatsoberhaupts (Bundespräsident), die Ablehnung des Plebiszits und die Errichtung eines rein parlamentarisch-repräsentativen Regierungssystems (▶ M3).

Die heftigste Kontroverse im Parlamentarischen Rat betraf die Ausgestaltung der bundesstaatlichen Ordnung. Die SPD forderte eine starke Bundesgewalt, die CDU – und noch mehr die CSU – wollte das politische Gewicht der Länder sichern. Das Ergebnis war ein Kompromiss. Einerseits wurde ein *Bundesrat* als Ländervertretung geschaffen, der eigene Gesetze einbringen und solche des Parlaments bestätigen konnte – eine Lösung, die den Föderalisten aus den süddeutschen Ländern entgegenkam. Dagegen setzte sich die SPD bei der Regelung der Finanz- und Steuerfragen durch. Dazu gehörten eine starke Bundesfinanzverwaltung, umfassende Steuererhebungskompetenzen des Bundes sowie ein verbindlicher Finanzausgleich zwischen wirtschaftsstärkeren und -schwächeren Bundesländern.

konstruktives Misstrauensvotum: Nach Art. 67 GG kann der amtierende Kanzler vom Parlament nur dann abgewählt werden, wenn eine Mehrheit „konstruktiv" für einen neuen Kandidaten stimmt.

Die Gründung der Bundesrepublik Deutschland

Am 8. Mai 1949, genau vier Jahre nach der deutschen Kapitulation, stimmten 53 Abgeordnete des Parlamentarischen Rates für das Grundgesetz, bei zwölf Gegenstimmen, darunter sechs Abgeordnete der CSU sowie die Abgeordneten der KPD, des Zentrums und der Deutschen Partei (DP). Nachdem die Militärgouverneure das Grundgesetz am 12. Mai 1949 genehmigt hatten,

◀ **Festakt bei der Eröffnung des Parlamentarischen Rates 1948 in Bonn.**
Am 1. September 1948, Punkt 13 Uhr, begann der Festakt zur Eröffnung des Parlamentarischen Rates im Bonner Zoologischen Museum Alexander Koenig. Die Giraffen, Büffel und anderen ausgestopften Tiere wurden hinter Säulen und Vorhängen versteckt. Die zukünftigen Verfassungsväter und die wenigen Verfassungsmütter sitzen im Mittelblock. In der ersten Reihe links sitzen die Vertreter der drei westlichen Besatzungsmächte.
■ Klären Sie den Symbolgehalt der Beteiligung der Westalliierten an der Eröffnung des Parlamentarischen Rates.

▶ **Die Mütter des Grundgesetzes.**
*Foto von 1949.
Vor allem dem Engagement dieser vier Frauen ist es zu verdanken, dass der Gleichberechtigungsartikel (Art. 3) in das Grundgesetz aufgenommen wurde, obwohl er zunächst im Parlamentarischen Rat mehrheitlich abgelehnt worden war. Das Bild zeigt von links: Helene Wessel (Zentrum), Helene Weber (CDU), Friederike Nadig (SPD) und Elisabeth Selbert (SPD).*

wurde es in allen Ländern mit Ausnahme Bayerns ratifiziert.* Am 23. Mai 1949 unterzeichneten die Ministerpräsidenten der Länder und die Landtagspräsidenten in einem feierlichen Akt in Bonn das Grundgesetz. Aus den westlichen Besatzungszonen war ein Staat unter alliierter Aufsicht geworden (▶ M4). Der neue Staat erhielt den Namen „Bundesrepublik Deutschland".

Aus den Wahlen zum ersten Deutschen Bundestag am 14. August 1949 ging die CDU/CSU mit 31 Prozent als Gewinner hervor, gefolgt von der SPD mit 29,2 Prozent, der FDP mit 11,9 Prozent und der KPD mit 5,7 Prozent.

Weitere sechs Parteien einschließlich einiger Parteiloser blieben unter fünf Prozent der Stimmen, waren aber im ersten Bundestag vertreten. Adenauer bildete eine „kleine Koalition" aus CDU/CSU, FDP und DP. Am 7. September 1949 trat der Bundestag zum ersten Mal in Bonn zusammen. Er wählte am 15. September Konrad Adenauer mit einer Stimme Mehrheit zum ersten Bundeskanzler der Bundesrepublik Deutschland. Kurt Schumacher (SPD) fiel die Rolle des Oppositionsführers zu. Theodor Heuss, der Kandidat der FDP, war bereits am 12. September von der Bundesversammlung zum Bundespräsidenten gewählt worden.

Bundesversammlung: Gremium zur Wahl des Bundespräsidenten, das sich aus den Mitgliedern des Bundestages und einer gleichen Anzahl von Vertretern der Länder zusammensetzt

Die Gründung der DDR Seit Ende 1947 propagierte die SED mit Rückendeckung Stalins die Einheit Deutschlands in Gestalt der sogenannten Volkskongressbewegung. In Wirklichkeit ging es ihren Spitzenfunktionären jedoch um die Schaffung eines kommunistischen Teilstaates. Bei den Wahlen zum Volkskongress im Mai 1949 sicherte sich die SED die Mehrheit der Mandate. Sie dominierte auch den daraus hervorgehenden *Deutschen Volksrat*.

Die sowjetische Regierung wartete mit der Staatsgründung in der eigenen Besatzungszone, bis die westdeutsche Bundesregierung sich konstituiert hatte. Erst nach einer erneuten Besprechung führender SED-Funktionäre mit Stalin Ende September 1949 erklärte die sowjetische Regierung Anfang Oktober 1949 in einer Note an die drei Westmächte, dass mit der „Bildung der volksfeindlichen Separatregierung in Bonn [...] jetzt in Deutschland eine neue Lage entstanden" sei. Am 7. Oktober 1949 nahm der Deutsche Volksrat einen 1948 ausgearbeiteten Verfassungsentwurf an und erklärte sich selbst zur *Provisorischen Volkskammer*. Damit war die „Deutsche Demokratische Republik" (DDR) gegründet. Wenige Tage später wurde Otto Grotewohl (SED) zum Regierungschef, Wilhelm Pieck (SED) zum Präsidenten der DDR gewählt. Obwohl in der neuen Regierung alle Parteien vertreten waren, besetzte die SED die wichtigsten Ministerien.

Volkskongresse 1947 und 1948: Zu ihnen lud die SED-Führung; sie sollten ein gesamtdeutsches Vorparlament sein. Hieran nahmen Vertreter von Parteien und Massenorganisationen, Betriebsräte, Bauernverbände, Künstler und Wissenschaftler aus allen Besatzungszonen teil, die meisten jedoch aus der sowjetisch besetzten Zone.

Die Gründung zweier Staaten auf dem Boden des ehemaligen Deutschen Reiches bedeutete einen weiteren, wesentlichen Schritt zur Teilung des Landes. Die deutsche Teilung war damals von niemandem gewollt, aber auch von niemandem verhindert worden. Sie war das Ergebnis eines sich verschärfenden Gegensatzes der Siegermächte des Zweiten Weltkrieges, vor allem der USA und der Sowjetunion. Die Hoheit der Besatzungsmächte über Deutschland blieb nach der Gründung von Bundesrepublik und DDR bestehen. Über Deutschlands Zukunft entschieden im Grundsatz weiterhin die Siegermächte und ihre weltpolitischen Beziehungen. Innerhalb dieses Rahmens bestimmten jedoch nun auch die Regierungen in Bonn und Ost-Berlin über das Verhältnis beider Teile Deutschlands. Allerdings überwogen dabei zunächst Feindschaft und Misstrauen (▶ M5).

Wilhelm Pieck (1876 - 1960): 1946 - 1960 Vorsitzender der SED (neben Otto Grotewohl), 1949 - 1960 Präsident der DDR

---

* Das „Nein" des bayerischen Landtags vom 20. Mai 1949 blieb ohne Folgen, weil der Landtag gleichzeitig beschloss, dass das Grundgesetz auch in Bayern in Kraft treten sollte, wenn ihm zwei Drittel der Länder zustimmten.

M1 Kurswechsel

Am 6. September 1946 hält US-Außenminister James F. Byrnes in Stuttgart vor den Ministerpräsidenten der süddeutschen Länder eine Rede, die in Deutschland unter der Bezeichnung „Rede der Hoffnung" populär geworden ist. Der Text stammt weitgehend von General Lucius D. Clay, Militärgouverneur der US-Besatzungszone:

Es liegt weder im Interesse des deutschen Volkes noch im Interesse des Weltfriedens, dass Deutschland eine Schachfigur oder ein Teilnehmer in einem militärischen Machtkampf zwischen dem Osten und dem Westen wird. [...]
5 Die Vereinigten Staaten sind der festen Überzeugung, dass Deutschland als Wirtschaftseinheit verwaltet werden muss und dass die Zonenschranken, soweit sie das Wirtschaftsleben und die wirtschaftliche Betätigung in Deutschland betreffen, vollständig fallen müssen. [...]
10 Wir treten für die wirtschaftliche Vereinigung Deutschlands ein. Wenn eine völlige Vereinigung nicht erreicht werden kann, werden wir alles tun, was in unseren Kräften steht, um eine größtmögliche Vereinigung zu sichern. [...]
Der Hauptzweck der militärischen Besetzung war und ist,
15 Deutschland zu entmilitarisieren und entnazifizieren, nicht aber den Bestrebungen des deutschen Volkes hinsichtlich einer Wiederaufnahme seiner Friedenswirtschaft künstliche Schranken zu setzen. [...] Die Potsdamer Beschlüsse sahen nicht vor, dass Deutschland niemals eine zentrale Regierung
20 haben sollte. Sie bestimmten lediglich, dass es einstweilen noch keine zentrale deutsche Regierung geben sollte. Dies war nur so zu verstehen, dass keine deutsche Regierung gebildet werden sollte, ehe eine gewisse Form von Demokratie in Deutschland Wurzeln gefasst und sich ein örtliches Verant-
25 wortungsbewusstsein entwickelt hätte. [...] Die Vereinigten Staaten treten für die baldige Bildung einer vorläufigen deutschen Regierung ein. [...] Während wir darauf bestehen werden, dass Deutschland die Grundsätze des Friedens, der gutnachbarlichen Beziehungen und der Menschlichkeit befolgt,
30 wollen wir nicht, dass es der Vasall irgendeiner Macht oder irgendwelcher Mächte wird oder unter einer in- oder ausländischen Diktatur lebt. Das amerikanische Volk hofft, ein friedliches und demokratisches Deutschland zu sehen, das seine Freiheit und seine Unabhängigkeit erlangt und behält. [...]
35 Die Vereinigten Staaten können Deutschland die Leiden nicht abnehmen, die ihm der von seinen Führern angefangene Krieg zugefügt hat. Aber die Vereinigten Staaten haben nicht den Wunsch, diese Leiden zu vermehren oder dem deutschen Volk die Gelegenheit zu verweigern, sich aus diesen Nöten
40 herauszuarbeiten, solange es menschliche Freiheit achtet und vom Wege des Friedens nicht abweicht.

Das amerikanische Volk wünscht, dem deutschen Volk die Regierung Deutschlands zurückzugeben. Das amerikanische Volk will dem deutschen Volk helfen, seinen Weg zurückzufinden zu einem ehrenvollen Platz unter den freien und 45 friedliebenden Nationen der Welt.

Dokumente der Deutschen Politik und Geschichte von 1848 bis zur Gegenwart, Bd. VI: Deutschland nach dem Zusammenbruch 1945, Berlin 1951, S. 130 ff.

1. *Arbeiten Sie heraus, warum die Westdeutschen die Rede des amerikanischen Außenministers als eine Wende empfinden konnten. Ziehen Sie dafür auch M4 heran (S. 34f.).*

2. *Diskutieren Sie, wie die Rede von Byrnes auf die sowjetische beziehungsweise französische Regierung wirken musste.*

3. *Beurteilen Sie, ob in dem Text machtpolitische Interessen der USA zum Ausdruck kommen.*

M2 Mit Zwang zur SED

Am 21./22. April 1946 schließen sich KPD und SPD auf einem „Vereinigungsparteitag" zur Sozialistischen Einheitspartei Deutschlands (SED) zusammen. Das britische Außenministerium analysiert die politische Situation in der SBZ unmittelbar zuvor:

Die SPD-Zeitungen wurden rigoroser Zensur unterworfen, SPD-Organisationen in den Provinzen nur noch dann Zusammenkünfte gestattet, wenn diese gemeinsam mit der KPD abgehalten wurden. Betriebsgruppen wurden vorgeladen, um Resolutionen zu einer sofortigen Vereinigung zu verab- 5 schieden. Die russischen Militärkommandeure begannen darauf zu bestehen, nur noch solche SPD-Mitglieder für führende Parteiposten auf Orts-, Bezirks- und Landesebene zu nominieren, die für die Vereinigung waren [...]. [Der SPD-Vorstand informierte am 15. Januar alle Landes- und Bezirksvor- 10 stände,] dass gemäß den gemeinsamen Beschlüssen von KPD und SPD vom 20. und 21. Dezember eine Vereinigung auf lokaler Ebene nicht erlaubt sei und die Parteienvereinigung lediglich von einer Parteiversammlung auf Reichsebene beschlossen werden könne. Die russische Militärbehörde verbot 15 die Veröffentlichung dieser Instruktion. Verstöße gegen das Verbot resultierten in Redeverboten für Sprecher auf Versammlungen und in Festnahmen. Parteisekretäre, die der Vereinigung widerstrebend gegenüberstanden, [...] wurden entfernt, andere mit Arrest bedroht oder verhaftet und nach 20 Oranienburg und Sachsenhausen verbracht [...].

Reiner Pommerin, Die Zwangsvereinigung von KPD und SPD zur SED. Eine britische Analyse vom April 1946, in: Vierteljahreshefte für Zeitgeschichte, 36. Jg. 1988, Heft 2, S. 328 f.

1. Erläutern Sie die Rolle der sowjetischen Besatzungsbehörden laut dieser Einschätzung.
2. Bewerten Sie die demokratische Legitimation der Parteienvereinigung.
3. Im April 2001 entschuldigte sich die Führung der PDS (Partei des Demokratischen Sozialismus, Rechtsnachfolgerin der SED) für die Form, in der 1946 die Vereinigung von KPD und SPD vollzogen wurde. Diskutieren Sie die politische Bedeutung einer solchen Erklärung.

▲ Fotomontage zum Vereinigungsparteitag von KPD und SPD am 21./22. April 1946.
Abgebildet sind Wilhelm Pieck (KPD, links) und Otto Grotewohl (SPD, rechts).
- Beschreiben Sie die verschiedenen Bildelemente und ihre jeweilige Funktion.

M3 Lehren aus Weimar

Der Historiker Heinrich August Winkler beschreibt die Lehren, welche die „Mütter und Väter des Grundgesetzes" aus dem Scheitern der Weimarer Republik gezogen haben:

Der Bonner Parlamentarische Rat war drei Jahrzehnte später in einer radikal anderen Situation als die Verfassunggebende Deutsche Nationalversammlung in Weimar. Er konnte auf die Erfahrungen einer
5 gescheiterten parlamentarischen Demokratie und einer von außen niedergeworfenen totalitären Diktatur zurückblicken und gleichzeitig, in der Sowjetischen Besatzungszone, den Aufbau einer neuen Diktatur beobachten. Vor diesem Hintergrund lag nichts näher als der Versuch, einen anderen Typ von
10 Demokratie zu entwickeln als den, der nach 1930 Schiffbruch erlitten hatte. [...]
Die Verwirkung von Grundrechten, das Verbot verfassungswidriger Parteien durch das Bundesverfassungsgericht, die „Ewigkeitsklausel" des Artikels 79, Absatz 3, die eine Ände-
15 rung des Grundgesetzes für unzulässig erklärt, durch welche die Gliederung des Bundes in Länder, die grundsätzliche Mitwirkung der Länder bei der Gesetzgebung oder die in den Grundrechtsartikeln niedergelegten Grundsätze berührt werden: Das waren einige der Vorkehrungen, die der Parla-
20 mentarische Rat traf, um aus der Bundesrepublik Deutschland eine wertorientierte und wehrhafte Demokratie zu machen. Die Weimarer Erfahrungen schlugen sich in Bindungen des Gesetzgebers und Einschränkungen des Wählerwillens nieder, wie sie es wohl in keiner anderen demokratischen
25 Verfassung gibt. Mehrheiten dadurch vor sich selber zu schützen, dass bestimmte unveräußerliche Werte und freiheitssichernde Institutionen ihrem Willen entzogen werden: diese Entscheidung des Verfassunggebers setzte die Erfahrung voraus, dass Mehrheiten so fundamental irren können,
30 wie die Deutschen sich geirrt hatten, als sie 1932 mehrheitlich für Parteien stimmten, die ihre Demokratiefeindschaft offen zur Schau trugen.
Weimarer Erfahrungen entsprach auch die Einsicht, dass nur ein funktionstüchtiges parlamentarisches System demokra-
35 tischen Legitimitätsglauben zu bewirken vermag. Deshalb sorgte der Parlamentarische Rat dafür, dass parlamentarische Mehrheiten ihre Verantwortung nicht mehr auf das Staatsoberhaupt abschieben und einen Regierungschef nur noch durch ein „konstruktives Misstrauensvotum", also die
40 Wahl eines Nachfolgers, stürzen konnten. Die Weimarer Verfassung hatte es zugelassen, dass der vom Volk direkt gewählte Reichspräsident in der Lage war, eine höhere Legitimität für sich zu beanspruchen als das in Parteien gespaltene Parlament. [...]
45 Von der ersten deutschen Demokratie sollte sich die zweite auch in anderer Hinsicht unterscheiden. Gesetzgebung, vollziehende Gewalt und Rechtsprechung waren fortan uneingeschränkt an die Grundrechte gebunden, die, anders als in der Weimarer Republik, unmittelbar geltendes Recht waren,

also nicht bloß programmatische Bedeutung hatten. Im Gegensatz zur Weimarer Reichsverfassung durfte das Grundgesetz auch nur noch durch ein Gesetz geändert werden, das den Wortlaut der Verfassung ausdrücklich änderte oder ergänzte. Abweichungen von der Verfassung, die der Gesetzgeber mit verfassungsändernder Mehrheit beschloss, ohne die Verfassung formell zu ändern, waren mithin nicht mehr möglich. Beim Nein zu plebiszitären Formen von Demokratie wie Volksbegehren und Volksentscheid spielte freilich nicht nur die Erinnerung an Weimar eine Rolle, sondern mindestens ebenso sehr die Furcht, die Kommunisten könnten sich dieser Instrumente auf demagogische Weise für ihre Zwecke bedienen.

Heinrich August Winkler, Der lange Weg nach Westen, Bd. 2: Deutsche Geschichte vom „Dritten Reich" bis zur Wiedervereinigung, München 2000, S. 133 f.

1. *Listen Sie die „Korrekturen" des Parlamentarischen Rats auf, mit denen dieser den Erhalt der Demokratie sichern wollte.*
2. *Die Annahme des Grundgesetzes erfolgte durch Ratifizierung in den Länderparlamenten. Begründen Sie, warum es nicht der Bevölkerung zur Abstimmung vorgelegt wurde.*

M4 Besatzungsstatut

Die Militärgouverneure der französischen, amerikanischen und britischen Zone erlassen am 10. April 1949 das „Besatzungsstatut zur Abgrenzung der Befugnisse und Verantwortlichkeiten zwischen der zukünftigen deutschen Regierung und der Alliierten Kontrollbehörde". Es gilt vom 21. September 1949 bis zum 4. Mai 1955:

(1) Die Regierungen Frankreichs, der Vereinigten Staaten und des Vereinigten Königreiches wünschen und beabsichtigen, dass das deutsche Volk während des Zeitraumes, in dem die Fortsetzung der Besetzung notwendig ist, das größtmögliche Maß an Selbstregulierung genießt, das mit einer solchen Besetzung vereinbar ist. Abgesehen von den in diesem Statut enthaltenen Beschränkungen besitzen der Bund und die ihm angehörenden Länder volle gesetzgebende, vollziehende und richterliche Gewalt gemäß dem Grundgesetz und ihren Verfassungen.
(2) Um die Verwirklichung der Grundziele der Besetzung sicherzustellen, bleiben die Befugnisse [...] auf folgenden Gebieten ausdrücklich vorbehalten:
a) Abrüstung und Entmilitarisierung, einschließlich der damit zusammenhängenden wissenschaftlichen Forschungsgebiete, der Verbote und Beschränkungen der Industrie und der Zivilluftfahrt;
b) Kontrollmaßnahmen hinsichtlich der Ruhr[1], Restitutionen[2], Reparationen, Dekartellierung[3], Entflechtung, Handelsdiskriminierungen, ausländische Vermögenswerte in Deutschland und Ansprüche gegen Deutschland;
c) auswärtige Angelegenheiten, einschließlich der von Deutschland oder in seinem Namen abgeschlossenen internationalen Abkommen;
d) Displaced Persons und die Zulassung von Flüchtlingen;
e) Schutz, Ansehen und Sicherheit der alliierten Streitkräfte, Familienangehörigen, Angestellten und Vertreter, ihre Immunitätsrechte sowie die Deckung der Besatzungskosten und ihrer sonstigen Bedürfnisse;
f) die Beachtung des Grundgesetzes und der Länderverfassungen;
g) die Kontrolle über den Außenhandel und den Devisenverkehr;
h) die Kontrolle über innere Maßnahmen nur in dem Mindestumfang, der erforderlich ist, um die Verwendung von Geldern, Nahrungsmitteln und anderen Gütern in der Weise zu gewährleisten, dass der Bedarf an ausländischen Hilfeleistungen für Deutschland auf ein Mindestmaß herabgesetzt wird;
i) die Kontrolle der Verwaltung und Behandlung derjenigen Personen in deutschen Gefängnissen, die vor den Gerichten oder Tribunalen der Besatzungsmächte oder Besatzungsbehörden angeklagt oder von diesen verurteilt worden sind, sowie die Kontrolle über die Vollstreckung der gegen sie verhängten Strafen [...].
(3) [...] Die Besatzungsbehörden behalten sich jedoch das Recht vor, auf Weisung ihrer Regierungen die Ausübung der vollen Gewalt ganz oder teilweise wieder zu übernehmen, wenn sie dies als wesentlich erachten für ihre Sicherheit oder zur Aufrechterhaltung der demokratischen Regierungsform in Deutschland [...].
(4) Die deutsche Bundesregierung und die Regierungen der Länder haben die Befugnis, nach ordnungsgemäßer Benachrichtigung der Besatzungsbehörden auf den diesen Behörden vorbehaltenen Gebieten Gesetze zu erlassen und Maß-

---
[1] Das Ruhrgebiet galt aufgrund seiner Industrieansammlung als deutsche „Waffenschmiede". Unter den Siegermächten war seine Stellung in der Nachkriegsordnung umstritten. Nachdem es zunächst zur britischen Zone gehörte, wurde von 1949 bis 1951 eine internationale Ruhrkommission eingesetzt, die die Produktion der Ruhrindustrie an Kohle, Koks und Stahl kontrollieren und eine wirtschaftliche Konzentration verhindern sollte.
[2] Restitution: Rückerstattung
[3] Dekartellierung: Auflösung von Kartellen, d. h. von Unternehmensvereinigungen in der Industrie

nahmen zu treffen, es sei denn, dass die Besatzungsbehörden ausdrücklich etwas anderes bestimmen oder dass solche Gesetze oder Maßnahmen mit den eigenen Entscheidungen oder Maßnahmen der Besatzungsbehörden unvereinbar sind.
(5) Jede Änderung des Grundgesetzes bedarf vor ihrem Inkrafttreten der ausdrücklichen Genehmigung der Besatzungsbehörden.

Zitiert nach: Christoph Kleßmann, Die doppelte Staatsgründung. Deutsche Geschichte 1945-1955, Bonn ⁵1991, S. 459 f.

Erläutern Sie den politischen Rahmen, den das Besatzungsstatut der Bundesrepublik gibt.

M5 Im Schlepptau der Siegermächte

Zur Gründung der DDR hält Ministerpräsident Otto Grotewohl am 12. Oktober 1949 eine Ansprache:

Der westdeutsche Sonderstaat ist nicht in Bonn, sondern in London entstanden. Bonn hat nur die Londoner Empfehlungen, die in Wahrheit Befehle der westlichen Alliierten waren, ausgeführt. [...]
Statt der im Potsdamer Abkommen vorgesehenen Demokratisierung, Entmilitarisierung und Entnazifizierung Deutschlands sind sie [die Westmächte] bestrebt, die von ihnen besetzten Teile Deutschlands in eine Kolonie zu verwandeln, die mit den traditionellen Methoden imperialistischer Kolonialherrschaft regiert und ausgebeutet wird. Von Demokratisierung, Entmilitarisierung und Entnazifizierung ist keine Rede. Die von Anfang an sorgfältig konservierten Kräfte der deutschen Reaktion [...] haben mit aktiver Unterstützung der Besatzungsmächte die alten Machtpositionen wieder eingenommen. [...]
Wir wissen, dass wir in unserem Kampf um die Einheit Deutschlands, der ein Bestandteil des Kampfes um den Frieden ist, nicht allein stehen. Wir haben das Glück, uns in diesem Kampf auf das große Lager des Friedens in der Welt stützen zu können, dessen ständig zunehmende Stärke die imperialistischen Kriegsinteressenten Schritt um Schritt zurückdrängt. Diese Kräfte des Friedens in der ganzen Welt werden geführt von der Sowjetunion, die eine andere Politik als die Politik des Friedens weder kennt noch kennen kann.

Am 15. Oktober 1949 antwortet der SPD-Vorsitzende Kurt Schumacher im Deutschen Bundestag auf die Rede Grotewohls:

Man kann erfolgreich bestreiten, dass der neue Oststaat überhaupt ein Staat ist. Dazu fehlt ihm auch der Ansatz zur Bildung einer eigenen Souveränität, er ist eine Äußerungsform der russischen Außenpolitik. [...]
Jetzt ist der Oststaat ein Versuch, die magnetischen Kräfte des Westens mithilfe staatlicher Machtmittel und eines scheinbaren Willens der deutschen Bevölkerung dieser Zone abzuwehren. Er bedeutet die Anerkennung der Tatsache, dass bis auf Weiteres das große russische Unternehmen, ganz Deutschland in die politischen, gesellschaftlichen, wirtschaftlichen und kulturellen Formen der Sowjets hineinzuzwingen, gescheitert ist. Die Loslösung der Ostzone durch die Russen, wie sie 1945 radikal und erfolgreich eingeleitet wurde, bedeutet das Hinausdrängen der westalliierten Einflüsse und der internationalen Kritik. Es war aber zur gleichen Zeit das Ende jeder demokratischen Freiheit der Deutschen in dieser Zone. Die westlichen Alliierten tragen an dieser Entwicklung viel Schuld. [...]
Das darf nicht darüber hinwegtäuschen, dass die Etablierung dieses sogenannten Oststaates eine Erschwerung der deutschen Einheit ist. Die Verhinderung dieser Einheit aber kann dieses Provisorium im Osten nicht bedeuten, weil das deutsche Volk und besonders die Bevölkerung der Ostzone Gebilde russischer Machtpolitik auf deutschem Boden ablehnt.

Erster Text: Otto Grotewohl, Im Kampf um die einige Deutsche Demokratische Republik. Reden und Aufsätze, Bd. 1, Berlin 1954, S. 516 ff.
Zweiter Text: Wolfgang Benz, Die Gründung der Bundesrepublik. Von der Bizone bis zum souveränen Staat, München 1984, S. 160 f.

1. *Weisen Sie nach, wie bestimmte Begriffe unterschiedliche inhaltliche Bedeutung gewinnen, je nachdem, ob sie im Osten oder im Westen verwendet werden.*
2. *Stellen Sie dar, mit welchen Argumenten Grotewohl den deutschen Weststaat zu diskreditieren versucht.*
3. *Erläutern Sie, was Schumacher unter den „magnetischen Kräften des Westens" versteht.*
4. *Diskutieren Sie Schumachers Aussage über die „Schuld der Westmächte".*

Die Bundesrepublik Deutschland: politische und wirtschaftliche Entwicklung 1949–1989

◄ **Brandts Kniefall.**
*Gemälde von Axel Kilian, 1989.
Das Bild ist Ausschnitt einer Collage, die der Künstler bei einem Gestaltungswettbewerb zum Thema „Vierzig Jahre Bundesrepublik Deutschland" einreichte.*

„Wirtschaftswunder" und Westintegration	1950–1953	Während des Korea-Krieges beginnt die bundesdeutsche Industrie mit dem Export in westliche Länder. Der Aufschwung der Wirtschaft setzt ein.
	1952	Die Bundesrepublik und Israel vereinbaren ein „Wiedergutmachungsabkommen".
	1952/53	Ein gesetzlicher Lastenausgleich entschädigt die Flüchtlinge und Heimatvertriebenen in der Bundesrepublik.
	1955	Die langjährige Debatte über eine Wiederbewaffnung endet mit der Gründung der Bundeswehr und der Einführung der allgemeinen Wehrpflicht.
	Mai 1955	Mit den Pariser Verträgen endet die Besatzungszeit im Westen. Die Bundesrepublik wird Mitglied der NATO.
	1959	Im Godesberger Programm bekennt sich die SPD zur Sozialen Marktwirtschaft und zur Westintegration.
Auf dem Weg zur modernen Demokratie	1963	Deutsch-Französischer Freundschaftsvertrag.
	1967–1969	Große Koalition aus Union und SPD. Eine „Außerparlamentarische Opposition" (APO) entsteht. Studentenunruhen in der Bundesrepublik wie im übrigen Westeuropa.
	1968	Der Bundestag verabschiedet die Notstandsgesetze.
Neue Ostpolitik	1969	Willy Brandt (SPD) wird Bundeskanzler.
	1970	Besuche Brandts in Erfurt (DDR) und in Warschau (Polen).
	1972–73	Die Ostverträge mit der UdSSR, Polen und der ČSSR, das Berliner Viermächte-Abkommen und der Grundlagenvertrag mit der DDR entspannen das Verhältnis zu den Staaten der Warschauer Vertragsorganisation („Warschauer Pakt").
Krisen und Neuorientierung	1973	Die Erste Ölkrise erschüttert die Industrieländer weltweit.
	1977	Der Terror der „Roten Armee Fraktion" (RAF) erreicht seinen Höhepunkt.
	1979–1983	Die geplante Nachrüstung sorgt für heftige Debatten in Politik und Gesellschaft. Der Bundestag beschließt die Stationierung amerikanischer Mittelstreckenraketen.
	1982	Helmut Kohl (CDU) wird Bundeskanzler.
	1983	Die Grünen, 1980 gegründet, ziehen zum ersten Mal in den Bundestag ein.

Eine Demokratie nach westlichem Vorbild ■ Die Anfangsjahre der Bundesrepublik standen ganz im Zeichen der Integration. Flüchtlinge und Heimatvertriebene, Kriegs- und NS-Opfer wurden vom Staat entschädigt. Auch ehemalige NS-Angehörige durften am Wiederaufbau mitwirken. Die Bonner Republik suchte die Wiedergutmachung mit Israel sowie die Aussöhnung mit ihren westlichen Nachbarn, v. a. mit Frankreich.

Bei ihrer Gründung war die Bundesrepublik kein unabhängiger Staat gewesen. Die Regierung Adenauer (1949-1963) erreichte ein Ende der Besatzungsherrschaft bis 1955, indem sie konsequent auf die Einbindung in ein westliches Bündnissystem unter Führung der USA hinwirkte. Diese Westintegration sollte die junge Demokratie politisch und militärisch absichern. Das schloss auch die Wiederbewaffnung ein, die in der Bundesrepublik anfangs höchst umstritten war. Als Kehrseite der Westintegration wurde die deutsche Teilung besiegelt.

Der wirtschaftliche Aufschwung seit Mitte der 1950er-Jahre sorgte bald für Vollbeschäftigung sowie für fortgesetzt steigende Löhne und Renten. Wohlstand erfasste breite Schichten. Der wirtschaftliche Erfolg ermöglichte dem Staat umfassende Sozialleistungen. Beides trug wesentlich zur Akzeptanz der jungen Demokratie in der Bevölkerung bei. Daneben wirkte auch der Antikommunismus mit der Ablehnung des politischen Systems der DDR als Bindeglied.

In den 1960er-Jahren wandelte sich die Bundesrepublik zu einer modernen Demokratie nach westlichem Vorbild. Die politischen Proteste Ende der 60er-Jahre waren bei aller Radikalität auch Ausdruck eines neuen Willens zur Mitbestimmung.

Die Bundesregierung hatte sich lange geweigert, die DDR anzuerkennen. Unter Bundeskanzler Willy Brandt (SPD) vollzog sich seit 1969 eine Wende in den deutsch-deutschen Beziehungen. Es folgten der Grundlagenvertrag mit der DDR von 1972 wie auch ein vertraglicher Ausgleich mit der Sowjetunion, Polen und der Tschechoslowakei.

In den 1970er-Jahren wurden Reformen im Innern (für Frauen, Soziales, Bildung) fortgesetzt. Zugleich endete der Aufschwung der Wirtschaft. Die Arbeitslosigkeit entwickelte sich zum Dauerproblem, die Fälle von Armut nahmen zu.

In den 1980er-Jahren formierte sich die Friedensbewegung, die vor einem abermaligen Wettrüsten warnte. Die Stationierung neuer US-Mittelstreckenraketen, mit denen sowohl die Regierung Schmidt als auch die Regierung Kohl (seit 1982) auf die Rüstungspolitik der UdSSR reagierten, lehnte sie ab. Auch die Umweltprobleme, der Streit um die Kernkraft sowie die Frauenbewegung riefen neue politische Gruppen auf den Plan. Die Partei „Die Grünen" etablierte sich neben den Volksparteien von Union und SPD sowie der FDP als vierte politische Kraft.

▶ *Welche Grundlinien und Herausforderungen kennzeichneten die innere Entwicklung der Bundesrepublik?*
▶ *Wie wurde die Einbindung der Bundesrepublik in die westliche Welt vollzogen und wie lässt sich ihr Verhältnis zur DDR und zum Ostblock skizzieren?*
▶ *Welche Auswirkungen hatten äußere Krisen und Gefahren und wie reagierte die Bundesrepublik darauf?*
▶ *Wie gestaltete sich in der Bundesrepublik der Wandel von der Industriegesellschaft zu einer postindustriellen Gesellschaft?*

Aufschwung, Protest und Reform: die 1950er- und 60er-Jahre

Grundlinien der Außenpolitik seit Adenauer Vier Jahrzehnte lang bestimmte der Ost-West-Konflikt den Rahmen für die Außenpolitik der Bundesrepublik. Sie musste sich an die Phasen der Anspannung und Entspannung im Verhältnis der Supermächte USA und UdSSR anpassen. Die Bundesrepublik war vorerst noch nicht souverän, das Besatzungsstatut schränkte ihr Außenhandeln ein. Bundeskanzler Adenauer, seit 1951 auch Außenminister, hatte sich mit den Alliierten Hochkommissaren abzusprechen.

Aus der Tatsache der vom Ost-West-Konflikt beherrschten Teilung Europas und der Welt zog Adenauer die Konsequenz einer politischen, wirtschaftlichen und kulturellen Westorientierung der jungen Bundesrepublik. Aus einer Position der Stärke sollte der freie und ökonomisch attraktive westliche Teilstaat eine unwiderstehliche Anziehungskraft auf die Deutschen im sowjetischen Herrschaftsbereich ausüben (*Magnettheorie*). Die eigene Überlegenheit würde langfristig eine Wiedervereinigung „in Frieden und Freiheit" ermöglichen, wobei ein künftiges demokratisches Gesamtdeutschland unwiderruflich mit dem Westen verbunden bleiben sollte. Die Bundesrepublik galt als „Limes des Abendlandes" gegenüber einer als gefährlich eingeschätzten Sowjetunion. Bereits im Oktober 1949 hatte Bundeskanzler Adenauer das Prinzip formuliert, das der Deutschlandpolitik aller Bundesregierungen bis 1969 zugrunde lag: „Die Bundesrepublik Deutschland ist allein befugt, für das deutsche Volk zu sprechen." Dieser von sämtlichen demokratischen Parteien geteilte *Alleinvertretungsanspruch* und die strikte Nichtanerkennung des nicht frei gewählten DDR-Regimes bestimmten und begrenzten die Beziehungen Bonns zu Ost-Berlin zwei Jahrzehnte lang (▶ M1).

Ihre Haltung fasste die Bundesregierung 1955 in den Grundsatz, die Bundesrepublik unterhalte keine Beziehungen zu Staaten, die die DDR durch Aufnahme diplomatischer Beziehungen anerkannten (*Hallstein-Doktrin**). Bis zum Ende der 1960er-Jahre konnte die Bundesregierung damit die internationale Anerkennung der DDR verhindern, zumal in den Ländern der „Dritten Welt", denen die Bundesrepublik andernfalls ihre Wirtschaftshilfe aufkündigte. Die Sowjetunion und Polen musste die Bundesrepublik allerdings von dieser Vorgehensweise ausnehmen.

Schulden und Wiedergutmachung Die Bundesrepublik sah sich als Rechtsnachfolgerin des untergegangenen Deutschen Reiches. Daher hatte sie auch die deutschen Auslandsschulden zu übernehmen. Nach langen Verhandlungen wurde im Februar 1953 das *Londoner Schuldenabkommen* unterzeichnet. Die Bundesregierung erkannte gegenüber den Westmächten sowie 17 weiteren Gläubigerstaaten Schulden in Höhe von 13,5 Milliarden DM an, wovon fast die Hälfte erlassen wurde. An Schulden aus der Nachkriegszeit – darunter die Gelder der Marshall-Plan-Förderung – wurden 16 Milliarden DM festgelegt, von denen Bonn zuletzt nur sieben Milliarden zurückzahlen musste.

Schon 1952 hatten Verhandlungen über die Vermögenswerte von jüdischen Opfern des Nationalsozialismus zu einem Ergebnis geführt. Die Bundesrepublik und Israel unterzeichneten im September das *Luxemburger Abkommen*. Es sicherte Israel drei Milliarden DM in Sachwerten als Entschädigung zu. Gegenüber der Jewish Claims

Jewish Claims Conference: gegründet 1951 als Zusammenschluss von Verbänden, die jüdische Opfer des Nationalsozialismus in der Frage ihrer Entschädigung vertreten

---
* Hallstein-Doktrin: benannt nach Walter Hallstein (1901-1982), 1951-1957 Staatssekretär im Auswärtigen Amt, 1958-1967 Präsident der Kommission der Europäischen Wirtschaftsgemeinschaft (EWG) in Brüssel

Conference verpflichtete sich die Bundesregierung zur Zahlung von 450 Millionen DM. Die Regelungen wurden von der Regierung Adenauer als materielle Wiedergutmachung verstanden und als Zeichen, dass die Bundesrepublik die Verantwortung für den Holocaust übernahm.

Neues Sicherheitsdenken im Westen – deutsche Wiederbewaffnung

Die Bundesrepublik Deutschland besaß bei ihrer Gründung 1949 keine Streitkräfte. Eine Wiederbewaffnung hing von der Billigung durch die Westalliierten ab und stand wenige Jahre nach Kriegsende nicht zur Debatte. Der *Korea-Krieg* (1950-1953)* schuf eine neue Situation. Er führte die Gefahr einer sowjetischen Invasion Mittel- und Westeuropas vor Augen. Die USA machten ihren Verbleib in Europa als militärische Schutzmacht von der Bereitschaft der Europäer abhängig, ihre eigenen Rüstungsanstrengungen zu verstärken und auch die Bewaffnung der Bundesrepublik zu akzeptieren. Das war damals keineswegs populär, weder in der deutschen Bevölkerung noch bei den Nachbarn, insbesondere in Frankreich. Die französische Regierung schlug im Oktober 1950 eine europäische Armee unter einem französischen Oberkommandierenden vor, in der die deutschen Truppen voll integriert wären. Damit hoffte sie, den amerikanischen Forderungen zu entsprechen und zugleich Deutschland unter Kontrolle zu halten.

Bundeskanzler Adenauer sah die Chance, schneller als erwartet das Besatzungsregime zu beenden und eine militärische Sicherheitsgarantie der USA für die Bundesrepublik zu erwirken. Er war bereit, mit einer Wiederbewaffnung des Landes den militärischen Beitrag zu leisten, den die USA einforderten, um dadurch seinem Ziel näher zu kommen, die Bundesrepublik zu einem gleichberechtigten Mitglied der westlichen Gemeinschaft zu machen.

▲ SED-Plakat gegen Adenauers Politik der Westintegration, 1951.
■ *Benennen Sie die einzelnen Bildmotive und ihre Funktion.*

Stalins Angebot zur Wiedervereinigung

Bis ins Frühjahr 1952 verhandelten Bonn und die Westmächte über ein Ende des Besatzungsregimes und die Aufnahme der Bundesrepublik in ein Militärbündnis. Als die Verträge kurz vor dem Abschluss standen, trat die Sowjetunion mit einem überraschenden Angebot auf.

In mehreren Noten vom März und April 1952 unterbreitete Stalin den Entwurf eines Friedensvertrages mit Deutschland, das als einheitlicher Staat wiederhergestellt werden und über nationale Streitkräfte verfügen sollte – Voraussetzung dafür war die Neutralität dieses Staates. Die Sowjetunion erklärte sich sogar bereit, über gesamtdeutsche Wahlen zu verhandeln, nicht aber, diese unter Aufsicht der UNO zuzulassen.

Deutschland vereint, aber ohne Bündnis und ohne Garantie einer demokratischen Verfassung? Die Westmächte lehnten ab, und Adenauer stimmte damit völlig überein. Er sah keine Alternative zur Westintegration, um die Freiheit und Stabilität der Bundesrepublik zu sichern (▶ M2). Da über das Angebot aus Moskau nicht weiter verhandelt wurde, hat man viel über dessen Ernsthaftigkeit und Motive spekuliert. Adenauer wie auch die Westmächte hielten die Stalin-Noten für ein Störfeuer, um die Einbeziehung der Bundesrepublik in das westliche Bündnis zu verhindern. Bis heute besteht kein einheiliges Urteil darüber, ob Stalin 1952 nur „geblufft" hat oder eine Wiedervereinigung tatsächlich möglich gewesen wäre (▶ M3).

---

* Siehe S. 215 und S. 221.

Die Pariser Verträge – das Ende der Besatzungszeit Am 26. Mai 1952 wurde in Bonn der „Vertrag über die Beziehungen zwischen der Bundesrepublik Deutschland und den Drei Mächten" (*Deutschlandvertrag*) unterzeichnet, der das Besatzungsregime in Westdeutschland beenden sollte. Ebenso kam in Paris der Vertrag über eine Europäische Verteidigungsgemeinschaft (*EVG-Vertrag*) zum Abschluss. Als Reaktion hierauf riegelten die DDR-Sicherheitskräfte auf Weisung Moskaus noch am selben Tag die Grenze nach Westdeutschland ab. Das Abkommen sah einen Verbund der Streitkräfte Frankreichs, Italiens, der Beneluxstaaten und der neu bewaffneten Bundesrepublik vor. Es wurde sowohl in der Bundesrepublik als auch in Frankreich heftig debattiert.

Adenauers Sieg bei den Bundestagswahlen vom 6. September 1953 wurde als eine Bestätigung seiner Westpolitik gewertet. Ein Jahr später allerdings schien alles wieder offen zu sein, als die französische Nationalversammlung am 30. August 1954 den EVG-Vertrag ablehnte. Einen Ausweg fand jedoch der britische Außenminister *Robert Anthony Eden*. Auf seine Initiative wurde der Brüsseler Beistandspakt, den Großbritannien, Frankreich und die Beneluxstaaten am 17. März 1948 geschlossen hatten, durch den Beitritt der Bundesrepublik und Italiens zu einer *Westeuropäischen Union* (WEU) erweitert. Die WEU stellte vor allem eine gegenüber der Bundesrepublik wirksame Rüstungskontrolleinrichtung dar, was den Interessen Frankreichs entsprach. Gleichzeitig wurde die Bundesrepublik in die NATO aufgenommen. Die beteiligten neun Mächte – Frankreich, Großbritannien, USA, Beneluxstaaten, Italien, Bundesrepublik, Kanada – einigten sich im September/Oktober 1954 in den *Pariser Verträgen* auf diese Vereinbarungen, nachdem die Bundesrepublik ihren Verzicht auf die Herstellung von atomaren, bakteriellen und chemischen Waffen erklärt hatte (▶ M4).

Das Ende des Besatzungsregimes wurde in einer für die deutsche Seite verbesserten Fassung des Deutschlandvertrages festgelegt. Die Westmächte erklärten sich bereit, „mit friedlichen Mitteln ihr gemeinsames Ziel zu verwirklichen: ein wiedervereinigtes Deutschland, das eine freiheitlich-demokratische Verfassung, ähnlich wie die Bundesrepublik, besitzt und das in die europäische Gemeinschaft integriert ist" – eine Übereinkunft, die bis 1990 gültig blieb und schließlich im Zuge der Wiedervereinigung Deutschlands auch verwirklicht wurde. Bonn und Paris einigten sich auch über eine Internationalisierung des Saarlandes, das unter die Kontrolle der WEU gestellt werden sollte, bei enger wirtschaftlicher Anbindung an Frankreich (*Saarstatut*). In einer Volksabstimmung lehnte eine übergroße Mehrheit das Saarstatut ab. Frankreich willigte nun in den Beitritt des Saarlandes zur Bundesrepublik ein, der am 1. Januar 1957 vollzogen wurde. Das war die erste „kleine" Wiedervereinigung in Deutschland.

▲ Plakat für die in die NATO integrierte Bundeswehr.
Herausgeber: Presse- und Informationsamt der Bundesregierung, um 1956.

Blockbildung Begleitet von heftigen parteipolitischen Auseinandersetzungen und Demonstrationen von SPD, Gewerkschaften und Kreisen der evangelischen Kirche gegen die Schaffung einer „Bundeswehr" stimmte der Bundestag Ende Februar 1955 mit der Mehrheit der Regierungsparteien den Pariser Verträgen zu. Sie traten am 5. Mai 1955 in Kraft. Vier Tage später trat die Bundesrepublik als 15. Mitglied der NATO bei. Das war eine der zentralen Weichenstellungen der Nachkriegszeit.

Als gleichberechtigter Partner des westlichen Verteidigungsbündnisses hatte die Bundesrepublik – zehn Jahre nach Kriegsende – den Status eines souveränen Landes unter gewissen Vorbehalten erreicht. Diese betrafen die alliierten Sonderrechte für ihre Truppen in Westdeutschland, Befugnisse für den Fall eines inneren Notstandes, die Rechte der Westmächte hinsichtlich Berlins sowie für „Deutschland als Ganzes" bei einem späteren Friedensvertrag.

Fortan garantierte die NATO die Sicherheit für Westdeutschland und gleichzeitig die Sicherheit *vor* Deutschland. Das amerikanische Konzept einer „doppelten Eindämmung" – Abwehr des sowjetischen Hegemonialstrebens, Einbindung der (West-)Deutschen in die westliche Staatengemeinschaft – war aufgegangen. Adenauer sah darin die Voraussetzung für das langfristige Ziel einer Wiedervereinigung, seine politischen Gegner sprachen hingegen von einer Festschreibung der deutschen Teilung. Sie schienen zunächst auch Recht zu behalten.

Die Blockbildung in Europa und Deutschland fand ihr vorläufiges Ende mit der Gründung der *Warschauer Vertragsorganisation* am 14. Mai 1955, zu deren Unterzeichnerstaaten auch die DDR gehörte. Bereits Anfang 1956 wurde sie mit der „Nationalen Volksarmee" (NVA) militärischer Teil des sowjetisch beherrschten Ostblocks.

Mit der Herausbildung eines militärischen Gleichgewichts zwischen den beiden atomaren Supermächten seit Mitte der Fünfzigerjahre verfestigte sich der Status quo in Europa und somit auch im geteilten Deutschland. Bundeskanzler Adenauer legte den Akzent seiner Außenpolitik auf die Stärkung der westlichen Staatengemeinschaft und die Aussöhnung mit Frankreich. Diesem Ziel dienten die Gründung der Europäischen Wirtschaftsgemeinschaft (EWG) 1957 und der enge Schulterschluss mit dem französischen Staatspräsidenten Charles de Gaulle, der seinen Höhepunkt im deutsch-französischen Freundschaftsvertrag von 1963 fand.

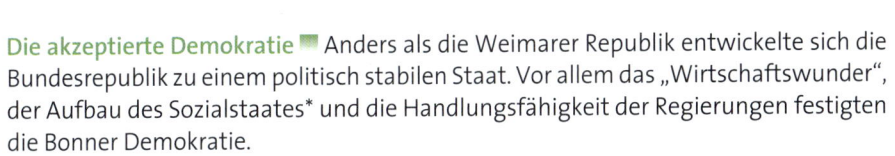

Charles de Gaulle (1890-1970): französischer General im Zweiten Weltkrieg; 1944-1946 Chef der Regierung des befreiten Frankreich. Entwirft 1958 als Ministerpräsident eine neue Verfassung (Fünfte Republik), die dem Präsidenten eine große Machtfülle verleiht und die in einer Volksabstimmung angenommen wird. 1959-1969 französischer Staatspräsident.

Die akzeptierte Demokratie Anders als die Weimarer Republik entwickelte sich die Bundesrepublik zu einem politisch stabilen Staat. Vor allem das „Wirtschaftswunder", der Aufbau des Sozialstaates* und die Handlungsfähigkeit der Regierungen festigten die Bonner Demokratie.

1949 war die Gefahr einer politischen Radikalisierung der Bevölkerung angesichts ungesicherter wirtschaftlicher Verhältnisse, Arbeitslosigkeit, sozialer Not und eines nicht geringen Potenzials politisch Unbelehrbarer noch durchaus gegeben. Als die Besatzungsmächte Anfang 1950 den Lizenzzwang für politische Parteien aufhoben, entstanden in kurzer Zeit rund 30 neue, zumeist nationale und rechtsextremistische Parteien.

Nach der zweiten Bundestagswahl 1953 setzte eine Entwicklung ein, die bis Anfang der Achtzigerjahre kennzeichnend für das Parteiensystem der Bundesrepublik und die Mehrheitsverhältnisse im Bundestag blieb: Die Zahl der im Bundestag vertretenen Parteien sank stark ab, und die Stimmen für die beiden großen Gruppierungen – Unionsparteien und Sozialdemokratie – nahmen zu. CDU/CSU, SPD und FDP waren und blieben die bestimmenden politischen Parteien.

Herausbildung der Volksparteien Mit den Wahlerfolgen Adenauers bildete sich ein neuer Parteientyp heraus – die Volkspartei. Die CDU (und in Bayern die CSU) entwickelte sich zu einer bürgerlichen Sammlungsbewegung, die für alle großen sozialen Gruppen und Schichten wählbar war.

* Siehe S. 42 ff.

Willy Brandt (vormals Ernst Karl Frahm) (1913-1992): Sozialdemokrat, 1933-1945 emigriert. 1957-1966 Regierender Bürgermeister von Berlin (West). 1964-1987 Vorsitzender der SPD. 1969-1974 Bundeskanzler. Erhielt 1971 den Friedensnobelpreis.

Herbert Wehner (1906-1990): Mitglied der KPD in der Weimarer Republik, 1935 emigriert. 1969-1983 Vorsitzender der SPD-Fraktion im Bundestag.

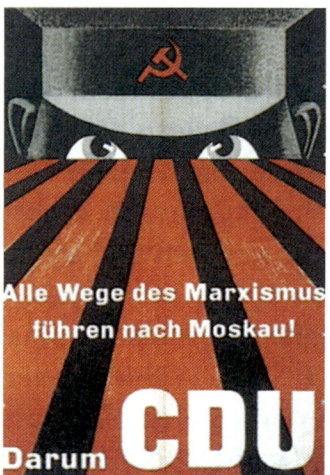

▲ **Wahlplakate zur Bundestagswahl 1953.**
Erich Ollenhauer wurde nach dem Tod Kurt Schumachers 1952 SPD-Vorsitzender und war 1953 der Kanzlerkandidat seiner Partei.

Nach empfindlichen Wahlniederlagen in den 1950er-Jahren wandelte sich auch die SPD zu einer modernen Volkspartei. Die Wähler hatten ihre Opposition gegen die Außen- und Wirtschaftspolitik der Regierung Adenauer nicht belohnt. Sozialdemokratische Reformer wie **Willy Brandt** und **Herbert Wehner** setzten einen Kurswechsel durch. Das Ergebnis war ein neues Parteiprogramm, das *Godesberger Programm* von 1959, das das Heidelberger Programm von 1925 ablöste. An die Stelle klassenkämpferischer Ziele traten die Grundwerte Freiheit, Gerechtigkeit und Solidarität. Die SPD bekannte sich nun zur Politik der Westintegration und zur Sozialen Marktwirtschaft. Als gemäßigt linke reformistische Volkspartei vertrat sie nicht mehr nur die Interessen der Arbeiter, sondern öffnete sich neuen Wählerschichten.

Der scharfe Gegensatz zwischen Unionsparteien und SPD verschwand, Koalitionen zwischen ihnen wurden denkbar. Allein die FDP konnte sich zwischen beiden Großparteien als „dritte Kraft" behaupten, getragen von ihrer Klientel aus Akademikern und Selbstständigen. In den Jahren 1949 bis 1956 und 1961 bis 1966 war die FDP als Partner der Union an der Regierung beteiligt.

Politisches Klima im Zeichen des Antikommunismus Unter Politikern und Bürgern war das Gefühl verbreitet, vom Sowjetkommunismus bedroht zu sein. Begründet war diese Einstellung zum einen in der erfolgreichen jahrelangen Propaganda der Nationalsozialisten vom „bolschewistischen Untermenschen". Hinzu kamen die Erfahrungen des Kriegsendes und der Nachkriegszeit: Plünderung und Vergewaltigung, Flucht und Vertreibung, Gefangenschaft in der Sowjetunion, sowjetische Reparationspolitik und die Unterdrückung durch die SED.* Der Antikommunismus verband die meisten Parteien und gesellschaftlichen Gruppen in der Bundesrepublik und war auch im westlichen Ausland weit verbreitet. Er diente als Integrationsideologie für die noch kaum gefestigte Demokratie in Westdeutschland.

Von diesem Grundkonsens ausgenommen blieb die westdeutsche KPD. Sie war der verlängerte Arm der SED, von der sie weitgehend finanziert und gelenkt wurde. Obwohl zahlenmäßig unbedeutend, galt sie als eine Gefahr für die demokratische Ordnung. Deshalb ging die Bundesregierung gegen Kommunisten im öffentlichen Dienst vor; verschiedene der KPD nahe stehende Organisationen wurden für verfassungswidrig erklärt, ihre Mitglieder mit Billigung der Arbeitsgerichte aus dem öffentlichen Dienst entlassen, bis die Partei 1956 vom Bundesverfassungsgericht verboten wurde. Das Bundesverfassungsgericht hatte als erste Partei bereits 1952 die Sozialistische Reichspartei (SRP) als Nachfolgerin der NSDAP verboten.

Der Sozialstaat schafft Stabilität Als ein wichtiger Stützpfeiler der jungen Demokratie erwies sich ihre erfolgreiche Sozialpolitik. Das Sozialstaatsgebot des Grundgesetzes (Artikel 20, Absatz 1) legte den Staat auf eine Politik der sozialen Gerechtigkeit und sozialen Sicherheit fest. Die Freiheitsrechte des Menschen als Kernbestand der neuen Verfassung sollten auch für die sozial und wirtschaftlich Schwachen verwirklicht werden. Denn die Not weiter Teile der Bevölkerung am Ende der Weimarer Republik und deren Anfälligkeit für radikale Parteien waren noch in lebhafter Erinnerung. Ohne sozialen Frieden im Land würde der politische und wirtschaftliche Wiederaufbau nicht gelingen, die Demokratie keine Wurzeln schlagen – darin waren sich alle einig.

---

* Siehe S. 19 und 24-26.

Zunächst ging es um die Bewältigung der unmittelbaren Kriegsfolgen. In einer im Rückblick erstaunlich kurzen Zeit gelang es, diese außergewöhnliche Herausforderung rechtlich und materiell zu bewältigen. Auf die Kriegsopferversorgung (1950) für 4,5 Millionen Menschen folgten gesetzliche Maßnahmen zum Schutz und zur beruflichen Wiedereingliederung von Schwerbeschädigten (1953) und umfangreiche Hilfen für Vertriebene (Bundesvertriebenengesetz, 1953). Das Gesetz über den Lastenausgleich von 1952 gewährte Flüchtlingen und Vertriebenen aus den deutschen Ostgebieten und der SBZ Finanzhilfe zum Ausgleich ihrer Schäden und Verluste.

Für die vom NS-Regime in Deutschland aus rassischen, politischen und religiösen Gründen Verfolgten sah das Bundesentschädigungsgesetz (1953) Wiedergutmachungsleistungen in Form von Renten, Beihilfen u. Ä. vor (Gesamtaufwand bis 1999 umgerechnet etwa 53 Mrd. Euro). Auch die staatliche Förderung des Wohnungsbaus trug entscheidend dazu bei, die Not der Nachkriegszeit zu überwinden. Bis 1961 wurden sechs Millionen neue Wohnungen gebaut. Der Bauboom setzte sich bis Anfang der 1970er-Jahre fort.

Eine der wichtigsten sozialpolitischen Neuerungen der Nachkriegszeit brachte die **Rentenreform** von 1957. Die Renten wurden durchschnittlich um 60 Prozent erhöht und – das war neu – jährlich an die allgemeine Lohnentwicklung angepasst („dynamisiert"). Erstmals wurde der Zirkel von Alter und Armut durchbrochen.

Rentenreform: Grundprinzip der bundesdeutschen Rentenversicherung ist das Umlageverfahren, bei dem die ausgezahlten Renten durch die Beiträge von Arbeitgebern und Arbeitnehmern finanziert werden. Aus diesem Grund ist die Rede von einem „Generationenvertrag".

Das bundesdeutsche „Wirtschaftswunder" Die Grundlage aller staatlichen Sozialleistungen war der unerwartet rasche wirtschaftliche Aufstieg (▶ M5). Das reale Bruttosozialprodukt nahm in den Fünfzigerjahren jährlich um acht Prozent zu, zwischen 1950 und 1970 verdreifachte es sich nahezu. Entsprechend wuchs das verfügbare Einkommen der Arbeitnehmer. Ab 1959 herrschte Vollbeschäftigung, ausländische Arbeitnehmer (damals „Gastarbeiter" genannt) wurden angeworben. Als geistiger Vater und Repräsentant des „Wirtschaftswunders" galt Wirtschaftsminister Ludwig Erhard. Der Erfolg seines Konzepts der „Sozialen Marktwirtschaft" war spätestens 1952 unübersehbar.

Der Aufschwung führte zu anhaltender Vollbeschäftigung und wachsendem Wohlstand. Die Entwicklung profitierte von mehreren Faktoren:
- Es gab genügend qualifizierte und motivierte Arbeitskräfte.
- Die Kriegsschäden waren geringer als befürchtet. Die Industrie konnte von einer gut ausgebauten Infrastruktur (Maschinen und Fabrikanlagen) ausgehen, die sich rasch modernisieren ließ.
- Dabei half auch eine zunächst bewusst zurückhaltende Tarifpolitik* der Gewerkschaften: Sie versetzte die Unternehmen in die Lage, ihre Gewinne für Investitionen zu verwenden (Selbstfinanzierung).
- Wegen des Wiederaufbaus gab es eine gewaltige Nachfrage nach Konsum- und Investitionsgütern aller Art sowie nach Wohnungen.
- In Engpasssektoren (Wohnungen, Grundnahrungsmittel und Energie) wurde die staatliche Verwaltungswirtschaft noch eine Zeitlang beibehalten, bis sich die Märkte normalisiert hatten.
- Der Güteraustausch mit Amerika erlaubte die Einfuhr moderner Technologie.

▲ „Erhard hält, was er verspricht."
Plakat von 1957.
Im Bundestagswahlkampf 1957 setzt die CDU auf die Erfolge des Wirtschaftsministers Ludwig Erhard, „Vater des Wirtschaftswunders".

---
* Löhne und Arbeitsbedingungen werden von Arbeitgeber- und Arbeitnehmerverbänden vereinbart, ohne dass sich der Staat einmischt (Tarifautonomie).

▲ Feier für den einmillionsten „Käfer" im Wolfsburger Volkswagenwerk.
Foto vom 5. August 1955. 140 000 Menschen, darunter viele Vertreter der „Käfer-Importnationen", feiern den Volkswagen, der insgesamt 21,5 Millionen Mal gebaut wurde. Der VW-Käfer wurde zum Symbol für den Erfolg der deutschen Autoindustrie, der zunehmenden Motorisierung und des deutschen Wirtschaftsaufstiegs.

- Durch den Krieg in Korea 1950-1953* verlagerten die USA und viele westliche Industrien ihre Produktion auf Rüstungsgüter. Auf dem Weltmarkt entstand eine „Angebotslücke", die die bundesdeutsche Wirtschaft ausfüllte. Maschinen, Fahrzeuge, elektrische und chemische Erzeugnisse „made in Western Germany" fanden großen Absatz und machten die Bundesrepublik seither zur *Exportnation*.
- Seit 1957 sorgte die von Weisungen der Bundesregierung unabhängige Deutsche Bundesbank für die Stabilität einer „harten" D-Mark.
- Ab 1958 erfuhr der deutsche Außenhandel einen weiteren Impuls durch die Europäische Wirtschaftsgemeinschaft.
- Nicht zu unterschätzen ist die damalige Grundstimmung in der Bevölkerung, bei der Zukunftsvertrauen, Überlebenswille und die Sehnsucht nach Normalität vorherrschten.

Von der Arbeits- zur Konsumgesellschaft Insgesamt wurde die Verbesserung der Lebensverhältnisse für die Masse der Bundesbürger erst gegen Ende der 1950er-Jahre spürbar. Der Aufschwung führte zunächst zu einem Anstieg der Arbeitszeiten. Bis Mitte des Jahrzehnts lag die durchschnittliche Wochenarbeitszeit in der Industrie bei über 49 Stunden an sechs Werktagen. Der Samstag wurde erstmals 1956 für die Metallarbeiter zum arbeitsfreien Tag, der Jahresurlaub betrug zwei bis drei Wochen. Bis Ende der 1950er-Jahre sank die Wochenarbeitszeit für Arbeiter wie Angestellte auf rund 44 Stunden.

Unternehmer und Freiberufler konnten den Wohlstand wesentlich früher genießen als Arbeiter und Angestellte. Die Not der Kriegs- und unmittelbaren Nachkriegszeit blieb zwar noch in Erinnerung, wurde aber von einem grundsätzlichen Optimismus und Fortschrittsglauben abgelöst. Immer mehr Bedürfnisse konnten durch den Aufschwung befriedigt werden. Auf die „Fresswelle" der Anfangsjahre (Lebensmittel waren seit Beginn der 1950er-Jahre ausreichend vorhanden) folgte die „Kaufwelle" (deutsche Haushalte statteten sich mit langlebigen Gebrauchsgütern und Möbeln aus), die „Reisewelle" (Italien wurde zum Traumland der Deutschen) und schließlich die „Motorisierungswelle" (▶ M6).

Bei den Einkommen und Vermögen kam es freilich nicht zu einer Angleichung zwischen den gesellschaftlichen Gruppen. Selbstständige verdienten drei Mal so viel wie ein Arbeitnehmer. Mitte der 1960er-Jahre besaßen 1,7 Prozent der Bundesbürger 74 Prozent des Produktivvermögens (Unternehmen, Aktien). Dagegen glichen sich die Lebensstile immer weiter an: Angehörige aller Schichten nahmen am allgemeinen Massenkonsum teil, besaßen ein eigenes Auto und unternahmen Urlaubsreisen.

Die wirtschaftliche Blüte hielt bis zur Mitte der 1960er-Jahre unverändert an. In der Bevölkerung war man stolz auf den erreichten materiellen Status. Das Ziel eines „Wohlstands für alle" schien Realität zu werden.

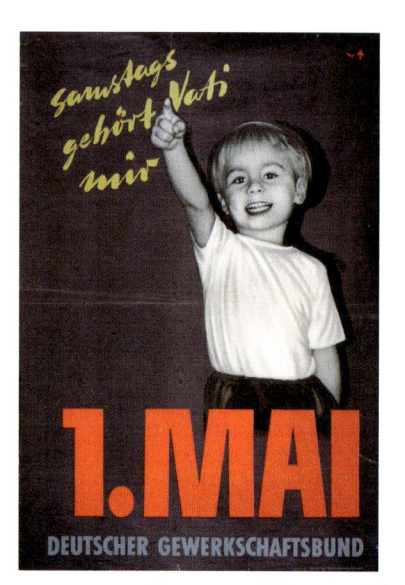

▲ „Samstags gehört Vati mir."
Plakat des DGB zum 1. Mai 1956.

* Siehe S. 215 und S. 221.

Die Große Koalition 1966-1969

Im Oktober 1963 trat der 87-jährige Gründungskanzler der Bundesrepublik zurück. Auf Adenauer folgte dessen populärer Wirtschaftsminister Ludwig Erhard als Regierungschef. Seine eher glücklose Amtszeit endete bereits im November 1966, als eine erste, vergleichsweise harmlose Wirtschaftsrezession kurzfristig die Arbeitslosigkeit ansteigen ließ und der neu gegründeten rechtsradikalen Nationaldemokratischen Partei Deutschlands (NPD) in Hessen und Bayern kräftige Stimmengewinne bescherte.

Eine Große Koalition aus Unionsparteien und SPD bildete die neue Regierung unter Bundeskanzler **Kurt Georg Kiesinger** von der CDU und dem Parteichef der SPD, Willy Brandt, als Außenminister. Den 447 Abgeordneten des Regierungslagers stand im Deutschen Bundestag eine extrem kleine Opposition von 47 Abgeordneten der FDP gegenüber. Für zukunftsweisende Weichenstellungen in der Finanz- und Wirtschaftspolitik sorgten Finanzminister **Franz Josef Strauß** (CSU) und Wirtschaftsminister **Karl Schiller** (SPD). Vor allem mit dem Gesetz zur Förderung der Stabilität und des Wachstums der Wirtschaft (*Stabilitätsgesetz*) von 1967 wurden dem Staat Steuerungsaufgaben für die Sicherung von wirtschaftlichem Wachstum, Preisstabilität, Vollbeschäftigung und Gleichgewicht im Außenhandel („magisches Viereck") zugewiesen. Staatliche Konjunkturprogramme sollten bei wirtschaftlichen Abschwüngen die Nachfrage nach Gütern und Dienstleistungen sichern.

Ab 1967 setzte ein „Aufschwung nach Maß" (Schiller) ein: 1969 herrschte wieder Vollbeschäftigung, und die Zahl der ausländischen Beschäftigten erreichte die Rekordmarke von 1,5 Millionen Menschen. Das Bruttosozialprodukt wuchs um 8,2 Prozent, die Inflationsrate sank, und in der Bevölkerung verbreitete sich wieder Zuversicht.

Beginn der Bildungsreformen

Der Konjunktureinbruch 1966/67 war nicht das einzige Anzeichen gewesen, das Politiker und Bevölkerung alarmiert hatte, weil das erreichte Wohlstandsgefüge bedroht schien. Seit Beginn der 1960er-Jahre warnten Experten vor den völlig überholten Zuständen im bundesdeutschen Bildungswesen. Nach einer Studie der **OECD** von 1966 rangierte die Bundesrepublik weit hinter allen westlichen Industrieländern, was den Zugang von Mädchen sowie Kindern aus ärmeren Schichten zu weiterführenden Schulen und zum Hochschulstudium betraf. Dieser Missstand führe, so mahnten Kritiker, zu Fachkräftemangel und einer Senkung des Bildungsniveaus der nachwachsenden Generation.

Beibehalten wurde das dreigliedrige Schulsystem aus Grund- und Hauptschule, Realschule und Gymnasium, das noch aus der Weimarer Republik stammte. Einschneidende Änderungen brachte die Bildungsreform Mitte der 1960er-Jahre. 1964 wurden die ländlichen „Zwergschulen" abgeschafft, die alle Grundschüler in einem Klassenverband unterrichteten. Nach und nach verschwanden auch die Konfessionsschulen; sie wurden durch gemischtkonfessionelle Schulen ersetzt, in denen nur noch der Religionsunterricht getrennt war. Auch die Koedukation (gemeinsamer Unterricht für Mädchen und Jungen) wurde allgemein üblich. Ähnlich drängend war die Lage an den Hochschulen, wo die Zahl der Studierenden unaufhaltsam stieg. In den 1960er-Jahren begann in allen Bundesländern der Bau neuer Hochschulen und die Vergrößerung des Lehrangebots.

1968 beschlossen die Bundesländer dann, alle Fachschulen und Ingenieurschulen zu Fachhochschulen (FH) aufzuwerten. Der Bundestag ergänzte 1969 das Grundgesetz, wonach Bund und Länder künftig bei „Gemeinschaftsausgaben" zusammenwirken konnten. Bund und Länder investierten nun gemeinsam in Bildung und Forschung. Die Reformanstrengungen wurden in den 1970er-Jahren unvermindert fortgesetzt.

Kurt Georg Kiesinger (1904-1988): im „Dritten Reich" Mitarbeiter des Auswärtigen Amtes und NSDAP-Mitglied; 1958-1966 Ministerpräsident von Baden-Württemberg, 1966-1969 Bundeskanzler

Franz Josef Strauß (1915-1988): Mitbegründer der CSU, 1956-1962 Verteidigungsminister, 1961-1988 CSU-Vorsitzender, 1966-1969 Bundesfinanzminister; 1978-1988 bayerischer Ministerpräsident

Karl Schiller (1911-1994): Hochschullehrer und Politiker (SPD), 1966-1972 Bundeswirtschaftsminister, 1971/72 Bundesminister für Finanzen

OECD (Organization of Economic Cooperation and Development): Organisation für wirtschaftliche Zusammenarbeit und Entwicklung; koordiniert weltweit Wirtschaftsbeziehungen und berät zu Wirtschaft und Bildung

Notstandsgesetze: Sie sollten im Falle eines inneren und äußeren Notstandes die Handlungsfähigkeit der Regierung sichern, indem sie die Einschränkung von Grundrechten erlaubten, darunter das Brief-, Post- und Fernmeldegeheimnis sowie die Unverletzbarkeit der Wohnung.

Notstandsgesetze und Außerparlamentarische Opposition

Zu den zentralen innenpolitischen Fragen gehörte auch die Debatte über **Notstandsgesetze**. Die Befürworter argumentierten, ohne Notstandsgesetze gebe es keine Regeln für den Krisenfall, vielmehr würden die Kontrollrechte der Alliierten weiter gelten. Die Gegner fürchteten eine Aushöhlung der bürgerlichen Freiheiten (▶ M7).

Jahrelang hatte der Bundestag debattiert, ohne dass die erforderliche Zweidrittelmehrheit zur Änderung des Grundgesetzes zustande kam. Mit den Stimmen der Großen Koalition seit 1966 schien der Weg endlich frei für eine Verabschiedung. Nun verlagerte sich der Streit außerhalb des Bundestages. Intellektuelle, Studenten und Teile der Gewerkschaften bildeten landesweit eine „Außerparlamentarische Opposition" (APO). Sie protestierten gegen die geplanten Notstandsgesetze sowie gegen das Übergewicht der Großen Koalition im Bundestag. Ihrer Meinung nach gab es keine ausreichende demokratische Kontrolle der Regierung.

Die Proteste der APO standen in engem Zusammenhang mit den damaligen Studentenunruhen.* Im Mai 1968 verabschiedete der Bundestag die Notstandsgesetze. Die Regierungsparteien hatten sich durchgesetzt, doch der Vorwurf mangelnden Dialogs zwischen Politik und Bevölkerung blieb bestehen.

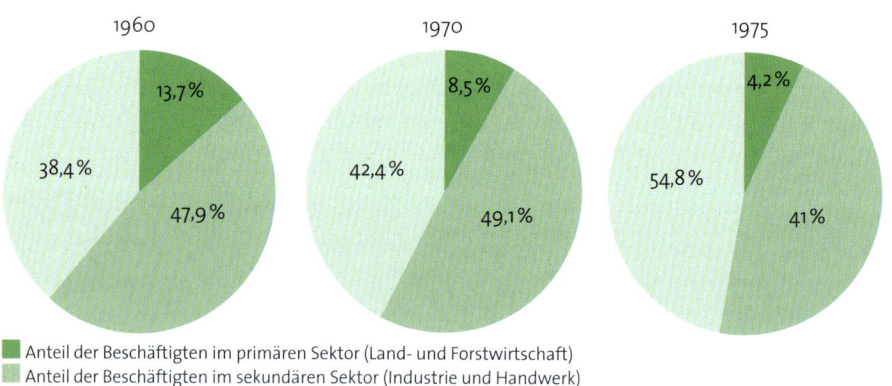

▶ **Strukturwandel der bundesdeutschen Wirtschaft.**
Nach Axel Schildt, Die Sozialgeschichte der alten Bundesrepublik Deutschland bis 1989/90, München 2007, S. 19 und 56

	1960	1970	1975
Primärer Sektor	13,7 %	8,5 %	4,2 %
Sekundärer Sektor	47,9 %	49,1 %	41 %
Tertiärer Sektor	38,4 %	42,4 %	54,8 %

■ Anteil der Beschäftigten im primären Sektor (Land- und Forstwirtschaft)
■ Anteil der Beschäftigten im sekundären Sektor (Industrie und Handwerk)
■ Anteil der Beschäftigten im tertiären Sektor (Handel und Dienstleistungen)

Die Bundesrepublik Ende der 1960er-Jahre

Die Große Koalition hatte die kurzzeitig einbrechende Wirtschaftskonjunktur erneut ankurbeln können. Der Wohlstand schien wieder gesichert. Das Wachstum hatte inzwischen die Wirtschaftsstruktur in Westdeutschland verändert. Die Landwirtschaft schrumpfte immer mehr, während zunächst Industrie und Handwerk zunahmen, ehe auch der Dienstleistungssektor anstieg und seit Mitte der 1970er-Jahre den größten Anteil der Volkswirtschaft ausmachte. Dieser *Strukturwandel* hatte sich bereits vor dem Zweiten Weltkrieg angekündigt und fand parallel in den westlichen Ländern statt. In Westdeutschland wurde er so vollzogen, dass es so gut wie keine Verlierer gab. Dafür sorgten Vollbeschäftigung, steigende Löhne, öffentliche Fördermaßnahmen und die Hilfen des Sozialstaats. Die Bundesrepublik schaffte – auf einem in der deutschen Geschichte bis dahin nicht erreichten Wohlstandsniveau – den Übergang in die *postindustrialisierte Gesellschaft*.

Die erfolgreiche Wirtschaftspolitik sorgte ebenso dafür, dass extremistischen Parteien der Boden entzogen wurde. Die Nationaldemokratische Partei (NPD) erreichte kurzzeitig Erfolge, etwa im April 1968 mit 9,8 Prozent bei Landtagswahlen in Baden-Württemberg. Mit nationalistischen, demokratie- und europafeindlichen Schlagwor-

---
* Siehe S. 47 f.

ten sowie mit Kritik an den Bemühungen um eine „Bewältigung" der NS-Vergangenheit (Auschwitz-Prozess 1960 - 1963 in Frankfurt am Main, Debatten im Bundestag über die Nichtverjährung von NS-Verbrechen 1965 und 1969) sprach die NPD Unzufriedene und Unbelehrbare an. Bei den Bundestagswahlen 1969 verfehlte sie jedoch den Einzug ins Parlament und verschwand einstweilen von der politischen Bildfläche. Daneben trat mit der 1968 neu gegründeten Deutschen Kommunistischen Partei (DKP) wieder eine linksextreme Partei in Erscheinung. Sie kam jedoch über den Status einer kleinen Splitterpartei nicht hinaus.

Die Regierung Kiesinger/Brandt führte auch umfangreiche Justizreformen durch – so wurden Ehebruch sowie Homosexualität nicht mehr unter Strafe gestellt und außereheliche Kinder den ehelichen rechtlich gleichgestellt.

Trotz vieler Reformen und Erfolge war das Bündnis zwischen Union und SPD zuletzt immer weniger populär, vor allem bei jüngeren Menschen. Sie vermissten die Mitsprache in der Politik und stellten ganz allgemein den Materialismus und die Selbstzufriedenheit der eigenen Gesellschaft infrage.

Die 68er-Bewegung Während die Mehrheit der Bevölkerung den wachsenden Wohlstand genoss, formierte sich in der westlichen Welt aus überwiegend studentischen Gruppen eine Protestbewegung gegen die Zustände in Staat und Gesellschaft. Vorbild war das Aufbegehren von Studenten in den USA gegen gesellschaftliche Missstände (Armut, Benachteiligung der schwarzen Bevölkerung) und den *Vietnam-Krieg**. Hinzu kamen die Ablehnung der überkommenen Werte der Erwachsenen, Skepsis gegen die Industriegesellschaft und die Suche nach neuen Lebensstilen.

Leitbild der „Neuen Linken" waren die Politisierung und Demokratisierung aller Lebensbereiche und die Utopie von der herrschaftsfreien Gesellschaft, in der es keine Klassengegensätze und keine Ausbeutung mehr gebe, in der Selbstbestimmung statt „Fremdbestimmung" herrsche.

Die Protestbewegung der studentischen Jugend erfasste alle westlichen Länder. Besonders heftige Unruhen brachen in Frankreich im Mai 1968 aus. Dort protestierten die Studenten gegen die überfüllten Universitäten und die Staatsführung unter Präsident de Gaulle, errichteten Barrikaden und lieferten sich Straßenschlachten mit der Polizei. Im Gegensatz zu den USA oder der Bundesrepublik sympathisierten weite Kreise der Bevölkerung mit den rebellierenden Studenten.

Jugendproteste ganz anderer Art gab es damals in der kommunistisch beherrschten Tschechoslowakei. In den Zielen der Reformkommunisten um *Alexander Dubček*** sahen viele den „Frühling" einer Entwicklung hin zu Meinungsfreiheit und politischer Liberalisierung. Der Einmarsch von Streitkräften der Warschauer Vertragsorganisation im August 1968 begrub diese Hoffnungen jedoch umgehend.

▲ **Demonstration in West-Berlin.**
Foto (Ausschnitt) vom 18. Februar 1968.
Mit Plakaten und Postern ihrer Vorbilder protestierten die Studenten 1968 gegen den Krieg in Vietnam. Die Porträts zeigen (von links nach rechts) den nordvietnamesischen Revolutionsführer Ho Chi Minh, die sozialistische Politikerin und Theoretikerin Rosa Luxemburg, den kubanischen Revolutionär Che Guevara und den Begründer des Sowjetkommunismus Lenin.

* Siehe S. 223.
** Siehe S. 224.

Rudi Dutschke (1940-1979): Soziologe, Führungsfigur der APO sowie der Studentenbewegung in der Bundesrepublik. Starb an den Spätfolgen eines 1968 auf ihn verübten Anschlags.

Neomarxismus: Sammelbegriff für alle kommunistischen Denkrichtungen, die vom Marxismus-Leninismus abweichen; hier: Weltanschauung, die den Kommunismus nicht durch die Arbeiterklasse, sondern durch Intellektuelle und Studenten aller Länder verwirklicht sehen will

Mohammed Resa (1919-1980): persischer Schah von 1941 bis 1979, dessen autoritäres Regime sich auf den Geheimdienst und das Militär stützte. 1979 wurde der Schah von Rebellen um Ayatollah Khomeini (1902-1989) gestürzt. An die Stelle der Monarchie trat die Islamische Republik Iran.

In der Bundesrepublik blieb die Kritik an der bestehenden Gesellschaftsordnung zunächst auf universitäre Zirkel in West-Berlin und Frankfurt am Main begrenzt. Der Sozialistische Deutsche Studentenbund (SDS), von dem sich die SPD bereits 1960 getrennt hatte, bildete mit seinem Wortführer Rudi Dutschke zugleich den Kern der Außerparlamentarischen Opposition (APO).

Mit den Mitteln der Provokation und des spielerischen, geistreichen Protests („sit-ins") stellte die Studentenbewegung zunächst die autoritären Strukturen an den Universitäten infrage. Bald verlagerte sich der zunehmend neomarxistisch beeinflusste Protest auch auf die Straße. Unterschiedliche Forderungen wurden laut:
- die Beendigung des Vietnam-Krieges,
- Widerstand gegen die Notstandsgesetzgebung der Großen Koalition,
- eine Reform der akademischen Ausbildung (mehr Studienplätze, mehr Mitsprache der Studierenden),
- ein offener Dialog mit der Generation der Eltern und Großeltern über die NS-Vergangenheit,
- Abschaffung des westlichen Gesellschaftssystems mit seiner angeblichen Verbindung von Imperialismus und Kapitalismus.

Die „Kinder des Wirtschaftswunders" wandten sich gegen das einseitige, unkritische Konsumdenken der Gesellschaft. Teile der Studentenschaft radikalisierten sich dabei so stark, dass sie die bestehende Gesellschaft grundsätzlich ablehnten und die „kapitalistischen Verhältnisse" durch „sozialistische" ersetzen wollten – notfalls mithilfe einer Revolution.

Als Anfang Juni 1967 in Berlin bei einer Demonstration gegen Schah Mohammed Resa von Persien der Student *Benno Ohnesorg* von einem Polizisten erschossen wurde, kam es bundesweit zu gewaltsamen Ausschreitungen. Zeitungsredaktionen des konservativen Springer Verlags, der unaufhörlich gegen die Demonstranten hetzte, wurden belagert („Enteignet Springer"), Kaufhäuser in Brand gesetzt. Ihren Höhepunkt erreichten die Unruhen im April 1968 nach dem Mordanschlag eines Einzeltäters auf Rudi Dutschke in Berlin. Dutschke überlebte schwer verletzt, doch die Gewalt löste eine Welle von Demonstrationen in allen größeren Städten der Bundesrepublik aus. Insgesamt gab es über 400 Verletzte und zwei Tote.

Mit dem Ende der Großen Koalition nach den Bundestagswahlen 1969 zerfiel auch die APO. Ein großer Teil ihrer jugendlichen Anhänger fand eine politische Heimat in der SPD. Der harte Kern der Aktivisten spaltete sich in verschiedene linksradikale Gruppen und einen terroristischen Flügel, die „*Rote Armee Fraktion*" (RAF). Was blieb, war die Hoffnung, in einem „langen Marsch durch die Institutionen" in ferner Zukunft „das System zu überwinden". Neben den politischen Aktionen propagierten die verschiedenen Gruppen der Protestbewegung neue Lebensformen, die der bürgerlichen Moralvorstellung widersprachen. Wohngemeinschaften entstanden, die „repressive Sexualmoral" der Gesellschaft wurde kritisiert und Freizügigkeit proklamiert, ein Jugendlichkeitskult machte sich breit und prägte die Kleidung und das Auftreten weiter Teile der Bevölkerung. Eine antiautoritäre Erziehung der Kinder sollte die Gesellschaft zum Besseren hin verändern.

Die „68er-Bewegung", wie sie später genannt wurde, politisierte die bundesdeutsche Gesellschaft und prägte die Einstellungen und Wertüberzeugungen einer ganzen Generation. Selbstbestimmung, Selbstverwirklichung und Kritik an einer normierten Form der Lebensgestaltung waren Ziele und Schlagworte, die jenseits aller politischen Standpunkte das Lebensgefühl der Kinder der Aufbaugeneration bestimmten. Eine Revolution des Lebensstils hatte stattgefunden, freilich auf der Grundlage gesicherter wirtschaftlicher und sozialer Verhältnisse.

Emanzipation und Frauenbewegung In den 1960er-Jahren begann sich auch die Emanzipationsbewegung zu formieren. Sie hatte das Ziel, die Gleichberechtigung der Geschlechter in Arbeitswelt und Alltag durchzusetzen und damit die Abhängigkeiten und Benachteiligungen von Frauen zu beenden. Dieser Prozess vollzog sich auf mehreren Ebenen:

- Das Grundgesetz von 1949 garantierte Frauen und Männern gleiche Rechte als Staatsbürger. Das in der Bundesrepublik gültige Ehe- und Familienrecht stammte hingegen aus dem Kaiserreich und gewährte den Ehemännern noch immer einseitige Vorrechte. 1958 trat nach langen Debatten das „Gesetz über die Gleichberechtigung von Mann und Frau im Bereich des Bürgerlichen Rechts" in Kraft. Es beseitigte den bisherigen Anspruch des Ehemannes auf den Gehorsam seiner Frau, ebenso sein Letztentscheidungsrecht über das gemeinsam in die Ehe eingebrachte Vermögen. Eine Berufstätigkeit der Ehefrau hing nicht länger von der Zustimmung ihres Mannes ab.

- Dank des massiven Ausbaus des Bildungswesens in den 1960er-Jahren waren immer mehr Frauen gut ausgebildet und vielseitig qualifiziert. Der Anteil erwerbstätiger Frauen stieg kontinuierlich an, von 30,2 Prozent im Jahr 1950 auf 37,1 Prozent im Jahr 1989. Zunächst überwiegend in Dienstleistungsberufen wie Lehrerin, Verkäuferin oder Sekretärin tätig, die nach konservativer Vorstellung für Frauen ausschließlich geeignet schienen, drängten sie allmählich in Berufe, die als Männerdomänen galten. Auch nahmen viele Frauen die Möglichkeit der Teilzeitarbeit in Anspruch, die seit 1972 gesetzlich geregelt war. Bis heute jedoch erhalten Frauen bei vergleichbarer Arbeit weniger Lohn (▶ M8).

- Die Rolle von Frauen wurde in den 1960er-Jahren kontrovers diskutiert. Dem konservativen Vorurteil, eine berufliche Tätigkeit von Frauen führe zur Verwahrlosung der Kinder, zu Sittenverfall und fehlendem Nachwuchs, stand das Eintreten der Frauenbewegung für das Selbstbestimmungsrecht der Frau gegenüber. Zu den führenden Feministinnen gehörte Alice Schwarzer, die in Zeitschriften wie „Courage" oder „Emma" engagiert ihre Positionen vertrat. Das Recht, selbst über das eigene Leben entscheiden zu dürfen, sollte in allen Bereichen durchgesetzt werden. Besonders umstritten war dabei die Forderung, das Abtreibungsverbot (§ 218) aufzuheben.

- In den 1970er-Jahren rückten die Belange von Frauen stärker ins öffentliche Bewusstsein. In vielen Städten wurden Frauenzentren eingerichtet. Zahlreiche Frauenhäuser entstanden, das erste 1976 in West-Berlin. Sie sollten Müttern und ihren Kindern Zuflucht vor häuslicher Gewalt bieten. Die Wissenschaften setzten sich mit der Erforschung von Frauen- und Geschlechterrollen (*gender studies*) auseinander. Nur sehr langsam reagierte der Sozialstaat auf den gesellschaftlichen Wandel. Zwar bestand ein gesetzlicher Mutterschutz. Er stellte Schwangere sechs Wochen vor der Entbindung und bis zu vier Monate nach der Geburt von ihrer Erwerbstätigkeit frei und garantierte die Lohnfortzahlung und den Arbeitsplatz. Lange Zeit besuchte nur ein kleiner Teil der Drei- bis Sechsjährigen einen Kindergarten: Ende der 1970er-Jahre gab es Plätze nur für etwa ein Drittel, zehn Jahre später für 80 Prozent. Für Kinderkrippen und -horte, Kindergärten und Ganztagsschulen wurden nur geringe Finanzmittel bereitgestellt.

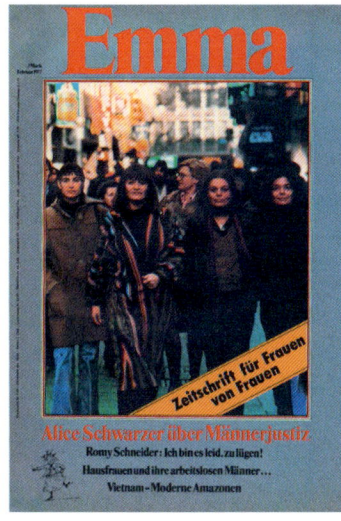

▲ „Emma."
Titelbild der ersten Ausgabe vom Januar/Februar 1977.

Alice Schwarzer (geb. 1942): deutsche Journalistin und Frauenrechtlerin

Walter Scheel (geb. 1919):
FDP-Politiker;
1968-1974 FDP-Vorsitzender;
1969-1974 Bundesaußenminister und Vizekanzler;
1974-1979 Bundespräsident

Politik der inneren Reformen Zum ersten „echten" Regierungswechsel in der Geschichte der Bundesrepublik kam es mit der Wahl Willy Brandts zum Bundeskanzler am 21. Oktober 1969 mit den Stimmen von SPD und FDP. Die Union war trotz Verlusten stärkste Partei (46,1 %), doch die FDP unter ihrem neuen Vorsitzenden **Walter Scheel** wollte das Regierungsbündnis mit der SPD (42,7 %). Mit Brandt stand zum ersten Mal seit 1930 ein Sozialdemokrat an der Spitze der Regierung, der zudem noch als Emigrant den Nationalsozialismus bekämpft hatte.

Die neue Regierung trat mit dem Anspruch umfassender innerer Reformen an und traf damit die Erwartungen vieler Bürger, insbesondere der jungen Generation (▶ M9). Dazu gehörten die Verbesserung der betrieblichen Mitbestimmung sowie der weitere Ausbau des Sozialstaates: Erhöhung des Rentenniveaus, Einbeziehen von Selbstständigen und nicht berufstätigen Frauen, flexibles Renteneintrittsalter. Der Etat für Sozialausgaben verdoppelte sich zwischen 1970 und 1975 auf umgerechnet 170 Milliarden Euro. 1970 wurde die Altersgrenze für das aktive Wahlrecht von 21 auf 18 Jahre, das passive Wahlrecht von 25 auf 21 Jahre herabgesetzt.

Die sozial-liberale Koalition reformierte das Ehe- und Familienrecht. Die neuen Gesetze folgten dem Gedanken der Gleichberechtigung der Geschlechter sowie der Selbstbestimmung der Frau. 1974 trat an die Stelle des Abtreibungsverbots eine Fristenlösung (straffreie Abtreibung bis zum dritten Schwangerschaftsmonat). Nach dem Einspruch des Bundesverfassungsgerichts wurde diese Regelung 1976 durch eine Indikationenlösung ersetzt: Eine Abtreibung blieb straffrei bei bestimmten Indikationen und vorheriger Beratung.

Bildungsexpansion In den 1970er-Jahren erreichte der Ausbau des Bildungswesens in der Bundesrepublik seinen Höhepunkt. Die Regierung setzte den Reformkurs der 1960er-Jahre fort und intensivierte ihn. 1971 trat ein Bundesausbildungsförderungsgesetz (BAföG) in Kraft, das Schülern, Studierenden oder jugendlichen Auszubildenden finanzielle Unterstützung bot, wenn Bedürftigkeit vorlag.

Als Folge der vielfältigen und kostenintensiven Anstrengungen stieg zwischen 1960 und 1980 die Schülerzahl an Gymnasien um 230 Prozent, an Realschulen um 310 Prozent. Auch im Hochschulbereich machten sich die Investitionen bemerkbar. Von 1960 bis 1980 entstanden bundesweit 24 neue Universitäten und Technische Hochschulen. Die Zahl der Studierenden überschritt 1980/81 eine Million, 1988/89 lag sie bei 1,5 Millionen. Die Quote der Studentinnen lag 1970 bei 35 Prozent und stieg bis 1994 auf 52 Prozent. Auch die Fachhochschulen mit ihrer größeren Praxisnähe fanden großen Anklang: Von 1972 bis 1982 verdoppelte sich die Zahl der dort Studierenden auf eine Viertelmillion.

Die Reformen waren ein Erfolg, was die Angleichung der Bildungschancen zwischen den Geschlechtern und die Anhebung des allgemeinen Bildungsniveaus betraf. Kinder aus Arbeiterfamilien besuchten zunehmend Realschulen und Gymnasien, blieben aber in diesen Schulzweigen unterrepräsentiert. Zwar stieg die Zahl der Studierenden, doch gab es immer mehr arbeitslose Akademiker. Nach wie vor lag die Quote der Studierenden unter derjenigen in den USA und anderen westlichen Ländern.

Soziale Ungleichheiten bestanden noch immer, als Bund und Länder Anfang der 1980er-Jahre mit Kürzungen der Bildungsetats begannen. Zudem blieben die Kinder von Zuwanderern vom Bildungsangebot in hohem Maße ausgeschlossen.

M1 „Die Bundesrepublik ist allein befugt ..."

Nach der Gründung der DDR erklärt Bundeskanzler Adenauer am 21. Oktober 1949 vor dem Deutschen Bundestag:

Ich stelle Folgendes fest: In der Sowjetzone gibt es keinen freien Willen der deutschen Bevölkerung. Das, was jetzt dort geschieht, wird nicht von der Bevölkerung getragen und damit legitimiert. Die Bundesrepublik Deutschland stützt sich dagegen auf die Anerkennung durch den frei bekundeten Willen von rund 23 Millionen stimmberechtigter Deutscher. Die Bundesrepublik Deutschland ist somit bis zur Erreichung der deutschen Einheit insgesamt die alleinige legitimierte staatliche Organisation des deutschen Volkes. [...] Die Bundesrepublik Deutschland fühlt sich auch verantwortlich für das Schicksal der 18 Millionen Deutschen, die in der Sowjetzone leben. Sie versichert sich ihrer Treue und ihrer Sorge. Die Bundesrepublik Deutschland ist allein befugt, für das deutsche Volk zu sprechen. Sie erkennt Erklärungen der Sowjetzone nicht als verbindlich für das deutsche Volk an.

Merith Niehuss und Ulrike Lindner, Besatzungszeit, Bundesrepublik und DDR 1945-1969 (Deutsche Geschichte in Quellen, Bd. 10), Stuttgart 2007, S. 202-205

1. *Arbeiten Sie heraus, wie Adenauer die höhere Legitimität der Bundesrepublik im Vergleich zur DDR begründet.*

2. *Diskutieren Sie die Probleme, die damit auf künftige Bundesregierungen zukamen.*

M2 Die Stalin-Note vom 10. März 1952

Die Sowjetregierung unterbreitet mit diesem diplomatischen Schriftstück (Note) den drei Westmächten den Entwurf eines Friedensvertrages mit Deutschland:

Politische Leitsätze

1. Deutschland wird als einheitlicher Staat wiederhergestellt. Damit wird der Spaltung Deutschlands ein Ende gemacht, und das geeinte Deutschland gewinnt die Möglichkeit, sich als unabhängiger, demokratischer, friedliebender Staat zu entwickeln.
2. Sämtliche Streitkräfte der Besatzungsmächte müssen spätestens ein Jahr nach Inkrafttreten des Friedensvertrages aus Deutschland abgezogen werden. Gleichzeitig werden sämtliche ausländische Militärstützpunkte auf dem Territorium Deutschlands liquidiert.
3. Dem deutschen Volk müssen die demokratischen Rechte gewährleistet sein, [...] einschließlich der Redefreiheit, der Pressefreiheit, des Rechts der freien Religionsausübung, der Freiheit der politischen Überzeugung und der Versammlungsfreiheit.
4. In Deutschland muss den demokratischen Parteien und Organisationen freie Betätigung gewährleistet sein [...].
5. Auf dem Territorium Deutschlands dürfen Organisationen, die der Demokratie und der Sache der Erhaltung des Friedens feindlich sind, nicht bestehen.
6. Allen ehemaligen Angehörigen der deutschen Armee, einschließlich der Offiziere und Generale, allen ehemaligen Nazis, mit Ausnahme derer, die nach Gerichtsurteil eine Strafe für von ihnen begangene Verbrechen verbüßen, müssen die gleichen bürgerlichen und politischen Rechte wie allen anderen deutschen Bürgern gewährt werden zur Teilnahme am Aufbau eines friedliebenden, demokratischen Deutschland.
7. Deutschland verpflichtet sich, keinerlei Koalitionen oder Militärbündnisse einzugehen, die sich gegen irgendeinen Staat richten, der mit seinen Streitkräften am Krieg gegen Deutschland teilgenommen hat.

Das Territorium

Das Territorium Deutschlands ist durch die Grenzen bestimmt, die durch die Beschlüsse der Potsdamer Konferenz der Großmächte festgelegt wurden. [...]

Militärische Leitsätze

1. Es wird Deutschland gestattet sein, eigene nationale Streitkräfte (Land-, Luft- und Seestreitkräfte) zu besitzen, die für die Verteidigung des Landes notwendig sind.
2. Deutschland wird die Erzeugung von Kriegsmaterial und -ausrüstung gestattet werden, deren Menge oder Typen nicht über die Grenzen dessen hinausgehen dürfen, was für die Streitkräfte erforderlich ist, die für Deutschland durch den Friedensvertrag festgesetzt sind.

Helmut Krause und Karlheinz Reif (Bearb.), Die Welt seit 1945 (Geschichte in Quellen), München 1980, S. 391f.

1. *Nennen und erläutern Sie die wichtigsten Aussagen dieser diplomatischen Note. Zeigen Sie die Vieldeutigkeit mancher Formulierungen.*

2. *Adenauer sah in der Note Stalins die Gefahr einer Rückkehr zum System von Potsdam angelegt, also einer Einigung der vier Siegermächte über Deutschland ohne dessen Mitwirkung. Zeigen Sie, worauf sich diese Interpretation bezog.*

▲ **Karikatur aus „Der deutsche Eisenbahner" vom 20. Mai 1952.**
Die Karikatur spielt auf die Loreley an. Die Zeilen rechts unten sind der Beginn eines Gedichtes von Heinrich Heine über diese Sagengestalt, die Reisende auf dem Rhein so in ihren Bann zog, dass ihre Schiffe an dem Felsen zerschellten.

M3 Streit um Stalins Angebot

Der Historiker Edgar Wolfrum blickt 2005 auf den Streit um die Stalin-Noten zurück:

Wie aufgeladen die Atmosphäre noch jahrelang blieb, zeigte sich vor allem in der Bundestagssitzung vom 23. Januar 1958, als es zu einer Generalabrechnung mit Adenauers Deutschlandpolitik kam. In einer ungemein scharfen Rede [...] griff
5 Thomas Dehler[1] Adenauer an, indem er ihm vorwarf, die Wiedervereinigung nicht nur nicht gewollt, sondern vielmehr alles getan zu haben, „um die Wiedervereinigung zu verhindern". Auch Gustav Heinemann[2], mittlerweile SPD-Abgeordneter, ließ in seiner anschließenden Rede keinen Zweifel daran, dass er Adenauer für historisch schuldig hielt, weil er 1952 Chancen leichtfertig verspielt habe.

Seit dieser legendären nächtlichen Bundestagssitzung vom 23. Januar 1958 ist die Debatte um die Stalin-Noten immer wieder einmal aufgeflammt, und sie hat sich dann ab den 80er-Jahren zu einer wissenschaftlichen Kontroverse entwickelt, die massiv von geschichtspolitischen Dimensionen dominiert wird, steht im Zentrum doch die Frage, ob 1952 eine Chance für die Wiedervereinigung vorschnell vertan wurde oder ob diese Chance überhaupt nicht bestand, sondern nur eine „Legende von der verpassten Gelegenheit" wucherte. [...] Die Antwort hängt vor allem von den unterstellten Intentionen Stalins ab. Bis heute jedoch kann man nicht mit letzter Sicherheit sagen, welches seine wirklichen deutschlandpolitischen Ziele waren [...]. Immerhin scheint es einsichtig, dass Stalin nicht bereit war, die sich abzeichnende Westintegration der Bundesrepublik tatenlos hinzunehmen, und ihm daran lag, eine dauerhafte amerikanische Truppenpräsenz in Europa zu verhindern. War ihm dies nicht wichtiger als der Fortbestand der Ulbricht-Diktatur? Weiterhin ungeklärt müssen aber die Fragen nach seinem beabsichtigten Weg zur Wiedervereinigung und der intendierten „demokratischen" Struktur eines vereinten Deutschlands bleiben. Ob somit Adenauer 1952 den westlichen Teil Deutschlands vor dem langfristigen Zugriff der Sowjetunion rettete und so ein Sowjetdeutschland verhinderte, lässt sich nicht entscheiden. Glücklicherweise ist den Westdeutschen ein sowjetisches Experiment erspart geblieben. Aber die Ostdeutschen hatten an diesem Glück nicht teil. Deutlich wurde 1952, dass die Westpolitik einen Preis kostete, der moralisch anfechtbar war, weil ihn fast 40 Jahre lang allein die 18 Millionen Deutschen in der DDR zahlen mussten. Forschung und Politik werden sich weiterhin streiten, ob Adenauers Westintegration den Ostdeutschen die Hypothek eines Lebens in der Diktatur aufbürdete und er somit einen Teil der deutschen Schicksalsgemeinschaft im Stich gelassen hat, oder ob seine Politik im Gegenteil im Westen ein Bollwerk der Freiheit schuf, welches die Wiedervereinigung unter westlichen Bedingungen 1989/90 erst ermöglichte.

Edgar Wolfrum, Die Bundesrepublik Deutschland 1949-1990 (Gebhardt, Handbuch der deutschen Geschichte, 10. Aufl., Bd. 23), Stuttgart 2005, S. 166-169

---

[1] Thomas Dehler (1897-1967): Jurist und Politiker, Mitglied der FDP. 1949-1953 Bundesminister der Justiz. Schied wegen Differenzen mit Bundeskanzler Adenauer 1953 aus der Regierung aus. 1953-1957 Vorsitzender der FDP-Fraktion im Bundestag.

[2] Gustav Heinemann (1899-1976): Trat 1950 aus dem Kabinett Adenauer sowie 1952 aus der CDU wegen der deutschen Wiederbewaffnung aus und gründete die Gesamtdeutsche Volkspartei (GVP). Seit 1957 Mitglied der SPD. 1966-1969 Bundesminister der Justiz in der Großen Koalition. 1969 mit den Stimmen von SPD und FDP zum Bundespräsidenten gewählt. Seine Amtszeit endete 1974.

---

1. *Erläutern Sie die Bedeutung des Streits um die Stalin-Noten aus historischer Sicht.*

2. *Vergleichen Sie den Handlungsspielraum Adenauers in der Deutschlandpolitik mit demjenigen Stalins.*

3. *Formulieren Sie den letzten Satz des Textes so um, als wäre er vor 1989 geschrieben.*

M4 Würdigung der Pariser Verträge

In der ersten Lesung der Pariser Verträge im Bundestag gibt Bundeskanzler Konrad Adenauer am 15. Dezember 1954 eine Regierungserklärung ab:

Das Vertragswerk macht die Bundesrepublik erst fähig, die Spaltung Deutschlands zu beseitigen und die sich mit der Wiedervereinigung stellenden Aufgaben zu bewältigen. [...] Die großen Mächte werden sich entsprechend ihren vertraglichen Verpflichtungen bei kommenden Verhandlungen für unsere Wiedervereinigung solidarisch einsetzen. [...] Sie erklären also, dass die Schaffung eines völlig freien und vereinigten Deutschland durch friedliche Mittel ein grundlegendes Ziel ihrer Politik ist. Ich sehe nicht, meine Damen und Herren, wie heute eine bessere Basis für die Wiedervereinigung Deutschlands gewonnen werden könnte. [...]
Die sowjetische Propaganda versucht im Zusammenhang mit der jüngsten Konferenz der Ostblockstaaten den Eindruck zu erwecken, dass Sowjetrussland bedroht werde. Es kann aber kein Zweifel daran bestehen, meine Damen und Herren, dass die Westmächte mit ihren Verteidigungsanstrengungen erst begonnen haben, nachdem klar erwiesen war, dass die Sowjetunion nicht daran dachte, ihre hochgerüsteten Streitkräfte zu vermindern, und dass sie bereit war, diese Streitkräfte mindestens psychologisch für die Verfolgung ihrer unverändert expansiven Politik einzusetzen.
Es ist, meine Damen und Herren, eine alte Taktik des Kommunismus, den Angriff stets in der Sprache der Verteidigung zu führen. Das heißt, man bereitet den Angriff vor, und wenn der, dem dieser Angriff gelten soll, daraufhin seinerseits entsprechende, defensive Maßnahmen trifft, sagen die Kommunisten, man bedrohe sie.
Dieser Taktik folgend hat die Sowjetunion gegen Ende der Berliner Konferenz[1] und seitdem mehrmals Vorschläge für ein System kollektiver Sicherheit gemacht, das die Verteidigungsorganisation des Westens in Europa auflösen, die Vereinigten Staaten ausschalten, die militärische Einheit des Ostblocks aber aufrechterhalten und die Sowjetunion zur vorherrschenden Militärmacht eines ganz Europa umfassenden Systems machen würde. Ein derartiges System würde ihr nicht nur den lange angestrebten Einfluss auf ganz Deutschland, sondern auf die Dauer auch auf alle anderen freien Staaten Europas gewährleisten.

Der Politiker Erich Ollenhauer, seit dem Tod Kurt Schumachers 1952 Vorsitzender der SPD, antwortet folgendermaßen auf die Regierungserklärung Adenauers:

Wir waren und wir sind der Meinung, dass nach dem Scheitern der EVG-Politik und vor der Beratung und Entscheidung über andere Formen eines militärischen Beitrags der Bundesrepublik zunächst ein neuer ernsthafter Versuch unternommen werden sollte, in Vier-Mächte-Verhandlungen die Möglichkeiten einer befriedigenden Lösung der deutschen Frage zu prüfen. (*Sehr gut! bei der SPD.*) [...] In Paris ist zwar nicht schriftlich, aber tatsächlich festgelegt worden, dass neue Verhandlungen mit der Sowjetunion über das Problem der deutschen Einheit erst nach der Ratifizierung der Verträge ins Auge gefasst werden sollen. Der Herr Bundeskanzler hat sich diese These wiederholt und ausdrücklich zu eigen gemacht, auch in seiner heutigen Rede. Damit ist eindeutig der Aufrüstung der Bundesrepublik der Vorrang vor der Wiedervereinigung gegeben worden. [...]
Diese Politik basiert auf der Annahme, dass ohne die Einheit des Westens erfolgreiche Verhandlungen mit der Sowjetunion nicht möglich seien und dass die Sowjetunion nach der Ratifizierung der Pariser Verträge eine größere Bereitwilligkeit zu Verhandlungen über eine für den Westen und für das deutsche Volk tragbare Lösung der europäischen und deutschen Probleme zeigen werde. [...]
Selbstverständlich verfolgt die Sowjetunion mit ihren letzten Noten seit dem Scheitern des EVG-Vertrags ein taktisches Ziel. Sie hat das Interesse, die Ratifizierung der Pariser Verträge zu verhindern, weil sie eine Aufrüstung der Bundesrepublik nicht wünscht. Die Interessen der Sowjetunion sind nicht identisch mit unseren deutschen Interessen, und ihre Argumente sind nicht unsere Argumente. Aber vergessen wir nie, die Sowjetunion ist eine der vier Besatzungsmächte, und ohne ihre Zustimmung und ohne ihre Mitwirkung ist eine Wiedervereinigung Deutschlands ebenso unmöglich wie ohne die Zustimmung und die Mitwirkung der Westmächte. (*Lebhafte Zustimmung bei der SPD.*) Es kann und darf uns daher nicht gleichgültig sein, welche Konsequenzen die Sowjetunion aus einer Einbeziehung der Bundesrepublik in die NATO im Hinblick auf ihre Deutschlandpolitik ziehen wird. [...] Aber die eindeutige Ankündigung, dass dann Verhandlungen über die deutsche Frage zwecklos sein werden, können und dürfen wir nicht ignorieren.

Verhandlungen des Deutschen Bundestages, 2. Wahlperiode 1953-1957, Bd. 22, S. 3135 ff.

[1] Berliner Konferenz: Treffen der Außenminister der Westmächte und der UdSSR im Januar/Februar 1954

1. *Analysieren Sie, welche Bedeutung den Pariser Verträgen hinsichtlich einer möglichen Wiedervereinigung Deutschlands in den beiden Reden zugewiesen wird.*

2. *Bewerten Sie die Unterschiede in den außenpolitischen Positionen.*

M5 Wirtschaftswachstum und Arbeitslosigkeit in der Bundesrepublik 1950-1989

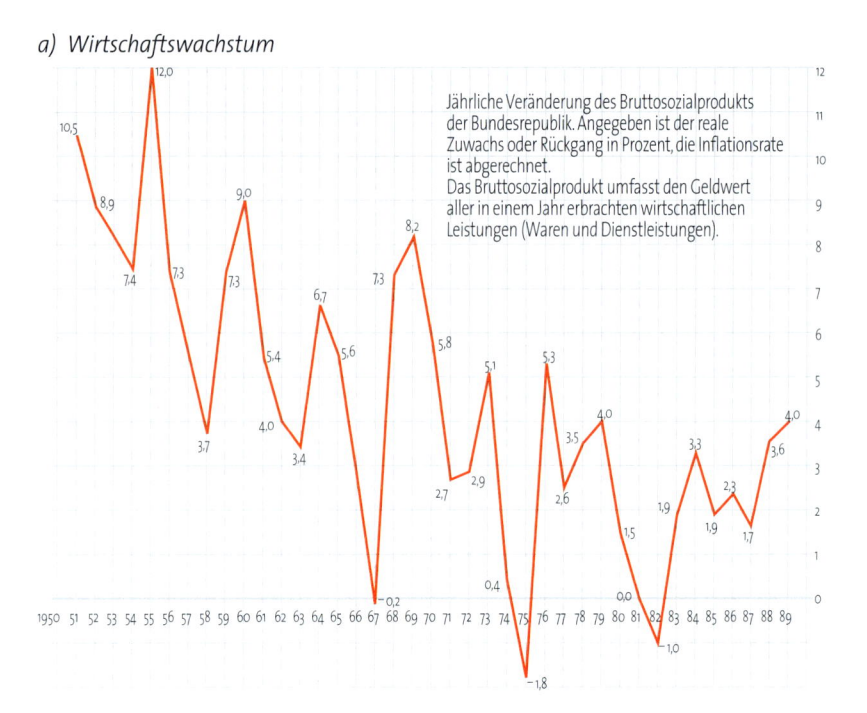

a) Wirtschaftswachstum

Jährliche Veränderung des Bruttosozialprodukts der Bundesrepublik. Angegeben ist der reale Zuwachs oder Rückgang in Prozent, die Inflationsrate ist abgerechnet.
Das Bruttosozialprodukt umfasst den Geldwert aller in einem Jahr erbrachten wirtschaftlichen Leistungen (Waren und Dienstleistungen).

Werte (1950–1989): 10,5; 8,9; 7,4; 7,3; 7,3; 12,0; 7,3; 5,4; 3,7; 7,3; 9,0; 5,4; 4,0; 3,4; 6,7; 5,6; 2,7; –0,2; 7,3; 8,2; 5,8; 2,9; 5,1; 5,3; 0,4; –1,8; 5,3; 2,6; 3,5; 4,0; 1,5; 0,0; –1,0; 1,9; 3,3; 1,9; 2,3; 1,7; 3,6; 4,0

b) Zahl der Arbeitslosen

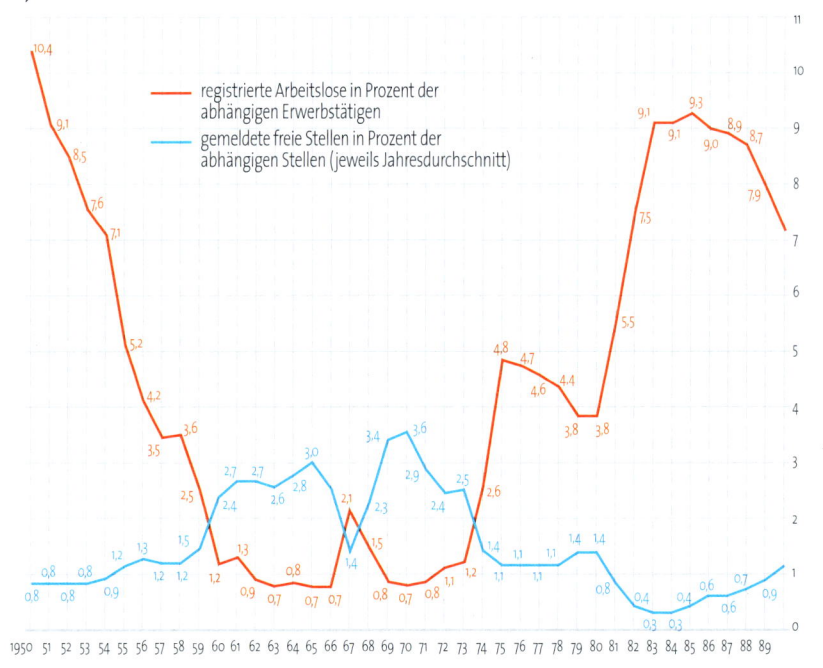

— registrierte Arbeitslose in Prozent der abhängigen Erwerbstätigen
— gemeldete freie Stellen in Prozent der abhängigen Stellen (jeweils Jahresdurchschnitt)

Arbeitslose (orange): 10,4; 9,1; 8,5; 7,6; 7,1; 5,2; 4,2; 3,6; 3,5; 2,5; 1,2; 1,3; 0,9; 0,7; 0,7; 0,7; 0,7; 2,1; 1,5; 0,8; 0,7; 0,8; 1,1; 1,2; 2,6; 4,8; 4,7; 4,6; 4,4; 3,8; 3,8; 5,5; 7,5; 9,1; 9,3; 9,1; 9,0; 8,9; 8,7; 7,9

Freie Stellen (blau): 0,8; 0,8; 0,8; 0,9; 1,2; 1,3; 1,5; 1,2; 1,2; 2,5; 2,4; 2,7; 2,7; 2,6; 2,8; 3,0; 1,4; 1,5; 2,3; 3,4; 3,6; 2,9; 2,4; 2,5; 1,4; 1,1; 1,1; 1,4; 1,4; 0,8; 0,3; 0,3; 0,4; 0,6; 0,6; 0,7; 0,9

Daten nach: Bundesministerium für Wirtschaft (Hrsg.), Leistung in Zahlen bzw. Wirtschaft in Zahlen, verschiedene Jahrgänge

■ *Beschreiben Sie die Entwicklung des Wirtschaftswachstums und der Zahl der Arbeitslosen. Setzen Sie die beiden Entwicklungen in Beziehung.*

▲ Werbefoto, Ende der 1950er-Jahre.

▲ Urlaubende Bundesbürger vor Souvenirläden in Südtirol. Foto von 1958.

M6 Chancen und Grenzen der Konsumgesellschaft

Der Wirtschaftshistoriker Werner Abelshauser referiert Merkmale der bundesdeutschen Konsumgesellschaft:

Überraschenderweise konnte die Konsumgesellschaft Bundesrepublik in vielem, was für sie charakteristisch geworden ist, an die Entwicklung der Dreißigerjahre anknüpfen [...]. Neu für die Fünfzigerjahre war hingegen, dass der Konsum langlebiger Gebrauchsgüter nicht mehr auf mittlere und gehobene Einkommensklassen begrenzt war, sondern mit wachsendem Realeinkommen in nahezu allen Schichten der Bevölkerung einsickerte. Für den Besitz mancher Konsumgüter wie zum Beispiel für Fernsehgeräte, Musiktruhen oder Kühlschränke spielte in der zweiten Hälfte der Fünfzigerjahre die soziale Stellung kaum noch eine bestimmende Rolle. Die „Demokratisierung des Konsums" [...] setzte sich [...] durch. Kennzeichnend für diese Entwicklung ist das Scheitern schichtspezifisch konzipierter Automobile (z. B. die „Kabinenroller" von Gutbrod, Maico oder Messerschmidt) [...] und der Siegeszug des auf technische Funktionalität und ein (käufer-)schichtübergreifendes Image angelegten Volkswagen-Käfers [...].
Das private Automobil wurde in den Fünfzigerjahren zum Schlüsselbegriff für soziales Wohlbefinden, bürgerliches Freiheitsgefühl, wirtschaftliche Erwerbschancen und gesellschaftliches Prestige. Die Konsequenzen, die sich daraus für Städtebau, Siedlungspolitik, Freizeitgestaltung, Kommunikationsverhalten, Wirtschaftsstruktur, Umwelt, ja nahezu für alle Bereiche des menschlichen Lebens ergaben, revolutionierten das Alltagsleben. [...]
In dieselbe Richtung zeigten die Herausbildung des Tourismus als Kollektivphänomen und die Expansion des neuen Massenmediums „Fernsehen". Beide ebenfalls epochemachenden Entwicklungen haben in Deutschland ihren Ursprung in den Dreißigerjahren, sodass auch hier auf eigene Erfahrungen zurückgegriffen werden konnte. [...]
Es gibt keinen Zweifel daran, dass die Hauptstützen der „Konsumgesellschaft" – Motorisierung, Tourismus und Massenmedien – ihre tiefen Spuren im öffentlichen Bewusstsein und im Lebensgefühl der Massen erst im Laufe der Fünfziger- und Sechzigerjahre hinterlassen haben und daher zu Recht als Ergebnis des „Wirtschaftswunders" nach dem Zweiten Weltkrieg gesehen werden. [...]
Vor der generellen Verbesserung der wirtschaftlichen Lage traten andere Probleme der „Wirtschaftswunderzeit" zurück. [...] Je weiter die Motorisierung voranschritt und die Freiheit des Einzelnen zu erweitern versprach, desto mehr stiegen die sozialen Kosten einer „autogerechten" Welt, in der die Mehrheit der Bundesbürger nunmehr wohnen wollte, und verringerten sich in den Verdichtungsräumen des Straßenverkehrs die Entfaltungsmöglichkeiten des einzelnen Autofahrers. Ursprüngliche Lebensqualität schlug um in Umweltbelastung. Ähnliches gilt für den Massentourismus, dessen Reiz gerade durch die Folgen seiner steigenden Popularität und

der Erschwinglichkeit von Pauschalreisen zwangsläufig Schaden nehmen musste, und für die elektronischen Medien, deren kulturelle Problematik im vollen Maße erst in den Siebzigerjahren erkannt worden ist.

Schließlich: In dem Maße, wie die Bundesrepublik in den Fünfzigerjahren zur Industriegesellschaft par excellence geworden ist, hat sie auch deren außerordentliche Probleme in Kauf nehmen müssen. Hohe Abhängigkeit vom Weltmarkt, von Energieimporten und knappen Rohstoffen, starke Umweltbelastungen durch industrielle Emissionen und Abfälle, Zersiedelung der Landschaft durch dezentrale Industrieansiedlung oder Beschäftigungskrisen durch wirtschaftlichen Strukturwandel waren noch keine dringenden Fragen der Sechzigerjahre. Aber all diese Probleme, die die Bundesrepublik jenseits der „Grenzen des Wachstums" besonders hart trafen, sind in den Langen Fünfzigerjahren entstanden.

Werner Abelshauser, Deutsche Wirtschaftsgeschichte seit 1945, München 2004, S. 336–341

1. Arbeiten Sie die Kennzeichen der Konsumgesellschaft in der Zeit des „Wirtschaftswunders" heraus.
2. Welche Folgen hatte die „Demokratisierung des Konsums" (Zeile 12)?
3. Beurteilen Sie aus heutiger Sicht das damalige Konsumverhalten.

M7 Innere Ordnung und Demokratie

In der Schlussdebatte des Bundestages zur Verabschiedung der Notstandsgesetze am 30. Mai 1968 macht sich Außenminister und Vizekanzler Willy Brandt für die Gesetzesvorlage stark:

Bisher hatten die Alliierten noch Rechte, die uns als Untermieter im eigenen Haus erscheinen ließen. Das soll jetzt geändert werden. Unsere Bundesrepublik ist erwachsen genug, um die Ordnung ihrer inneren Angelegenheiten ohne Einschränkung in die eigenen Hände zu nehmen. [...] An dem Tage, an dem eigene deutsche Gesetze zum Schutze unserer Demokratie in Notzeiten in Kraft treten, erlöschen die Rechte, die sich unsere Alliierten bis dahin vorbehalten haben. [...] Wir wissen, meine Damen und Herren, dass manche unserer Mitbürger noch immer fragen, ob denn die Vorsorgegesetze [= Notstandsgesetze] überhaupt nötig seien. Hierzu hat nicht zuletzt der Bundesjustizminister, mein Kollege Dr. Heinemann, wiederholt darauf hingewiesen, dass der Verzicht auf ein im Grundgesetz verankertes Notstandsrecht unweigerlich das Wiederaufleben von Bemühungen um eine außerparlamentarische Notstandsvorsorge der Exekutive zur Folge hätte, die an die Schranken unserer Verfassung nicht gebunden wäre. [...]

Die Regierung der Sowjetunion hat erst jetzt wieder in einer TASS-Erklärung[1] behauptet, unsere Vorsorgeregelung könnte schwerwiegende Folgen für die Interessen des Friedens in Europa haben. Dies ist nicht neu, aber es ist auch nicht wahr, und unwahre Behauptungen dienen nicht der Zusammenarbeit zwischen den Völkern. [...] Es sollte endlich Schluss damit sein, dass man uns auf der einen Seite vorhält, wir verträten unsere Interessen nicht selbstständig genug, um, wenn wir es tun, uns zu beschuldigen, dies sei gefährlich. [...]

Ich gebe zu, die Regierung der Sowjetunion hat das Problem des Notstandes „eleganter" gelöst. [...] Sie kann nämlich, gestützt auf eine Blankovollmacht ihrer Verfassung, in einem solchen Falle alles tun, was sie für richtig hält. [...]

Natürlich weiß man auch in Moskau, dass in Ost-Berlin nicht ein Jahrzehnt lang diskutiert, geschweige denn öffentlich diskutiert worden ist, sondern dass man dort eine ganz „einfache", aber weitreichende, eben eine autoritäre Notstandsverfassung eingeführt hat. Solche Herrschaftsformen wie in Ost-Berlin sind schlechte Ratgeber für ein freiheitliches, demokratisches Staatswesen, das sich auch in Notzeiten nicht aus den Angeln heben lassen will; denn solche Diktaturen leben im Grunde in einem permanenten Notstand, bei dem es nur darum geht, ob die Schraube noch etwas mehr angezogen wird.

[...] Es gibt eine Kritik an der Notstandsgesetzgebung, die ich für reine Demagogie[2] halte. Diese stützt sich in der Bevölkerung zum Teil auf einen Mangel an Vertrautheit mit Tatsachen, und daran sind wir vielleicht nicht immer ganz schuldlos gewesen.

Es gibt zugleich eine andere Kritik, die ich ernst nehme und respektiere. Ich meine zahlreiche Männer unseres geistigen und wissenschaftlichen Lebens, aus denen eine ehrliche Sorge spricht. Manche von ihnen meinen, es könnte sich quer durch die Parteien eine Art „Partei der Ordnung" im Sinne bloßer Beharrung bilden, die alle Unzulänglichkeiten des Bestehenden zementieren und in Versuchung geraten könnte, sich zu diesem Zweck auch der Vorsorgegesetze zu bedienen; eben damit würde sie einen tiefen Bruch im Volk, also einen Notstand hervorrufen.

Aus dieser Argumentation spricht Misstrauen gegen die demokratische Verlässlichkeit unserer Parteien. Wir haben keinen Grund, dieses Misstrauen einfach zurückzuweisen. Ich halte es für besser, wenn wir uns nach den Gründen dafür fragen. [...]

Wir sind [...] Zeugen einer erregenden, manchmal anstrengenden Unruhe der jungen Generation, die inzwischen über

[1] TASS: Amtliche Nachrichtenagentur der Sowjetunion
[2] Demagogie: Aufwiegelung der öffentlichen Meinung, politische Hetze

▲ Demonstration gegen die Notstandsgesetze.
Foto vom 11. Mai 1968.

alle nationalen Grenzen hinausgewachsen ist. Sie findet in jedem Land andere Anlässe des Protestes. Zum Teil ist sie von dem Aufbegehren gegen das Gefühl getragen, der einzelne Mensch könnte zum manipulierten Rädchen in einer alles beherrschenden Technisierung unserer Welt werden. Sie lehnt ab, sich von Erfahrungen leiten zu lassen, die für sie Geschichte sind. Sie sucht nach Maßstäben und Werten, die über Wohlstandskategorien hinausgehen. Sie möchte Technik in den Dienst ihres noch unformulierten Willens stellen. Ich sympathisiere mit dieser Strömung in der jungen Generation. Das weiß man. Ich wünsche, dass sie ihren Idealen näher kommen möge, als andere imstande waren, im Laufe jüngerer deutscher Geschichte die Ideale ihrer Jugend zu verwirklichen. [...]
Die demokratische Empfindlichkeit vieler in unserem Volk hat sich als leicht ansprechbar erwiesen. Das ist auch gut. Doch gehöre ich zu denen, die meinen, dass wir uns fragen müssen, was in unserem Staat nicht stimmt, noch nicht stimmt, wenn zuweilen ganze Gruppen von tiefem Misstrauen erfüllt sind, wenn man dem Wort des anderen nicht mehr glaubt, wenn alle allen alles oder viele vielen vieles zutrauen. [...]

Dies und anderes hat mich [...] in der Überzeugung bestärkt, dass vieles doch noch notleidend ist im Verhältnis zwischen Staat und Teilen der geistigen Schichten, wohl auch der jungen Generation, wohl auch der Arbeiterschaft. Ich fürchte wirklich, dass uns weder die Bewältigung der Vergangenheit noch die Vorbereitung auf die Zukunft schon gut genug gelungen ist. [...]
Um die Vorsorgegesetze ist ein Kampf geführt worden, der Respekt verdient. Für Notzeiten, die hoffentlich niemals eintreten, ist das Menschenmögliche getan. Mein bescheidenes Votum [...] wäre nun, an die Arbeit zu gehen, um diesen Staat so zu gestalten, dass er der Mitarbeit aller seiner Bürger sicher sein kann.

Verhandlungen des Deutschen Bundestages, Stenographische Berichte, Bd. 66, Bonn 1969, S. 9625-9631

1. *Fassen Sie die Kritikpunkte an der Notstandsgesetzgebung zusammen, auf die Brandt in seiner Rede eingeht. Welche Einwände weist er zurück, welchen begegnet er mit Anerkennung oder Selbstkritik?*

2. Arbeiten Sie heraus, welches Bild Brandt von der Bundesrepublik um 1968 zeichnet. Welche bisherigen Leistungen in Staat und Gesellschaft spricht Brandt an, wo sieht er Mängel und Reformbedarf?

3. Brandt wendet sich an eine „Strömung in der jungen Generation" (Zeile 74 f.) und hofft auf die Verwirklichung ihrer Ideale. Nennen Sie Jugend- und Protestbewegungen in der deutschen und europäischen Geschichte und bewerten Sie, inwieweit sie an ihr Ziel gelangt sind.

M8 Löhne und Gehälter von Frauen in der Bundesrepublik 1950-1989

Jahr	Arbeiter/innen Industrie Bruttostundenlohn Vollzeit in DM		Anteil Frauenlohn in Prozent	Angestellte Industrie und Handel[1] Bruttomonatslohn Vollzeit in DM		Anteil Frauengehalt in Prozent
	Männer	Frauen		Männer	Frauen	
1950[2]	1,42	0,86	60			
1952	1,76	1,04	59			
1954	1,88	1,12	59			
1960	2,90	1,87	64	723	404	56
1964	4,17	2,79	67	1063	626	59 (1965)
1968	5,20	3,59	69	1244	741	59
1972	7,92	5,51	69	1857	1137	61
1976	11,08	8,02	74	2637	1681	64
1980	14,16	10,25	72	3421	2202	64
1982	15,17	11,33	75	3728	2366	63
1984	16,59	12,00	72	3996	2544	64
1986	17,85	13,04	73	4322	2764	64
1988	19,32	14,12	73	4654	2989	64
1989	20,09	14,76	73	4824	3108	64

Friederike Maier, Zwischen Arbeitsmarkt und Familie – Frauenarbeit in den alten Bundesländern, in: Gisela Helwig und Hildegard Maria Nickel (Hrsg.), Frauen in Deutschland 1945-1992, Bonn 1993, S. 257-279, hier S. 272, Tabelle 5

[1] ohne Verkehrswesen und Dienstleistungen sowie ohne Angestellte mit voller Aufsichts- und Dispositionsbefugnis
[2] 1950-1959 ohne Saarland und Berlin; bis 1963 ohne Berlin

1. Finden Sie Gründe, weshalb Arbeitgeber niedrigere Löhne an Frauen zahlen.
2. Ermitteln Sie entsprechende Daten aus westeuropäischen Ländern und vergleichen Sie.
3. Recherchieren Sie, was Gesetzgebung und Justiz bis heute gegen die Einkommensunterschiede von Männern und Frauen in der Bundesrepublik unternommen haben. Berücksichtigen Sie dabei auch europäische Initiativen.
4. Setzen Sie sich damit auseinander, welche längerfristigen Folgen für Frauen durch geringere Löhne entstehen.

M9 „Mehr Demokratie wagen"

(Text ▶ Siehe S. 289)

Karikaturen (von ital. caricare für „überladen", „übertreiben") sind gezeichnete historische Quellen: Sie nehmen zu aktuellen politischen oder gesellschaftlichen Ereignissen, Entwicklungen, Zuständen oder Personen kritisch Stellung. Mit den Mitteln der Parodie, der Ironie, der Komik und des Witzes heben sie zentrale Aspekte bewusst hervor, vereinfachen sie oder stellen sie verzerrt dar. Die Öffentlichkeit soll auf politische oder soziale Missstände und Fehlentwicklungen aufmerksam gemacht, zum Nachdenken und Diskutieren angeregt werden.

Karikaturen als gezeichnete Geschichte

Karikaturen interpretieren

Worüber die Zeitgenossen lachten oder sich ärgerten, was ihnen gefiel oder was sie ablehnten, erfassen wir nicht auf Anhieb. Um die Aussage einer Karikatur zu entschlüsseln, bedarf es daher der genauen Interpretation und Analyse. In der Regel legen kurze Texte den gezeichneten Figuren Worte in den Mund oder bieten als plakative Unterschriften Hilfen für Deutung und Reflexion. Neben dem Text sind auch Daten wichtige Erschließungshilfen. Generell setzen die Zeichner nicht nur die Kenntnis des dargestellten Sachverhalts voraus, sondern auch die für Karikaturen typische Symbol- und Bildersprache:

- Symbole und Metaphern (Krone und Zepter für Monarchie, Waage für Gerechtigkeit)
- Personifikation und Allegorie („Uncle Sam" für die USA, „Germania" oder der „Deutsche Michel" mit Zipfelmütze für die Deutschen, Engel oder Taube als Friedensbringer)
- Tiervergleiche (der „russische Bär", der „gallische Hahn")
- visualisierte Redensarten („alle sitzen in einem Boot", „den Gürtel enger schnallen")
- historische Bildzitate („Der Lotse geht von Bord", „Die Freiheit führt das Volk")

Formale Kennzeichen
- Wer hat die Karikatur geschaffen oder in Auftrag gegeben?
- Wann und wo ist sie entstanden bzw. veröffentlicht worden?

Bildinhalt
- Wen oder was zeigt die Karikatur?
- Was wird thematisiert?
- Welche Darstellungsmittel werden verwendet und was bedeuten sie?

Historischer Kontext
- Auf welches Ereignis, welchen Sachverhalt oder welche Person bezieht sich die Karikatur?
- Auf welche politische Diskussion spielt sie an?
- Wozu nimmt der Karikaturist konkret Stellung?

Intention und Wirkung
- An welche Adressaten wendet sich die Karikatur?
- Welchen Standpunkt nimmt der Karikaturist ein?
- Welche Aussageabsicht verfolgt er?
- Inwiefern unterstützt ein eventueller Text die Wirkung der Zeichnung?
- Welche Wirkung wollte der Karikaturist beim zeitgenössischen Betrachter erzielen?

Bewertung und Fazit
- Wie lässt sich die Aussage der Karikatur insgesamt einordnen und bewerten?
- Wurde das Thema aus heutiger Sicht sinnvoll und überzeugend gestaltet?
- Welche Auffassung vertreten Sie zu der Karikatur?

Beispiel und Analyse

Schwarzer Horizont
Metapher für ungewisse (politische) Zukunft

Katholische Krankenschwesterntracht
Hervorhebung/Ironisierung typischer Eigenschaften (Katholik, Adenauers autoritärer Führungsstil)

Gesichtszüge
klare Identifikation Adenauers

Kanonenrohr
Hinweis auf NATO-Beitritt und Wiederbewaffnung

„Deutscher Michel"
Personifikation des typischen Deutschen

VW-Käfer, Kühlschrank, TV-Gerät und Geldsack
Symbole für den wirtschaftlichen Aufstieg

▲ **Zufrieden – „Nicht wahr, Michelchen – keine Experimente!"**
Karikatur von H. E. Köhler in der Frankfurter Allgemeinen Zeitung, 1957.

Formale Kennzeichen Die Zeichnung stammt von Hanns Erich Köhler (1905-1983), einem der bekanntesten Karikaturisten der frühen Bundesrepublik. Er veröffentlichte sie 1957 in der Frankfurter Allgemeinen Zeitung, der führenden überregionalen, politisch eher konservativ ausgerichteten deutschen Tageszeitung.

Bildinhalt Die Karikatur zeigt den an seinen charakteristischen Gesichtszügen erkennbaren ersten deutschen Bundeskanzler und CDU-Vorsitzenden Konrad Adenauer. In Anspielung auf seine Prägung als rheinischer Katholik und seinen autoritären Führungsstil ist er als Krankenschwester in Ordenstracht gekleidet. Lächelnd schiebt er eine Kreuzung aus Kinderwagen und Volkswagen, an dem vorn ein Kanonenrohr angedeutet ist. Im Kinderwagen liegen ein Geldsack und der als zufrieden schlafendes Baby dargestellte „Deutsche Michel" mit typischer Zipfelmütze, die Personifikation des deutschen Durchschnittsbürgers. Er hält einen Kühlschrank und einen Fernseher in den Armen. Thema der Karikatur ist die gesellschaftspolitische Situation Mitte der 1950er-Jahre (1957), die von Adenauers langjähriger Kanzlerschaft (1949-1963) und dem „Wirtschaftswunder" geprägt war, das VW-Käfer, Fernseher, Kühlschrank und D-Mark symbolisieren.

Historischer Kontext Mit dem Slogan „Keine Experimente" errangen die CDU/CSU und ihr Spitzenkandidat Adenauer in der Bundestagswahl 1957 mit 50,2 Prozent der Mandate ihren bislang größten Sieg. Es war das erste und einzige Mal, dass eine Partei die absolute Mehrheit erhielt und die alleinige Regierungsfraktion stellen konnte.
Grundlagen für Adenauers Popularität waren der steigende Lebensstandard und die sinkende Arbeitslosigkeit. 1955 hatte die Bundesrepublik zudem mit dem Ende der Besatzungsherrschaft, dem NATO-Beitritt und der folgenden Wiederbewaffnung ihre Souveränität wiedererlangt. Adenauer konnte in seiner dritten Legislaturperiode nun vier Jahre lang ohne Koalitionspartner regieren und seine umstrittenen Ziele auch in der Außenpolitik verwirklichen. Dazu gehörte u.a. der Aufbau der Bundeswehr im NATO-Bündnis, worauf das angedeutete Kanonenrohr und die als schwarzer Horizont ausgemalte ungewisse oder gar dunkle Zukunft anspielen.
Mit seiner Karikatur nimmt Köhler Stellung zur politischen Einstellung der Bevölkerung, die sich in der Bundestagswahl spiegelt. Die meisten Deutschen hielten sich nach dem Krieg politisch zurück, konzentrierten sich auf den wirtschaftlichen Wiederaufbau und ihren privaten Lebensstandard. In Adenauer sahen sie den Garanten für Wohlstand und Stabilität. Für das „Experiment" eines politischen Wechsels gab es keinen Bedarf.

Intention und Wirkung Der Karikaturist will dem Wähler einen Spiegel vorhalten und ihn daran erinnern, seine politische Verantwortung ernst zu nehmen. Adenauer hat sich in den acht Jahren im Kanzleramt ein so hohes Ansehen verschafft, dass ihm der Bundesbürger – mit den Errungenschaften des „Wirtschaftswunders" materiell zufriedengestellt – im Schlaf vertraut und freie Hand lässt, ohne zu wissen, wohin der Weg führt. Der Karikaturist wendet sich nicht gegen Adenauers Politik, sondern das Desinteresse, mit dem sich die Deutschen um ihre gerade erst zurückgewonnene politische Mündigkeit bringen oder sich diese aus Bequemlichkeit abnehmen lassen.

Bewertung und Fazit Zeichenstil und Bildkomposition sind einfach, die Personen leicht zu erkennen und auf wenige charakteristische Elemente reduziert. Die Karikatur ist eine gelungene Allegorie, da sie die komplexen Zusammenhänge des gesellschaftspolitischen Klimas der Adenauerzeit mit Text und Symbolik treffend, einfach und damit wirkungsvoll zusammenfasst.

Die Entwicklung in den 1970er- und 80er-Jahren

Die Neue Ostpolitik In einer Phase der internationalen Entspannung kam es unter Bundeskanzler Brandt zu einer folgenreichen Weichenstellung in der bundesdeutschen Ost- und Deutschlandpolitik (▶ M1). Brandt zielte auf ein Arrangement mit der Sowjetunion, das auf die Anerkennung des territorialen Status quo in Europa– polnische Westgrenze, DDR als zweiter deutscher Staat – hinauslief. Langfristig sollte ein „Wandel durch Annäherung" zur Überwindung der deutschen und europäischen Teilung beitragen. Diese Politik erschien vielen zunächst widersprüchlich und wurde von der oppositionellen CDU/CSU im Bundestag heftig kritisiert, da sie das Wiedervereinigungsgebot des Grundgesetzes verletzt sah. Ihr Nutzen für eine Annäherung an die DDR und andere Staaten des Ostblocks war jedoch spätestens seit dem Fall der Mauer 1989 und der deutschen Wiedervereinigung klar zu erkennen. Der am 12. August 1970 unterzeichnete deutsch-sowjetische Vertrag (*Moskauer Vertrag*) verknüpfte den Verzicht beider Seiten auf Gewalt mit der Unverletzlichkeit der Grenzen aller Staaten in Europa einschließlich der Oder-Neiße-Linie und der innerdeutschen Grenze. In einem „Brief zur deutschen Einheit" an die Sowjetunion betonte die Bundesregierung das Recht des deutschen Volkes, „in freier Selbstbestimmung seine Einheit" wiederzuerlangen. Damit wurde dem Wiedervereinigungsgebot des Grundgesetzes Rechnung getragen.

Der Moskauer Vertrag wurde zum Vorbild für die nachfolgenden Verträge mit Polen (Dezember 1970) und der Tschechoslowakei (Dezember 1973). In einem engen inneren Zusammenhang damit standen die gleichzeitig laufenden Verhandlungen der vier Mächte über den Status Berlins. Im *Viermächte-Abkommen über Berlin* vom 3. September 1971 einigten sich die Siegermächte darauf, dass West-Berlin zwar nicht Bestandteil der Bundesrepublik sei, aber enge „Bindungen" mit Westdeutschland pflegen dürfe und von Bonn diplomatisch vertreten werde. Die Sowjetunion hatte damit ihr Gesicht gewahrt, zugleich aber den ungestörten Transitverkehr von und nach West-Berlin durch die DDR garantiert. Die West-Berliner konnten aufatmen. **Leonid Breschnew** versprach sich von den Verträgen verbesserte Wirtschaftsbeziehungen mit der ökonomisch starken Bundesrepublik und eine Garantie einer Vormachtstellung der UdSSR über Ostmitteleuropa.

Anerkennung der DDR im Rahmen besonderer Beziehungen Damit waren die Voraussetzungen für eine grundsätzliche Neugestaltung der innerdeutschen Beziehungen gegeben. Um die Trennung der in Ost- und Westdeutschland lebenden Menschen durch Besuchsreisen, vermehrte wirtschaftliche Zusammenarbeit und Kontakte aller Art erträglicher zu machen, erklärte sich Bundeskanzler Brandt dazu bereit, die DDR als zweiten deutschen Staat anzuerkennen. Er kam damit einem dringenden Wunsch der kommunistischen Führung in Ost-Berlin nach, die sich dadurch die Legitimation ihrer Herrschaft versprach, über die sie in der Bevölkerung mangels freier Wahlen niemals verfügte. Willy Brandt unterstrich jedoch von Anfang an, dass die Bundesregierung an der Einheit der deutschen Nation unverändert festhalte. Die Bundesrepublik und die DDR seien, so Brandt in seiner ersten Regierungserklärung im Oktober 1969, „füreinander nicht Ausland".

Zwei Treffen mit dem DDR-Ministerratsvorsitzenden **Willi Stoph** 1970 endeten erfolglos. Die Regierung in Ost-Berlin wollte eine völkerrechtliche Anerkennung und

▲ **Kniefall Willy Brandts am Mahnmal für die Opfer des Warschauer Ghettos.**
Foto vom 7. Dezember 1970. Mit dieser spontanen Geste während seines Staatsbesuches gedachte Brandt der polnischen Juden, die 1943 beim Aufstand im Warschauer Ghetto von Deutschen ermordet worden waren. Am selben Tag unterzeichnete Brandt den Warschauer Vertrag, in dem die Bundesrepublik die Oder-Neiße-Linie als Westgrenze Polens anerkannte.

Leonid Iljitsch Breschnew
(1907-1982): 1964-1982 Chef der KPdSU; 1977-1982 sowjetischer Staatschef

Willi Stoph (1914-1999): Gründungsmitglied der SED, 1952-1955 DDR-Innenminister, 1956-1960 Verteidigungsminister; 1964-1973 und 1976-1989 Vorsitzender des DDR-Ministerrats, 1973-1976 DDR-Staatsratsvorsitzender

damit den Austausch von Botschaftern, was ihr Brandt und Scheel eindeutig verweigerten. Es sollte bei der mit den USA abgesprochenen Formel von den „zwei Staaten in Deutschland" bleiben, und dafür sollte die SED-Führung humanitäre Erleichterungen garantieren. Nach zähen Verhandlungen mit der DDR-Führung konnten Brandt und Scheel bis 1972 Vereinbarungen über den Transitverkehr erreichen. In dringenden Familienangelegenheiten konnten jetzt auch DDR-Bürger, die noch nicht im Rentenalter waren, in die Bundesrepublik reisen, umgekehrt wurden Touristenreisen in die DDR erleichtert. Die Mauer war etwas durchlässiger geworden.

Der Grundlagenvertrag Mit dem *Grundlagenvertrag* vom Dezember 1972 gab die Bundesregierung ihren seit 1949 erhobenen Alleinvertretungsanspruch* auf und erkannte die Gleichberechtigung der DDR an, die sich ihrerseits bereit erklärte, „im Zuge der Normalisierung ihrer Beziehungen praktische und humanitäre Fragen zu regeln". Am Ziel der Wiedervereinigung hielt die Bundesregierung ausdrücklich fest und unterstrich die „besonderen Beziehungen" zwischen beiden deutschen Staaten durch die Einrichtung von „Ständigen Vertretungen" anstelle von Botschaften. Außerdem beharrte sie auf dem Standpunkt, dass es für alle Deutschen nur eine Staatsangehörigkeit gebe.

Für die SED-Führung unter **Erich Honecker** brachte der Grundlagenvertrag nach der Aufnahme beider deutscher Staaten in die Vereinten Nationen (18. September 1973) die internationale Anerkennung der DDR.

Innenpolitisch führte die neue Ost- und Deutschlandpolitik der sozial-liberalen Koalition zu heftigen Auseinandersetzungen in der Öffentlichkeit und im Bundestag. Zwar scheiterte ein konstruktives Misstrauensvotum des Kanzlerkandidaten der CDU, *Rainer Barzel*, am 27. April 1972 nur äußerst knapp. Doch die Regierung Brandt/Scheel besaß keine Mehrheit mehr, weil mehrere Abgeordnete der Regierungsfraktionen aus Protest gegen die Ostpolitik zur CDU gewechselt waren. Neuwahlen waren unumgänglich. Die Popularität Willy Brandts und seiner Politik in der Bevölkerung sicherte der Koalition im November 1972 einen eindeutigen Wahlsieg. Erstmals wurde die SPD stärkste Partei (45,8 %). Die Mehrheit der Bevölkerung hatte sich für die neue Ost- und Deutschlandpolitik ausgesprochen.

Brandt konnte zwar die Wahlen gewinnen, er vermochte jedoch die Flügelkämpfe innerhalb seiner Partei nicht zu unterbinden. Die teuren inneren Reformen wurden nach der internationalen **Wirtschaftskrise von 1973** von vielen infrage gestellt. Vor allem die wachsende Staatsverschuldung wurde kritisiert. Zum auslösenden Moment für das Ende von Brandts Kanzlerschaft wurde die sogenannte Guillaume-Affäre: *Günter Guillaume*, ein langjähriger persönlicher Referent des Kanzlers, wurde als Geheimdienstagent der DDR enttarnt. Brandt erklärte daraufhin seinen Rücktritt, blieb allerdings Parteivorsitzender (▶ M2). Zu Brandts Nachfolger als Regierungschef wählte der Bundestag am 16. Mai 1974 den stellvertretenden Parteivorsitzenden der SPD, **Helmut Schmidt**.

Herausforderung des Staates durch den Terrorismus Im April des Jahres 1968 setzten in Frankfurt linksrevolutionäre Aktivisten, die aus der APO-Bewegung hervorgegangen waren, zwei Kaufhäuser in Brand. Unter den Tätern befanden sich die späteren Hauptakteure des bundesdeutschen Terrorismus *Andreas Baader* und *Gudrun Ensslin*. Wenig später schloss sich ihnen die Journalistin *Ulrike Meinhof* an. Aus dem Untergrund baute die „Baader-Meinhof-Gruppe" die „Rote Armee Fraktion" (RAF) auf.

---
* Siehe S. 38.

Erich Honecker (1912-1994): kommunistischer Politiker, baute nach 1946 die Jugendorganisation der SED, die „Freie Deutsche Jugend", auf. 1961 organisierte er den Bau der Berliner Mauer. Ab 1971 Nachfolger Ulbrichts als SED-Chef; 1976-1989 Staatsratsvorsitzender der DDR.

Wirtschaftskrise von 1973: Nachdem die Wachstumsraten ohnehin rückläufig waren, belastete der „Ölpreisschock" die westliche Wirtschaft zusätzlich. Aus Protest gegen den Krieg Israels gegen Syrien und Ägypten verringerten oder stoppten arabische Staaten die Lieferung von Erdöl an die westlichen Verbündeten Israels.

Helmut Schmidt (geb. 1918): 1961-1965 Polizei- bzw. Innensenator von Hamburg, 1967-1969 Vorsitzender der SPD-Bundestagsfraktion, 1969-1972 Verteidigungsminister, 1972-1974 Bundesfinanzminister, 1974-1982 Bundeskanzler; seit 1983 Mitherausgeber der Wochenzeitung „Die Zeit"

Die RAF-Terroristen verübten in der Bundesrepublik eine Serie von bewaffneten Banküberfällen und Attentaten, bei denen sie bis 1993 34 Menschen töteten und über 200 zum Teil schwer verletzten. Im Sommer 1972 konnte zwar der harte Kern der RAF verhaftet werden, doch aus den Reihen ihrer Sympathisanten rekrutierte sich alsbald eine zweite Generation von Terroristen. Mit spektakulären Entführungen und Überfällen (etwa auf die deutsche Botschaft in Stockholm 1975) versuchte die neue RAF, die Freilassung der Inhaftierten zu erpressen, wobei sie vor dem brutalen Mord an Geiseln nicht zurückschreckte.

1977 töteten RAF-Mitglieder Generalbundesanwalt *Siegfried Buback* und den Vorstandsvorsitzenden der Dresdner Bank, *Jürgen Ponto*. Am 5. September 1977 wurden der Arbeitgeberpräsident *Hanns Martin Schleyer* entführt und vier seiner Begleiter erschossen. Die Gewalttäter forderten die Freilassung der elf prominentesten inhaftierten Terroristen.

Unterstützt wurde die Aktion der RAF durch vier palästinensische Terroristen, die ein Linienflugzeug der Lufthansa mit 91 Personen an Bord entführten und später den Piloten ermordeten. Im Krisenstab der Bundesregierung unter der Leitung von Bundeskanzler Schmidt herrschte Einigkeit, dass der Staat sich nicht erpressen lassen dürfe. Ein Antiterrorkommando des Bundesgrenzschutzes (GSG 9) befreite in Mogadischu (Somalia) in der Nacht vom 17. auf den 18. Oktober die Geiseln. Wenige Stunden später begingen Ensslin, Baader und der ebenfalls inhaftierte *Jan-Carl Raspe* im Gefängnis Stuttgart-Stammheim Selbstmord. Tags darauf fand die Polizei den ermordeten Arbeitgeberpräsidenten Schleyer in einem Auto in Mülhausen im Elsass.

Während die Mehrheit der Bevölkerung das Krisenmanagement der Regierung begrüßte, erhoben einige linke Intellektuelle aus dem In- und Ausland den Vorwurf, die Bundesrepublik sei auf dem Weg in einen Polizeistaat.

▲ **Der entführte Hanns Martin Schleyer.**
Dieses Foto des Arbeitgeberpräsidenten wurde von den Terroristen verbreitet.

Krisenbewusstsein und Umweltproblematik Die „Grenzen des Wachstums" wurden zum Signalwort der Siebziger- und Achtzigerjahre. So lautete der Titel eines vom „Club of Rome", einer internationalen Runde von Wissenschaftlern, 1972 veröffentlichten Buches.

Verstärkt durch den „Ölpreisschock" von 1973, als sich schlagartig die Energiekosten und wichtige Rohstoffe auf dem Weltmarkt verteuerten, wurden die Begrenztheit von nicht erneuerbaren Ressourcen und deren globale Verschwendung vielerorts diskutiert. 1980 kam es zu einer weiteren Preisexplosion an den internationalen Ölmärkten, die in allen Industrieländern eine schwere wirtschaftliche Rezession auslöste. Erstaunlich schnell schlugen in der westlichen Öffentlichkeit Reformeuphorie und Fortschrittsgläubigkeit in Skepsis, Zivilisationskritik und Krisenbewusstsein um. Die Forderung nach einem effektiven Schutz der Umwelt verband sich mit vermehrter Kritik an der Nutzung der Kernenergie und dem Appell, sich mit einem bescheideneren Lebensstandard zufriedenzugeben.

◄ **Autofreier Sonntag.**
Foto vom 25. November 1973.
Nach dem Ölboykott durch die OPEC-Staaten (OPEC: Organisation ölexportierender Staaten) ergriff die Bundesregierung Sofortmaßnahmen zur Verringerung des Kraftstoffverbrauchs. Es wurden verschärfte Tempolimits verordnet (80 km/h auf Bundes- und Landstraßen, 100 km/h auf Autobahnen) und an vier Sonntagen galt ein Fahrverbot für Pkw.
Die Aufnahme stammt vom ersten autofreien Sonntag.

Die fortschreitende Industrialisierung und die zunehmende Motorisierung belasteten auch die Umwelt immer stärker. Die Folgen dieser Entwicklung (etwa das Waldsterben) blieben lange Zeit unerkannt. Eine Art neues Umweltbewusstsein zeigte sich erstmals Anfang der Sechzigerjahre, als in Nordrhein-Westfalen das erste Umweltschutzgesetz auf Länderebene vom Landtag beschlossen wurde. Aber erst in den Siebzigerjahren gewann das Thema Umweltschutz großes öffentliches Interesse (▶ M3). Vor allem Angehörige der jüngeren Generation engagierten sich in der alternativ-ökologischen Bewegung, die an der Wende zu den Achtzigerjahren in die Gründung einer völlig neuen Partei mündete: die Grünen.*

Waldsterben: Mitte der 1970er-Jahre wurde die Erkrankung großer Forstbestände in Mittel- und Nordeuropa festgestellt. Betroffen waren und sind alle Arten von Bäumen. Die Schäden haben vielfältige Ursachen wie Luftverschmutzung oder Klimaveränderungen. Trotz intensiver Bemühungen schreitet die Erkrankung der Bäume bis heute voran.

Nachrüstung und Friedensbewegung Zu einer der großen innenpolitischen Streitfragen wurde in den letzten Jahren der Regierung Helmut Schmidt die Sicherheitspolitik der NATO gegenüber der Sowjetunion. Die Warschauer Vertragsorganisation besaß bei konventionellen und Atomwaffen ein großes Übergewicht. Auf Betreiben Schmidts hatten die Mitgliedstaaten am 12. Dezember 1979 den sogenannten *NATO-Doppelbeschluss* gefasst: Angesichts der wachsenden Bedrohung Westeuropas durch die neuen sowjetischen SS-20-Mittelstreckenraketen sollten bis Ende 1983 in Westeuropa Pershing-II-Mittelstreckenraketen und bodengestützte Marschflugkörper (*Cruise Missiles*) aufgestellt werden, falls bis dahin Verhandlungen über den Abbau der sowjetischen Waffen ohne Erfolg blieben.

In der Bundesrepublik geriet Schmidt wegen des Nachrüstungsbeschlusses der NATO zunehmend unter Druck in Partei und Öffentlichkeit. Kritiker sahen die deutsch-sowjetischen Beziehungen bedroht und bestritten die Notwendigkeit einer Nachrüstung.

Die sich neu etablierende Friedensbewegung gewann mit Demonstrationen und Appellen Teile der verunsicherten Öffentlichkeit für sich. Anstoß erregten die weltweiten Ausgaben von jährlich umgerechnet 510 Milliarden Euro für den Rüstungswettlauf zwischen Ost und West. Die Angst vor einem Atomkrieg, der die gesamte Menschheit auslöschen konnte, bestimmte das Denken und Handeln der ansonsten sehr heterogenen Gruppen innerhalb der Friedensbewegung. Dagegen hatte die Regierung mit ihren realpolitischen Erwägungen einer atomaren Abschreckungs- und Gleichgewichtspolitik einen schweren Stand.

▲ **Menschenkette gegen die Stationierung von Mittelstreckenraketen in der Bundesrepublik.**
Foto vom 22. Oktober 1983. 1979 hatte die NATO beschlossen, eine Bedrohung durch sowjetische Mittelstreckenraketen mit eigener Aufrüstung zu beantworten. Am 22. November 1983 stimmte der Deutsche Bundestag der Stationierung amerikanischer Pershing-II-Raketen in der Bundesrepublik zu. Gegen die damit verbundene Gefahr eines Atomkriegs organisierte die Friedensbewegung Massenproteste. Das Foto zeigt einen Teil der insgesamt über 108 Kilometer langen Menschenkette zwischen Plochingen und Ulm.

Dauerproblem Arbeitslosigkeit Das Ende der Wiederaufbauphase nach dem Zweiten Weltkrieg, Ölkrisen, neue Technologien, aber auch häufig überzogene Ansprüche an die Wirtschaftskraft in den Industriestaaten beendeten Mitte der Siebzigerjahre die Periode der Vollbeschäftigung auf dem Arbeitsmarkt. Weltweit stiegen Inflation und Arbeitslosigkeit. In der Bundesrepublik sank das jährliche Wachstum der Volkswirtschaft auf durchschnittlich knapp zwei Prozent, und die Arbeitslosenquote schnellte von 2,6 Prozent im Jahr 1974 auf 9,3 Prozent im Jahr 1985. Obwohl die Zahl der Arbeitsplätze seit den Achtzigerjahren wieder deutlich wuchs, blieb im Auf und Ab der Konjunktur eine immer größere Zahl von Arbeitslosen zurück (*Sockelarbeitslosigkeit*).

---

* Siehe S. 68.

Hans-Dietrich Genscher (geb. 1927): 1969-1974 Bundesminister des Innern, 1974-1985 FDP-Vorsitzender, 1974-1992 Bundesaußenminister und Vizekanzler

Helmut Kohl (geb. 1930): 1969-1976 Ministerpräsident von Rheinland-Pfalz, 1973-1998 Bundesvorsitzender der CDU, 1982-1998 Bundeskanzler

Rationalisierung: Maßnahmen zur Senkung der Produktionskosten, oft verbunden mit dem Abbau von Arbeitsplätzen

Während die Bundesbank erfolgreich die Stabilität der Währung schützte, setzte sich Bundeskanzler Schmidt nachdrücklich für die Stärkung der Wachstumskräfte durch die staatliche Förderung der Nachfrage ein. Durch Konjunkturprogramme und Maßnahmen zur Bekämpfung der Arbeitslosigkeit half die Regierung dabei, dass sich die weltweite Krise in der Bundesrepublik weniger gravierend auswirkte als in anderen Industrieländern. Auf lange Sicht gesehen jedoch belastete das Ende der Sparpolitik den Staatshaushalt. Die Verschuldung stieg zwischen 1970 und 1982 von umgerechnet 24 auf 158 Milliarden Euro.

Die christlich-liberale Koalition unter Helmut Kohl Nach 13-jähriger sozialdemokratischer Kanzlerschaft kündigte 1982 die FDP unter ihrem Vorsitzenden und langjährigen Innen- und Außenminister **Hans-Dietrich Genscher** die Koalition mit der SPD auf, vor allem weil sie die kostspielige Haushalts- und Sozialpolitik nicht mehr mittragen wollte. Stattdessen ging sie – nach der Abwahl Helmut Schmidts durch ein konstruktives Misstrauensvotum am 1. Oktober 1982 – ein Regierungsbündnis mit der Union ein. Der CDU-Vorsitzende **Helmut Kohl** wurde neuer Bundeskanzler.

In der Außen- und Sicherheitspolitik setzten Bundeskanzler Kohl und Außenminister Genscher den bisherigen Kurs fort. Gegen heftige Proteste in der Öffentlichkeit stimmte die neue Regierungsmehrheit Ende 1983 der Stationierung von amerikanischen Mittelstreckenraketen in der Bundesrepublik zu.

Finanzkrise, Massenarbeitslosigkeit und Wachstumsschwäche bestimmten das Bild der Bundesrepublik der frühen 1980er-Jahre. Die Regierung Kohl/Genscher setzte auf die Stärkung der Marktkräfte zur Förderung eines wirtschaftlichen Aufschwungs. Die wesentlichen Programmpunkte waren Eigeninitiative und Wettbewerb, Steuerentlastung für die Unternehmen, weniger staatliche Eingriffe in die Wirtschaft und Leistungseinschränkungen im Sozialbereich. Die Wirtschaftpolitik war somit stärker angebotsorientiert.

Diese Politik war erfolgreich, begünstigt durch den bald einsetzenden Preisverfall für Erdöl. Das Bruttosozialprodukt nahm wieder zu, die Inflation ging zurück. Erfolglos blieb die Regierung Kohl jedoch im Kampf gegen die Arbeitslosigkeit. Es wurden zwar Hunderttausende neuer Arbeitsplätze geschaffen. Gleichwohl nahm die Zahl der Arbeitslosen zu, da die geburtenstarken Jahrgänge (um 1955 bis 1970) inzwischen auf den Arbeitsmarkt drängten und die **Rationalisierung** im industriellen Sektor unablässig voranschritt.

Soziale Probleme Der Mangel an Arbeitsplätzen erwies sich – wie in den übrigen Industrieländern – als strukturelles Problem. Dabei stieg die Jugendarbeitslosigkeit besonders stark, von ca. 200 000 jugendlichen Erwerbslosen 1983 auf rund 480 000 im Jahr 1988.

Auch öffnete sich die Schere zwischen Arm und Reich immer weiter. Während die Einkommen von Spitzenverdienern überdurchschnittlich stiegen, wuchs der Anteil der Armen (d.h. Menschen, deren Verdienst unterhalb der Hälfte des Durchschnittseinkommens liegt) von 6,5 Prozent der Bevölkerung 1973 auf über zehn Prozent im Jahr 1992 (alte Bundesländer). Die Zahl der Sozialhilfeempfänger war von 1,5 Millionen im Jahr 1970 auf 2,1 Millionen 1980 angewachsen und erhöhte sich auf 2,6 Millionen am Ende der Neunzigerjahre. In erster Linie betraf dies alleinerziehende Mütter, Eltern kinderreicher Familien, Jugendliche und Langzeitarbeitslose.

Die Bundesrepublik wird Einwanderungsland In Westdeutschland hatte es noch im ersten Nachkriegsjahrzehnt einen Überschuss an Auswanderern gegeben. Zwischen 1946 und 1961 verließen 780 000 Deutsche ihr Land, 90 Prozent davon wanderten in die USA, nach Kanada oder Australien. In den 1950er-Jahren zog auch etwa eine halbe Million Menschen von West- nach Ostdeutschland, die meisten davon Rückwanderer. In den 1960er- und 70er-Jahren wurde die Bundesrepublik faktisch zum Einwanderungsland. Obwohl der Zustrom von außen der beste Beweis für den Erfolg der Bonner Demokratie und ihrer Wirtschaftsordnung war, verlief die Massenzuwanderung nicht ohne Probleme. Die Einwanderer lassen sich in drei Gruppen einteilen:

1. *Ausländische Arbeitnehmer* (damals sogenannte „Gastarbeiter"): Zwischen 1955 und 1973 waren 14 Millionen Ausländer in der Bundesrepublik beschäftigt und hatten maßgeblichen Anteil am wirtschaftlichen Boom der Fünfziger- und Sechzigerjahre. Elf Millionen kehrten wieder in ihre Heimatländer zurück. Von den übrigen ließen viele ihre Familien nachkommen, bekamen Kinder in der Bundesrepublik und richteten sich auf Dauer hier ein.

2. *Aussiedler und Übersiedler*: Deutsche, deren Vorfahren bereits vor Generationen in die östlichen Teile Europas ausgewandert waren (Aussiedler), und Flüchtlinge aus der DDR (Übersiedler) verstärkten den Zuwandererstrom in die Bundesrepublik. Insgesamt wurden zwischen 1950 und Ende 1988 rund 1,6 Millionen Aussiedler, vor allem aus Polen, der Sowjetunion und Rumänien, aufgenommen. Nach dem Ende der kommunistischen Diktaturen in Europa 1989/90 wuchs die Zahl der Zuwanderer noch einmal stark an. So zogen von 1988 bis 1994 insgesamt 1,9 Millionen sogenannte „Spätaussiedler" in die Bundesrepublik.

3. *Flüchtlinge*: Bis 1970 kamen fast nur Flüchtlinge aus kommunistisch regierten Ländern Europas in die Bundesrepublik, seit Ende der Siebzigerjahre dann in wachsender Zahl aus Ländern der „Dritten Welt". Die seit 1989 deutlich ansteigende Zahl der Zuflucht suchenden Asylbewerber stellte Bund, Länder und Gemeinden bei der Unterbringung und Versorgung vor große Probleme. Die Gewährung des im Grundgesetz verankerten Asylrechts und sein wirklicher oder angeblicher Missbrauch wurden zu einem heftig diskutierten Thema. Fremdenangst und Ausländerfeindlichkeit eskalierten 1991/92 im wiedervereinigten Deutschland zu Gewalttaten und Mordanschlägen durch Rechtsextremisten. Dagegen protestierten jedoch Millionen eindrucksvoll.

Der Deutsche Bundestag beschloss 1993 mit den Stimmen der sozialdemokratischen Opposition eine Reform des Grundrechts auf Asyl. Damit sollte die Zuwanderung nach Deutschland gesteuert und begrenzt werden. Politisch Verfolgte erhielten das Recht auf Asyl, wie vom Grundgesetz vorgesehen; wer jedoch aus „sicheren Drittstaaten" nach Deutschland einreiste, konnte sich nicht mehr auf das Asylrecht berufen. Kriegs- und Bürgerkriegsflüchtlinge erhielten eine befristete Aufenthaltserlaubnis, wovon in den 1990er-Jahren mehrere Hunderttausend Menschen vor allem aus dem zerfallenden, in einem blutigen Krieg verwüsteten Jugoslawien Gebrauch machten. Seit Anfang 2000 erhalten in Deutschland geborene Kinder ausländischer Eltern automatisch die doppelte Staatsangehörigkeit, später müssen sie sich für eine Staatsangehörigkeit entscheiden (bis zum 23. Lebensjahr). Weitreichende Veränderungen brachte das *Zuwanderungsgesetz* von 2005. Nach jahrelangen Debatten im Deutschen Bundestag hat der Gesetzgeber eine Reihe von Regelungen getroffen, die die Tatsache anerkennen, dass Deutschland ein Einwanderungsland ist, und die der Integration der Migranten einen hohen Stellenwert beimessen (▶ M4, M5).

▶ **Ein Bundestagsabgeordneter der Grünen auf seinem „Dienstfahrrad".**
Foto von 1983.
Der Partei Die Grünen gelingt 1983 erstmals der Sprung in den Deutschen Bundestag. Durch ihren unkonventionellen Stil setzt sie sich bewusst von den etablierten Parteien ab.

▶ ▶ **Plakat zur Europaparlamentswahl von 1979.**

Neue politische Strömungen Das politische Engagement der Gesellschaft hatte seit den 1970er-Jahren deutlich zugenommen. Einerseits entstanden neue soziale Bewegungen, die sich für die Gleichstellung der Frauen einsetzten und die Abrüstung, Gewaltfreiheit und den Schutz von Umwelt und Natur propagierten, Verfolgte oder gesellschaftliche Minderheiten vertraten oder Hilfe für die „Dritte Welt" leisten wollten. Andererseits organisierten sich sogenannte *Bürgerinitiativen*. Sie widmeten sich konkreten Zielen aus dem unmittelbaren Lebensbereich, indem sie etwa bei Verkehrsprojekten, Industrieansiedlungen oder Städtebaumaßnahmen Einspruch erhoben. 1978 waren 1,8 Millionen Menschen in Bürgerinitiativen tätig.

Zur selben Zeit erhielten auch die politischen Parteien großen Zulauf. Davon profitierte insbesondere die Union. CDU und CSU waren noch in den 1960er-Jahren stark auf ihre Führungsfiguren (Adenauer, Erhard, Kiesinger, Strauß) zugeschnitten gewesen, manche hatten vom „Kanzlerwahlverein" gesprochen. Erst in den Jahren der Opposition im Bundestag (1969-1982) entwickelten sie sich zu „Mitgliederparteien" mit einer der SPD vergleichbaren organisierten Massenbasis.

Seit Anfang der 1980er-Jahre veränderte sich die Parteienlandschaft der Bundesrepublik. Die Volksparteien verloren Wähler an neue Gruppierungen am linken und rechten Rand des politischen Spektrums.

Die Grünen nahmen ihren Anfang in Niedersachsen, wo aus verschiedenen Bürgerinitiativen der Anti-Atomkraft-Bewegung 1977 die erste landesweite grüne Partei hervorging. Der Zusammenschluss zu einer Bundespartei erfolgte 1980. Die neue politische Kraft bekannte sich in erster Linie zu „postmateriellen" Werten (mehr Lebensqualität, Gleichgewicht zwischen Mensch und Natur). Nach ersten Wahlerfolgen auf kommunaler Ebene zog die „Grüne Liste Umweltschutz" (GLU) bei den Landtagswahlen 1982 mit elf Abgeordneten (6,5 Prozent der Stimmen) in den niedersächsischen Landtag ein. In Hessen beteiligte sie sich 1985 an einer Regierungskoalition.

Den Sprung in den Deutschen Bundestag schafften die Grünen erstmals bei den Wahlen 1983 mit 5,6 Prozent der Stimmen. Anfangs verstanden sie sich im Gegensatz zu den „etablierten" Parteien als **basisdemokratische** Alternative. In den folgenden Jahren konnten sie auch in die meisten Landesparlamente der Bundesrepublik einziehen und wurden damit zur vierten politischen Kraft im Parteienspektrum. Dabei rangen die Grünen noch lange mit der Frage, ob sie reine Oppositionspartei bleiben oder auch Regierungsverantwortung übernehmen sollten.

Basisdemokratie: Form der Demokratie, in der Entscheidungen nicht von gewählten Vertretern, sondern von den Stimmberechtigten direkt getroffen werden

M1 „Wandel durch Annäherung"

Egon Bahr, ein enger Vertrauter Willy Brandts, erläutert am 15. Juli 1963 die Grundzüge einer künftigen Neuen Ostpolitik:

Die Änderung des Ost-West-Verhältnisses, die die USA versuchen wollen, dient der Überwindung des Status quo, indem der Status quo zunächst nicht verändert werden soll. Das klingt paradox, aber es eröffnet Aussichten, nachdem die bisherige Politik des Drucks und Gegendrucks nur zu einer Erstarrung des Status quo geführt hat. Das Vertrauen darauf, dass unsere Welt die bessere ist, die im friedlichen Sinn stärkere, die sich durchsetzen wird, macht den Versuch denkbar, sich selbst und die andere Seite zu öffnen und die bisherigen Befreiungsvorstellungen zurückzustellen. [...] Die erste Folgerung, die sich aus einer Übertragung der Strategie des Friedens auf Deutschland ergibt, ist, dass die Politik des Alles oder Nichts ausscheidet. Entweder freie Wahlen oder gar nicht, entweder gesamtdeutsche Entscheidungsfreiheit oder ein hartes Nein, [...] das alles ist nicht nur hoffnungslos antiquiert und unwirklich, sondern in einer Strategie des Friedens auch sinnlos. Heute ist klar, dass die Wiedervereinigung nicht ein einmaliger Akt ist, [...] sondern ein Prozess mit vielen Schritten und vielen Stationen. Wenn es richtig ist, was Kennedy sagte, dass man auch die Interessen der anderen Seite anerkennen und berücksichtigen müsse, so ist es sicher für die Sowjetunion unmöglich, sich die Zone zum Zwecke einer Verstärkung des westlichen Potenzials entreißen zu lassen. Die Zone muss mit Zustimmung der Sowjets transformiert werden. Wenn wir so weit wären, hätten wir einen großen Schritt zur Wiedervereinigung getan. [...] Das ist eine Politik, die man auf die Formel bringen könnte: Wandel durch Annäherung. Ich bin fest davon überzeugt, dass wir Selbstbewusstsein genug haben können, um eine solche Politik ohne Illusion zu verfolgen, die sich außerdem nahtlos in das westliche Konzept der Strategie des Friedens einpasst, denn sonst müssten wir auf Wunder warten, und das ist keine Politik.

Archiv der Gegenwart 33, 1963, S. 10 700 f.

1. Skizzieren Sie, was Bahr mit der „Politik des Drucks und Gegendrucks" (Zeile 7) konkret meint.

2. Erläutern Sie, worin das grundlegend Neue der sozialliberalen Ostpolitik bestand.

▲ „Kanzler des Vertrauens."
Foto vom 7. Mai 1974.
Mit Fackeln und einem Brandt-Plakat demonstrieren Anhänger von Willy Brandt in Bonn anlässlich seines Rücktritts. Der Bundeskanzler war in der Nacht zum 7. Mai 1974 von seinem Amt zurückgetreten. Er übernehme die politische Verantwortung für Fahrlässigkeiten im Zusammenhang mit der Agentenaffäre Guillaume, erklärte er in seinem Rücktrittsgesuch an den Bundespräsidenten.

M2 „Sein Job ist getan, und er hat ihn gut gemacht"

Die Londoner „Times" kommentiert am 8. Mai 1974 den Rücktritt Bundeskanzler Willy Brandts:

Der Platz Brandts in der deutschen Geschichte wird durch die Art und Weise, in der er zurücktrat, nicht vermindert werden. Er hat in ehrenvoller Weise die Verantwortlichkeit für einen Fehler akzeptiert, zu dem viele Leute beigetragen haben und den vielleicht auch viele andere gemacht hätten. [...]
Es ist (unser) Eindruck, dass Brandt gar nicht abgeneigt war, einen Job aufzugeben, der ihm in vieler Hinsicht zur Last geworden war. Er hat die beiden historischen Ziele erreicht, die ihn wirklich interessierten – die SPD erstmals nach über 40 Jahren wieder an die Macht zu bringen und das unvollendete Erbe des Zweiten Weltkriegs abzuschließen, indem er die Beziehungen zu Deutschlands östlichen Nachbarn wiederherstellte. Diese beiden Errungenschaften verschaffen ihm einen soliden Platz in der Geschichte, vergleichbar mit dem von Dr. Adenauer. [...]

Auch wenn sein Rücktritt im Augenblick in Deutschland und Europa tragisch erscheint, mag es ein Trost sein, dass Brandt in Erinnerung bleiben wird als einer der ganz wenigen Staatsmänner, die wissen, wann sie ihr Amt aufzugeben haben. Sein Job ist getan, und er hat ihn gut gemacht.

Nach: Die Fischer Chronik. Deutschland 1949-1999: Ereignisse – Personen – Daten, Frankfurt am Main 1999, Sp. 538

1. *Der englische Beobachter spricht vom „Job" eines Politikers und von dessen „Amt". Erklären Sie, was jeweils gemeint ist.*
2. *Nehmen Sie Stellung zu der Einschätzung, Willy Brandts Platz in der Geschichte sei vergleichbar mit demjenigen von Konrad Adenauer. Ziehen Sie eine Bilanz beider Kanzlerschaften und arbeiten Sie (a) Unterschiede und Gemeinsamkeiten sowie (b) Kontinuitäten und Brüche heraus.*

M3 Was ist Umweltpolitik?

Die seit 1969 regierende SPD/FDP-Koalition ist die erste deutsche Regierung, die sich ausdrücklich dem Umweltschutz verpflichtet. In ihrem Umweltprogramm von 1971 heißt es:

1. Umweltpolitik ist die Gesamtheit aller Maßnahmen, die notwendig sind,
   – um dem Menschen eine Umwelt zu sichern, wie er sie für seine Gesundheit und für ein menschenwürdiges Dasein braucht, und
   – um Boden, Luft und Wasser, Pflanzen- und Tierwelt vor nachhaltigen Wirkungen menschlicher Eingriffe zu schützen und
   – um Schäden oder Nachteile aus menschlichen Eingriffen zu beseitigen.
2. Die Kosten der Umweltbelastungen hat grundsätzlich der Verursacher zu tragen (Verursacherprinzip).
3. Die Leistungsfähigkeit der Volkswirtschaft wird bei Verwirklichung des Umweltprogramms nicht überfordert werden. Der Umweltschutz soll durch finanz- und steuerpolitische Maßnahmen sowie durch Infrastrukturmaßnahmen unterstützt werden.
4. Der Zustand der Umwelt wird entscheidend bestimmt durch die Technik. Technischer Fortschritt muss umweltschonend verwirklicht werden. [...]
5. Umweltschutz ist Sache jedes Bürgers. Die Bundesregierung sieht in der Förderung des Umweltbewusstseins einen wesentlichen Bestandteil ihrer Umweltpolitik.
6. Die Bundesregierung wird sich für ihre Entscheidungen in Fragen des Umweltschutzes verstärkt der wissenschaftlichen Beratung bedienen. Sie wird hierfür u. a. einen Rat von Sachverständigen für die Umwelt berufen.
7. Alle Umweltbelastungen und ihre Wirkungen müssen systematisch erforscht werden. Die notwendigen Forschungs- und Entwicklungskapazitäten für den Umweltschutz werden ausgebaut [...].
8. Die Möglichkeiten der Ausbildung für die Spezialgebiete des Umweltschutzes sollen, unter anderem durch interdisziplinäre und praxisbezogene Aufbaustudien an Hoch- und Fachhochschulen, vermehrt und verbessert werden.
9. Wirksamer Umweltschutz bedarf enger Zusammenarbeit zwischen Bund, Ländern und Gemeinden untereinander und mit Wissenschaft und Wirtschaft.
10. Der Umweltschutz verlangt internationale Zusammenarbeit. Die Bundesregierung ist hierzu in allen Bereichen bereit und setzt sich für internationale Vereinbarungen ein.

Drucksache VI/2710 des Deutschen Bundestages vom 14. Oktober 1971

▲ **Duisburg-Bruckhausen.** *Foto von 1971.*

1. *Erläutern Sie, was die Bundesregierung 1971 unter Umweltpolitik verstand.*
2. *Diskutieren Sie die vorgesehene Verteilung der Kompetenzen in Umweltfragen.*

M4 Deutschland als Einwanderungsland

Der Migrationsforscher Klaus Bade erläutert die Wahrnehmung und Praxis der deutschen Ausländerpolitik:

Die Ost-West-Migration hatte im späten 19. und frühen 20. Jahrhundert Millionen Auswanderer über den Atlantik und jährlich Hunderttausende von Arbeitswanderern nach Mittel- und Westeuropa geführt. Hinzu kam ein großer Teil der
5 mehr als 20 Millionen Menschen, die vom Ende des Ersten Weltkriegs bis zum Ende der 1940er-Jahre von zwangsweisen Umsiedlungen nach Grenzverschiebungen und von Vertreibungen betroffen waren. Der Kalte Krieg bewirkte jahrzehntelang eine Drosselung der Ost-West-Migration und ließ im
10 Westen auch die alten Ängste davor zurücktreten. [...] Als der Limes des Kalten Krieges Ende der 1980er-Jahre zerbrach, wurde deutlich, dass er auch eine Sperre gegen die Ost-West-Wanderung gewesen war. [...]
1989 - 92 wurde in Deutschland rund eine Million (1 008 684)
15 Asylsuchende gezählt. Das Zusammentreffen der verschiedenen, stark wachsenden Zuwanderungen in Deutschland und die durch Migrationsszenarien und Wanderungsdrohungen gestützte Furcht vor deren weiterer Entfaltung ließen die Visionen von „Fluten" aus dem Osten in Deutschland schein-
20 bar konkrete Gestalt annehmen. Vergeblich brachten Ausländerbeauftragte, Praktiker der Ausländerarbeit und kritische Wissenschaftler Hinweise darauf in die Debatte, dass viele Asylsuchende, Flüchtlinge und andere Ausländer Deutschland jährlich wieder verließen. Demografische Argumente
25 vermochten gegen die alltägliche Erfahrung der de facto zunehmenden und von vielen als Bedrohung empfundenen Begegnungen mit stets neuen „Fremden" immer weniger auszurichten. [...] Die Anti-Asyl-Argumentation bewegte sich dabei oft in geschlossenen Kreisen: In der Regel wurden nur
30 ca. 5 % der Antragsteller als im engeren Sinne „politisch verfolgt" anerkannt und deshalb für asylberechtigt erklärt. Von Politikern und Medien in Umlauf gebrachte Vorstellungen, die abgelehnten übrigen 95 % der Antragsteller seien „Wirtschaftsflüchtlinge", waren demagogisch. Sie blamierten sich
35 regelmäßig angesichts der Tatsache, dass einem erheblichen Teil der Antragsteller und ihren Angehörigen trotz der Ablehnung im Asylverfahren aus verschiedenen Gründen Abschiebeschutz gewährt oder [...] ein Flüchtlingsstatus zugesprochen werden musste. [...] Das war der Hintergrund für die von
40 wachsender Angst und Aggressivität getriebenen ausländer- und fremdenfeindlichen Ausschreitungen im vereinigten Deutschland der frühen 1990er-Jahre. Zur Vorgeschichte der Krise gehörten aber auch seit Langem ungeklärte Einwanderungs- und Eingliederungsfragen im Einwanderungsland
45 wider Willen, das als nationaler Wohlfahrtsstaat pragmatisch die soziale Eingliederung von Zuwanderern gestaltete, appellativ aber in demonstrativer Erkenntnisverweigerung darauf beharrte, „kein Einwanderungsland" zu sein oder zu werden. Am Ende [...] wuchsen soziale Ängste, Irritationen und Frust-
50 rationen über die Abwesenheit von Politik in einer [...] alltäglich erlebbaren und doch politisch für nicht-existent erklärten Einwanderungssituation. Sie schlugen um in Aggression gegen „die Fremden" und solche, die dafür gehalten oder dazu erklärt wurden.

Klaus J. Bade, Europa in Bewegung. Migration vom späten 18. Jahrhundert bis zur Gegenwart, München 2000, S. 384 f. und 389 f.

1. Klären Sie die Funktion, die der „Eiserne Vorhang" in der europäischen Migrationsgeschichte einnimmt.
2. Erläutern Sie die Vorwürfe, die Bade gegen die deutsche Ausländerpolitik der Neunzigerjahre erhebt.
3. Bringen Sie in Erfahrung, ob der Regierungswechsel von 1998 Veränderungen in der Zuwanderungspolitik gebracht hat.

M5 Die ausländische Bevölkerung in Deutschland

Jahr	Ausländer im Bundesgebiet in Tausend		
	insgesamt	in % der Gesamt-bevölkerung	sozialversicherungs-pflichtig Beschäftigte
1969	2 381,1	3,9	1 372,1
1971	3 438,7	5,6	2 168,8
1978	3 981,1	6,5	1 862,2
1982	4 666,9	7,6	1 709,5
1988	4 489,1	7,3	1 607,1
1990	5 342,5	8,4	1 793,4
1992	6 495,8	8,0	2 119,6
1996	7 314,0	8,9	2 009,7
2003[1]	7 334,8	8,9	1 874,0
2006[1]	6 751,0	8,9	1 790,0
2009[1]	7 146,6	8,7	1 879,0

Nach: Ulrich Herbert, Geschichte der Ausländerpolitik in Deutschland. Saisonarbeiter, Zwangsarbeiter, Gastarbeiter, Flüchtlinge, München 2001, S. 233

Überprüfen Sie anhand der Zahlen die Aussagen von M4.

[1] Angaben des Bundesministeriums für Arbeit und Soziales

Die Deutsche Demokratische Republik 1949–1989: Staat und Wirtschaft

Plakat zur ersten Volkskammerwahl in der DDR am 15. Oktober 1950.
Eine Einheitsliste der „Nationalen Front", die alle Parteien und Massenorganisationen vereinte und die Kandidaten festlegte, sicherte der SED die Macht.

Aufbau der SED-Diktatur

1950
- Walter Ulbricht wird Generalsekretär der SED.
- Das Ministerium für Staatssicherheit (MfS) wird gegründet.
- Am 15. Oktober finden erste Wahlen zur Volkskammer statt. Das Ergebnis wird von den Machthabern zuvor festgelegt.
- Die DDR wird Mitglied im Rat für Gegenseitige Wirtschaftshilfe (RGW).

Sozialismus und Einbindung in den Ostblock

1952
- Die Nationale Volksarmee (NVA) wird gegründet.
- Die Länder in der DDR werden aufgelöst.
- Ulbricht verkündet den „planmäßigen Aufbau des Sozialismus".

17.6.1953 — Landesweiter Arbeiteraufstand gegen das SED-Regime.

1955
- Die Sowjetunion erkennt die Souveränität der DDR offiziell an.
- Die DDR wird Mitglied der Warschauer Vertragsorganisation („Warschauer Pakt").

1958–1961 — Die Zahl der Flüchtlinge in den Westen steigt erneut drastisch an.

Abgrenzung und Stabilisierung

13.8.1961 — Die DDR-Regierung beginnt in Berlin mit dem Bau der Mauer.

1962 — Einführung der allgemeinen Wehrpflicht.

1963 — Das „Neue Ökonomische System der Planung und Lenkung" (NÖSPL) soll die DDR-Wirtschaft international wettbewerbsfähig machen.

1968 — Die DDR erhält per Volksabstimmung eine neue Verfassung.

Real existierender Sozialismus

Mai 1971 — Das Politbüro der SED stürzt Walter Ulbricht. Erich Honecker wird erster Mann in Staat und Partei.

1971 — Die SED verkündet das Programm einer „Einheit von Wirtschafts- und Sozialpolitik".

1972 — Grundlagenvertrag mit der Bundesrepublik Deutschland.

1975 — Die DDR unterzeichnet die KSZE-Schlussakte, in der Menschen- und Bürgerrechte nach westlichem Maßstab festgelegt sind.

um 1975/80 — Die DDR-Wirtschaft erfährt einen rasanten Niedergang.

1989 — Die Feiern zum 40-jährigen Bestehen der DDR werden begleitet vom wachsenden Protest der Bevölkerung.

Die DDR – eine deutsche Alternative? Unter dem Schutz und auf Weisung der Sowjetunion errichtete die SED in Ostdeutschland eine kommunistische Diktatur. Die Partei selbst wurde zu einem einheitlichen Machtblock nach dem Vorbild der KPdSU. Diejenigen, die nach Ansicht der Kommunisten der „Herrschaft der Arbeiterklasse" im Weg standen, wurden entmachtet oder ausgeschaltet – durch eine gelenkte Justiz, durch Enteignungen oder durch den Staatssicherheitsdienst, der die Bevölkerung überwachte und einschüchterte.

Der Aufbau der Industrie nach den Maßstäben der sozialistischen Planwirtschaft gestaltete sich schwierig. Zum Ausgleich für Versorgungsmängel verlangte das Regime ständig höhere Arbeitsleistungen. Das führte zu Unruhen in den Belegschaften, während immer mehr Bürger das Land in Richtung Bundesrepublik verließen. Der Arbeiteraufstand vom Juni 1953, der sich zum Volksaufstand ausweitete, dann aber von der Roten Armee niedergeschlagen wurde, zeigte die Abhängigkeit des SED-Regimes von der sowjetischen Schutzmacht. Diese Lehre zogen sowohl die Machthaber als auch die Bürger.

Die Stabilisierung des Regimes unter Walter Ulbricht gelang erst seit 1961, als sich die DDR durch die Berliner Mauer und einen „Todesstreifen" entlang der innerdeutschen Grenze gegenüber dem Westen abriegelte. Die Massenflucht war damit beendet, die Bürger mussten sich in der Diktatur einrichten.

Das SED-Regime wollte in den 1960er-Jahren den „Klassenfeind" Bundesrepublik ökonomisch überholen. Dieses Vorhaben misslang zwar, doch gelangte die DDR-Wirtschaft an die Spitze aller Ostblockländer. Das Regime schmückte sich mit sportlichen Erfolgen und betonte die Modernität seiner Frauenförderung und Bildungspolitik. Die DDR-Verfassung von 1968 garantierte sogar ein „Recht auf Arbeit".

1971 wurde Walter Ulbricht vom Politbüro der SED gestürzt, eine Folge seiner Differenzen mit Moskau. Der neue Generalsekretär Erich Honecker erkannte die Führung der Sowjetunion wieder uneingeschränkt an. Übereinstimmend mit Moskau ging Honecker auf die Entspannungspolitik der Bundesregierung unter Willy Brandt ein. Bonn und Ost-Berlin schlossen 1972 den Grundlagenvertrag. Er brachte der DDR die lang ersehnte Anerkennung als zweiter deutscher Staat durch die Bundesrepublik und die westlichen Länder.

In der Ära Honecker verwarf das SED-Regime alle utopischen Ideen zur Schaffung eines neuen sozialistischen Menschen. Es galt dafür der „real existierende Sozialismus". Das SED-Regime hielt weiterhin an seiner unumschränkten Machtstellung fest. Um die Zustimmung der Bevölkerung zu sichern, beschloss die Staatsführung großzügige Sozialleistungen und niedrige Verbraucherpreise, ein ehrgeiziges Wohnungsbauprogramm sowie die Aussicht auf mehr Konsum. Das erhöhte Wohlstandsniveau ließ sich jedoch nicht halten, und die Unzufriedenheit der Menschen wuchs. Die kostspielige Sozialpolitik führte schon bald in eine Schuldenspirale, die die DDR-Wirtschaft immer stärker lähmte. Die Staatsführung war jedoch zu keinen Reformen bereit. Dadurch geriet die Diktatur schließlich selbst in die Krise.

- *Wie gestaltete sich die Errichtung der SED-Diktatur und wie lassen sich Anspruch und Ausmaß der SED-Herrschaft beurteilen?*
- *Wovon hing die innere und die äußere Stabilität des Regimes ab?*
- *Wodurch war das Verhältnis von Staat und Bürgern in der DDR gekennzeichnet?*
- *Welche Bedeutung besaß die Bundesrepublik für die Politik der DDR?*
- *Wie lässt sich die Verbindung von Staat und Wirtschaft in der DDR bewerten und welche Gründe führten zum Zusammenbruch der DDR-Wirtschaft?*

Auf- und Ausbau des neuen Systems

Aufbau nach sowjetischem Vorbild Ganz ähnlich wie in den übrigen Staaten des sowjetischen Machtbereichs in Osteuropa entstand in der DDR eine Diktatur, deren Führung sich zu keinem Zeitpunkt auf die freiwillige Zustimmung einer Mehrheit der Bevölkerung berufen konnte. Schon vor der Gründung der DDR im Oktober 1949 war die SED dem Beispiel der KPdSU gefolgt. Danach stand sie nicht in Konkurrenz zu anderen Gruppen im Staat, sondern sie übte – gemäß der Lehre des **Marxismus-Leninismus** – an der Spitze des „Arbeiter- und Bauernstaats" ein Machtmonopol aus (▶ M1). Die kommunistische Führungsgruppe der Partei beschritt bei der Durchsetzung ihres Machtmonopols mehrere Wege:
1. die innere Umgestaltung der SED zu einer „Partei neuen Typus"*,
2. die Umformung aller Parteien, Gewerkschaften und Verbände zu einem Instrument der SED,
3. die Lenkung der Justiz zur Absicherung der Diktatur und
4. der Einsatz der Geheimpolizei (*Ministerium für Staatssicherheit*, MfS) zur Überwachung der Bevölkerung und zur Unterdrückung jeder Opposition.

Die straffe hierarchische Parteistruktur gewährleistete, dass die Entscheidungen der SED-Führung auf allen nachgeordneten Ebenen umgesetzt wurden. Vorbild war die Kommunistische Partei der Sowjetunion (KPdSU).

Das *Zentralkomitee* war das höchste Organ der SED zwischen den Parteitagen. Die Zahl seiner Mitglieder wuchs ständig, da langjährige Mitglieder nicht abberufen wurden (1951: 51 Mitglieder; 1986: 165 Mitglieder). Die Zahl seiner Sitzungen verringerte sich im Lauf der Zeit, bis es etwa zweimal im Jahr tagte. De facto bestätigte das ZK lediglich die Vorgaben der ständigen Organe der SED (*Politbüro* und *Sekretariat des ZK*). Das Sekretariat bestand aus den zuständigen Sekretären für bestimmte Fachbereiche. Das Politbüro war das oberste Führungsgremium und tagte mindestens einmal wöchentlich. Der Generalsekretär berief die Sitzungen des Politbüros sowie des Zentralkomitees ein und leitete sie. Da die Kompetenzen zwischen Politbüro und Sekretariat nicht genau geregelt waren, schwankte das Kräfteverhältnis zwischen den beiden Gremien.

Das Bekenntnis zu Stalin und zur „führenden Rolle" der Sowjetunion sowie den Kampf gegen „Spione und Agenten" und den „Sozialdemokratismus" erklärte der III. Parteitag der SED im Juli 1950 zur Pflicht für alle Mitglieder. Mit Unterstützung der sowjetischen Geheimpolizei ließ Walter Ulbricht, Erster Sekretär und mächtigster Mann der SED, missliebige Mitglieder aus der Partei ausschließen – allein 1950/51 waren es 150 000, darunter vor allem ehemalige Sozialdemokraten, aber auch viele Kommunisten. Selbst Mitglieder der Führungsgruppe wurden ihrer Funktionen enthoben oder verhaftet. In einer Atmosphäre der Angst entwickelte sich die SED zu einem monolithischen** Machtapparat, der von wenigen Spitzenfunktionären gelenkt wurde.

Durchsetzung des alleinigen Führungsanspruchs der SED Neben der SED existierten seit 1945 die CDU (Christlich-Demokratische Union Deutschlands) und die LDPD (Liberal-Demokratische Partei Deutschlands) als „bürgerliche" Parteien in der Sowjetischen Besatzungszone. Um diese Parteien zu schwächen, rief die SED mit Zustimmung der Sowjetischen Militäradministration 1948 die „Demokratische Bauernpartei Deutsch-

---

Marxismus-Leninismus: Gesellschaftstheorie nach den Lehren von Karl Marx (1818-1883) und Lenin (1870-1924). Ihr zufolge soll eine revolutionäre Partei die fortschrittlichen Kräfte eines Landes vereinen und der Arbeiterklasse zur Herrschaft verhelfen, notfalls mit Gewalt und Terror.

---

* Siehe S. 25.
** monolithisch (griech. „aus einem Stein bestehend"): festgefügt, einen einheitlichen Machtblock bildend

lands" (DBD) und die „National-Demokratische Partei Deutschlands" (NDPD) ins Leben. Sie gehorchten den Weisungen der SED, sollten Zugang zu bäuerlichen und liberal-konservativen Kreisen gewinnen und die tatsächlichen Machtverhältnisse verschleiern.

Eine ähnliche Rolle wie den Parteien wies die SED-Spitze den großen Massenorganisationen zu, die zwischen 1945 und 1947 gegründet worden waren, v.a. dem „Freien Deutschen Gewerkschaftsbund" (FDGB), der „Freien Deutschen Jugend" (FDJ), dem „Demokratischen Frauenbund Deutschlands" (DFD), dem „Kulturbund" (KB) sowie der „Vereinigung der gegenseitigen Bauernhilfe" (VdgB). Sie sollten als „Transmissionsriemen" (Lenin) den Willen der kommunistischen Parteispitze auf die Gesellschaft übertragen. Gemeinsam mit den fünf zugelassenen Parteien bildeten sie den „Demokratischen Block der Parteien und Massenorganisationen", der aus dem Antifaschistischen Block* hervorgegangen war. Der „Demokratische Block" sowie weitere Massenorganisationen, Vereine und Verbände wurden nach der Staatsgründung in der *Nationalen Front des demokratischen Deutschland* zusammengeschlossen. Da die maßgeblichen Stellen der Nationalen Front von SED-Funktionären eingenommen wurden, konnte die SED auf diesem Weg alle Parteien und Massenorganisationen steuern.

Die Nationale Front bestimmte die Kandidaten zu den Landtagswahlen und zur Wahl der Volkskammer, dem Parlament der DDR. Im Oktober 1950 fanden die ersten Volkskammerwahlen statt. Die Bürger hatten keine Möglichkeit zur Auswahl, sondern konnten die Einheitsliste nur bestätigen. Für das zuvor festgelegte Ergebnis (98 Prozent Wahlbeteiligung, 99,7 Prozent Zustimmung) mussten die SED und ihre Geheimpolizei allerdings Druck auf die Bevölkerung ausüben und die Wahlergebnisse fälschen.

Seit Anfang der Fünfzigerjahre forcierte die SED die Unterordnung der bürgerlichen Parteien. Widerstandsbereite Persönlichkeiten wurden ihrer Ämter enthoben, verhaftet und zu Zuchthaus oder Zwangsarbeit in sowjetischen Straflagern verurteilt. Seit 1952/53 erkannten CDU und LDPD in ihren Satzungen „die führende Rolle der SED als der Partei der Arbeiterklasse" vorbehaltlos an. In der Bevölkerung galten alle von der SED abhängigen Parteien als „Blockparteien". Damit war nicht nur die Zugehörigkeit zum „Demokratischen Block" gemeint, sondern vor allem der Umstand, dass echte Parteienvielfalt unter dem Diktat der SED ausgeschlossen blieb.

▲ **Plakat der Nationalen Front, Sammelbecken aller „patriotischen Kräfte Deutschlands", von 1960.**
Im Vordergrund: die Skulpturengruppe an der Mahn- und Gedenkstätte des ehemaligen Konzentrationslagers Buchenwald.

■ *Erläutern Sie die Bildelemente. Analysieren Sie Wirkung und Aussage des Plakats.*

Justiz im Parteiauftrag Die Entfernung ehemaliger Nationalsozialisten aus dem Justizapparat nutzte die Führung der SED, um an ihrer Stelle zuverlässige Kommunisten zu platzieren. Die SED verstand die Justiz als Mittel zur Belehrung über den Sozialismus sowie zur Erziehung des Volkes. Sie kontrollierte die gesamte Justiz. Im Gegensatz zum Wortlaut der Verfassung waren die Richter (Volksrichter) nicht unabhängig, sondern politische Funktionäre, angeleitet und gelenkt vom Obersten Gericht und den Parteiinstanzen. Auch Rechtsanwälte sollten als „Organe der sozialistischen Rechtspflege" helfen, die staatlichen Vorgaben durchzusetzen – wenn nötig gegen ihre Mandanten. Die Öffentlichkeit von Gerichtsverfahren beschränkte sich darauf, dass meist nur ausgewählte Personengruppen an Prozessen teilnehmen durften. Die Haftbedingungen in den Gefängnissen waren unmenschlich.

Das Strafrecht diente somit als Instrument der Diktatur zur Bekämpfung ihrer Gegner. Als Straftatbestand diente häufig die Generalklausel des Artikels 6 der Verfassung von 1949 („Boykotthetze gegen demokratische Einrichtungen"). Bereits kritische Meinungsäußerungen über das Regime wurden mit hohen Freiheitsstrafen geahndet.

---

* Siehe S. 25.

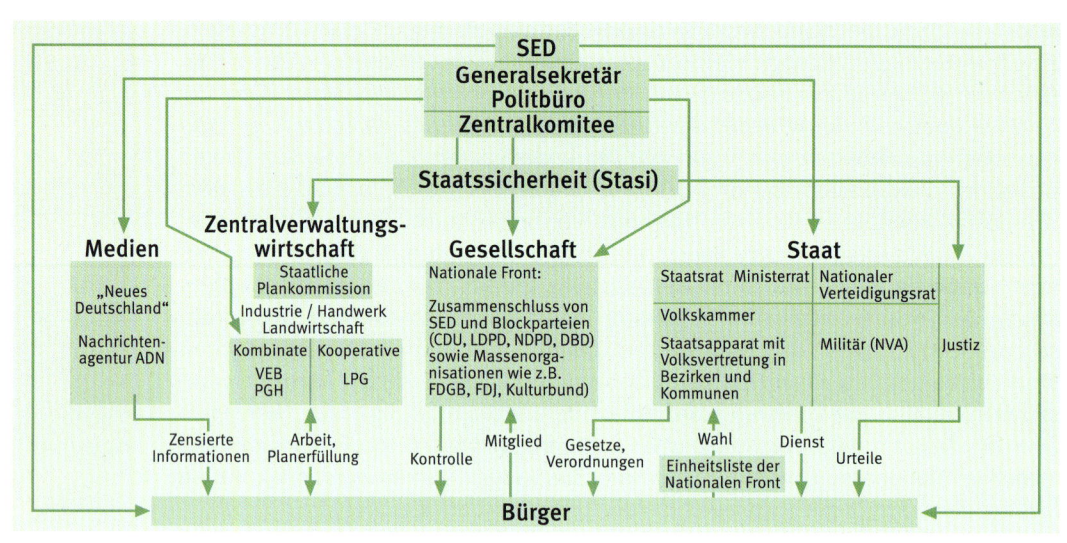

▲ Die Verfassungswirklichkeit in der DDR.
Grafik nach Eberhard Wilms.

Schauprozesse zur Bekämpfung des sozialdemokratischen und bürgerlichen Widerstandes, aber auch der innerparteilichen Gegner Ulbrichts wurden vom Justizapparat der SED inszeniert und von den Gerichten ausgeführt. Das Politbüro betätigte sich in der Ära Ulbricht nicht selten als Ankläger, Richter und Gnadeninstanz. Heute wird die Zahl der politisch Verfolgten in 40 Jahren DDR auf 150 000 bis 200 000 geschätzt. Nicht weniger als 33 755 „politische Häftlinge" kaufte die Bundesregierung zwischen 1963 und 1989 für umgerechnet 1,74 Milliarden Euro frei. Seit dem Untergang des SED-Regimes können die Opfer des Justizterrors ihre gerichtliche Rehabilitierung beantragen. Etwa 160 000 solcher Anträge sind bis 2001, der gesetzlichen Frist, gestellt worden; die meisten davon wurden mit positivem Ergebnis abgeschlossen.

Auch das Zivil-, Familien- und Arbeitsrecht nutzte der SED-Staat, um Andersdenkende, Kritiker oder Systemgegner einzuschüchtern. So wurden Schulabschlüsse, die Berufsausbildung, der berufliche Aufstieg von Menschen, die unliebsam aufgefallen waren, verhindert, die Wohnungszuteilung oder die Reiseerlaubnis versagt, der Personalausweis entzogen, der Arbeitsplatz gekündigt usw. Wegen der herrschenden Rechtsunsicherheit blieb für die Bürger das staatliche Handeln stets unberechenbar.

Erich Mielke (1907-2000): Minister für Staatssicherheit 1957-1989, Mitglied des Politbüros 1976-1989; 1993 wegen Mordes verurteilt

Das Ministerium für Staatssicherheit Neben der Roten Armee gewährleistete insbesondere der Staatssicherheitsdienst den Machterhalt der SED. Er war eine Kopie des sowjetischen Geheimdienstes und mit diesem lange Zeit aufs Engste verflochten. Im Februar 1950 wurde das MfS gegründet, um „Saboteure, Agenten und Diversanten*" zu bekämpfen. Der Staatssicherheitsdienst war politische Geheimpolizei, geheimer Nachrichtendienst und Organ strafrechtlicher Untersuchungen. Vor allem bei politischen „Delikten" führte er die Ermittlungsverfahren durch. Vom ersten Tag seiner Existenz an arbeitete der Staatssicherheitsdienst unter strengster Geheimhaltung. **Erich Mielke**, der den Staatssicherheitsdienst ab 1957 leitete, bezeichnete ihn als „Schild und Schwert der Partei" und erweiterte fortlaufend dessen Zuständigkeiten. Die *Stasi* – so die Kurzbezeichnung – unterstand nur dem Vorsitzenden des Verteidigungsrates

---

* Diversant: im kommunistischen Sprachgebrauch Saboteur

und damit dem Generalsekretär der SED. Kein Gesetz oder Parlament schränkten ihre Ziele und Methoden ein. Im Laufe der Zeit entwickelte sich die Geheimpolizei der SED zu einem gigantischen Überwachungsapparat mit der Zentrale in Ost-Berlin und nachgeordneten Behörden auf Bezirks- und Kreisebene. Anfangs zählte das MfS 1000 hauptamtliche Mitarbeiter, Mitte der Fünfzigerjahre bereits 13 000. 1989 waren es schließlich etwa 91 000 hauptamtliche Mitarbeiter.

Um die vermuteten „feindlich-negativen" Personen, Handlungen und Meinungen flächendeckend aufzuspüren, bediente sich der Apparat eines zusätzlichen Netzes von Spitzeln, die ihre Führungsoffiziere über „staatsfeindliche" Gespräche oder Absichten im eigenen Freundeskreis, am Arbeitsplatz, in der Familie, in staatlichen und gesellschaftlichen Organisationen informierten. Die Überwachung von Bürgerinnen und Bürgern durch sogenannte *Inoffizielle Mitarbeiter* (IM) wurde bereits in den Fünfzigerjahren systematisch organisiert. Am Ende der SED-Diktatur (1989) verfügte das MfS über rund 189 000 Zuträger. Im Durchschnitt kamen in der Endphase der DDR auf einen Inoffiziellen Mitarbeiter 120 Einwohner. Erst neuere Forschungen haben gezeigt, dass Ende der Achtzigerjahre auch 1553 Bundesbürger als aktive Inoffizielle Mitarbeiter beim DDR-Auslandsgeheimdienst des MfS registriert waren und weitere 1500 Bundesbürger für andere Abteilungen des MfS spionierten. Insgesamt arbeiteten während des 40-jährigen Bestehens der DDR rund 12 000 Westdeutsche für die Stasi.

Von Anfang an nutzte das MfS die unterschiedlichsten Mittel, um Opponenten zu kriminalisieren und ihnen beruflich oder privat zu schaden. Dazu gehörten das Öffnen von Briefen, heimliche Wohnungsdurchsuchungen, der Einbau von Abhöranlagen, die Durchsicht von Bankunterlagen und Krankheitsberichten, permanente Beschattung verdächtiger Personen, willkürliche Festnahmen, Verhaftungen und Verhöre oder die systematische psychische „Zersetzung" von Zielpersonen (▶ M2).

Die DDR wird Teil des Ostblocks Die SED nahm für sich in Anspruch, mit der DDR den „Grundstein für ein einheitliches, demokratisches und friedliebendes Deutschland" (Stalin 1949) gelegt und ein Modell für ein zukünftiges Gesamtdeutschland unter kommunistischer Führung geschaffen zu haben. In der Praxis allerdings überwog stets das Ziel der Absicherung der eigenen Herrschaft durch Abgrenzung gegenüber der Bundesrepublik.

Bereits seit Anfang 1950 war die DDR Mitglied des von Stalin ins Leben gerufenen Rates für Gegenseitige Wirtschaftshilfe (RGW).* Damit wurde die DDR in ein System der Arbeitsteilung und Spezialisierung eingebunden, das unter Führung der Sowjetunion die Volkswirtschaften der Ostblockstaaten miteinander verkoppelte. Die Außenwirtschaftskontakte zum Westen und zur Bundesrepublik (innerdeutscher Handel) gingen dementsprechend zurück.

1950 schloss die DDR mit Polen das Görlitzer Abkommen, worin sie die Oder-Neiße-Linie als Ostgrenze („Oder-Neiße-Friedensgrenze") anerkannte. Im selben Jahr verzichteten DDR und ČSSR in der Prager Deklaration auf gegenseitige Gebietsansprüche. Zugleich wurden die „Umsiedlungen" Deutscher aus der Tschechoslowakei seit dem Ende des Zweiten Weltkriegs für „endgültig" und „gerecht" erklärt. Die beiden Verträge entstanden auf Druck der Sowjetunion. Einerseits verbesserten sie das Verhältnis der DDR zu den östlichen Nachbarn, andererseits vertieften sie die deutsche Spaltung. Denn weder die Bundesrepublik noch die westlichen Siegermächte waren in die Abmachungen einbezogen worden.

* Siehe S. 27.

▶ Aufmarsch von Mitgliedern der Freien Deutschen Jugend (FDJ), der Volkspolizei und der SED anlässlich der II. Parteikonferenz der SED in Berlin.
Foto vom 11. Juli 1952.

Trotz dieser Entwicklung war die deutsche Frage noch immer offen. DDR und Bundesrepublik standen weiterhin unter der Hoheit der Siegermächte. Während die Bundesregierung in Bonn jedoch die Westintegration aus freiem Entschluss vorantrieb, konnte die DDR-Führung nur reagieren: auf die Entscheidungen im Westen sowie auf die Weisungen der Sowjetunion. Die UdSSR unternahm im Frühjahr 1952 einen letzten Versuch, den Eintritt der Bundesrepublik in ein westliches Verteidigungsbündnis zu verhindern.* Als die Westmächte das Angebot zu einem vereinten, aber neutralen Deutschland ausschlugen, gab Stalin das Signal, auf das die Regierung in Ost-Berlin schon lange gewartet hatte: Der „Aufbau des Sozialismus" in der DDR sollte nun stattfinden.

„Planmäßiger Aufbau des Sozialismus" ■ Nachdem die SED ihre Herrschaft gesichert hatte, beschloss sie auf einer Parteikonferenz im Juli 1952 den „planmäßigen Aufbau des Sozialismus". Er sollte Wirtschaft und Gesellschaft der DDR grundlegend umformen. Das Programm sah vor:
- weitere Zentralisierung der Staatsmacht (Auflösung der Länder, Aufhebung der Selbstverwaltung der Kommunen), Ausbau von Partei und Sicherheitsorganen, massive Verbreitung der SED-Ideologie durch die Medien;
- Ausbau der „Volkseigenen Betriebe" (VEB), deren Anteil an der industriellen Produktion bereits rund 80 Prozent betrug; Enteignung und politische Verfolgung der bürgerlichen Mittelschichten, die als private Unternehmer, kleine Handel- und Gewerbetreibende eine wichtige Stütze für die ostdeutsche Wirtschaft bildeten; durch eine extrem hohe Besteuerung und bürokratische Gängeleien wurde ihre berufliche Existenz vielfach vernichtet;
- einseitige Förderung der Schwerindustrie und der Rüstungsproduktion ohne Rücksicht auf die wachsenden Versorgungsengpässe für die Bevölkerung, dazu eine Erhöhung der geforderten Arbeitsleistung;
- forcierte Kollektivierung der Landwirtschaft; durch extrem hohe Ablieferungsverpflichtungen wurden selbstständige Bauern in „Landwirtschaftliche Produktionsgenossenschaften" (LPG) gezwungen;

* Siehe S. 39.

- rascher Aufbau von „nationalen Streitkräften", finanziert durch Steuererhöhungen und Einsparungen im sozialen Bereich.

Die SED verstärkte auch den Druck auf die evangelische Kirche, die sie für eine weltanschauliche Konkurrenz hielt. Deren Nachwuchsorganisation „Junge Gemeinde" wurde als „politisch-ideologisch" verboten. Der Religionsunterricht an den Schulen wurde abgeschafft. Nach der Entnazifizierung, der Bodenreform und der „Gleichschaltung" der politischen Kräfte bedeuteten diese Maßnahmen einen weiteren, radikalen Eingriff in die gesellschaftlichen und wirtschaftlichen Strukturen.

Die Krise von 1953 Im Jahr 1952 nahm das SED-Regime auf Anordnung Moskaus die Aufstellung regulärer DDR-Truppen vor. Mitte 1953 waren etwa 130 000 Soldaten einsatzbereit. Diese Militarisierung belastete die Wirtschaft enorm. Zwar gelang es in einigen Industriezweigen, das Vorkriegsniveau wieder zu erreichen und zu übertreffen; dennoch fiel die DDR wegen der einseitigen Konzentration auf den Rüstungssektor und die Schwerindustrie sowie der starren Strukturen in den Betrieben immer wieder hinter die Produktionsvorgaben zurück. Die SED-Führung machte hingegen sogenannte „Wirtschaftsverbrecher" für die Krise verantwortlich. Das „Gesetz zum Schutz des Volkseigentums" vom Oktober 1952 sollte dazu dienen, die Solidarität unter den Arbeitern zu zerstören. Nun wurde es dazu genutzt, Tausende wegen geringer Diebstähle zu verurteilen. Bestraft wurde auch, wer einen Diebstahl nicht anzeigte.

Selbstständige und Privateigentümer, circa zwei Millionen Menschen, bekamen keine Lebensmittelkarten mehr; sie sollten in den staatlichen Läden zu höheren Preisen kaufen, wo es ebenso an Butter, Öl, Margarine oder Fleisch mangelte wie in den übrigen Geschäften. Während die gelenkte Presse von ständig neuen Produktionserfolgen berichtete, blieben die Lebensmittel rationiert. Es fehlte an frischem Gemüse, Obst, sogar die Versorgung mit Kartoffeln und Brot bereitete Schwierigkeiten. Immer mehr Menschen flüchteten nach West-Berlin und in die Bundesrepublik, im ersten Halbjahr 1953 allein 226 000 Personen. Die SED-Führung antwortete mit verschärfter Repression und einer großen Propagandakampagne zur freiwilligen Erhöhung der Arbeitsleistung bei unveränderten Löhnen. In einigen Betrieben kam es daraufhin zu Protesten. Obgleich dem Politbüro Berichte über die Stimmung in der Bevölkerung vorlagen, verschärfte Ulbricht den eingeschlagenen Kurs. Per Dekret wurden Mitte Mai 1953 die Arbeitsnormen um mindestens zehn Prozent erhöht. In mehreren Städten fanden erste Warnstreiks statt.

Der „Neue Kurs" – von Moskau verordnet Beunruhigt über die schlechte ökonomische Situation und Stimmungslage in der DDR, versuchte die neue sowjetische Führung – Stalin war am 5. März 1953 gestorben –, die Lage zu entschärfen. Anfang Juni 1953 befahl die Sowjetunion einen sofortigen Kurswechsel: Die privaten Produzenten sollten gefördert, geflüchtete Bauern und Selbstständige zurückgerufen, die „Wirtschaftsverbrecher" aus den Gefängnissen entlassen, das Gespräch mit den Kirchenleitungen gesucht werden (▶ M3).

Diesen „Neuen Kurs" verkündete das DDR-Regime am 11. Juni 1953, und offiziell wurden sogar schwerwiegende Fehler zugegeben. Doch ausgerechnet die Erhöhung der Arbeitsnormen wurde nicht zurückgenommen. Die Empörung in der Arbeiterschaft und weiten Kreisen der Bevölkerung wuchs weiter. Je nach politischer Grundeinstellung sahen die einen in der politischen Kehrtwende einen hoffnungsvollen Neuanfang, die anderen eine Bankrotterklärung der SED. Gerüchte über eine Auflösung der Partei

▲ „Von den Sowjetmenschen lernen heißt siegen lernen."
Propagandaplakat, um 1952. Das sowjetische Originalplakat zeigt den Stalinpreisträger A. Tschutkich.

▶ **Geschichte In Clips:**
Zum Aufstand am 17. Juni 1953 siehe Clip-Code 4669-02

Aufstand am 17. Juni.
Extrablatt der Tageszeitung „Telegraf" (unabhängige Zeitung für das freie Berlin), 17. Juni 1953.
Die sowjetische Besatzungsmacht kam der SED zu Hilfe und setzte mit Panzern dem Aufstand ein Ende. Die Verunsicherung der SED-Führung nach den Ereignissen des 17. Juni saß tief. Ende November 1953 beschloss das Sekretariat des Zentralkomitees daher die Bewaffnung von SED-Funktionären mit Pistolen.

machten die Runde. Meldungen der Staatssicherheit berichteten von Freudenfesten auf dem Land, wo bereits die Befreiung von der SED-Herrschaft gefeiert wurde; und viele glaubten sogar an eine nahe bevorstehende Wiedervereinigung, nachdem die SED alle Losungen mit dem Wort „Sozialismus" kurzfristig entfernen ließ. Auf Großbaustellen häuften sich spontane Streiks, Bauern traten wieder aus den LPG aus, vielerorts wurde vor Gefängnissen demonstriert.

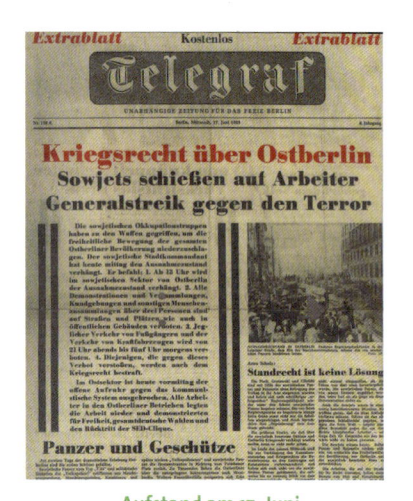

Vom Arbeiterprotest zum Volksaufstand Am 16. Juni formierten sich die Bauarbeiter in der Ost-Berliner Stalinallee zu einem Protestmarsch gegen die Beibehaltung der Normenerhöhung. Fast alle Betriebe in Berlin schlossen sich an. Die Demonstranten verlangten den Rücktritt der Regierung sowie freie Wahlen und kündigten einen Generalstreik an. Erst jetzt entschied sich das Politbüro für die Zurücknahme der Normenerhöhung. Doch die Arbeiter ließen sich nicht mehr beschwichtigen. Innerhalb weniger Stunden weitete sich am 17. Juni die Streikwelle zu einem landesweiten Aufstand der Bevölkerung gegen die SED aus. In über 700 Städten und Ortschaften beteiligten sich rund eine halbe Million Menschen an Demonstrationen, besetzten öffentliche Gebäude, Parteibüros und Dienststellen der Staatssicherheit, auch Gefängnisse wurden gestürmt und über 1300 Häftlinge befreit (▶ M4).

Die Unruhen riefen die Sowjetunion auf den Plan. Während die SED-Führung hilflos zusehen musste, verhängte die Besatzungsmacht im Laufe des 17. Juni den Ausnahmezustand über Ost-Berlin und weite Teile der DDR: Es galt das Kriegsrecht. Sowjetische Militärtribunale verhängten 18 Todesurteile gegen Aufständische, darunter mehrere Jugendliche. Hunderte wurden in Zwangsarbeitslager nach Sibirien verbracht. Da dem Aufstand jede überregionale Koordination fehlte, konnte ihn das sowjetische Militär mit Panzern schnell niederschlagen. Dennoch flackerten bis in den Juli 1953 hinein immer wieder Streiks auf, und auf dem Land wollten viele Bauern nicht aufgeben. Etwa 1300 Mitglieder der SED traten aus Protest gegen die Führung aus der Partei aus.

In den Wochen und Monaten nach dem 17. Juni wurden rund 13 000 Menschen verhaftet, etwa 3000 verurteilt, die meisten zu teilweise hohen Zuchthausstrafen, in zwei Fällen zum Tod. Mehr als die Hälfte der höheren Parteifunktionäre wurde ihrer Ämter enthoben. Dazu zählten auch die Gegner Ulbrichts im Politbüro, die einen langsameren Kurs beim Aufbau des Sozialismus gefordert hatten.

Obwohl die SED ihre Macht retten und weiter festigen konnte, blieb der angeblich vom Westen gesteuerte „faschistische Putsch" von nun an das Trauma der Parteiführung. Auf der anderen Seite hatte die Bevölkerung die bittere Erfahrung machen müssen, dass Widerstand gegen das Regime aussichtslos war, solange die Sowjetunion dessen Existenz garantierte. Bis zu den Ereignissen von 1989 fanden in der DDR keine landesweiten Proteste mehr statt.

Die Westmächte hätten in die Vorgänge nicht eingreifen können, ohne einen Krieg zu beginnen. Angesichts der Blockbildung in Europa würde der Westen auch künftig nur moralische Unterstützung leisten – auch diese Lehre zogen die Gegner des SED-Regimes. Der Deutsche Bundestag erklärte den 17. Juni zum „Tag der Deutschen Einheit", der in der Bundesrepublik bis 1990 als nationaler Feiertag begangen wurde.

Vollendung der „Ostintegration" Mit dem Beitritt der Bundesrepublik zur NATO im Mai 1955 schien das Ringen der Großmächte um die deutsche Einheit beendet. Die Westintegration der Bundesrepublik war besiegelt, und mit ihr die deutsche Teilung. Denn parallel dazu kam die Integration der DDR in den sowjetisch beherrschten Ostblock zum Abschluss. Schon 1954 hatte die sowjetische Führung unter dem neuen Parteichef **Nikita Chruschtschow** verkündet, die „sozialistischen Errungenschaften" im östlichen Teil Deutschlands dürften nicht angetastet werden. Das war eine Bestandsgarantie für die DDR, die von Moskau als zweiter deutscher Staat angesehen wurde („Zwei-Staaten-Theorie") – im Gegensatz zur Haltung der Bundesrepublik, die die Alleinvertretung Deutschlands beanspruchte.*

Als Reaktion auf den NATO-Beitritt der Bundesrepublik wurde am 14. Mai 1955 die Warschauer Vertragsorganisation gegründet, zu deren Unterzeichnerstaaten auch die DDR gehörte. Einen Tag später beschloss das Zentralkomitee der SED die Aufstellung bewaffneter Streitkräfte, die bereits in Gestalt der Kasernierten Volkspolizei existierten. Entsprechend rasch gingen die Aufstellung der *Nationalen Volksarmee* (NVA) und die Schaffung eines Ministeriums für nationale Verteidigung vor sich.

Getreu der Zwei-Staaten-Theorie trat die UdSSR im Herbst 1955 mit beiden deutschen Regierungen offiziell in Kontakt. Bundeskanzler Adenauer reiste im September 1955 auf Einladung Moskaus in die Sowjetunion, wo die Aufnahme diplomatischer Beziehungen zwischen Bonn und Moskau vereinbart wurde. Unmittelbar nach dem Besuch Adenauers bekräftigte die sowjetische Führung in dem Vertrag über die Beziehungen zwischen der DDR und der UdSSR die Souveränität des ostdeutschen Staates. An die Stelle der sowjetischen Kontrollkommission in Ost-Berlin trat ein Botschafter. Von nun an verfolgte die Sowjetunion auch das Ziel der völkerrechtlichen Anerkennung der DDR durch den Westen. Anfang 1956 beschlossen die Warschauer Vertragsstaaten, die Nationale Volksarmee in die Streitkräfte der Organisation aufzunehmen. Damit war die DDR auch militärisch voll in den Ostblock integriert. Als strategisch und ökonomisch wichtiger Eckpfeiler wurde das SED-Regime unter Walter Ulbricht zu einem zuverlässigen Partner im östlichen Bündnissystem.

Stabilisierung im Innern Seit 1954 verbesserten sich die Lebensverhältnisse in der DDR spürbar. Die Sowjetunion verzichtete auf weitere Reparationen und ließ viele Wissenschaftler und Techniker nach Ostdeutschland heimkehren, die bis dahin in der UdSSR hatten arbeiten müssen. Das SED-Regime selbst nahm Korrekturen in der Wirtschaftspolitik vor. So konnte die Industrie in die Produktion von chemischen Grundstoffen, Kunststoff- und Aluminiumerzeugnissen investieren („Plaste und Elaste"). Metallverarbeitung und Hochseeschiffbau wurden zu neuen Industriezweigen, die zumal im strukturschwachen Norden des Landes für Arbeitsplätze sorgten. Die Versorgung der Bevölkerung mit Konsumgütern machte erkennbare Fortschritte, Lohnerhöhungen wurden gewährt, die Lebensmittelkarten 1958 abgeschafft. In den privaten Haushalten stieg die Zahl von Rundfunk- und TV-Geräten. In den Fünfzigerjahren verzehnfachte sich die Ausstattung mit Waschmaschinen, doch gab es nur für sechs Prozent der Haushalte einen Kühlschrank und nur für drei Prozent ein eigenes Auto.

Mit einer konsumfreundlicheren Wirtschaftspolitik als bislang erreichte die SED eine Konsolidierung des Regimes. Als unmittelbares Indiz nahm die Zahl der Flüchtlinge in den Westen ab. 1957 lag sie bei 260 000, 1959 ging sie auf 150 000 zurück, dem niedrigsten Stand seit Gründung der DDR. Die Staatsführung hofierte vor allem Ärzte, Professoren, Ingenieure und Facharbeiter, um sie im Land zu halten. Verdiente Arbeitskräfte wurden als „Helden der Arbeit" ausgezeichnet, erhielten Vergünstigungen und konnten die vom Staat kontrollierten Ferienanlagen an der Ostsee nutzen. Für die überwiegende Mehrheit gab es indes noch keine Möglichkeit für Reisen und Tourismus.

Nikita Sergejewitsch Chruschtschow (1894-1971): 1958-1964 Regierungschef der Sowjetunion, schließlich vom Politbüro der KPdSU entmachtet

▲ „Klassenbrüder – Waffenbrüder."
DDR-Werbeplakat für den Warschauer Pakt, um 1965.

---
* Siehe S. 38.

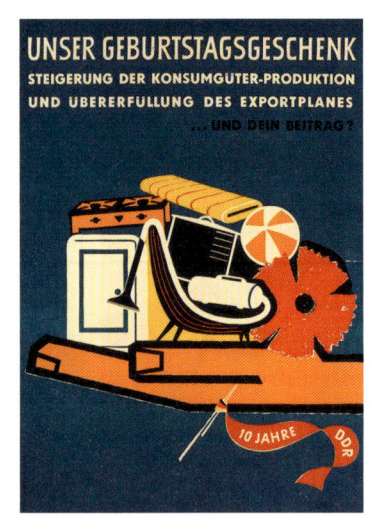

Konsumgüterproduktion im Zeichen der Planwirtschaft.
Plakat zum 10. Jahrestag der DDR, 1959.

John F. (Fitzgerald) Kennedy
(1917-1963): 1961-1963 US-Präsident (Demokrat); fiel 1963 einem Attentat zum Opfer

„Überholen ohne einzuholen" Die Spielräume, die der Aufschwung seit Mitte der Fünfzigerjahre schuf, waren bald wieder aufgebraucht, als das Ulbricht-Regime zu seiner Politik der Enteignung und Zentralisierung zurückkehrte. Um den „Aufbau des Sozialismus" zu beschleunigen, wurden seit 1959 alle bäuerlichen Betriebe in Landwirtschaftliche Produktionsgenossenschaften (LPG) gezwungen. Bei der Kollektivierung von Handels- und Handwerksbetrieben ging die SED-Führung nicht ganz so radikal vor, weshalb ein geringer Prozentsatz in privater Hand blieb.

Die SED gab auf dem V. Parteitag 1957 das Ziel aus, dass der Lebensstandard in der DDR bis 1961 das Niveau Westdeutschlands erreichen und übertreffen sollte. Die Bundesrepublik „überholen ohne einzuholen", lautete Ulbrichts Formel – das Modell sozialistischer Planwirtschaft sollte die Marktwirtschaft des Westens überbieten. Doch die Vorgaben erwiesen sich als Illusion. Als Folge der Kollektivierungen traten 1960 erneut Versorgungsprobleme auf, und die Mittel zur Stützung des Verbrauchs fehlten für weitere Investitionen. Die Wirtschaft stagnierte. Kritik der Beschäftigten nahm die Regierung nicht zur Kenntnis. Die Unzufriedenheit in der Bevölkerung wuchs, es kam zu Arbeitsniederlegungen, und immer mehr Menschen kehrten der DDR den Rücken (▶ M5).

Die zweite Berlin-Krise 1958-1961 Ein weiterer Grund für die Massenflucht war die seit 1958 schwelende Berlin-Krise. Nach der Berlin-Blockade von 1948/49 stritten die alliierten Siegermächte abermals um den Status der Stadt. Am 27. November forderte der sowjetische Staats- und Parteichef Chruschtschow in einem Ultimatum den Abzug der alliierten Truppen aus West-Berlin und die Aufgabe der Besatzungsrechte. West-Berlin sollte zu einer „selbstständigen politischen Einheit" umgewandelt werden, unabhängig von Bundesrepublik und DDR (mit Ost-Berlin) sowie außerhalb des Schutzes der NATO. Der Sowjetunion schwebte eine Dreiteilung Deutschlands vor. Wenige Monate später drohte Moskau mit dem Abschluss eines separaten Friedensvertrags mit der DDR, der entgegen den geltenden Viermächte-Vereinbarungen der DDR die volle Souveränität gewährt hätte. Das Verhalten der Sowjetunion hing mit den wachsenden Spannungen zwischen ihr und der Volksrepublik China zusammen. Seit Ende 1957 strebte Chinas kommunistische Führung nach wirtschaftlicher Unabhängigkeit von der UdSSR, was wenig später zum Bruch zwischen beiden Ländern führte. Mit einer aggressiven Haltung in der Deutschland- und Berlin-Frage wollte Moskau seine Führungsrolle in der kommunistischen Welt und in Osteuropa festigen.

Die vier Mächte kamen auf der Konferenz ihrer Außenminister in Genf (Mai bis August 1959) zu keiner Lösung. Im Juni 1961 trafen sich Chruschtschow und US-Päsident **John F. Kennedy** in Wien, wo Chruschtschow sein Ultimatum wiederholte. Die Welt befürchtete einen Atomkrieg angesichts des Streits. Kennedy formulierte in einer Fernsehansprache am 25. Juli 1961 drei für die Westalliierten unverzichtbare Bedingungen (drei „Essentials"): Sicherheit und Freiheit der West-Berliner, die Anwesenheit der drei Westmächte in West-Berlin sowie der freie Zugang nach West-Berlin würden unter allen Umständen gesichert bleiben. Die Schutzgarantie der USA für West-Berlin bedeutete unausgesprochen die Anerkennung des sowjetischen Machtbereiches in Ost-Berlin und der DDR. Chruschtschow hatte damit sein Ziel erreicht.

Viele unzufriedene, zumeist jüngere und gut qualifizierte DDR-Bürger befürchteten angesichts der internationalen Spannungen, der Fluchtweg über West-Berlin würde bald geschlossen. Seit Anfang Juni 1961 flohen täglich etwa tausend DDR-Bürger nach West-Berlin.

Das Leben in einer unbeheizten Zelle ist schwer zu beschreiben. Die ständige Kälte war eine lautlose Folter. Zumal die Bekleidung völlig unzulänglich war. Richtig erwärmen konnte ich mich in der kalten Jahreszeit überhaupt nicht. Sooft ich auch die fünf Schritte in der Zelle auf und ab ging, gymnastische Übungen machte, mir wurde nicht warm. Selbst wenn ich bis zur Erschöpfung Kniebeugen oder Armstützen machte, schlug das ins Gegenteil um. Das schweißnasse Hemd erkaltete sofort wieder. Und die feuchte Kälte auf der Haut machte alles noch schlimmer. Wenn man das über Monate ertragen muss, keine Beschäftigung nachgehen darf, kein Buch bekommt, keine Zeitung lesen kann, verliert das Leben jeden Sinn. Was unterschied eigentlich meine Zelle von einem mittelalterlichen Verlies? Nichts. Die Wände waren dunkelgrau, fast schwarz gestrichen. Die matte Beleuchtung wurde am Morgen zu früh ab- und am Abend zu spät eingeschaltet. Bald wieder ganz gelöscht. Auch am Tage kam wenig Licht durch die Fenster. Die ständige Dämmerung wechselte mit völliger Finsternis. Wenn ich mich am Abend hinlegen durfte, empfand ich das als Erleichterung. Wieder war ein Tag zu Ende. Hin und wieder erwärmte ich mich für kurze Zeit unter den Decken. Aber nicht lange. Bald hinderte mich die Kälte wieder am Schlafen. Das Stillliegen und Frieren auf der sechzig Zentimeter breiten Pritsche war so qualvoll wie das ewige Aufundabgehen am Tage.

Walter Janka, Spuren eines Lebens, Berlin 1991, S. 400 f. und 404 f.

1. Beschreiben Sie die Haftbedingungen von Walter Janka.
2. Erklären Sie die Gründe für die Isolationshaft.
3. Beurteilen Sie dieses Vorgehen. Überlegen Sie dabei, warum Sie heute einen Häftling isolieren würden.

M5 Arrest

Monika Tischoff ist von 1982 bis 1985 aus politischen Gründen in der Sonderhaftanstalt Bautzen II inhaftiert. Sie beschreibt die Arrestbedingungen:

Da die Fenster in Bautzen II ziemlich hoch lagen, musste man auf den Bettgiebel steigen, um einmal aus dem Fenster zu schauen. Wurde man vom Personal dabei erwischt, erfolgte Bestrafung mit der Begründung: „illegale Kontaktaufnahme am Fenster". [...] Ich selbst wurde mehrere Male am Fenster ertappt. Als mich einmal eine Diensthabende hinter der Tür in unangemessener Weise beschimpfte (sie war früher als Wachhabende im Zuchthaus Hoheneck tätig gewesen), wehrte ich mich mit den Worten, hier seien wir nicht in Hoheneck, sondern in Bautzen. Daraufhin machte sie über diesen Vorfall schriftliche Meldung. Der Vollzugsleiter verlangte

▲ **Arrestzellen in Bautzen II.**
Undatiertes Foto.
Verschiedene Strafmaßnahmen sollten die Häftlinge „erziehen" und „disziplinieren", die härteste Bestrafungsform war der Arrest. Gefangene nannten die Zellen Tigerkäfige. Der Zugang zur Toilette konnte durch ein Gitter versperrt werden.

von mir eine schriftliche Stellungnahme, in der ich mein Missfallen über die Beschimpfung ausdrückte. Daraufhin verfügte er gegen mich 14 Tage Einzelarrest. Begründung: „vorlautes Verhalten und illegale Kontaktaufnahme". [...] Also kam ich in Einzelarrest. Er begann mit der völligen Entkleidung vor der „Erzieherin" und einer Strafvollzugsangehörigen. Ich bekam Arrestsachen vorgelegt, die menschenentwürdigend waren. Ich musste unbekleidet drei Kniebeugen machen und durfte dann die Arrestsachen anziehen. Dann erklärte mir die „Erzieherin" die Arrestbedingungen: 3 Uhr Wecken, Aufschluss mit Meldung, dann Wasserholen in einer Schüssel, Waschen, Anziehen, Matratzen hinausschaffen, denn der Arrestant durfte tagsüber nicht auf den Matratzen liegen. Anschließend Verschluss. Gegen 8 Uhr Frühstück (zwei mit Margarine und Marmelade belegte Scheiben Brot und eine Plastetasse voll Malzkaffee). Die „Erzieherin" gab mir weiterhin bekannt, dass jederzeit Leibesvisitationen an mir vorgenommen werden durften. Gegen 12 Uhr Mittages-

sen durch die Diensthabende in die Arrestzelle gereicht. Das geschah durch eine Vergrößerung im Doppelgitter der Zelle, um vor der „Gefährlichkeit" des Arrestanten geschützt zu sein. Anschließend erfolgte der Aufschluss unter doppelter Bewachung (in Gestalt eines männlichen Postens). Selbstverständlich ging der Arrestant isoliert von den anderen Gefangenen im Freigang in einen Extrahof. Danach erfolgte wieder der Einschluss in die Arrestzelle. Gegen 18 Uhr wurde das Abendbrot hereingereicht, zwei Scheiben Brot, belegt mit Margarine und Wurst oder Käse, dazu eine Plastetasse Tee. Die Sorte war nicht definierbar.
In der ganzen Arrestzeit bekam man keinen anderen Strafgefangenen zu Gesicht. Man wurde von allen anderen isoliert. 20 Uhr wurde das Licht gelöscht. Zum Zudecken in der Nacht stehen ihm zwei Armeedecken zur Verfügung, kein Kopfkissen und natürlich auch keine Bettwäsche. [...]
Während der Arrestzeit, die ununterbrochen bis 21 Tage andauern darf, hat der Arrestant keine Schreiberlaubnis, keinen „Sprecher"¹ (wird abgesagt), keine Leseerlaubnis. [...] Des Weiteren darf er auch keine Post von seinen Angehörigen empfangen. Pakete werden zurückgeschickt, wenn sie in der Zeit der Arrestverbüßung eintreffen.

Zitiert nach: Karl Wilhelm Fricke, Zur Menschen- und Grundrechtssituation politischer Gefangener in der DDR. Analyse und Dokumentation, Köln ³1988, S. 192-194

> Analysieren Sie anhand der Erfahrungen von Monika Tischoff, inwiefern die Wahrung von Grund- und Menschenrechten im Strafvollzug der DDR gegeben war.

M6 „Nie mehr frei"

Thomas Reschke, geboren 1959, will die DDR verlassen und stellt mehrere Ausreiseanträge. Er ist deswegen insgesamt dreimal im Gefängnis, zuletzt 1984 in Bautzen II. Er beschreibt die posttraumatischen Belastungsstörungen infolge seiner Haft:

Ich weiß nicht, wie mein Körper in einer Stunde oder am nächsten Tag reagieren wird. Ein Geruch, ein Traum, Situationen aus dem Alltag können Auslöser sein. Platzangst habe ich sogar in der eigenen Wohnung, in der Öffentlichkeit, im Bus, in Fahrstühlen. Bestimmte Menschen versetzen mich in äußerste Alarmbereitschaft. Ich versuche, jeden Menschen, jede Bewegung im Voraus zu erfassen. Im Gefängnis war diese Fähigkeit überlebensnotwendig. Heute verkompliziert sie alles. Aber der Körper hat gelernt, im Voraus zu denken.

¹ „Sprecher": strafvollzugsinterne Bezeichnung für Besuchstermine der Gefangenen – jedweder Art (d. h. von Verwandten, Freunden, Anwälten oder von diplomatischen Betreuern)

Nach einem Traum habe ich schon auf dem Bettrand gesessen und mit der Hand auf den Kopf geschlagen. Frei nach dem Motto: Verflixtes Gehirn und Unterbewusstsein, hört auf, mich fertigzumachen. [...] Oder ich sitze einfach in einer Ecke, ohne mich zu bewegen. Oder ich schlafe im Sitzen oder im Stehen. Das sind Situationen, wie sie der Körper im Arrest ausführen muss. Ich führe es aus, weil es so in mir erhalten ist. [...]
Der Blutdruck stimmt zeitweise nicht. Dann bekomme ich Herzrasen mitten in der Nacht, zum Beispiel während eines Traums. Wenn ich aufstehe, ist es, als hätte ich den ganzen Tag über schwer gearbeitet. Mit tut jeder Muskel weh. Ich bekomme Panikanfälle, denke, jetzt kriege ich einen Herzkasper. Ich muss an die Luft und renne herum. [...] Ich habe keine Kraft. Eigentlich bin ich ein Kämpfertyp. Aber meine Situation lässt mich in tiefe Depressionen fallen.

Zitiert nach: Sibylle Plogstedt, Knastmauke. Das Schicksal von politischen Häftlingen der DDR nach der Wiedervereinigung, Gießen 2010, S. 271f.

> Erläutern Sie, welche Folgen die politische Haft für Thomas Reschke hat.

M7 Wie erinnern wir richtig?

In der Rede zu seinem Amtsantritt im Juli 1994 äußert Bundespräsident Roman Herzog:

Man kann nicht Hitler gegen Beethoven aufrechnen oder Himmler gegen Robert Koch¹ oder Hilde Benjamin² gegen Grundgesetz und Rechtsstaat. So können wir und so dürfen wir unsere Geschichte nicht betreiben; das würde wieder einmal alles schraffieren und alles verwischen, was wir aus ihr zu lernen haben.
Ebenso wenig kann man historische Lasten der eigenen Nation gegen Lasten anderer Nationen, Verbrechen des einen Unrechtsregimes gegen die des anderen, Hitler gegen Stalin, Dresden gegen Coventry, Bautzen gegen Dachau aufrechnen. Der Gleichheitsgrundsatz gilt nicht im Unrecht.

Zitiert nach: http://www.bundespraesident.de/SharedDocs/Reden/DE/Roman-Herzog/Reden/1994/07/19940701_Rede.html [Zugriff vom 21. März 2012]

¹ Robert Koch (1843-1910): deutscher Mediziner und Mikrobiologe, entdeckte 1882 den Erreger der Tuberkulose, erhielt 1905 den Nobelpreis für Medizin
² Hilde Benjamin (1902-1989): 1949-1953 Vizepräsidentin des Obersten Gerichts der DDR; 1953-1967 DDR-Justizministerin

M1 „Vorhut der Arbeiterklasse"

Im Januar 1949 beschließt die Parteikonferenz, die SED zu einer „Partei neuen Typus" zu entwickeln:

Die Kennzeichen einer Partei neuen Typus sind:
Die marxistisch-leninistische Partei ist die bewusste Vorhut der Arbeiterklasse. Das heißt, sie muss eine Arbeiterpartei sein, die in erster Linie die besten Elemente der Arbeiterklasse in ihren Reihen zählt, die ständig ihr Klassenbewusstsein erhöhen. Die Partei kann ihre führende Rolle als Vorhut des Proletariats nur erfüllen, wenn sie die marxistisch-leninistische Theorie beherrscht, die ihr die Einsicht in die gesellschaftlichen Entwicklungsgesetze vermittelt. Daher ist die erste Aufgabe zur Entwicklung der SED zu einer Partei neuen Typus die ideologisch-politische Erziehung der Parteimitglieder und besonders der Funktionäre im Geiste des Marxismus-Leninismus.
Die Rolle der Partei als Vorhut der Arbeiterklasse wird in der täglichen operativen Leitung der Parteiarbeit verwirklicht. Sie ermöglicht es, die gesamte Parteiarbeit auf den Gebieten des Staates, der Wirtschaft und des Kulturlebens allseitig zu leiten. Um dies zu erreichen, ist die Schaffung einer kollektiven operativen Führung der Partei durch die Wahl eines Politischen Büros (Politbüro) notwendig.
Die marxistisch-leninistische Partei ist die organisierte Vorhut der Arbeiterklasse. Alle Mitglieder müssen unbedingt Mitglied einer der Grundeinheiten der Partei sein. Die Partei stellt ein Organisationssystem dar, in dem sich alle Mitglieder den Beschlüssen unterordnen. Nur so kann die Partei die Einheit des Willens und die Einheit der Aktion der Arbeiterklasse sichern. [...]
Die marxistisch-leninistische Partei beruht auf dem Grundsatz des demokratischen Zentralismus. Dies bedeutet die strengste Einhaltung des Prinzips der Wählbarkeit der Leitungen und Funktionäre und der Rechnungslegung der Gewählten vor den Mitgliedern. Auf dieser innerparteilichen Demokratie beruht die straffe Parteidisziplin, die dem sozialistischen Bewusstsein der Mitglieder entspringt. Die Parteibeschlüsse haben ausnahmslos für alle Parteimitglieder Gültigkeit [...]. Demokratischer Zentralismus bedeutet die Entfaltung der Kritik und Selbstkritik in der Partei, die Kontrolle der konsequenten Durchführung der Beschlüsse durch die Leitungen und die Mitglieder. Die Duldung von Fraktionen und Gruppierungen innerhalb der Partei ist unvereinbar mit ihrem marxistisch-leninistischen Charakter.

Matthias Judt (Hrsg.), DDR-Geschichte in Dokumenten. Beschlüsse, Berichte, interne Materialien und Alltagszeugnisse, Berlin 1998, S. 46 f.

1. Arbeiten Sie heraus, wie die SED ihren Führungsanspruch begründet sieht.
2. Skizzieren Sie in eigenen Worten, was die SED unter „demokratischem Zentralismus" verstand.
3. Vergleichen Sie diesen Parteiaufbau mit der Organisation von Parteien in demokratisch-pluralistischen Gesellschaften.

M2 Richtlinien für „Operative Vorgänge"

1976 werden im Ministerium für Staatssicherheit (MfS) folgende Richtlinien in Umlauf gebracht:

2.3.4 Das Herausbrechen von Personen [...]
Das Herausbrechen ist darauf zu richten, Personen aus feindlichen Gruppen für eine inoffizielle Zusammenarbeit zu werben, um dadurch in die Konspiration der Gruppe einzudringen und Informationen und Beweise über geplante, vorbereitete oder durchgeführte Handlungen sowie Mittel und Methoden ihres Vorgehens zu erarbeiten, Anknüpfungspunkte und Voraussetzungen für eine notwendige Paralysierung[1] und Einschränkung der feindlichen Handlungen bzw. zur Auflösung der Gruppen zu schaffen. [...]
2.6.1 Zielstellung und Anwendungsbereiche [...]
Maßnahmen der Zersetzung sind auf das Hervorrufen sowie die Ausnutzung und Verstärkung solcher Widersprüche bzw. Differenzen zwischen feindlich-negativen Kräften zu richten, durch die sie zersplittert, gelähmt, desorganisiert und isoliert und ihre Handlungen einschließlich deren Auswirkungen vorbeugend verhindert, wesentlich eingeschränkt oder gänzlich unterbunden werden. [...]
2.6.2 Formen, Mittel und Methoden [...]
Bewährte Formen sind:
- systematische Diskreditierung des öffentlichen Rufes, des Ansehens und des Prestiges [...];
- systematische Organisierung beruflicher und gesellschaftlicher Misserfolge zur Untergrabung des Selbstvertrauens einzelner Personen;
- zielstrebige Untergrabung von Überzeugungen [...];
- Erzeugen von Misstrauen und gegenseitigen Verdächtigungen innerhalb von Gruppen [...].

Matthias Judt (Hrsg.), a. a. O., S. 471

1. Erläutern Sie die Wirkung dieser Maßnahmen.
2. Finden Sie Beispiele für von der Staatssicherheit verfolgte Personen oder Gruppen. Prüfen Sie, inwieweit die genannten Methoden angewandt wurden.

[1] Paralysierung: Lähmung

M3 Der „Neue Kurs"

Bei geheimen Beratungen in Moskau am 2. und 3. Juni 1953 erhalten die SED-Spitzenfunktionäre Ulbricht, Oelßner und Grotewohl Verhaltensmaßregeln von der neuen sowjetischen Führung. Der Beschluss des sowjetischen Politbüros „Über die Maßnahmen zur Gesundung der politischen Lage in der Deutschen Demokratischen Republik" wird 1990 veröffentlicht:

Infolge der Durchführung einer fehlerhaften politischen Linie ist in der Deutschen Demokratischen Republik eine äußerst unbefriedigende politische und wirtschaftliche Lage entstanden. Unter den breiten Massen der Bevölkerung, darunter
5 auch unter den Arbeitern, Bauern und der Intelligenz, ist eine ernste Unzufriedenheit zu verzeichnen [...].
Als Hauptursache der entstandenen Lage ist anzuerkennen, dass gemäß den Beschlüssen der Zweiten Parteikonferenz der SED, gebilligt vom Politbüro des ZK der KPdSU, fälsch-
10 licherweise der Kurs auf einen beschleunigten Aufbau des Sozialismus in Ostdeutschland genommen worden war ohne Vorhandensein der dafür notwendigen realen sowohl innen- als auch außenpolitischen Voraussetzungen. [...]
1. Unter den heutigen Bedingungen (ist) der Kurs auf eine
15 Forcierung des Aufbaus des Sozialismus in der DDR [...] für nicht richtig zu halten.
Zur Gesundung der politischen Lage in der DDR [...] ist der Führung der SED und der Regierung der DDR die Durchführung folgender Maßnahmen zu empfehlen.
20 a) Ein künstliches Aufbringen der landwirtschaftlichen Produktionsgenossenschaften, die sich in der Praxis nicht bewährt haben und die eine Unzufriedenheit unter den Bauern hervorrufen, ist einzustellen. Alle bestehenden landwirtschaftlichen Produktionsgenossenschaften sind sorgfältig zu
25 überprüfen, und dieselben, die auf einer unfreiwilligen Basis geschaffen sind oder die sich als lebensunfähig gezeigt haben, sind aufzulösen. [...]
c) Die Politik der Einschränkung und der Ausdrängung des mittleren und kleinen Privatkapitals ist als eine vorzeitige
30 Maßnahme zu verwerfen. Zur Belebung des wirtschaftlichen Lebens der Republik ist es notwendig, eine breite Heranziehung des Privatkapitals in verschiedenen Zweigen der kleinen und Gewerbeindustrie, in der Landwirtschaft sowie auch auf dem Gebiet des Handels für zweckmäßig zu halten, ohne
35 dabei seine Konzentrierung in großem Ausmaß zuzulassen. [...] Das existierende System der Besteuerung der Privatunternehmer, das praktisch den Drang zur Beteiligung an dem Wirtschaftsleben tötet, ist in der Richtung einer Linderung der Steuerpresse zu revidieren. Die Kartenversorgung mit
40 Lebensmitteln für die Privatunternehmer sowie auch für die Freischaffenden ist wiederherzustellen.

d) Der Fünfjahrplan der Entwicklung der Volkswirtschaft der DDR ist zu revidieren in der Richtung einer Lockerung des überspannten Tempos der Entwicklung der Schwerindustrie und einer schroffen Vergrößerung der Produktion der Massenbedarfswaren und der vollen Sicherung der Versorgung der Bevölkerung mit Lebensmitteln [...].
f) Maßnahmen zur Stärkung der Gesetzlichkeit und Gewährung der Bürgerrechte (sind) zu treffen, von harten Strafmaßnahmen, die durch Notwendigkeit nicht hervorgerufen werden, (ist) abzusehen. [...]
h) [...] Es ist im Auge zu halten, dass Repressalien gegenüber der Kirche und den Geistlichen nur dazu beitragen können, den religiösen Fanatismus der rückständigen Schichten der Bevölkerung zu stärken und ihre Unzufriedenheit zu vergrößern. Darum muss (das) Hauptkampfmittel gegen den reaktionären Einfluss der Kirche und der Geistlichen eine tüchtig durchdachte Aufklärungs- und Kulturarbeit sein.

Ilse Spittmann und Gisela Helwig (Hrsg.), DDR-Lesebuch. Stalinisierung 1949-1955, Köln 1991, S. 200ff.

1. Fassen Sie die Hauptkritikpunkte des Papiers zusammen. Was können Sie daraus über den Informationsstand der sowjetischen Politiker ableiten?

2. Beurteilen Sie die vorgeschlagenen Lösungsmaßnahmen der sowjetischen Seite – sehen Sie darin einen grundsätzlichen oder einen nur temporären Kurswechsel? Analysieren Sie, welches Ziel die Sowjetunion in erster Linie verfolgte.

M4 Ein Augenzeuge über den 17. Juni 1953

Friedrich Schorn, 39-jähriger Rechnungsprüfer aus Halle, gehört zu den Sprechern der Arbeiter, die sich gegen die SED-Herrschaft erheben:

Während das Streikkomitee seine Beschlüsse fasste, setzte ich mich an die Spitze der 20 000 Betriebsangehörigen, und wir zogen nach Merseburg. Bauarbeiter, Straßenbahner, Fabrikarbeiter, Vopos[1], Hausfrauen und andere Zivilisten reihten sich noch ein. Voran ging eine Malerkolonne der Leuna-Werke, die
5 in Blitzesschnelle die alten Parolen abriss und die Wände mit unseren Freiheitslosungen bestrich. Mehrfach wurden alle drei Strophen des Deutschlandliedes und Brüder zur Sonne zur Freiheit[2] gesungen. Als gerade die letzten Demonstranten der Buna-Werke den Uhlandplatz erreicht hatten, traf unser

[1] Vopo: Volkspolizist
[2] Brüder zur Sonne zur Freiheit: deutsche Nachdichtung eines russischen Arbeiterliedes

Zug mit seiner Spitze ein. Ein ungeheuerlicher Jubel setzte ein. Fremde Menschen, jung und alt, fielen einander in die Arme, und viele weinten. Es war ein Begrüßungstaumel, der nicht enden wollte. Wir hatten auf dem Uhlandplatz drei Lautsprecherwagen und konnten verständlich zur ganzen Menge sprechen. Es waren etwa 100 000 Menschen. Zunächst sprach ein Mann von den Buna-Werken gegen die SED-Tyrannei. Anschließend gaben wir unter großem Beifall unsere Freiheitslosungen bekannt. Doch rief ich gleichzeitig zur Disziplin auf und forderte auf, nichts zu unternehmen, wodurch die sowjetische Besatzungsmacht sich provoziert sehen könnte. Zahllose Bürger traten an uns heran und baten um „Einsätze". Sie sagten dem Sinne nach: Ich bin zu allem bereit, sei es noch so gefährlich und koste es, was es wolle. Der Buna-Streikleiter schickte 200 – teilweise ausgesuchte – Männer zur Papierfabrik Königs-Mühle mit dem Auftrag, dort die von Vopos bewachten Arbeiter zu befreien. Kommandos zur Besetzung der Stadt- und der Kreisverwaltung wurden fortgeschickt. Später wurde uns gemeldet, dass alles gelang. [...]

Nun wurde mir gemeldet, dass sowjetische Truppen das Gefängnis, aus welchem wir die politischen Gefangenen befreit hatten, inzwischen besetzten und Neuverhaftete eingeliefert waren. [...]

Ich fuhr voraus in die Leuna-Werke [...]. Da kamen auch schon die ersten sowjetischen Lastwagen mit Fliegern in Infanterieausrüstung im Werk an. Die empörte Menge beschrie die Soldaten mit Pfuirufen. „Was wollt ihr hier, macht, dass ihr fortkommt!" „Nennt ihr das Demokratie?" Andere Betriebsangehörige riefen: „Lasst die armen Kerle, die wollen genauso frei sein wie wir. Was können die dafür, dass sie hier sein müssen." Die Soldaten waren zum Teil noch Kinder, waren ängstlich und eingeschüchtert. [...] Ein Offizier schien die Situation jedoch besser zu durchschauen und sagte: „Gut so, weitermachen, in einem Jahr sind wir in Russland auch soweit."

Ilse Spittmann und Karl Wilhelm Fricke (Hrsg.), 17. Juni 1953. Arbeiteraufstand in der DDR, Köln ²1988, S. 141

1. Nennen Sie die Forderungen der Aufständischen.
2. Klären Sie die Gründe, die die sowjetische Führung zur gewaltsamen Niederschlagung des Aufstands bewogen haben dürften.

M5 Übersiedler und Flüchtlinge zwischen DDR und Bundesrepublik

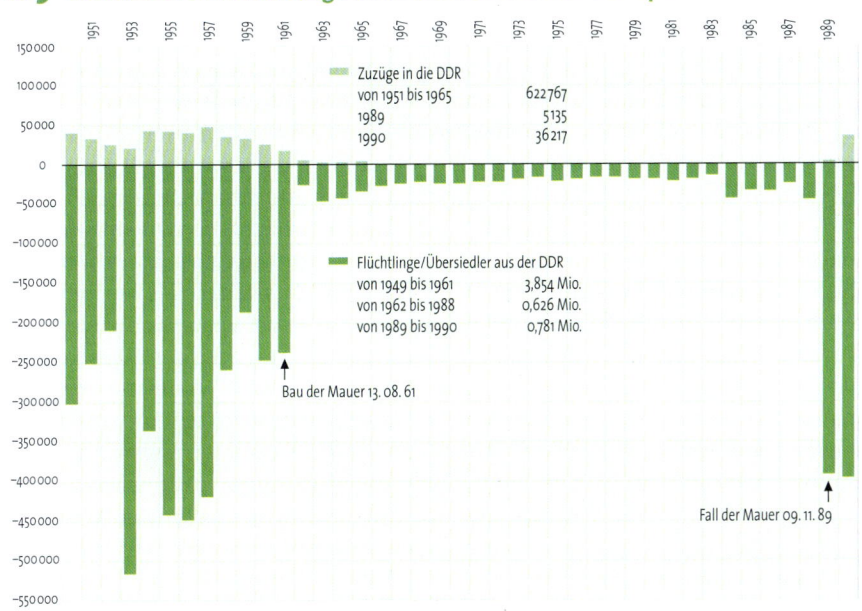

Zuzüge in die DDR
von 1951 bis 1965   622 767
1989   5 135
1990   36 217

Flüchtlinge/Übersiedler aus der DDR
von 1949 bis 1961   3,854 Mio.
von 1962 bis 1988   0,626 Mio.
von 1989 bis 1990   0,781 Mio.

Bau der Mauer 13. 08. 61
Fall der Mauer 09. 11. 89

Nach: Hartmut Wendt, Wanderungen in Deutschland zwischen Ost und West [...], in: Paul Ganz und Franz-Josef Kemper (Hrsg.), Mobilität und Migration in Deutschland, Erfurt 1995, S. 6-8, und Matthias Judt (Hrsg.), a.a.O., S. 545 f.

1. Überlegen Sie, welche Motive es für die Migration zwischen den beiden deutschen Staaten gegeben hat.
2. In der Zentralkartei der DDR war die registrierte Zahl der Übersiedler immer doppelt so hoch wie von Behörden der Bundesrepublik angegeben. Ab 1966 machte die DDR überhaupt keine Angaben mehr zur Zahl der Übersiedler. Nennen Sie Gründe, warum das Ausmaß von Flucht und Übersiedlung politisch stets sehr brisant war.
3. Erläutern Sie die Folgen der Fluchtbewegung für Staat, Gesellschaft und Wirtschaft der DDR.
4. Befragen Sie ehemalige DDR-Bürger, die in die Bundesrepublik geflohen sind, nach ihren Motiven und Erfahrungen.

Terror gegen Regimegegner – das „Stasi-Gefängnis" Bautzen II

Geschichte regional

▶ **Eingang der Stasi-Sonderhaftanstalt Bautzen II.**
Geheime Aufnahme eines westdeutschen Journalisten von 1977.

Der Geheimpolizei der DDR ist der kritische West-Berliner Journalist Karl Wilhelm Fricke schon lange ein Dorn im Auge. Seine Medienberichte entlarven das SED-Regime. Der Kritiker gilt als „Klassenfeind und Spion", der mundtot gemacht werden soll. Unter dem Codenamen „Aktion Blitz" bereitet das MfS monatelang die Entführung Frickes aus West-Berlin vor. Am 1. April 1955 schlagen Stasi-Mitarbeiter im Westeinsatz zu. Fricke wird beim Besuch eines vermeintlichen Freundes betäubt und nach Ost-Berlin verschleppt – er ist eines von mehr als 700 Menschenraubopfern der Stasi. „Ich werde in einen Schlafsack verschnürt, bei Dunkelheit in einem Pkw über die Sektorengrenze geschafft und in das MfS-Untersuchungsgefängnis Berlin-Hohenschönhausen eingeliefert, die ‚deutsche Lubjanka'*." „Weißt du, wo du bist, du Schwein?", brüllt ihn der Vernehmungsoffizier an. „Du bist hier bei der Heilsarmee, du besoffene Sau." Fricke muss 15 Monate Untersuchungshaft in einer fensterlosen Kellerzelle in totaler Isolation verbringen, unterbrochen nur durch dutzende Verhöre, auch nachts, zum Teil 16 Stunden lang. Vergeblich versucht das MfS zu beweisen, dass seine „verleumderischen" Zeitungsartikel auf illegal aus der DDR beschafften Informationen beruhen. Trotzdem wird der „Staatsfeind Fricke" im Juli 1956 in einem Geheimprozess nach Artikel 6 der DDR-Verfassung wegen „Boykott- und Kriegshetze" zu vier Jahren Haft verurteilt. Verbüßen muss Fricke seine Freiheitsstrafe zunächst in der Strafvollzugsanstalt Brandenburg-Görden. Im August 1956 wird er in die neu eingerichtete Stasi-Sonderhaftanstalt Bautzen II eingewiesen; ein Gefängnis, das „Staatsfeinden" vorbehalten ist.

Sonderobjekt für Staatsfeinde Bautzen II diente dem MfS als Hochsicherheitsgefängnis für sogenannte Staatsverbrecher. Zwischen August 1956 und Dezember 1989 wies die Geheimpolizei der DDR insgesamt rund 2 000 Männer und 400 Frauen zur Strafverbüßung nach Bautzen II ein – neben DDR-Bürgern auch viele Westdeutsche und Ausländer verschiedener Nationen. Bei einer Normkapazität von genau 203 Haftplät-

---

* Lubjanka: Gebäude am gleichnamigen Platz in Moskau, das 1920 bis 1991 als zentrales Gefängnis und Archiv des sowjetischen Geheimdienstes diente

zen war das Haus durchschnittlich mit 150 Häftlingen belegt. Obwohl die DDR-Führung beharrlich die Existenz politischer Strafgefangener in ihren Haftanstalten leugnete, weisen die Belegbücher von Bautzen II eigens die Rubrik „Staatsverbrecher" aus. Für den 1. Juli 1962 wurden sogar 95 Prozent der Gesamtbelegung als „Staatsverbrecher" rubriziert. „Staatsverbrecher" waren politische Kritiker und Gegner des SED-Regimes, in Ungnade gefallene Regimetreue, tatsächliche und vermeintliche Spione, Republikflüchtige und deren Fluchthelfer aus dem Westen (▶ M1). Darüber hinaus nutzte das MfS Bautzen II auch zur Isolierung krimineller Funktionäre des SED-Regimes, die wegen solcher Delikte wie Sittlichkeitsverbrechen oder Mord verurteilt worden waren. Die Straftaten Regimetreuer wollte die Stasi vor der Öffentlichkeit verborgen halten. Alle Gefangenen der Sonderhaftanstalt standen im besonderen Interesse des MfS und sollten ihre Strafe nicht in einer der regulären Vollzugsanstalten der DDR verbüßen.

Der Gefängnisstaat DDR ■ Den Gefängnissen kam eine Schlüsselrolle bei der Durchsetzung des Allmachtanspruches der SED zu. Die willfährige Strafjustiz bot dem Regime stets einen Weg, Konflikte hinter Gefängnismauern zu verlegen und damit der öffentlichen Auseinandersetzung zu entziehen. Die 50er-Jahre waren von einer brutalen Verfolgungs- und Inhaftierungspraxis gekennzeichnet. Später wurden subtilere Methoden wie Isolationshaft, Schlafentzug und andere sogenannte Zersetzungsmaßnahmen bevorzugt. Nach dem Mauerbau wurden insbesondere prominente Systemkritiker lieber in den Westen abgeschoben als mit politischen Prozessen verfolgt. Die spektakuläre Verurteilung des Philosophen *Rudolf Bahro* war eine Ausnahme. Durch die Veröffentlichung SED-kritischer Texte in der Bundesrepublik sah sich die SED bloßgestellt. Ungeachtet aller internationalen Proteste wurde er 1978 in Bautzen II inhaftiert.

▲ „Sprung im Putz."
Westdeutsche Karikatur von Walter Hanel, 1978.
■ *Interpretieren Sie die Karikatur.*

Die DDR war ein Staat mit vielen Gefängnissen und vielen Gefangenen. 1989 gab es über das Land verteilt 81 Gefängnisse (45 für den Vollzug von Freiheitsstrafen, 35 für die Untersuchungshaft und ein Haftkrankenhaus). Berüchtigt waren neben Bautzen II besonders auch Bautzen I (das „Gelbe Elend"), die Gefängnisse in Cottbus, Brandenburg, Waldheim und das Frauengefängnis Hoheneck. Die Gefangenenrate der DDR war stets mehr als doppelt so hoch wie die der Bundesrepublik. Das SED-Regime verhängte weitaus mehr und vor allem viel höhere Freiheitsstrafen als die Bundesrepublik. Auf 100 000 Einwohner kamen beispielsweise im März 1989 in der DDR 149 Gefangene, während es in der Bundesrepublik nur 66 waren. Aus politischen Gründen inhaftierte die DDR insgesamt rund 200 000 Menschen (▶ M2).

Die Gefängnisse der DDR unterstanden dem Ministerium des Innern, konkret der Deutschen Volkspolizei. Die Staatssicherheit konnte politische Gegner selbst verhaften und in eigenen Gewahrsamen gefangen halten. Obgleich dazu keine gesetzliche Grundlage bestand, zählten zum Apparat des MfS insgesamt 17 Untersuchungshaftanstalten, die parallel zum „normalen" Haftsystem existierten, beispielsweise in Berlin-Hohenschönhausen oder in Dresden. Über eigene Vollzugsanstalten verfügte die Stasi nicht.

Die Stasi in Bautzen II Bautzen II nahm im Strafvollzugssystem der DDR eine Sonderrolle ein. Die Herrschenden waren stets bemüht, den Schein der Rechtsförmigkeit zu wahren, deshalb blieb der unmittelbare Betrieb auch dieses Gefängnisses der Volkspolizei vorbehalten. Faktisch unterstand Bautzen II aber in allen wesentlichen Fragen der Weisung und Kontrolle des MfS. Mittels streng geheimer Dienstanweisungen und konspirativ getroffener Vereinbarungen sicherte sich die Stasi den Zugriff auf die Haftanstalt. Sie überwachte die Gefangenen, die Bediensteten und die Außensicherung des Gewahrsams. Das MfS bestimmte nicht nur, welche Gefangenen nach Bautzen II verlegt wurden, sondern kontrollierte, verhörte, bespitzelte, demoralisierte und isolierte sie auch noch während der Haft. Es legte fest, ob ein Gefangener in Einzel- oder Gemeinschaftshaft unterzubringen sei, bestimmte die Freizeitaktivitäten und die Kontaktmöglichkeiten. Bei politisch prominenten Gefangenen entschied der Minister für Staatssicherheit gar persönlich über die Art der Unterbringung und die zur Bespitzelung einzusetzenden Inoffiziellen Mitarbeiter (IM). Vor Ort war das MfS durch Verbindungsoffiziere vertreten, die direkt aus der Berliner Stasi-Zentrale ihre Weisungen erhielten. Die MfS-Offiziere arbeiteten mit sehr vielen IM aus den Reihen der Bediensteten und auch der Häftlinge zusammen. Die politische Repression des Strafvollzuges zeigte sich in Bautzen II in einem sehr engmaschigen, kaum zu entwirrenden Spitzel-Netz der gegenseitigen Kontrolle. Jeder überwachte jeden. Sogar Häftlinge waren verpflichtet, Bedienstete zu bespitzeln. Zusätzlich nutzte die Stasi „operative" Technik zum Aushorchen der Gefangenen. Einige Zellen waren mit Abhörwanzen versehen (▶ M3).

Der Haftalltag in Bautzen II Militärische Zucht, Willkür, schikanöse Verhaltensregeln, beständige Überwachung und Kontrolle sowie die Degradierung zu anonymen Insassen kennzeichneten den traurigen Alltag in Bautzen II.

Die Gefangenen wurden zur Arbeit verpflichtet. Die Arbeitsbedingungen waren katastrophal, Arbeitsschutz ein Fremdwort. Die Ernährung war minderwertig, die medizinische Versorgung schlecht und die Hygiene mangelhaft. Gefangenenmisshandlungen waren verboten, wurden aber geduldet und mit dem angeblichen „Widerstand gegen die Hausordnung" des Gefangenen begründet. Neben psychischer Gewalt er-

▶ „Freigang."
Undatiertes Foto.
Für manche Häftlinge ordnete die Stasi teilweise jahrelang strenge Einzelhaft an. Die Isolierung erstreckte sich dabei auf den gesamten Vollzug – von der Unterbringung in einer Einzelzelle, der gesonderten Zuweisung von Arbeit bis hin zum „Freigang" in Einzelhöfen.

lebten Häftlinge auch Schläge, den Entzug von Nahrung und Medikamentenmissbrauch. Ein Stationsleiter aus Bautzen II misshandelte jahrelang Gefangene mit Gummiknüppel, Faust, Schlüsselbund und Holzhocker. Seine Vorgesetzten bescheinigten ihm in einer Beurteilung von 1985 ein „ruhiges, sachliches und umsichtiges Auftreten, sowie das konsequente Anwenden von zweckmäßigen und differenzierten Maßnahmen". Als einer der wenigen wurde er 1994 wegen mehrfacher Körperverletzung im Amt zu zwei Jahren auf Bewährung verurteilt.

Zur Steigerung des Ansehens im Westen bemühte sich die DDR ab Mitte der Siebzigerjahre um eine schrittweise Verbesserung der Haftbedingungen. Die Heizung wurde modernisiert, die Zellen erhielten Waschbecken und neue Toiletten. Insbesondere im Ausländerstrafvollzug verfügte Bautzen II in den Achtzigerjahren über materiell bessere Haftbedingungen als alle anderen DDR-Gefängnisse (▶ M4, M5).

Die Folgen der Haft Die Mehrzahl der ehemaligen politischen Gefangenen der DDR muss bis heute physische und psychische Folgen der Haft tragen. Die menschenunwürdigen Haftbedingungen, die beständig erlebte Entwürdigung, die Überwachung und Isolation, die Ohnmacht des Ausgeliefertseins, die Recht- und Machtlosigkeit und nicht zuletzt Misshandlungen verursachten bleibende körperliche Schäden und vor allem auch seelische Verletzungen. Viele Häftlinge berichten auch Jahrzehnte später noch von Angstzuständen, innerer Unruhe, Albträumen, Misstrauen, Platzangst und dem Wunsch nach Vergeltung. Etwa jeder Dritte leidet unter einer posttraumatischen Belastungsstörung. Vielen gelang es nicht, beruflich wieder Fuß zu fassen. Fast 50 Prozent der politischen Gefangenen verdient unter 1 000 Euro monatlich. Die Haftzeit hatte oftmals auch weitreichende Folgen für die Beziehungen der Gefangenen. Ehen wurden geschieden, Familien getrennt (▶ M6).

Die Erinnerung wachhalten Seit 1994 ist Bautzen II eine Gedenkstätte. In den Fluren und Zellen des Gefängnisses finden Besucher heute Ausstellungen über die Schicksale der hier inhaftierten Menschen und die historischen Hintergründe politischer Repression in der DDR. Neben der Geschichte der Stasi-Sonderhaftanstalt dokumentiert die Gedenkstätte Bautzen auch die politische Haft in Bautzen während der nationalsozialistischen Diktatur. Dritter Schwerpunkt der historischen Aufarbeitung ist die Geschichte des sowjetischen Speziallagers in dem anderen Bautzener Gefängnis, dem „Gelben Elend", während der Zeit der sowjetischen Besatzung nach dem Ende des Zweiten Weltkrieges. In den Speziallagern sollten ursprünglich vor allem NS- und Kriegsverbrecher inhaftiert werden. Allerdings wurden in Bautzen überwiegend Menschen eingesperrt, die sich gegen die Errichtung einer kommunistischen Diktatur auf dem Gebiet der sowjetisch besetzten Zone engagiert hatten. Der Name des sächsischen Kleinstadt Bautzen ist bis heute das Symbol politischer Verfolgung und Haft in der SBZ und DDR (▶ M7).

Viele ehemalige politische Häftlinge empfinden es als Genugtuung, dass ihre schlimmen Erlebnisse am Ort ihres Leidens heute dokumentiert und gewürdigt werden. Karl Wilhelm Fricke ist heute der Ehrenvorsitzende des Fördervereins der Gedenkstätte Bautzen: „Heute betrete ich ‚mein' ehemaliges Gefängnis als freier Bürger. Es ist ein gutes Zeichen der historischen Aufarbeitung, dass hier ein Ort der Erinnerung und des Lernens entstanden ist. Die Last Bautzen II wiegt schwer. Eine solide Dokumentation ist entstanden, der Opfer wird gedacht. Legenden werden es nun schwerer haben" (▶ M8).

▲ **Burg Hoheneck auf dem Schlossberg in Stollberg (bei Chemnitz).**
Foto von 2007.
Hoheneck war nicht nur das größte und berüchtigste Frauengefängnis der DDR, sondern auch Haupthaftstätte für weibliche politische Gefangene. Bereits seit 1864 wurde die Burg als Haftanstalt für männliche und weibliche Strafgefangene genutzt, in der Zeit des „Dritten Reiches" diente das Gefängnis als SA-Haftanstalt und Folterstätte für Regimegegner. Nach Ende des Zweiten Weltkrieges wurde Hoheneck zum Straflager der Sowjetischen Militäradministration (SMAD). Mit der Inhaftierung von über 1 000 von sowjetischen Militärtribunalen verurteilten Frauen begann 1950 die Geschichte Hohenecks als Frauengefängnis, in dem bis zum Ende der DDR auch zahlreiche Frauen inhaftiert wurden, die wegen politischer Delikte wie „Republikflucht" oder „staatsfeindlicher Hetze" verurteilt worden waren. Etwa 15 000 wegen politischer Vergehen inhaftierte Frauen wurden seit Anfang der 1960er-Jahre von der Bundesrepublik freigekauft; saßen sie nicht bereits in Hoheneck ein, dann wurden sie aus anderen Gefängnissen für den Freikauf nach Stollberg überstellt. Ähnlich wie in Bautzen II waren die Insassen auch in Hoheneck untragbaren Haftbedingungen, Willkür und Schikanen durch das Gefängnispersonal sowie schweren Strafen (Isolations- und Dunkelhaft) ausgesetzt.

M1 Sondergefängnis für Staatsfeinde

Das MfS regelt im März 1976 in einer streng geheimen und nur für den internen Gebrauch bestimmten Anweisung die Kriterien zur Einweisung Gefangener nach Bautzen II:

2. Kriterien und Verfahrensweise zur Einweisung von rechtskräftig verurteilten Personen in die StVE (Strafvollzugseinrichtung) Bautzen II
2.1. In die StVE Bautzen II sind solche rechtskräftig verurteil-
5 ten Personen einzuweisen, die während der Strafverbüßung unter anderem aufgrund ihrer gegen die DDR begangenen Straftat, ihrer vor der Inhaftierung ausgeübten Tätigkeit, ihrer Kenntnisse über Arbeitsmethoden des MfS, ihrer Zugehörigkeit zu imperialistischen Geheimdiensten, Zentren der poli-
10 tisch-ideologischen Diversion oder zu Menschenhändlerbanden besonders abgesichert, unter intensiver Kontrolle gehalten oder weiter operativ bearbeitet werden müssen. Darüber hinaus sind alle rechtskräftig verurteilten weiblichen Personen aus dem NSW (nichtsozialistischen Wirtschaftsgebiet) bis auf Weiteres zur Strafverbüßung in die 15 StVE Bautzen II einzuweisen.

Zitiert nach: Karl Wilhelm Fricke und Silke Klewin, Bautzen II. Sonderhaftanstalt unter MfS-Kontrolle. 1956 bis 1989. Bericht und Dokumentation, Dresden ³2007, S. 299 f.

1. *Analysieren Sie die Gründe für eine Einweisung in die Vollzugsanstalt Bautzen II.*
2. *Diskutieren Sie die Praxis im Hinblick auf die heute im Zusammenhang mit Terrorismus angewandten rechtsstaatlichen Praktiken.*

M2 Politische Straftaten

Mit dem Strafrechtsergänzungsgesetz von 1957 wird die Kategorie „Staatsverbrechen" eingeführt, die im ersten Strafgesetzbuch der DDR von 1968 eine erhebliche Erweiterung erfährt. Die Wahrnehmung von Grundrechten wie Informations-, Meinungs-, Demonstrations- und Reisefreiheit konnte als „Spio-

nage", „Terror", „Hetze" und „Grenzverletzung" kriminalisiert werden. Im Gesetz heißt es:

§ 13 Staatsverrat
Wer es unternimmt,
1. die verfassungsmäßige Staats- oder Gesellschaftsordnung der Deutschen Demokratischen Republik durch gewaltsamen Umsturz oder planmäßige Untergrabung zu beseitigen,
2. mit Gewalt oder durch Drohung mit Gewalt die verfassungsmäßige Tätigkeit des Präsidenten der Republik, der Volkskammer oder der Länderkammer oder des Ministerrates oder ihrer Präsidien oder eines ihrer Mitglieder unmöglich zu machen oder zu behindern,
3. das Gebiet der Deutschen Demokratischen Republik einem anderen Staat einzuverleiben oder einen Teil desselben von ihr zu loszulösen, wird wegen Staatsverrates mit Zuchthaus nicht unter fünf Jahren und Vermögenseinziehung bestraft.

§ 14 Spionage
Wer es unternimmt, Tatsachen, Gegenstände, Forschungsergebnisse oder sonstige Nachrichten, die im politischen oder wirtschaftlichen Interesse oder zum Schutze der Deutschen Demokratischen Republik geheim zu halten sind, an andere Staaten oder deren Vertreter, an Organisationen oder Gruppen, die einen Kampf gegen die Arbeiter-und-Bauern-Macht oder andere friedliebende Völker führen, oder deren Vertreter oder Helfer auszuliefern oder zu verraten, wird wegen Spionage mit Zuchthaus nicht unter drei Jahren bestraft; auf Vermögenseinziehung kann erkannt werden.

§ 15 Sammlung von Nachrichten
Wer Nachrichten, die geeignet sind, die gegen die Arbeiter-und-Bauern-Macht oder andere friedliebende Völker gerichtete Tätigkeit der in § 14 genannten Stellen oder Personen zu unterstützen, für sie sammelt oder ihnen übermittelt, wird mit Zuchthaus bis zu zehn Jahren bestraft. [...]

§ 19 Staatsgefährdende Propaganda und Hetze
(1) Wer
1. den Faschismus oder Militarismus verherrlicht oder propagiert oder gegen andere Völker oder Rassen hetzt,
2. gegen die Arbeiter-und-Bauern-Macht hetzt, gegen ihre Organe, gegen gesellschaftliche Organisationen oder gegen einen Bürger wegen seiner staatlichen oder gesellschaftlichen Tätigkeit oder seiner Zugehörigkeit zu einer staatlichen Einrichtung oder gesellschaftlichen Organisation hetzt, Tätlichkeiten begeht oder sie mit Gewalttätigkeiten bedroht, wird mit Gefängnis nicht unter drei Monaten bestraft. Der Versuch ist strafbar.

(2) Ebenso wird bestraft, wer Schriften oder andere Gegenstände mit einem derartigen Inhalt herstellt oder mit dem Ziele der Hetze einführt oder verbreitet.

§ 20 Staatsverleumdung
Wer
1. die Maßnahmen oder die Tätigkeit staatlicher Einrichtungen oder gesellschaftlicher Organisationen öffentlich verleumdet oder entstellt,
2. einen Bürger wegen seiner staatlichen oder gesellschaftlichen Tätigkeit oder seiner Zugehörigkeit zu einer staatlichen Einrichtung oder gesellschaftlichen Organisation öffentlich verleumdet oder verächtlich macht, wird mit Gefängnis bis zu zwei Jahren bestraft.

§ 21 Verleitung zum Verlassen der Deutschen Demokratischen Republik
(1) Wer es unternimmt, eine Person
1. im Auftrage von Agentenorganisationen, Spionageagenturen oder ähnlichen Dienststellen oder von Wirtschaftsunternehmen oder
2. zum Zwecke des Dienstes in Söldnerformationen
zum Verlassen der Deutschen Demokratischen Republik zu verleiten, wird mit Zuchthaus bestraft; auf Vermögenseinziehung kann erkannt werden.
(2) Wer es unternimmt, einen Jugendlichen oder einen in der Berufsausbildung stehenden Menschen oder eine Person wegen ihrer beruflichen Tätigkeit oder wegen ihrer besonderen Fähigkeiten oder Leistungen mittels Drohung, Täuschung, Versprechen oder ähnlichen die Freiheit der Willensentscheidung beeinflussenden Methoden zum Verlassen der Deutschen Demokratischen Republik zu verleiten, wird mit Gefängnis nicht unter sechs Monaten bestraft.

Zitiert nach: Strafrechtsänderungsgesetz vom 11. Dezember 1957, veröffentlicht im Gesetzblatt der Deutschen Demokratischen Republik, Teil 1, vom 23. Dezember 1957

1. *Fassen Sie zusammen, für welche politischen Delikte Personen in der DDR verurteilt werden konnten.*
2. *Erläutern Sie, inwiefern aufgrund dieser Paragrafen auch Grund- und Menschenrechte kriminalisiert wurden.*
3. *„Das Strafrecht eines Staates bestimmt, welche Handlungen den Interessen der jeweils herrschenden Klasse so gefährlich sind, dass sie als Straftaten mit staatlichen Zwangsmaßnahmen unterbunden werden sollten." (aus: Gertrud Schütz (Hrsg.), Kleines politisches Wörterbuch, Berlin ³1978, S. 500) Diskutieren Sie die Aussage unter Berücksichtigung der abgedruckten Strafrechtsparagrafen von 1957.*

M3 Bespitzelung hinter Gittern

Ein geheimer Maßnahmenplan benennt im Januar 1963 die Ziele und Methoden der Arbeit der Staatssicherheit in Bautzen II:

Unter Berücksichtigung, dass in der StVA (Strafvollzugsanstalt) Bautzen II die verschiedensten Kategorien der vom Ministerium für Staatssicherheit bearbeiteten Strafgefangenen wie West-Berliner, Westdeutsche und ausländische
5 Staatsangehörige, ehemalige Mitarbeiter, IM und solche Bürger der DDR, die unter Anwendung der raffiniertesten Mittel und Methoden gefährliche Staatsverbrechen begangen haben, untergebracht sind, besteht die Notwendigkeit einer zielgerichteten politisch-operativen Weiterverarbeitung,
10 Kontrolle und allseitigen Absicherung.
Die politisch-operative Bearbeitung der Strafgefangenen hat mit den verschiedensten spezifischen Arbeitsmethoden des MfS zu erfolgen und ist nach folgenden aufgeführten Schwerpunkten vorzunehmen: [...]
15 • Nach gründlicher Vorbereitung erfolgt ein qualifiziertes Werbungsgespräch und die Verpflichtung des Strafgefangenen unter dem Gesichtspunkt, dass eine sofortige Bindung des Inoffiziellen Mitarbeiters an das MfS gewährleistet ist.
20 • Über das Werbungsgespräch ist eine schriftliche Einschätzung anzufertigen, in der unter anderem das vorgesehene Einsatzgebiet und dessen Legendierung vermerkt sind.
• Operative Kombinationen sind insbesondere mit dem Ziel zu führen, die von Strafgefangenen während der Untersu-
25 chungshaft verschwiegenen Umstände und Zusammenhänge ihrer Straftat zu entlarven sowie erneut geplante und vorbereitete Verbrechen aufzuklären und zu verhindern. Weiterhin soll damit vorbeugend zur politisch-ideologischen Zersetzung feindlicher Gruppierungen, zur politischen Isolie-
30 rung vor Strafgefangenen mit extrem feindlicher Grundhaltung und zur Verhinderung von Versuchen des Ausbruchs, der Verbindungsaufnahme und der Liberalisierung von Angehörigen der Deutschen Volkspolizei beigetragen werden. Die operativen Kombinationen müssen auch dazu dienen,
35 Verstöße gegen Ordnungen und Weisungen des Strafvollzugs sowie anderer politisch-operativ bedeutsamer Faktoren zu erarbeiten.
• Der dabei erfolgte Einsatz Inoffizieller Mitarbeiter ist durch operativ-technische und andere Mittel und Methoden
40 ständig zu überprüfen, sodass ihre unbedingte Zuverlässigkeit garantiert ist.
• [...].
• Unter Einschaltung des inoffiziellen Netzes sowie durch variable Überprüfungsmaßnahmen sind die offiziellen Ver-
45 bindungswege der Strafgefangenen unter ständiger Kontrolle zu halten. Das betrifft sowohl den Brief- und Paketverkehr als auch die Besuche. [...]

Zitiert nach: Karl Wilhelm Fricke und Silke Klewin, a. a. O., S. 268 f.

1. *Arbeiten Sie die Ziele der Überwachung der Gefangenen durch Inoffizielle Mitarbeiter des Ministeriums für Staatssicherheit in Bautzen II heraus.*
2. *Analysieren Sie Ziele und Methoden. Überlegen Sie dabei, was die Staatssicherheit unter „politisch-operativer Weiterverarbeitung (und) Kontrolle" versteht.*
3. *Beurteilen Sie die Vereinbarkeit mit demokratischen Prinzipien.*

M4 Nummern statt Namen

Walter Janka wird in der DDR wegen „konterrevolutionärer Gruppenbildung und Boykotthetze" verurteilt. Er beschreibt seine Haftzeit in Bautzen II zwischen 1958 und 1960:

Die Zelle starrte vor Schmutz. Die Fenster waren undurchsichtig. Jahrelang nicht geputzt. Wo ich hinsah, Spinnweben. Das Klappbett, die muffige Matratze, das an der Wand befestigte Tisch- und Sitzbrett, alles war mit dickem Staub bedeckt. Und die Luft war zum Ersticken. Das Atmen wurde schwer.
5 Was tun? Wie sollte ich in diesem Dreck überleben? Mir wurde regelrecht bange. Es lagen ja noch Jahre vor mir. Plötzlich wurde die Tür aufgerissen. Die Wärter traten zurück. Vor der offenen Tür stand der Direktor. Neben ihm Staatsanwalt Jahnke. Ein paar Minuten sagte niemand etwas. Sie sahen
10 mich nur an. Ihre Blicke waren eiskalt. Schließlich richtete der Staatsanwalt das Wort an den Direktor: „Dieser Strafgefangene ist ein gefährlicher Intellektueller. Er hat die Partei verraten. Unseren Staat bekämpft. Er wollte die sozialistischen Errungenschaften rückgängig machen, wieder kapitalisti-
15 sche Verhältnisse einführen. Für die Dauer der Strafhaft ordne ich die härtesten Haftbedingungen an. Strenge Einzelhaft. Entzug aller Vergünstigungen." Nach dieser Rede trat er zurück. Der Oberleutnant nahm nun das Wort. Gleich mit scharfer Stimme sagte er: „Sie haben beim Öffnen der Tür die
20 Fensterklappe zu schließen. Danach nehmen Sie unter dem Fenster Haltung an. Hände an der Hosennaht. Und dann machen Sie Meldung. Sie lautet: ‚Herr Oberleutnant, Zelle 305 mit einem Strafgefangenen belegt. Es meldet Strafgefangener Nummer 3/58.' Handelt es sich um einen anderen
25 Dienstgrad, haben Sie diesen zu benennen. Singen, Pfeifen, Sprechen sind verboten. Auch das Beschmieren der Wände. Ihren Namen dürfen Sie bei keiner Gelegenheit nennen. Hier sind Sie nur Nummer 3/58. Zuwiderhandlungen werden bestraft. [...]"
30

▲ „Ab nach Bautzen ..."
Werbepostkarte des Holiday Inn vom 18. Juli 2000.

1. Erklären Sie, was Roman Herzog meint, wenn er davon spricht, Hitler gegen Beethoven oder Himmler gegen Robert Koch aufzurechnen würde „alles schraffieren und alles verwischen".
2. Erläutern Sie die Aussage von Roman Herzog, der Gleichheitsgrundsatz gelte nicht im Unrecht.

M8 „Ab nach Bautzen"?

Bautzen kennt fast jeder. Viele Menschen verbinden spontan negative Bilder mit dem Namen der sächsischen Stadt. Bautzen steht mit den drei Worten „Ab nach Bautzen" im öffentlichen Bewusstsein für Willkürjustiz und unmenschliche Haftbedingungen in der DDR.
Diese Worte werden im Jahr 2000 zum Slogan einer Werbekampagne. Eine Hotelkette wirbt in Sachsen und Berlin für Ferien in der Oberlausitz. Auf Plakaten und Postkarten prangt die Headline über der malerischen Silhouette der nächtlichen Bautzener Altstadt. Das romantische Motiv will die Assoziationen konterkarieren, die der Slogan hervorruft: Mauern, Gitter, „Stasi-Knast". Eine Presseinformation erläutert die Motive der Verantwortlichen:

Initiiert wurde die Aktion von Personen, die mit dem auch nach zehn Jahren Wende keineswegs verblassten „Knast-Image" von Bautzen sehr unglücklich sind und dieses für ihre schöne Stadt aushöhlen wollen, ein Image, das uralte sorbische Traditionen und Bräuche geradezu verschweigt, eine sehenswerte mittelalterliche Stadt überschattet und die Bautzener heute wie damals bedrückt. Der Ruf von Bautzen – für immer ein Opfer vergangener totalitärer Regime, welche gerade diese idyllische Stadt zum Kerker ihrer Gegner erklären?

Presseinformation des Holiday Inn vom 18. Juli 2000

1. Beschreiben Sie die Anzeige des Hotels.
2. Arbeiten Sie anhand der Presseinformation die Motive für die Werbung heraus. Beachten Sie dabei die Historie des Ortes.
3. Nehmen Sie Stellung zu der Werbemaßnahme.

Stabilisierung und Niedergang der DDR

Ein Staat wird eingemauert Ulbricht war entschlossen, die Massenflucht zu stoppen. Auch Moskau akzeptierte nun die Schließung der innerdeutschen Grenze, um den wirtschaftlichen Kollaps der DDR und einen erneuten Volksaufstand zu verhindern. Vonseiten der USA gab es zwar formellen Protest, doch es drohte keine Konfrontation, da Präsident Kennedy lediglich die Freiheit West-Berlins militärisch garantierte.

▶ **Geschichte In Clips:**
Zum Bau der Berliner Mauer am 13. August 1961 siehe Clip-Code 4669-03

▶ **Mauerbau.**
Foto vom August 1961. Am 13. August 1961 riegelten Bautruppen der Nationalen Volksarmee mit Mauer, Stacheldraht und Panzersperren die Grenze nach West-Berlin ab.

In der Nacht zum 13. August 1961 ließ die DDR-Regierung entlang der Sektorengrenze durch Berlin Stacheldrahtverhaue und Steinwälle hochziehen. Unter militärischer Bewachung errichteten Bautrupps eine Mauer quer durch die Wohngebiete der Stadt. In der Folgezeit wurden die Sperranlagen an der innerdeutschen Grenze (1400 km) und um West-Berlin herum (166 km) mit Beton, Stacheldraht, Minen und Selbstschussanlagen zu einem hermetischen Sicherungssystem ausgebaut.

Für Vorbereitung und Durchführung des Mauerbaus war Erich Honecker verantwortlich, damals Sekretär des Zentralkomitees der SED für Sicherheitsfragen. Er ordnete im September 1961 auch den Schusswaffengebrauch „gegen Verräter und Grenzverletzer" an. Das DDR-Regime hat in der Öffentlichkeit stets geleugnet, dass es einen Schießbefehl gab. Die erhalten gebliebenen Dokumente belegen jedoch, dass führende Politiker und ranghohe Militärs der DDR Anweisungen erteilten, auf Flüchtlinge zu schießen und sie zu töten. Nach der Wiedervereinigung 1990 kam es daher zu Gerichtsverfahren und Verurteilungen (▶ M5).

Allein in den ersten Monaten nach dem Mauerbau kamen 32 Menschen ums Leben. Sie wurden bei Fluchtversuchen erschossen, ertranken oder stürzten beim Sprung aus grenznahen Häusern zu Tode. Bis 1989 verloren nach heutigen Erkenntnissen 765 Menschen bei der Flucht ihr Leben, Tausende wurden verletzt. Im Herbst 1961 wurden zur Sicherung der Grenzen und zur Einschüchterung der Bevölkerung über 3000 Menschen aus ihren grenznahen Heimatorten zwangsausgesiedelt („Aktion Festigung").

▲ **Sprung in die Freiheit.**
Foto von Peter Leibing vom 15. August 1961 (Ausschnitt). Ein 19-jähriger Volkspolizist flüchtet von Ost- nach West-Berlin.

Selbstverständnis der DDR In den Augen ihrer Machthaber war die DDR ein Vorposten gegen die westliche Welt und ihren angeblichen Versuch, die sozialistische Ordnung in den Ostblockstaaten zu gefährden. Der Hauptvorwurf richtete sich gegen die Bundesrepublik Deutschland. Die „BRD" stehe in der Tradition des deutschen Kapitalismus und **Imperialismus**, der zu den beiden Weltkriegen und zur deutschen Teilung geführt habe (▶ M1). Für die deutsche Geschichte von 1933 bis 1945 sprach das SED-Regime nicht vom „Nationalsozialismus", sondern von „Faschismus". Ihre eigene Position nannte sie „antifaschistisch". Damit wurden die Existenz der DDR und die Herrschaft der SED in einen historischen Zusammenhang gestellt. Bereits die deutsche Arbeiterbewegung habe versucht, den Kapitalismus abzuschaffen, der in den Nationalsozialismus geführt habe. Durch die Errichtung eines „Arbeiter- und Bauernstaates" in Ostdeutschland sei diese Gefahr nun überwunden.

Ähnlich wie in Westdeutschland der Antikommunismus* diente der „Antifaschismus" in der DDR zur politischen Selbstbestimmung. Darüber hinaus aber sollte der „Antifaschismus" auch das Unrecht legitimieren, das das SED-Regime an allen beging, die ihm im Weg standen. Das ging so weit, dass auch die Berliner Mauer und die Grenzanlagen zu Westdeutschland zum „antifaschistischen Schutzwall" erklärt wurden. Die Propaganda der SED rechtfertigte damit nicht nur die Opfer der gewaltsamen Teilung, sondern verkehrte Sinn und Zweck der unmenschlichen Absperrmaßnahmen: Sie seien dazu da, die eigene Bevölkerung vor den Übergriffen des Kapitalismus zu bewahren. So könne eine Gesellschaft entstehen, in der es keine sozialen Gegensätze mehr gebe. Die DDR sei als Staats- und Gesellschaftsentwurf dem „Bonner Staat" überlegen, weil nur der Sozialismus für Frieden und Gerechtigkeit sorgen könne.

Bemühen um internationale Anerkennung Nicht erst durch den repressiven Kurs gegen die eigene Bevölkerung war die DDR international isoliert. Die Suche nach Anerkennung als selbstständiger deutscher Staat war das Hauptanliegen der Außenpolitik der DDR seit ihrer Gründung. Dem stand v. a. die Haltung der Bundesregierung entgegen, der es noch bis in die 1960er-Jahre gelang, diplomatische Beziehungen zwischen Ost-Berlin und Staaten außerhalb des Ostblocks zu verhindern.**

Das Verhältnis zwischen der DDR und Israel war bis zum Ende der SED-Herrschaft gespannt. Obwohl die israelische Regierung und der **Jüdische Weltkongress** von Ost-Berlin Entschädigungen verlangten, lehnte die SED-Führung ab. 1955 verwies sie auf die geleisteten Reparationen, die alle Forderungen abdecken würden. Zudem habe die DDR-Regierung die „Opfer des Faschismus" im eigenen Land ausreichend entschädigt und sorge dafür, dass der Nationalsozialismus dort nie wieder Fuß fasse.

Unter diesen Voraussetzungen kam es bis zum Ende der DDR zu keinen offiziellen Beziehungen mit dem jüdischen Staat. Die DDR folgte vielmehr der Sowjetunion, die im Nahost-Konflikt die arabischen Staaten gegen Israel unterstützte.

Die Beziehungen zu nichtkommunistischen Ländern blieben spärlich. Sport, Kultur, Verkehr und Nachrichtenwesen waren die Bereiche, in denen internationale Kontakte stattfanden – hier gelang der DDR v. a. der Austausch mit den Ländern Nordeuropas. Ebenso konnte die DDR in einigen Staaten Handelsvertretungen einrichten.

Imperialismus: Nach Auffassung des Marxismus-Leninismus ist der Imperialismus die fortgeschrittene Stufe des Kapitalismus, da die Industrieländer, um sich Rohstoffe und Absatzmärkte zu sichern, zur Unterwerfung und Ausbeutung anderer Staaten übergehen.

Jüdischer Weltkongress: 1936 gegründeter internationaler Verband der jüdischen Gemeinschaften und Organisationen

---

* Siehe S. 42.
** Siehe S. 38.

Bildungspolitik Für das Regime der SED war das Bildungswesen ein Schlüssel zur Festigung seiner Macht und zur Durchsetzung des Sozialismus. Schulen und Hochschulen sollten auf die kommunistische Weltanschauung einschwören und der Wirtschaft qualifizierte Arbeitskräfte liefern.

Anders als in Westdeutschland hatte das Schulwesen von Beginn an eine radikale Umformung erfahren. Die meisten Lehrer aus der Vorkriegszeit hatte man entlassen und durch neue, kommunistisch geschulte „Junglehrer" ersetzt. Die Staatsführung errichtete ein Bildungsmonopol: Privatschulen wurden abgeschafft, der Religionsunterricht aus den Lehrplänen entfernt. Dabei überwogen anfangs reformpädagogische Ansätze – das Schulgeld entfiel, Angehörige sozial schwächerer Schichten wurden gezielt gefördert und konnten sich in „Arbeiter- und Bauernfakultäten" auf ein Hochschulstudium vorbereiten. Bildung sollte kein „bürgerliches" Privileg mehr sein. Auch die Förderung von Frauen war ein vorrangiges Ziel.

Zwischen 1959 und 1965 fand eine umfassende Bildungsreform statt. Im Zentrum stand die zehnklassige „Polytechnische Oberschule", die alle Schulpflichtigen zu besuchen hatten. Dort lagen die Schwerpunkte auf technischen und mathematisch-naturwissenschaftlichen Fächern, auf der Staatsbürgerkunde (Marxismus-Leninismus) sowie auf einer intensiven Sportausbildung. Der Staat errichtete zudem ein dichtes Netz an Kinderkrippen, -plätzen und -horten zur Vorschulerziehung. Für die berufliche Bildung gab es Ingenieur- und Fachschulen, Hochschulen, Akademien und Universitäten sowie Einrichtungen zur Weiterbildung der Beschäftigten.

Die Folgen des Bildungsausbaus waren bald zu spüren: Die Zahl der Kinder mit mehr als acht Jahren Schulzeit stieg von 16 Prozent 1951 auf 85 Prozent im Jahr 1970. Um 1970 waren fast die Hälfte der Studierenden an Fachschulen Frauen, an den Hochschulen und Universitäten stieg ihr Anteil jedoch nicht über 30 Prozent.

Eine großangelegte „Qualifizierungsoffensive" sorgte dafür, dass 1971 71 Prozent der Männer sowie 49 Prozent der Frauen eine abgeschlossene Berufsausbildung besaßen. Frauenarbeit, die in der DDR wegen des Arbeitskräftemangels von Beginn an sehr weit verbreitet war, wandelte sich dadurch von angelernter Beschäftigung zu qualifizierter Berufstätigkeit.

Planung, Zentralisierung und Kontrolle waren die Merkmale der Bildungspolitik in der DDR. Das integrierte Bildungssystem erlaubte dem Staat eine fast permanente Aufsicht über Kinder und Jugendliche, ergänzt durch die Organisation der Heranwachsenden in der Freien Deutschen Jugend. Bei der Förderung von Frauen in Bildung und Berufsleben ging es dem Staat weniger um Emanzipation, vielmehr um die Bereitstellung von Arbeitskräften. Die Bildungsinhalte folgten streng den Anforderungen der Wirtschaft, die ihrerseits der staatlichen Planung unterlag. Jugendliche erhielten selten den Studienplatz oder die Lehrstelle ihrer Wahl, sondern wurden nach Bedarf ausgebildet. Bildung war zwar kein Privileg bestimmter Schichten mehr, dafür hing sie nun vom Willen der Staatsführung ab. Vielen Angehörigen des Bildungsbürgertums verweigerte die Regierung das Studium, um stattdessen eine neue „sozialistische Intelligenz" zu fördern. Sie bestand aus Fachkräften und Akademikern, die das Regime zuverlässig unterstützten. Dazu gehörten insbesondere die „Kader", hochqualifizierte Gruppen in den Betrieben, in Verwaltung, Justiz, Militär und Partei, die unabhängig von ihrer sozialen Herkunft eine neue, staatstragende Elite bildeten.

▲ **Staatsflagge der DDR.**
*Foto von 1987.
Ährenkranz, Hammer und Zirkel als Symbole des „Arbeiter- und Bauernstaates" wurden erst 1959 offiziell eingeführt. Somit waren die Flaggen der Bundesrepublik und der DDR bis dahin identisch.*

Das SED-Regime nutzte das von ihm geschaffene Bildungssystem auch zur gezielten Einschwörung auf die eigene Weltanschauung: Schüler, Auszubildende und Studierende sollten zuverlässig mit den Lehren des Marxismus-Leninismus vertraut gemacht werden. Im Studium waren „Gesellschaftswissenschaften" Pflichtfach, ebenso das Erlernen der russischen Sprache.

Zudem trug das Bildungswesen in der DDR stark militaristische Züge. In allen Ländern der Warschauer Vertragsorganisation gab es wehrpolitischen Unterricht an den Schulen. 1978 führte die DDR das Fach „Wehrunterricht" für Jungen und Mädchen der 9. und 10. Jahrgangsstufe an Oberschulen ein. Es sah neben theoretischer Wehrkunde die Ausbildung an Waffen und technischen Geräten vor, ebenso Aufenthalte in Ferienlagern. Als Ausbilder fungierten Angehörige der Nationalen Volksarmee oder der „Gesellschaft für Sport und Technik", einer vormilitärischen Jugendorganisation. Der Wehrunterricht war als Vorstufe zum späteren Wehrdienst gedacht und half dabei, Freiwillige für die NVA, die Grenztruppen oder die Volkspolizei zu gewinnen.

Reformen in den 1960er-Jahren

Die 1960er-Jahre waren für die DDR eine Zeit der Reformen und des gesellschaftlichen Wandels. Darin unterschied sich Ostdeutschland grundsätzlich weder von der Bundesrepublik noch vom übrigen Europa.

In der DDR wirkte der Bau der Mauer insofern „stabilisierend", als sich die Bevölkerung mit dem Verbleib im Land abfinden musste und die Hoffnung auf eine Wiedervereinigung mit Westdeutschland oder einen Systemwechsel begrub. Im Gegenzug lockerte auch das SED-Regime seine Haltung. 1962 war die allgemeine Wehrpflicht eingeführt worden. Bereits zwei Jahre später gab die Regierung den Forderungen der evangelischen Kirche nach und gestattete einen Wehrersatzdienst ohne Waffe („Bausoldaten"). Dank des „Passierscheinabkommens" von 1963 konnten West-Berliner nun ihre Angehörigen im Ostteil der Stadt besuchen. Seit Ende 1964 durften Rentner ihre Verwandten im Westen besuchen.

Die SED folgte der von der Sowjetunion seit Mitte der Fünfzigerjahre eingeleiteten „Entstalinisierung", indem sie Abweichler in den eigenen Reihen rehabilitierte und eine Amnestie für etwa 15 000 politische Gefangene gewährte. 1963 gab sich die SED erstmals ein eigenes Parteiprogramm. Der von Studenten, Schriftstellern und Intellektuellen wie Ernst Bloch oder Robert Havemann geforderte demokratische „menschliche Sozialismus" fand darin jedoch keinen Anklang. Es blieb beim unumschränkten Machtanspruch der SED.

Angesichts des nachlassenden Aufschwungs schlug das SED-Regime einen neuen Kurs in der Wirtschaftspolitik ein. Das 1963 verordnete *Neue Ökonomische System der Planung und Leitung* (NÖSPL) sah vor, den Staat durch Abbau von Subventionen zu entlasten und den Betrieben mehr Eigenverantwortung zu übertragen. Günstig hergestellte Produkte sollten sich auf dem Weltmarkt behaupten und Devisen ins Land bringen. Durch das neue System drohte die DDR-Führung jedoch ihre Lenkungsgewalt über die Wirtschaft zu verlieren. Als die Machthaber das erkannten, nahmen sie die Reformen zurück. 1965 wurde das abgewandelte „Neue Ökonomische System" (NÖS) auch auf Druck der Sowjetunion beschlossen, das die Wirtschaft der DDR wieder der strikten Planung durch die Staatsspitze unterwarf. Erich Apel, der Ideengeber der Reformen, nahm sich daraufhin das Leben.

Neue Gesetze passten das Recht an die veränderten Verhältnisse an. 1966 trat das DDR-Familiengesetzbuch in Kraft, das Mann und Frau sowie eheliche und nichteheliche Kinder rechtlich vollständig gleichstellte – nicht zuletzt eine Reaktion auf den drastischen Anstieg der Ehescheidungen. Das neue Strafrecht der DDR stellte die Resozia-

---

Entstalinisierung: Abkehr der sowjetischen Führung von der Politik Stalins seit dessen Tod 1953. Unter dem neuen Parteichef Chruschtschow distanzierte sich die UdSSR von der Person Stalins, seiner Alleinherrschaft und seiner Wirtschaftspolitik. Kritiker kamen zu Wort, die Gefangenenlager (GULag) wurden aufgelöst, die Bevormundung der Ostblockstaaten ließ nach („Tauwetter"). Die Verbrechen der Stalin Ära (1927–1953) durften erwähnt werden, wurden aber nicht aufgearbeitet.

Ernst Bloch (1885–1977): marxistischer Theoretiker, 1949–1957 Professor für Philosophie in Leipzig, emigrierte nach dem Bau der Mauer 1961 in die Bundesrepublik

Robert Havemann (1910–1982): kommunistischer Widerstandskämpfer gegen das „Dritte Reich", 1950–1964 Professor für Physikalische Chemie in Ost-Berlin. H. erhielt nach kritischen Äußerungen Berufsverbot und wurde bis zu seinem Tod überwacht.

Devisen: Zahlungsmittel in ausländischer Währung. Die DDR brauchte fremde Währungen aus dem Westen, weil sie für ihr eigenes Geld im westlichen Ausland keine gleichwertigen Waren und Dienstleistungen erhielt.

Erich Apel (1917–1965): SED-Funktionär und Mitglied des Politbüros, 1963–1965 Vorsitzender der Staatlichen Planungskommission für die Wirtschaft der DDR

▶ **Robert Havemann und Wolf Biermann.**
Foto vom 21. Januar 1972. Der Chemiker Robert Havemann war zunächst Inoffizieller Mitarbeiter des Ministeriums für Staatssicherheit. Nach kritischen Äußerungen gegenüber dem SED-Regime wurde er 1964 aus der Partei ausgeschlossen, ein Jahr später wurde ein Berufsverbot gegen ihn erlassen. In einem vom westdeutschen Nachrichtenmagazin „Spiegel" veröffentlichten Brief an Honecker protestierte er 1976 gegen die Ausbürgerung von Wolf Biermann. Daraufhin wurde gegen ihn ein Hausarrest verhängt, der 1978 aufgehoben wurde. Havemann starb im Jahr 1982.

lisierung von Straffälligen in den Mittelpunkt. Zugleich erweiterte es das Spektrum politischer Straftaten wie „Republikflucht" oder „Verbrechen gegen die Souveränität der DDR". Weiterhin gab es die Todesstrafe. Sie wurde noch bis 1981 vollstreckt und erst 1987 abgeschafft.

Im Februar 1968 legte die Regierung den Entwurf zu einer neuen Verfassung vor. Nach einer „Volksaussprache", in der die Bevölkerung Ergänzungen und Änderungen vorschlagen konnte, billigte ein Volksentscheid am 6. April 1968 die neue Verfassung. Sie hielt erstmals den Führungsanspruch der SED fest und beschrieb die DDR als „sozialistischen Staat deutscher Nation". Besonderen Wert legte die Verfassung auf die sozialen Schutzrechte. Sie garantierten die „Freiheit von Ausbeutung, Unterdrückung und wirtschaftlicher Abhängigkeit" ebenso wie ein „Recht auf Arbeit" (▶ M2).

Die DDR als sozialistischer Modellstaat
Der ostdeutsche Staat war inzwischen der wichtigste Partner der Sowjetunion innerhalb des Ostblocks. Der Lebensstandard war höher als in allen anderen Ostblockländern. Bei den Olympischen Sommerspielen 1968 in Mexico City trat erstmals eine eigene Mannschaft der DDR an – bis dahin hatte es eine gesamtdeutsche Mannschaft gegeben. Die Athleten erreichten Platz drei in der Nationenwertung hinter den USA und der UdSSR.

Selbstbewusst hob die DDR-Führung unter Walter Ulbricht die eigenen Errungenschaften hervor. Erst die DDR habe den Nachweis erbracht, dass der Sozialismus in einem hochindustrialisierten Land verwirklicht werden könne. Die DDR sei daher ein Modell für alle Gesellschaften im Übergang vom Kapitalismus zum Kommunismus. Damit stellte Ost-Berlin indirekt das Vorbild und die Führungsrolle der Sowjetunion infrage. Seit dem Sturz Chruschtschows 1964 und der Machtübernahme des neuen sowjetischen Staats- und Parteichefs Leonid Breschnew wurde jedoch ein solcher Alleingang nicht länger hingenommen.

Ulbricht wird gestürzt

Zum Bruch zwischen Ulbricht und der Sowjetführung kam es in der Frage der Deutschlandpolitik. Die deutsche Bundesregierung unter Kanzler Willy Brandt bemühte sich seit 1970 um eine Normalisierung der Beziehungen zu Moskau und Ost-Berlin.* Die UdSSR begrüßte die Entspannungspolitik und bestand wie Ulbricht auf der vollen Anerkennung der DDR. Allerdings wollte sie dessen Pläne, im Alleingang enge wirtschaftliche Beziehungen zur Bundesrepublik zu knüpfen, nicht dulden. Angesichts der Engpässe bei der Versorgung der Bevölkerung sowie der schlechten Wirtschaftslage verlor er auch den internen Rückhalt in der SED. In Absprache mit Moskau zwang die Parteiführung Ulbricht zum Rücktritt (▶ M3). Die treibende Kraft dieses Machtwechsels war Erich Honecker, der im Mai 1971 zum Ersten Sekretär (seit 1976 Generalsekretär) der SED gewählt wurde. Honecker war nun der mächtigste Mann im Staat, der bald alle wichtigen Ämter (Vorsitzender des Nationalen Sicherheitsrates, Staatsratsvorsitzender) auf sich vereinte.

▲ Glückwünsche zum Geburtstag eines „Kranken".
Foto vom 30. Juni 1971.
Nachdem Erich Honecker (erste Reihe, zweiter von rechts) Ulbrichts Sturz im Politbüro durchgesetzt hatte, wurde Ulbricht vor die Wahl gestellt, sich entweder anlässlich seines Geburtstages als Kranker in Bademantel und Hausschuhen zu präsentieren oder aber noch seine letzte Funktion als Staatsratsvorsitzender zu verlieren. Ulbricht ließ sich demütigen und spielte bis zu seinem Tod am 1. August 1973 nur noch eine Nebenrolle.

Beginn der Ära Honecker

Die Ablösung Ulbrichts durch Honecker an der Staats- und Parteispitze im Jahr 1971 war ein tiefer Einschnitt. Honecker revidierte die Politik seines Vorgängers und suchte die Absicherung nach außen und innen. Vorbehaltlos erkannte Ost-Berlin die Führungsrolle der Sowjetunion wieder an. Das Politbüro und der Ministerrat wurden weitgehend entmachtet. Gestützt auf Erich Mielke (Leiter der Staatssicherheit) und **Günter Mittag** (Sekretär für Wirtschaftsfragen) sowie den bürokratischen Apparat an der Spitze der SED, behielt Honecker die alleinige Kontrolle über Partei, Staat und Verwaltung. Am umfassenden Machtanspruch der SED änderte sich nichts.

Günter Mittag (1926-1994): 1966-1989 Mitglied des Politbüros der SED, führender Wirtschaftsfunktionär der DDR

Deutsch-deutscher Grundlagenvertrag

Die neue Regierung ging auf die Bonner Ostpolitik ein und unterzeichnete 1972 den „Vertrag über die Grundlagen der Beziehungen zwischen der Bundesrepublik Deutschland und der DDR" (Grundlagenvertrag**). Die beiden deutschen Staaten vereinbarten „gutnachbarliche Beziehungen". Die DDR erreichte damit das lang ersehnte Ziel, von Westdeutschland in ihren Grenzen und ihrer Souveränität anerkannt zu werden. Viele Staaten des Westens nahmen nun diplomatische Beziehungen zur DDR auf. Die Bundesrepublik blieb jedoch dabei, dass es nur eine deutsche Staatsbürgerschaft gebe. Nach wie vor konnte jeder Angehörige der DDR das Bürgerrecht der Bundesrepublik in Anspruch nehmen. Wegen dieser „besonderen Beziehungen" zwischen den beiden deutschen Staaten bestand die Bundesrepublik darauf, dass der höchste diplomatische Repräsentant nicht wie in einem ausländischen Staat „Botschafter" genannt wurde, sondern „Ständiger Vertreter".

---

* Siehe S. 62.
** Siehe S. 63.

▲ „Die Ausgezeichnete."
Gemälde des Künstlers Wolfgang Mattheuer, 1973/74. Zusammen mit Werner Tübke, Willi Sitte und Bernhard Heisig prägte der Sachse die „Leipziger Schule".

■ Die Ausgezeichnete – eine „Heldin der Arbeit"? Recherchieren Sie zu diesem Gemälde Wolfgang Mattheuers und interpretieren Sie es mit Blick auf die gesellschaftliche und wirtschaftliche Entwicklung der 1970er-Jahre in der DDR.

„Real existierender Sozialismus" ■ Im August 1973 starb Walter Ulbricht. Seit dem Machtwechsel war er kaum noch offiziell aufgetreten. Nach seinem Tod erklärte ihn die Staatsführung zur „Unperson" und verwarf bis dahin geltende Lehren. Das bisherige Konzept einer „sozialistischen Menschengemeinschaft" sei falsch und stehe im Widerspruch zu den Vorstellungen der Sowjetunion. Die SED sprach jetzt vom „real existierenden Sozialismus", der in allen Staaten unter kommunistischer Führung erreicht sei. Damit beanspruchte die DDR keine Sonderstellung mehr. 1974 wurde eine geänderte Verfassung verabschiedet, worin der Begriff der „sozialistischen Menschengemeinschaft" nicht länger auftauchte. Ebenso wurden alle Hinweise auf eine mögliche deutsche Wiedervereinigung gestrichen.

„Einheit von Wirtschafts- und Sozialpolitik" ■ Unter der Regierung Honecker blieb es bei der weltanschaulichen Abgrenzung vom Westen und von der Bundesrepublik. Der Sozialismus sei das bessere Gesellschaftssystem, er sei gerechter und menschlicher als der Kapitalismus. Die Menschen in der DDR nahmen aber weiterhin den Wohlstand der Bundesrepublik zum Maßstab, der innerhalb der Planwirtschaft in der DDR nicht zu erreichen war.

Dem SED-Regime war klar, dass sich der Rückhalt der Bevölkerung nicht allein durch Überwachung, Unterdrückung und Propaganda erzwingen ließ. Die Regierung setzte auf Sozialleistungen und Konsum. Schon 1971 hatte Honecker erklärt, die wichtigsten Aufgaben der Politik seien die Verbesserung des Lebensstandards und die Herstellung sozialer Gleichheit. Als vorrangige Ziele galten der Wohnungsbau, die Anhebung von Löhnen und Renten und eine bessere Versorgung mit Waren und Dienstleistungen. Die Regierung erhob die „Einheit von Wirtschafts- und Sozialpolitik" zum Programm: Ökonomisches Wachstum und technischer Fortschritt sollten den Ausbau des Sozialstaats und die Steigerung der Wirtschaftsleistung ermöglichen (▶ M4).

Das Konzept schien anfangs erfolgreich. Die Industrieproduktion stieg zwischen 1970 und 1974 um etwa 30 Prozent, die durchschnittlichen Löhne in der gleichen Zeit um 14 Prozent von 755 auf 860 Mark. Zahlreiche soziale Vergünstigungen kamen Frauen und Jugendlichen (nicht dagegen den Senioren) zugute, die Mieten und die Kosten für Grundnahrungsmittel sowie Gebrauchsgüter für das tägliche Leben blieben stabil. Immer mehr DDR-Haushalte verfügten seit Beginn der 1970er-Jahre über eine eigene Waschmaschine, einen Kühlschrank, ein Fernsehgerät und selbst ein Auto.

Gesetzesreformen in den 1970er-Jahren ■ Die Umwandlung der Gesellschaft im Zeichen des „real existierenden Sozialismus" schritt weiter voran. Neue Gesetzeswerke sollten die veränderten Verhältnisse abbilden. 1975 trat das *Zivilgesetzbuch der DDR* an die Stelle des Bürgerlichen Gesetzbuches, das noch aus der Zeit vor der deutschen Teilung herrührte. Nach dem neuen Gesetz besaß Volkseigentum („sozialistisches Eigentum") Vorrang vor persönlichem Eigentum. Schon ab 1972 waren die verbliebenen Betriebe in privater Hand verstaatlicht worden. Die ehemaligen Besitzer erhielten bestenfalls eine geringe finanzielle Entschädigung.

KSZE: Ⓐn Elbe & Spree!

Durch die neuen gesetzlichen Regelungen wurde die Bodenreform der späten 1940er-Jahre ebenso rechtlich gedeckt wie alle weiteren Enteignungen und Kollektivierungen. Als Folge dieser Maßnahmen verschwanden im Laufe der 1970er-Jahre der bäuerliche Mittelstand und das Wirtschaftsbürgertum aus der ostdeutschen Gesellschaft.

Seit 1977 gab es ein *Arbeitsgesetzbuch der DDR*. Es beseitigte das Streikrecht für Beschäftigte und hob die Tarifautonomie* auf – beides hatte bis dahin nur noch formal bestanden. Das Gesetzeswerk legte großen Wert auf die soziale Sicherheit. So bestand fast völliger Schutz vor Kündigung; Ausnahmen galten bei politischem Fehlverhalten, das zum Berufsverbot führen konnte. Einerseits sollte das Arbeitsrecht dem sozialen Frieden dienen (etwa durch Arbeitsplatzgarantie), andererseits hemmte es die Wirtschaft, da es weder Leistungsanreize noch betriebliche Mitbestimmung vorsah.

▲ **Protestplakat vor der Dresdener Kreuzkirche.**
*Foto, 13. Februar 1982.
Das eingekreiste „A" steht für Ausreise.*

Öffnung gegenüber dem Westen: die KSZE

Die DDR nahm seit 1972 an der „*Konferenz über Sicherheit und Zusammenarbeit in Europa*" (KSZE) teil. Sie unterzeichnete am 1. August 1975 im finnischen Helsinki die KSZE-Schlussakte, in der die Teilnehmer ihre Gleichberechtigung, Souveränität und territoriale Unantastbarkeit anerkannten, auf Gewalt verzichteten und sich zur Achtung der Menschenrechte verpflichteten**.

Ost-Berlin feierte dies als weiteren Schritt zur internationalen Anerkennung. Die DDR-Regierung wollte sich v. a. als Exportnation dem Westen öffnen, die Bevölkerung sollte dagegen von den Einflüssen des Kapitalismus und der Demokratie abgeschirmt bleiben. Diese Politik schlug jedoch fehl. Unter Berufung auf die KSZE-Schlussakte forderten viele DDR-Bürger mehr Freiheiten, v. a. Meinungs- und Pressefreiheit sowie die Möglichkeit zur Ausreise (▶ M6).

Niedergang der DDR-Wirtschaft

Gegen Ende der 1970er-Jahre brach die Konjunktur der DDR-Wirtschaft ein. Das entsprach zwar einer weltweiten Entwicklung. Doch während sich die westlichen Industrieländer davon wieder erholten, gelang das der DDR und den übrigen Ostblockstaaten nicht.

Der Niedergang der DDR-Wirtschaft während der 1980er-Jahre war das Ergebnis kurz- und langfristiger Ursachen:
- Rohstoffknappheit. Die DDR war auf Erdöl angewiesen, das vorwiegend aus der UdSSR stammte. Seit den Ölkrisen der 1970er-Jahre drosselte die Sowjetunion die Ölzufuhr. Die DDR verwendete das Öl für die Produktion von Exportwaren und musste für den übrigen Energiebedarf auf die heimische Braunkohle ausweichen. Die Umstellung war kostspielig und belastete die Wirtschaft schwer.

---
* Siehe S. 43.
** Siehe S. 225 und S. 229, M3.

▶ **KSZE-Schlusskonferenz.** Foto vom 1. August 1975. Bundeskanzler Helmut Schmidt (vorne rechts) spricht mit dem DDR-Staatsratsvorsitzenden Erich Honecker.

- Unzureichende Modernisierung. In den Industriebetrieben mangelte es an Rationalisierung und Investitionen. Um Arbeitslosigkeit zu vermeiden, waren viele Stellen überbelegt, Arbeitskräfte wurden nicht sinnvoll eingesetzt und mussten veraltete Geräte bedienen. Für neue Ausstattungen fehlte das Kapital. Um 1989 waren weniger als die Hälfte aller Industrieanlagen jünger als zehn Jahre (in der Bundesrepublik betrug die Quote damals rund 70 Prozent). In Schlüsseltechnologien wie der Mikroelektronik verpasste die DDR den internationalen Anschluss.
- Exportschwäche, Devisenmangel und Verschuldung. Die zahlreichen Produkte, die auf dem Weltmarkt nicht konkurrenzfähig waren, mussten mit enormen staatlichen Zuschüssen verbilligt werden. Ohne den Export fehlten die Devisen, mit denen Rohstoffe und Westwaren eingekauft werden konnten. Die DDR importierte weit mehr, als sie ausführte, und nahm dafür immer höhere Kredite auf (▶ M7).
- Krise des Binnenmarktes. Die schlecht ausgerüsteten Wirtschaftsbetriebe konnten auch nicht den Bedarf an Konsumgütern im Inland (z. B. Kfz, Baumaterial) decken (▶ M8). Daher nahm der Verbrauch weiter ab, obwohl die Nettolöhne stiegen. Die Menschen sparten das Geld, das nicht mehr in die Wirtschaft zurückfloss.
- Verlangsamter Strukturwandel. Der Wandel der DDR-Wirtschaft verlor immer mehr an Tempo. Im Zeitraum von 1950 bis 1989 sank der Anteil der Land- und Forstwirtschaft von 26 auf elf Prozent. Industrie- und Handwerk waren bis Anfang der 1980er-Jahre von 40 auf 51,5 Prozent angewachsen, machten aber bis 1989 weiterhin 50 Prozent der Gesamtwirtschaft aus. Dagegen erreichte der Handels- und Dienstleistungssektor bis Ende der 1980er-Jahre nur einen Anteil von knapp 40 Prozent. Dieses Zahlenverhältnis entsprach der Situation in der Bundesrepublik von 1965.
- Planwirtschaft und Einbindung in den RGW. Die DDR hielt unter Honecker an der staatlichen zentralen Lenkung der Wirtschaft fest. Die Betriebe konnten ohne die Zustimmung der Staates nichts unternehmen und unmittelbar auf die Bedarfslage reagieren. Die Versorgung der Bevölkerung mit Gebrauchsgütern verschlechterte sich deshalb stetig. Für die Wirtschaft galt die Erfüllung von langfristigen Plänen, nicht die flexible Orientierung an Angebot und Nachfrage. Hinzu kam die internationale Dimension der Planwirtschaft in Gestalt des Rates für Gegenseitige Wirtschaftshilfe (RGW). Dieses Gremium unter Leitung der UdSSR regelte, welches Mitgliedsland welche Produkte herstellte und wohin abführte. Anstatt sich an den

Weltmarkt anzupassen, blieb die DDR-Wirtschaft von den übrigen Volkswirtschaften des Ostblocks abhängig.
- Personalmangel und Überalterung. Seit Bestehen der DDR schrumpfte ihre Bevölkerung. Von 1946 bis 1964 nahm die Einwohnerzahl in Ostdeutschland von 18,4 auf 17 Millionen ab, sank bis 1981 auf 16,7 Millionen und fiel weiter. Vor allem in der jüngeren Generation war der Arbeits- und Fachkräftemangel dramatisch, da die DDR-Führung auch keine Fachkräfte aus dem Ausland anwarb.

Zu Beginn der 1980er-Jahre unternahm die Regierung den Versuch, die Ausfuhren massiv zu erhöhen. Die DDR setzte angesichts des hohen Weltmarktpreises für Erdöl auf die Verarbeitung von sowjetischem Öl und den Export von Treibstoffen, Heizmitteln, Chemiefasern und Kunstdünger (Erdölderivate). Eine Zeitlang wurden damit Gewinne erzielt und Schulden abgebaut. Als sich der Ölpreis Ende 1985 plötzlich halbierte, ging der Absatz der Produkte drastisch zurück. Der Aufschwung brach erneut zusammen. Unterdessen führten Ernteausfälle zu Versorgungsengpässen. 1982 hatten Polen und Rumänien, zu deren Gläubigern die DDR gehörte, ihre Zahlungsunfähigkeit erklärt. Der DDR drohte ihrerseits der Staatsbankrott.

1983 und 1984 gewährte die Bundesrepublik zinslose Milliardenkredite zur Stützung der DDR. Im Gegenzug wurden die Minenfelder und Selbstschussanlagen an der innerdeutschen Grenze entfernt, die DDR ließ politische Häftlinge frei und gewährte Reiseerleichterungen. Aber diese Transferleistungen reichten ebenso wenig wie der Mindestumtausch aus, um die rasante Verschuldung der DDR aufzuhalten.

Propaganda statt Reformen Schon 1976 hatte sich die DDR mit umgerechnet 2,6 Milliarden Euro verschuldet, damals ein Staatsgeheimnis, das nur Honecker und einigen Vertrauten bekannt war. 1989 entsprach die Auslandsverschuldung von 25 Milliarden Euro bereits dem volkswirtschaftlichen Nettoprodukt eines Jahres. Der wirtschaftliche Zusammenbruch war nur eine Frage der Zeit.

Das Honecker-Regime war mit seiner „Einheit von Wirtschafts- und Sozialpolitik" gescheitert, änderte jedoch nichts an den viel zu hohen Ausgaben für den Sozialstaat. Die Regierung rührte weder an den subventionierten Mietpreisen noch an der Höhe der Löhne oder an den Arbeitsplätzen. Künstlich wurden damit Vollbeschäftigung und eine gute Versorgung aufrechterhalten. „Künstlich" bedeutete: „auf Pump" und unter Verschweigen der tatsächlichen Situation.

Die oberste Staats- und Parteispitze wiegte die breite Bevölkerung mit gefälschten Bilanzen und Durchhalteparolen in Sicherheit. So verkündete die SED-Führung im Oktober 1988 feierlich das Erreichen ihres Zieles, drei Millionen neue Wohnungen seit 1976 gebaut zu haben. Tatsächlich waren erst 1,9 Millionen Wohnungen fertiggestellt (mitgezählt wurden dabei auch Wohnheimplätze für Senioren und Studenten).

Die Propaganda übertönte jede Kritik, selbst innerhalb der SED. Sie wirkte nicht zuletzt im westlichen Ausland, wo man die Missstände kaum wahrnahm. Dabei halfen populäre Maßnahmen und Inszenierungen wie die Einweihung des modernen Sport- und Erholungszentrums in Ost-Berlin (1981) oder der Wiederaufbau der Semper-Oper in Dresden. Das Bild von der erfolgreichen DDR überdauerte damit die Wirklichkeit, vor allem in den Köpfen der Machthaber. Das DDR-Regime zeigte sich unfähig zu Reformen und wurde zum Opfer seiner eigenen Selbsttäuschung.

> **Mindestumtausch** („Zwangsumtausch"): Besucher der DDR und Ost-Berlins mussten täglich einen bestimmten Betrag in DDR-Mark umtauschen. Dies trug der Regierung Devisen ein.

M1 Zwei Staaten – zwei Systeme

Unter dem Stichwort „Bundesrepublik Deutschland" erfährt man in einem Nachschlagewerk der DDR Folgendes:

„Bundesrepublik Deutschland (BRD): imperialistischer Staat; Hauptverbündeter der USA in Europa, Mitglied der Nordatlantikpaktorganisation und der Europäischen Wirtschaftsgemeinschaft. Die BRD entstand im Ergebnis imperialistischer Spaltungspolitik aus den ehemaligen westlichen Besatzungszonen Deutschlands (7.9.1949) unter Bruch des Potsdamer Abkommens, gegen den Willen des Volkes, um die Herrschaft der Monopolbourgeoisie[1] in einem Teil des ehemaligen Machtbereiches des deutschen Imperialismus zu erhalten und als antikommunistischen Stoßkeil gegen die UdSSR und die anderen sozialistischen Staaten Europas auszunutzen. Mithilfe amerikanischer Kredite und durch die Unterstützung des internationalen Finanzkapitals wurde die Macht des Imperialismus wiederhergestellt.

[...]

Die BRD ist ein hochindustrialisiertes Land [...]. Die Wirtschaft wird von westdeutschen und ausländischen Monopolen beherrscht. [...] Die Klassenstruktur ist durch eine ausgeprägte Polarisierung gekennzeichnet: Der unversöhnliche Widerspruch zwischen Bourgeoisie und Arbeiterklasse hat sich zu einem Antagonismus[2] zwischen der kleinen Schicht der Monopolbourgeoisie und allen nichtmonopolistischen Klassen und Schichten ausgeweitet.

[...]

Der Macht des Monopolkapitals in der BRD ist das Streben nach Beseitigung des Sozialismus in der DDR und in anderen sozialistischen Ländern Europas immanent[3]."

Unter dem Stichwort „Deutsche Demokratische Republik" heißt es dagegen:

„Deutsche Demokratische Republik (DDR): sozialistischer deutscher Staat, in dem die von der marxistisch-leninistischen Partei, der Sozialistischen Einheitspartei Deutschlands, geführte Arbeiterklasse im Bündnis mit der Klasse der Genossenschaftsbauern, der Intelligenz und den anderen werktätigen Schichten die Macht ausübt. Sie wurde am 7.10.1949 gegründet. [...]

Die Gründung der DDR bedeutete die Erfüllung des Vermächtnisses der revolutionären deutschen Arbeiterbewegung und der antifaschistischen Kämpfer gegen die faschistische Diktatur. Mit der Gründung der DDR entstand erstmals ein deutscher Staat, dessen Weg voll und ganz von den Gesetzmäßigkeiten des gesellschaftlichen Fortschritts bestimmt wird. Sie wurde vorbereitet durch die antifaschistisch-demokratische Umgestaltung [...] in der damaligen sowjetischen Besatzungszone Deutschlands. Die Schaffung der DDR und ihre Entwicklung zum souveränen sozialistischen deutschen Staat bedeutet eine schwere Niederlage des Imperialismus, weil ihm hier mit der Machtübernahme durch die Arbeiterklasse für immer seine Machtpositionen entzogen wurden. Mit dem Sieg der sozialistischen Produktionsverhältnisse in allen Bereichen der Volkswirtschaft wurden die Ausbeutung des Menschen durch den Menschen und die Quellen für eine Restauration des Kapitalismus beseitigt. Außerdem ist infolge der Existenz und Stärke der Sowjetunion und der festen Verankerung der DDR in der sozialistischen Staatengemeinschaft die Möglichkeit ausgeschaltet, durch äußere Gewalt die Macht der Arbeiterklasse zu stürzen und die Herrschaft der imperialistischen Bourgeoisie wiederherzustellen."

Erster Text: Kleines Politisches Wörterbuch, hrsg. von Gertrud Schütz u. a., Berlin 5 1986, S. 147, 148 und 149
Zweiter Text: a. a. O., S. 176 und 177

1. *Prüfen Sie die Aussagen zur Gründung der Bundesrepublik im ersten Text auf ihre Stichhaltigkeit.*
2. *Stellen Sie dar, worin die historische und politische Bedeutung der DDR nach Ansicht des zweiten Textes lag.*
3. *Definieren Sie „Imperialismus" im Sinne der beiden Texte. Welche Motive werden dem „Imperialismus" der Bundesrepublik unterstellt und welche Zukunft wird ihm bescheinigt?*
4. *Arbeiten Sie anhand des zweiten Textes heraus, welche Faktoren den Bestand der DDR gewährleisten sollten. Diskutieren Sie, ob diese Einschätzung zutrifft.*

M2 Aus der Verfassung der DDR von 1968

Seit 6. April 1968 gilt eine neue Verfassung für die DDR. Darin heißt es:

Artikel 1
Die Deutsche Demokratische Republik ist ein sozialistischer Staat deutscher Nation. Sie ist die politische Organisation der Werktätigen in Stadt und Land, die gemeinsam unter Führung der Arbeiterklasse und ihrer marxistisch-leninistischen Partei den Sozialismus verwirklichen.
Die Hauptstadt der Deutschen Demokratischen Republik ist Berlin. [...]

---
[1] Bourgeoisie: Besitzbürgertum
[2] Antagonismus: Widerstreit, Gegensatz
[3] immanent: innewohnend, charakteristisch

Artikel 2

(1) Alle politische Macht in der Deutschen Demokratischen Republik wird von den Werktätigen ausgeübt. Der Mensch steht im Mittelpunkt aller Bemühungen der sozialistischen Gesellschaft und ihres Staates. Das gesellschaftliche System des Sozialismus wird ständig vervollkommnet.

(2) Das feste Bündnis der Arbeiterklasse mit der Klasse der Genossenschaftsbauern, den Angehörigen der Intelligenz und den anderen Schichten des Volkes, das sozialistische Eigentum an Produktionsmitteln, die Planung und Leitung der gesellschaftlichen Entwicklung und die fortgeschrittensten Erkenntnisse der Wissenschaft bilden unantastbare Grundlagen der sozialistischen Gesellschaftsordnung.

(3) Die Ausbeutung des Menschen durch den Menschen ist für immer beseitigt. Was des Volkes Hände schaffen, ist des Volkes Eigen. Das sozialistische Prinzip „Jeder nach seinen Fähigkeiten, jedem nach seiner Leistung" wird verwirklicht.

(4) Die Übereinstimmung der politischen, materiellen und kulturellen Interessen der Werktätigen und ihrer Kollektive mit den gesellschaftlichen Erfordernissen ist die wichtigste Triebkraft der sozialistischen Gesellschaft. [...]

Artikel 24

(1) Jeder Bürger der Deutschen Demokratischen Republik hat das Recht auf Arbeit. Er hat das Recht auf einen Arbeitsplatz und dessen freie Wahl entsprechend den gesellschaftlichen Erfordernissen und der persönlichen Qualifikation. Er hat das Recht auf Lohn nach Qualität und Quantität der Arbeit. Mann und Frau, Erwachsene und Jugendliche haben das Recht auf gleichen Lohn bei gleicher Arbeitsleistung.

(2) Gesellschaftlich nützliche Tätigkeit ist eine ehrenvolle Pflicht für jeden arbeitsfähigen Bürger. Das Recht auf Arbeit und die Pflicht zur Arbeit bilden eine Einheit.

(3) Das Recht auf Arbeit wird gewährleistet durch das sozialistische Eigentum an den Produktionsmitteln; durch die sozialistische Planung und Leitung des gesellschaftlichen Reproduktionsprozesses; durch das stetige und planmäßige Wachstum der sozialistischen Produktivkräfte und der Arbeitsproduktivität; durch die konsequente Durchführung der wissenschaftlich-technischen Revolution; durch ständige Bildung und Weiterbildung der Bürger und durch das einheitliche sozialistische Arbeitsrecht.

Die Verfassung der Deutschen Demokratischen Republik, hrsg. vom Gesamtdeutschen Institut, Bonn 1974, S. 433f.

1. Skizzieren Sie das Verhältnis von Arbeit und politischer Macht gemäß dem Verfassungstext.

2. Stellen Sie dar, wovon ein „Recht auf Arbeit" laut Verfassung der DDR abhing. Nennen Sie weitere Bedingungen, die Ihrer Meinung nach für eine allgemeine Arbeitsplatzgarantie erfüllt sein müssen.

3. Begründen Sie, weshalb das „Recht auf Arbeit" von den Menschen in der DDR als große Errungenschaft angesehen wurde. Erörtern Sie, warum ein solches Recht im Grundgesetz nicht auftaucht.

M3 Bitte an Breschnew

Mitglieder des SED-Politbüros wenden sich in einem Brief vom 21. Januar 1971 an die sowjetische Parteiführung. Darin fordern sie die Absetzung Walter Ulbrichts:

Teure Genossen!
Wie Ihnen bekannt ist, kam es bei uns in den letzten Monaten in wachsendem Maße zu einer außerordentlich schwierigen Lage im Politbüro. [...]
Nachdem die 14. Tagung des Zentralkomitees [...] eine realistische Einschätzung der inneren, insbesondere der wirtschaftlichen Entwicklung und eine entsprechende Zielstellung erarbeitet und gebilligt hatte, hielt Genosse Walter Ulbricht ein Schlusswort, das in seiner Grundtendenz nicht mit [...] unserer gemeinsamen Linie übereinstimmte. Das Politbüro war gezwungen, die Veröffentlichung dieses Schlusswortes abzulehnen. [...] Das Politbüro musste auch im Januar 1971 ein vom Genossen Walter Ulbricht überraschend eingebrachtes Material ablehnen, das [...] an alle Bezirks- und Kreisleitungen sowie an die Grundorganisationen der Partei versandt werden sollte. [...] In diesem Material ist vorgesehen, zum VIII. Parteitag eine Orientierung zu geben und Beschlüsse zu fassen, die nicht auf die Fagen des Lebens Antwort geben [...], sondern durch lebensfremde, pseudowissenschaftliche, teilweise „technokratische"[1] Theorien einer sogenannten Vorausschau bis 1990 und darüber hinaus ersetzt werden sollen.
In der Einschätzung internationaler Fragen wird von ihm teilweise in den Formulierungen hinter die Beschlüsse der [...] Staaten des Warschauer Vertrages zurückgegangen. Das würde dazu führen, dass wir zum VIII. Parteitag nicht mit einer einheitlichen Meinung kommen, sondern mit der Meinung der Mehrheit des Politbüros und des Zentralkomitees auf der einen und der des Genossen Walter Ulbricht auf der anderen Seite. [...]
Leider sind die Meinungsverschiedenheiten nicht nur in unserer Partei, sondern dank der Umgebung des Genossen Walter Ulbricht auch im Westen bekannt geworden. [...] [Genosse Ulbrichts] Haltung gipfelte in der Behauptung, dass er „unwiederholbar" sei. Die übertriebene Einschätzung seiner

---
[1] Technokratie (wörtl. „Herrschaft von Experten"): Lenkung von Staat, Wirtschaft und Gesellschaft nach wissenschaftlich-technischen Vorstellungen

Person überträgt er auch auf die DDR, die er immer wieder in eine „Modell-" und „Lehrmeisterrolle" hineinmanövrieren will. [...] Deshalb wäre es sehr wichtig und für uns eine unschätzbare Hilfe, wenn Genosse Leonid Iljitsch Breschnew in den nächsten Tagen mit Genosse Walter Ulbricht ein Gespräch führt, in dessen Ergebnis Genosse Walter Ulbricht von sich aus das Zentralkomitee der Sozialistischen Einheitspartei Deutschlands ersucht, ihn aufgrund seines hohen Alters und seines Gesundheitszustandes von der Funktion des Ersten Sekretärs des Zentralkomitees der Sozialistischen Einheitspartei Deutschlands zu entbinden. Diese Frage sollte möglichst bald gelöst werden, das heißt, unbedingt noch vor dem VIII. Parteitag der SED. [...] Wir erwarten Ihre Antwort und Hilfe.
Mit kommunistischem Gruß

Zitiert nach: Andreas Herbst, Gerd-Rüdiger Stephan und Jürgen Winkler (Hrsg.), Die SED. Geschichte, Organisation, Politik. Ein Handbuch, Berlin 1997, S. 719-721

1. *Fassen Sie die Kritikpunkte gegen Ulbricht zusammen.*
2. *Stellen Sie dar, welche Gefahr von Ulbrichts (behauptetem) Verhalten für die SED-Spitze ausging.*
3. *Diskutieren Sie, warum die SED eine Abwahl Ulbrichts auf dem Parteitag vermeiden wollte.*

M4 Sozialpolitik und Legitimation der SED-Herrschaft

In einer Untersuchung über die Wirksamkeit der Sozialpolitik für die Akzeptanz des DDR-Regimes durch die Bürger heißt es:

Von der Sozialpolitik hatten sich die SED und die Staatsführung der DDR großen ökonomischen und politischen Nutzen erhofft. Voraussetzung und Ansporn wirtschaftlicher Leistung und Produktivitätssteigerung sollte sie sein und als Quelle von Legitimität dienen, um den grundlegenden Mangel an Anerkennung des SED-Regimes zu kompensieren. Ist dies erreicht worden?
Die sozialwissenschaftliche Forschung neigt zu der These, die Politik der sozialen Sicherung habe zur Stabilisierung des SED-Regimes beigetragen. Der paternalistische[1] Herrschaftsmechanismus der Sozialpolitik habe Wohlverhalten und konsumorientierte Anpassung hervorgerufen oder verstärkt, so wird die Stabilisierungsthese begründet. Zumindest zeitweise sei es gelungen, mit der Sozialpolitik eine Brücke zwischen den Herrschenden und den Beherrschten zu schlagen, so pflichten manche dieser Auffassung bei, meist unter Berufung auf die Aufwertung der Sozialpolitik in den 70er-Jahren. Allerdings betonen alle seriösen Untersuchungen die Grenzen der Legitimierung der DDR-Sozialpolitik und deren widersprüchlichen, teils Anerkennung stiftenden, teils Protest hervorrufenden Wirkungen. [...]
Hockerts[2] zufolge sind die „sozialistischen Errungenschaften" wie Vollbeschäftigung und Grundversorgung von der Bevölkerung insgesamt angenommen und genutzt worden. Aber als Herrschaftsstützen seien sie viel zu schwach, wenn nicht gar morsch gewesen. [...]
Die Sozialpolitik fand nicht nur Zustimmung, sie rief auch Widerspruch hervor, zum Beispiel aufgrund offenkundiger Leistungsmängel, wie im Falle der mangelhaften Altenpflege, der verfallenden Bausubstanz in den Städten, der Ausstattungsmängel des Gesundheitswesens, und Unzufriedenheit ob der Vernachlässigung produktionsferner Lebenslagen und Risiken, wie bei vielen Rentnern. [...]
Damit sind Kehrseiten der DDR-Sozialpolitik angesprochen, die kaum legitimierend wirken. Zu den Legitimierungsgrenzen ist ein Weiteres zu zählen: Die DDR-Sozialpolitik legte ihre Bürger viel stärker als die Sozialpolitik westlicher Prägung auf eine Politiknehmerrolle fest. Soweit dies den Politiknehmer der unbotmäßigen Eigeninitiative beraubte, konnte man darin eine system- und ideologiegerechte Konsequenz sehen. Doch der Politiknehmerstatus förderte Anspruchshaltung und Passivität. Überdies verhinderte er, was die DDR-Sozialpolitik der parteioffiziellen Ideologie zufolge eigentlich bewirken sollte: die Entwicklung von Qualifikation und Staatsbürgertugenden einer loyalen, produktiven und konstruktiv mitwirkenden „sozialistischen Persönlichkeit". Doch von der war ebenso wenig zu sehen wie von der Steigerung der Produktivität, die man sich von der „Einheit von Wirtschafts- und Sozialpolitik" erhoffte.
Eine noch gefährlichere Legitimierungsgrenze bestand für die Sozialpolitik der DDR in dem Ost-West-Vergleich, vor allem dem Vergleich mit der Bundesrepublik Deutschland. Hier stößt man auf die Achillesferse des DDR-Sozialismus. Im Ost-West-Vergleich erwiesen sich seine „sozialen Errungenschaften" einschließlich der Sozialleistungen als mittelmäßig, nicht selten als unzulänglich, oft als unattraktiv. Das ergab sich aus den repressiven Strukturen des Staatswesens und dem niedrigeren Entwicklungsstand der DDR-Wirtschaft, der rückständigen Technologie, der geringen Qualität der Dienstleistungen, der niedrigeren Kaufkraft der Sozialeinkommen und Löhne und dem unzureichenden Angebot an Konsumgütern des gehobenen Bedarfs. Die nur mäßige Produktivität der DDR-Wirtschaft bedeutete einen großen Rückstand an volkswirtschaftlichem Wohlstand sowie an privatem und öffentlichem Konsumniveau gegenüber den fortgeschrittenen westlichen Industrieländern wie der Bundesrepublik

---

[1] paternalistisch: väterlich bevormundend

[2] Hans Günter Hockerts: deutscher Zeithistoriker (geb. 1943)

Stabilisierung und Niedergang der DDR

▲ VIII. Parteitag der SED.
Foto vom 15. Juni 1971.
Auf dem Parteitag wurde Walter Ulbricht als Generalsekretär durch Erich Honecker ersetzt.
Das Foto zeigt Honecker vor seiner Rede. Auf dem Podium steht unter anderem auch der sowjetische Parteichef Leonid Breschnew (3. v. l.).

Deutschland. Vor diesem Rückschritt schrumpften die „sozialen Errungenschaften" des SED-Staates zu Wohltaten, welche die überwältigende Mehrheit der DDR-Bürger bei erster Gelegenheit gegen die volle Teilhabe an den Gütern der Sozialen Marktwirtschaft und des Sozialstaats der Bundesrepublik Deutschland eintauschte.

Manfred G. Schmidt, Grundzüge der Sozialpolitik in der DDR, in: Eberhard Kuhrt, Hannsjörg F. Buck und Gunter Holzweißig (Hrsg.), Die Endzeit der DDR-Wirtschaft – Analysen zur Wirtschafts-, Sozial- und Umweltpolitik, Opladen 1999, S. 297ff.

1. Listen Sie Vor- und Nachteile der „Einheit von Wirtschafts- und Sozialpolitik" auf. Diskutieren Sie, ob man tatsächlich von einer „Einheit" sprechen kann.
2. Beschreiben Sie den Einfluss des permanenten Vergleichs mit der Bundesrepublik auf die Mentalität der DDR-Bevölkerung.

M5 „Einwandfreies Schussfeld gewährleisten"

Auf einer Sitzung des Nationalen Verteidigungsrates vom 3. Mai 1974 äußert sich Erich Honecker zu den Maßnahmen der Grenzsicherung:

In der Aussprache [...] legte Genosse Erich Honecker folgende Gesichtspunkte dar:
- die Unverletzlichkeit der Grenzen der DDR bleibt nach wie vor eine wichtige politische Frage,
- es müssen nach Möglichkeit alle Provokationen an der Staatsgrenze verhindert werden,
- es muss angestrebt werden, dass Grenzdurchbrüche überhaupt nicht zugelassen werden,
- jeder Grenzdurchbruch bringt Schaden für die DDR,
- die Grenzsicherungsanlagen müssen so angelegt werden, dass sie dem Ansehen der DDR nicht schaden, [...]
- überall muss ein einwandfreies Schussfeld gewährleistet werden, [...]
- nach wie vor muss bei Grenzdurchbruchsversuchen von der Schusswaffe rücksichtslos Gebrauch gemacht werden, und es sind die Genossen, die die Schusswaffe erfolgreich angewandt haben, zu belobigen [...].

Erich Honecker auf der 45. Sitzung des Nationalen Verteidigungsrates vom 3. Mai 1974 zum Tagesordnungspunkt 4: Bericht über die Lage an der Staatsgrenze der DDR zur BRD, zu Westberlin und an der Seegrenze, in: BArch MZA, VA – 01/39 503; zitiert nach: Matthias Judt, a.a.O., S. 468f.

1. Im August 1997 erging im Berliner Landgericht das Urteil gegen drei frühere Mitglieder des Politbüros (Egon Krenz, Günter Schabowski, Günther Kleiber) wegen Totschlags an DDR-Flüchtlingen. Der Vorsitzende Richter Josef Hoch begründete die langjährigen Freiheitsstrafen für die Angeklagten mit der führenden Rolle des Politbüros innerhalb des Staates, dessen Mitglieder daher für das Grenzregime zur Verantwortung zu ziehen seien, denn wer die Herrschaft über Tötungen habe, sei als Täter dafür verantwortlich („Ohne die Politbürobeschlüsse hätte es diese Toten nicht gegeben"). Erläutern Sie das Für und Wider der Gerichtsentscheidung und nehmen Sie dazu Stellung.

2. Diskutieren Sie über die Angemessenheit der Strafen.

M6 Ost-Berlin schätzt die KSZE-Schlussakte ein

Das DDR-Außenministerium nimmt am 28. Juli 1975 eine Bewertung der KSZE-Schlussakte von Helsinki vor:

Der große Erfolg für die Staaten der sozialistischen Gemeinschaft ist die Ausarbeitung und Aufnahme des Prinzips der Unverletzlichkeit der Grenzen als selbstständiges Prinzip in den Prinzipienkatalog. [Es] enthält die klare Aussage, dass es nicht allein um den Ausschluss der Gewaltanwendung, sondern um jegliche Forderungen und Handlungen geht, die darauf gerichtet sind, Grenzen anderer Staaten zu verletzen oder sich des Territoriums anderer Staaten zu bemächtigen. Nicht verhindert werden konnte die Aufnahme eines Satzes über das Ändern von Grenzen. Die von diesem Satz ausgehende negative Wirkung konnte aber dadurch abgeschwächt werden, indem er nicht, wie von der BRD angestrebt, dem Prinzip über die Unverletzlichkeit der Grenzen zugeordnet wurde. Außerdem konnte bei den Verhandlungen über den deutschen Wortlaut dieses Satzes erreicht werden, dass die BRD zu keinem der Prinzipien eine interpretative Erklärung im Sinne des sogenannten Briefes zur deutschen Einheit[1] abgibt.

Von weitreichender Bedeutung ist die klare Ausgestaltung des Prinzips der Nichteinmischung in die inneren und äußeren Angelegenheiten. In diesem Zusammenhang ist bedeutsam die Feststellung über die Rechte jedes Teilnehmerstaates, sein System und seine Gesetze und Verordnungen zu bestimmen. [...]

Die kapitalistischen Staaten sind mit sehr weitgehenden Forderungen insbesondere in den Fragen des Prinzipienkatalogs, der vertrauensfördernden Maßnahme und der „Freizügigkeit von Menschen und Ideen" in die Konferenz gegangen und haben diese hartnäckig verfolgt. Sie nutzten ihre Möglichkeiten und unser Interesse an einem erfolgreichen Abschluss der Konferenz aus, um insbesondere in den Prinzipien und den Bereichen Information und Kontakte einige detailliertere Aussagen durchzusetzen, als von uns ursprünglich beabsichtigt war. Diese Aussagen sind jedoch so abgesichert, um unmittelbar negative Auswirkungen auf unsere gesellschaftlichen Verhältnisse auszuschließen. [...]

Im Bereich der Kontakte, insbesondere bei familiären Begegnungen, Familienzusammenführungen, Eheschließungen und Reisen aus persönlichen und beruflichen Gründen, wurde [aus westlichen Vorschlägen] die Verpflichtung übernommen, jeweilige Anträge „wohlwollend" zu behandeln. Das innerstaatliche Genehmigungsverfahren bleibt unberührt. [...] Alle westlichen Vorschläge, die auf eine „freie" Ein- und Ausreise ausländischer Bürger im Gastland abzielten, konnten zurückgewiesen werden. [...]

Im Bereich Kultur und Bildung konnten alle jene Elemente, die auf eine ideologische Diversion hinausliefen, wie die Einrichtung ausländischer Kinos, Lesesäle, Bibliotheken usw., ausgeschlossen werden.

Matthias Judt (Hrsg.), a. a. O., S. 518f.

1. Zeigen Sie anhand des Textes auf, welche Festlegungen in dem KSZE-Abkommen der DDR-Staatsführung wichtig waren.

2. Erläutern Sie, was die DDR-Führung plante, um mögliche unerwünschte Folgen des Abkommens zu verhindern. Prüfen Sie, ob ihr das kurz- und langfristig gelungen ist.

---

[1] Brief zur deutschen Einheit: Dokument der Bundesregierung zur Ergänzung des Grundlagenvertrages von 1972. Darin stellte Bonn klar, dass die Vereinbarungen mit der DDR nichts am Auftrag des Grundgesetzes änderten, eine Wiedervereinigung Deutschlands in Frieden und Freiheit herbeizuführen. Siehe auch S. 63.

M7 Die DDR am Rande der Zahlungsunfähigkeit

Ende Oktober 1989 erarbeiten leitende Wirtschaftsfunktionäre der SED eine Analyse der ökonomischen Lage der DDR. Das Expertengremium leitet der langjährige Chef der Staatlichen Plankommission und Politbüro-Mitglied Gerhard Schürer:

Die Verschuldung im nichtsozialistischen Wirtschaftsgebiet ist seit dem VIII. Parteitag[1] gegenwärtig auf eine Höhe gestiegen, die die Zahlungsfähigkeit der DDR infrage stellt. […] Im Zeitraum seit dem VIII. Parteitag wuchs insgesamt der Verbrauch schneller als die eigenen Leistungen. Es wurde mehr verbraucht als aus eigener Produktion erwirtschaftet wurde zulasten der Verschuldung im NSW[2], die sich von 2 Mrd. VM[3] 1970 auf 49 Mrd. VM 1989 erhöht hat. Das bedeutet, dass die Sozialpolitik seit dem VIII. Parteitag nicht in vollem Umfang auf eigenen Leistungen beruht, sondern zu einer wachsenden Verschuldung im NSW führte. […]
Der Fünfjahresplan 1986-1990 für das NSW wird in bedeutendem Umfang nicht erfüllt. Bereits in den Jahren 1971-1980 wurden 21 Mrd. VM mehr importiert als exportiert. Das ist im Zusammenhang mit der dazu erforderlich gewordenen Kreditaufnahme und den Zinsen die Hauptursache des heutigen außergewöhnlich hohen Schuldenberges. […] Die Konsequenzen der unmittelbar bevorstehenden Zahlungsunfähigkeit wäre ein Moratorium (Umschuldung), bei der der Internationale Währungsfonds bestimmen würde, was in der DDR zu geschehen hat. […] Es ist notwendig, alles zu tun, damit dieser Weg vermieden wird. […]
Auch wenn alle diese Maßnahmen in hoher Dringlichkeit und Qualität durchgeführt werden, ist der im Abschnitt I dargelegte, für die Zahlungsfähigkeit der DDR erforderliche NSW-Exportüberschuss nicht sicherbar.
1985 wäre das noch mit großen Anstrengungen möglich gewesen. Heute besteht diese Chance nicht mehr. Allein ein Stoppen der Verschuldung würde im Jahre 1990 eine Senkung des Lebensstandards um 25-30 % erfordern und die DDR unregierbar machen. Selbst wenn das der Bevölkerung zugemutet werden würde, ist das erforderliche exportfähige Endprodukt in dieser Größenordnung nicht aufzubringen. […]
Trotz dieser Maßnahmen ist es für die Sicherung der Zahlungsfähigkeit 1991 unerlässlich, zum gegebenen Zeitpunkt mit der Regierung der BRD über Finanzkredite in Höhe von 2-3 Mrd. VM über bisherige Kreditlinien hinaus zu verhandeln. Gegebenenfalls ist die Transitpauschale der Jahre 1996-1999 als Sicherheit einzusetzen. […]
Dabei schließt die DDR jede Idee von Wiedervereinigung mit der BRD oder der Schaffung einer Konföderation aus.

Maria Haendcke-Hoppe-Arndt, Außenwirtschaft und innerdeutscher Handel, in: Eberhard Kuhrt, Hannsjörg F. Buck und Gunter Holzweißig (Hrsg.), Die wirtschaftliche und ökologische Situation der DDR in den 80er Jahren, Opladen 1996, S. 63 ff.

▲ „Ich kenne keine Produkte, ich kenne nur Produktion."
Karikatur von Heinz Behling, 1978.
■ *Analysieren Sie die Karikatur. Auf welche Probleme der DDR-Wirtschaft weist der Karikaturist hin?*

1. *Fassen Sie die Folgen der Wirtschaftspolitik Honeckers zusammen.*
2. *Untersuchen Sie, warum Honecker der Entwicklung nicht früher Einhalt geboten hat.*
3. *Beschreiben Sie, auf welche Weise die Schuldenlast abgetragen wird.*

---

[1] Parteitag der SED 1971 in Ost-Berlin, auf dem die Politik des kurz zuvor abgesetzten Ulbricht kritisiert und als neue „Hauptaufgabe" die „Einheit von Wirtschafts- und Sozialpolitik" beschlossen wurde
[2] NSW = nichtsozialistisches Wirtschaftsgebiet
[3] VM = Valutamark (= D-Mark)

Alltag in der Mangelwirtschaft.
*Foto aus Leipzig vom März 1989.
Die DDR-Bürger mussten immer improvisieren, besonders wenn sie Ersatzteile für die Wartungsarbeiten ihres Pkw brauchten wie dieser Leipziger Bürger.*

M8 „Wenn man da nicht Leute kannte ..."

Ein Betroffener berichtet nach 1989 darüber, wie man sich mit der Versorgung in der DDR arrangiert hat:

In der DDR kann ein Mann alleine nicht für den Unterhalt einer Familie sorgen. Wenn es ein guter Monat ist, dann verdiene ich so tausend Mark, wenn man Leistung macht. Da kommt es auf den Tag an. [...]
Wenn man in einen Gemüseladen reinkommt und Schwein hat, dann liegen dort ein paar deutsche Zwiebeln. Die nimmt man raus aus der Steige, dann hat man schon die Pfoten voll Schmiere. Die Möhren sehen aus, wie man sie vom Acker runterholt. Die Radieschen auch. Die waren nicht gewaschen und nichts. Ich meine, das liegt auch ein bisschen an der Schlamperei der Leute. Wenn ich so einen Laden hätte, ich hätte sie wahrscheinlich in einem Eimer abgewaschen. Aber es ist nicht ihr Laden, es geht sie nichts an. Und da die Leute die Sachen brauchen, kaufen sie das eben. Also, das stimmt, Kraut gab es in den letzten Jahren in Hülle und Fülle. Anderes Gemüse aber nur zu der Jahreszeit. Und dann kriegt man das aber auch nicht jeden Tag. Da muss man Anfang der Woche Blumenkohl kaufen, wenn man den am Freitag essen will. Aber das ist nicht so schlimm. Der Blumenkohl hier hat doch schon meistens Flecken. Obst hat man kaum gesehen. Äpfel gab es, aber Kirschen oder Erdbeeren nur ganz selten. Wenn man da nicht Leute kannte, die einen Garten haben und verkauft haben, da hätte man so was nie gekriegt. [...] Mit Obst war es die Jahre ganz schlecht. Einmal im Jahr, vor Weihnachten, gab es Apfelsinen. [...]
Manche Lebensmittel bekommt man nicht: Tomatenmark, Ketchup, solches Zeug. Ganz Seltenes kriegt man nur durch Beziehungen. Man muss in der DDR Beziehungen haben. Man muss viele Leute kennen, dann kriegt man mal was. [...]
Aber auf der anderen Seite wird das Geld zum Fenster rausgeschmissen. In den Neubaugebieten zum Beispiel, wo Fernheizung ist, die können das gar nicht regeln. Da ist kein Thermostat. Die machen die Fenster auf, damit die Wärme hinaus kann. Die rennen drinnen nur im Turnhemd rum. Die baden und versauen das Wasser. Die Kosten sind alle in der Miete enthalten. Die haben noch nicht einmal eine Wasseruhr. Es ist gleich, wie viel Wasser man verbraucht. [...]
Wer Grundeigentum hat, der darf nicht so ohne Weiteres drauf bauen. Da hat erst einmal der Staat das Vorrecht zum Bauen. Wenn jetzt auf den Dörfern oder auch hier in Saalfeld jemand bauen möchte, kriegt er in der Regel seine 500 Quadratmeter zugeteilt. Dann hat man so ein kleines bisschen Garten. Das Haus wird vorgeschrieben, der Typ, den man bauen darf. Aber das macht man erst seit den letzten Jahren. Das Haus wird Eigentum, aber der Grund und Boden nicht. [...] Wenn man so ein Haus baut, muss man sich eine Feierabendbrigade suchen, die einem das hochzieht. Das sind Bauarbeiter, die so was nach Feierabend machen oder im Urlaub oder auch sonnabends und sonntags. Es gibt auch keine Baufirmen. Hier baut man alles in Eigeninitiative. [...] Manches Material haben die auch nicht so gekriegt, wie die wollten. Oder sie mussten es irgendwie teuer bezahlen, weil sie auf normalem Weg nicht drangekommen sind. Das ist jetzt nicht so, wenn sie ihre Wasserleitung oder ihre Heizung legen wollen, dass sie da in die Märkte, wo das Material verteilt wird, fahren können, und sie alles bekommen, was sie haben wollen. Da gibt es manchmal nur ein Halbzoll-Rohr oder mal nur ein Viertelzoll-Rohr. Dann gibt es keine Winkel oder keinen Wasserhahn. Sie müssen da schon rennen.

Mike Dennis und Johannes-Dieter Steinert, Deutschland 1945-1990. Von der bedingungslosen Kapitulation zur Vereinigung, Schwalbach 2005, S. 213f.

1. *Arbeiten Sie aus dem Text die Folgen einer Planwirtschaft heraus.*
2. *Charakterisieren Sie die Haltung des Berichterstatters. Stellen Sie Vermutungen an, wie sich diese Folgen auf die Mentalität der Bevölkerung auswirkten.*

Methoden-Baustein: Schlüsselbilder interpretieren

Fotografien als historische Momentaufnahmen

Bilder prägen unsere Vorstellung von der jüngeren Vergangenheit mehr als jedes andere Medium. Dies gilt besonders für Fotografien, die über einen langen Zeitraum in Büchern, Zeitungen und Zeitschriften, auf Plakaten, in Filmen oder im Internet als Motiv verwendet werden. Diese kanonisierten Aufnahmen gelten als Symbole für historische Ereignisse und werden Ikonen oder auch Schlüsselbilder genannt. So symbolisiert das Bild vom Atompilz den Atombombenabwurf 1945 in Japan, das Bild vom Lagertor in Auschwitz-Birkenau den Holocaust oder die brennenden „Türme" des World Trade Centers in New York am 11. September 2001 den internationalen Terrorismus.

Schlüsselbilder interpretieren

Fotografien zeigen immer nur einen Bruchteil einer Sekunde und nie das, was vor und nach diesem Moment geschehen ist. Sie erzählen also keine Geschichte, sondern zeigen nur einen Ausschnitt aus der Vergangenheit. Schlüsselbilder erinnern als Symbol nicht nur an ein historisches Ereignis, sondern verbinden dieses Ereignis zugleich häufig mit einer kollektiv geteilten Interpretation.

Um die symbolische Bedeutung des Schlüsselbildes kritisch zu prüfen, muss die Fotografie erstens in den historischen Zusammenhang ihrer Entstehung gestellt werden. Was geschah unmittelbar vor dem gezeigten Moment, was unmittelbar danach? Dann muss zweitens auch das Bild selbst analysiert werden. Denn mit dem Fotoapparat wird kein objektives Abbild der Wirklichkeit hergestellt, sondern eine subjektive Interpretation des Fotografen. Er wählt ein Motiv, einen Bildausschnitt, ein Bildformat, eine Perspektive oder ein bestimmtes Objektiv. Insbesondere digitale Fotografien können auch bearbeitet werden. Außerdem muss die weitere Verwendung des Fotos recherchiert werden.

Prüfen Sie, welche der folgenden Fragen Sie beantworten können und zu welchen Recherchen nötig wären.

Beschreiben (Was kann man sehen?)
- Beschreiben Sie gründlich alles, was auf dem Foto wo abgebildet ist.
- Zeigen Sie, welche Darstellungsmittel verwendet werden (Perspektive, Komposition, Zoom ...).
- Untersuchen Sie, ob eine Bildbearbeitung vorliegt.

Analysieren (Wie interpretiert die Fotografie das Dargestellte?)
- Begründen Sie, wie das Bild auf den Betrachter wirkt.
- Weisen Sie nach, wie die Fotografie den dargestellten Moment interpretiert.
- Arbeiten Sie heraus, welche Botschaft das Bildmotiv vermittelt.

Erzählen (Was passierte davor, danach? Eine Geschichte erzählen ...)
- Stellen Sie dar, wann und wo das Foto gemacht worden ist.
- Prüfen Sie, in welchem (engen/weiten) historischen Zusammenhang das Bild steht.
- Vergleichen Sie den Bildinhalt mit der Bildlegende, dem Begleittext.

Recherchieren (Welchen Verwendungszweck hat die Aufnahme?)
- Skizzieren Sie, wer das Foto in wessen Auftrag zu welchem Zweck gemacht hat.
- Nennen Sie den Veröffentlichungszeitpunkt und -ort.

Beurteilen (Für was ist die Aufnahme warum ein Symbol?)
- Erläutern Sie, welche „Geschichte", welche „Botschaft" mit dem Bild kollektiv verbunden wird.
- Nehmen Sie zu dieser Botschaft mit Argumenten Stellung.
- Begründen Sie, warum gerade dieses Bild mit dieser Botschaft verbunden wird. Untersuchen Sie, ob das Bildmotiv auch mit anderen Botschaften verbunden wird/werden kann.

Beispiel und Analyse

Hauptmann Schäfer

Peter Fechter

Oberfeldwebel Wursel

Bildgeschichte: *Die Bergung eines leblosen Körpers ist ein Symbol in der christlichen Ikonografie: Kreuzabnahme oder Grablegung von Jesus Christus*

Stacheldraht
Symbol für Grenzen, (KZ-)Lager

Ort / Zeitpunkt: *Berlin-Kreuzberg, Zimmerstraße, nahe Kontrollpunkt Checkpoint Charlie am 17. August 1962*

Volkspolizeimeister Mularczyk

Gefreiter Lindenlaub

Bildgestaltung: *zentrale Diagonale als Fluchtlinie von der Schirmmütze des Hauptmanns links oben bis zur Umhängetasche des Gefreiten Lindenlaub*
Perspektive: *leichte Obersicht; halb-nahe Einstellung / Zoom Empfinden der räumlichen Nähe und Dichte*

▲ **Der Tod von Peter Fechter.**
Fotografie vom 17. August 1962.

Lead-Text
„Vopo-Mörder ließen niedergeschossenen Flüchtling an der KZ-Mauer verbluten"

Wertende Wörter:
„Vopo-Mörder"
„KZ-Mauer"
„KZ-Schergen"

Der Marktanteil der Berliner Morgenpost betrug in Berlin 1962 ca. 38 Prozent. Verlegt wurde die Zeitung vom Axel C. Springer Verlag.

Titel
a) direkte Rede Peter Fechters
b) Perspektive des Opfers
c) (Handlungs-)Aufforderung an den Leser
d) Appell an sein (Mit-)Gefühl / emotionalisierende Sprache
e) Anklage der Täter
f) Aufforderung an die Politik zu handeln
g) (indirekte) Kritik an den US-Alliierten

Bildlegende
„So schleppten die Vopos ihr Opfer weg: Ohnmächtig, blutverschmiert, sterbend ..."

▲ **Berliner Morgenpost vom 18. August 1962.**

Beschreibung und Analyse

Die Fotografie ist eine Schwarzweiß-Aufnahme. Sie zeigt vier zum Teil bewaffnete Männer in drei unterschiedlichen Uniformen, die einen leblosen Männerkörper bergen und ihn aus dem Bildvordergrund in Richtung des Bildhintergrunds tragen. Der Uniformierte mit der Schirmmütze oben links scheint der Vorgesetzte zu sein, der Uniformierte rechts vorne sieht in ängstlicher Erwartung auf etwas außerhalb des Bildes. Im Hintergrund ist eine Häuserwand mit einem geschlossenen Fenster zu sehen, im mittleren Bereich der Szene eine Mauer, Stacheldraht und ein Strauch.

Die Szene ist aus einer leichten Obersicht aufgenommen worden. Der Betrachter kann sie aus einer vermeintlichen Nähe verfolgen, er scheint räumlich und emotional unmittelbar am Geschehen beteiligt zu sein. Der Moment der Aufnahme zeigt eine Situation, die von Dramatik und Gefahr geprägt ist. Der Fotograf muss das Bild jedoch aus einem sicheren Abstand geschossen haben – er hat also ein Teleobjektiv verwendet. Eine Bildbearbeitung ist nicht erkennbar. Das Bildmotiv der Bergung eines leblosen Männerkörpers hat in der Geschichte der Bildbedeutung (Ikonografie) eine lange Tradition: Es steht meist für Jesus Christus, der vom Kreuz abgenommen wird.

Recherchieren – historischer Kontext

Das Foto zeigt eine gescheiterte Flucht an der Mauer in der Berliner Zimmerstraße nahe dem Grenzkontrollpunkt Checkpoint Charlie zwischen den Bezirken Mitte und Kreuzberg am 17. August 1962. Gegen 14 Uhr hatte der 18-jährige Peter Fechter versucht, die Grenzanlagen zu überwinden, und wurde dabei von DDR-Grenzsoldaten angeschossen. Nahezu 45 Minuten blieb der schwer Verwundete im Grenzstreifen liegen und verblutete, ohne dass ihm jemand half. Ohne den Befehl eines Offiziers durften DDR-Soldaten den Grenzstreifen nicht betreten, zudem sahen sie sich selbst durch die aufgebrachte Menschenmenge im Westteil der Stadt in Gefahr. Die Schützen selbst sind nicht abgebildet. Angehörige der US-Alliierten hätten den Grenzraum im sowjetischen Sektor aufgrund des Rechts auf alliierte Bewegungsfreiheit in ganz Berlin (Viermächte-Status Berlins) zwar betreten können, sie leisteten aber aus Vorsicht gegenüber möglichen machtpolitischen Verwicklungen ebenfalls keine Erste Hilfe. In West-Berlin kam es aufgrund des Todes von Peter Fechter und der Tatenlosigkeit der US-Alliierten in den Tagen danach zu Demonstrationen und schweren Tumulten.

Die Aufnahme des Fotografen Wolfgang Bera wurde am 18. August 1962 großformatig auf der Titelseite der Tageszeitung Berliner Morgenpost (Axel Springer Verlag) abgedruckt, also in unmittelbarer zeitlicher Nähe zum ersten Jahrestag des Mauerbaus. Der Titel, die Bildlegende und die Berichterstattung nutzen eine emotionalisierende Sprache und sind Ausdruck moralischer Empörung. Das Verhalten der DDR-Verantwortlichen wird mit dem der Nationalsozialisten verglichen. Die DDR wird mit einem Konzentrationslager gleichgesetzt – das Bildmotiv des Stacheldrahts spielt auf diese Assoziation an.

Beurteilen und bewerten – symbolische Bedeutung

Unter den mindestens 136 Todesopfern an der Berliner Mauer ragt der Tod Peter Fechters deswegen heraus, weil es von seinem Sterben eine Fotografie gibt, die eine dramatische Situation in einer besonderen visuellen Gestaltung zeigt. Das Schlüsselbild hat sich als Symbol für die Unmenschlichkeit der Teilung Berlins etabliert.

Die Bedeutung des unschuldigen Opfers wird verstärkt durch die visuellen Anspielungen an den Nationalsozialismus wie an die christliche Ikonografie. In der Berichterstattung des Axel Springer Verlags wurde das Bild propagandistisch gegen die SED-Diktatur und die Teilung der Stadt genutzt und seit 1962 immer wieder abgedruckt. Eine Stahlstele (Aufschrift: „… er wollte nur die Freiheit") nahe dem ehemaligen Grenzkontrollpunkt Checkpoint Charlie erinnert heute an den Tod Peter Fechters. Jedes Jahr wird dort am 18. August in einer Feierstunde an ihn und die Berliner Mauer gedacht.

Von der friedlichen Revolution zur Wiedervereinigung

◀ **Der Reichstag in Berlin bei Nacht.**
Foto von 2006.
Von seiner Fertigstellung 1894 bis 1933 diente der Bau als Parlamentsgebäude. Zerstört wurde er durch den Reichstagsbrand im Februar 1933, durch Kampfhandlungen am Ende des Zweiten Weltkrieges sowie durch die Sprengung der Kuppel 1954. Zwischenzeitlich wiederaufgebaut, beschloss der Ältestenrat des Deutschen Bundestages nach der Wiedervereinigung, dass der Reichstagsbau als Sitz des gesamtdeutschen Parlaments genutzt werden solle. Leitendes Prinzip bei der Umgestaltung des Gebäudes war u. a. Transparenz. So ermöglicht die neue gläserne Kuppel die Durchsicht auf den darunterliegenden Plenarsaal. Die Umbauarbeiten waren 1999 abgeschlossen.

In der DDR entsteht eine Opposition	1985	Die „Initiative Frieden und Menschenrechte" (IFM) wird in der DDR gegründet.
	7.5.1989	Proteste gegen die Fälschung der Wahlergebnisse bei den Kommunalwahlen.
	Aug.-Okt. 1989	Bürgerrechtler gründen in der DDR das Neue Forum, Demokratie Jetzt, den Demokratischen Aufbruch und die Sozialdemokratische Partei (SDP).
Massenproteste, Massenflucht	4.9.1989	Die erste „Montagsdemonstration" findet in Leipzig statt.
	Sep. 1989	Die ungarische Regierung erlaubt DDR-Bürgern die Ausreise über ihre Grenzen.
	9.10.1989	Etwa 70 000 Menschen demonstrieren in Leipzig für demokratische Reformen.
Das SED-Regime zerfällt	18.10.1989	Honecker wird vom Politbüro zum Rücktritt gezwungen.
	4.11.1989	Über 500 000 Menschen fordern auf dem Berliner Alexanderplatz einen „eigenständigen Weg" der DDR.
	7.11.1989	Die Regierung der DDR tritt zurück, am Tag darauf folgt der Rücktritt des Politbüros.
Ende der DDR	9.11.1989	Die Grenzübergänge nach West-Berlin und in die Bundesrepublik werden geöffnet.
	Dez. 1989	Auflösung des Ministeriums für Staatssicherheit.
	10.2.1990	Gorbatschow stimmt der Schaffung eines deutschen Gesamtstaates zu.
	18.3.1990	Erste freie Wahlen zur DDR-Volkskammer.
	März 1990	Die Treuhandanstalt übernimmt ca. 8 000 Volkseigene Betriebe, um sie zu privatisieren oder stillzulegen.
Deutsche Einheit	1.7.1990	Der Erste Staatsvertrag zur deutschen Einheit tritt in Kraft: Wirtschafts-, Währungs- und Sozialunion zwischen der Bundesrepublik und der DDR.
	31.8.1990	Zweiter Staatsvertrag zur deutschen Einheit (Einigungsvertrag). Berlin wird Hauptstadt des künftigen geeinten Deutschland.
	12.9.1990	Durch den Zwei-plus-Vier-Vertrag erhält Deutschland die volle staatliche Souveränität. Die Grenze zu Polen wird als endgültig anerkannt.
	3.10.1990	Mit dem Beitritt der fünf ostdeutschen Länder und Ost-Berlins zur Bundesrepublik ist die Wiedervereinigung Deutschlands vollzogen.
	2.12.1990	Erste gesamtdeutsche Bundestagswahlen.

„Wir sind ein Volk!" Um die Mitte der 1980er-Jahre wandelten sich Friedens- und Umweltinitiativen in der DDR zu einer regimekritischen Bürgerrechtsbewegung. Vorbild waren die Oppositionsbewegungen „Solidarność" in Polen und „Charta '77" in der Tschechoslowakei. Die Reformpolitik Gorbatschows in der Sowjetunion ließ auf Veränderungen hoffen.

Im Frühjahr 1989 machten Bürgerrechtler Wahlfälschungen bei DDR-Kommunalwahlen öffentlich bekannt. Im September entstand eine neue Welle von Flüchtlingen aus der DDR, die über die ČSSR und Ungarn in die Bundesrepublik ausreisten. Zur selben Zeit begannen in Leipzig Montagsdemonstrationen. Die Protestbewegung fand immer stärkeren Zulauf. Am 7. Oktober demonstrierten Zehntausende friedlich in Leipzig, ebenso in Ost-Berlin. Die SED-Führung griff nicht ein. Angesichts der anhaltenden Proteste wurde Erich Honecker vom Politbüro entmachtet. Der völlig überraschende Fall der Berliner Mauer am 9. November 1989 und die Öffnung der Grenzen zur Bundesrepublik beschleunigten den Machtverfall des DDR-Regimes. Die Führungsspitze der SED trat geschlossen zurück. In Verhandlungen mit den Bürgerrechtlern wurden freie Wahlen für den März 1990 vereinbart. Die „Wende" war gelungen.

Die „friedliche Revolution" hat ihren Namen zurecht – denn der Sturz des SED-Regimes wurde ohne Gewalt erreicht. Friedlich waren auch die Ziele. Die mehrheitlich geforderte deutsche Einheit („Wir sind ein Volk!") durfte nicht gegen den Willen der Nachbarn in Europa durchgesetzt werden. Zugleich drängte die Zeit: Die DDR-Wirtschaft befand sich im freien Fall und die Massenflucht ließ nicht nach. Nur eine rasche deutsche Einheit versprach eine Stabilisierung der Lage.

Die Bundesregierung in Bonn handelte schnell. Bundeskanzler Kohl erhielt von den vier Alliierten das Einverständnis zu einer Wiedervereinigung. Der „Zwei-plus-Vier-Vertrag" schrieb das Recht auf eine staatliche Einheit Deutschlands fest.

Bonn und Ost-Berlin verhandelten über den Zusammenschluss beider Staaten. Nach zwei Staatsverträgen folgte der Beitritt der fünf neu gebildeten ostdeutschen Länder zur Bundesrepublik am 3. Oktober 1990. Eine Volksabstimmung über eine neue gesamtdeutsche Verfassung gab es nicht, stattdessen galt das Grundgesetz für ganz Deutschland. Die vereinigte Bundesrepublik blieb Mitglied der Europäischen Gemeinschaft und der NATO.

Während die äußere Einheit in wenigen Monaten hergestellt wurde, dauert die innere Einheit viel länger und erfordert weit mehr Mittel als anfangs vermutet. Die Umstellung auf die Marktwirtschaft war für viele Ostdeutsche ein Schockerlebnis. Das Zusammenleben von West- und Ostdeutschen in einem Staat führte zu vielen Irritationen.

Trotz gewaltiger Transferleistungen gelang erst allmählich die Angleichung der Lebensverhältnisse. Die neue „Berliner Republik" konnte die Stabilität der alten Bundesrepublik fortsetzen, auch wenn die Aufarbeitung der Teilung viele Mühen bereitete.

▶ *Welche Ursachen, Merkmale und Ziele hatte die friedliche Revolution in der DDR?*
▶ *Wie verlief der Prozess der deutschen Einigung, welche Rolle spielte dabei Bundeskanzler Helmut Kohl und wie reagierten die vier ehemaligen Siegermächte auf die Wiederherstellung der deutschen Einheit?*
▶ *Mit welchen Chancen und Problemen sind die Deutschen seit der Wiedervereinigung konfrontiert?*

Das Ende der SED-Herrschaft

Rainer Eppelmann (geb. 1943): evangelischer Pfarrer, 1989 Mitbegründer der Partei „Demokratischer Aufbruch" (DA), seit 1990 Mitglied der CDU, 1990 Minister für Verteidigung und Abrüstung in der letzten DDR-Regierung

Wachsende Kritik von Friedens- und Umweltgruppen in der DDR Die Krise der kommunistischen Herrschaft in der DDR entzündete sich nicht nur am Versagen der Ökonomie. Den Boden für den Massenprotest des Jahres 1989 bereiteten oppositionelle Gruppierungen, die seit den frühen 1980er-Jahren mit wachsendem Selbstbewusstsein das Regime herausforderten, aber auch viele einzelne Bürger, die unter Berufung auf die von der DDR 1975 unterschriebene KSZE-Schlussakte* ihre Menschenrechte einforderten.

Anfangs waren es vor allem Friedens- und Umweltgruppen, die unter dem Schutz der Kirchen einen Freiraum von staatlicher Erziehung schufen und die ökologische Krise, die offiziell ignoriert wurde, zur Sprache brachten. Zunächst entstanden diese informellen Zusammenschlüsse von aufbegehrenden DDR-Bürgern aus der Empörung über konkrete Maßnahmen des SED-Staates. Die Einführung des „Wehrunterrichts" an allen Schulen seit 1978, die staatlich verordnete Militarisierung der Gesellschaft sowie die Aufrüstung in Ost und West entwickelten sich alsbald zu Plattformen für eine umfassendere Kritik. Eine wichtige Rolle spielte etwa der von Pfarrer **Rainer Eppelmann** und Robert Havemann gemeinsam formulierte „Berliner Appell – Frieden schaffen ohne Waffen" (1982). Die Forderungen nach Toleranz und Anerkennung des Rechts auf freie Meinungsäußerung unterschrieben innerhalb weniger Monate Tausende.

In Friedensseminaren und Friedenswerkstätten fanden sich zumeist jugendliche Teilnehmer aus der ganzen DDR zusammen. Ihr gemeinsames Protestsymbol war ein Aufnäher mit der Aufschrift „Schwerter zu Pflugscharen". Die Staatsmacht reagierte mit Verhaftungen und Ausbürgerungen prominenter Oppositioneller und vor allem mit dem massiven Einsatz von Inoffiziellen Mitarbeitern der Staatssicherheit. Die beabsichtigte „Zersetzung" oppositioneller Gruppierungen ging so weit, dass manche Friedenskreise von Stasi-Spitzeln regelrecht unterwandert wurden.

▲ „Schwerter zu Pflugscharen."
Unter diesem Motto forderte die christliche Friedensbewegung zur Abrüstung auf. Trotz Betonung ihrer Friedensliebe verbot die SED-Führung jegliche Friedenssymbole und forderte die Bischöfe auf, die Friedensaktivisten zu bremsen. Sie erreichte damit das Gegenteil: Auf dem Kirchentag in Wittenberg 1983 wurde ein Schwert zur Pflugschar umgeschmiedet.

▶ Plastik des Symbols „Schwerter zu Pflugscharen".
Die meist jugendlichen Friedensaktivisten trugen das Protestsymbol als Aufnäher an der Kleidung.
■ Recherchieren Sie, was als Vorbild für das Symbol diente.

*Siehe S. 103, 225 und S. 229, M3.

Eine Bürgerrechtsbewegung entsteht 1985 gründeten Bürgerrechtler in Ost-Berlin – darunter **Bärbel Bohley**, *Ralph Hirsch, Gerd Poppe, Wolfgang Templin, Vera Wollenberger* – die „Initiative Frieden und Menschenrechte" (IFM). Die zunächst stark christlich-pazifistisch ausgerichtete Protestbewegung gewann eine neue Qualität. Erstmals erhoben ostdeutsche Oppositionelle Forderungen nach einer freiheitlichen Demokratie, wie sie die Bürgerrechtsbewegungen in Polen (**Solidarnosc**), Ungarn und der Tschechoslowakei („**Charta '77**") schon länger vertraten.

Die Reformpolitik in der Sowjetunion unter Staats- und Parteichef **Michail Gorbatschow** machte den Oppositionellen Mut. Immer mehr Menschen solidarisierten sich mit jenen, die verhaftet, ausgebürgert oder auf andere Weise eingeschüchtert werden sollten. Zu den dauerhaft aktiven Regimegegnern zählten nur wenige hundert Personen, die jedoch viele tausend Sympathisanten gewinnen konnten. Allmählich entstand ein landesweites Netzwerk durch im Untergrund gedruckte Zeitschriften und Flugblätter, Treffen und Protestaktionen.

Landesweite Aufmerksamkeit und wachsende Anerkennung in der Bevölkerung erhielten die Bürgerrechtler im Zusammenhang mit den Kommunalwahlen vom 7. Mai 1989. In mehreren Städten der DDR beobachteten Vertreter dieser Gruppen die Auszählung der Stimmen und protestierten anschließend gegen die festgestellten Wahlfälschungen.

Flucht vor der Staatsmacht Immer mehr Bürger stellten einen Antrag auf Ausreise aus der DDR, obwohl sie in vielen Fällen deswegen jahrelang benachteiligt und schikaniert wurden. Im ersten Halbjahr 1989 gestattete die Regierung 46 343 Personen die Übersiedlung in die Bundesrepublik. Doch die Hoffnung der SED, auf diese Weise wieder Ruhe herstellen zu können, erfüllte sich nicht. Im Gegenteil: Im Sommer 1989 lagen bereits eine Viertelmillion weiterer Ausreiseanträge vor.

Nach und nach verloren die Drohgebärden der Machthaber ihre Wirkung, wenngleich niemand vorherzusagen wusste, wie die SED auf die wachsende Unruhe im Land reagieren würde (▶ M1). Immerhin wagten es die Bürgerrechtler im August/September 1989, sich in vier erstmals öffentlich auftretenden Vereinigungen (Neues Forum, Demokratie Jetzt, Demokratischer Aufbruch, Sozialdemokratische Partei) zusammenzuschließen und eine Reform der DDR an Haupt und Gliedern zu fordern.

Am 10./11. September erlaubte die reformkommunistische Regierung Ungarns, die bereits seit Mai ihre Grenzsperren nach Österreich abbaute, fluchtwilligen Urlaubern aus der DDR die Ausreise. Über 25 000 Menschen nutzten das neue Schlupfloch im bislang undurchlässigen „Eisernen Vorhang". Andere fanden Einlass in den diplomatischen Vertretungen der Bundesrepublik in Prag, Warschau und Ost-Berlin. Nach langwierigen Verhandlungen zwischen beiden deutschen Regierungen durften sie Anfang Oktober in den Westen übersiedeln.

„Die politische Opposition meldet sich zu Wort" Unter dem Eindruck der Massenflucht vieler junger und gut ausgebildeter Menschen aus der DDR entschlossen sich die Aktivisten der Bürgerrechtsbewegung zur Gründung öffentlich auftretender Oppositionsgruppen, die eine Reform der DDR an Haupt und Gliedern forderten. Die erste dieser Gruppierungen wandte sich am 10. September 1989 als „Neues Forum" an die Öffentlichkeit mit einem Aufruf zu einem freien Dialog zwischen Führung und Volk. In kurzer Zeit unterschrieben Zehntausende diesen Aufruf. Im Herbst traten weitere Gruppierungen an die Öffentlichkeit („Vereinigte Linke", „Demokratischer Aufbruch",

Bärbel Bohley (1945 - 2010): Malerin, Friedensaktivistin und Politikerin, 1989 Mitbegründerin der Bürgerrechtsorganisation „Neues Forum" (NF)

Solidarnosc: dt. „Solidarität"; Bezeichnung für eine polnische Gewerkschaft, die 1980 entstand und großen Einfluss auf die politische Wende von 1989 hatte

Charta '77: Petition gegen Menschenrechtsverletzungen, veröffentlicht im Januar 1977; gleichzeitig der Name für die in den 1970er- und 80er-Jahren aktive Bürgerrechtsbewegung in der Tschechoslowakei, die zum Zentrum der Opposition gegen das kommunistische Regime wurde

Michail Sergejewitsch Gorbatschow (geb. 1931): letzter sowjetischer Staats- und Parteichef 1985-1991; erhielt 1990 den Friedensnobelpreis

„Demokratie Jetzt"). Am 7. Oktober 1989 wurde die „Sozialdemokratische Partei" aus der Taufe gehoben. Das Organisationsmonopol der SED war damals erstmals infrage gestellt – ein für kommunistische Verhältnisse revolutionärer Vorgang. Dennoch ging es den oppositionellen Gruppen primär um die Demokratisierung der DDR, nicht um deren Abschaffung (▶ M2). Die Menschenrechte und der Rechtsstaat sollten gelten. Die Wiedervereinigung stand nicht auf der Tagesordnung. Eine reformierte DDR sollte ihren eigenen Weg gehen.

Massenprotest und friedliche Revolution Seit Anfang September 1989 demonstrierten in Leipzig an jedem Montag nach Friedensgebeten in der Nikolaikirche immer mehr Menschen für Reisefreiheit statt Massenflucht. Rief die Menge anfangs noch „Wir wollen raus!", so hieß es bald „Wir bleiben hier!". In Ost-Berlin, Leipzig und Potsdam hielten Bürgerrechtler Mahnwachen für politische Gefangene. Das alles geschah unter den Augen der Stasi, die die Protestwelle mit Verhaftungen auflösen wollte. In den ersten Oktobertagen spitzte sich in vielen Städten die Situation gefährlich zu. Während die Machthaber den 40. Jahrestag der DDR am 6. und 7. Oktober vor den Kameras des In- und Auslands und im Beisein des sowjetischen Staats- und Parteichefs Gorbatschow mit Pomp, Militärparaden und Aufmärschen begingen, versuchten sie gleichzeitig, mit einem Riesenaufgebot bewaffneter Sicherheitskräfte die Demonstranten einzuschüchtern.

Honecker weigerte sich, Reformen einzuleiten, zu denen ihm Gorbatschow dringend geraten hatte („Wer zu spät kommt, den bestraft das Leben").

Die große Montagsdemonstration am 9. Oktober in Leipzig brachte den Umschwung. 70 000 Menschen demonstrierten friedlich, im klaren Bewusstsein, dass es dabei zu einem Blutbad kommen könne. Ähnliches geschah in Ost-Berlin, wo am 4. November 1989 fast 500 000 Menschen für Meinungs-, Presse- und Versammlungsfreiheit demonstrierten. Obgleich die bewaffneten Kräfte in höchste Alarmbereitschaft versetzt waren, blieb der Befehl zur Zerschlagung der Demonstrationen aus (▶ M3). Honecker, der die Bürgerproteste nötigenfalls gewaltsam beenden lassen wollte, wurde am 18. Oktober 1989 von einer Gruppe im Politbüro um **Egon Krenz** abgesetzt. Krenz übernahm Honeckers Ämter. Die politische Führung versuchte jetzt, durch Gesprächsangebote an die Bevölkerung die Situation wieder in den Griff zu bekommen. Doch die Menschen wollten sich nicht mehr mit kleinen Korrekturen der bisherigen Politik zufriedengeben. „Wir sind das Volk!", riefen sie selbstbewusst den Machthabern zu, und im November mischte sich darunter immer häufiger der Ruf „Wir sind ein Volk!".

Egon Krenz (geb. 1937): deutscher Politiker, 1989 DDR-Staatsratsvorsitzender und Generalsekretär der SED. 1997 wegen Totschlags im Zusammenhang mit den Todesfällen an der innerdeutschen Grenze zu mehrjähriger Freiheitsstrafe verurteilt.

Das Ende der SED-Diktatur Die anhaltende Massenflucht und der zunehmende Massenprotest im ganzen Land untergruben innerhalb weniger Wochen das brüchige Machtfundament der SED. Das Ende ihrer Herrschaft beschleunigte die Öffnung der Mauer und der Grenzübergänge nach West-Berlin und in die Bundesrepublik

◀ **Umjubelter Grenzübertritt.**
Foto vom 9./10. November 1989.
In Berlin nutzten mehr als eine halbe Million Menschen die Grenzöffnung zu einem Kurzbesuch im Westteil der Stadt.

Das Ende der SED-Herrschaft

▶ **Der Zentrale Runde Tisch der DDR in Berlin-Niederschönhausen.**
Foto von 1989.
Um mit der Bürgerbewegung ins Gespräch zu kommen, richtete Ministerpräsident Hans Modrow am 7. Dezember 1989 nach polnischem Vorbild den Zentralen Runden Tisch ein, der die Bürgerrechtler in wichtige Entscheidungen einband. Gemeinsam vereinbarten SED-Regierung und Bürgerrechtler freie Volkskammerwahlen für den 18. März 1990 und arbeiteten einen Verfassungsentwurf sowie ein neues Wahlgesetz für die demokratische Umgestaltung der DDR aus. Währenddessen nahm die in der Bevölkerung geforderte Einheit Deutschlands immer mehr Gestalt an. Nach den Volkskammerwahlen im März 1990 und dem hohen Wahlsieg der Ost-CDU wurden die Bürgerrechtler schließlich von der politischen Bühne gedrängt und von den Ereignissen, die sie selbst angestoßen hatten, überrollt.

am 9. November 1989. Die Annahme der SED-Führung, mit der von den Demonstranten geforderten Reisefreiheit das Regime noch in letzter Minute stabilisieren zu können, erwies sich als Illusion. Nach dem Fall der Mauer besuchten Millionen den anderen Teil Deutschlands und entschieden sich gegen die DDR.

Unter dem Druck der Bevölkerung gab die SED ihre Vormachtstellung schrittweise auf. Im Dezember 1989 wurde ihre „führende Rolle" aus der Verfassung gestrichen, das Ministerium für Staatssicherheit aufgelöst, Politbüro und Zentralkomitee traten geschlossen zurück, Staats- und Parteichef Krenz legte seine Ämter nieder. Die friedliche Revolution in der DDR hatte gesiegt, die SED-Diktatur war zusammengebrochen.

Seit Mitte November 1989 amtierte eine SED-Regierung unter Ministerpräsident **Hans Modrow**. Sie stand von Beginn an unter Erfolgszwang. Die Probleme der Wirtschaft, über die jetzt in aller Öffentlichkeit berichtet und diskutiert wurde, ließen sich von der DDR allein nicht mehr bewältigen. Zugleich hielt die Ausreisewelle an. Im November und Dezember 1989 kehrten 176 650 Menschen der DDR den Rücken. Anfang Dezember wurde ein „Runder Tisch" eingeführt, wie ihn auch die Reformer in Polen durchgesetzt hatten. Die Vertreter der SED und die wichtigsten Bürgerrechtsgruppen traten zu diesem Gesprächsforum zusammen. Somit bekamen Oppositionsgruppierungen erstmals Einfluss auf die Regierungspolitik.

Unter öffentlichem Druck stimmten die Regierung Modrow und die inzwischen neu formierte SED/PDS* den Forderungen des Runden Tisches nach baldigen Neuwahlen zu. Am 18. März 1990 fanden die ersten freien Wahlen zur DDR-Volkskammer statt.**

▶ **Geschichte In Clips:**
Zum Fall der Berliner Mauer am 9. November 1989 siehe Clip-Code 4669-04

Hans Modrow (geb. 1928): SED-Politiker, 1989/90 Regierungschef der DDR (Vorsitzender des Ministerrates); 1990-1994 Abgeordneter der PDS im Bundestag; seit 2007 Mitglied der Partei „Die Linke"

---

* PDS: Partei des Demokratischen Sozialismus, seit Dezember 1989 Rechtsnachfolgerin der SED
** Siehe dazu S. 204 f.

▲ Montagsdemonstration in Leipzig.
Foto vom 9. Oktober 1989.

M1 Unzufriedenheit in der Bevölkerung

Aus einem Bericht der Stasi-Bezirksverwaltung Magdeburg vom 9. August 1989:

In allen Bevölkerungsgruppen mehren sich Diskussionen, in denen eine gewisse Resignation und Unzufriedenheit zum Ausdruck kommt. Auch unter politisch aktiven Bürgern […] sind folgende Auffassungen verbreitet:
- „Als Funktionär darf man treu und brav seine Pflicht erfüllen, ansonsten hat man nur Nachteile gegenüber anderen Bürgern."
- „Funktionäre müssen auf Reisen in die BRD verzichten, aber auch auf Kontakte in die BRD, also auf Geschenke wie hochwertige Gebrauchs- und Genussmittel."
- „Wer gesellschaftlich aktiv ist, muss trotzdem jahrelang auf Pkw, Telefon oder Führerschein warten. Mit Westverbindungen schafft man das über Genex[1] in Wochen."
- „Wer BRD-Währung besitzt, hat keine Sorgen mit Handwerkern und anderen Dienstleistungen." […]

Ein immer wieder diskutiertes Thema ist die Informationsbereitstellung durch unsere Medien. Von Angehörigen der unterschiedlichsten Bevölkerungsgruppen werden häufig Widersprüche zwischen Wort und Tat der Parteiführung konstruiert. Starke Zweifel bestehen an den Meldungen über erfüllte bzw. überbotene Pläne, weil sich das nicht im Warenangebot widerspiegele. Gleichfalls bemängelt wird das Verschweigen „heißer Eisen" wie z. B. steigende Zahlen von ständigen Ausreisen und ungesetzlichen Grenzübertritten. Die Entwicklung könne – so u. a. Werktätige […] der Stahlgießerei Magdeburg – doch nur aus einer wachsenden Unzufriedenheit eines Teils der Bürger resultieren. […]

Offenbar saisonbedingt konzentrieren sich Diskussionen zu Versorgungsfragen gegenwärtig auf
- die mangelnde Versorgung mit Frischfleisch (meist durch urlaubsbedingte Schließung der Geschäfte begründet),
- allgemein unzureichendes Gemüseangebot (zu wenig Sorten, schlechte Qualität, hoher Verschmutzungsgrad),
- immer kritischer werdende Bereitstellung von Kfz-Ersatzteilen (z. B. fehlen in Schönebeck Lada- und Wartburg-Ersatzteile völlig; Pkw-Besitzer führen Ersatzteile nach Möglichkeit aus anderen sozialistischen Ländern ein, um ihr Auto im Urlaub nutzen zu können).

Zitiert nach: http://home.snafu.de/bstu/1989/tage/08/0908dok1.htm
[Zugriff vom 30. April 2000]

[1] Genex: ostdeutsches Versandunternehmen („Geschenkdienst und Kleinexporte GmbH"), bei dem Bundesbürger seit 1957 Produkte aller Art für ihre Angehörigen in der DDR bestellen konnten

1. Ordnen Sie die Beschwerden der Bevölkerung nach bestimmten Kriterien, z. B. „Lebensstandard", „politische Rechte", „langfristige/kurzfristige Missstände" etc.
2. Analysieren Sie die Haltung des Verfassers gegenüber den Missständen. Hält er die Klagen für begründet?
3. Diskutieren Sie den Kenntnisstand der DDR-Führung über die Situation kurz vor der Wende.

M2 Gemeinsame Erklärung

Am 4. Oktober 1989 versammelt Pfarrer Rainer Eppelmann in Berlin Vertreter aller Bürgerrechtsgruppen. Die daraus entstandene gemeinsame Erklärung wird zwei Tage später erstmals vor etwa 2 000 Besuchern in der Berliner Erlöserkirche im Rahmen der Zukunftswerkstatt „Wie weiter DDR?" verlesen:

Am 4. Oktober 1989 haben sich Vertreter
der Bürgerbewegung Demokratie Jetzt,
des Demokratischen Aufbruchs,
der Gruppe Demokratischer SozialistInnen,
der Initiative Frieden und Menschenrechte,
der Initiativgruppe Sozialdemokratische Partei in der DDR,
des Neuen Forums
sowie Vertreter von Friedenskreisen
zusammengefunden, um Möglichkeiten gemeinsamen politischen Handelns zu besprechen.
Wir begrüßen die sich entwickelnde Vielfalt der Initiativen als Zeichen des Aufbruchs und des wachsenden Mutes, eigene politische Positionen öffentlich zu vertreten.
Uns verbindet der Wille, Staat und Gesellschaft demokratisch umzugestalten. Es kommt darauf an, einen Zustand zu been-

den, in dem Bürgerinnen und Bürger dieser Gesellschaft nicht die Möglichkeit haben, ihre politischen Rechte so auszuüben, wie es die Menschenrechtskonventionen der Vereinten Nationen und die KSZE-Dokumente verlangen.
Wir erklären uns solidarisch mit allen, die wegen ihres Einsatzes für diese Ziele verfolgt werden. Wir setzen uns ein für die Freilassung der Inhaftierten, die Aufhebung ergangener Urteile und die Erschließung laufender Ermittlungsverfahren. Wir halten es für vorrangig, in unserem Lande eine Diskussion darüber zu eröffnen, welche Mindestbedingungen für eine demokratische Wahl eingehalten werden müssen: Sie muss unterschiedliche politische Entscheidungen ermöglichen. Sie muss geheim sein, das heißt die Wähler sind verpflichtet, eine Wahlkabine zu benutzen. Sie muss frei sein, das heißt niemand darf durch Druck zu einem bestimmten Wahlverhalten genötigt werden.
Die nächsten Wahlen sollten unter UNO-Kontrolle stattfinden. Wir wollen zusammenarbeiten und prüfen, in welchem Umfang wir ein Wahlbündnis mit gemeinsamen eigenen Kandidaten verwirklichen können. Um unser Land politisch zu verändern, bedarf es der Beteiligung und der Kritik aller. Wir rufen alle Bürgerinnen und Bürger der DDR auf, an der demokratischen Erneuerung mitzuwirken.

Gerhard Rein (Hrsg.), Die Opposition in der DDR. Entwürfe für einen anderen Sozialismus, Berlin 1989, S. 120f.

1. *Fassen Sie die zentralen Ziele der Bürgerrechtsgruppen zusammen.*

2. *Diskutieren Sie, warum von der Einheit Deutschlands nicht die Rede war.*

M3 Am Rande eines Bürgerkrieges

Ein Augenzeuge berichtet über die Montagsdemonstration vom 9. Oktober 1989 in Leipzig:

In Betrieben wurde davor gewarnt, nach 16 Uhr die Innenstadt zu betreten; Mütter sollten ihre Kinder bis 15 Uhr aus den Krippen und Kindergärten des Zentrums abholen; Schülern und Studenten wurde mit Relegation[1] für den Fall der Beteiligung an „Aktionen" gedroht. Gerüchte schwirrten durch die Stadt. Man munkelte von MG-Nestern auf zentralen Gebäuden, befürchtete den Einsatz von Fallschirmjägern [...]. In Krankenhäusern wurden Notbetten aufgestellt und vor allem die chirurgischen und Intensivstationen verstärkt besetzt. Tausende von zusätzlichen Blutkonserven standen bereit. [...]

Leipzig glich an diesem Tag einem Heerlager. Nach späteren Aussagen von Bereitschaftspolizisten war ihnen vormittags mitgeteilt worden, dass ein friedlicher Ausgang der Demonstration wenig wahrscheinlich sei und sie vorbereitet sein müssten, möglichen Gewalttätigkeiten zu begegnen. Dementsprechend trugen sie Kampfausrüstung [...]. Auf dem Hof der VP-Bezirksbehörde[2] standen „aufmunitionierte" Schützenpanzerwagen bereit, die tonnenschweren Stahlkolosse ausgerüstet mit Räumschilden, die Fahrer mit MPi und je sechzig Schuss Munition. Die Polizeitruppe zählte insgesamt dreitausend Mann [...]. Hinzu kamen noch fünf Hundertschaften von Betriebskampfgruppen sowie eine sicher vierstellige Anzahl von Einsatzkräften des Ministeriums für Staatssicherheit, dessen Arsenale nicht nur Handfeuerwaffen bargen. [...]
In der Nikolaikirche und in drei weiteren Gotteshäusern wurde während der Friedensgebete ein von sechs Persönlichkeiten der Stadt getragener Aufruf zur Besonnenheit verlesen: „Unsere gemeinsame Sorge und Verantwortung haben uns heute zusammengeführt. Wir sind von der Entwicklung in unserer Stadt betroffen und suchen nach einer Lösung. Wir alle brauchen einen freien Meinungsaustausch über die Weiterführung des Sozialismus in unserem Land. Deshalb versprechen die Genannten heute allen Bürgern, ihre ganze Kraft und Autorität dafür einzusetzen, dass dieser Dialog nicht nur im Bezirk Leipzig, sondern auch mit unserer Regierung geführt wird. Wir bitten Sie dringend um Besonnenheit, damit der friedliche Dialog möglich wird."
Dieser gemeinsame Appell des Kabarettisten Bernd-Lutz Lange, des Gewandhauskapellmeisters Kurt Masur und des Theologen Peter Zimmermann sowie der Sekretäre der SED-Bezirksleitung Kurt Meyer, Jochen Pommert und Roland Wötzel wurde um 18 Uhr auch vom Sender Leipzig und etwa eine Stunde später vom Stadtfunk ausgestrahlt. Die engagierte wie couragierte Wortmeldung hat unzweifelhaft beigetragen zum friedlichen Verlauf dieses Tages, ohne jedoch die voreilig bescheinigte entscheidende Rolle gespielt zu haben. Einzig die geballte Kraft der siebzigtausend angsterfüllten und dennoch nicht weichenden Menschen in der Innenstadt und auf dem Ring erzwang um 18.25 Uhr den endgültigen Rückzug der bewaffneten Einheiten. Jene Namenlosen meinte wohl Christoph Hein, als er vorschlug, Leipzig zur „Heldenstadt der DDR" zu ernennen.

Wolfgang Schneider, Leipziger Demontagebuch, Leipzig 1990, S. 71f.

1. *Vergleichen Sie die Situation am 9. Oktober 1989 in Leipzig mit der vom 17. Juni 1953 (siehe dazu S. 80).*

2. *Diskutieren Sie darüber, aus welchen Gründen die SED-Führung auf den Einsatz von Gewalt verzichtet hat.*

---

[1] Relegation: Verweis von der Schule bzw. Hochschule

[2] VP: Volkspolizei

Die deutsche Einheit

Feier zur deutschen Einheit in Berlin.
Foto vom 3. Oktober 1990. Der 3. Oktober wird seither als nationaler Feiertag („Tag der Deutschen Einheit") begangen.

Hans-Jochen Vogel (geb. 1926): 1960-1972 Oberbürgermeister von München, 1974-1981 Bundesminister der Justiz, 1981 Regierender Bürgermeister von Berlin, 1987-1991 Vorsitzender der SPD

Oskar Lafontaine (geb. 1943): 1985-1998 Ministerpräsident des Saarlandes, 1995-1999 Vorsitzender der SPD, 2007-2010 Vorsitzender der Linkspartei

Wiedervereinigung und gesamtdeutsche Wahlen Die vielen historischen Ereignisse des Jahres 1989/90* mündeten am 3. Oktober 1990, um Mitternacht, in die Wiedervereinigung Deutschlands durch den Beitritt der fünf ostdeutschen Länder zur Bundesrepublik Deutschland. Die DDR-Bürgerrechtler hatten sich mit ihrer Forderung nach einem eigenständigen Weg der DDR nicht durchsetzen können (▶ M1, M2). Sowohl die ersten Landtagswahlen in den neuen Bundesländern am 14. Oktober als auch die erste gesamtdeutsche Bundestagswahl am 2. Dezember bestätigten die regierenden Parteien CDU/CSU und FDP und wurden von Bundeskanzler Kohl als Volksabstimmung über seine Politik der deutschen Einheit gewertet. In vier von fünf ostdeutschen Ländern stellte die CDU den Ministerpräsidenten, in Brandenburg die SPD. In der herrschenden Euphorie honorierten die Wähler, dass Kohl und Genscher die Chance zur schnellen Herstellung der Einheit genutzt hatten. Insbesondere das Versprechen Kohls einer raschen Angleichung der Lebensverhältnisse im Osten an den Standard des Westens überzeugte die neuen Bundesbürger. Die Haltung der Sozialdemokraten zur Wiedervereinigung war gespalten: Während ein Teil der SPD um Willy Brandt und **Hans-Jochen Vogel** die Einheit vorbehaltlos befürwortete, warnte der SPD-Kanzlerkandidat **Oskar Lafontaine** vor den Kosten und Problemen einer raschen Vereinigung.

Wirtschaftlicher Umbau Die Folgen der vierzigjährigen kommunistischen Herrschaft waren schwerer zu bewältigen und benötigten mehr Zeit, als Politiker und Experten ursprünglich vermutet hatten (▶ M3). Die Transformation der ostdeutschen Planwirtschaft in eine Wettbewerbswirtschaft war eine Aufgabe, für die es bis dahin kein Vorbild gab. So erwiesen sich die meisten ehemaligen Staatsbetriebe als völlig veraltet und unproduktiv, ihre Produkte und Dienstleistungen als nicht konkurrenzfähig, zumal die Ostdeutschen zunächst nur Westwaren kauften und 1991 die bisherigen Märkte in Osteuropa völlig wegbrachen.

---

* Zu den Verhandlungen über die Bedingungen der Wiedervereinigung vgl. das Kapitel „Der Zwei-plus-Vier-Vertrag: Beendigung der deutschen Teilung" in diesem Buch.

Die Volkskammer der DDR gründete 1990 die *Treuhandanstalt* in Berlin. Deren Aufgabe war unter anderem, die ehemaligen staatseigenen Betriebe der DDR nach marktwirtschaftlichen Gesichtspunkten zu privatisieren oder abzuwickeln. Sie übernahm etwa 8 500 Unternehmen mit etwa 45 000 Einzelbetrieben und 4,1 Millionen Beschäftigten sowie rund 60 Prozent der Fläche der DDR. Als sie im Winter 1994 ihre Tätigkeit beendete, hatte sie 3 700 Betriebe als nicht sanierungsfähig stillgelegt und über 15 000 Firmen mit 1,5 Millionen Arbeitsplätzen privatisiert. Die Folge war ein dramatischer Anstieg der Arbeitslosigkeit. Durch die Übernahme der Altschulden der früheren DDR-Betriebe und Finanzhilfen aller Art für private Investoren hinterließ die Treuhandanstalt umgerechnet 140 Milliarden Euro Schulden, die den Bundeshaushalt seither jährlich mit etwa 8,7 Milliarden Euro belasten. Der Strukturwandel der ostdeutschen Wirtschaft ist vorangekommen (▶ M4, M5), aber es bleibt noch viel zu tun.

Finanzielle Lasten ■ Der wirtschaftliche Umbau und die schrittweise Angleichung der Lebensverhältnisse an den westlichen Standard erforderten die Modernisierung der gesamten Infrastruktur in Ostdeutschland – Straßen, Autobahnen, Wohnungen und öffentliche Gebäude, Telekommunikation, Eisenbahn, Energieversorgung, Gesundheitswesen, Schulen, Hochschulen. Die dafür notwendigen Mittel wurden ganz überwiegend aus dem Bundeshaushalt aufgebracht.

An direkten Aufbauhilfen stellte zunächst der „Fonds Deutsche Einheit" von 1990 bis 1994 umgerechnet rund 82 Milliarden Euro für die ostdeutschen Länder und Kommunen zur Verfügung. Der „Solidarpakt I" von 1995 sorgte für die Aufnahme der neuen Bundesländer in den regulären **Länderfinanzausgleich**. Weiter erhielten die neuen Länder von 1995 bis 2001 Sonderleistungen des Bundes über umgerechnet 105 Milliarden Euro. Der „Solidarpakt II" sieht bis 2019 nochmals Sonderzahlungen von 105 Milliarden Euro für Infrastruktur und Unternehmensförderung vor. Hinzu kommen 51 Milliarden Euro an Investitionshilfen des Bundes und der EU.

Schätzungen über die bisherigen Gesamtkosten der Einheit geben an, dass zwischen 1990 und 2009 etwa 1,6 Billionen Euro an öffentlichen Finanztransfers in die neuen Länder stattfanden. Hierbei wurden Steuerzahlungen und Sozialbeiträge aus dem Osten abgezogen. Der weitaus größte Teil floss in Sozialausgaben (Renten, Arbeitslosenunterstützung, Arbeitsbeschaffungsmaßnahmen).

Länderfinanzausgleich: im Grundgesetz verankerte Regelung. Danach leisten Bundesländer mit höheren Steuereinnahmen (Geberländer) Ausgleichszahlungen an Länder mit geringerem Steueraufkommen (Nehmerländer).

Lebensgefühl im Umbruch ■ Für die neuen Bundesbürger brachte die Übernahme der westdeutschen Gesellschaftsordnung eine gewaltige Umstellung des gesamten Alltagslebens mit sich. Vom Kindergarten bis zur Altersversorgung änderte sich alles. Viele Bürger im Osten fühlten sich deklassiert und von den „Wessis" überrollt. Auf der anderen Seite sahen sich zahlreiche Bürger in der alten Bundesrepublik durch die Erwartungen ihrer Landsleute im Osten überfordert. Die Unterschiede in der Lebenserfahrung und im Lebensgefühl zwischen den Deutschen in Ost und West gingen tiefer, als die Menschen in den Monaten der Euphorie 1989/90 angenommen hatten. Manche reagierten auf den extrem hohen Anpassungsdruck mit einer Verklärung der DDR-Vergangenheit („Ostalgie"), was in Westdeutschland oft Unverständnis hervorrief (▶ M6).

Dabei stehen sich offizielle und private Erinnerung an die DDR auch über 20 Jahre nach der Einheit weiterhin nahezu entgegengesetzt gegenüber: Während das Thema geschichtspolitisch und geschichtskulturell, etwa in Reden von Politikern, häufig nur in den Facetten von „Repression und Mangel" verhandelt wird und vor allem die Verbrechensbilanz des Staates und die Beschränkungen eines Lebens in der DDR zur

Sprache gebracht werden, wird diese offizielle Art von Erinnerung nicht von allen Ostdeutschen geteilt. Dem „Diktaturgedächtnis" (Martin Sabrow) steht das „Arrangementgedächtnis" gegenüber, das, so Sabrow, Machtsphäre und Lebenswelt miteinander verknüpft. „Es erzählt von alltäglicher Selbstbehauptung unter widrigen Umständen, aber auch von eingeforderter oder williger Mitmachbereitschaft und vom Stolz auf das in der DDR Erreichte – kurz, es verweigert sich der säuberlichen Trennung von Biografie und Herrschaftssystem, die das Diktaturgedächtnis anbietet, und pflegt eine erinnerungsgestützte Skepsis gegenüber dem neuen Wertehimmel des vereinigten Deutschland, die zwischen ironischer Anrufung und ostalgischer Verehrung der ostdeutschen Lebensvergangenheit oszilliert."

▲ **Ausstellung zu den Ausschreitungen in Hoyerswerda.**
Foto von 2011.
Ein Besucher sieht sich im September 2011 im Begegnungszentrum „Orange Box" in der Ausstellung „Hoyerswerda, Herbst 1991" um. Die Schau dokumentiert die ausländerfeindlichen Ausschreitungen an dieser Stelle, die sich am 17. September zum 20. Mal jährten.

Anstieg des Rechtsextremismus Ein großes Problem des wiedervereinigten Deutschland war der bald einsetzende Anstieg rechtsextremistisch und rassistisch motivierter Straftaten. Traurige „Höhepunkte" waren die Anschläge von Hoyerswerda (September 1991) und Rostock-Lichtenhagen (August 1992), bei denen Rechtsradikale unter dem Applaus der Anwohner Asylbewerber aus Mosambik, Vietnam und anderen Ländern angriffen. In Teilen Ostdeutschlands entstanden sogenannte „national befreite Zonen", in denen Ausländer bis heute massiv bedroht werden.

Die Ursachen werden kontrovers diskutiert: Einige Kommentatoren wollten darin eine bereits zu DDR-Zeiten vorhandene allgemeine Ausländerfeindlichkeit sehen. Diese sei vor dem Hintergrund der Asyldebatte seit 1990 und den wirtschaftlichen und sozialen Problemen, die die Menschen in den neuen Bundesländern zu tragen haben, noch verstärkt worden. Tatsache ist aber, dass fremdenfeindliche Einstellungen nicht unmittelbar mit dem tatsächlichen Bevölkerungsanteil von Ausländern zusammenhängen: In Bundesländern mit sehr geringem Ausländeranteil (z. B. Sachsen-Anhalt und Mecklenburg-Vorpommern) kam es zwischen 1992 und 1994 viel häufiger zu fremdenfeindlichen Vergehen als etwa in Nordrhein-Westfalen, Baden-Württemberg oder Bayern, die den Großteil der damaligen Asylbewerber aufnahmen. Neuere Studien ergeben zudem, dass es keinen engen Zusammenhang zwischen Arbeitslosigkeit und rechtsextremer bzw. fremdenfeindlicher Gewalt gibt.

Dagegen lässt sich das Bild eines typischen rechtsextremen Gewalttäters zeichnen, der männlich, meist unter 30 Jahre alt ist, seine Taten – oft unter Alkoholeinfluss – in der Gruppe verübt und oft einen niedrigen Bildungsgrad aufweist.

Der Rechtsextremismus ist kein ostdeutsches Phänomen. Jedoch trafen gerade hier rechtsextremistische und „völkische" Einstellungen auf breite Zustimmung in der Bevölkerung. Öffentliche Proteste gab es nur vereinzelt. Bei vergleichbaren Anschlägen in den alten Bundesländern, z. B. im Mai 1993 in Solingen, als bei einem Brandanschlag auf das Haus einer türkischen Familie zwei Frauen und drei Mädchen ums Leben kamen, verurteilte eine große Mehrheit der Bevölkerung die Tat scharf. Allerdings wurden rechtsextreme und gewaltbereite Vereinigungen in den neuen Bundesländern meist mit dem Personal und dem Geld der bestehenden westdeutschen Organisationen aufgebaut.

Veränderte Parteienlandschaft Die deutsche Einheit führte auch zu einer Vereinigung von politischen Parteien. Bereits im August 1990 traten die liberalen Parteien der DDR den bundesdeutschen Freien Demokraten (FDP) bei. Die SDP, die im Oktober 1989 gegründet worden war, vereinigte sich mit den westdeutschen Sozialdemokraten im September 1990. Im Oktober 1990 fand die Vereinigung von CDU-Ost und -West statt. Die Grünen wurden 1993 zu einer gesamtdeutschen Partei „Bündnis 90/ Die Grünen", nachdem beide Gruppierungen seit 1990 gemeinsam zu Wahlen angetreten waren.

1998 unterlag die CDU/CSU-FDP-Koalition unter Bundeskanzler Kohl bei den Wahlen zum Bundestag. Der neue Bundeskanzler Gerhard Schröder (SPD) schloss eine Koalition seiner Partei mit Bündnis 90/Die Grünen. Bundesaußenminister und Vizekanzler wurde der Grünen-Politiker Joschka Fischer. Das rot-grüne Bündnis regierte im Bund bis 2005. Mit Angela Merkel, geboren in Hamburg, aufgewachsen in Templin in Brandenburg, wurde im Jahr 2000 erstmals eine Frau aus den neuen Bundesländern CDU-Vorsitzende. 2005 übernahm sie als erste Kanzlerin der Bundesrepublik die Regierung in einer Großen Koalition aus CDU/CSU und SPD. 2009 wurde sie wiedergewählt und bildete eine Koalition aus Unionsparteien und FDP.

Parteien rechts und links der Mitte Am rechten Rand des Parteienspektrums kam es schon in den 1980er-Jahren in der Bundesrepublik zu Neugründungen extremistischer Gruppierungen, die als Sammelbecken für Unzufriedene mit nationalistischen, rassistischen und ausländerfeindlichen Parolen auf Stimmenfang gingen. Am bekanntesten wurde die 1983 in Bayern gegründete Protestpartei „Die Republikaner", die u. a. in Landesparlamente in Baden-Württemberg und West-Berlin sowie ins Europaparlament gewählt wurden.

Nach der Wiedervereinigung 1990 konnte die rechtsextremistische, bereits 1971 gegründete „Deutsche Volksunion" (DVU) in einigen Bundesländern Erfolge erzielen, so vor allem in Sachsen-Anhalt, wo sie bei der Landtagswahl 1998 12,9 Prozent der Stimmen erhielt. Ebenfalls in den neuen Bundesländern entwickelte sich die lange Zeit in Vergessenheit geratene „Nationaldemokratische Partei Deutschlands" (NPD) zu einer militanten rechtsextremistischen Partei, die 2004 in den sächsischen Landtag und zwei Jahre später in den Landtag von Mecklenburg-Vorpommern einzog. Ein Antrag der Bundesregierung auf das Verbot der Partei war 2003 vom Bundesverfassungsgericht abgelehnt worden, denn mehrere Zeugen hatten für den Verfassungsschutz gearbeitet. Ihre Aussage konnte deshalb nicht zugelassen werden.

Am linken Rand des Parteienspektrums etablierte sich nach der Wiedervereinigung in Gestalt der SED-Nachfolgerin PDS eine Partei, die in den neuen Bundesländern und in Berlin rasch an Zulauf gewann. Dabei half ihr zunächst die erhalten gebliebene Verbandsstruktur der SED. Doch gewann die PDS ständig Zulauf, auch von Jüngeren. Bei der Bundestagswahl 2005 kam sie in den neuen Ländern auf über 25 Prozent der Wählerstimmen. Bei Landtagswahlen schnitt sie noch besser ab. Die PDS war zunächst nur in den neuen Bundesländern als sozialistische „Stimme des Ostens" erfolgreich. Im Juni 2007 schloss sie sich mit der „Wahlalternative Arbeit und Soziale Gerechtigkeit" (WASG) zusammen, einer Vereinigung aus westdeutschen Altkommunisten, Gewerkschaftsfunktionären und ehemaligen SPD-Mitgliedern. Die durch den Zusammenschluss gebildete Partei „Die Linke" zog 2009 als viertstärkste Kraft in den Bundestag ein (11,9 Prozent) und strebt nach einem festen Platz im gesamtdeutschen Parteiengefüge.

Gerhard Schröder (geb. 1944): 1990-1998 Ministerpräsident von Niedersachsen, 1998-2005 Bundeskanzler, 1999-2004 Vorsitzender der SPD

Joschka (Joseph Martin) Fischer (geb. 1948): Politiker der Grünen, 1985-1987 Umwelt- und Energieminister von Hessen, 1998-2005 Bundesaußenminister und Vizekanzler

Angela Merkel (geb. 1954): 1990 Mitglied des DA, dann der CDU, 1991-1994 Bundesministerin für Frauen und Jugend, 1994-1998 Bundesumweltministerin, 1998-2000 Generalsekretärin der CDU, seit 2000 CDU-Vorsitzende, seit 2005 Bundeskanzlerin

M1 „Für unser Land"

Bei einer Großkundgebung auf dem Berliner Alexanderplatz am 4. November 1989 rufen Schriftsteller und Künstler der DDR (u. a. Christa Wolf, Heiner Müller und Stefan Heym) zu einem eigenständigen Weg ihres Staates auf. Anschließend veröffentlichen sie am 26. November 1989 den Appell „Für unser Land":

Unser Land steckt in einer tiefen Krise. Wie wir bisher gelebt haben, können und wollen wir nicht mehr leben. Die Führung einer Partei hatte sich die Herrschaft über das Volk und seine Vertretungen angemaßt, vom Stalinismus geprägte Struktu-
5 ren hatten alle Lebensbereiche durchdrungen. Gewaltfrei, durch Massendemonstrationen hat das Volk den Prozess der revolutionären Erneuerung erzwungen, der sich in atemberaubender Geschwindigkeit vollzieht. Uns bleibt nur wenig Zeit, auf die verschiedenen Möglichkeiten Einfluss zu neh-
10 men, die sich als Auswege aus der Krise anbieten.
Entweder können wir auf der Eigenständigkeit der DDR bestehen und versuchen, mit allen unseren Kräften und in Zusammenarbeit mit denjenigen Staaten und Interessengruppen, die dazu bereit sind, in unserem Land eine solidarische
15 Gesellschaft zu entwickeln, in der Frieden und soziale Gerechtigkeit, Freiheit des Einzelnen, Freizügigkeit aller und die Bewahrung der Umwelt gewährleistet sind.
Oder wir müssen dulden, dass, veranlasst durch starke ökonomische Zwänge und durch unzumutbare Bedingungen, an
20 die einflussreiche Kreise aus Wirtschaft und Politik in der Bundesrepublik ihre Hilfe für die DDR knüpfen, ein Ausverkauf unserer materiellen und moralischen Werte beginnt und über kurz oder lang die Deutsche Demokratische Republik durch die Bundesrepublik vereinnahmt wird.
25 Lasst uns den ersten Weg gehen. Noch haben wir die Chance, in gleichberechtigter Nachbarschaft zu allen Staaten Europas eine sozialistische Alternative zur Bundesrepublik zu entwickeln. Noch können wir uns besinnen auf die antifaschistischen und humanistischen Ideale, von denen wir einst aus-
30 gegangen sind. Alle Bürgerinnen und Bürger, die unsere Hoffnung und unsere Sorge teilen, rufen wir auf, sich diesem Appell durch ihre Unterschrift anzuschließen.

Blätter für deutsche und internationale Politik, Januar 1990, S. 124 f.

1. *Erläutern Sie die grundlegende Alternative der zukünftigen Politik, die die Verfasser sehen.*
2. *Diskutieren Sie die Einstellung zum alten System der DDR, die sich darin spiegelt.*

M2 „Mumifizierte Utopie"

Auf den Aufruf „Für unser Land" reagiert der Schriftsteller Günter Kunert. Er ist wegen seines Protests gegen die Ausbürgerung von Wolf Biermann 1977 aus der SED ausgeschlossen worden; 1979 kann er in die Bundesrepublik ausreisen. Kunert schreibt:

Der deutsche Intellektuelle nebst seinen Visionen vom Guten, Schönen und Humanen ist durch keine noch so massive Tatsachenfülle widerlegbar [...]. Trotz überwältigender Kenntnis der trostlosen Lage und ihrer kaum minder trostlosen Ursachen wird die längst mumifizierte Utopie beschworen. Ob Christa Wolf auf dem Alexanderplatz in Berlin oder der aus seiner Versenkung auferstandene Rudolf Bahro im Fernsehen – entgegen jeder Erfahrung, auch ihrer eigenen, meinen sie ernsthaft, nun sei der Zeitpunkt gekommen, den „demokratischen Sozialismus" einzuläuten: das Himmelreich schon auf Erden errichten, Heinrich Heines lyrischem Diktum zufolge. Blindlings fallen die großen, pathetischen Worte, denen man abgeschworen hatte, auf die Zuhörer nieder und gemahnen den etwas kritischeren unter ihnen an die Früchte des Tantalus[1]. Würde man die Hand danach ausstrecken, sie entzögen sich dem Zugriff wie eh und je. Die nach vierzig Jahren Tristesse ungeduldige Mehrheit jedoch greift lieber nach dem Nächstliegenden, den Bananen bei „Aldi" [...].
Die gegenwärtig erhobene Forderung nach einer Erneuerung des Systems übertüchtiger Ruinenbaumeister (wirkt) wie ein später und deplatzierter Scherz. Nun endlich, heißt es, werde man auf den Trümmern des zusammengebrochenen ein wahrhaft bewohnbares Haus errichten. Ergo jene angestrebte Gesellschaft, die ihre Widersprüche und Gegensätze gewaltfrei und menschlich behandeln würde. Diese Hoffnung ist trügerisch. Denn sie ignoriert den ökonomischen und ökologischen Zustand des Landes, aber nicht nur diesen; sie missachtet vor allem die Kondition des Menschen, jenes Geschöpfes, das eine Idee nur zu realisieren vermag, indem es diese in ihr Gegenteil verkehrt [...].
[...] Nach vier Jahrzehnten einer am Grünen Tisch erdachten, der Bevölkerungsmajorität aufgenötigten Ordnung kann eine Modifikation dieser oder analoger Ordnungen keine Chance mehr haben.

Zitiert nach: Michael Naumann (Hrsg.), Die Geschichte ist offen, Reinbek 1990, S. 97 ff.

1. *Vergleichen Sie die Haltung Kunerts mit derjenigen in M1.*

[1] In der altgriechischen Sage ist Tantalus von den Göttern zu ewigem Hunger und Durst verdammt. Wasser und Früchte weichen bei jedem Versuch zu essen und zu trinken zurück.

2. Erklären Sie, was mit der Aussage gemeint ist, der Mensch könne eine Idee nur verwirklichen, indem er sie in ihr Gegenteil verkehrt (Zeile 28-30).

3. Diskutieren Sie die Frage, ob oder unter welchen Umständen 1989/90 in der DDR die Chance für eine selbstständige Entwicklung bestand.

M3 „Rote Zahlen vom roten Sozialismus"

Der Wirtschaftswissenschaftler Karl-Hans Hartwig fasst zwei Monate nach der Schaffung der Wirtschafts-, Währungs- und Sozialunion die ökonomischen Probleme der DDR zusammen:

Die DDR-Wirtschaft befindet sich gegenwärtig in einer tiefen Krise [...]. Auch die weiteren Aussichten sind zunächst düster. Arbeitslosenzahlen von 1,5 bis zwei Millionen oder 15 Prozent werden selbst von Optimisten nicht mehr als unrealistisch
5 angesehen. [...] Die Marktwirtschaft und der mit ihr notwendig verbundene freie Informationsfluss bringen diese Altlasten der planwirtschaftlichen Vergangenheit an den Tag. Sie machen deutlich, dass vom roten Sozialismus vorwiegend rote Zahlen bleiben. Experten ist nicht erst seit dem 9. No-
10 vember bekannt, dass etwa 30 bis 40 Prozent der DDR-Betriebe nicht konkurrenzfähig sind und in Wirtschaft und Verwaltung schon immer eine große Anzahl von Arbeitskräften mitgeschleppt wurde, die ökonomisch nicht gerechtfertigt war. Produktivitätsrückstände bis zu 60 Prozent gegenüber
15 westlichen Betrieben kommen ja nicht von ungefähr. D. h. aber, dass von den vorhandenen 9,3 Millionen Arbeitsplätzen in den ersten Jahren nach Einführung der Marktwirtschaft mehr als drei Millionen wahrscheinlich sowieso nicht zu halten wären. Sie durch neue wettbewerbsfähige Arbeitsplätze
20 zu ersetzen, ist die vordringliche Aufgabe, und nicht irgendwelche Beschäftigungsgarantien zu geben. Das in den Köpfen der Menschen noch immer verankerte Recht auf Arbeit hat es ja faktisch auch in der DDR nie gegeben. Praktiziert wurden vielmehr ein Recht auf Lohn und der Zwang zur
25 Beschäftigung an den falschen Stellen.

Das Parlament, 14. September 1990

1. Arbeiten Sie die Probleme bei der Umwandlung der Planwirtschaft in eine Soziale Marktwirtschaft heraus.

2. Erläutern Sie, welche Aufgaben demokratisch gewählte Politiker in diesem Prozess haben.

3. Historiker sprechen angesichts der Vorgänge in der DDR seit Herbst 1989 von drei „Revolutionen": einer „liberalen", einer „nationalen" und einer „sozialen". Erörtern Sie, welche Gründe für eine solche Einteilung sprechen.

▲ „Daran müssen wir noch arbeiten."
Karikatur von Rainer Schwalme, 1992.

M4 Die „innere Einheit" – ein Traum?

Der Journalist Jens Bisky zieht 15 Jahre nach der Wiedervereinigung eine negative Bilanz:

Der Irrglaube, dass es so etwas gäbe wie eine „innere Einheit", die alle Interessengegensätze und Konflikte überwölben könne, verhindert seit fünfzehn Jahren die freie Debatte über den richtigen Weg beim Aufbau Ost.
Das patriotische Tabu hat der Einheit mehr geschadet als 5 alles andere. Da über die Unterschiede und die substanziell verschiedenen Interessen in Ost und West nicht mit zivilisierter Gelassenheit gestritten wird, da man verbissen versucht, die Existenz von Gegensätzen überhaupt zu leugnen und Unterschiede als bald überwunden marginalisiert, beschert 10 uns beinahe jede Saison einen kurzen Ausbruch innerdeutschen Gezänks.
[...] Die Wirtschaftskraft des Ostens erreicht etwa zwei Drittel des westdeutschen Niveaus. Die Wertschöpfung[1] stagniert bei 63 Prozent des Westens, es fehlen etwa 3 000 mittelständi- 15 sche Unternehmen und 700 000 Beschäftigte, die vorhandenen Unternehmen sind zu klein und leiden unter geringer

[1] Wertschöpfung: Nettoproduktion einer Volkswirtschaft oder eines Wirtschaftszweiges. Sie ergibt sich aus dem Herstellungspreis von Waren und Dienstleistungen, wovon Abschreibungen, indirekte Steuern und staatliche Zuschüsse (Subventionen) abgezogen sind.

▲ Demonstrant in Berlin.
Foto, Oktober 2004.

Eigenkapitalausstattung. Das Umsatzvolumen der einhundert umsatzstärksten Unternehmen in den neuen Ländern ist etwa so groß wie das Umsatzvolumen von RWE oder Metro allein. Jede fünfte Erwerbsperson hat keinen regulären Arbeitsplatz, die Abwanderung dauert an. Jeder dritte Euro, der im Osten ausgegeben wird, wurde nicht in den neuen Ländern erwirtschaftet. Anzeichen für eine wirtschaftliche Aufholjagd gibt es kaum.

Wer im Osten heranwächst, geht zur Jugendweihe, nicht zu Konfirmation oder Kommunion. In seiner Nachbarschaft leben deutlich weniger Ausländer als im Westen. Nach der Wende hat sich eine eigene ostdeutsche Identität herausgebildet, ein deutliches Bekenntnis, nicht dazuzugehören, anders zu sein. Zu ihr bekennen sich seit Jahren unverändert mehr als 70 Prozent der Ostdeutschen. Dem antworten auf der anderen Seite Desinteresse, Ignoranz und Umerziehungsfantasien. Nach einer Allensbach-Umfrage stehen die Brüder und Schwestern im anderen Landesteil Ost- wie Westdeutschen ebenso nah oder fern wie Österreicher. [...]

Das ist die Realität, vor der die Prediger der „inneren Einheit" gern die Augen verschließen. Selbstverständlich sind Ostdeutsche weder durch Geburt noch durch Erziehung oder Propaganda deformiert oder unfähig zum Leben in Freiheit.

Die 2,4 Millionen von ihnen, die seit 1990 in den Westen gezogen sind, haben sich erfolgreich und weitgehend geräuschlos integriert. Die neuen Länder selber aber haben sich in dieser Zeit als eine unterentwickelte, randständige Region stabilisiert. [...]

Das unerfüllbare Versprechen von der „Angleichung der Lebensverhältnisse" ist noch immer nicht aus der Welt, obwohl es in weiten Teilen der neuen Länder darum geht, eine Abwärtsentwicklung zu verhindern und den Teufelskreis aus wirtschaftlicher Schwäche, Arbeitslosigkeit, Abwanderung, Überalterung und Transferbedarf zu durchbrechen.

Ein Neuanfang würde eine ehrliche Bilanz voraussetzen. Eben deshalb fällt er so schwer. Die staatliche Vereinigung war 1990 politisch richtig und ist gelungen, aber sie muss nicht mit Angleichung und widerspruchsfreiem Einverständnis einhergehen. Eingestehen müsste man, dass der Aufbau Ost, das ehrgeizigste Unternehmen der vergangenen fünfzehn Jahre, in das die Deutschen einen Großteil ihrer Energie und ihrer Mittel investiert haben, gescheitert ist und dass auch Momente kultureller Fremdheit nicht weichen. [...]

Ein radikaler Neuanfang fällt schwer, weil es eine gemeinsame Öffentlichkeit kaum gibt. Die stille Gesellschaft in den neuen Ländern verweigert sich überwiegend den überregionalen Medien. Nach der systematischen Entbürgerlichung in der DDR, nach der Ausschaltung der sozialistischen Funktionseliten und der anhaltenden Abwanderung fehlt es im Osten an einem Bürgertum, einem Mittelstand, an Eliten. Der soziale Raum zwischen Familie und Staat ist nur schwach besetzt. [...]

Zuverlässig rechnen können wir mit einer starken innerostdeutschen Differenzierung in wenige städtische Zentren und unterentwickelte ländliche Regionen, mit weiterer Abwanderung und rascher Überalterung, mit bleibenden Unterschieden bei Einkommen und Vermögen, mit anhaltendem Transferbedarf und einer Tradierung ostdeutscher Besonderheiten. Der Verteilungskonflikt um die Transfergelder dürfte sich nicht mehr lange durch Solidaritätsbeschwörungen verdrängen lassen.

So wird uns der Ost-West-Gegensatz noch Jahrzehnte begleiten. [...] Wer mag, kann weiter von „innerer Einheit" träumen und auf die nächste Ossi-Wessi-Hysterie warten.

Vernünftig wäre konfliktbewusste Gelassenheit. Sie setzte eine Kultur der Ungleichheit und der Unterschiede voraus. Im Osten wie im Westen ist darauf kaum einer vorbereitet.

Süddeutsche Zeitung vom 25. August 2005

1. *Arbeiten Sie heraus, welche Bedingungen für die innere Einheit Deutschlands laut Bisky erfüllt sein müssten.*

2. *Der Autor fordert „konfliktbewusste Gelassenheit" (Zeile 82). Nehmen Sie dazu Stellung.*

M5 Der Osten holt auf

Die Entwicklung in den neuen Ländern, gemessen am alten Bundesgebiet:

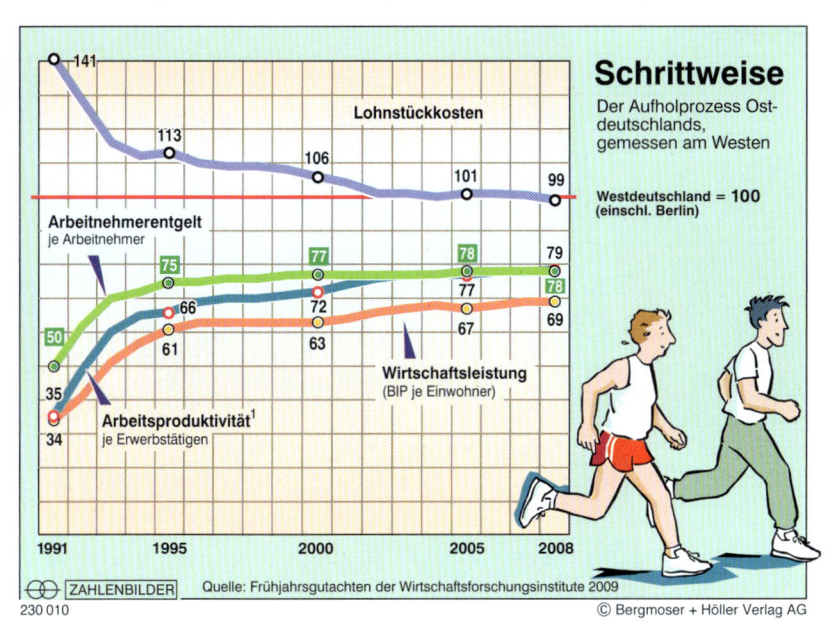

Schrittweise
Der Aufholprozess Ostdeutschlands, gemessen am Westen
Westdeutschland = 100 (einschl. Berlin)

Lohnstückkosten: 141 (1991), 113 (1995), 106 (2000), 101 (2005), 99 (2008)
Arbeitnehmerentgelt je Arbeitnehmer: 75, 77, 78, 79
Arbeitsproduktivität[1] je Erwerbstätigen: 50, 66, 72, 78
Wirtschaftsleistung (BIP je Einwohner): 35/34, 61, 63, 67, 69

Quelle: Frühjahrsgutachten der Wirtschaftsforschungsinstitute 2009
© Bergmoser + Höller Verlag AG

[1] Arbeitsproduktivität: Messgröße für die Entwicklung der Produktion im Verhältnis zum Arbeitseinsatz (Anzahl der Beschäftigten und deren Arbeitsstunden)

1. Nach einer anfänglich schnellen Steigerung hat sich die ostdeutsche Entwicklung seit Mitte der 1990er-Jahre verlangsamt. Finden Sie Gründe dafür.

2. Ostdeutsche Arbeitnehmer fordern seit Jahren die 1:1-Angleichung der Löhne und Gehälter an das Westniveau. Wirtschaftswissenschaftler und Politiker warnen vor einer schnellen Angleichung. Sammeln Sie Argumente pro und kontra und begründen Sie Ihre eigene Meinung, indem Sie die Daten aus der Grafik berücksichtigen.

M6 „Vom Pathos nicht viel geblieben"

Im Jahr 2008 zieht der Präsident der Bundeszentrale für politische Bildung in Bonn, Thomas Krüger, eine Bilanz der Aufarbeitung der DDR-Geschichte:

Reden wir also von der Farce, den verschiedenen Typen von DDR-Verklärung. Ihnen ist gemeinsam, lieb gewonnene Ideologien zu reproduzieren, zu verteidigen oder zu verharmlosen. Die ewig-gestrigen Funktionäre versuchen, der Öffentlichkeit und sich selbst ein X für ein U vorzumachen: War ja doch nicht so schlimm, wie der „Klassenfeind" immer behauptet. Ein Beispiel aus der „Jungen Welt" vom 15.9.: Klaus Blessing, ehemals Staatssekretär im Erzbergbauministerium, tischt uns die These auf, dass die wirtschaftliche Lage 1989 doch nicht so schwerwiegend war, wie das „Schürer-Papier"[1] nahe legt [...]. Gipfel seiner These ist die Bemerkung, dass nicht die DDR, sondern die Bundesrepublik über ihre Verhältnisse lebt und Schulden aufhäuft. Es gehört zur grundgesetzlich geschützten Meinungsfreiheit, solchen Stuss veröffentlichen zu können. Dieser Typus von Verklärung ist nicht gefährlich, er ist nur lächerlich, eine Farce eben.

Ein zweiter Typus ist bei Protagonisten einer ideologisch zugespitzten Totalitarismustheorie vor allem westdeutscher Provenienz zu finden, die mit ihrer nicht selten linken und jetzt radikal „überwundenen" Vergangenheit auch bei einem Teil von in der DDR Verfolgten Anklang findet. Hier wird das Bild einer teuflischen DDR wie eine Monstranz gepflegt, als Unrechtsstaat, als „abgeschlossenes Sammelgebiet", als Leiche, die man immer weiter sezieren muss und deren Geschichte losgelöst von der Existenz der Bundesrepublik und dem internationalen Kontext gesehen wird. Kein Platz für selbstbewusste Menschen, die ihren Weg trotz Diktatur und Unfreiheit gemacht haben, die alternative Galerien gegründet, in autonomen Seminaren nachgedacht und wochenlang mit Transitvisa „unerkannt durch Freundesland" gereist sind. Die wissenschaftlich-empirischen Untersuchungen, die hier angeführt bzw. erstellt werden, vermitteln den Eindruck, schon vor der Befragung das Ergebnis zu kennen. Die DDR steht hier zudem nicht nur für den untergegangenen DDR-Staat, sondern nicht selten für all das, was aktuell als „links" in der Gegenwart identifiziert wird: Selbst die untergegan-

[1] von Gerhard Schürer für das Politbüro des ZK der SED erstellte geheime Analyse zur ökonomischen Lage der DDR; siehe M7 auf S. 111

▲▶ **Die DDR als Unterhaltungsthema.**
Rechts im Bild eine „Ostalgie-Party" in Neubrandenburg (Foto von 1996), links die MDR-Show „Ein Kessel DDR", die 2003 ausgestrahlt wurde.

gene DDR zersetzt bzw. „verostet" noch die freiheitlich-demokratische Grundordnung.

Ein dritter Typus von Verklärung ist in den zahlreichen Formen medialer Banalisierung zu sehen. Ach wie war's doch lustig und geradezu witzig, sich im real existierenden Sozialismus an den Wohltaten der Nationalen Front zu laben oder den Häschern ein Schnippchen zu schlagen. Die DDR wird zum Unterhaltungsthema. Diese Form von Verklärung hat immerhin zwei Seiten. Zum einen gelingt aufgrund der Macht des Audiovisuellen und der Erschließung des alltagskulturellen Wirklichkeitsfelds ein DDR-Bild zu vermitteln, das Berufsvermittlern und Zeitzeugen oft nicht mehr abgenommen wird. Dieser Zugang kann Neugier wecken und ist nicht mehr nur Farce, sondern auch niedrigschwellige Aufklärung. Zum anderen verfällt man hier allzu oft politischer Weichzeichnung und Verkürzung. Verlustig gehen dabei letztlich das „gelebte Leben" und die „Wirklichkeitstiefe" der DDR.

Eine vierte, wirklich problematische Form der Verklärung – eine tragische Farce – begegnet in einer alltagsverankerten Verknüpfung von Nichtverknüpfbarem. Ich meine etwa den aus guten Gründen besorgten Vater aus Aschersleben, der seiner Tochter erklärt, dass in der DDR alle Arbeit hatten, er aber heute Morgen nicht wisse, ob er nicht abends arbeitslos sei. Statt die Gegenwart kritisch zu befragen, wird mit einem Übersprungsbezug Geschichte verklärt. Ein gefundenes Fressen für die populistischen Akteure der Linkspartei, denen es, wie Reinhard Mohr kürzlich treffend anmerkte, gar nicht so sehr auf linke Politik, sondern auf besitzstandsorientierten Wohlfühl-Widerstand ankommt.

Thomas Krüger, Vom Pathos nicht viel geblieben, in:
Neues Deutschland, 2. Oktober 2008; zitiert nach: www.bpb.de/presse/DHSQUL,0,0,Vom_Pathos_nicht_viel_geblieben.html [Zugriff vom 14. Mai 2009]

1. Arbeiten Sie die verschiedenen Typen der „Verklärung" heraus. Welche hält Krüger für gefährlich, welche nicht? Wie begründet er seine Auswahl?
2. Inwiefern kann von einer „Ost"- und einer „Westverklärung" gesprochen werden?
3. Diskutieren Sie, wie heute mit der DDR-Vergangenheit umgegangen werden sollte.

In Zeitzeugengesprächen erzählen Menschen über vergangene Zeiten und Ereignisse, die sie selbst erlebt haben. Deren Darstellungen können weder Objektivität noch Repräsentativität für sich beanspruchen. Zeitzeugen berichten nicht über die historische Wirklichkeit, sondern geben lediglich ihre momentanen Erinnerungen und eine bestimmte Sicht auf die Vergangenheit wieder. Dennoch bieten Zeitzeugengespräche die Möglichkeit, von persönlichen Hoffnungen, Enttäuschungen und Einstellungen zu erfahren. Alltags- und sozialgeschichtliche Aspekte können stärker in den Blick genommen werden.

Zeitzeugengespräche als erinnerte Geschichte

Zeitzeugen befragen

Interviewer und Zeitzeugen sollten gemeinsam dazu beitragen, die Ereignisse der Vergangenheit zu rekonstruieren und einseitige Monologe zu vermeiden. Fragen und Nachfragen können dem Interviewpartner helfen, sich an Details zu erinnern und Sichtweisen kritisch zu hinterfragen. Immer ist zu berücksichtigen, dass sich die Erinnerung von Menschen an Vergangenes im Lauf der Jahre ändert. So können beispielsweise in der Zwischenzeit gemachte Erfahrungen Menschen dazu veranlassen, Erlebnisse in der Vergangenheit anders einzuordnen und zu bewerten. Möglicherweise scheuen Zeitzeugen auch davor zurück, damalige Einstellungen oder Persönliches preiszugeben.

Aus diesen Gründen ist es unerlässlich, bei einem Gespräch mit Zeitzeugen Verhaltensmaßregeln zu beachten. In allen Phasen ist die Würde des Gesprächspartners zu achten.

Vorbereitung
- Zu welchem Thema soll ein Zeitzeugengespräch stattfinden?
- Rechtzeitige, persönliche Kontaktaufnahme mit dem/den Zeitzeugen
- Absprache mit dem/den Zeitzeugen: Termin; Kosten; Informieren des Zeitzeugen über Anzahl der Schülerinnen und Schüler, deren Alter und das Unterrichtsthema; Einholen von biografischen Informationen über den Zeitzeugen; Abklären, worüber der Zeitzeuge (nicht) sprechen will. Wie darf das Gespräch festgehalten werden (am günstigsten ist die Aufzeichnung mit einer Kamera, gefolgt von einer Aufnahme mit Diktiergerät oder schriftlichen Notizen)? Ist eine Veröffentlichung der Aufzeichnungen gestattet?
- Bei mehreren Zeitzeugen: Sollen sie gemeinsam oder getrennt voneinander auftreten? Welche Fragen sollten allen oder mehreren Interviewpartnern gestellt werden?
- Erarbeitung eines Fragenkatalogs

Durchführung
- Konzentriertes und sorgfältiges Festhalten des Gesprächs in Form von Stichpunkten und Zitaten. Dabei ist zu kontrollieren:
  Hält sich der Zeitzeuge an die vereinbarten Themen? Wie ist die Körpersprache des Zeitzeugen (Mimik, Gestik, Modulation der Stimme etc.), verändert sie sich während des Gesprächs? Wo widerspricht sich der Gesprächspartner? Was entspricht nicht dem im Unterricht Gelernten?
- Vorsichtiges und höfliches Nachfragen bei Widersprüchen
- Einhalten des Zeitrahmens

Nachbereitung
- Anhören/Ansehen der Aufzeichnungen des Gesprächs
- Gemeinsame Aussprache über den Inhalt des Gesprächs und über das Auftreten des Zeitzeugen; Abgleichen mit den Erwartungen vor dem Gespräch
- Einbetten der Aussagen des Zeitzeugen in den historischen Kontext; Festhalten von Gemeinsamkeiten, Ergänzungen und Widersprüchen zum Unterrichtsstoff
- Präsentation der Ergebnisse, z. B. als Zeitungsartikel oder Ausstellung

Beispiel 1

„Aufgewachsen in der DDR"

Martina F. hat vor dem Zeitzeugengespräch folgende Angaben zu ihrem Lebenslauf gemacht:

Martina F. wurde 1965 in Magdeburg geboren. Durch ihre Eltern, beide Mitglieder der SED, wurde Martina F. im Sinne der Staatsideologie erzogen. Da beide Elternteile berufstätig waren (Vater Ingenieur, Mutter Busfahrerin), kam sie schon im Alter von einem Jahr in eine Kinderkrippe.

5 In der Schule war Martina F. wie viele ihrer Klassenkameraden Mitglied in der *Freien Deutschen Jugend* (FDJ), nachdem sie zuvor schon zu den *Jungen Pionieren* gehört hatte. An den gemeinsamen offiziellen Maidemonstrationen nahm sie gerne teil, zog dafür ihre blaue FDJ-Bluse an, die sie heute noch besitzt. Die Ferienlager nutzte sie als gute Gelegenheit, mit den Freundinnen die Ferien zu verbringen. Bei ihrer Jugendweihe gelobte sie, *„für ein glückliches Leben des*
10 *ganzen deutschen Volkes zu arbeiten und zu kämpfen"* und ihre *„ganze Kraft für die große und edle Sache des Sozialismus einzusetzen"*. Darüber hinaus war es für sie selbstverständlich, in der 8. Klasse in die *Gesellschaft für deutsch-sowjetische Freundschaft* (DSF) einzutreten.

In ihrer Freizeit hörte Martina F. gerne Rockmusik von verschiedenen Gruppen aus der DDR, wie zum Beispiel die „Puhdys", und sah das Jugendfernsehen der DDR. Sie war davon über-
15 zeugt, im Westen herrsche der „Klassenfeind", und lehnte das dortige System kategorisch ab. Ihren Urlaub verbrachte sie an der Ostsee oder am Plattensee in Ungarn.

Martina F. studierte Geschichte und Russisch in Berlin und auch für zwei Semester in Moskau. Ihr Ziel war es, als Lehrerin den Schülerinnen und Schülern die Ideen des Sozialismus nahe zu bringen.

20 Die wachsende Unzufriedenheit der Bevölkerung in den 80er-Jahren registrierte Martina F. kaum, zu sehr war sie mit ihrem Studium beschäftigt. Von der Maueröffnung und der anschließenden Wiedervereinigung wurde sie regelrecht überrascht. Sie kann heute noch nicht richtig nachvollziehen, warum die DDR so rasch verschwand. Die Umstellung auf die neuen politischen und wirtschaftlichen Rahmenbedingungen fiel ihr schwer. Heute arbeitet Martina F. als
25 Lehrerin an einer Regelschule in Thüringen.

Möglicher Fragenkatalog:

- Welche Pflichten und Möglichkeiten hatten Mitglieder der *Jungen Pioniere* und der *Freien Deutschen Jugend*? Welche Verhaltensmaßregeln galten, wie viel Zeit haben Sie pro Woche für Aktivitäten aufgewendet?
- Welche Bedeutung hatte für Sie die *Jugendweihe*?
- Wurde in Ihrer Familie über Politik gesprochen? Waren diese Gespräche auch kontrovers? Wenn ja, um welche Themen ging es dabei?
- Hatten Sie jemals das Bedürfnis, in die Bundesrepublik oder ein anderes westliches Land zu reisen? Wie haben Sie es beurteilt, dass den meisten Bürgerinnen und Bürgern der DDR diese Möglichkeit nicht offenstand?
- Welches Bild von der Bundesrepublik und den anderen westlichen Ländern hatten Sie? Wie sind Sie zu diesen Vorstellungen gelangt? Hat sich Ihr Bild gewandelt?
- Welche Veränderungen in der Stimmung der Bevölkerung vor der Maueröffnung haben Sie registriert?
- Welche Einstellung besaßen Sie gegenüber Mitschülern und anderen Mitbürgern, die eine kritische Haltung gegenüber der Staatsdoktrin oder gegenüber den Verhältnissen in der DDR hatten? Gab es auch kritische Äußerungen von Kommilitonen? Wie haben Sie das Verhalten von staatstreuen gegenüber regimekritischen Mitbürgern erlebt?
- Empfanden Sie einen Unterschied zwischen dem offiziellen Bild vom Leben in der DDR und der gesellschaftlichen Wirklichkeit? Wenn ja, welche Lebensbereiche betraf dies?
- Wie beurteilen Sie heute die Staatsdoktrin und das Leben in der DDR?

	Beispiel 2
Bernd K. hat vor dem Zeitzeugengespräch folgende Angaben zu seinem Lebenslauf gemacht:	

Bernd K. wurde 1962 in Dresden geboren. Er selbst wie auch seine Eltern waren schon immer sehr stark in der evangelischen Kirche engagiert, sein Vater war Pfarrer in einer kleinen Gemeinde bei Dresden, seine Mutter Bibliothekarin. Die Eltern standen der SED ablehnend gegenüber und diskutierten politische Fragen häufig mit ihren Kindern und mit regimekritischen Freunden in der Gemeinde.

Bernd K. trat – wie zwei seiner Mitschüler auch – weder den *Jungen Pionieren* noch der *Freien Deutschen Jugend* bei. Den meisten Mitschülern war dies egal, aber von den Lehrern, die staatstreu waren, wurde er deswegen respektlos behandelt. Die Jugendweihe lehnte er ab. Stattdessen nahm er an der Konfirmation teil.

In seiner Freizeit arbeitete Bernd K. zunächst in einer kleinen Gruppe für den Umweltschutz in Dresden. Dort versuchte man, die Verschmutzung von Wasser und Luft zu messen und zu dokumentieren, doch das war schwierig, weil solche Ergebnisse nicht an die Öffentlichkeit gelangen sollten. Später beteiligte er sich aktiv bei der entstehenden Friedensbewegung. Schon 1982 nahm er am Friedensforum in der Dresdener Kreuzkirche teil.

Aufgrund seiner staatsfernen Einstellung durfte Bernd K. nicht das Abitur machen. Deswegen musste er seinen Wunsch, Chemie zu studieren, aufgeben. Den Dienst in der *Nationalen Volksarmee* verweigerte er; während seines Ersatzdienstes als „Bausoldat" kam es vor, dass er schikaniert wurde. Anschließend absolvierte er eine Lehre als Mechaniker.

Ab 1989 beteiligte sich Bernd K. an den Demonstrationen, die auch für die DDR wie in der Sowjetunion unter Michail Gorbatschow Transparenz und einen Umbau des sozialistischen Wirtschafts- und Gesellschaftssystems forderten. Wie viele andere trat er für eine friedliche Reform der DDR, für einen *„Sozialismus mit menschlichem Antlitz"* ein, und beteiligte sich an den Montagsdemonstrationen in Leipzig. Sofort nach der Maueröffnung begab er sich zu entfernten Verwandten nach Bayern, wo er freundlich aufgenommen wurde.

Einige Jahre nach der Wiedervereinigung konnte Bernd K. seine umfangreiche Stasi-Akte einsehen. Dabei musste er feststellen, dass ihn nicht nur Lehrerinnen und Lehrer, sondern auch Mitschülerinnen und Mitschüler und sogar Mitglieder seiner Umweltschutzgruppe für das Ministerium für Staatssicherheit bespitzelt hatten. Bei einigen hatte er bereits Verdacht gehegt, bei anderen kam die Enttarnung völlig überraschend. Heute arbeitet Bernd K. in einer Werkstatt in Bamberg. Er denkt darüber nach, sein Studium nachzuholen.

Möglicher Fragenkatalog:
- Was waren die Gründe für Ihr unangepasstes Verhalten in der DDR? Haben Sie jemals daran gedacht, es aufzugeben?
- Wie wurden Sie in der Schule von Lehrern und Mitschülern behandelt? Wie äußerte sich deren ablehnende Haltung oder Respektlosigkeit?
- Welches Bild von der Bundesrepublik und den anderen westlichen Ländern hatten Sie? Wie haben Sie Ihre Vorstellungen gewonnen? Hat sich Ihr Bild gewandelt?
- Welche Einstellung hatten Sie gegenüber Mitschülern und anderen Mitbürgern, die eine staatstreue Haltung einnahmen?
- Wie haben Sie Ihre Zeit als „Bausoldat" erlebt?
- Haben Sie je daran gedacht, aus der DDR zu fliehen? Wenn ja, was hat Sie von Ihrem Vorhaben abgebracht?
- Was wussten Sie von Aktivitäten des Staatssicherheitsdienstes im Allgemeinen oder Sie persönlich betreffend? Welche Informationen haben Sie in Ihrer Stasi-Akte gefunden?
- Haben Sie nach der Einsicht in Ihre Stasi-Akten das Gespräch mit denjenigen gesucht, die Sie als Inoffizielle Mitarbeiter bespitzelt haben? Welche Gründe hatten Sie für Ihre Entscheidung? Was empfinden Sie heute gegenüber diesen Menschen?

▲ Selbst gefertigtes Transparent, das auf der Demonstration am 4. November 1989 in Ost-Berlin mitgeführt wurde.
- Erläutern Sie, worauf das Plakat anspielt, und erörtern Sie, ob der Vergleich angemessen ist.

1. Stellen Sie dar, welche Rolle die weltpolitischen Konstellationen des Kalten Krieges für die Verankerung der Bundesrepublik im Westen und der DDR im Osten spielten.

2. Analysieren Sie die gesellschaftspolitischen Herausforderungen und Weichenstellungen der Bundesrepublik in der Ära Adenauer (1949-1963).

3. „Bonn ist nicht Weimar". Mit dieser These betitelte der Schweizer Journalist Fritz René Allemann sein 1956 erschienenes Buch über die Bundesrepublik. Zu dieser Zeit waren Befürchtungen, auch die zweite deutsche Demokratie könne scheitern, noch weit verbreitet. Erläutern Sie, welche Gefahren für die Demokratie bestanden. Belegen Sie die These des Autors.

4. Ein im Jahr 2009 erschienenes Buch über die Geschichte der Bundesrepublik Deutschland trägt den Titel „Die Suche nach Sicherheit". Erörtern Sie, ob dieser Aspekt für die Geschichte der Bundesrepublik entscheidend ist.

5. Fassen Sie die Kennzeichen der sogenannten „68er-Bewegung" zusammen. Bewerten Sie, wie sich ihre gesellschaftlichen und politischen Ziele in der weiteren geschichtlichen Entwicklung auswirkten.

6. Erörtern Sie, ob die „Neue Ostpolitik" der sozial-liberalen Koalition in den 1970er-Jahren eine Abkehr von den Grundpositionen Adenauers bedeutete.

7. Der Historiker Christoph Kleßmann ist der Ansicht, die DDR habe niemals ohne die Bundesrepublik auskommen können. Finden Sie Argumente und Gegenargumente zu dieser Behauptung.

8. Arbeiten Sie heraus, wie in der DDR versucht wurde, die Akzeptanz des SED-Regimes zu steigern. Welche Leistungen, Kosten und Defizite der Wirtschafts- und Sozialpolitik in der Endphase der DDR standen einander gegenüber?

9. Stellen Sie die verschiedenen Formen der Opposition in der DDR dar und beurteilen Sie ihre Ziele und ihre Wirkung.

10. Mit Blick auf die Ereignisse von 1989 hat der Berliner Journalist Thomas Moser folgende These formuliert: „Was 1989 geschah, war eine ganze Revolution, aber im halben Land. Folglich war es eine halbe Revolution im ganzen Land!" Diskutieren Sie diese Aussage.

11. Nehmen Sie Stellung zu folgender These: „Die Berliner Mauer war ein Symbol sowohl für den Verlust der nationalen Einheit der Deutschen als auch für die Unerbittlichkeit im Kalten Krieg."

12. Die Frage, ob Bonn oder Berlin der Regierungssitz des wiedervereinigten Deutschland werden sollte, war heftig umstritten. Nur eine knappe Mehrheit im Bundestag entschied für Berlin. Sammeln und ordnen Sie die Argumente der Debatte und nehmen Sie selbst Stellung.

13. Erläutern Sie die wirtschaftlichen und politischen Probleme sowie die unterschiedlichen gesellschaftlichen Prägungen in der DDR und der Bundesrepublik, die das Zusammenwachsen der beiden deutschen Staaten noch immer schwierig gestalten.

14. Führen Sie eine Podiumsdiskussion durch zum Thema „Die DDR – ein Unrechtsstaat?". Überlegen Sie, welche Bereiche bei der Erörterung dieser Frage berücksichtigt werden müssen.

Literaturtipps

Wolfgang Benz, Auftrag Demokratie. Die Gründungsgeschichte der Bundesrepublik und die Entstehung der DDR 1945–1949, Bonn 2010

Mary Fulbrook, Ein ganz normales Leben. Alltag und Gesellschaft in der DDR, Darmstadt 2008

Jens Gieseke, Der Mielke-Konzern: die Geschichte der Stasi 1945–1990, erweiterte und aktualisierte Neuausgabe, München 2006

Hans-Hermann Hertle und Stefan Wolle, Damals in der DDR. Der Alltag im Arbeiter- und Bauernstaat, München 2006

Andreas Rödder, Geschichte der deutschen Wiedervereinigung, München 2011

Heinrich August Winkler, Der lange Weg nach Westen, 2 Bde., München 2000

Edgar Wolfrum, Die geglückte Demokratie. Geschichte der Bundesrepublik von ihren Anfängen bis zur Gegenwart, Stuttgart 2006

Internettipps

http://www.chronik-der-mauer.de

http://www.deinegeschichte.de
Portal zum Thema „deutsch-deutsche Geschichte"

http://www.deutschegeschichten.de
Infos, Zeitzeugenberichte und viele andere Materialien zur deutschen Geschichte von 1890 bis zur Gegenwart

http://www.dhm.de/lemo/home.html
Informationen und Materialien zur deutschen Geschichte seit 1850

http://www.friedlicherevolution.de

http://www.17juni1953.de
Homepage der Vereinigung 17. Juni 1953 e.V.

http://www.stiftung-aufarbeitung.de
Bundesstiftung, die die Beschäftigung mit Ursachen, Geschichte und Folgen der Diktatur in der Sowjetischen Besatzungszone und der DDR fördern will

http://www.zeitgeschichte-online.de

▶ **Gedenken an die friedliche Revolution von 1989.**
Undatiertes Foto.
Auf dem Kirchhof der Nikolaikirche in Leipzig wurde 1999 eine mit Palmwedeln gekrönte Säule aus dem Kirchenschiff nachgebildet. Die Idee der freistehenden Gedenksäule stammt von dem Leipziger Künstler Andreas Stötzner. Sie steht symbolisch für den Gedanken des Aufbruchs, der aus der Kirche hinausgetragen wird.

▲ **Ein Ausstellungsraum zur Aktenvernichtung in der Gedenkstätte „Runde Ecke" in Leipzig.**
Foto von 2009.
Das riesige Gebäude, das bis 1989 von der Bezirksverwaltung der Stasi genutzt wurde, wird wegen seiner abgerundeten Form auch „Runde Ecke" genannt. Es befindet sich direkt am Leipziger Ring und wurde am 4. Dezember 1989 von Demonstranten besetzt. Heute ist das Museum mit seinem authentisch erhaltenen Stasi-Inventar eine vielbesuchte Gedenkstätte.

Durch Kriege versuchen Staaten, Ansprüche mit Gewalt durchzusetzen. Dabei kann es um Gebiete, Bevölkerungen, Ressourcen oder strategische Positionen gehen. Das 20. Jahrhundert erlebte drei Konflikte, die nicht auf einen Kontinent beschränkt waren, sondern globale Ausmaße hatten:

Seit 1914 kämpften Deutschland und Österreich-Ungarn gegen die westlichen Demokratien und das zaristische Russland um die Vormacht in Europa. 1917 wurde dieser Krieg mit dem Eintritt der USA zum Weltkrieg. Ab 1939 überzog das nationalsozialistische Deutschland Europa mit Krieg, nachdem Hitler zuvor mit Drohungen bereits erhebliche Gewinne erzielt hatte. Der Krieg war durch das deutsche Bündnis mit Japan bereits global, als der Eintritt der USA in den Krieg die Entscheidung zugunsten der Anti-Hitler-Koalition brachte. Während des Zweiten Weltkrieges kämpften die westlichen Demokratien noch gemeinsam mit der kommunistischen Sowjetunion gegen Deutschland. Aber schon vor dem Sieg der Alliierten 1945 wurde deutlich, dass ihre politischen Vorstellungen unvereinbar waren. Die Welt zerfiel in Lager, die sich hochgerüstet gegenüberstanden. Der Krieg blieb „kalt", denn das Zerstörungspotenzial hielt die Blöcke davon ab, die militärische Entscheidung zu suchen.

Kriege werden militärisch gewonnen, die Nachkriegsordnung wird jedoch durch Verträge geregelt. Nach dem Ersten Weltkrieg wollten die Sieger Ersatz für ihre Schäden und Sicherheit vor einem erneuten Angriff. Der Versailler Vertrag legte Deutschland Bedingungen auf, die viele für ungerecht hielten. Daraus erwuchs eine Belastung der deutschen Politik in der Zwischenkriegszeit, die erheblich zum Aufstieg Hitlers beitrug. Die Verhandlungen der Hauptsiegerstaaten des Zweiten Weltkrieges führten zur Teilung Deutschlands in zwei Hälften, die in die gegnerischen Blöcke eingebunden waren. Ein Friedensvertrag kam angesichts der weltanschaulichen Gegensätze nicht zustande. Die deutsche Teilung wurde erst 1990 überwunden. In einem Vertrag zwischen beiden deutschen Staaten und Deutschlands ehemaligen Kriegsgegnern wurde die Vereinigung in Freiheit beschlossen.

In der Vergangenheit wurde auf verschiedene Art mit zwischenstaatlichen Konflikten umgegangen: Die Politiker in Europa sind Hitlers maßlosen Forderungen weit entgegengekommen, konnten den Krieg dadurch aber nicht verhindern. Westdeutschland wählte nach dem Zweiten Weltkrieg die Einbindung in das westliche Bündnis und die Aussöhnung mit Frankreich. Die europäische Einigung sollte Krieg unter den Völkern unmöglich machen. Die Machtblöcke unter Führung der USA und der UdSSR standen mehrfach an der Schwelle zum „heißen Krieg" und fochten an ihrer Peripherie „Stellvertreterkriege" aus. Im geteilten Deutschland erreichte eine Politik des Dialogs der Bundesrepublik mit den Staaten des Ostblocks Erleichterungen für die Menschen. Nach dem Ende der Blockfeindschaft haben kollektive Sicherungssysteme wie die Vereinten Nationen oder die Europäische Union eine neue Bedeutung bei der Friedenswahrung gewonnen.

Die Suche nach dauerhaft friedlichem Zusammenleben im 20. Jahrhundert

Die Weltkriege: Ursachen und Auswirkungen

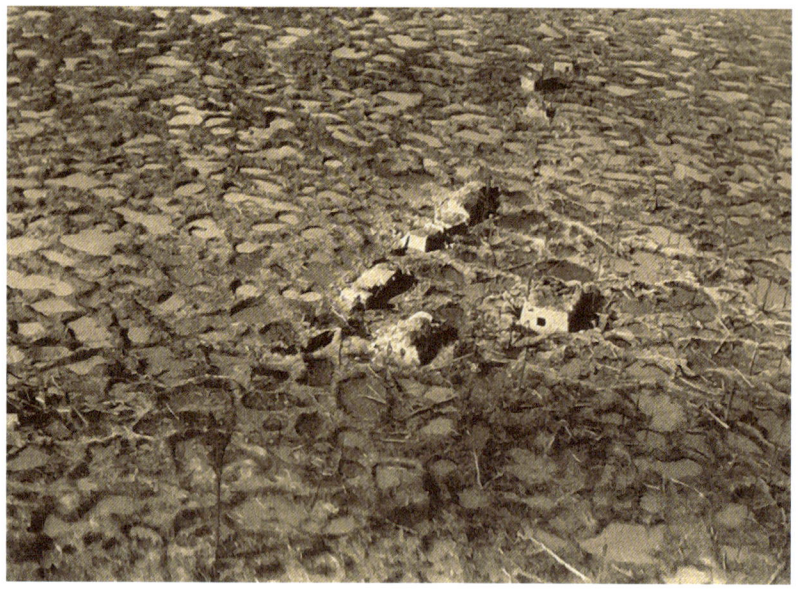

◀ **Luftaufnahme eines ehemaligen Bauernhofs bei Ypern, Belgien (Ausschnitt).**
Foto von 1916 oder 1917.
Wie in jedem Krieg wurde auch im Ersten Weltkrieg die modernste verfügbare Technik in den Dienst des Militärs gestellt. Der Fortschritt hatte den Soldaten aber gegenüber bisherigen Kriegen eine Zerstörungskraft in die Hand gegeben, die ganze Lebensräume verwüsten und in unbewohnbare Kraterlandschaften verwandeln konnte. Jeder der mit Wasser vollgelaufenen Bombentrichter auf dem Foto markiert einen Granateneinschlag.

Vorgeschichte des Ersten Weltkrieges	1912/13	Balkan-Kriege: Die Türkei wird vom Balkan verdrängt, Serbien kann sich vergrößern.
	Juli 1914	Julikrise: Nach der Ermordung des österreichisch-ungarischen Thronfolgers am 28. Juni in Sarajewo eskaliert die politische Lage. Der Krieg zwischen Österreich-Ungarn und Serbien weitet sich durch Bündnisverpflichtungen zum europäischen Krieg aus.
Der Erste Weltkrieg	bis Nov. 1914	Der deutsche Vormarsch kommt zum Stillstand, der Krieg wird zum Stellungskrieg.
	1916	Schlacht um die französische Festung Verdun bringt beiden Seiten hohe Verluste.
	6.4.1917	Eintritt der USA in den Krieg durch Kriegserklärung an das Deutsche Reich.
	Januar 1918	US-Präsident Wilson verkündet eine Friedensordnung für Europa in 14 Punkten.
	3.3.1918	Deutschland schließt in Brest-Litowsk einen Separatfrieden mit Russland, wo in der Oktoberrevolution 1917 die Bolschewiki unter Lenin die Herrschaft übernommen hatten.
	4.10.1918	Deutschland ersucht um Waffenstillstand auf Grundlage der „14 Punkte".
	Nov. 1918	Novemberrevolution: Sturz des Kaisers, neue Regierung schließt Waffenstillstand.
Vorgeschichte des Zweiten Weltkrieges	30.1.1933	Reichspräsident Hindenburg ernennt Hitler zum Reichskanzler.
	1936/37	Deutschland schließt Bündnisse mit Italien, Spanien und Japan.
	März 1938	Hitler erzwingt den „Anschluss" Österreichs an das Deutsche Reich.
	März 1939	Hitler erpresst die Zustimmung Englands und Frankreichs zur Annektion des Sudetenlands.
Der Zweite Weltkrieg	1./3.9.1939	Die Wehrmacht überfällt Polen. Kriegserklärung Großbritanniens und Frankreichs.
	1940	Deutsche Truppen besetzen in „Blitzkriegen" Dänemark, Norwegen, Belgien, die Niederlande und Frankreich.
	1941	Deutschland überfällt die Sowjetunion und erzielt riesige Gebietsgewinne. Nach der Kriegserklärung Deutschlands an die USA wird der Krieg zum Weltkrieg.
	1943	Die 6. Armee kapituliert bei Stalingrad. Joseph Goebbels ruft den „totalen Krieg" aus.
	6.6.1944	Westliche alliierte Truppen landen in der Normandie.
	7./9.5.1945	Die Deutsche Wehrmacht kapituliert bedingungslos.

Eine Epoche der Weltkriege? Heute wird die Zeit von 1914 bis 1945 oft als „Zeitalter der Weltkriege" oder der „Zweite Dreißigjährige Krieg" bezeichnet, wobei der Erste Weltkrieg vielfach als Auftakt für den Zweiten gesehen wird. Trifft dieses Bild zu oder überwiegen in der genannten Periode eher Brüche als Kontinuitäten?

Zur Beantwortung dieser Fragen muss man dem neuartigen Charakter beider Weltkriege nachgehen. Ihr Kennzeichen besteht nicht darin, dass sie mehrere Kontinente erfassten, und auch nicht darin, dass sie rund 90 Millionen Menschen das Leben kosteten. Schon vor 1914 haben europäische Konflikte Asien und Amerika einbezogen, etwa der Siebenjährige Krieg (1756-1763). Allein im Chinesischen Bürgerkrieg (1850-1864) verloren 20 Millionen Menschen ihr Leben, doppelt so viele wie im Ersten Weltkrieg. Die globale Ausdehnung und die riesigen Verluste sind für sich allein kein Merkmal der beiden Weltkriege.

Deren Besonderheit ist vielmehr die zur Totalisierung neigende, industrialisierte Kriegführung. Bereits am Ersten Weltkrieg lassen sich Grundzüge totaler Kriegführung aufzeigen: Der Soldat war Teil einer Kampfmaschinerie, in der die Waffen immer häufiger den Menschen beherrschten. Erstmals wurden im großen Stil Frauen in der Kriegswirtschaft eingesetzt, das weitete den Krieg auf alle Einwohner aus. Der durch Propaganda geschürte Hass auf den Feind führte zu einer Entgrenzung der Kriegsziele. Die Tendenz zur Totalisierung hat sich im Ersten Weltkrieg noch nicht voll entfalten können, da der größte Teil europäischen Zivilbevölkerung aufgrund der festgefahrenen Fronten vom unmittelbaren Kriegsgeschehen nur bedingt betroffen war. Einen Abnutzungskrieg gegen die europäischen Mächte konnte Deutschland nicht gewinnen.

Erst im Zweiten Weltkrieg trat die Radikalisierung zum „Totalen Krieg" offen zutage. Die NSDAP und die Kommunistische Partei der Sowjetunion bemühten sich durch ihre Parteiorganisationen, durch Spitzelsysteme und Polizei um die totale Kontrolle der Menschen in ihren Herrschaftsbereichen. Aus der Erfahrung des Ersten Weltkrieges heraus versuchte die deutsche Führung, in „Blitzkriegen" einen Großraum zu erobern, der zur Führung eines globalen Krieges befähigen sollte. Das gewonnene Gebiet wurde rücksichtslos ausgeplündert. Dabei kalkulierte die deutsche Führung skrupellos den Hungertod von Millionen Menschen ein. Zivilisten und Kriegsgefangene wurden unmenschlich behandelt oder ermordet, Terror war auf deutscher wie sowjetischer Seite Bestandteil der Kriegführung. Das nationalsozialistische Deutschland führte einen rassenideologischen Vernichtungskrieg, der in einem einzigartigen Massenmord an den europäischen Juden gipfelte.

Die Tendenz zur industrialisierten und totalen Kriegführung, die sich, wenn auch in unterschiedlichem Ausmaß, in der totalen Mobilisierung, den totalen Kriegszielen, der totalen Kontrolle und den totalen Kriegsmethoden beider Weltkriege widerspiegelt, erlaubt es, beide Weltkriege als Kriege neuen Typs zu bezeichnen und von einem „Zeitalter der Weltkriege" zu sprechen. Der zweimalige Versuch des Deutschen Reiches im 20. Jahrhundert, innerhalb der Lebensspanne einer einzigen Generation eine Weltmachtstellung zu erkämpfen, rechtfertigt es, die Zeitspanne von 1914 bis 1945 trotz aller erkennbarer Brüche geschichtswissenschaftlich als Epocheneinheit zu behandeln.

▸ *Was verbindet die Weltkriege mit früheren Kriegen, was unterscheidet sie?*
▸ *Warum sprechen manche Historiker statt von der „Epoche der Weltkriege" lieber von einem „europäischen Bürgerkrieg", der in dieser Zeit stattgefunden habe?*
▸ *Welche Kriterien für die Beurteilung der Weltkriege als eigene Epoche treffen auch auf Konflikte der Nachkriegszeit zu?*

Vorgeschichte und Ausbruch des Ersten Weltkrieges

Nationalismus und Imperialismus Die Außenpolitik der großen Staaten war seit etwa 1860 geprägt vom Imperialismus. Am weitesten fortgeschritten war die Entwicklung des britischen Weltreichs; um 1910 gehörte etwa ein Viertel der Erde zum „Empire". Frankreich konkurrierte in Afrika und Südostasien mit Großbritannien um den Erwerb von Land, Russland dehnte seine Herrschaft nach Mittelasien, Japan in den pazifischen Raum aus. Das Deutsche Reich als „späte Nation" nahm nach 1880 an der Aufteilung der Welt teil und musste sich mit vergleichsweise unbedeutenden Kolonien begnügen.

Territoriale Expansion und militärische Stärke waren Schlüsselkonzepte des Nationalismus, der in allen Staaten eine Blüte erlebte. Er überhöhte die eigene Nation und grenzte sie qualitativ von anderen, als minderwertig empfundenen Völkern ab. In Deutschland gehörten dazu Vorstellungen von einer besonderen „Sendung" der Deutschen und von ihrem „Sonderweg" in der Geschichte. Besonders Kaiser *Wilhelm II.** erhob lautstark Anspruch auf einen Platz in der Welt, der dem deutschen Status als Großmacht Rechnung trägt. Nationalismus erfasste alle Schichten, vor allem jedoch das Bürgertum, führte zu einer Identifikation mit dem eigenen Staat und lenkte von sozialen und politischen Schwierigkeiten im Innern ab.

Nationalismus mobilisierte auch zahlreiche Menschen im Vielvölkerstaat Österreich-Ungarn und im Osmanischen Reich gegen die Obrigkeit. Die slawische Bevölkerung wurde sich ihrer sprachlichen und kulturellen Eigenständigkeit bewusst und sah sich durch die fremden, fernen Herrschaften bevormundet und benachteiligt. Immer lauter wurden Stimmen, die nach der Sammlung aller Südslawen in einem autonomen Staat verlangten (Panslawismus).

Flottenwettrüsten Neben der Gewinnung von Territorien gehört auch deren Sicherung und Erhalt zum Imperialismus. Deutschlands Übergang zur Weltpolitik war begleitet von Anstrengungen zum Aufbau einer starken deutschen Kriegsmarine.

Grundprinzip des Flottenbauprogramms war der „Risikogedanke": Für Großbritannien – den Hauptgegner einer deutschen Weltmachtstellung – sollte das Risiko eines Krieges gegen das Deutsche Reich so hoch werden, dass es angesichts des drohenden Verlustes seiner Seemachtstellung zu einer Annäherung oder zu kolonialen Zugeständnissen gezwungen war. Das Gegenteil trat ein: Großbritannien sah seine Vormachtstellung auf den Meeren bedroht. Ein Wettrüsten zur See setzte ein, das auch Frankreich und selbst Österreich-Ungarn erfasste. Aus der allgemein empfundenen Bedrohungslage erwuchs auch eine gewaltige Aufrüstung der Heere sowie der Aufbau erster Luftstreitkräfte (▶ M1).

Machtvakuum auf dem Balkan Seit Beginn des 19. Jahrhunderts wurde das früher mächtige Osmanische Reich, das auch Türkei genannt wurde, durch Aufstände in seinen europäischen Gebieten geschwächt. Drei Jahrhunderte hatte der Balkan unter osmanischer Herrschaft gestanden, nun waren dort selbstständige oder teilselbstständige Staaten entstanden. Das zerfallende Osmanische Reich wurde im 19. Jahrhundert von vielen Europäern als „Kranker Mann am Bosporus" verspottet.

Imperialismus: Vom lateinischen Wort Imperium abgeleitet, bedeutet der Begriff „Herrschaft" oder „Großreichspolitik" und kann als die territoriale Ausdehnung eines Staates über andere Länder und Völker verstanden werden. Im weiten Sinne umfasst der „Imperialismus" das gesamte 19. und frühe 20. Jahrhundert bis zum Ausbruch des Ersten Weltkrieges. Als „klassisches Zeitalter des Imperialismus" oder als Periode des Hochimperialismus gelten jedoch die Jahre zwischen 1880 und 1914, in denen die gesamte nichteuropäische Welt von der europäischen Zivilisation sowie dem westlich-industriellen System durchdrungen wurde. Das Gleichgewicht der Mächte wich einem allgemeinen Prestige- und Rüstungswettlauf.

Nationalismus: weltanschauliches Bekenntnis (Ideologie) zur eigenen Nation und dem Staat, dem man angehört. Auf der einen Seite stand die Überzeugung, dass alle Völker einen Anspruch auf nationale Selbstbestimmung haben, auf der anderen die Hochschätzung des eigenen Volkes. Die Abwertung anderer Nationen trug seit der Mitte des 19. Jahrhunderts zu einem übersteigerten Nationalbewusstsein (Chauvinismus) bei, einem Kennzeichen des Imperialismus und des Nationalsozialismus.

Panslawismus: Bewegung, die die kulturelle Einheit aller slawischen Völker betont. Daraus entstand die Forderung nach staatlicher Einigung.

---

* Siehe S. 144.

Die europäischen Mächte hatten auf dem Balkan unterschiedliche Interessen: *Russland* wollte seinen Einfluss in Europa stärken und den Bosporus und die Dardanellen, die Meerengen zwischen Mittelmeer und Schwarzem Meer, unter Kontrolle bekommen. *Großbritannien* und *Frankreich* sperrten sich gegen solche Expansionspläne. Sie wollten verhindern, dass eine so wichtige Seestraße in russische Hände fiel. Den Briten ging es außerdem darum, die Verbindungswege nach Indien zu kontrollieren und die Ausdehnung Russlands in Asien zu stoppen.

Besonders in *Serbien* träumten viele von der Errichtung eines großen slawischen Einheitsstaates mit Zugang zur Adria (▸ M2). Russland, ebenfalls slawisch und orthodox, betrachtete sich als Schutzmacht der Völker auf dem Balkan. Dagegen mussten *Österreich-Ungarn* die nationalen Unabhängigkeitsbewegungen beunruhigen, denn der Vielvölkerstaat sah die Gefahr einer „Ansteckung" seiner eigenen Minderheiten.

Das *Deutsche Reich* schließlich pflegte gute Beziehungen zum Osmanischen Reich, 1898 hatte sich Kaiser Wilhelm II. zum „Freund aller Muslime" erklärt. Ab 1903 wurde mit deutscher Unterstützung die Bagdadbahn gebaut, die von der europäischen Türkei bis zum Persischen Golf führen sollte. Großbritannien, Frankreich und Russland beobachteten die Beziehungen zwischen dem Deutschen und dem Osmanischen Reich mit Misstrauen.

Imperialistischer Vorstoß Österreich-Ungarns

Solche gegensätzlichen Interessen machten den Balkan in den Jahren vor dem Ersten Weltkrieg zu einem „Pulverfass". Eine große Krise löste Österreich-Ungarn aus, als es 1908 die ehemals osmanischen Provinzen Bosnien und Herzegowina dem eigenen Staatsgebiet vollständig einverleibte. Mit dieser Aneignung verletzte Österreich-Ungarn vor allem die Interessen Serbiens, das sich selbst auf dem Gebiet der schwachen Türkei ausdehnen wollte.

Serbiens Regierung forderte, der frühere Zustand solle wiederhergestellt werden, mindestens müsse Österreich-Ungarn aber zu einer Entschädigung an Serbien bereit sein. Als die Doppelmonarchie diesen Forderungen nicht entgegenkam, mobilisierte Serbien seine Armee. Russland hatte gehofft, als Ausgleich für den Machtzuwachs Österreich-Ungarns endlich freie Fahrt durch die beiden Meerengen zu bekommen. Als diese Rechnung nicht aufging, unterstützte es die Position Serbiens nachdrücklich. Serbien war eigentlich zum Krieg bereit, aber Russland wollte und konnte sich nicht zu militärischer Hilfe entschließen, daher musste Serbien die österreichische Gebietsvergrößerung hinnehmen. Serben und Russen fühlten sich gedemütigt, und in beiden Ländern wuchs die Stimmung gegen Österreich-Ungarn und das verbündete Deutschland.

Zwei Balkan-Kriege

Nicht nur Österreich-Ungarn schlug aus der Schwäche der Türkei Gewinn: 1912 nutzten Bulgarien, Serbien, Montenegro und Griechenland die Gunst der Stunde und eroberten in wenigen Wochen fast das gesamte von ihren slawischen Landsleuten besiedelte Gebiet. Die Türkei war fortan keine europäische Macht mehr.

Der Krieg flammte 1913 noch einmal auf, denn Bulgarien konnte sich mit den übrigen Balkanstaaten nicht über die Verteilung des in Makedonien eroberten Gebietes einigen. Bulgarien wollte plötzlich mehr als ursprünglich vereinbart – und wurde von

▲ „Die Politik der Insektenstiche. Wenn es einen da unten am Balkan juckt, kratzt sich ganz Europa."
Titelblatt der Zeitschrift „Simplicissimus" vom 9. November 1908; die Zeichnung stammt von Thomas Theodor Heine.
■ *Übersetzen Sie die Textzeilen der Karikatur und bestimmen Sie die Intention.*

▲ Der Balkan 1913.

seinen bisherigen Verbündeten sowie Rumänien und der Türkei geschlagen. Es musste sich mit bescheideneren Gebietsgewinnen zufriedengeben.

Die Kriegsereignisse 1912/13 stärkten die russische Position auf dem Balkan. Serbien konnte sein Staatsgebiet fast verdoppeln. Trotzdem fühlte es sich um den Sieg betrogen, weil es nicht den ersehnten Zugang zur Adria gewann. Denn um Serbiens künftige Machtstellung zu begrenzen, hatte Österreich-Ungarn die Bildung des selbstständigen Staates Albanien durchgesetzt (▶ M3).

Russland unterstützte Serbien weiterhin, um das weitere Vordringen Österreich-Ungarns aufzuhalten und seinen eigenen Einfluss zu erweitern (▶ M4).

Mordanschlag auf den Kronprinzen In dieser hochsensiblen Situation stürzte ein Ereignis auf dem Balkan Europa völlig überraschend in eine Krise. Mitglieder eines serbischen Geheimbundes verübten in Sarajewo ein Attentat auf den österreichisch-ungarischen Thronfolger, Erzherzog *Franz Ferdinand*, und seine Frau *Sophie*. Beide waren zum Abschluss eines Manövers nach Bosnien gereist. Die Täter waren heimlich von einflussreichen Kreisen Serbiens unterstützt worden.

Der Friede in Europa war erneut gefährdet, zumal der Rüstungswettlauf inzwischen ein beängstigendes Tempo angenommen hatte und alle Versuche, den Frieden sicherer zu machen, erfolglos geblieben waren. Am 28. Juni 1914 verbreiteten die Nachrichtenagenturen die Blitzmeldung aus Sarajewo: Der österreichische Thronfolger und seine Frau waren an den Folgen des Anschlags gestorben. Attentäter war der 19-jähriger Serbe *Gavrilo Princip*, der der terroristischen Geheimorganisation „Schwarze Hand" angehörte.

Wilhelm II. (1859–1941): 1888–1918 König von Preußen und Deutscher Kaiser. Er setzte den Rücktritt Bismarcks durch. Seine Vorstellungen von Gottesgnadentum und Weltmacht sowie seine Einstellung zum Militär (Militarismus) prägten die „Wilhelminische Gesellschaft".

Reaktionen in Wien und Berlin Das Attentat eröffnete Österreich-Ungarn eine willkommene Möglichkeit, gegen Serbien vorzugehen, denn das Land war offenbar in den Mordanschlag verwickelt (▶ M5). Der deutsche Kaiser **Wilhelm II.** und Reichskanzler *Theobald von Bethmann Hollweg* sagten dem österreichischen Zweibundpartner bereits am 5. Juli uneingeschränkte Rückendeckung für eine militärische Aktion gegen Serbien zu. Die Regierung sah auch deutsche Interessen verteidigt, wenn der Partner Österreich-Ungarn den aufstrebenden Balkanstaat Serbien nicht mehr zu fürchten habe und die Gefahr einer nationalen Sammlung aller Südslawen gebannt wäre. Die Rückendeckung des Deutschen Kaisers wird oft als „Blankoscheck" bezeichnet (▶ M6).

Die Julikrise Trotz der Rückendeckung legte die österreichische Regierung erst vier Wochen nach dem Attentat, am 23. Juli, Serbien ein Ultimatum vor (▶ M7), das international als überzogen betrachtet wurde. Österreich forderte unter anderem die Beteiligung österreichischer Beamter an der Verfolgung der serbischen Verschwörer. Dies sollte Serbien als unfähig zur Aufklärung des Verbrechens hinstellen. Dass Serbien dieses Ultimatum, das seine Souveränitätsrechte infrage stellte, gänzlich annehmen könne, wurde von niemandem ernsthaft erwartet. Vielmehr sollte seine Ablehnung den Vorwand für einen bereits beschlossenen Krieg liefern.

Doch Serbien machte überraschend weitgehende Zugeständnisse. Nur eine direkte Einmischung in seine inneren Verhältnisse lehnte es ab. Trotz mehrerer Vermittlungsversuche Englands brach Wien die diplomatischen Beziehungen zu Serbien ab und erklärte am 28. Juli 1914 den Krieg. Schon am nächsten Tag wurde Serbiens Hauptstadt Belgrad beschossen. Wien hatte damit einen neuen Balkan-Krieg begonnen.

Russland beantwortete den österreichischen Angriff auf Serbien am 30. Juli mit der *Generalmobilmachung* seiner Truppen. Die deutsche Reichsspitze sah die Mobilmachung Russlands als Bedrohung, denn die militärische Strategie hatte sich bereits seit einem Jahrzehnt auf eine Handhabung des drohenden Zweifrontenkrieges festgelegt: Im Kriegsfall wollte Deutschland sich die Schwierigkeiten des riesigen Russland zunutze machen, seine Truppen zu mobilisieren und zur Front zu schaffen. In einem schnellen Feldzug sollte Frankreich bezwungen werden, solange Russland noch nicht voll gefechtsfähig war, um dann den Rücken für den Krieg im Osten frei zu haben. Der *Schlieffen-Plan** engte Deutschlands politischen Spielraum ein, denn jedes Zögern liefe dieser Planung entgegen.

Am 31. Juli richtete Deutschland zwei Ultimaten an Russland und Frankreich: Russland wurde zur Rücknahme der Mobilmachung, Frankreich zur Neutralität im Fall eines deutschen Krieges mit Russland und zur Übergabe von Festungen als Sicherheit aufgefordert. Die Würfel waren zu diesem Zeitpunkt bereits gefallen, denn ein Eingehen auf derartige Forderungen war den Regierungen unmöglich. Deutschland hatte sich für die Ausweitung des Balkan-Krieges zu einem europäischen Krieg entschieden.

Der Krieg beginnt Da ein weiteres Warten die begonnene Aufstellung deutscher Truppen gefährdet hätte, erklärte das Deutsche Reich am 1. August dem Russischen Reich den Krieg. Zwei Tage später folgte die Kriegserklärung an Frankreich, das inzwischen ebenfalls seine Truppen zu den Waffen gerufen hatte.

Am 2. August wurde in Brüssel ein deutsches Ultimatum überreicht, in dem das neutrale Belgien aufgefordert wurde, einem Durchmarsch deutscher Truppen zuzustimmen. Als die belgische Regierung ablehnte, begannen deutsche Truppen unter Bruch des Völkerrechts mit dem Einmarsch. Dies veranlasste am 4. August auch Großbritannien, in den Krieg einzutreten. Mitte August befanden sich schließlich alle europäischen Großmächte im Krieg; dabei kämpften die **Mittelmächte** gegen die Mächte der **Entente**.

Mit dem Krieg sollte jeder politische Streit im Innern ruhen. Der Kaiser drückte das am 4. August 1914 so aus: „Ich kenne keine Parteien mehr, Ich kenne nur Deutsche." Die Sozialdemokraten ließen sich auf diesen „Burgfrieden" ein. Sie stimmten im Reichstag für die Kriegskredite und stellten ihre Forderungen nach mehr Demokratie zurück.

Nach ersten militärischen Erfolgen besprach die Regierung im September 1914 die Kriegsziele. Deutschland sollte wirtschaftlich, politisch und militärisch dauerhaft gesichert werden. Die Wirtschaft und nationale Verbänden drängten darauf, Belgien zu besetzen und Frankreich so zu schwächen, „dass es als Großmacht nicht neu erstehen kann". Russland sollte „von der deutschen Grenze" abgedrängt und „seine Herrschaft über die nichtrussischen Vasallenvölker" gebrochen werden. Außerdem wollte man die deutschen Kolonien auf Kosten anderer Mächte erheblich vergrößern.

▲ **Französischer Staatsbesuch in Russland.**
Foto aus Sankt Petersburg vom 21. Juli 1914.
Frankreichs Staatspräsident Raymond Poincaré war in der Julikrise zu Zar Nikolaus II. gereist, um das russisch-französische Bündnis zu unterstreichen. Österreich übergab das Ultimatum an Serbien am 23. Juli kurz nach Abreise der französischen Delegation, damit die Bündnispartner sich darüber nicht mehr austauschen konnten.

Mittelmächte: Deutsches Reich und Österreich-Ungarn, denen sich das Osmanische Reich und Bulgarien anschlossen

Entente (frz. „Bündnis, Eintracht"): Frankreich, Großbritannien und das Russische Reich mit ihren Verbündeten

---

* Plan des preußischen Generalfeldmarschalls Alfred Graf von Schlieffen (1833 - 1912) von 1905, vgl. dazu S. 150

M1 Aufforderung zur Mäßigung im Flottenbau

Kaiser Wilhelm II. gibt am 13. August 1908 in einem Telegramm an Reichskanzler von Bülow den Inhalt eines Gesprächs wieder, das er in London mit dem Unterstaatssekretär im Foreign Office, Sir Charles Hardinge, geführt hat. Dieser bezweifelt die im Marinejahrbuch „Nauticus" veröffentlichten Daten über das deutsche Flottenbauprogramm:

Er: „Dieser Konkurrenzbauerei muss ein Ende gemacht werden, es muss ein Arrangement getroffen werden, wonach das Bautempo verlangsamt wird. Denn unsere Regierung muss sonst im nächsten Jahr ein großes Programm für Neu-
5 bauten einbringen, für die bei dem Mangel an Mitteln neue Steuern ausgeschrieben werden müssen. Das wird sehr unpopulär sein, das Volk wird murren, und kann vielleicht der Regierung den Hals kosten."
Ich: „Wenn Sie die Tabellen des Nauticus, statt sie für Fantasie
10 zu halten, als richtig akzeptieren, dann würden Sie daraus ersehen, dass ein solches Extrabauprogramm zur Erhaltung Ihres Vorsprungs völlig überflüssig ist. Konkurrenzbau treiben wir nicht, unser Tempo ist gesetzlich festgelegt, die Anzahl der Schiffe desgleichen und Ihnen bekannt. Sie treiben
15 Konkurrenzbau, und zwar eine Konkurrenz, die nur einseitig englisch ist und von Ihrer Admiralität erfunden ist."
Er: „Can't you put a stop to your building? Or build less ships?"
Ich: „Das Maß der maritimen Rüstung Deutschlands richtet
20 sich nach seinen Interessen und Bündnissen, ist ein defensives und bestimmt nicht gegen eine Nation, am wenigsten gegen England gerichtet. Sie sind keine Drohung für Sie, die Sie augenblicklich alle miteinander an Gespensterfurcht leiden."
25 Er: „Aber ein Arrangement müsste doch getroffen werden, um den Bau einzuschränken. You must stop or build slower."
Ich: „Then we shall fight, for it is a question of national honour and dignity." Und dabei sah ich ihm fest und scharf in die Augen. Sir Charles bekam einen feuerroten Kopf,
30 machte mir einen Diener, bat mich um Entschuldigung für seine Worte und ersuchte mich ausdrücklich, dieselben als versehentlich im Privatgespräch gemachte Bemerkungen zu betrachten, welche ich vergeben und vergessen möchte. Das Gespräch war von ihm in ziemlich gereiztem und fast dikta-
35 torischem Ton geführt worden.

Michael Behnen, Quellen zur deutschen Außenpolitik im Zeitalter des Imperialismus 1890-1911, Darmstadt 1977, S. 410f.

1. Beurteilen Sie, inwiefern die hier mitgeteilte Episode als kennzeichnend für die deutsch-britischen Beziehungen gelten kann.

2. Das Gedächtnisprotokoll des Kaisers zeigt ein starkes Engagement beider Gesprächspartner. Vollziehen Sie den Gesprächsverlauf nach und suchen Sie Erklärungen für das Verhalten der beiden Kontrahenten. Halten Sie die scharfe Reaktion des Kaisers und die Entschuldigung Hardinges für seine Formulierungen für angebracht?

3. Sir Charles Hardinge verweist auf die negativen innenpolitischen Folgen eines aufgezwungenen Wettrüstens. Diskutieren Sie, ob grundsätzlich auch positive Auswirkungen des Kriegsflottenbaus denkbar waren.

M2 Großserbischer Nationalismus

Die großserbische Propaganda zielt auf die Vereinigung aller Südslawen in einem großserbischen Reich. Zum fünften Jahrestag der österreichischen Aneignung Bosniens und der Herzegowina und kurz nach dem Sieg der Balkanvölker über die Türkei schreibt die serbische Zeitung „Piemont" am 3.10.1913:

Heute sind es fünf Jahre, dass mittels eines kaiserlichen Dekretes die Souveränität des Habsburger Zepters über Bosnien und die Herzegowina ausgebreitet wurde. Den Schmerz, der an diesem Tage dem serbischen Volke zugefügt wurde, wird das serbische Volk noch durch Jahrzehnte fühlen. [...] Das Volk legt das Gelübde ab, Rache zu üben, um durch einen heroischen Schritt zur Freiheit zu gelangen. Dieser Tag hat die bereits eingeschlafene Energie geweckt, und der wiederbelebte Held wird eines Tages die Freiheit suchen. Heute, wo serbische Gräber die alten serbischen Länder zieren, wo die serbische Kavallerie die Schlachtfelder von Mazedonien und Altserbien betreten hat, wendet sich das serbische Volk, nachdem es seine Aufgabe im Süden beendet hat, der entgegengesetzten Seite zu, von wo das Stöhnen und Weinen des serbischen Bruders gehört wird, wo der Galgen haust. Serbische Soldaten [...] legen heute das Gelübde ab, dass sie gegen die „zweite Türkei" ebenso vorgehen werden, wie sie mit Gottes Hilfe gegen die Balkan-Türkei vorgegangen sind. Sie legen dieses Gelübde ab und hoffen, dass der Tag der Rache naht. Eine Türkei verschwand. Der gute serbische Gott wird geben, dass auch die „zweite Türkei" verschwindet.

Zitiert nach: Österreich-Ungarns Außenpolitik von der Bosnischen Krise 1908 bis zum Kriegsausbruch 1914. Diplomatische Aktenstücke des österreichisch-ungarischen Ministeriums des Äußern, Bd. VIII, 1930, S. 679

1. Erläutern Sie, was mit „zweite Türkei" gemeint ist und warum dieser Begriff gewählt wurde.

2. Ein solcher Zeitungsaufruf darf nicht mit der Politik der serbischen Regierung gleichgesetzt werden. Beurteilen Sie, was man aus Berichten dieser Art ableiten darf.

M3 Die Balkan-Krise 1912/13 – Vorspiel zum Weltkrieg?

Wie stark der europäische Friede schon durch die Balkan-Krise 1912/13 gefährdet gewesen ist, macht der Historiker Michael Stürmer deutlich:

Die Großmachtkonflikte, wenn Angst und Friedenswille einander die Waage hielten und verhandelt wurde, erwiesen sich 1912/13 als noch begrenzbar. Damals begannen Serbien und Bulgarien einen Stellvertreterkrieg für Russland. Griechenland und Montenegro wollten an der türkischen Beute beteiligt sein. Der Balkan sollte für den Panslawismus gewonnen und zur russischen Interessensphäre gemacht werden. Es begann der vorletzte der osmanischen Erbfolgekriege: Der letzte war der Weltkrieg. Die Siege der kleinen Balkanmächte 1912 alarmierten sofort die Wiener Regierung. Denn in Wien konnte man ausrechnen, dass Österreich-Ungarn nach der Türkei der Feind Nummer eins sein werde. Österreich-Ungarn ordnete Teilmobilisierung der Truppen an, Russland erklärte Kriegsbereitschaft. [...]

Bethmann Hollweg warnte deshalb am 2. Dezember 1912 in einer großen Reichstagsrede die Russen, dass sie mit dem Feuer spielten. Darauf erging eine englische Warnung an Berlin, dass die Briten einem großen europäischen Krieg, der zur deutschen Hegemonie führe, nicht tatenlos zuschauen würden: „Die Wurzeln der englischen Politik ... lägen in der hier allgemein verbreiteten Empfindung, dass das Gleichgewicht der Gruppen einigermaßen aufrechtzuerhalten sei. England würde daher unter keinen Umständen eine Niederwerfung der Franzosen dulden können" – so gab der deutsche Botschafter die Warnung des britischen Kriegsministers wieder.

Europa stand am Rande des Weltkriegs, und die Deutschen hielten den Schlüssel in der Hand, der ihn auslösen würde. Jede Ermutigung der Österreicher, denen ein Adriahafen für Serbien der Casus belli[1] war, hätte in Europa den Großbrand entzündet. Obwohl die Öffentlichkeit in Deutschland eine Politik hart am Rande des Krieges guthieß und die Sozialdemokraten im Reichstag den Atem anhielten, wurde der Schlüssel nicht gedreht. Stattdessen trat eine Botschafterkonferenz zusammen, die im Frühjahr 1913 durch die Errichtung des Staates Albanien dem serbischen Drang zur Adria einen Riegel vorschob. Damit war den österreichischen Interessen Genüge getan. Die Chance der kollektiven Sicherheit war bewiesen. Aber das Resultat ließ sich auch anders lesen: Russland wollte das Erbe der Türkei, die Wiener Politik setzte auf Krieg oder Untergang und forderte deutsche Unterstützung, und England würde vor der Entscheidung stehen, gegen die Mittelmächte zu fechten. Hatte sich der Schlüssel zum Krieg doch bewegt? [...]

Der Balkankrieg 1912/13 blieb begrenzt. Und doch hat er, ungeachtet des gemeinsamen deutsch-britischen Krisenmanagements, Europa ein Stück näher an den Großen Krieg geführt. Denn der Großmachtstatus der Donaumonarchie stand, von Russland provoziert, auf dem Spiel, damit aber die Existenz des letzten deutschen Bündnispartners, der zählte. Wenn Österreich zusammenstürzte, das an seinen ungelösten und unlösbaren Nationalitätenfragen dahinsiechende „Kakanien"[2], dann war die Lage Deutschlands auf dem Kontinent bedrängt. Also musste die Donaumonarchie im Kampf um das Erbe der Osmanen gestützt werden, um Prestige zu sammeln und ihre Großmachtrolle weiterhin zu spielen. Zwar wollte die politische Führung in Berlin das Rapprochement[3] mit England, aber gleichzeitig brachten Militärs und Politiker sich selbst in Zugzwang. Statt Optionen zu öffnen für den Ernstfall, und sei es die von Bismarck als Ultima ratio[4] durchdachte Komplizenschaft mit Russland zur Aufteilung der Donaumonarchie, wurde die Existenz des Reiches militärisch und diplomatisch an ein Bündelreich gekettet, das der Mehrzahl seiner Bewohner verhasst war, das dem modernen Nationalismus hilflos gegenüberstand und das von der russischen Weltmacht als sichere Beute betrachtet wurde.

Michael Stürmer, Das ruhelose Reich. Deutschland 1866-1918, Berlin 1983, S. 359 ff.

1. Arbeiten Sie die leitenden Interessen Österreich-Ungarns und Russlands während der Balkan-Krise heraus.

2. Erörtern Sie mögliche Reaktionen der anderen Mächte für den Fall, dass Deutschland Österreich-Ungarn Rückendeckung für ein Vorgehen gegen Serbien gegeben hätte.

3. Beurteilen Sie den Vorschlag, Deutschland hätte als Ultima ratio eine Aufteilung des habsburgischen Vielvölkerstaates in Komplizenschaft mit Russland in Erwägung ziehen sollen.

---

[1] Casus belli (lat.): Anlass zum Krieg, Kriegsgrund
[2] „Kakanien": nach dem Ersten Weltkrieg geprägter, spöttischer Ausdruck für die „k. u. k." Monarchie, die „kaiserliche und königliche" Doppelmonarchie Österreich-Ungarn
[3] Rapprochement (frz.): Annäherung, Verständigung
[4] Ultima ratio (lat.): letztes Mittel, letzter Ausweg in einem Konflikt

◄ „Wie sollen wir uns da die Hand geben?"
Zeichnung aus dem „Simplicissimus" von 1912.

1. Arbeiten Sie heraus, durch welche Maßnahmen die Mächte ihre Kriegsfähigkeit zu steigern suchten.

2. Bei vielen Menschen wuchs angesichts der hohen Rüstungsanstrengungen der europäischen Staaten das Gefühl, dass ein Krieg auf die Dauer unvermeidbar ist. Beurteilen Sie die Berechtigung und die Gefahr einer solchen Schlussfolgerung.

M4 Rüstungsanstrengungen

Ein Historiker stellt die militärische Aufrüstung der Staaten am Vorabend des Weltkrieges gegenüber:

Trotz der räumlichen Begrenzung des Balkan-Krieges und der Erhaltung des allgemeinen Friedens verstärken alle Mächte ihre Rüstungsanstrengungen. Vor allem Österreich muss seine personell wie technisch zurückgebliebenen Streitkräfte
5 auf eine neue Grundlage stellen. Bis 1914 wird die Friedensstärke von 385 000 Mann auf 470 000 gebracht. Die Artillerie-Kraft wird um 60 Prozent angehoben. Russland erhöht die Friedensstärke von 1,2 auf 1,42 Millionen Mann, ergänzt sein Militärabkommen mit Frankreich durch ein Marineab-
10 kommen und erhält französische Finanzhilfen. Während England nur unwesentliche Heeresverstärkungen vornimmt, aber [...] Teile der Mittelmeerflotte in die Nordsee verlegt, führt Frankreich die 3-jährige Dienstzeit ein, verlegt das Einberufungsalter vom 21. auf das 20. Lebensjahr und verstärkt
15 das Landheer auf 750 000 Mann. [...]
Am 30. Juni 1913 stimmen die bürgerlich-konservativen Parteien im Reichstag der Wehrvorlage zu. Sie sieht eine Erhöhung der Friedensstärke des Heeres von 666 000 Mann auf 748 000 im Frühjahr 1914, auf 800 000 im Herbst 1914 und
20 auf rund 900 000 Ende 1915 vor. Zur Finanzierung wird eine einmalige Abgabe von fast 1 Milliarde Mark sowie eine neue laufende Steuer („Reichsbesitzsteuer") erhoben.

Zitiert nach: Jochen Schmidt-Liebich, Deutsche Geschichte in Daten, Bd. 2: 1770 - 1918, München 1981, S. 321

M5 Österreich plant einen Schlag gegen Serbien

In einem Brief an den deutschen Kaiser Wilhelm II. erklärt der österreichische Kaiser Franz Joseph I. am 2. Juli 1914, vier Tage nach dem Attentat von Sarajewo, die Ziele seiner Regierung:

Das gegen meinen armen Neffen verübte Attentat ist die direkte Folge der von den russischen und serbischen Panslawisten (= Anhänger eines slawischen Großreichs) betriebenen Politik, deren einziges Ziel die Schwächung des Dreibundes und die Zertrümmerung meines Reiches ist.
Nach allen bisherigen Erhebungen hat es sich in Sarajewo nicht um die Bluttat eines Einzelnen, sondern um eine wohlorganisierte Verschwörung gehandelt, deren Fäden nach Belgrad reichen. Wenn es auch vermutlich unmöglich sein wird, die Mitwisserschaft der serbischen Regierung nachzuweisen, so kann man wohl nicht im Zweifel darüber sein, dass ihre auf die Vereinigung aller Südslawen unter serbischer Flagge gerichtete Politik solche Verbrechen fördert. Die Andauer dieses Zustandes bildet eine dauernde Gefahr für mein Haus und für meine Länder. [...]
Das Bestreben meiner Regierung muss in Zukunft auf die Vereinzelung und Verkleinerung Serbiens gerichtet sein. [...] Auch Du wirst nach dem jüngsten furchtbaren Geschehen in Bosnien die Überzeugung haben, dass an eine Versöhnung des Gegensatzes, der Serbien von uns trennt, nicht mehr zu denken ist. Die erhaltende Friedenspolitik aller europäischen Monarchen wird bedroht sein, solange dieser Herd von verbrecherischer Agitation in Belgrad ungestraft fortlebt.

Zitiert nach: Günter Schönbrunn, Weltkriege und Revolutionen 1914-1945. Geschichte in Quellen, München 1961, S. 13

1. Arbeiten Sie heraus, was der österreichische Kaiser zu diesem Zeitpunkt über das Attentat zu wissen glaubt und welche Schlussfolgerungen für die Politik er zieht.

2. Untersuchen Sie den Text auf Hinweise darauf, dass die Einschätzung Franz Josephs zu Serbien nicht erst in den Tagen nach dem Attentat entstanden ist.

M6 Der deutsche „Blankoscheck"

Der Botschafter Österreich-Ungarns in Berlin berichtet am 5. Juli dem Wiener Außenminister Berchtold über seine Unterredung mit dem deutschen Kaiser anlässlich der Überreichung des Briefes von Kaiser Franz Joseph (vgl. M5):

Das Allerhöchste Handschreiben und das beigeschlossene Memorandum habe ich Seiner Majestät überreicht. In meiner Gegenwart las Kaiser mit größter Aufmerksamkeit beide Schriftstücke. Zuerst versicherte mir Höchstderselbe, dass er eine ernste Aktion unsererseits gegenüber Serbien erwartet habe, doch müsse er gestehen, dass er infolge der Auseinandersetzungen unseres Allergnädigsten Herrn eine ernste europäische Komplikation im Auge behalten müsse und daher vor einer Beratung mit Reichskanzler keine definitive Antwort erteilen wolle. Nach dem Déjeuner[1], als ich nochmals Ernst der Situation mit großem Nachdruck betonte, ermächtigte mich Seine Majestät, unserem Allergnädigsten Herrn zu melden, dass wir auch in diesem Falle auf die volle Unterstützung Deutschlands rechnen können. Wie gesagt, müsse er vorerst Meinung des Reichskanzlers anhören, doch zweifle er nicht im Geringsten daran, dass Herr von Bethmann Hollweg vollkommen seiner Meinung zustimmen werde. Insbesonders gelte dies betreffend eine Aktion unsererseits gegenüber Serbien. Nach seiner[2] Meinung muss aber mit dieser Aktion nicht zugewartet werden. Russlands Haltung werde jedenfalls feindselig sein, doch sei er hierauf schon seit Jahren vorbereitet, und sollte es sogar zu einem Krieg zwischen Österreich-Ungarn und Russland kommen, so könnten wir davon überzeugt sein, dass Deutschland in gewohnter Bundestreue an unserer Seite stehen werde.

Russland sei übrigens, wie die Dinge heute stünden, noch keineswegs kriegsbereit und werde es sich gewiss noch sehr überlegen, an die Waffen zu appellieren. Doch werde es bei den anderen Mächten der Tripelentente gegen uns hetzen und am Balkan das Feuer schüren. Er begreife sehr gut, dass es Seiner k. und k. Apostolischen Majestät bei seiner bekannten Friedensliebe schwerfallen würde, in Serbien einzumarschieren; wenn wir aber wirklich die Notwendigkeit einer kriegerischen Aktion gegen Serbien erkannt hätten, so würde er es bedauern, wenn wir den jetzigen, für uns so günstigen Moment unbenützt ließen.

Winfried Baumgart (Hrsg.), Die Julikrise und der Ausbruch des Ersten Weltkrieges 1914, Darmstadt 1983, S. 50f.

[1] Déjeuner: Mittagessen
[2] Gemeint ist Kaiser Wilhelm II.

1. *Erklären Sie, warum die hier wiedergegebene Haltung des deutschen Kaisers als „Blankoscheck" zugunsten Österreich-Ungarns bezeichnet worden ist.*

2. *Überprüfen Sie, welche Gründe Deutschland zu so weitgehenden Zusagen an seinen Bündnispartner Österreich-Ungarn veranlasst haben könnten.*

3. *Entwickeln Sie die Begründung einer möglichen ablehnenden Antwort Deutschlands auf das Handschreiben des österreichischen Kaisers (M5).*

M7 Ein Ultimatum, das abgelehnt werden soll

Am 14. Juli 1914 berichtet der deutsche Botschafter in Wien dem Reichskanzler über ein Gespräch mit dem Ministerpräsidenten Ungarns, Graf Tisza. Dieser hat zu Beginn der Krise noch starke Bedenken gegen einen Krieg gegen Serbien vorgetragen, tritt inzwischen aber dafür ein:

Glücklicherweise herrsche jetzt unter den hier maßgebenden Persönlichkeiten volles Einvernehmen und Entschlossenheit. […] Graf Tisza fügte hinzu, die bedingungslose Stellungnahme Deutschlands an der Seite der Monarchie sei entschieden für die feste Haltung des Kaisers von großem Einfluss gewesen. […]
Die Note werde so abgefasst sein, dass deren Annahme so gut wie ausgeschlossen sei. Es komme besonders darauf an, nicht nur Versicherungen und Versprechungen zu fordern, sondern Taten. Bei der Abfassung der Note müsse […] auch darauf Rücksicht genommen werden, dass sie für das große Publikum – besonders in England – verständlich sei und das Unrecht klar und deutlich Serbien zuschiebe.

Günter Schönbrunn, a.a.O., S. 16f.

1. *Geben Sie wieder, welche Aufgaben das geplante Ultimatum Österreich-Ungarns an Serbien erfüllen sollte.*

2. *Das am 23. Juli 1914 überreichte Ultimatum verlangte nicht nur die Auflösung großserbischer Organisationen, die Unterdrückung der gegen Österreich-Ungarn gerichteten Propaganda und Maßnahmen gegen Waffenschmuggel. Die serbische Regierung sollte auch erlauben, dass österreichisch-ungarische Behörden die Aufspürung, Verhaftung und Aburteilung der Terroristen übernehmen. Der russische Außenminister nannte diese Forderungen eine „Herabdrückung Serbiens zum Vasallenstaat Österreichs". Nehmen Sie zu dieser Einschätzung Stellung.*

Kriegsverlauf – Kriegsalltag – Kriegsende

Ausgangslage Die Mittelmächte hatten 118 Millionen Einwohner (Deutschland 67 Mio., Österreich-Ungarn 51 Mio.), die Ententestaaten zusammen 258 Millionen Einwohner. Bei Kriegsbeginn umfasste das Feldheer in Deutschland 2,3 Millionen, in Österreich-Ungarn 1,4 Millionen. Diesen 3,7 Millionen Soldaten konnte die Entente 5,8 Millionen gegenüberstellen.

Die Mittelmächte hatten allerdings den Vorteil der zentralen Lage. Das gut ausgebaute deutsche Eisenbahnsystem ermöglichten eine rasche Verschiebung der Truppen. Deutschland und Österreich-Ungarn konnten damit rechnen, dass die russischen und englischen Heere ihre Kräfte nur langsamer entfalten würden.

Die beiden Verbündeten wollten daher den Krieg schnell entscheiden, bevor die Ententemächte ihre Überlegenheit voll zur Geltung bringen konnten. Bei einem längeren Krieg würde vor allem die Macht Englands zur See gefährlich werden. Tatsächlich wurden die Mittelmächte zu einer belagerten Festung, als Großbritannien am 2. November 1914 die gesamte Nordsee zum Kriegsgebiet erklärte und eine Seeblockade verhängte. Dadurch wurde Deutschland vom Nachschub wichtiger Güter abgeschnitten, während Großbritannien mehrere Hunderttausend Soldaten auf die europäischen Kriegsschauplätze entsenden konnte.

Die Türkei war schon bald nach Kriegsbeginn auf die Seite der Mittelmächte getreten, 1915 folgte Bulgarien diesem Schritt. Die meisten übrigen Länder der Welt schlossen sich im Verlauf des Krieges jedoch dem Lager der Entente an, 1915 sogar das ehemals mit Deutschland und Österreich-Ungarn im „Dreibund" verbündete Italien, 1916 auch Rumänien.

Der Krieg im Westen Deutschland wollte Frankreich in einem schnellen Feldzug besiegen und sich dann gegen Russland wenden. Es nahm keine Rücksicht auf die Neutralität Belgiens und Luxemburgs (**Schlieffen-Plan**). Der Vormarsch der deutschen Truppen in Belgien und Nordfrankreich schien 1914 tatsächlich unaufhaltsam (▶ M1). Die Militärs glaubten, dass ihr Plan aufginge. Schon wurden im Stadtgebiet von Paris Gräben für den erwarteten Verteidigungskampf ausgehoben, die Regierung war bereits aus Paris geflohen. Da kam es zu einer überraschenden Wende: Der deutsche Generalstabschef *Helmuth von Moltke* befürchtete einen Durchbruch der Gegner und gab den Befehl zum Rückzug nach Norden. Der Schlieffen-Plan, der eine weiträumige Umfassung der französischen Armeen vorgesehen hatte, war gescheitert.

Krieg in den Schützenräben Nach furchtbaren Schlachten in Flandern endete im November 1914 der *Bewegungskrieg* an der gesamten Westfront. Von der Küste bis zur Schweizer Grenze entstanden Grabensysteme, Drahtverhaue und Unterstände – zuletzt insgesamt 24 000 Kilometer. In ihnen gruben sich die Armeen regelrecht ein. Alle Durchbruchsversuche blieben, von winzigen Geländegewinnen abgesehen, bis zum Frühjahr 1918 erfolglos. Die Angriffe und Gegenangriffe an der Westfront waren zu „Schlächtereien mit immer wirksameren Mitteln der Massenvernichtung" (Golo Mann) geworden (▶ M2).

Vom Februar bis Dezember 1916 dauerten die Kämpfe vor der französischen Festung *Verdun*. An dieser Stelle, die aus psychologischen Gründen unaufgebbar war, sollte Frankreich nach den Vorstellungen des deutschen Generalstabschefs *von Falkenhayn* „verbluten". In monatelanger Zermürbung standen sich auf engstem Raum

---

Schlieffen-Plan: Er ist benannt nach dem ehemaligen Chef des deutschen Generalstabs, Alfred Graf von Schlieffen. Der bereits 1905 von ihm für einen Zweifrontenkrieg entwickelte Plan sah vor, dass die deutsche Armee mithilfe moderner Transportmittel durch die neutralen Staaten Niederlande, Belgien und Luxemburg vorstößt. Nach einem schnellen Sieg über Frankreich sollten die Armeen dann gegen Russland im Osten marschieren.

Das deutsches Eisenbahngeschütz „Langer Max".
Foto von Mai 1918.
Mit Kanonen dieser Bauart wurden Schussweiten bis zu 47 km erzielt. Noch größere Geschütze konnten 130 km weit schießen.

anderthalb Millionen Soldaten gegenüber. Über 700 000 Männer beider Seiten ließen ihr Leben, bevor der sinnlose Kampf endete. Hier veränderte der Krieg sein Gesicht: Die großen Materialschlachten des Ersten Weltkrieges hatten begonnen. In ihnen wurde versucht, durch den massenhaften Einsatz von Kriegsgerät, Muniton und Menschen den Sieg zu erzwingen.

Kämpfe im Osten Die Hoffnungen der Entente, die Mittelmächte nach Kriegsbeginn durch „russische Massenheere" in Bedrängnis zu bringen, erfüllten sich nicht. Zwei in Ostpreußen eingedrungene russische Armeen wurden – trotz ihrer zahlenmäßigen Überlegenheit – im August und September 1914 unter der Führung des Generals **Paul von Hindenburg** und seines Stabschefs **Erich Ludendorff** geschlagen. Die Siege von Tannenberg und den Masurischen Seen verhalfen beiden Offizieren zu riesiger Popularität. Ab 1916 führten diese beiden Generale die Oberste Heeresleitung (OHL) an und übten eine gewaltige Macht über die Armee und das ganze Land aus.

Die Kämpfe an der Ostfront verliefen wechselvoller als im Westen. Teile Galiziens mussten 1914 der russischen Armee überlassen werden. Die österreichisch-ungarische Armee verlor in diesen Kämpfen etwa ein Drittel ihrer Feldstärke. Jedoch konnte die gefürchtete „russische Dampfwalze" gestoppt werden. 1915 musste Russland sich aus Galizien zurückziehen und auch Teile des Baltikums und Polen räumen. Dann erstarrte auch dieser Kampf im Grabenkrieg. Das Jahr 1916 brachte nochmals russische Erfolge, aber die Angriffskraft der überanstrengten russischen Armeen war damit erschöpft.

Paul von Hindenburg (1847-1934): 1914-1916 Oberbefehlshaber der Truppen an der Ostfront, 1916-1918 Chef des Generalstabs, 1925-1934 Reichspräsident

Erich Ludendorff (1865-1937): 1914 Generalstabschef im Ersten Weltkrieg und gemeinsam mit Hindenburg Oberbefehlshaber der deutschen Truppen an der Ostfront; 1924-1928 Abgeordneter im Reichstag

Der Seekrieg Die deutschen Schlachtschiffe wurden in den Häfen zurückgehalten, da man ihre Vernichtung durch die überlegene englische Flotte nicht riskieren wollte. Die *Seeschlacht im Skagerrak* (1916), bei der den Engländern großer Schaden zugefügt wurde, blieb eine Ausnahme. Dank britischer Überlegenheit bestand die *Seeblockade* fort.

Militärisch und politisch folgenreicher wurde der Einsatz der neuen *Unterseeboote*. Als Reaktion auf die Blockade hatte Deutschland die Gewässer um England im Februar 1915 zum Sperrgebiet erklärt. Man wollte im Gegenzug auch England aushungern. U-Boote versenkten Schiffe, auch neutrale und zivile, und dies zur eigenen Sicherheit oft ohne Vorwarnung („*uneingeschränkter U-Boot-Krieg*"). Die neutralen Staaten waren empört. Im Mai 1915 wurde der britische Passagierdampfer *Lusitania* torpediert und

▲ *Rettungsring der „Lusitania".*

1200 Menschen kamen um. Darunter waren über 100 amerikanische Staatsbürger. Deshalb drohte der Bruch mit den USA. Nach scharfen Drohungen der USA wurde der uneingeschränkte U-Boot-Krieg vorerst (bis 1917) eingestellt.

Zur selben Zeit wurden in Deutschland die Folgen der englischen Seeblockade immer spürbarer: Die Lebensmittelnot der Zivilbevölkerung verschärfte sich. Im „Steckrübenwinter" 1916/17 gab es bereits Hungertote. Trotz der ungeheuren Opfer beider Seiten war aber auch Ende 1916 ein baldiges Ende des Krieges nicht in Sicht.

▲ **Massenherstellung von Granaten.**
Foto aus der Munitionsfabrik Chilwell (Großbritannien), um 1916.

Technik des Todes Der Erste Weltkrieg unterschied sich von früheren Kriegen vor allem durch die Masse an Soldaten und Kriegsmitteln sowie die Größe des Kriegsgebietes. Etwa 64 Millionen Soldaten wurden weltweit mobilisiert, mehr als in jedem Krieg zuvor. Wissenschaftliche Fortschritte und technische Neuerungen wurden umfassend genutzt. Zu Beginn der Kämpfe verfügten die Mittelmächte und die Entente-Staaten zusammen über knapp 600 Flugzeuge. Am Ende des Krieges sollte das Deutsche Reich 48 000, Frankreich 52 000 und Großbritannien 55 000 Flugzeuge gebaut haben. Das Fluggerät wurde zur spezialisierten Waffe, etwa zum Bomber, zum Aufklärer oder zum Jagdflugzeug. Jagdflieger wurden von der Propaganda zu „Rittern der Lüfte" verklärt und sammelten als „Fliegerasse" gegnerische Abschüsse. 28 deutsche Unterseeboote waren zu Beginn des Krieges fertiggestellt; 1918 hatte Deutschland fast 400 Stück gebaut. Um die errstarrten Fronten zu durchbrechen und wieder zum Bewegungskrieg zu kommen, setzte die britische Armee ab 1916 Panzer („tanks") ein.

Die Suche nach immer wirkungsvolleren Waffen führte zur Entwicklung chemischer Kampfstoffe. Frankreich hatte 1914 erstmals Tränengas verschossen. Deutschland setzte im April 1915 bereits tödliches Chlorgas ein, das aus Tausenden Gasflaschen abgelassen wurde (▶ M3). Nach diesem Tabubruch verwendeten alle großen Mächte spezielle Kampfstoffe, die mit Granaten verschossen wurden. Chemische Waffen töteten nicht nur, sondern hinterließen vor allem Verwundete, darunter zahlreiche Kriegsblinde, deren Pflege Kräfte binden sollte. Giftgas wird als die schrecklichste Waffe des Ersten Weltkrieges angesehen.

Der Krieg war bereits 1914 zum Weltkrieg geworden, als Großbritannien die deutschen Kolonien in Afrika und im Pazifik angriff. Mit dem Eingreifen der Vereinigten Staaten von Amerika aufseiten der Entente war 1917 auch die letzte bislang neutrale Großmacht am Krieg beteiligt.

Das „Fronterlebnis" Viele junge Männer waren 1914 in den Krieg gezogen, um „deutsche Kultur" gegen die „dekadente Demokratie" im Westen und die „asiatische Gefahr" im Osten zu verteidigen. Die Propaganda nutzte viele Mittel, um den Kriegsausbruch als ein alle Schichten verbindendes, nationales Erwachen darzustellen.

◀ **Sturmangriff.**
*Foto von 1916.
Das Vorwärtsstürmen auf gegnerische Stellungen war wegen verbesserter Artilleriewaffen besonders verlustreich.*

Was folgte, war jedoch ein jahrelanger Stellungskampf, der riesige Verluste forderte, ohne erkennbar zu einem Kriegsende zu führen. Dies hinterließ tiefe seelische Spuren bei den Soldaten, die sich immer drängender die Frage nach dem Sinn des Kampfes stellten. Besonders die an vorderster Front in den Schützengräben kämpfenden Soldaten entwickelten ihre eigene Sicht auf den Krieg. Sie lagen in Erde und Schlamm eingegraben, bewegten sich meist gebückt und waren Tag und Nacht den Bildern und Geräuschen des Krieges ausgesetzt. Ihre Aufgabe bestand darin, nach Artilleriebeschuss der feindlichen Stellungen vorwärtszustürmen, um den gegenüberliegenden Graben einzunehmen. Beim Ansturm starben Tausende durch Maschinengewehrsalven, Handgranaten oder Flammenwerfer. Viele Soldaten begannen, sich als Teil einer großen Kriegsmaschine zu fühlen. Auf die in ihrer männlichen Kampfgemeinschaft vollbrachten Taten waren sie stolz. Dazu mussten sie aber eine Abstumpfung gegenüber den Leiden des Krieges entwickeln. Der Tod konnte jederzeit über sie hereinbrechen und selbst noch ihren Leichnam zerstören. Werte des zivilen Lebens und Maßstäbe der Friedenszeit verblassten, und eine kriegerische Moral entwickelte sich. Vielen dieser Männer fiel es schwer, sich nach dem Krieg wieder in die bürgerliche Gesellschaft einzugliedern. Sie wurden als „verlorene Generation" angesehen (▶ M4).

▲ **Ersatzstoffe.**
*Foto aus Berlin, 1917.
Weil alle kriegswichtigen Stoffe vorrangig dem Militär zugeteilt wurden, blühten im Zivilleben die sonderbarsten „Ersatzlösungen". Bei diesem Auto sind Gummireifen durch Spiralfedern ersetzt worden.*

Kriegswirtschaft Der Krieg wurde auch hinter den Fronten geführt. Da die Alliierten die Zufuhr von Rohstoffen in das Deutsche Reich blockierten, herrschte bald eine spürbare Knappheit, etwa an Edelmetallen, Kautschuk, Erdöl und Salpeter, alles wichtige Rohstoffe für die Rüstungsindustrie. Deutsche Unternehmen versuchten schnell, Ersatzstoffe zu entwickeln. Die BASF und die neu gebauten Leunawerke stellten Ammoniak her, der zu Salpeter weiterverarbeitet wurde. Die Firma Bayer erzeugte künstlichen Kautschuk für Reifen und Schiffsbatterien. Darüber hinaus zog die Regierung alle kriegswichtigen Rohstoffe ein. Glocken wurden von den Kirchtürmen geholt, Eisengitter abmontiert und eingeschmolzen. Die Industrie wurde unter staatliche Aufsicht gestellt und weitgehend auf die Produktion von Kriegsgütern umgestellt (▶ M5).

Epochenjahr 1917: Eintritt der USA ...

Trotz formaler Neutralität bevorzugten die USA die Entente-Staaten durch Sachlieferungen und Anleihen. Der deutsche U-Boot-Krieg hatte wiederholt das Leben von US-Bürgern gekostet, außerdem entsprach die parlamentarische Regierungsform den amerikanischen Demokratievorstellungen. Die deutsche Admiralität hoffte 1917, durch die Wiederaufnahme des uneingeschränkten U-Boot-Krieges das importabhängige England zu einer Beendigung des Krieges zu zwingen. Dies führte dazu, dass die USA am 6. April Deutschland den Krieg erklärten.

Der Krieg wurde in den USA als Kreuzzug für Frieden und Gerechtigkeit gegen autokratische Macht verstanden. Er sollte nicht der eigenen machtpolitischen Expansion dienen, sondern der Verhinderung weiterer Kriege („*war to end all wars*"). US-Präsident **Woodrow Wilson** war der Meinung, eine künftige Friedensordnung könne auf Dauer nur zwischen „wirklich freien und sich selbst regierenden Völkern" Bestand haben. So war es ein weiteres programmatisches Ziel der USA, die Ideen der Demokratie durchzusetzen. Bei Amerikas Kriegseintritt war die Zarenherrschaft bereits beseitigt (s. u.), daher galten nur noch Deutschland und Österreich-Ungarn als autokratisch regierte Großmächte.

Die idealistischen Ziele des amerikanischen Präsidenten kamen in seinem *14-Punkte-Programm* zum Ausdruck, das er im Januar 1918 vorlegte. Er forderte die Errichtung eines *Völkerbundes*, die Abschaffung der Geheimdiplomatie, Rüstungsbeschränkungen, das Selbstbestimmungsrecht der Völker, die Freiheit der Meere und die Aufhebung von Handelsschranken (▶ M6).

... und Ausscheiden Russlands

Die Mittelmächte schöpften Hoffnung aus Vorgängen in Russland, das unter den Kriegslasten und enormen sozialen Gegensätzen litt. 1917 brachen Streiks und Aufstände unter Arbeitern und Bauern aus, denen sich auch meuternde Soldaten anschlossen. Die *Februarrevolution* führte zum Rücktritt des Zaren und zur Bildung einer bürgerlichen „Provisorischen Regierung". Sie hatte in den Arbeiter- und Bauernräten (*Sowjets*), die sich in Fabriken und Kasernen bildeten, eine entschieden radikalere Konkurrenz. Während die Regierung eine Fortsetzung des Krieges an der Seite der Entente beabsichtigte, forderten viele Sowjets ein schnelles Ende.

Um die auf Kriegsende drängenden Kräfte zu stärken, verhalfen deutsche Behörden dem im Schweizer Exil lebenden Revolutionär **Wladimir Iljitsch Uljanow, genannt Lenin**, zur Rückkehr nach Russland. Mitte April kam er nach Petersburg und arbeitete mit Entschlossenheit auf den Sturz der bisherigen Ordnung und den Aufbau einer sozialistischen Gesellschaft hin. Lenins Parteigänger, die *„Bolschewiki"*, erlangten im September in wichtigen Sowjets die Mehrheit, da sie mit dem Ruf nach unverzüglicher Beendigung der Kämpfe ein entscheidendes Anliegen vieler Russen vertraten.

Am 7. November (25. Oktober russ. Zeitrechnung, daher *Oktoberrevolution*) wurden in der Hauptstadt alle strategisch wichtigen Punkte besetzt und der Sitz der Provisorischen Regierung gestürmt. Ein „Rat der Volkskommissare" unter Vorsitz Lenins erklärte sich zur neuen Regierung. Wie angekündigt schloss sie einen Waffenstillstandsvertrag und trat in Friedensverhandlungen ein. Im März 1918 unterzeichneten die Machthaber den *Frieden von Brest-Litowsk*. Russland musste darin die Unabhängigkeit der Ukraine und Finnlands anerkennen sowie auf seine westlichen Randgebiete verzichten. Große

▲ „The Navy Needs You! ..."
Plakat von James Montgomery Flagg, um 1917.

Woodrow Wilson (1856–1924): Jurist, Historiker und Politiker; 1913–1921 Präsident der USA (Demokrat). Wilson verfolgte soziale Reformen, war im Ersten Weltkrieg um die Neutralität der USA bemüht und engagierte sich für die Errichtung des Völkerbundes. 1920 erhielt er den Friedensnobelpreis für das Jahr 1919.

Wladimir Iljitsch Uljanow, genannt Lenin (1870–1924): russischer Revolutionär, 1917 Anführer der Oktoberrevolution, 1922–1924 Gründer und erster Staatschef der Sowjetunion

deutsche Truppenmassen blieben trotz des Friedensvertrages zur politischen und militärischen Sicherung im Osten gebunden.

Der militärische Zusammenbruch An einen deutschen Sieg war dennoch nicht mehr zu denken, zumal das Kräfteverhältnis immer ungleicher wurde. Bei Beginn der Frühjahrsoffensive waren 300 000 amerikanische Soldaten in Frankreich gelandet, ihre Zahl erhöhte sich bis Oktober auf 1,8 Millionen.

Aus Furcht, gegnerischen Kräften könne ein Durchbruch an der Westfront gelingen, drängten Ludendorff und Hindenburg nach Wochen des Schwankens seit dem 29. September nachdrücklich und nervös auf das sofortige Angebot eines Waffenstillstands. Die Erkenntnis, dass die OHL jetzt offenbar fest mit einer drohenden Niederlage rechnete, traf Politiker und Öffentlichkeit wie ein Schock. Am 4. Oktober beugte sich der neue Reichskanzler Prinz Max von Baden dem Drängen der Militärs und richtete an den amerikanischen Präsidenten ein Waffenstillstandsangebot. Verhandlungen aufgrund der 14 Punkte Wilsons schienen die beste Chance für einen Frieden zu bieten, der trotz der sich abzeichnenden Niederlage die Besiegten nicht zur totalen Kapitulation zwang. Allerdings musste Deutschland mit dem Verlust Elsass-Lothringens und polnisch besiedelter Gebiete im Osten rechnen.

Max von Baden (1867-1929): Großherzog von Baden, preußischer General und 1918 Reichskanzler

Deutschland muss sich unterwerfen Mit Unterzeichnung des Waffenstillstands am 11. November 1918 in einem Eisenbahnwaggon im Wald von Compiègne musste Deutschland dann tatsächlich seine linksrheinischen Gebiete samt einigen rechtsrheinischen Brückenköpfen räumen. Die Ablieferung großer Mengen von Kriegsmaterial und Transportmitteln machte die Wiederaufnahme der Kämpfe unmöglich. Auf englischen Wunsch sollten alle U-Boote ausgeliefert, die Hochseeflotte abgerüstet und in ausländischen Häfen interniert werden.

Die Doppelmonarchie war schon seit Oktober von innen her aufgelöst worden. Nach den Tschechen trennten sich auch Polen, Ukrainer, Rumänen und Südslawen vom Reich, Ungarn erklärte seine Selbstständigkeit. Während Österreich-Ungarn sich in „Nachfolgestaaten" auflöste, konnte die Türkei zumindest ihre staatliche Existenz bewahren.

Körperlich und seelisch Versehrte In 52 Monaten hat der Erste Weltkrieg insgesamt etwa 17 Millionen Menschenleben gekostet, darunter sechs Millionen Soldaten der Entente, vier Millionen der Mittelmächte und sieben Millionen Zivilisten. Etwa 20 Millionen Menschen wurden im Krieg verwundet.

Allein in Deutschland gab es bei Kriegsende rund 2,7 Millionen physisch und psychisch versehrte Kriegsteilnehmer. Kein Körperteil war von Waffeneinwirkungen verschont geblieben; die meisten Verwundungen gingen auf die wahllos einschlagenden Artilleriegeschosse zurück. Sie waren aber auch für seelische Verheerungen verantwortlich. Soldaten, die verschüttet wurden oder in ein Sperrfeuer gerieten, brachen oftmals nervlich zusammen und stellten nach dem Krieg ein Heer von sogenannten „Kriegsneurotikern". Der Anblick von Entstellten und Verstümmelten mit Prothesen gehörte zum Alltag der Nachkriegszeit. Er erinnerte die Öffentlichkeit ständig daran, dass dieser Krieg kein edles, heldenhaftes Kräftemessen, sondern ein vierjähriges „Menschenschlachthaus" war (▶ M7).

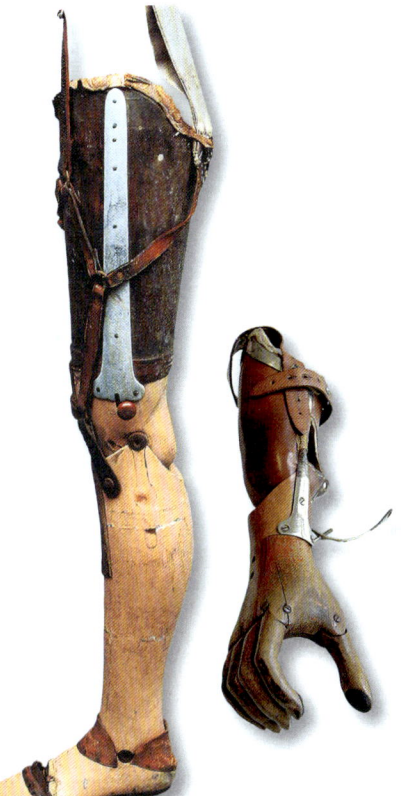

▲ **Künstliche Gliedmaßen.** *Für die zahlreichen Kriegsverletzten wurden neue Prothesen entwickelt, z. B. die „Sauerbruch-Hand".*

M1 Die Schrecken des Bewegungskrieges ...

Der 20-jährige Leutnant Leopold von Sutterheim ist im August – wie viele Soldaten – voller Übermut und Siegeszuversicht in den Krieg gezogen. An seine Mutter schreibt er wenige Tage später:

Mutter, wir siegen. Das weiß ich jetzt, wo ich diesen heiligen Ernst, diese einmütige Ruhe sehe. Auch für Euch, wenn es anders kommen sollte, gilt das Wort: Lieber ein Ende mit Schrecken, als ein Schrecken ohne Ende. Denn der Tod ist der
5 Übel größtes nicht. Es kann der Tod neues Leben erwecken, und erst recht kann er das in diesen Zeiten. Aber wir wollen nicht sterben, denn noch mehr Nutzen hat das Vaterland von uns, wenn wir leben bleiben und danach wieder einen schönen, herrlichen Frieden genießen. Doch wenn es mich trifft,
10 so ist es auch gut. Für Eure Sicherheit, dass Ihr ein ruhiges Leben führt, würde ich gern bleiben. Aber daran denke ich nicht, ich will leben bleiben, um möglichst viel meinem Vaterland dienen zu können. Also als Sieger werde ich wieder Euch umarmen. Tut Eure Pflicht, seid ruhig, ernst! Und wenn
15 dies nicht so kommt, so seid glücklich in ernster, stiller, einsamer Arbeit an unserem Volk. Und nun noch eine Fabel. Als eine Äffin, die viele Kinder hatte, einer Löwin sagte voll Hohn, die nur einen Sohn hatte: „Wie viel Kinder hast Du?" Da sagte die Löwin: „Eins, aber einen Löwen."
20 Der Löwe will ich sein.
Und nun mit Gott für Euch, für mein Volk!

Am 30. August, keine vier Wochen später, schreibt Hauptmann von Frobel, Kompanie-Chef im Braunschweiger Infanterie-Regiment 92, an Sutterheims Mutter:

In der Nacht vom 21. auf den 22. August waren wir für wenige Stunden in dem Dorfe Bouillet untergebracht. Morgens um 2 Uhr am 22. 8. traten wir den Vormarsch an, um bald die
25 Sombre zu überschreiten. Nicht lange nachdem wir den Fluss überschritten hatten, kamen wir in ein Dorf, wie wir später erfuhren, Roselies. Als die Kompanien des Bataillons in Marschkolonnen im Dorfe waren – die Spitze hatte das Dorf schon fast durchschritten – erhielten wir plötzlich rasendes
30 Feuer aus allen Häusern, Gärten, Hecken und wo sonst sich eine Gelegenheit für den Feind bot. Es herrschte vollkommene Dunkelheit, sodass man immer nur das Aufblitzen der feindlichen Schüsse sah. Ich ordnete an, dass sich die Kompanie in dem freien Raum zwischen den Häusern hinlegen
35 sollte. Hier lagen wir etwa eineinhalb Stunden, immerfort vom Feind beschossen. [...] Als es endlich langsam hell wurde, erhielt die Kompanie Feuer aus einem einsam gelegenen weißen Hause und bekam den Befehl vorzugehen. Ich schickte den 3. Zug dagegen vor. Inzwischen hatten sich auf dem auf der Höhe halbrechts vor uns liegenden Walde Franzosen entwickelt und nahmen das Feuer gegen den Ort auf. Ich entwickelte den Zug Ihres Herrn Sohnes, der [...] das Feuer erwiderte. Im Verein mit anderen Kompanien und dem gegen das weiße Haus angesetzten Zug wurde nun der Angriff gegen die auf der Höhe liegenden Franzosen angesetzt. Unter Benutzung der zahllosen Hecken, die das Gelände durchzogen, arbeiteten sich die Schützen bis an einen kleinen, vor uns liegenden Steilabfall heran. Hier fanden sie vollkommene Deckung, konnten aber selbst im Augenblicke nicht schießen. Ihr Herr Sohn, der inmitten seiner Leute in voller Deckung lag, richtete sich einen Augenblick etwas auf, um [...] nach dem Feinde Ausschau zu halten. In dem Augenblick, den er dazu benötigte, traf in das feindliche Geschoss. Die Kugel traf ihn in den Hals und gewiss die Schlagader. Ihr Herr Sohn sagte in dem Augenblick: „Grüßen Sie meine guten Eltern." Dann sank er in sich zusammen und war sofort tot.

Erster und zweiter Text: Tagebuchaufzeichnungen und Brief von Leutnant Leopold von Sutterheim (1894-1914): Bestand des Deutschen Historischen Museums, Berlin. http://www.dhm.de/lemo/forum/kollektives_gedaechtnis/042 [Zugriff vom 19. Januar 2012]

1. Überprüfen Sie, mit welchen Erwartungen Leutnant von Sutterheim in den Krieg zieht. Was will er mit der Fabel von der Äffin und der Löwin aussagen?

2. Bereits seit den ersten Kriegsmonaten durften Soldaten oft nur offene Briefe abschicken, die von ihren Vorgesetzten gelesen und teilweise zensiert wurden. Erläutern Sie die Gründe und die Wirkung dieser Zensur.

M2 ... und die Schrecken des Stellungskrieges

Ein deutscher Feldwebel berichtet in einem Brief von der Front über einen Durchbruchsversuch:

Allmähliches Durchsickern von Nachrichten über die Kriegslage. Franzosen auf einer Front von 15 km Breite in Tiefe von 3 km durchgebrochen. [...] Die Grabenbesatzung, die alles eingebüßt hatte, was sie nicht auf dem Leib trug, kaum noch menschenähnlich. [...] Gräben. Keine Unterstände. Eifriges
5 Auswühlen von Erdlöchern. Vor Morgen aufwachen, vor Nässe und Frösteln. Bei Tagesanbruch setzt das Grauenhafte ein: „Trommelfeuer!" Ich halte mit Unteroffizier Schulte in einem Erdloch. Unaufhörlich erzittert die Erde. Unaufhörlich klingen Abschüsse und Einschläge zusammen, wie zu einem
10 ungeheuren Trommelwirbel. Was 20 bis 30 Meter weiter vor sich geht, kümmert uns bald nicht mehr. Immer wieder platzen die Granaten der Batterien, die unser kurzes Graben-

◀ **Die grausame Wirklichkeit des Krieges.**
*Foto vom 31. Juli 1917.
In einem Unterstand bei Ypern fielen diese drei deutschen Soldaten am ersten Tag der britischen Flandern-Offensive. Insgesamt verloren bei den Kämpfen in Westflandern 1917 rund 220 000 deutsche und 310 000 britische und französische Soldaten ihr Leben. Die Entente-Mächte konnten danach lediglich minimale Geländegewinne verbuchen.*

stückchen zum Ziel genommen hatten, in nächster Nähe mit entsetzlichem Dröhnen. Dabei bröckelt jedes Mal der Dreck von der Decke unserer Höhle. [...] Gegen Mittag steigert sich das Feuer zu wahrer Raserei; höchstens dem Tosen des aufgewühlten Meeres zu vergleichen. Wir harren, auf dem Bauche liegend, dem Boden und der Wand angeschmiegt, in Ergebung der Dinge, die da kommen müssen. Endlich um 5 Uhr legt sich der Sturm. [...]
Unsere Ruhe bedeutet keine Untätigkeit des Feindes. Er versucht jetzt, durch wildes Feuer die Artillerie niederzukämpfen und das Herankommen von Reserven zu verhindern. Endlich ruht die Artillerie ganz. Jetzt heißt's scharf beobachten. [...] Dichte Kolonnen stürmen über das braune Feld in und hinter den Tannenstreifen. Mit Erbitterung schießen meine Leute. [...] Jetzt erwacht auch die Artillerie. Ganze Scharen der Gegner werden von den platzenden Granaten [...] der Mörser begraben. [...] Sie fluten unter Verlusten zurück. Die Nacht war ruhig. Am folgenden Morgen strahlte der Himmel wolkenlos. Aber die feindlichen Fesselballons und ebenso die Flieger, die uns in früher Stunde umkreisen, kündeten nichts Gutes an. Bald setzte das Trommelfeuer ein, aber heute war der Beschuss durch die Flieger vorzüglich geleitet. Schlag auf Schlag platzen Granaten in nächster Nähe. Ein Schrapnellhagel geht über dem Graben nieder. [...] Verwundete stürzen in mein Loch, um sich verbinden zu lassen. Es waren grauenhafte Stunden. [...] Alles deutet auf einen großen Angriff.

(Vizefeldwebel Arthur Goldstein fiel am 7.4.1916 [vermisst].)
Zitiert nach: Kriegsbriefe gefallener deutscher Juden, Stuttgart 1961, S. 50 ff.

Beschreiben Sie das Bild des Krieges, das aus den Schilderungen des Soldaten deutlich wird.

M3 Der erste deutsche Gasangriff bei Ypern 1915

In der zweiten Schlacht vor Ypern setzt die Deutsche Armee erstmals Chlorgas gegen französische Truppen ein. Ein Augenzeuge dieses Angriffs am 22. April 1915 berichtet:

Völlig unvorbereitet auf das, was noch kommen sollte, blickten die (französischen) Divisionen für eine kurze Weile wie verhext auf das seltsame Phänomen, das sie langsam auf sich zukommen sahen. Wie eine Flüssigkeit ergoss sich der schwere, intensiv gefärbte Nebel unerbittlich in die Gräben, füllte sie und zog weiter. Für ein paar Sekunden passierte nichts. Das süßlich duftende Zeug kitzelte nur in der Nase. Sie erkannten nicht die Gefahr, in der sie schwebten. Dann, mit unbegreiflicher Schnelligkeit, begann das Gas zu wirken, und blinde Panik breitete sich aus. Nach einem schrecklichen Kampf um Luft wurden Hunderte bewusstlos und starben, wo sie gerade lagen – ein Tod in abscheulichen Qualen, mit gurgelndem Schaum in ihren Kehlen und übler Flüssigkeit in ihren Lungen. Mit geschwärzten Gesichtern und verdrehten Gliedmaßen ertranken sie einer nach dem anderen – nur kam das, was sie ertränkte, von innen und nicht von außerhalb.

Charles Francis Horne, Source Records of the Great War, Bd. 3, Washington 1923, S. 116, übersetzt von Markus Sanke

1. *Diskutieren Sie, welche Erwartungen die Erfinder der Giftgase an deren Einsatz geknüpft haben könnten.*
2. *Giftgas wurde 1914 von manchen Militärs und Soldaten als menschlicher Fortschritt in der Kriegführung angesehen. Nehmen Sie Stellung zu dieser These.*

M4 Fronterlebnisse mit Leutnant Jünger

Ernst Jünger ist 1914 als Freiwilliger in den Krieg gezogen und kämpft bis 1918 als Stoßtruppführer an der Westfront. Sein ständiges Tagebuch dient ihm nach dem Krieg als Grundlage für sein sehr erfolgreiches Buch „In Stahlgewittern". Über einen nächtlichen Angriff der Engländer im Juli 1917 schreibt Jünger:

Vorm Feinde liegen die Sinne immer auf der Lauer und es ist sonderbar, dass man in solchen Augenblicken bei gar nicht ungewöhnlichen Geräuschen sofort bestimmt weiß: Jetzt ist etwas los! Da kam der nächste Posten angestürzt: „Herr Leut-
5 nant, es gehen 70 Engländer gegen den Waldrand vor!" Ich raffte rasch alles zusammen und ließ eine Schützenlinie formieren, deren Flügel sich an Steilhang und Waldstück lehnten. In einer Minute standen die Leute mit aufgepflanztem Seitengewehr. Während wir den Wiesenstreifen überschrit-
10 ten, setzte von englischer Seite ein Schrapnellhagel und wildes Maschinengewehrgeknatter ein. Wir gingen unwillkürlich in Laufschritt über, um den toten Winkel des vor uns liegenden Hügels zu gewinnen. Gleichzeitig ertönte neben uns das schärfere Krachen englischer Handgranaten, und das
15 Schrapnellfeuer verstärkte sich zu unangenehmer Dichte. Meine Schützenlinie zerflatterte und verschwand in der Richtung auf den Steilhang, der unter schwerem Feuer lag. Plötzlich stieß mich einer an: „Die Engländer!" Wir sprangen auf und rannten dem Steilhang zu. Trotzdem ich über einen
20 tückisch durchs hohe Gras gespannten Draht stolperte und mich überschlug, kam ich doch glücklich an und brachte meine erregten Leute allerdings nur durch Anwendung höchster Energie in eine auf Tuchfühlung gedrängte Schützenlinie.
25 Ich habe immer erfahren, dass in solchen Augenblicken der gewöhnliche Mann, der vollauf mit seiner persönlichen Gefahr beschäftigt ist, die scheinbar unbeteiligte Sachlichkeit des Führers bewundert, der inmitten der tausend entnervenden Eindrücke des Gefechts die Ausführung seines Auftrages
30 klar im Auge hat. Diese Bewunderung hebt jeden ritterlich Gesinnten über sich selbst hinaus und spornt ihn zu immer größeren Leistungen an, sodass Führer und Mannschaft sich aneinander zu gewaltiger Energieentfaltung entzünden. Der moralische Faktor ist eben alles.
35 Da hob sich eine Reihe Schatten aus dem Dunkel. Fünf, zehn, fünfzehn, eine ganze Kette. Zitternde Hände lösten die Sicherungsflügel. Auf 50 Meter waren sie heran, 30, 15 … Feuerr! Minutenlang knatterten die Gewehre. Funken sprühten, wenn Bleikerne gegen Waffen und Stahlhelme wuchteten.
40 Das war der Moment zum Draufgehen. Mit aufgepflanztem Seitengewehr und wütendem Hurra stürmten wir das Wäldchen. Handgranaten flogen in das verschlungene Gestrüpp, und im Nu waren wir wieder im Alleinbesitz unserer Feldwache. Ich selbst konnte mir mit Befriedigung sagen, dass ich durch Überlegenheit über die Situation und persönliche Einwirkung auf meine Leute dem feindlichen Führer eine arge Enttäuschung und ein frühzeitiges Grab bereitet hatte. Wir beiden hatten unsere Fähigkeiten in derselben Weise gemessen, wie es bei kleinen Offiziersübungen in der Garnison üblich ist; nur hatten wir nicht mit Platzpatronen geschossen.

Ernst Jünger, In Stahlgewittern, Berlin ³1922, S. 111-116 (gekürzt)

1. Analysieren Sie die Sprache Ernst Jüngers: Mit welchen Gefühlen schildert er das Kampfgeschehen? Ist seine Einstellung zum Krieg bestimmbar?
2. Stellen Sie eine Vermutung auf, warum Jünger mit solchen Kriegstexten zu einem Lieblingsautor national gesinnter Deutscher nach dem verlorenen Krieg wurde.

M5 Kriegsgewinner

Die folgende Tabelle zeigt die offiziell bekanntgegebenen Reingewinne verschiedener Rüstungsfirmen in jeweiliger Landeswährung (in Millionen):

	Vorkriegsschnitt	1914/15	1915/16	1916/17
Krupp	31,6	33,9	86,5	79,7
DWM	5,5	8,2	11,5	12,7
Rheinmetall	4,3	6,5	14,5	14,7
Skoda-Werke	5,6	6,4	9,4	8,2
Steyr-Werke	2,7	6,7	17,7	18,3
Schneider-Creusot	6,9	9,2	10,8	11,2
Hotchkiss	–	–	2,0	14,0

Nach: Gerd Hardach, Der Erste Weltkrieg 1914-1918 [Wolfram Fischer (Hrsg.), Geschichte der Weltwirtschaft im 20. Jahrhundert, Bd. 2], München 1973, S. 117

1. Finden Sie heraus, in welchem Land die Firmen arbeiteten, was sie hauptsächlich herstellten und welche Entwicklung sie nach dem Ersten Weltkrieg nahmen.
2. Diskutieren Sie die Entwicklung der Gewinne vor dem Hintergrund des Kriegsverlaufs und der erzeugten Güter.

M6 Die „14 Punkte" Präsident Wilsons

Während der deutsch-russischen Friedensverhandlungen von Brest-Litowsk verkündet Präsident Wilson am 8. Januar 1918 vierzehn Punkte eines amerikanischen Friedensprogrammes:

I. Öffentliche Friedensverträge, öffentlich beschlossen, nach denen es keine privaten internationalen Abmachungen irgendwelcher Art geben darf. Vielmehr soll die Diplomatie stets frei und vor aller Öffentlichkeit sich abspielen.
II. Absolute Freiheit der Schifffahrt auf der See außerhalb der territorialen Gewässer sowohl im Frieden wie im Kriege [...].
III. Soweit als möglich die Aufhebung sämtlicher wirtschaftlicher Schranken und die Fortsetzung gleichmäßiger Handelsbeziehungen zwischen sämtlichen Nationen [...].
IV. Angemessene Garantien, [...] dass die nationalen Rüstungen auf den niedrigsten Grad, der mit der inneren Sicherheit vereinbar ist, herabgesetzt werden.
V. Eine freie, offenherzige und absolut unparteiische Ordnung aller kolonialen Ansprüche [...].
VI. Die Räumung des gesamten russischen Gebietes.
VII. Belgien, dem wird die ganze Welt zustimmen, muss [...] geräumt und wiederhergestellt werden. [...]
VIII. Das gesamte französische Gebiet muss befreit und die verwüsteten Teile wiederhergestellt werden. Ebenso müsste das Frankreich durch Preußen 1871 in Sachen Elsass-Lothringen angetane Unrecht, das den Weltfrieden nahezu fünfzig Jahre bedroht hat, berichtigt werden, um dem Frieden im Interesse aller wieder Sicherheit zu verleihen.
IX. Eine Berichtigung der Grenzen Italiens sollte gemäß den klar erkennbaren Nationalitätenlinien bewirkt werden.
X. Den Völkern Österreich-Ungarns [...] sollte die freieste Möglichkeit autonomer Entwicklung gewährt werden.
XI. Rumänien, Serbien und Montenegro sollten geräumt werden [...].
XII. Dem türkischen Teil des gegenwärtigen ottomanischen Reiches sollte eine gesicherte Souveränität gewährleistet werden, [...] und die Dardanellen sollten dauernd als freier Durchgang für die Schiffe und den Handel aller Nationen unter internationalen Garantien geöffnet werden.
XIII. Ein unabhängiger polnischer Staat sollte errichtet werden, der die von unbestreitbar polnischer Bevölkerung bewohnten Gebiete umfassen soll, denen ein freier und sicherer Zugang zum Meere gewährleistet und dessen politische und ökonomische Unabhängigkeit sowie dessen territoriale Integrität durch internationalen Vertrag garantiert werden sollen.
XIV. Eine allgemeine Gesellschaft der Nationen muss aufgrund eines besonderen Bundesvertrages gebildet werden zum Zwecke der Gewährung gegenseitiger Garantien für politische Unabhängigkeit und territoriale Integrität in gleicher Weise für die großen und kleinen Staaten.

Günter Schönbrunn, Weltkriege und Revolutionen 1914-1945. Geschichte in Quellen, München 1980, S. 104 ff.

1. *Die Reichsregierung ersuchte Wilson am 3./4. Oktober 1918 um die Vermittlung eines Friedens auf der Grundlage dieser 14 Punkte. Stellen Sie fest, zu welchen Zugeständnissen das Reich bereit sein musste.*
2. *Arbeiten Sie heraus, welche für das künftige Zusammenleben der Völker wichtigen Programmpunkte Wilsons Botschaft an den amerikanischen Kongress enthält. Welcher dieser Vorschläge erscheint Ihnen besonders wert, verwirklicht zu werden?*

M7 Körperliche und seelische Verheerungen

Erich Kuttner ist während des Krieges Soldat. Später wird er SPD-Reichstagsabgeordneter und gründet den „Reichsbund der Kriegsbeschädigten". 1920 schildert er einen Besuch in einer Berliner Spezialklinik für Gesichtsverletzte:

Wie viele Berliner ahnen eigentlich, dass es noch ca. 20 Lazarette in Berlin mit über 20 000 Insassen gibt, gefüllt mit Opfern des nun schon seit fast zwei Jahren beendeten Krieges? Und wie viele von denen, die es wissen, haben sich jemals die Frage vorgelegt, wie der Körper eines Menschen aussehen muss, der nach zwei-, nach drei-, nach fünf- und sechsjähriger Behandlung noch immer nicht entlassen werden kann, obwohl bei der Entlassung der Kriegsbeschädigten alles andere als zimperlich verfahren wird. Das sind keine Kriegsbeschädigten mehr, das sind die Kriegszermalmten! [...] Die Lazarettkommission, die von den Berliner Lazarettinsassen als ihre Vertretung gewählt worden ist, hatte mich zu einem Besuch mehrerer Lazarette eingeladen. [...] Die Studienreise begann in dem Versorgungslazarett Thüringer Allee, das in einsamer Verlassenheit weit draußen in Westend liegt. Dort liegen die Menschen, denen der Krieg das edelste und schönste des menschlichen Aussehens genommen hat – so schaurig es sich ausspricht: Menschen ohne Gesicht.
Auf die Bitte der Lazarettkommission tritt in das kleine Geschäftszimmer [...] ein Mann, der quer über die Mitte des Gesichts eine Binde trägt. Er nimmt sie ab und ich starre in ein kreisförmiges Loch von der Größe eines Handtellers, das von der Nasenwurzel bis zum Unterkiefer reicht. Das rechte Auge ist zerstört, das linke halb geschlossen. Während ich mit dem Mann rede, sehe ich das ganze Innere seiner Mundhöhle offen vor mir liegen: Kehlkopf, Speiseröhre, Luftröhre wie bei einem anatomischen Präparat. [...]

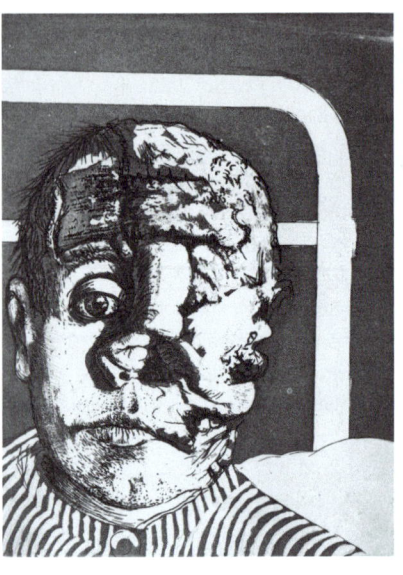

▲ **Die Schrecken des Krieges.**
Links: „Verwundeter (Herbst 1916, Bapaume)", rechts: „Transplantation". Radierungen von Otto Dix, 1924.
„Ich habe den Krieg genau studiert, man muss ihn realistisch darstellen, damit er auch verstanden wird." So äußerte sich der Künstler Dix rückblickend selbst über sein grafisches Hauptwerk „Der Krieg", das 1924 in einem Berliner Verlag veröffentlicht wurde. Der aus 50 Blättern bestehende Zyklus verweist nicht nur auf die grauenhaften Grabenkämpfe, die in den Materialschlachten des Ersten Weltkrieges ausgetragen wurden, sondern mit seinen Bildern demaskiert Dix in abschreckender Weise auch den Moloch Krieg als solchen.
■ Informieren Sie sich über Leben und Werk von Otto Dix und erklären Sie, was den Künstler zum „Kriegsberichterstatter" werden ließ.

[Seine Behandlung] wird noch fünf Jahre dauern. Einstweilen hat der Mann seine achtzehnte Operation überstanden. Bald darauf lerne ich Leute mit 30 und 36 Operationen kennen. Man hat die unbequeme Existenz dieser Kriegsopfer vergessen. Im Westend zeigt man mir eine Sammlung von Gipsmasken, die von den Kieferverletzen bei ihrer Einlieferung angefertigt wurden. Das zusammengeflickte Gesicht wird dann später ebenfalls abgegipst und zum Vergleich aufgehoben. Warum versteckt man diese Denkmäler des Schreckens?

Im Weltkrieg nehmen seelische Erkrankungen in erschreckendem Maße zu. Die Psychiatrie hat kaum Erfahrung mit schwer traumatisierten Personen. Auszug aus einer Krankenakte:

Fall 421. 25-jähriger Offizier. 1915 Oberarmdurchschuss. Unterstand durch Volltreffer verschüttet (1917). Versucht sich mit seinen Kameraden auszugraben. Letztere verlässt allmählich die Kraft. Sie starben wohl an Erstickung; der Kranke kann nichts darüber angeben. Auch er fühlt zunehmenden Luftmangel. Eine zweite Granate öffnet den verschütteten Unterstand. Dadurch gerettet. Seither nervöse Angstzustände, Schlaflosigkeit, Schreckträume, Erregbarkeit. „Fühlt immer wieder Atemnot, glaubt ersticken zu müssen", dreimonatige Behandlung bringt keinen Erfolg, daher Verlegung in das Nervenlazarett. Starker, früher stets gesunder, intelligenter, strebsamer Mann.

Erster Text: Erich Kuttner, Vergessen! Die Kriegszermalmten in Berliner Lazaretten, in: Vorwärts vom 8. September 1920, zitiert nach: Bernd Ulrich und Benjamin Ziemann (Hrsg.), Frontalltag im Ersten Weltkrieg. Quellen und Dokumente, Dok. 20 i, S. 92f.
Zweiter Text: ebda., Dok. 21 d, S. 103

1. Finden Sie mögliche Antworten auf die Frage am Ende des Zeitungsberichts.
2. Informieren Sie sich über die körperlichen und seelischen Folgen von Kriegen nach dem Ersten Weltkrieg bis in unsere heutige Zeit.
3. Diskutieren Sie mögliche Folgen für eine Gesellschaft, die solche Kranke integrieren muss. Beziehen Sie das Männerbild der Zeit in Ihre Überlegungen ein.

Karten als Informationslandschaft

Karten ermöglichen eine Orientierung im Raum. Während *topografische Karten* ein möglichst wirklichkeitsgetreues Abbild der Erdoberfläche zeichnen wollen, geben *thematische Karten* die Lage und Verteilung von beliebigen Merkmalen im Raum an. Thematische Karten, die nicht aktuelle Zustände abbilden, sondern Daten aus der Vergangenheit, werden als *Geschichtskarten* bezeichnet. Alle Daten, die einen geografischen Bezug haben, können auch kartiert werden: Grenzen und Wege, Einwohnerzahlen und Wahlergebnisse, Klima und Verkehr, Ethnien und Religionen, Konkurse und Aufstände. Ein Kartenblatt kann *Gleichzeitiges* darstellen, es kann aber auch *Ungleichzeitiges* symbolisieren und damit Entwicklungen über längere Zeiträume veranschaulichen.

Mit Karten arbeiten

Als maßstäblich verkleinerte, auf das jeweils Wesentliche reduzierte und durch vielfältige Symbole kodierte „Raummodelle" stellen Karten Sachverhalte aus Politik, Wirtschaft, Kultur oder Gesellschaft zu einer bestimmten Zeit in einem ausgewählten Raum dar. Sie sind dennoch keine „neutralen" oder „objektiven" Medien – ganz im Gegenteil: Seit Karten angefertigt werden, sind sie das Ergebnis einer Weltinterpretationen ihrer Erzeuger. Sie spiegeln nicht nur das Wissen und Denken ihrer Entstehungszeit wider, stets werden sie auch in einer bestimmten Absicht angefertigt. Karten können verschiedene Darstellungsabsichten verfolgen: Sie können Handels- oder Gewerbeinteressen dienen oder bestimmte kulturelle oder politische Wertschätzungen zum Ausdruck bringen. Sie können Herrschaftsansprüche legitimieren, indem sie strittige Grenzverläufe in bestimmter Weise fixieren oder durch Ausklammerung einem Volk oder Staat das Existenzrecht absprechen. Damit beeinflussen Karten das Geschichtsbild oder die aktuelle Weltsicht des Betrachters oft deutlich mit. Für die Arbeit mit Karten ist deshalb die Kenntnis des historischen und thematischen Hintergrunds genauso wichtig wie die Übersetzung der Legende und der Symbole.

Formale Kennzeichen
- Um welchen Kartentyp handelt es sich?
- Wer hat die Karte entworfen oder in Auftrag gegeben?
- Wann und wo ist die Karte entstanden oder publiziert worden?

Karteninhalt
- Auf welchen Raum, welche Zeit und welches Thema bezieht sich die Karte?
- Welche Bedeutung haben die Farbflächen (Länder, Glaubensrichtungen etc.), welche die Symbole (Orte, Bodenschätze, Güter, ihre Menge, Handelswege oder Ereignisse)?
- Lässt sich durch den Vergleich mit anderen Karten/weiteren Quellen feststellen, ob bestimmte Gegebenheiten oder Entwicklungen hervorgehoben oder ausgeklammert werden?

Historischer Kontext
- In welchen historischen oder politischen Zusammenhang lässt sich die Karte einordnen?
- Welche Ursachen, Entwicklungen und Folgen lassen sich aus der Karte ablesen?

Intention und Bewertung
- An welche Adressaten wendet sich die Karte?
- Welche Aussageabsicht verfolgt sie?
- Auf welche wissenschaftliche oder politische Diskussion geht sie ein?
- Ist eine bestimmte Sichtweise, eine politisch-ideologische Zielsetzung erkennbar?
- Welche Fragen kann die Karten beantworten, welche nicht?

Methoden-Baustein

Sprachverteilung und Krisenherde nach dem Ersten Weltkrieg

Flächenfärbung
Volksgruppe nach Legende: Russen

„Inselgebiete" (Enklaven)
überwiegend polnisch besiedelte Gebiete, umgeben von weißrussischen Mehrheiten

Ethnisch gemischte Gebiete
Polen und Deutsche leben zusammen im selben Raum.

Grenzen 1918/23
mit schwarzer, dünner, unterbrochener Linie eingetragen

Grenzen 1914
mit kräftiger Farbe und dicker Linie angegeben

„Krisenherde"
laut Legende „infolge der Pariser Vorortverträge"

Kartenlegende
Anders als in der Überschrift angegeben, werden hier Völker, nicht Sprachen genannt („Polen", nicht „Polnisch").

Indogermanische Familie
Slawische Gruppe: Sorben, Polen, Kaschuben, Tschechen, Slowaken, Slowenen, Kroaten, Bosniaken, Serben, Kraschowaner, Christliche Slawen in Makedonien, Bulgaren, Russen, Weißrussen, Ukrainer
Germanische Gruppe: Dänen, Norweger, Schweden, Niederländer, Friesen, Deutsche
Griechische Gruppe: Griechen
Albanische Gruppe: Albaner
Romanische Gruppe: Franzosen, Italiener, Rätoromanen, Ladiner, Friauler, Rumänen, Aromunen
Lettisch-litauische Gruppe: Letten, Litauer

Ural-Familie
Finnisch-ugrische Gruppe: Finnen, Esten, Ungarn

Altaische Familie
Turk-Gruppe: Türken, Gagausen, Tataren, Krimtataren

Semitisch-hamitische Familie
Semitische Gruppe: Malteser

■ Städte mit mehr als 50 000 Juden
• Städte mit mehr als 10 000 Juden
— Grenzen 1914
--- Grenzen 1918/23
○ Krisenherde infolge der Pariser Vorortverträge

Putzger. Atlas und Chronik zur Weltgeschichte, Berlin ²2009, S. 234

Formale Kennzeichen Die thematische Karte entstammt einem Geschichtsatlas und ist darin auf einer Doppelseite mit der Überschrift „Krisenherde in Europa nach 1918" abgebildet. Sie ist im Jahr 2009 erstellt worden und spiegelt somit den aktuellen Forschungsstand wider.

Karteninhalt Der abgebildete Raum umfasst Mittel- und Osteuropa und den Nordostteil der Mittelmeerwelt. Die Eintragungen der Karte kombinieren drei verschiedene Sachverhalte: Mit *Flächenfärbungen* werden die im Raum vertretenen Sprachen angegeben. Sie sind nach Herkunft und Verwandtschaft zu Sprachfamilien gruppiert, für die jeweils ähnliche Farbtöne verwendet werden, etwa grün und gelb für slawische, blau für germanische, rot für romanische Sprachen. Mit *Liniensymbolen* werden die Staatsgrenzen im Kartenraum angegeben. Dicke, rote Linien markieren die Grenzen im Jahr 1914, vor Ausbruch des Ersten Weltkrieges. Dünne, schwarze, unterbrochene Linien geben die staatsrechtlichen Ergebnisse der Friedenskonferenzen nach dem Ersten Weltkrieg wieder („Pariser Vorortverträge"). Mit roten *Kreissymbolen* sind Krisenherde eingetragen, die aus der europäischen Nachkriegsordnung resultierten. Die Konflikte sind mit einem Stichwort benannt, die Größe des Kreises scheint die geografische Ausdehnung und/oder die Intensität des Konfliktes anzugeben.

Historischer Kontext Die Niederlage der Mittelmächte im Weltkrieg hatte erhebliche territoriale Veränderungen zur Folge. Das Deutsche Reich sollte zu seiner Schwächung und zur Entschädigung seiner Gegner Gebiete verlieren. Das in Nationalstaaten zerfallende Österreich-Ungarn machte die Festlegung neuer Grenzen erforderlich. Schon während des Krieges hatte die Entente Staaten, die sich auf ihre Seite schlugen, Gebietsgewinne nach dem Krieg versprochen, ebenso war die Wiederherstellung eines polnischen Staates Ziel der Alliierten. Treibende politische Kraft im Darstellungszeitraum war der Nationalismus, der nach staatlicher Souveränität verlangte und eine machtpolitische Ausdehnung des eigenen Territoriums oder die Abwehr fremder Annexionen anstrebte.

Intention und Bewertung Die Karte knüpft einen Zusammenhang zwischen dem Ausbruch von Konflikten und den neuen Grenzen. Als Begründung bietet sie die Gemengelage der Nationalitäten in Ostmitteleuropa an. Krisen entstehen demnach dort, wo Angehörige ethnischer Minderheiten unter die politische Herrschaft einer Mehrheitsbevölkerung geraten.
Tatsächlich wurden – entgegen den Ankündigungen Wilsons – auf den Friedenskonferenzen Grenzen gezogen, die oft keine Rücksicht auf die betroffene Bevölkerung nahmen: Die Abtretung großer Gebiete an Polen hat die dortige deutsche Bevölkerung ebenso verbittert wie die österreichischen Südtiroler ihre Annektion durch Italien.
Die Kartierung der „Sprachverteilung" vereinfacht jedoch die Verhältnisse. Die meisten Gebiete waren keineswegs ethnisch homogen besiedelt, abgebildet ist nur die jeweilige Mehrheit. Auch waren keineswegs alle Volksgruppen verfeindet oder verlangten nach Zugehörigkeit zu einem ethnisch einheitlichen Staat.
Unbeleuchtet bleibt die Art der Krisen und ihre Akteure: Die Rheinländer leisteten passiven Widerstand gegen Anordnungen der alliierten Verwaltung, die Übernahme Siebenbürgens durch Rumänien ging mit Entrechtung und Enteignungen einher, Fiume wurde von einer paramilitärischen Truppe besetzt, Griechenland und die Türkei führten regulären Krieg.
Die dargestellten Konflikte stehen in einem ursächlichen Zusammenhang mit den Pariser Vorortverträgen. Ob sie jedoch tiefere Wurzeln hatten, durch interessierte Kreise instrumentalisiert wurden oder durch andere Vertragsregelungen vermeidbar gewesen wären, muss für jeden Einzelfall entschieden werden.

Die Entfesselung des Zweiten Weltkrieges

Nationalsozialistische Ideologie und Krieg Die Bewegung des Nationalsozialismus entstand nach der Niederlage des Deutschen Reiches im Ersten Weltkrieg als eine von vielen radikal antidemokratischen und nationalistischen Gruppierungen. Ihre Anhänger waren Soldaten, die den Ausgang des Krieges nicht verkraftet haben, Kleinbürger, die in den Nachkriegsverhältnissen nicht Fuß fassen konnten, Abenteurer, denen der Kampf gegen Feinde aller Art zur zweiten Natur geworden war, und Intellektuelle, die rassistische und verschwörungstheoretische Erklärungen für die Niederlage der Mittelmächte entwickelten.

Einige dieser Gruppen und Parteien verschwanden bald, andere ließen sich widerwillig auf das parlamentarische System ein. Die NSDAP unter ihrem „Führer" **Adolf Hitler** behielt ihre fundamentale, militante Gegnerschaft zur Republik von Weimar bei und sammelte die Kräfte am rechten Rand der Gesellschaft. Der verlorene Krieg blieb ihr wichtigster Bezugspunkt, aus ihm wurden die wesentlichen Bestandteile ihrer politischen Ideologie abgeleitet: Mit Rassismus wurde der Gang der Geschichte als „Rassenkampf" gedeutet, Antisemitismus, der an die Judenfeindschaft des 19. Jahrhunderts anknüpfte, lieferte das dominierende Feindbild. Die Idee der „Volksgemeinschaft" erklärte alle Deutschen zu einer verschworenen Schicksalsgruppe, und die Lehre vom Lebensraum im Osten verhieß eine Zukunft in Wohlstand für alle Deutschen (▶ M1).

Diese ideologischen Versatzstücke gaben auch Handlungsanweisungen für eine zukünftige Politik vor: Die Deutschen hätten – als „rassisch wertvolles Volk" – ein Anrecht darauf, zu wachsen und sich in Europa auszudehnen. Nach angeblich ewigen Naturgesetzen habe Deutschland das Recht, seinen Raum mit Gewalt auf Kosten anderer, weniger starker Völker auszudehnen. Krieg wurde nicht als letzte Möglichkeit der politischen Auseinandersetzung zwischen Staaten eingeschätzt, sondern zu einem Grundprinzip der Geschichte und dem eigentlichen Motor des Fortschritts erhoben.

Revisionspolitik Im Januar 1933 waren die Nationalsozialisten stärkste Fraktion im Reichstag geworden und Hitler wurde zum Reichskanzler eines Minderheitenkabinetts ernannt. Viele erwarteten, dass sein verbaler Radikalismus durch die Alltagsgeschäfte einer pragmatischen, an den Möglichkeiten orientierten Politik weichen würde. Tatsächlich konnte Hitler diesen Eindruck in der Öffentlichkeit und im Ausland teilweise erwecken (▶ M2). Nichtsdestotrotz machte Hitler keinen Hehl aus dem Ziel der Nationalsozialisten, schnellstmöglich die Rücknahme der Bestimmungen des Versailler Vertrages zu erreichen. Die Regierung ging mit großem Tempo an die Umsetzung dieser revisionistischen Forderungen: Im Oktober 1933 trat Deutschland aus dem Völkerbund aus und verließ die *Genfer Abrüstungskonferenz*. Im Juli 1934 hatte Hitler einen nationalsozialistischen *Putsch in Österreich* gefördert, um den 1919 verbotenen Anschluss des Landes an das Deutsche Reich vorzubereiten. Der schlecht vorbereitete Staatsstreich scheiterte jedoch kläglich. Als Italien, das sich bedroht fühlte, sechs Divisionen am Brennerpass aufstellte, musste Hitler sich widerwillig von diesem Versuch der Angliederung Österreichs distanzieren.

Die laut Versailler Vertrag für Januar 1935 vorgesehene Abstimmung über das vom Völkerbund verwaltete „*Saargebiet*" machte die NSDAP zu einem Propagandafeldzug. 91 Prozent der Wähler votierten für den Anschluss an das Reich. Am 9. März 1935 gab der Reichsminister für Luftfahrt, *Hermann Göring*, die Existenz einer *deutschen Luftwaffe* zu, die nach den Versailler Bestimmungen verboten war. Eine Woche später führte Deutschland, wiederum unter Bruch des Vertrages, die *allgemeine Wehrpflicht*

Adolf Hitler (1889–1945, Selbstmord): Hitler stammte aus dem österreichischen Braunau (Inn), er kam 1913 nach München, wo er sich erfolglos als Künstler durchschlug. 1914 freiwillige Teilnahme am Ersten Weltkrieg, Verwundung und Auszeichnung. 1919 Propagandist der DAP, seit 1920 NSDAP; ab 1921 Vorsitzender der Partei. 1923 Hitler-Putsch und Festungshaft, 1925 Neugründung der NSDAP und Aufstieg zur Massenpartei, 1933 Ernennung zum Reichskanzler, ab 1934 „Führer und Reichskanzler".

▲ **Plakat zur Abstimmung im Saarland, 1935.**
Der Text in deutscher Schreibschrift heißt: „Deutsche Mutter – heim zu Dir!"
■ Analysieren Sie die einzelnen Bildelemente und ihre beabsichtigte Wirkung.

ein. Im März 1936 marschierte die deutsche Armee, die sich nun „Wehrmacht" nannte, in das *entmilitarisierte Rheinland* ein und brach nicht nur den Versailler Vertrag, sondern auch die Verträge von Locarno (1925), in denen Deutschland seine 1919 festgelegte Westgrenze anerkannt hatte.

Diesen fortwährenden Provokationen und Vertragsbrüchen setzte das Ausland keine einheitliche Politik entgegen. Man wollte einen neuen Krieg vermeiden und versuchte, dem aggressiv auftretenden Deutschland mit den Mitteln der Diplomatie zu begegnen.

Neue Allianzen ▪ Bis 1936 hatte Hitler, ohne dass deutsche Soldaten einen einzigen Schuss abgaben, wesentliche Teile des Versailler Vertrages zugunsten Deutschlands außer Kraft gesetzt. Die Reaktion der europäischen Staaten bekräftigte ihn darin, weiter zu gehen. Die Gelegenheit dazu bot sich im Juli 1936, als sich in Spanien konservative und monarchistische Militärs gegen die Republik erhoben, die von einer „*Volksfront*" aus Sozialisten, Kommunisten und linken Republikanern regiert wurde. Im daraufhin ausbrechenden *Spanischen Bürgerkrieg* eroberten die Aufständischen nach und nach das ganze spanische Festland. Ihr Sieg wurde besonders dadurch ermöglicht, dass die deutsche Wehrmacht aufseiten der Militärs eingriff. Erstmals seit 1918 wurde das inzwischen hochgerüstete Deutsche Reich wieder Kriegspartei.

Italien führte 1935/36 einen Eroberungskrieg gegen das Völkerbundsmitglied *Abessinien* (das heutige Äthiopien). Dagegen protestierte England und setzte beim Völkerbund Wirtschaftssanktionen durch. Durch diese Maßregelung wurde Italien allerdings den Westmächten entfremdet und in die Nähe Deutschlands getrieben: Hitler und der italienische Diktator Benito Mussolini näherten sich zu dieser Zeit einander an. Der „Duce" träumte von einem italienischen Großreich am Mittelmeer und griff militärisch massiv aufseiten der spanischen Putschisten ein. Im Oktober 1936 verkündete Mussolini die „*Achse Berlin-Rom*", der sich 1939 auch das unter dem siegreichen Putschistengeneral Francisco Franco faschistisch gewordene Spanien anschloss. 1937 trat Italien auch dem „*Antikominternpakt*" bei, der im Vorjahr zwischen dem Deutschen Reich und dem gleichfalls auf territoriale Expansion abzielenden kaiserlichen Japan abgeschlossen war (Franco-Spanien trat ihm 1939 ebenfalls bei) (▸ M3).

Benito Mussolini (1883–1945): italienischer Politiker; 1922 zum Ministerpräsidenten ernannt; errichtete eine Diktatur; 1945 von Widerstandskämpfern erschossen

Die Österreich-Frage ▪ Im *Vertrag von Saint Germain* waren 1919 große Teile des Habsburgerreiches an Entente-Mächte oder die neugebildeten Nationalstaaten abgetreten worden. Dem verbliebenen österreichischen Reststaat war der Anschluss an das Deutsche Reich und auch die gewünschte Bezeichnung „Deutschösterreich" untersagt worden. Dennoch traten sämtliche im Parlament der ersten österreichischen Republik vertretenen Parteien für die Vereinigung mit dem nun ebenfalls demokratischen Deutschen Reich ein. Erst 1933, nach dem Regierungsantritt der deutschen Nationalsozialisten, strichen die großen Parteien (sowohl die Christlich-Sozialen als auch die Sozialdemokraten) diesen Grundsatz aus ihren Programmen und begannen, sich mit der eigenstaatlichen Entwicklung Österreichs abzufinden. Im Zuge des immer aggressiveren Machtstrebens der Hitlerpartei wurde die Forderung nach dem Anschluss nach und nach zu einer rein nationalsozialistischen Angelegenheit, was vielen bürgerlichen und sozialistischen Österreichern diese Haltung zunehmend unmöglich machte.

Hitler, der in Oberösterreich geboren war, aber 1925 die österreichische Staatsbürgerschaft abgelegt hatte, bezeichnete das Nachbarland als „seine Heimat". Über den

Francisco Franco Behamonde (1892–1972): spanischer Politiker, führte 1936 einen Staatsstreich gegen die gewählte Regierung; befehligte die antirepublikanischen Truppen im Spanischen Bürgerkrieg; 1939 bis 1972 diktatorischer Führer Spaniens

Anschluss Österreichs hinaus strebte der Diktator auch die Annektion der 1919 von Österreich an die neu gegründete Tschechoslowakei abgetretenen Gebiete an. Im November 1937 legte Hitler der Wehrmacht seine Kriegspläne dar und nannte 1938 als frühesten, 1943/45 als spätesten Zeitpunkt für ihre Verwirklichung (▶ M4). Deutschland erreichte im Juli 1937 zunächst die Verstärkung des Einflusses österreichischer Nationalsozialisten, die Zulassung von NS-Zeitungen und die Aufnahme von Ministern in die Regierung des Bundeskanzlers Kurt Schuschnigg. Nachdem Hitler offen mit dem Einmarsch der Wehrmacht gedroht hatte, wurde Schuschnigg zur Unterzeichnung eines Abkommens gedrängt, das den Nationalsozialisten in Österreich weitreichende Vollmachten gab, vor allem die Kontrolle über den gesamten Polizeiapparat.

Schuschnigg glaubte, mit diesen Zugeständnissen die Eigenstaatlichkeit gesichert zu haben. Als seine neuen Regierungspartner jedoch immer unverhohlener die Staatsgeschäfte übernahmen, sah er eine Machtergreifung voraus und rief die Österreicher am 9. März zu einer Volksabstimmung über die Unabhängigkeit auf. Dies reichte Hitler als Grund für die Mobilisierung der Wehrmacht. Schuschnigg trat auf dessen Druck am 11. März zugunsten des Nationalsozialisten *Arthur Seyß-Inquart* zurück, der sofort ein telegrafisches „Hilfeersuchen" an die deutsche Wehrmacht richtete. Am 12. März marschierten deutsche Soldaten in Österreich ein und wurden zum Teil mit Jubel empfangen. In den folgenden Wochen wurden in Österreich etwa 80 000 Menschen verhaftet, darunter viele Politiker des alten Systems sowie Juden.

Die Versailler Nachkriegsordnung war endgültig zusammengebrochen, ebenso das System der kollektiven Sicherheit. Frankreich und Großbritannien beließen es bei diplomatischen Protestschreiben gegen den Bruch des Vertrages. Nur ein einziger Staat appellierte an den Völkerbund: Mexiko.

Kurt Schuschnigg (1897-1977): österreichischer Politiker, Bundeskanzler 1934-1938, regierte Österreich diktatorisch und ohne legale Opposition. Nach dem „Anschluss" zum Rücktritt gezwungen, bis 1945 in deutschen Konzentrationslagern inhaftiert.

Volksgruppe	Anteil
Tschechen	50,82
Deutsche	23,36
Slowaken	14,71
Ungarn	5,57
Ukrainer	3,45
Sonstige (Rumänen, Polen, Kroaten)	2,09

▲ **Die Nationalitäten auf dem Gebiet der Tschechoslowakischen Republik, 1921.**

Quelle: Volkszählung von 1921 (Nach: Jaroslav Kučera, Minderheit im Nationalstaat. Die Sprachenfrage in den tschechisch-deutschen Beziehungen 1918-1938, München 1999, S. 9)

Die Sudetenkrise Die Leichtigkeit, mit der ihm der Anschluss Österreichs gelungen war, veranlasste Hitler, ein weiteres expansives Ziel umzusetzen, die „Niederwerfung der Tschechei". Die nach dem Ersten Weltkrieg neu geschaffene „Republik Tschechoslowakei" (ČSR) war ein Vielvölkerstaat, in dem eine tschechische Mehrheit mit großen deutschen und slowakischen Bevölkerungsteilen zusammenlebte. Vertragliche Abkommen mit Großbritannien, Frankreich und der Sowjetunion banden die Tschechoslowakei in das internationale Sicherheitssystem der Nachkriegszeit ein. Die im Staat dominierenden Tschechen betrieben eine auch gegenüber den Sudetendeutschen repressive, kleinliche Minderheitenpolitik. 1933 schlossen sich verschiedene Parteien unzufriedener Deutscher zur „Sudetendeutschen Partei" (SdP) zusammen, die bei den Parlamentswahlen 1935 zur stärksten Partei der Republik wurde. Ihr Vorsitzender *Konrad Henlein* lehnte sich immer stärker an Hitler an und wandelte sich bis 1937 zu dessen bedingungslosem Gefolgsmann.

Wieder wurde das Selbstbestimmungsrecht der Deutschen als Legitimation für territoriale Ansprüche benutzt. An einer friedlichen Lösung hatte Hitler von Anfang an kein Interesse. Er suchte vielmehr nach einem Vorwand, den gesamten tschechischen Teil der Tschechoslowakei zu annektieren. Seine Weisung an Henlein lautete, „immer so viel zu fordern, dass wir nicht zufrieden gestellt werden können". Am 24. April 1938 legte Henlein ein Acht-Punkte-Programm mit weitgehenden Forderungen für die Deutschen in der ČSR vor (▶ M5). Schon vorher waren militärische Pläne zum Überfall auf das Nachbarland entwickelt worden. Die tschechoslowakische Regierung machte sich keine Illusionen über Hitlers Absichten und vertraute auf das Funktionieren der Bündnisse. Als Prag in dieser Situation teilweise mobilmachte, konkretisierte Hitler seine Pläne und legte den Zeitpunkt zum Angriff auf den 1. Oktober fest.

Die Entfesselung des Zweiten Weltkrieges

▲ „Sudetenland ist frei!"
Propagandapostkarte, 1938.
Nach dem „Anschluss" Österreichs wurde das Deutsche Reich inoffiziell „Großdeutsches Reich" genannt, umgangssprachlich „Großdeutschland". Die Umbenennung wurde 1943 offiziell vollzogen.
- In der Karte sind neben den Metropolen auch die Kleinstädte Godesberg und Berchtesgaden aufgeführt. Warum?
- Im schwarzen Teil außerhalb des „erweiterten" Deutschen Reiches sind die Namen von vier Gewässern angegeben. Warum?

In einer aggressiven Rede auf dem Reichsparteitag am 12. September hetzte Hitler die Deutschen in der Tschechoslowakei auf und beleidigte die Prager Regierung als „verbrecherisch". Am 15. September ließ Henlein die laufenden Autonomieverhandlungen platzen und gab im Rundfunk die Losung aus: „Wir wollen heim ins Reich!" Am gleichen Tag empfing Hitler den britischen Premierminister Neville Chamberlain in Berchtesgaden und forderte den Anschluss des Sudetenlandes an das Reich. England übte daraufhin massiven Druck auf die Regierung in Prag aus und erzwang schließlich die Zustimmung der Tschechoslowakei zur Abtretung von Gebieten mit über 50 Prozent deutscher Bevölkerung. Mit diesem Ergebnis in der Tasche traf sich der Premier am 22. September in Godesberg erneut mit Hitler. Der war jedoch inzwischen nicht mehr bereit, das Resultat zu akzeptieren. Seine neue, provozierende Forderung lautete: vollständige Übergabe der von Deutschland festgelegten Gebiete an das Reich bis zum 1. Oktober, andernfalls würde die deutsche Wehrmacht die Tschechoslowakei angreifen.

Ein Krieg wird vertagt In britisch-französischen Konsultationen wurden die Möglichkeiten des „Bündnisfalls", der vertraglich zugesicherten Militärunterstützung durch Frankreich, geprüft. Frankreich wollte nicht ohne britische Unterstützung eingreifen, Chamberlain wollte jedoch einen europäischen Krieg um jeden Preis vermeiden. Er und US-Präsident Franklin D. Roosevelt forderten Italiens Ministerpräsidenten Mussolini zur Vermittlung auf. Dieser wirkte auf Hitler ein, die deutsche Mobilmachung zu ver-

Neville Chamberlain (1869-1940): britischer Politiker (Conservative Party), 1937-1940 Premierminister des Vereinigten Königreichs; 1940 zurückgetreten, Nachfolger wurde Winston Churchill

Franklin D. Roosevelt (1882-1945), Rechtsanwalt und Politiker (Demokratische Partei), 1933-1945 Präsident der Vereinigten Staaten von Amerika. Er setzte sich für soziale Reformen ein, führte die USA 1941 in den Zweiten Weltkrieg und engagierte sich für die Gründung der Vereinten Nationen.

schieben und einer Konferenz zuzustimmen. Am 29. September flog Chamberlain zum dritten Mal nach Deutschland und traf in München mit Hitler, Mussolini und Frankreichs Premierminister *Édouard Daladier* zusammen – kein Vertreter der tschechischen Regierung war eingeladen. Mussolini legte einen Vertrag vor, der den letzten Forderungen Hitlers entsprach und tatsächlich von Deutschland entworfen worden war. Die Frage nach tschechischen Kompensationen ließ Hitler nicht zu, und am Abend unterzeichneten die vier Mächte das Abkommen: Die von Deutschland geforderten Gebiete werden abgetreten, Hitler verzichtet auf sämtliche territorialen Ansprüche auf den Rest des Landes. In letzter Minute war Hitler um einen Krieg betrogen worden, den er führen wollte. Der Preis dafür war jedoch die Zerstückelung eines souveränen Staates. Nach seiner Rückkehr nach London wurde Chamberlain von einer begeisterten Menge als Bewahrer des Friedens gefeiert.

Die von Chamberlain in Bezug auf Deutschland verfolgte Politik wird heute *Appeasement* (engl. *to appease*: besänftigen, beschwichtigen) genannt. Allgemein wird so eine Diplomatie des Nachgebens und der Zugeständnisse gegenüber Aggressoren bezeichnet. Die Ereignisse lehren, dass die Hoffnung auf Vermeidung eines Krieges trügerisch war. In Großbritannien war die Appeasement-Politik nicht unumstritten; viele Politiker und Militärs drängten auf einen härteren Kurs, so z. B. auf die Aufrüstung des Landes und der europäischen Demokratien. In der historischen Beurteilung muss zugestanden werden, dass ein Kriegsausbruch bereits 1938 für Großbritannien verhängnisvolle Folgen gehabt hätte, während das Appeasement dem Land eine „Atempause" zur Erlangung der Kriegsfähigkeit verschaffte. Erst Mitte 1940 kam es zum offenen Kampf mit Deutschland, aus denen das inzwischen gerüstete Land unbesiegt und unbesetzt hervorging.

Weitere Expansion Nur ein halbes Jahr nach dem *Münchener Abkommen* waren Hitlers Beteuerungen als Lügen entlarvt. Am 15. März 1939 marschierten deutsche Truppen in der „Rest-Tschechei" ein. Drei Tage später wurde das Land als „Protektorat Böhmen und Mähren" de facto der Reichsverwaltung unterstellt. Diesmal konnte das Deutsche Reich seinen Schritt nicht mehr mit dem Hinweis auf das Selbstbestimmungsrecht der Völker begründen. Erneut griffen die anderen europäischen Mächte nicht ein, aber sie wussten nun, dass sie nicht länger zusehen konnten. Schon Ende März gaben Frankreich und England eine verbindliche Garantieerklärung für Polen ab, das zunehmend die Zielscheibe aggressiver deutscher Propaganda wurde.

Der nächste Schritt der Machtausdehnung auf Kosten Polens musste den von Hitler längst einkalkulierten Krieg bedeuten. In dieser Phase gelang der deutschen Diplomatie ein spektakulärer Erfolg: Die Nationalsozialisten, die sich immer als schärfste Feinde des „Bolschewismus" verstanden und inszeniert hatten, schlossen einen Nichtangriffspakt mit der Sowjetunion („*Hitler-Stalin-Pakt*"). Diese hatte kurz zuvor noch Verhandlungen über einen britisch-französisch-sowjetischen Dreibund unter möglicher polnischer Beteiligung geführt, die aber gescheitert waren.

Der sowjetische Diktator Josef W. Stalin konnte sich nun bei einem zu erwartenden Angriff Deutschlands auf Polen aus allen Kampfhandlungen heraushalten und wusste seine Einflusssphäre in Osteuropa gesichert. In einem geheimen Zusatzprotokoll vereinbarten Deutschland und die Sowjetunion zudem die Aufteilung Polens.

▲ **Die Unterzeichnung des Hitler-Stalin-Pakts.**
Foto vom 23. August 1939. Der deutsche Außenamtschef Joachim von Ribbentrop setzt in Moskau seine Unterschrift unter den deutsch-sowjetischen Nichtangriffs- und Konsultationspakt. Im Hintergrund Stalin, rechts von ihm (im dunklen Anzug) sein Außenminister Wjatscheslaw M. Molotow.

M1 Hitlers Kriegsziele in „Mein Kampf"

Zur Frage eines künftigen Krieges schreibt Hitler Mitte der 1920er-Jahre in „Mein Kampf":

Man muss sich damit kühl und nüchtern auf den Standpunkt stellen, dass es sicher nicht Absicht des Himmels sein kann, dem einen Volke fünfzigmal so viel an Grund und Boden auf dieser Welt zu geben als dem anderen. Man darf in diesem Falle sich nicht durch politische Grenzen von den Grenzen des ewigen Rechtes abbringen lassen. Wenn diese Erde wirklich für alle Raum zum Leben hat, dann möge man uns also den uns zum Leben notwendigen Boden geben.
Man wird das freilich nicht gerne tun. Dann jedoch tritt das Recht der Selbsterhaltung in seine Wirkung; und was der Güte verweigert wird, hat eben die Faust sich zu nehmen. Hätten unsere Vorfahren einst ihre Entscheidungen von dem gleichen pazifistischen Unsinn abhängig gemacht wie die heutige Gegenwart, dann würden wir überhaupt nur ein Drittel unseres jetzigen Bodens zu eigen besitzen; [...]
Wenn die nationalsozialistische Bewegung wirklich die Weihe einer großen Mission für unser Volk vor der Geschichte erhalten will, muss sie [...] kühn und zielbewusst den Kampf aufnehmen gegen die Ziellosigkeit und Unfähigkeit, die bisher unser deutsches Volk auf seinen außenpolitischen Wegen leiteten. Sie muss dann, ohne Rücksicht auf „Traditionen" und Vorurteile, den Mut finden, unser Volk und seine Kraft zu sammeln zum Vormarsch auf jener Straße, die aus der heutigen Beengtheit des Lebensraumes dieses Volk hinausführt zu neuem Grund und Boden und damit auch für immer von der Gefahr befreit, auf dieser Erde zu vergehen oder als Sklavenvolk die Dienste anderer besorgen zu müssen. Die nationalsozialistische Bewegung muss versuchen, das Missverhältnis zwischen unserer Volkszahl und unserer Bodenfläche – diese als Nährquelle sowohl wie auch als machtpolitischer Stützpunkt angesehen –, zwischen unserer historischen Vergangenheit und der Aussichtslosigkeit unserer Ohnmacht in der Gegenwart zu beseitigen. [...]

Adolf Hitler, Mein Kampf. Ausgabe in einem Band, München (Franz Eher Nachf.) 1936, S. 152 und 731f.

1. Fassen Sie zusammen, welche Ziele einer deutschen Außenpolitik Hitler formuliert, welche Rechtfertigung er dafür anführt und welche Mittel zu ihrer Verwirklichung er verfolgen will.

2. Beurteilen Sie, welche Konsequenzen eine Politik nach diesen Grundsätzen für die europäische Nachkriegsordnung um 1925 haben könnte.

▲ „Die Wirkung der Rede Hitlers im Ausland."
Titelseite (Ausschnitt) der bürgerlichen Tageszeitung „Die Neue Zeitung" aus Wien vom 19. Mai 1933.
Die freie Presse im Ausland berichtete intensiv über die Friedensrede des neuen deutschen Reichskanzlers. Das Wiener Blatt fasst die Stimmung im Ausland in Zwischenüberschriften zusammen: „Paris misstrauisch" – „London wartet ab" – „Die italienische Presse lobt" – „Prag sagt: ‚Der Trommler ist auf dem Rückzug'" – „Amerika ist zufrieden".

- Erörtern Sie, welche Bedeutung eine Besänftigung des Auslandes für Hitler 1933 hatte.
- Finden Sie Friedensbeteuerungen von Regierungsführern späterer Zeit und aus der Gegenwart. Welche Funktionen sollten diese erfüllen?

M2 „Friedensrede" vor dem Reichstag

Am 17. Mai 1933 hält Adolf Hitler vor dem Reichstag eine Rede, in der er den deutschen Friedenswillen betont:

Wenn ich in diesem Augenblick bewusst als deutscher Nationalsozialist spreche, so möchte ich namens der nationalen Regierung und der gesamten Nationalerhebung bekunden, dass gerade uns in diesem jungen Deutschland das tiefste Verständnis beseelt für die gleichen Gefühle und Gesinnungen sowie für die begründeten Lebensansprüche der anderen Völker.

Die Generation dieses jungen Deutschlands, die in ihrem bisherigen Leben nur die Not, das Elend und den Jammer des eigenen Volkes kennenlernte, hat zu sehr unter dem Wahnsinn gelitten, als dass sie beabsichtigen könnte, das gleiche anderen zuzufügen.

Indem wir in grenzenloser Liebe und Treue an unserem eigenen Volkstum hängen, respektieren wir die nationalen Rechte auch der anderen Völker aus dieser selben Gesinnung heraus und möchten aus tiefinnerstem Herzen mit ihnen in Frieden

und Freundschaft leben. Wir kennen daher auch nicht den Begriff des Germanisierens. Die geistige Mentalität des vergangenen Jahrhunderts, aus der heraus man glaubte, vielleicht aus Polen und Franzosen Deutsche machen zu können, ist uns genauso fremd, wie wir uns leidenschaftlich gegen jeden umgekehrten Versuch wenden. Wir sehen die europäischen Nationen um uns als gegebene Tatsache. Franzosen, Polen usw. sind unsere Nachbarvölker, und wir wissen, dass kein geschichtlich denkbarer Vorgang diese Wirklichkeit ändern könnte. [...]
Wir aber haben keinen sehnlicheren Wunsch, als dazu beizutragen, dass die Wunden des Krieges und des Versailler Vertrages endgültig geheilt werden. Deutschland will keinen anderen Weg dabei gehen als den, der durch die Verträge selbst als berechtigt anerkannt ist. Die Deutsche Regierung wünscht, sich über alle schwierigen Fragen mit den Nationen friedlich auseinanderzusetzen. Sie weiß, dass jede militärische Aktion in Europa auch bei deren völligem Gelingen, gemessen an den Opfern, in keinem Verhältnis stehen würde zu dem Gewinn.

Max Domarus, Hitler. Reden und Proklamationen 1932-1945, Bd. 1: 1932-1934, Leonberg ⁴1988, S. 271f.

1. Stellen Sie in einer Tabelle die Schlüsselbegriffe aus M1 und M2 gegenüber.
2. Arbeiten Sie die Unterschiede zwischen den Aussagen Hitlers von 1925/27 und 1933 heraus. Diskutieren Sie die Möglichkeiten, zwischen einem echten Sinneswandel und einer taktischen Verstellung zu unterscheiden.

M3 Achse Berlin-Rom-Tokio

Am 1. November 1936, eine Woche nach dem Abschluss des geheimen deutsch-italienischen Freundschaftsvertrages, hält der italienische Regierungschef Benito Mussolini in Mailand eine Rede vor Hunderttausenden Anhängern:

Die Berliner Begegnung hat eine Verständigung über gewisse Fragen gezeigt, von denen einige gerade in diesen Tagen besonders brennend sind. Diese Verständigung, die in guter und gehöriger Form bekräftigt worden ist, diese Diagonale Berlin-Rom ist jedoch keine Trennungslinie, sondern eher eine Achse, um die sich alle europäischen Staaten, die von dem Willen der Zusammenarbeit und des Friedens beseelt sind, sammeln können.
Deutschland hat die Sanktionen nicht mitgemacht, obwohl man es bestürmte und ihm damit in den Ohren lag. [...] Ein Element der Spannung zwischen Berlin und Rom ist verschwunden. Außerdem erinnere ich euch daran, dass Deutschland schon vor der Berliner Zusammenkunft das römische Imperium praktisch anerkannt hat.

Am 6. November 1937 tritt Italien dem deutsch-japanischen Antikominternpakt bei. Zwei Tage später betont Hitler:

Deutschland ist heute nicht mehr vereinsamt! Wir alle haben die glückhafte Zuversicht, dass die Isolierung, die uns mehr als fünfzehn Jahre lang umgab, beendet ist. Und zwar nicht nur durch eine nichtssagende Teilnahme an unbedeutenden Völkergremien, sondern durch die Bedeutung, die sich Deutschland selbst wieder geschaffen hat!
Aus dieser Bedeutung resultieren für uns neue Beziehungen, die man vielleicht als nicht in die Völkerbundsideologie passend ansehen kann. Allein sie passen jedenfalls für uns und unsere Interessen! Und sie passen auch den Interessen anderer Völker, die diese Beziehungen mit uns aufgenommen haben!
Der sicherste Garant für die Dauerhaftigkeit solcher Beziehungen sind nicht irgendwelche Phrasen, sondern die nüchterne und klare Erkenntnis der Zweckmäßigkeit. Aus dieser Zweckmäßigkeit heraus haben sich heute drei Staaten zusammengefunden, erst eine europäische Achse und jetzt ein großes weltpolitisches Dreieck! [...] Es besteht nicht aus drei kraftlosen Gebilden, sondern aus drei Staaten, die bereit und entschlossen sind, ihr Recht und ihre Lebensinteressen entschlossen wahrzunehmen.

Aus einer Rede Mussolinis in deutscher Sprache auf dem Maifeld in Berlin am 28. November 1937:

Das wiedererstandene Imperium Roms ist das Werk dieses neuen Geistes [des Faschismus], der Italien beseelt. Die deutsche Wiedergeburt ist gleichfalls das Werk einer geistigen Kraft, des Glaubens an eine Idee, an die erst nur ein Einziger glaubte, dann eine Schar von Vorkämpfern und Märtyrern, dann eine Minderheit und endlich ein ganzes Volk.
Deutschland und Italien verfolgen das gleiche Ziel auch auf dem Gebiet der Wirtschaftsautarkie: Ohne wirtschaftliche Unabhängigkeit ist die politische Unabhängigkeit einer Nation selbst infrage gestellt, und ein Volk von großer militärischer Kraft kann zum Opfer einer wirtschaftlichen Blockade werden.
Wir haben diese Gefahr in ihrer ganzen Unmittelbarkeit zu spüren bekommen, als 52 in Genf versammelte Staaten die kriminellen Wirtschaftssanktionen gegen Italien beschlossen, jene Sanktionen, die mit aller Schärfe durchgeführt wurden, aber ihr Ziel nicht erreichten, ja, dem faschistischen Italien sogar Gelegenheit gaben, der Welt seine Widerstandskraft zu beweisen. Trotz allem Drängen hat Deutschland sich den

Sanktionen nicht angeschlossen. Wir werden das niemals vergessen.
Dies ist der Punkt, an dem zum ersten Mal ganz deutlich das Vorhandensein eines notwendigen Zusammengehens zwischen dem nationalsozialistischen Deutschland und dem faschistischen Italien in Erscheinung tritt. [...] Das, was man nun in der ganzen Welt als die Achse Berlin-Rom kennt, entstand im Herbst 1935 und hat in den letzten zwei Jahren für die immer stärkere Annäherung unserer beiden Völker aneinander wie für die wachsende politische Stärkung des europäischen Friedens großartig gearbeitet.

Erster Text: Walter Anger, Das Dritte Reich in Dokumenten, Hamburg 1957, S. 73
Zweiter Text: Günter Schönbrunn, Weltkriege und Revolutionen 1914-1945. Geschichte in Quellen, München 1961, S. 365
Dritter Text: Günter Schönbrunn, a.a.O., S. 364f.

1. *Zeigen Sie auf, mit welchen Gründen die drei Texte die Annäherung der Staaten rechtfertigen.*
2. *Mussolini äußert sich im Abstand von etwa einem Jahr zur italienisch-deutschen Freundschaft. Arbeiten Sie die Unterschiede zwischen 1936 und 1937 heraus.*
3. *Erörtern Sie vor dem Hintergrund der geänderten internationalen Lage die Gründe für diesen Wandel.*

M4 Anrecht auf größeren Raum: Hitlers Ziele 1937

Am 5. November 1937 legt Hitler dem Kriegsminister, dem Außenminister und den Oberbefehlshabern von Heer, Marine und Luftwaffe seine künftige Außenpolitik dar. Adjutant Friedrich Hoßbach schreibt anschließend Hitlers Gedankengänge auf:

Die deutsche Volksmasse verfüge über 85 Millionen Menschen, die [...] in Europa einen in sich so fest geschlossenen Rassekern darstelle, wie er in keinem anderen Land wieder anzutreffen sei und wie er andererseits das Anrecht auf größeren Lebensraum mehr als bei anderen Völkern in sich schlösse. [...] Die deutsche Zukunft sei daher ausschließlich durch die Lösung der Raumnot bedingt, eine solche Lösung könne naturgemäß nur für eine absehbare, etwa 1-3 Generationen umfassende Zeit gesucht werden.
Bevor er sich der Frage der Raumnot zuwende, sei die Überlegung anzustellen, ob im Wege der Autarkie [...] eine zukunftsreiche Lösung der deutschen Lage zu erreichen sei.
A. Auf dem Gebiet der *Rohstoffe* nur bedingte, nicht aber totale Autarkie.
1. Soweit *Kohle* zur Gewinnung von Rohprodukten in Betracht komme, sei Autarkie durchführbar.
2. Schon auf dem Gebiet der *Erze* Lage viel schwieriger. Eisenbedarf = Selbstdeckung möglich und *Leichtmetall*, bei anderen Rohstoffen – Kupfer, Zinn dagegen nicht.
3. *Faserstoffe* – Selbstdeckung, soweit Holzvorkommen reicht. Eine Dauerlösung nicht möglich.
4. *Ernährungsfette* möglich.
B. Auf dem Gebiet der *Lebensmittel* sei die Frage der Autarkie mit einem glatten ‚nein' zu beantworten. [...]
Die einzige, uns vielleicht traumhaft erscheinende Abhilfe läge in der Gewinnung eines größeren Lebensraumes, ein Streben, das zu allen Zeiten die Ursache der Staatenbildungen und Völkerbewegungen gewesen sei. Dass dieses Streben in Genf und bei den gesättigten Staaten keinem Interesse begegne, sei erklärlich. Wenn die Sicherheit unserer Ernährungslage im Vordergrund stände, so könne der hierfür notwendige Raum nur in Europa gesucht werden, nicht aber ausgehend von liberalistisch-kapitalistischen Auffassungen in der Ausbeutung von Kolonien. Es handele sich nicht um die Gewinnung von Menschen, sondern von landwirtschaftlich nutzbarem Raum. [...] Dass jede Raumerweiterung nur durch Brechen von Widerstand und unter Risiko vor sich gehen könne, habe die Geschichte aller Zeiten – Römisches Weltreich, Englisches Empire – bewiesen. Auch Rückschläge seien unvermeidbar. Weder früher noch heute habe es herrenlosen Raum gegeben, der Angreifer stoße stets auf den Besitzer. Für Deutschland laute die Frage, wo größter Gewinn unter geringstem Einsatz zu erreichen sei.
Die deutsche Politik habe mit den beiden Hassgegnern England und Frankreich zu rechnen, denen ein starker deutscher Koloss inmitten Europas ein Dorn im Auge sei, wobei beide Staaten eine weitere deutsche Erstarkung sowohl in Europa als auch in Übersee ablehnten und sich in dieser Ablehnung auf die Zustimmung aller Parteien stützen könnten. [...]
Zur Lösung der deutschen Frage könne es nur den Weg der Gewalt geben, dieser niemals risikolos sein. [...] Stelle man an die Spitze der nachfolgenden Ausführungen den Entschluss zur Anwendung von Gewalt unter Risiko, dann bleibe noch die Beantwortung der Fragen ‚wann' und ‚wie'. Hierbei seien drei Fälle zu entscheiden:
Fall 1: Zeitpunkt 1943-1945.
Nach dieser Zeit sei nur noch eine Veränderung zu unseren Ungunsten zu erwarten.
Die Aufrüstung der Armee, Kriegsmarine, Luftwaffe sowie die Bildung des Offizierkorps seien annähernd beendet. Die materielle Ausstattung und Bewaffnung seien modern, bei weiterem Zuwarten läge die Gefahr ihrer Veraltung vor. [...] Zudem erwarte die Welt unseren Schlag und treffe ihre Gegenmaßnahmen von Jahr zu Jahr mehr. [...]
Fall 2: Wenn die sozialen Spannungen in Frankreich sich zu einer derartigen innenpolitischen Krise auswachsen sollten, dass die französische Armee absorbiert und für eine Kriegsverwendung gegen Deutschland ausgeschaltet würde, sei der Zeitpunkt zum Handeln gegen die Tschechei gekommen.

70 Fall 3: Wenn Frankreich durch einen Krieg mit einem anderen Staat so gefesselt ist, dass es gegen Deutschland nicht ‚vorgehen' kann. Zur Verbesserung unserer militär-politischen Lage müsse in jedem Fall einer kriegerischen Verwicklung unser 1. Ziel sein, die Tschechei und gleichzeitig Österreich
75 niederzuwerfen, um die Flankenbedrohung eines etwaigen Vorgehens nach Westen auszuschalten. [...]
An sich glaube der Führer, dass mit hoher Wahrscheinlichkeit England, voraussichtlich aber auch Frankreich die Tschechen bereits im Stillen abgeschrieben und sich damit abgefunden
80 hätten, dass diese Frage eines Tages durch Deutschland bereinigt würde. Die Schwierigkeiten des Empire und die Aussicht, in einen lang währenden europäischen Krieg erneut verwickelt zu werden, seien bestimmend für eine Nichtbeteiligung Englands an einem Kriege gegen Deutschland. Ein
85 Vorgehen Frankreichs ohne die englische Unterstützung und in der Voraussicht, dass seine Offensive an unseren Westbefestigungen sich festlaufe, sei wenig wahrscheinlich. [...]
Trete der Fall 2 – Lahmlegung Frankreichs durch einen Bürgerkrieg – ein, so sei infolge Ausfall des gefährlichsten Geg-
90 ners die Lage jederzeit zum Schlag gegen die Tschechei auszunutzen. In gewissere Nähe sähe der Führer den Fall 3 gerückt, der sich aus den derzeitigen Spannungen im Mittelmeer entwickeln könne und den er eintretendenfalls zu jedem Zeitpunkt, auch bereits im Jahre 1938, auszunutzen ent-
95 schlossen sei. [...]

Klaus W. Tofahrn, Das Dritte Reich und der Holocaust, Frankfurt am Main 2008, S. 341-346

1. *Stellen Sie die Argumente Hitlers für und gegen eine gewaltsame Vergrößerung Deutschlands gegenüber.*
2. *Die Hoßbach-Mitschrift wurde bei den Nürnberger Kriegsverbrecherprozessen 1945/46 als Beweis für die Vorbereitung eines Angriffskrieges durch Deutschland betrachtet. Diskutieren Sie den Wert dieses Dokuments für die Frage nach der Schuld am Zweiten Weltkrieg.*

M5 Das „Karlsbader Programm" der SdP

Nach einer geheimen Unterredung mit Hitler am Vortag verkündet Konrad Henlein, Vorsitzender der Sudetendeutschen Partei, am 24. April 1938 dieses Programm:

1. Die Herstellung der vollen Gleichberechtigung und Gleichrangigkeit mit dem tschechischen Volk.
2. Anerkennung der Volksgruppe als Rechtspersönlichkeit zur Wahrung ihrer gleichberechtigen Stellung im Staat.
5 3. Feststellung und Anerkennung des deutschen Siedlungsgebietes.

▲ **Konrad Henlein bei einem Besuch im tschechischen Chomutov.**
Foto vom 7. Juli 1938.
Wenige Monate später zerfiel der bisher souveräne tschechoslowakische Staat; das Sudetengebiet, das von Asch im Westen bis Troppau (Opava) im Osten des Landes reichte, musste im Oktober 1938 an das Deutsche Reich abgetreten werden. Damit wurde dem Reich ein Gebiet mit 690 000 tschechischen Einwohnern, die auch in rein tschechischen Ortschaften lebten, eingegliedert. 400 000 Tschechen verließen daraufhin ihre Wohnorte.

4. Aufbau einer deutschen Selbstverwaltung im deutschen Siedlungsgebiet in allen Bereichen des öffentlichen Lebens, soweit es sich um Interessen und Angelegenheiten der Deutschen Volksgruppe handelt.
5. Schaffung gesetzlicher Schutzbestimmungen für jene Staatsangehörigen, die außerhalb des geschlossenen Siedlungsgebietes ihres Volkstums leben.
6. Beseitigung des dem Sudetendeutschtums seit 1918 zugefügten Unrechts und Wiedergutmachung des ihm dadurch entstandenen Schadens.
7. Anerkennung und Durchführung des Grundsatzes: im deutschen Gebiet deutsche öffentliche Angestellte.
8. Volle Freiheit des Bekenntnisses zum deutschen Volkstum und zur deutschen Weltanschauung.

Günter Schönbrunn (Bearb.), Weltkriege und Revolutionen 1914-1945. Geschichte in Quellen, München ³1979, S. 378

1. *Beurteilen Sie die Forderungen des „Karlsbader Programms": Wie hätte eine Verwirklichung der einzelnen Forderungen konkret geschehen können?*
2. *Vergleichen Sie das „Karlsbader Programm" mit den Forderungen zur Österreich-Krise.*
3. *Diskutieren Sie, ob eine Umsetzung des Programms für die Regierung der Tschechoslowakei zumutbar gewesen wäre und ob sie zur Lösung der Krise beigetragen hätte.*

Kriegsverlauf – Kriegsalltag – Kriegsende

Polen wird zerschlagen „Polen hat heute Nacht zum ersten Mal auf unserem eigenen Territorium auch bereits durch reguläre Soldaten geschossen. Seit 5.45 Uhr wird jetzt zurückgeschossen!" Mit diesen Worten rechtfertigte der „Führer" in seiner Rede am 1. September 1939 vor dem Reichstag den Beginn des Zweiten Weltkrieges. Hatte Hitler bis zum letzten Augenblick an der Einlösung der Garantieerklärungen Frankreichs und Englands für Polen gezweifelt, so sollte er sich diesmal getäuscht haben. Auch der von der SS inszenierte „polnische Überfall" auf den deutschen Sender Gleiwitz überzeugte die Westmächte nicht von der Rechtmäßigkeit deutschen Vorgehens.

Nach Ablauf ihrer Ultimaten erklärten Frankreich und Großbritannien am 3. September Deutschland den Krieg, nachdem ein Vermittlungsversuch Mussolinis, der ein zweites „München" anstrebte, gescheitert war. Italien erklärte sich daraufhin als „nicht Krieg führend". Die Westmächte eröffneten ebenfalls keine Kriegshandlungen, weil sie sich militärisch zu schwach fühlten. Zwei deutsche Heeresgruppen mit starken Panzerkräften konnten unter massiver Unterstützung der Luftwaffe schnell und relativ ungestört Polen niederringen. Nach mehreren Schlachten und Luftangriffen, vor allem auf Warschau, erlosch am 6. Oktober der letzte Widerstand. Seit dem 17. September rückte auch die Rote Armee in Ostpolen ein, nachdem der Krieg zuvor bereits entschieden war. Das geheime Zusatzprotokoll zum deutsch-sowjetischen Freundschaftsvertrag vom 28. September 1939 legte die Demarkationslinie zwischen beiden Staaten fest. Die UdSSR erhielt ein Territorium von etwa 200 000 km², während Deutschland ein Gebiet von ca. 118 000 km² zugesprochen wurde.

Krieg gegen Westeuropa Auf den raschen Sieg über Polen folgte die kampflose Besetzung Dänemarks (April 1940) und die Eroberung Norwegens (April bis Juni 1940). Hitler und die Generalität sicherten sich damit im Wettlauf mit Großbritannien den Weg zum schwedischen Erz, das für die Rüstungsindustrie wichtig war.

Am 10. Mai fielen deutsche Truppen in Belgien, den Niederlanden und in Luxemburg ein, ohne deren Neutralitätsstatus zu achten. Die strategische Rückendeckung durch die Sowjetunion erlaubte die Konzentration aller Kräfte auf die Westfront. Abgesprungene Luftlandeeinheiten im Rücken der gegnerischen Front und Luftangriffe auf Städte, besonders die Zerstörung der dichtbesiedelten Hafenstadt Rotterdam, die trotz der angelaufenen Kapitulationsverhandlungen vorgenommen wurde, brachen schnell jeden Widerstand.

In Frankreich stießen starke Panzerkräfte bis nach Calais vor, um die Reste der belgischen Armee, das englische Expeditionskorps und Teile der französischen Truppen von der Hauptarmee zu trennen. Der Plan glückte vollständig. Aber die englische Armee (230 000 Mann) und ein großer Teil der französischen Einheiten (100 000 Mann) konnten bei Dünkirchen über den Kanal entkommen, bevor das gesamte Kriegsmaterial und die Stadt in deutsche Hände fielen. Am 14. Juni besetzten die Deutschen kampflos Paris. Vier Tage zuvor war Italien in den Krieg eingetreten, ohne indes besondere militärische Operationen vorzunehmen.

Am 22. Juni wurde im Wald von Compiègne, im selben Salonwagen, in dem 1918 die deutsche Kommission die Waffenstillstandsbedingungen entgegengenommen hatte*, der deutsch-französische Waffenstillstand unterzeichnet.

▲ **Das besetzte Paris.**
Foto vom 14. Juni 1940. Deutsche Truppen besetzten Frankreich nördlich der Linie Genf-Tours und die gesamte Atlantikküste. Die Regierung des französischen Reststaates etablierte sich unter Marschall Philippe Pétain im Kurort Vichy. Das „Vichy-Regime" behielt das Kolonialreich, einen Teil der Flotte, eine kleine Luftwaffe sowie ein Freiwilligenheer von 100 000 Mann.

---

* Siehe S. 155.

Unternehmen „Seelöwe" Nach dem Sieg über Frankreich feierte die deutsche Propaganda Hitler als „größten Feldherrn aller Zeiten". Selbst bei Nazigegnern fanden seine militärischen Erfolge Anerkennung. Der Sieg im Westen schien Hitler und der Generalität das eigentliche militärische Ziel zu erleichtern, die Eroberung von „Lebensraum im Osten". Schwierigkeiten bereitete allein Großbritannien, das seit Mai 1940 von dem konservativen Premierminister Winston Churchill* geführt wurde. Dieser war entschlossen, den Kampf gegen Deutschland aufzunehmen (▶ M1). Hitler ließ eine Invasion Großbritanniens unter dem Codenamen „Seelöwe" vorbereiten. Angriffe der deutschen Luftwaffe auf britische Ziele seit Juli 1940 sollten die Besetzung vorbereiten.

Als der Erfolg ausblieb, weil den deutschen Luftgeschwadern hohe Verluste zugefügt wurden, bombardierten die Deutschen Coventry, London und Städte an der Küste. Mit dem Bombenkrieg gegen England hatte Hitler zum ersten Mal ein Ziel nicht erreicht, zudem wuchs der Widerstand der Briten von Tag zu Tag.

Unternehmen „Barbarossa" Inzwischen hatte das Deutsche Reich den Krieg gegen die Sowjetunion begonnen, weil Hitler glaubte, nicht länger auf den Krieg gegen „Bolschewiken und Juden" um „Lebensraum" warten zu können. Seit Sommer 1940 hatte Hitler unter dem Tarnnamen „Barbarossa" Pläne für den Angriff gegen die Sowjetunion ausarbeiten lassen, ohne im Westen den Gegner Großbritannien besiegt zu haben.

Am 22. Juni 1941 begann der Überraschungsangriff: Rund drei Millionen Soldaten, fast 3 600 Panzer und 2 000 Flugzeuge setzten über die sowjetische Grenze. Sie zogen im Norden auf Leningrad (heute wieder St. Petersburg), in der Mitte auf Moskau und im Süden auf die Ukraine, die Krim und den Kaukasus zu. Unterstützt wurde die deutsche Offensive von verbündeten finnischen, slowakischen, ungarischen, rumänischen und italienischen Truppen. Stalin hatte britische und amerikanische Warnungen vor einem deutschen Angriff als Propaganda nicht ernst genommen.

Die deutsche Führung hoffte, die zahlenmäßig überlegene Rote Armee in einem „Blitzfeldzug" überrumpeln zu können. Panzereinheiten sollten mit Luftwaffenunterstützung die Rote Armee in Kesselschlachten besiegen. Bis zum Herbst hatte die Wehrmacht die Ukraine erobert und war bis Leningrad und bis kurz vor Moskau vorgedrungen. Auf Anordnung der Führung waren Richtlinien und Befehle erlassen worden, die internationale Regeln der Kriegführung missachteten: Gefangene genossen keinen Schutz, Kommunisten und Juden konnten ohne Einschränkung getötet werden. In dieser Phase des Krieges begann der Völkermord. Vollstrecker der Verbrechen waren vor allem spezielle Einsatzgruppen der Sicherheitspolizei und des SD, Einheiten aus SS, Gestapo und Polizei, aber auch reguläre Einheiten der Wehrmacht beteiligten sich. Bis Dezember 1941 hatte die Sowjetunion 1,5 bis 2,5 Millionen Kriegstote zu beklagen (▶ M2).

Während des Angriffs auf Moskau im Oktober 1941 setzte die Regenperiode ein. Panzer, Geschütze und Tross versanken im Schlamm. Danach begann der Winter, auf den die Truppen nicht vorbereitet waren. Die Motoren der Flugzeuge und Panzer versagten, Zehntausende starben, Hunderttausende erlitten schwere Erfrierungen. Die Winterbekleidungssammlungen in der Heimat kamen zu spät. Im Dezember startete die Rote Armee ihre Gegenoffensive; neue Truppenverbände erhöhten die Kampfkraft der Russen trotz hoher Verluste. Ende 1941 wurden die deutschen Truppen erstmals zum Rückzug gezwungen. Das Blitzkriegunternehmen war gescheitert, die deutsche Heeresführung in eine schwere Krise geraten.

---

* Siehe S. 10.

Anti-Hitler-Koalition und Atlantik-Charta Nach dem Engagement der USA im Ersten Weltkrieg hatte sich das Land wieder auf seine traditionelle Position der Nichteinmischung in europäische Angelegenheiten zurückgezogen. Diese Einstellung änderte sich allmählich, denn eine Niederlage Großbritanniens und Frankreichs hätte eine Bedrohung für die USA dargestellt.

Der deutsche Angriff auf die Sowjetunion trug zur Annäherung zwischen Großbritannien und der Sowjetunion bei. Trotz völlig verschiedener Gesellschaftssysteme vereinbarten am 12. Juli 1941 beide Staaten ein Abkommen über gegenseitige Hilfeleistungen. Anfang August 1941 trafen sich der britische Premierminister Churchill und der amerikanische Präsident Roosevelt auf dem Schlachtschiff „Prince of Wales" im Atlantik. Das Ergebnis ihrer Gespräche war die am 14. August 1941 veröffentlichte *Atlantik-Charta*. Sie bildete die Grundlage für die *Anti-Hitler-Koalition* und den gemeinsamen Kampf gegen die „Nazityrannei". Zur Atlantik-Charta bekannten sich bald die Sowjetunion, China und 22 andere Staaten. Ziel der Koalition wurde der Kampf gegen das Deutsche Reich, Italien, Japan und deren Verbündete. Als vorrangiges Kriegsziel erklärten die USA und Großbritannien zunächst den Sieg über das Deutsche Reich („Germany-first"-Strategie) (▶ M3).

Kriegseintritt der USA: Der Krieg wird global Der eigentliche Kriegseintritt der USA wurde durch Japan ausgelöst, das 1937 begonnen hatte, chinesische Küstengebiete zu erobern. Als Roosevelt den Verzicht auf weitere Eroberungen forderte, griffen japanische Soldaten am 7. Dezember 1941 die amerikanische Pazifikflotte im Hafen *Pearl Harbor* auf Hawaii an. Sie versenkten elf Kriegsschiffe und töteten etwa 2400 Amerikaner. Einen Tag später erklärten die USA und Großbritannien Japan den Krieg. Ohne durch ein Bündnis mit Japan dazu vertraglich verpflichtet zu sein, reagierte Hitler am 11. Dezember darauf mit einer Kriegserklärung gegen die USA. Der italienische Diktator folgte Hitlers Beispiel. Zugleich beschlossen die „Achsenmächte" Deutschland, Italien und Japan eine gemeinsame Kriegführung und verpflichteten sich, keinen Sonderfrieden mit den USA und Großbritannien abzuschließen.

Stalingrad Ende August 1942 standen deutsche Truppen vor *Stalingrad* (heute Wolgograd), einem Zentrum der sowjetischen Schwerindustrie. Auf Befehl Hitlers sollte die männliche Bevölkerung der Stadt vernichtet werden. Beim Wintereinbruch konnte die Rote Armee jedoch die deutschen Linien beiderseits der Stadt durchbrechen und 280 000 Soldaten einschließen. Hitler verbot jeden Ausbruchsversuch, woraufhin Tausende Soldaten verhungerten und 160 000 im Kampf fielen. Nur 30 000 Mann konnten ausgeflogen werden. Anfang Februar 1943 kapitulierte die sechste Armee unter Generalfeldmarschall *Friedrich Paulus*, 90 000 Deutsche gerieten in Kriegsgefangenschaft. An der gesamten Ostfront drängten danach die sowjetischen Truppen die deutschen Streitkräfte immer weiter nach Westen zurück. Stalingrad war zu einem Wendepunkt des Zweiten Weltkrieges geworden. Die psychologische Wirkung dieser Schlacht war für beide Seiten von hoher Bedeutung.

Erst nach dieser Wende war Hitler widerstrebend bereit, alle Kräfte auf die Kriegswirtschaft zu konzentrieren. Da Männer verstärkt für den Fronteinsatz gebraucht wurden, sollten Frauen in den Rüstungsbetrieben die entstehenden Lücken füllen. Doch ließ sich die Zahl der weiblichen Arbeitskräfte nur um rund 500 000 auf knapp 15 Millionen steigern (▶ M4).

▲ **Aufforderung zur Unterstützung im Kampf gegen das Deutsche Reich und seine Verbündeten.**
US-amerikanische Plakate aus den Jahren 1943/44.
Die Kriegskosten der USA beliefen sich auf ca. 370 Milliarden Dollar. Zu 60 Prozent wurden sie aus dem Verkauf von Anleihen, vor allem der War Bonds, aufgebracht.

„Totaler Krieg"?

Siegesgewiss forderten der amerikanische Präsident Roosevelt und der britische Premierminister Churchill auf der *Konferenz von Casablanca* im Januar 1943 die bedingungslose Kapitulation. Das Deutsche Reich, Italien und Japan sollten militärisch vollständig bezwungen werden und danach demokratische Ordnungen erhalten. Statt unter dem Eindruck der Katastrophe von Stalingrad zu kapitulieren, gaukelte die NS-Führung den Deutschen aber vor, der Krieg sei noch zu gewinnen. Am 18. Februar 1943 rief Goebbels im Gegenzug den „totalen Krieg" aus. Alle Produktionsmittel und Arbeitskräfte im Reich und in den besetzen Gebieten wurden für den „Endsieg" mobilisiert.

Während die Propaganda die Hoffnung auf eine Wende des Krieges durch neue Vergeltungswaffen (V-Waffen) schürte, hatte der endgültige Rückzug der deutschen Truppen aus dem Osten bereits begonnen.

Gleichzeitig nahm mit dem Krieg der politische Druck auf die Bevölkerung zu. Offene Kritik an Kriegshandlungen und Zweifel am Endsieg wurden hart bestraft, wobei die Nationalsozialisten sich nicht nur auf die Geheime Staatspolizei verlassen konnten, sondern auch auf ein Heer von Denunzianten.

▲ **„Verbrannte Erde."**
Foto von 1943/44.
Nach der Niederlage von Stalingrad befahl Hitler, keine kriegswichtigen Einrichtungen in die Hand des Gegners fallen zu lassen. Auf dem Rückzug zerstörte die Wehrmacht systematisch sowjetische Städte und Dörfer, verbrannte Getreidefelder und trieb Vieh ab. Der abgebildete „Schienenwolf" riss die Bahnschwellen hinter sich aus ihrer Verankerung.

Albert Speer (1905-1981): deutscher Architekt und NS-Politiker, plante Hitlers Großbauten in Berlin, München und Nürnberg. Seit 1942 als Rüstungsminister zuständig für die gesamte deutsche Kriegswirtschaft. Im Nürnberger Kriegsverbrecherprozess 1945/46 zu 20 Jahren Haft verurteilt, die er bis 1966 in Berlin-Spandau verbüßte.

Wirtschaft und Gesellschaft im Krieg

Die NS-Machthaber waren bemüht, die Belastungen für die deutsche Bevölkerung in möglichst engen Grenzen zu halten und alle Kräfte für den Krieg zu bündeln. Niemand sollte Hunger leiden, denn Hitler fürchtete Streiks und innere Unruhen, wie er sie am Ende des Ersten Weltkrieges erlebt hatte. Nicht zuletzt infolge der enormen Gebietsgewinne gelang es, die Zufuhr an Rohstoffen und Lebensmitteln ins Deutsche Reich zu steigern. Rücksichtslos wurden Produktion und Ressourcen aller besetzten Länder für die deutschen Bedürfnisse ausgebeutet. Not und Mangelernährung der Unterworfenen nahmen die Machthaber bewusst in Kauf.

Die Währungen der besetzten Länder wurden bedenkenlos an den Rand des Ruins getrieben, die Goldreserven, Devisen, Aktien und viele Depositen von der Reichsbank beschlagnahmt. Nur mit knapper Not konnte in einigen Staaten der Bankrott vermieden werden. Die Rüstungsproduktion der Alliierten übertraf die deutschen Anstrengungen um ein Vielfaches. Unter der Leitung **Albert Speers** gelang es aber, durch Umorganisation, Rationalisierung und Improvisation die Effizienz der deutschen Kriegswirtschaft erheblich zu steigern.

Zu den Maßnahmen, mit denen die deutsche Kriegswirtschaft auf Höchstleistung gebracht werden sollte, zählte auch der Einsatz ausländischer Gefangener und Zwangsarbeiter. Da 1,8 Millionen Kriegsgefangene den Ausfall der in die Wehrmacht eingezogenen Männer nicht ausgleichen konnten, kämmten in den besetzten Gebieten „Fliegende Kommandos" die Städte nach Arbeitsfähigen

Zeitpunkt	Brot	Fleisch	Fett
	(wöchentliche Ration in Gramm)		
Ende September 1939	2400	500	270
Mitte April 1942	2000	300	206
Anfang Juni 1943	2325	250	218
Mitte Oktober 1944	2225	250	218
Mitte März 1945	1778	222	109

◄ **Lebensmittelversorgung in Deutschland 1939-1945.**
Seit Kriegsbeginn wurden in Deutschland Lebensmittel rationiert, d.h. pro Person und Zeitraum wurde nur eine bestimmten Menge abgegeben. Gesteuert wurde die Rationierung über Lebensmittelkarten, die an die Bevölkerung ausgegeben wurden und deren Marken (zusätzlich zum Kaufpreis) abgegeben werden mussten.

Nach: Kurt Bauer, Nationalsozialismus, Wien/Köln/Weimar 2008, S. 398

◄ **Konzentrationslager Dora-Mittelbau.**
Foto von Walter Frentz, Mai/Juli 1944.
Auf diesem vom Fotografen inszenierten Bild montieren Häftlinge Kabel für die V2-Rakete. In der unterirdischen Produktionsanlage im Harz arbeiteten Zwangsverschleppte aus ganz Europa unter unmenschlichen Arbeitsbedingungen an Hitlers Rüstungsprojekten.

durch – im Verlauf des Krieges wurden rund sieben Millionen Frauen und Männer nach Deutschland geschickt, das waren gut 20 Prozent aller Arbeitskräfte im Reich. Mehr als vier Millionen „Fremdarbeiter" stammten aus der Sowjetunion, eine Million aus Polen, der Rest kam aus West- und Südeuropa. Massenlager, Hunger und schwerste körperliche Arbeit gehörten zu den unmenschlichen Bedingungen, denen vor allem die „Ostarbeiter" ausgesetzt waren.

Für besonders wichtige, geheime und gefährliche Aktionen setzte die SS ihre Häftlinge in den Konzentrationslagern ein oder „verlieh" sie zu billigen Preisen an Firmen. Auf Menschenleben kam es nicht an, und die Geheimhaltung fiel leicht, weil selbst nach der Schätzung der SS ein Häftling im Arbeitseinsatz nur eine Lebenserwartung von neun Monaten hatte (▶ M5).

Entscheidungen der „Großen Drei" Anlässlich der *Konferenz von Teheran* im November 1943 trafen sich erstmals Roosevelt, Churchill und Stalin. Die „Großen Drei" einigten sich über das weitere militärische Vorgehen und die Grundzüge der Neuordnung Europas nach dem Kriege. Dabei erhob die Sowjetunion ihre territorialen Ansprüche aus dem „Hitler-Stalin-Pakt" und setzte die Abtretung des nördlichen Ostpreußen mit Königsberg sowie die Westverschiebung der Grenzen Polens bis zur Oder durch. Im Februar 1945, kurz vor Kriegsende, trafen sich die „Großen Drei" nochmals auf der Konferenz von Jalta.* Hier wurde u. a. die Gründung der Vereinten Nationen vereinbart und die Verschiebung der polnischen Grenzen nach Westen in Aussicht gestellt.

Mitte 1944 rückten die alliierten Armeen auf allen Fronten vor. Im Juni durchbrach die Rote Armee die deutsche Ostfront und eroberte die verloren gegangenen Gebiete zurück. Am 6. Juni 1944 begann der „D-Day", eine gewaltige militärische Aktion. Innerhalb von 24 Stunden stürmten rund 133 000 amerikanische und britische Soldaten mit Flugzeugen und Landungsbooten die Strände der Normandie. Der Sturmlauf der Alliierten auf die „Festung Europa" (Hitler) war angesichts der Überlegenheit an Soldaten

Vereinte Nationen (United Nations Organization, UNO), 1945 in Nachfolge des gescheiterten Völkerbundes gegründeter Zusammenschluss von Staaten zur Sicherung des Weltfriedens, Durchsetzung des Völkerrechts und Förderung der Zusammenarbeit. Grundsatzdokument ist die „Charta der Vereinten Nationen", das UNO-Hauptquartier steht in New York City.

*Siehe S. 196.

und Material nicht mehr zu stoppen. Daran konnte auch die Einführung des *Deutschen Volkssturms* nichts ändern, zu dem am 18. Oktober 1944 alle „waffenfähigen" Männer im Alter von 16 bis 60 Jahren und seit Februar 1945 alle Frauen aufgerufen wurden. Gemeinsam sollten sie den „Heimatboden" des Deutschen Reiches verteidigen.

Der deutsche Zusammenbruch

Aus seinem Bunker unter der Berliner Reichskanzlei forderte Hitler von den deutschen Soldaten und vom Volk den Einsatz bis zum letzten Atemzug. Doch der Versuch, die Amerikaner und Briten im Dezember 1944 mit einem Gegenangriff im Westen zu stoppen, scheiterte unter großen Verlusten. Im Osten drangen seit Anfang 1945 sowjetische Truppen in die deutschen Gebiete ein. Um zu überleben, mussten die Deutschen fliehen. Zugleich setzte für Millionen Deutsche eine Vertreibung aus ihrer Heimat ein.

US-Verbände überquerten am 7. März den Rhein auf der einzigen noch nicht vollständig gesprengten Brücke bei Remagen. Mit den Briten setzten sie ihren Vormarsch über Ostwürttemberg nach Bayern fort. Am 25. April 1945 trafen sich amerikanische und sowjetische Soldaten in Torgau an der Elbe. Zur gleichen Zeit schlossen sowjetische Truppen Berlin ein. Unnachgiebig erteilte Hitler Befehle, alles zu zerstören, was vom Deutschen Reich noch erhalten geblieben war.

Bedingungslose Kapitulation

Hitler entzog sich am 30. April 1945 durch Selbstmord der Verantwortung. Goebbels, von ihm als Nachfolger im Reichskanzleramt bestimmt, brachte sich wenige Stunden nach Hitlers Tod mit seiner ganzen Familie um. Großadmiral *Karl Dönitz* übernahm weisungsgemäß das Amt des Staatsoberhaupts und berief eine geschäftsführende Regierung, die seit dem 2. Mai in seinem Hauptquartier in Flensburg residierte. Sein Ziel war, durch Teilkapitulationen Zeit zu gewinnen, um möglichst großen Teilen des Ostheeres und der Flüchtlinge die Flucht nach dem Westen zu ermöglichen. Diese Zeit war allerdings nur knapp bemessen. Am 7. Mai 1945 unterzeichnete General *Alfred Jodl* im Hauptquartier des westalliierten Oberbefehlshabers General *Dwight D. Eisenhower* in Reims die deutsche Gesamtkapitulation. Zwei Tage später wurde die Unterzeichnung im sowjetischen Hauptquartier in Karlshorst wiederholt.

Die Regierung Dönitz wurde, nachdem sie bisher teils inoffiziell, teils offiziell mit der alliierten Kontrollkommission zusammengearbeitet hatte, am 23. Mai 1945 auf Weisung von General Eisenhower verhaftet. Damit war das Reich handlungsunfähig. Die vier Hauptsiegermächte nahmen das Schicksal Deutschlands in ihre Hände. Der Wahn eines großdeutschen, ja eines großgermanischen Reiches, dessen Lebensraum für die nächsten tausend Jahre gesichert werden sollte, war in nichts zerronnen. Hitler hatte mit dem, was er für eine Vision hielt, große Teile der deutschen Bevölkerung zumindest zeitweise zu gewinnen vermocht. Millionen Menschenleben waren für die Projektion einer zutiefst inhumanen Welt sinnlos geopfert worden.

▲ **Das zerstörte Dresden.**
Foto von Walter Hahn, 1945. Vom Rathausturm fotografierte Hahn seine in Trümmern liegende Heimatstadt. Die barocke Statue am rechten Bildrand ist eine Personifikation der Tugend der Güte.

M1 England kapituliert nicht

Als die Niederlage Frankreichs offenbar wird, betont Englands Premierminister Winston Churchill in einer Rede am 18. Juni 1940, dass Großbritannien nicht aufgeben werde:

Die Schlacht, die General Weygand[1] die Schlacht um Frankreich nannte, ist vorbei. Ich erwarte, dass jetzt die Schlacht um England beginnen wird. Von ihrem Ausgang hängt der Fortbestand der christlichen Kultur ab. Von ihr hängt unsere eigene nationale Existenz, die lange währende Stetigkeit unserer Einrichtungen und unseres Weltreiches ab. Die ganze Wut und Macht des Feindes muss sich sehr bald gegen uns wenden, Hitler weiß sehr wohl, dass er entweder uns auf unserer Insel zerschmettern oder den Krieg verlieren muss. Vermögen wir ihm standzuhalten, so kann ganz Europa befreit werden, und die Menschheit kann zu weiten, sonnenhellen Höhen aufwärtsschreiten. Versagen wir aber, dann wird die ganze Welt, samt den Vereinigten Staaten und samt all dem, was wir gekannt und geliebt haben, in den Abgrund eines neuen dunklen Zeitalters versinken, dem die Lichter einer missbrauchten Wissenschaft noch tiefere Finsternis und vielleicht auch längere Dauer verleihen. Rüsten wir uns daher zur Erfüllung unserer Pflicht; handeln wir so, dass, wenn das Britische Reich und seine Völkergemeinschaft noch tausend Jahre bestehen, die Menschen immer noch sagen werden: „Das war ihre größte Stunde."

Winston S. Churchill, Memoiren. Der Zweite Weltkrieg, Bd. II, 1, Stuttgart 1954, S. 272

1. *Arbeiten Sie heraus, wie Churchill die Situation Europas nach der Niederlage Frankreichs beurteilt.*
2. *Analysieren Sie, welche Bedeutung die USA für Churchill einnehmen.*
3. *Prüfen Sie, ob es in Diktion Ähnlichkeiten zu Rednern des NS-Regimes gibt. Welche Ursachen könnte das haben?*

[1] Maxime Weygand (1867-1965): General im Ersten und Zweiten Weltkrieg, 1940 Oberbefehlshaber der französischen Truppen

M2 „Völlige Vernichtung"

Der Oberbefehlshaber der 6. Armee, General von Reichenau, gibt am 10. Oktober 1941 einen Befehl aus, der das „Verhalten der Truppen im Ostraum" betrifft. Hitler bezeichnet diesen Befehl als vorbildlich, sodass er auch von anderen Truppenteilen übernommen wird:

Hinsichtlich des Verhaltens der Truppe gegenüber dem bolschewistischen System bestehen vielfach noch unklare Vorstellungen. Das wesentlichste Ziel des Feldzuges gegen das jüdisch-bolschewistische System ist die völlige Zerschlagung der Machtmittel und die Ausrottung des asiatischen Einflusses im europäischen Kulturkreis. Hierdurch entstehen auch für die Truppe Aufgaben, die über das hergebrachte einseitige Soldatentum hinausgehen. Der Soldat ist im Ostraum nicht nur ein Kämpfer nach den Regeln der Kriegskunst, sondern auch Träger einer unerbittlichen völkischen Idee und der Rächer für alle Bestialitäten, die deutschem und anverwandtem Volkstum zugefügt wurden. Deshalb muss der Soldat für die Notwendigkeit der harten, aber gerechten Sühne am jüdischen Untermenschentum volles Verständnis haben. Sie hat den weiteren Zweck, Erhebungen im Rücken der Wehrmacht, die erfahrungsgemäß stets von Juden angezettelt wurden, im Keime zu ersticken. Der Kampf gegen den Feind hinter der Front wird noch nicht ernst genug genommen. Immer noch werden heimtückische, grausame Partisanen und entartete Weiber zu Kriegsgefangenen gemacht, immer noch werden halb uniformierte oder in Zivil gekleidete Heckenschützen und Herumtreiber wie anständige Soldaten behandelt und in die Gefangenenlager abgeführt. [...]
Fern von allen politischen Erwägungen der Zukunft hat der Soldat zweierlei zu erfüllen: 1.) die völlige Vernichtung der bolschewistischen Irrlehre, des Sowjetstaates und seiner Wehrmacht. 2.) die erbarmungslose Ausrottung artfremder Heimtücke und Grausamkeit und damit die Sicherung des Lebens der deutschen Wehrmacht in Russland. Nur so werden wir unserer geschichtlichen Aufgabe gerecht, das deutsche Volk von der asiatisch-jüdischen Gefahr ein für allemal zu befreien.

Reinhard Rürup (Hrsg.), Der Krieg gegen die Sowjetunion 1941-1945. Eine Dokumentation, Berlin 1991, S. 122

1. *Erörtern Sie, inwiefern die deutsche Kriegführung eine Umsetzung der nationalsozialistischen Rassenideologie war.*
2. *Informieren Sie sich über damalige und heutige Völkerrechtsvereinbarungen, die auch im Krieg gültig bleiben. Inwiefern haben die Deutschen dagegen verstoßen?*

▲ Churchill und Roosevelt an Bord der „HMS Prince of Wales". Foto vom 14. August 1941.

M3 Atlantik-Charta

Am 14. August 1941 treffen sich US-Präsident Franklin D. Roosevelt und Großbritanniens Premierminister Winston Churchill an Bord eines britischen Kriegsschiffes im Nordatlantik. Gemeinsam formulieren sie Ziele ihrer internationalen Politik:

Der Präsident der Vereinigten Staaten von Amerika und Ministerpräsident Churchill, als Vertreter der Regierung Seiner Majestät im Vereinigten Königreich, erachten es als ihr Recht, einige allgemeine Prinzipien der Politik ihrer Länder bekannt-
5 zugeben, Prinzipien, auf deren Verwirklichung sich ihre Hoffnung auf eine bessere Zukunft der Welt gründen.
1. Ihre Länder streben keinerlei Bereicherung an, weder in territorialer noch in anderer Beziehung.
2. Sie wünschen keinerlei territoriale Veränderungen, die
10 nicht im Einklang mit den in voller Freiheit ausgedrückten Wünschen der betroffenen Völker stehen.
3. Sie achten das Recht aller Völker, sich jene Regierungsform zu geben, unter der sie zu leben wünschen. Die souveränen Rechte und autonomen Regierungen aller Völker, die ihrer
15 durch Gewalt beraubt wurden, sollen wiederhergestellt werden.
4. Sie werden, ohne ihre eigenen Verpflichtungen außer acht zu lassen, für einen freien Zutritt aller Staaten, der großen wie der kleinen, der Sieger wie der Besiegten, zum Welt-
20 handel und zu jenen Rohstoffen eintreten, die für deren wirtschaftliche Wohlfahrt vonnöten sind.
5. Sie erstreben die engste Zusammenarbeit aller Nationen auf wirtschaftlichem Gebiete, eine Zusammenarbeit, deren Ziel die Herbeiführung besserer Arbeitsbedingungen, ein
25 wirtschaftlicher Ausgleich und der Schutz der Arbeitenden ist.
6. Sie hoffen, dass nach der endgültigen Vernichtung der Nazi-Tyrannei ein Frieden geschaffen werde, der allen Völkern erlaubt, innerhalb ihrer Grenzen in vollkommener Sicherheit zu leben, und der es allen Menschen in allen Ländern ermöglicht, ihr Leben frei von Furcht und von Not zu verbringen.
7. Dieser Friede soll allen Völkern die freie Schifffahrt auf allen Meeren und Ozeanen ermöglichen.
8. Sie sind von der Notwendigkeit überzeugt, dass aus praktischen wie aus sittlichen Gründen alle Völker der Welt auf den Gebrauch der Waffengewalt verzichten müssen. Da kein Friede in Zukunft aufrechterhalten werden kann, solange die Land-, See- und Luftwaffen von Nationen, die mit Angriff auf fremdes Gebiet gedroht haben oder damit drohen können, zu Angriffszwecken benutzt werden können, halten sie bis zur Schaffung eines umfassenden und dauerhaften Systems allgemeiner Sicherheit die Entwaffnung dieser Nationen für notwendig. Ebenso werden sie alle Maßnahmen unterstützen, die geeignet sind, die erdrückenden Rüstungslasten der friedliebenden Völker zu erleichtern.

Herbert Schambeck u. a. (Hrsg.), Dokumente zur Geschichte der Vereinigten Staaten von Amerika, Berlin ²2007, S. 480 f.

1. *Untersuchen Sie, welche Konsequenzen die Grundsätze der Atlantik-Charta für die Politik der Unterzeichner gegenüber den Kriegsgegnern und den von Deutschland und seinen Verbündeten besetzt gehaltenen Staaten hat.*
2. *Vergleichen Sie die Grundsätze dieser Charta mit Wilsons „Vierzehn Punkten" von 1917 (S. 159, M6).*
3. *Nicht alle Punkte der Charta waren unstrittig: Churchill störte sich an den Punkten 2 und 4 und setzte durch, dass die Charta keine Anwendung auf das britische Weltreich finden werde. Auch Exilregierungen der von Deutschland unterdrückten Völker erhoben Einspruch gegen Artikel 2. Erläutern Sie diese Reaktionen.*

M4 Frauen in der Heimat

Während die Front im Osten zurückweicht, zeichnet ein geheimer Bericht der SS vom 18. November 1943 die Stimmung bei der weiblichen Bevölkerung auf:

Am Kriegsgeschehen im Einzelnen nehmen die Frauen weniger Interesse. Besonders die weibliche Jugend zeige sich recht teilnahmslos. Häufig trete bei den Frauen eine ausgesprochene Kriegsmüdigkeit zutage. Sie sind bestrebt, allem aus dem Wege zu gehen, was die Gedanken zum Kriegsgeschehen hinlenke, so vermeiden sie z. B. entsprechende Radio- oder Filmdarbietungen und lassen den politischen Teil der Zeitung unbeachtet. Im Allgemeinen zeigten nur diejenigen Frauen, die nahe Angehörige an den Fronten haben, und

Frauen der Intelligenzkreise wesentliches Interesse am politischen Geschehen. [...]

Mit Sorge sähen auch viele Frauen, dass der Zusammenhalt und das gegenseitige Verständnis in ihrer Ehe unter der langen Kriegsdauer zu leiden beginne. Die mit kurzen Unterbrechungen nun schon Jahre andauernde Trennung, die Umgestaltung der Lebensverhältnisse durch den totalen Krieg, dazu die hohen Anforderungen, die jetzt an jeden Einzelnen gestellt werden, formten den Menschen um und erfüllten sein Leben. Der Frontsoldat zeige im Urlaub oft kein Verständnis mehr für die kriegsbedingten häuslichen Dinge und bleibe interesselos gegenüber vielen täglichen Sorgen der Heimat. Daraus ergebe sich häufiger ein gewisses Auseinanderleben der Eheleute. So wiesen Ehefrauen bekümmert darauf hin, dass das sehnlichst erwartete Zusammensein in der schnell vorübergehenden Urlaubszeit getrübt worden sei durch häufige Zusammenstöße, die durch gegenseitige Nervosität hervorgerufen wurde. [...]

Auffallend sei, dass viele Maßnahmen der Partei und führender Persönlichkeiten von den Frauen in stärkerem Maße als von den Männern kritisiert würden, jedoch stellten sich die meisten Frauen stets hinter die Person des Führers. Allgemein werde von den Frauen immer der Standpunkt vertreten, dass der Führer bestimmt Abhilfe schaffen würde, wenn er alles wüsste. Die meisten Frauen richteten jedoch ihre Gedanken vorwiegend auf ihre gegenwärtigen praktischen Aufgaben. Von den drängenden Tagesanforderungen bereiteten derzeit die Kartoffelnot und der Gemüsemangel den Frauen große Sorge. Viele Mütter von heranwachsenden Kindern hätten schlaflose Nächte, denn „sie wüssten oft nicht, was sie auf den Tisch bringen sollten". [...]

Mit lebhafter Freude sei von den Frauen die wesentlich erhöhte Mehlzuteilung und die Ankündigung der Weihnachtssonderzuteilungen begrüßt worden, da sie mit diesen Mengen nicht gerechnet hatten. Bedauert werde jedoch, dass kein Fleischzuschuss vorgesehen sei, ferner werde häufig die Erwartung ausgesprochen, dass die Zuwendungen später nicht wieder durch entsprechende Kürzungen eingespart werden müssten.

Wolfgang Michalka (Hrsg.), Deutsche Geschichte 1933-1945. Dokumente zur Innen- und Außenpolitik, Frankfurt am Main 1993, S. 298f.

1. Arbeiten Sie heraus, wie sich der Krieg nach dem vorliegenden Bericht auf die Frauen in der Heimat auswirkt.

2. Beurteilen Sie Gründe und Auswirkungen der in Zeile 28-36 genannten Haltung der Frauen.

3. Die nationalsozialistische Propaganda hat das Leben der Zivilbevölkerung während des Krieges zur „Heimatfront" stilisiert. Erläutern Sie, welche Absicht mit dieser Maßnahme verbunden war.

M5 Das Schicksal von Häftlingen und „Fremdarbeitern" im Arbeitseinsatz

Das menschenverachtende System der Konzentrationslager nutzt die Arbeitskraft der Häftlinge bis zum Letzten aus. Das Beispiel zeigt, wie die SS die „Rentabilität" von „Leiharbeitern" berechnet, die sie Unternehmen zur Verfügung stellt:

Täglicher Verleihlohn durchschnittlich	RM 6,—
abzüglich Ernährung	RM —,60
abzüglich Bekl. Amort.	RM —,10

durchschnittl. Lebensdauer
9 Mt. = 270 x RM 5,30 = RM 1431,—

Erlös aus rationeller Verwertung der Leiche:
1. Zahngold   3. Wertsachen
2. Kleidung   4. Geld

abzüglich Verbrennungskosten RM 2,—	RM 200,—
Gesamtgewinn nach 9 Monaten	RM 1631,—

zuzüglich Erlös aus Knochen und Aschenverwertung

Ganz anders liest sich das Schicksal von „Fremdarbeitern" in einem Bericht, den Fritz Sauckel, der Generalbevollmächtigte für den Arbeitseinsatz, am 14. April 1943 an Hitler schickt:

Nach einjähriger Tätigkeit als Generalbevollmächtigter für den Arbeitseinsatz darf ich Ihnen melden, dass vom 1. April vorigen Jahres bis zum 31. März dieses Jahres der deutschen Kriegswirtschaft 3 638 056 neue fremdvölkische Arbeitskräfte zugeführt werden konnten. Im großen Ganzen haben diese Kräfte zufriedenstellende Leistungen gebracht. Ihre Ernährung und Unterbringung ist sichergestellt, die Behandlung ist so einwandfrei geregelt, dass unser nationalsozialistisches Reich gegenüber den Methoden der kapitalistischen und bolschewistischen Welt auch in dieser Beziehung ein leuchtendes Beispiel darstellt. Dabei ist es natürlich unvermeidlich, dass hier und da noch Fehl- und Missgriffe vorkommen. Ich werde stets bemüht bleiben, sie mit der größten Energie auf ein Mindestmaß zu beschränken.

Erster Text: Eberhard Aleff (Hrsg.), Das Dritte Reich, Hannover ⁵1973, S. 208
Zweiter Text: Wolfgang Michalka (Hrsg.), a.a.O., S. 297

1. Arbeiten Sie aus beiden Materialien das Menschenbild des Nationalsozialismus heraus.

2. Klären Sie die behaupteten Unterschiede beim Umgang mit Arbeitskräften in der „kapitalistischen und bolschewistischen Welt".

Luftangriffe auf Dresden – Ereignis und Erinnerung

Vorgeschichte Schon nach dem Ersten Weltkrieg wurde in Militärkreisen die These entwickelt, dass einen künftigen Krieg diejenige Seite gewinnen werde, der es gelinge, durch Zerstörung von Städten und Verkehrswegen den Widerstandswillen der Zivilbevölkerung im Feindesland zu schwächen und sie zu einem Aufstand gegen ihre Regierung zu bewegen. Hiervon versprach man sich eine Verkürzung des Krieges.

Der Zweite Weltkrieg war seit seiner ersten Stunde auch ein Luftkrieg. Die deutsche Luftwaffe, die unter Bruch der Versailler Bestimmungen seit 1933 aufgebaut und deren Existenz 1935 zugegeben wurde, hatte 1936 in den Spanischen Bürgerkrieg eingegriffen und dabei unter Kriegsbedingungen ihre Piloten trainieren können.* Der Überfall des deutschen Heeres auf Polen wurde durch die Luftwaffe massiv unterstützt; am 25. September 1939 wurde Warschau von 1200 Flugzeugen mit Brandbomben zerstört. Auch der Westfeldzug war vom Einsatz der Luftwaffe gekennzeichnet, am 14. Mai legten deutsche Bomber die von starken Einheiten verteidigte Hafenstadt Rotterdam in Schutt und Asche und zwangen die Niederlande zur Kapitulation.

▲ **Die Kathedrale von Coventry.** *Foto vom Dezember 1940. Auch wenn die Angriffe der im Zentrum ansässigen Industrie galten, war ihre Durchführung doch auf die flächenmäßige Zerstörung der gesamten Stadt ausgelegt. Aus diesem ersten „Flächenbombardement" zogen sowohl Angreifer als auch Angegriffene Lehren für ihre zukünftige Luftkriegführung.*

Britische Reaktion und deutsche Eskalation Die Royal Air Force (RAF) beschränkte sich bei Kriegsausbruch im Wesentlichen auf Aufklärungsflüge. Ein erster, bei Tag geflogener Angriff auf den Marinestützpunkt Wilhelmshaven am 18. Dezember 1939 war noch verlustreich für die RAF. Erst die im Mai 1940 gebildete Allparteienregierung unter Winston Churchill intensivierte den Luftkrieg. Seit Beginn des deutschen Westfeldzugs** flogen britische Bomber Angriffe auf deutsche Städte, wobei militärische und industrielle Ziele im Mittelpunkt standen. Als nach der Besetzung Frankreichs Operationen auf dem Festland nicht mehr möglich waren, schienen Angriffe aus der Luft die einzige Möglichkeit, Deutschland entscheidend zu schwächen (▶ M1).

Im Juli 1940 gab Hitler den Befehl, eine Invasion Englands durch Erringung der Lufthoheit vorzubereiten. Nach Angriffen auf Schiffskonvois im Ärmelkanal, küstennahe Flugplätze und Rüstungsfabriken befahl Hitler im September die Bombardierung Londons. Bis November griffen fast jede Nacht durchschnittlich 200 Bomber die Hauptstadt an. Nach London wurden auch andere Städte attackiert, etwa Birmingham. Am 14. November zerstörte die Luftwaffe die Industriestadt Coventry mit einer Kombination aus Spreng- und Brandbomben fast vollständig. Dieser Angriff hatte die bislang verheerendste Wirkung aller Luftschläge, die zerstörte Kathedrale der Stadt wurde zu einem Symbol für die deutsche Aggression.

Die ständigen Angriffe, besonders auf London, brachten die britische Zivilbevölkerung an den Rand der Erschöpfung, stärkten jedoch letztlich auch den Widerstandswillen. Die deutsche Luftoffensive gegen England forderte bis zum Angriff auf die Sowjetunion im Juni 1941 über 43 000 Tote und 139 000 Verletzte.

---

* Siehe S. 165.
** Siehe S. 173 f.

Von Präzisionsangriffen zum Flächenbombardement

Die britischen Luftangriffe hatten die deutsche Kampfkraft weniger geschwächt als erwartet. Bis Anfang 1942 stand ihre Wirkung in keinem Verhältnis zu den Verlusten. Dies bewirkte einen Wandel der britischen Strategie: Am 14. Februar 1942 erließ das Kriegskabinett in London die „Area Bombing Directive". In einer Anweisung an den neuen Leiter des *Bomber Command*, Sir Arthur Harris, wurde festgelegt, dass die RAF fortan „ohne jede Beschränkung" operieren könne und sich dabei „auf die Moral der feindlichen Zivilbevölkerung, besonders der Industriearbeiterschaft" zu konzentrieren habe.

Harris ließ eine Liste besonders brandgefährdeter deutscher Großstädte erstellen. Dort sollte planmäßig Wohnraum zerstört werden („*dehousing*"), da eine obdachlose Zivilbevölkerung am ehesten an der nationalsozialistischen Führung und ihrer Kriegspolitik zweifeln werde. Die RAF perfektionierte ihr Vorgehen sowie ihre Waffen. „Pfadfinder" flogen den Bomberstaffeln voraus und brachten mit Leuchtmunition Zielmarkierungen für die nachfolgenden Bomber an. Der erste Bomberverband setzte Sprengbomben („*blockbuster*") ein, die im Umkreis von mehreren Hundert Metern alle Dächer abdeckten. Die freiliegenden hölzernen Dachstühle waren Ziel des Angriffs des folgenden Verbands, der Brandbomben abwarf. Durch mehrfache Angriffswellen ließ sich ein Feuersturm entfachen, der mit üblichen Mitteln nicht löschbar war. Zum ersten Mal getestet wurde ein solches Flächenbombardement beim Angriff auf Lübeck am 28. März 1942, in dem über 300 Menschen starben und 15 000 ihre Wohnung verloren.

Mit der Strategie des „Area Bombing" wurden in der Folgezeit zahlreiche deutsche Städte zerstört, manche sogar mehrfach. Ab Sommer 1943 griff auch die US Air Force mit „Fliegenden Festungen" in den Bombenkrieg ein und übernahm die Luftschläge bei Tag, während die Briten nach wie vor nächtliche Angriffe flogen.

Sir Arthur Travers Harris (1892-1984): britischer Luftwaffenoffizier, 1939 Oberkommandierender in Palästina, seit Februar 1942 als Leiter des „Bomber Command" mit Ausarbeitung und Durchführung von Luftangriffen auf Deutschland betraut

Die Bombardierung Dresdens

In der Nacht zum 14. Februar 1945 wurde auf das 630 000 Einwohner zählende Dresden der schwerste Luftangriff des Zweiten Weltkrieges geflogen. 773 britische Bomber entfachten in zwei Angriffswellen einen Feuersturm, der rund 80 000 Wohnungen zerstörte. Dem britischen Nachtangriff folgte am nächsten Tag eine weiteres Flächenbombardement durch 311 amerikanische Bomber. Am 15. Februar musste das bereits vollständig zerstörte und mit schlesischen Flüchtlingen gefüllte Dresden noch einen weiteren Angriff der US-Luftwaffe überstehen. Zu Hunderten lagen die bis zur Unkenntlichkeit verkohlten Toten tagelang auf den Straßen oder in den Trümmern, ehe die Leichenberge zur Verhinderung von Seuchen verbrannt werden konnten (▶ M2).

Bis August 1944 war Dresden als einzige deutsche Großstadt weitgehend von Bombenangriffen verschont geblieben und noch zu Jahresbeginn 1945 nahezu unbeschädigt. Dresden bildete einen wichtigen Verkehrsknotenpunkt zwischen Prag, Berlin, Leipzig, Nürnberg und Warschau. Neben kleineren Rüstungsbetrieben existierten mit der Zeiß-Ikon AG, der Paul Märksch AG oder den Flugzeugwerken in Dresden-Klotzsche auch größere Industrieanlagen. Allerdings waren diese Angriffsziele angesichts mangelnden Rohstoffs und zunehmender Desorganisation der militärischen Nachschubwege Anfang 1945 keine kriegswichtigen Verkehrs- und Industrieanlagen.

Die Zerstörung Dresdens war der Höhepunkt gezielter Flächenbombardements der Alliierten gegen die deutsche Zivilbevölkerung, um deren Moral zu brechen. Der NS-Propaganda bot das Massaker von Dresden noch einmal Gelegenheit, an den Durchhaltewillen der Deutschen zu appellieren.

▶ **Graffiti in Dresden.**
Foto vom 4. Oktober 2008.
Die schwarze Inschrift
„300 000 TOTE" ist in weißer
Farbe mit dem Wort „ANTIFA"
übersprüht worden.
■ Beide Graffitis beziehen sich
auf den alliierten Bombenangriff auf Dresden im März
1945. Stellen Sie die Motive
der beiden Sprayer gegenüber. Antworten Sie ihnen
aus der Sicht eines Historikers.

Gedenken Nach 1945 war eine angemessene Erinnerung an die Opfer unter der Dresdner Zivilbevölkerung schwierig. Die DDR instrumentalisierte die Luftangriffe im Kalten Krieg und lastete sie als „barbarische Bombardements" den Westalliierten an. Ihnen wurde unterstellt, sie hätten der Sowjetunion ein unnötig zerstörtes Ostdeutschland hinterlassen wollen. DDR-Politiker bedienten sich mitunter der Sprache der NS-Propaganda, etwa wenn sie von „anglo-amerikanischen Luftgangstern" sprachen.

Ein vom Staat unabhängiges Gedenken begann in kirchlichen Friedensgruppen. Zum 13. Februar 1982 riefen Dresdener Christen auf illegalen Flugblättern zum stillen Gedenken gegen den Krieg an den Trümmern der Frauenkirche auf. Dies führte seither an jedem Jahrestag zu schweigenden Zusammenkünften von Bürgerrechtlern an der Ruine des ehemaligen Wahrzeichens von Dresden. Staatliche Versuche, diese Treffen zu verhindern, hatten kaum Erfolg. Erst zum 40. Jahrestag 1985 gab es zentrale Staatsfeierlichkeiten. Während die DDR-Führung den „US-Imperialismus" für das Leiden verantwortlich machte, pflegten die Bürgerrechtler ein pazifistisches Betrauern der Kriegsopfer.

Zu einem mehrfachen Symbol wurde die Frauenkirche, einstmals der größte Steinkuppelbau nördlich der Alpen. Ihr Trümmerhaufen in der Altstadt wurde in der DDR als „Mahnmal gegen den Krieg" verstanden. Nach der deutschen Wiedervereinigung beschloss das Land Sachsen aufgrund einer bürgergesellschaftlichen Initiative 1991 den Wiederaufbau der Kirche. Spenden aus der ganzen Welt ermöglichten das Werk, das eine internationale Bauhütte ausführte. 2005 wurde die originalgetreue Rekonstruktion der Steinkuppelkirche feierlich eingeweiht. Das vergoldete Kuppelkreuz war ein Geschenk der Dresdener Partnergemeinde in Coventry.

Ausmaß des Leidens Die Opferzahlen des Angriffs auf Dresden vom 13./14. Februar 1945 wurden, je nach Quelle, extrem unterschiedlich angegeben. In der Literatur lauteten die Angaben von 20 000 bis zu einer halben Million Toten.

Im Jahr 2004 setzten die Stadt Dresden und der Freistaat Sachsen eine Historikerkommission ein mit dem Auftrag, die Zahl möglichst genau zu ermitteln. Die Kommission ging diese Aufgabe auf breiter Quellen- und Methodenbasis an. Als Ergebnis wurde eine Zahl von 18 000 bis 25 000 Opfern ermittelt (▶ M3).

M1 „Sind wir Bestien?"

In Großbritannien gibt es von Anfang an eine heftige Diskussion, ob die Flächenbombardements militärisch sinnvoll und moralisch vertretbar seien. Der Historiker und Journalist Michael Sontheimer schreibt 2005 in einem Essay dazu:

Churchill – durch und durch ein Krieger – war ein schillernder Politiker. So verlangte der charismatische Premier zunächst „vernichtende" Angriffe gegen deutsche Städte. Aber als er später Filme von brennenden Stadtlandschaften sah, fragte er: „Sind wir Bestien? Gehen wir zu weit?"
Gleichzeitig war es niemand anderes als Churchill selbst, der – ebenso wie Hitler und Stalin – alle wichtigen militärischen Entscheidungen an sich gezogen hatte und die ständige Eskalation des Bombenkriegs zumindest billigte. Sein Vorgänger Neville Chamberlain hatte Anfang 1940 noch Luftangriffe gegen Deutschland abgelehnt. „Wie weit auch andere gehen mögen", befand der konservative Premier, „die Regierung Seiner Majestät wird niemals aus reinem Terrorismus absichtlich Frauen, Kinder und andere Zivilisten angreifen."
Chamberlain stützte sich dabei auf die Haager Landkriegsordnung des Jahres 1907. Dieses entscheidende Dokument des Kriegsvölkerrechts „untersagt, unverteidigte Städte, Dörfer, Wohnstätten oder Gebäude, mit welchen Mitteln auch immer, anzugreifen oder zu beschießen". […] Sein Nachfolger Winston Churchill gab schon einen Tag nach seinem Einzug in 10 Downing Street, am 11. Mai 1940, mangels militärischer Alternativen der Royal Air Force den Befehl, Ziele in Deutschland zu bombardieren. […]
Die britischen Politiker wussten sehr genau, dass sie mit den Flächenbombardements das Kriegsvölkerrecht brachen. Als im Oktober 1942 Luftwaffen-Stabschef Charles Portal einen Plan ablieferte, nach dem in den nächsten zwei Jahren bis zu einer Million Deutsche durch Bomben umgebracht und 25 Millionen obdachlos gemacht werden sollten, wies ihn ein Beamter des Luftfahrtministeriums zurecht: „Es ist unnötig und unerwünscht, in irgendeinem Dokument über unsere Bombenstrategie diesen Aspekt zu betonen, der im Widerspruch zum internationalen Recht steht." […]
Der eloquenteste Kritiker des strategischen Bombenkriegs war der Bischof von Chichester, George Bell. Es müsse, forderte der Geistliche im Februar 1944 im Oberhaus, „eine Verhältnismäßigkeit zwischen den eingesetzten Mitteln und dem erreichten Zweck bestehen". Die Alliierten, so Bells Credo, stünden für etwas Größeres als Macht. „Die Hauptinschrift auf unserem Banner heißt Recht." Bells Aufsässigkeit kostete ihn freilich die Ernennung zum Erzbischof von Canterbury, dem höchsten Würdenträger der anglikanischen Staatskirche.
Erst die Zerstörung Dresdens im Februar 1945, die in der amerikanischen Presse hohe Wellen schlug (die britische Regierung hatte Berichte über das Ausmaß des Infernos zunächst zensiert), brachte Churchill dazu, sich geschickt vom Luftkrieg gegen Deutschlands Städte und ihrem fanatischen Exekutor Arthur Harris abzusetzen.
Der Premier […] schrieb an die Luftwaffenführung: „Es scheint mir, dass der Moment gekommen ist, die Frage, deutsche Städte nur deshalb zu bombardieren, um den Terror zu erhöhen, zu überprüfen." Für Churchill war dies freilich keine moralische, sondern eine ganz praktische Überlegung. „Oder wie sollten wir sonst", so der Premier weiter, „ein übermäßig zerstörtes Land unter Kontrolle bekommen." […]
Im populären Urteil haben die „Germans" ihr Schicksal schlicht selbst verschuldet. Daran wird sich so schnell nichts ändern – wenn überhaupt jemals. „Die Deutschen haben angefangen", befand der Kolumnist David Aaronovitch in der liberalen Tageszeitung „Independent".

Michael Sontheimer, Sind wir Bestien?, in: Stephan Burgdorff und Christian Habbe (Hrsg.), Als Feuer vom Himmel fiel. Der Bombenkrieg in Deutschland, Hamburg 2005, S. 125-128

1. *Arbeiten Sie die verschiedenen Argumente gegen den strategischen Bombenkrieg heraus.*
2. *Entwerfen Sie aus Sicht des britischen Kriegsministeriums eine Erwiderung auf das in Zeile 35ff. genannte Argument des Bischofs von Chichester.*
3. *Erklären Sie, warum die britischen Medien Berichte über die Bombardierung Dresdens zunächst nicht zuließen.*

M2 Jörg Friedrich: Der Brand

Das Buch von Jörg Friedrich ist unterschiedlich aufgenommen worden. Während die einen darin eine überfällige Aufarbeitung des Leids der deutschen Zivilbevölkerung sehen, legen andere dem Autor zur Last, den deutschen Eroberungskrieg als Voraussetzung für die alliierten Bomben auszublenden. Zum Angriff der „No 5 Bomber Group" auf Dresden schreibt Friedrich 2002:

Der Fächer von Dresden hatte binnen einer halben Stunde nach Abflug von Nr. 5 den erwarteten Feuersturm erzielt. Zwar waren die Abwürfe leicht verzogen niedergegangen, wirkten aber nach Plan. Infolge der Methode der Gruppe weitete sich der Fächer nicht viel, an seiner breitesten Stelle zweieinhalb Kilometer. Er bedeckte drei Viertel der Altstadt. Wegen des hohen Spritgewichts konnten nur 877 Bombentonnen geladen werden […]. Harris wählte deshalb das in Duisburg, Köln und Saarbrücken erprobte Mittel des Doppelangriffs. Er verdoppelt nicht, er vervielfacht die Vernichtung, weil er in eine Situation des arglosen Aufatmens hineinschlägt. Neunzig Minuten nach Entwarnung, die Dresdener hatten gerade Zeit, sich in den Großen Garten und auf die Elbwiesen zu schleppen, heulte erneut Alarm, doch nur in den Vororten, die Anlagen in der Innenstadt arbeiteten nicht mehr. Mit solchen Defekten rechnet der „double blow", damit steigert er die Menschenverluste.

Als die zweite Angriffsflotte um 1.16 Uhr eintraf, fand sie, wie zu erwarten, keine Bodensicht mehr vor. Der Feuersturm jagte eine kilometerhohe Rauchwolke in die Atmosphäre. Als Zielpunkt war dennoch der Altmarkt angegeben, der inmitten des Fächers lag. Das entspricht dem Sinn des Doppelschlags, der ausknockt. Attacke eins jagt Leute in den Schutz, Attacke zwei packt die den Schutz erlöst Verlassenden. [...] Die sich im Freien verbergen, scheitern, so wie die Flüchtlinge im Dresdener Großen Garten. Seiner Logik nach ist das Verfahren auf Massenvernichtung angelegt.

Als der Masterbomber die Lage im Fächer unter sich sah, hielt er sie für ausreichend tödlich und ließ seitlich vom Viertelkreis markieren, nach links über die Elbe, die das Feuer nicht überspringen konnte, in die Neustadt hinein, nach rechts zum Hauptbahnhof und in den Großen Garten, eine gut zu erkennende, nicht brennbare Fläche.

Das linke Elbufer säumt ein fünfhundert Meter langer Grünstreifen, die Elbwiesen. Im Februar pfiff dort ein eisiger Wind, in der Nacht hatte es zu nieseln begonnen. Die Kellerinsassen in Flussnähe hasteten nach der ersten Attacke durch Qualm, Funkenflug und den Hitzesog des aufkommenden Feuersturms zu dem kühlenden Morast. [...] Auf der gegenüberliegenden, der Bahnhofsseite erstreckte sich eine ebensolche baumbestandene Fluchtinsel, der Große Garten. Hierhin rettete sich die zweite Gruppe der Altstadtflüchtlinge. Elbwiesen und Großer Garten versammelten Zehntausende von Personen. Sie hatten gar keine andere Wahl. So wie der Fächer aufgespannt war, bot die Stadtgeografie nur die zwei Aufenthalte. Die Flächenbrandzone von Nr. 5 quetschte die darin Gefangenen gewissermaßen dorthin wie in einen aufgehaltenen Sack. Darauf prasselte ein Großteil der Munition der Folgeattacke.

Der Hauptbahnhof lag außerhalb des Fächers. Er steckte randvoll mit Flüchtlingen der Ostfront. Der erste Angriff hatte die Möglichkeit gelassen, eine größere Zahl von Personenzügen aus dem Stadtbereich zu rangieren, die zurückgeholt wurden, nachdem Nr. 5 sein Werk hinter sich gebracht hatte. Danach wurde auch der Hauptbahnhof ein Vorzugsziel des Zweitschlags. So hatte man drei Vernichtungszentren eingerichtet; die Kellerlandschaft unter dem Altstadtbrand, die Grünflächen und den Bahnhof.

Jörg Friedrich, Der Brand. Deutschland im Bombenkrieg 1940-1945, München 2002, S. 362f.

1. Arbeiten Sie aus dem Text die Strategie der britischen Luftstreitkräfte heraus und erläutern Sie ihre Ziele.
2. Bewerten Sie, wo der Text sachlich informiert, wo er wertet, wo er unterschwellig Deutungen transportiert. Beachten Sie dabei die Wortwahl und die Sprachbilder.

M3 Gutachten zur Ermittlung der Opferzahlen

Ende 2009 legt die Dresdener Historikerkommission ihren Abschlussbericht zur Ermittlung der Zahl der Bombentoten vor:

Angehörige extremistischer Gruppen nutzten die Jahrestage der Luftangriffe verstärkt als Anlass für groß angelegte Manifestationen; in vielfältigen öffentlichen Aktionen artikulierten sich die konträren Überzeugungen der Bevölkerungsmehrheit. [...] In dieser Auseinandersetzung spielte und spielt die Zahl der im Februar 1945 in Dresden getöteten Menschen eine zentrale Rolle. [...] Im Einzelnen verfolgte die Kommission vier Untersuchungsperspektiven mit jeweils unterschiedlichen methodischen Ansätzen:
Perspektive A: Neuerliche Ermittlung der Zahl der Dresdner Luftkriegstoten
    Ansatz 1: Untersuchung der Bergung, Registratur und Beseitigung der Luftkriegstoten
    Ansatz 2: Untersuchung der Bevölkerungsbilanz der Stadt Dresden
    Ansatz 3: Untersuchung der Beurkundungen im Personenstandswesen
Perspektive B: Untersuchung von Überlieferungen, Erzählbildern und Überlegungen zur Totenzahl
Perspektive C: Untersuchung der Erinnerung der Dresdener Erlebnisgeneration
Perspektive D: Untersuchung der Genesis der Zahlenangaben zu Dresdener Luftkriegstoten [...]
Zusammenfassung der Ergebnisse: Bei den Luftangriffen auf Dresden vom 13. bis 15. Februar 1945 wurden bis zu 25 000 Menschen getötet. Die Untersuchung der Bergung, Registratur und Beseitigung der Luftkriegstoten ergab mindestens 18 000 Tote, die maximale Zahl könnte 25 000 betragen. Aus der Untersuchung der Beurkundungen im Personenstandswesen resultierten mindestens 18 000 Tote bei einer Maximalzahl von 20 000. [...]
Weder bei der Rekonstruktion der realgeschichtlichen Abläufe des Jahres 1945, noch bei der Prüfung von dokumentarischen Überlieferungen und Erinnerungen oder etwa in statistischen und militärtechnischen Untersuchungen können belastbare Argumente für höhere Totenzahlen als die genannten festgestellt werden.

Ort	Datum	abgeworfene Bomben (in Tonnen)	Tote	Tote pro Tonne
Wuppertal	24./25.6.1943	1660,2	2200	1,3
Remscheid	30.7.1943	780,9	1063	1,4
Freiburg	27./28.11.1944	1712,4	2797	1,6
Hanau	18./19.3.1945	1204,7	2221	1,8
Magdeburg	16./17.1.1945	1069,9	2000	1,9
Wuppertal	29./30.5.1943	1815,7	3500	1,9
Schwandorf	16./17.4.1945	619,9	1250	2
Köln	28./29.6.1943	1673,1	4377	2,6
Würzburg	16./17.3.1945	1004,4	5000	5
Heilbronn	4./5.12.1945	1281,4	6530	5,1
Kassel	22./23.10.1943	1831,2	10000	5,5
Pforzheim	23./24.2.1945	1557,3	17600	11,3
Darmstadt	11./12.9.1944	884,3	12000	13,6
Hamburg	27./28.7.1943	2420,1	35000	14,5

Zur Einordnung: Die im Februar 1945 auf Dresden abgeworfene Bombenlast beträgt 2680,8 Tonnen.

Zitiert nach: Rolf-Dieter Müller, Nicole Schönherr und Thomas Widera (Hrsg.), Die Zerstörung Dresdens 13. bis 15. Februar 1945. Gutachten und Ergebnisse der Dresdener Historikerkommission zur Ermittlung der Opferzahlen, Göttingen 2010, S. 11-49 und 113-116

1. Als Mitglied der Historikerkommission wirken Sie bei der Bearbeitung der Aufgabe mit. Erläutern Sie, welche Quellen Sie für die genannten Perspektiven und Ansätze heranziehen und mit welcher Methode Sie sie befragen.
2. Ermitteln Sie mithilfe der Angaben in der Tabelle eine plausible Dimension der Opferzahl von Dresden.
3. Diskutieren Sie, welches Interesse rechtsextremistische Gruppen am wahrheitswidrigen Übertreiben der Opferzahlen haben.

M4 Der Toten gedenken – eine schwierige Aufgabe

Die „Frankfurter Allgemeien Zeitung" berichtet 2011 über das Gedenken der Dresdener am 66. Jahrestag der Bombennacht:

Auch diesmal wollen die Dresdener Bürger eine Menschenkette bilden, um die Altstadt herum bis über die Elbe in die Dresdener Neustadt. Ministerpräsident Tillich (CDU) will sich daran beteiligen. Um 14 Uhr soll sich die Kette zum Geläut der Kirchenglocken schließen. Die Kette soll auch ein „Schutzwall um Dresden sein", wie Oberbürgermeisterin Orosz es nannte, weil sie sich gegen die Neonazis richtet, die den Tag seit Jahren für ihre Zwecke nutzen – ihr „Trauermarsch" richtet sich gegen die Alliierten als Kriegsverbrecher. [...]
Inzwischen ist dieser Tag angefüllt mit vielen Gedenkveranstaltungen. Morgens beten die Protestanten in der Frauenkirche, die Katholiken in der Hofkirche. Abends kommen sie zu einem ökumenischen Gottesdienst zusammen. Um elf Uhr wird auf dem Heidefriedhof, wohin die Asche der Verbrannten verbracht worden ist, ein Kranz niedergelegt. Nachmittags verleihen die „Freunde Dresdens" den „Dresden-Preis" [...]. Es gibt Gedenkandachten und Gedenkkonzerte. Abends spielen die Dresdener Philharmonie und die Staatskapelle „Ein deutsches Requiem" von Brahms. Schweigend gehen die Zuhörer nach Hause oder abermals zur Frauenkirche, um eine Kerze zu entzünden zu der Zeit des Bombenalarms. Das ist die eigentliche Gedenkminute der Dresdener. Für 15 Uhr ist der „Trauermarsch" der Neonazis mit Fackeln angemeldet. [...] Im vergangenen Jahr hatte eine Menschenansammlung auf dem Albertplatz es unmöglich gemacht, dass der angemeldete „Trauermarsch" stattfinden konnte. Später wurde Dresden allseits dafür gelobt, dass der Aufmarsch der Neonazis verhindert wurde. [...]
Oberbürgermeisterin Orosz rief dazu auf, dem Dilemma der Dresdener mit friedlichen Mitteln zu begegnen: „Jeder, der den Widerstand gegen rechts mit friedlichen Mitteln unterstützt, ist in unserer Stadt willkommen." Aber sind Blockaden noch ein friedliches Mittel? Der Generalsekretär der sächsischen CDU sagte: „Wer Demokrat ist, muss an diesem Tag Präsenz zeigen und dem braunen Spuk entgegentreten." [...] Nur die Linken und die Grünen forderten unter dem Hinweis auf „zivilen Ungehorsam" unmissverständlich zu friedlichen Blockadeaktionen auf. Der NPD-Fraktionsvorsitzende Apfel forderte hingegen für die Demonstranten: „Wasser marsch und Gummiknüppel frei". Die NPD hat Strafanzeige gestellt gegen alle, die zu Blockaden aufgerufen haben.

Peter Schilder, Ein Trauerspiel der Extremisten, in: Frankfurter Allgemeine Zeitung, 13. Februar 2011, Nr. 36, S. 8

1. Arbeiten Sie die unterschiedlichen Formen des Gedenkens der Dresdener an die Bombennächte heraus. Erläutern Sie, welchen Charakter der Gedenktag angesichts der rechtsradikalen Provokationen angenommen hat.
2. Erklären Sie, was das Gedenken an die Toten von Dresden zu einer schwierige Aufgabe macht.
3. Diskutieren Sie Möglichkeiten der Dresdener, sich ihr Gedenken an das traurigste Ereignis der Stadtgeschichte nicht von extremistischen Gruppen diktieren zu lassen.

Wiederherstellung von Frieden durch Verträge

◀ Plenarsitzung von Vertretern der Hauptalliierten.
*Foto aus Potsdam vom 17./18. Juli 1945.
Knapp drei Monate nach der bedingungslosen Kapitulation der deutschen Wehrmacht trafen sich Staatschefs der Siegermächte erstmals auf deutschem Boden. Die in Potsdam zur Nachkriegsordnung getroffenen Beschlüsse wurden durch die Entwicklung zweier gegensätzlicher Machtblöcke bald hinfällig. In Hinblick auf Deutschland behielten sie jedoch bis 1990 formell ihre Gültigkeit.*

Beendigung des Ersten Weltkrieges

- **4.11.1918** — Deutschland ersucht bei seinen Kriegsgegnern um Waffenstillstand.
- **19.11.1918** — Nach dem Sturz des Kaisers und der deutschen Fürsten unterzeichnet die neue Reichsregierung in Compiègne den Waffenstillstand.
- **7.5.1919** — Unterzeichnung des ohne deutsche Beteiligung formulierten Versailler Vertrages durch Deutschland.
- **1921/22** — In Deutschland häufen sich Attentate politischer Extremisten auf „Erfüllungspolitiker".
- **1923** — Wegen unerfüllter Reparationsleistungen besetzt Frankreich das Ruhrgebiet.

Beendigung des Zweiten Weltkrieges

- **1943** — Die USA und Großbritannien fordern die bedingungslose Kapitulation Deutschlands. Die Sowjetunion wird in die Planungen der Kriegsziele einbezogen.
- **8.5.1945** — Die deutsche Wehrmacht kapituliert bedingungslos.
- **5.6.1945** — Die Alliierten übernehmen die volle Regierungsgewalt über Deutschland.
- **17.7.–2.8.1945** — Die Potsdamer Konferenz beschließt die Behandlung Deutschlands als wirtschaftliche Einheit und die gemeinsame Zuständigkeit der Sieger für alle Deutschland als Ganzes betreffenden Angelegenheiten.
- **bis 1949** — Getrennte Entwicklung der drei westlichen Besatzungszonen und der SBZ. Scheitern gemeinsamer alliierter Politik. 1949 Gründung der Bundesrepublik Deutschland (23. Mai) und der Deutschen Demokratischen Republik (7. Oktober).

Beendigung der deutschen Teilung

- **9.11.1989** — Öffnung der Berliner Mauer und der deutsch-deutschen Grenze.
- **18.3.1990** — Aus den ersten freien Wahlen zur Volkskammer der DDR geht die „Allianz für Deutschland" als Siegerin hervor, die für eine schnelle Vereinigung eintritt.
- **12.9.1990** — Durch den „Zwei-plus-Vier-Vertrag" erhält Deutschland die volle staatliche Souveränität. Im November Zusatzverträge mit der Sowjetunion und Polen.
- **3.10.1990** — Die Wiedervereinigung Deutschlands wird durch Beitritt der fünf ostdeutschen Länder und Ost-Berlins zum Geltungsbereich des Grundgesetzes vollzogen.

Können Kriege durch Verträge wirkungsvoll und dauerhaft beendet werden? Die Aufwendungen der kriegführenden Staaten im Ersten Weltkrieg waren so hoch wie in keinem Krieg zuvor, die Verluste an Menschen und die vernichteten Sachwerte ebenfalls. Der Sieg ist durch militärische Übermacht der Gegner Deutschlands und Österreich-Ungarns errungen worden, die Niederlage war zuletzt alternativlos.

Die staatliche Integrität Deutschlands ist durch den Zusammbruch allerdings nicht angetastet worden. Zwar kam es zu einem Wechsel der Staatsform. Das Völkerrechtssubjekt „Deutsches Reich" blieb dagegen handlungsfähig. Die neuen Verantwortlichen konnten die Bedingungen des Friedensvertrages legitim unterzeichnen.

Die westlichen Gegner Deutschlands, Frankreich und Großbritannien, hatten den Krieg auch als Auseinandersetzung zwischen Demokratie und autoritärer Staatsform verstanden. Die Vereinigten Staaten sind sogar mit einem ausgesprochen freiheitlichen Programm in den Krieg eingetreten: Demokratisierung und Selbstbestimmungsrecht. Das Interesse der Sieger – Ersatz ihrer Schäden, Schwächung Deutschlands, Bestrafung der Verantwortlichen – ließ sich mit diesen Zielen nicht immer zur Deckung bringen. Deutschland konnte mit Recht auf die Diskrepanz zwischen alliiertem Anspruch und vertraglicher Wirklichkeit hinweisen. Dieser Konflikt ist der tiefere Grund dafür, dass in Versailles keine dauerhafte Friedensordnung gelungen ist.

Die Niederlage Deutschlands im Zweiten Weltkrieg war verknüpft mit seiner totalen moralischen Diskreditierung durch beispiellose Massenverbrechen. Diesmal ließen die Kriegsgegner Deutschland als autonomes Subjekt nicht bestehen, sondern übernahmen selbst die Regierung. Hätte sich der Plan einer gemeinsamen alliierten Regierung von Deutschland realisieren lassen, so wäre es eine Art „Dominion" oder Gemeinschaftskolonie der Sieger geworden.

Aber die Siegermächte entzweiten sich über die Frage nach der richtigen Staats- und Wirtschaftsform. So bitter die Teilung des Landes in zwei verfeindete Staaten für die Deutschen in Ost und West war – sie, nicht der hinfällige Vertrag von Potsdam, sicherte einen fragilen Frieden oder verhinderte doch einen offenen Krieg. Die Grenze zwischen den hochgerüsteten Militärblöcken verlief mitten durch unser Land. Beide Teile wurden zu Vorposten (und ökonomischen Musterschülern) des jeweiligen Bündnisses.

Diese Friedensordnung beruhte nicht auf einem Vertrag, sondern auf strategischen Realitäten. Der Krieg blieb „kalt" wegen der Unmöglichkeit jeder Seite, den Angriff zu wagen, ohne selbst vernichtet zu werden. Beim Wettrüsten konnte das ökonomisch unterlegene System des Ostens nur durch massive Ausbeutung von Mensch und Natur mithalten. Aber die Menschen forderten schließlich ihr vom Staat jahrzehntelang vorenthaltenes Recht auf Freiheit und Selbstbestimmung ein, was zum Untergang der kommunistischen Staatsparteien und somit des gesamten Ostblocks führte.

Die Wiedervereinigung wurde von beiden deutschen Staaten mit seinen ehemaligen Kriegsgegnern vertraglich vereinbart. Vorbehalte gab es nicht nur aufseiten der DDR und der Sowjetunion. Auch manche westlichen Verbündeten sorgten sich über ein starkes Deutschland inmitten des veränderten Europa. Mit dem „Vertrag über die abschließende Regelung in Bezug auf Deutschland" wurde nicht nur die deutsche Teilung in Frieden und Freiheit überwunden, auch der Zweite Weltkrieg wurde endgültig beendet. Dies zählt zu den wesentlichen Ereignissen des 20. Jahrhunderts.

- *Welche Bedingung sollte ein Friedensvertrag erfüllen, der nach einer militärischen Niederlage dauerhaften Frieden sichern will?*
- *Welche Ereignisse können friedensvertragliche Regelungen hinfällig machen?*
- *Welche Möglichkeiten zur Friedenssicherung kann es außer vertraglichen Regelungen noch geben?*

Der Versailler Vertrag: Beendigung des Ersten Weltkrieges

Die Position der Siegermächte Nach der deutschen Niederlage und dem Rückzug der Militärs aus der Verantwortung wurde in Deutschland um die zukünftige Staatsform gerungen. Als der Kaiser und die Fürsten im November 1918 gestürzt wurden, konnte in Deutschland nach heftigen Kämpfen eine demokratische Republik aufgebaut werden, die von einer Mehrheit der Parteien getragen wurde. Somit war eine der Hauptforderungen Wilsons für die Aufnahme von Friedensverhandlungen erfüllt, die Existenz einer parlamentarisch legitimierten Regierung. Dennoch wurde am 18. Januar 1919 in Versailles die Friedenskonferenz ohne Beteiligung der Besiegten eröffnet.

Die wichtigsten Entscheidungen dieser Nachkriegskonferenz traf der „Rat der Vier": Woodrow Wilson, US-Präsident von 1913 bis 1921, *David Lloyd George*, britischer Premierminister von 1916 bis 1922, *Georges Clemenceau*, französischer Ministerpräsident von 1917 bis 1920, und *Vittorio Orlando*, italienischer Ministerpräsident und Innenminister von 1917 bis 1919.

Lloyd George ging es in erster Linie um die Annexion der deutschen Kolonien. Ein britisches Hauptanliegen, die Reduktion der deutschen Handelsflotte, war bereits im Waffenstillstandsabkommen zu Englands Gunsten geregelt worden. So trat Lloyd George in Fragen der Grenzveränderungen Deutschlands häufig dem französischen Hegemonialstreben entgegen, auch im Sinne der Erhaltung eines Gleichgewichts auf dem Kontinent. Außerdem sollte Deutschland als leistungsfähiger Kunde und Lieferant des britischen Handels erhalten bleiben (▶ M1).

Clemenceaus Ziel war es, Deutschland möglichst dauerhaft zu schwächen, um Frankreich Sicherheit vor dem bevölkerungsmäßig und industriell überlegenen Nachbarn zu verschaffen. Frankreichs Regierung und die öffentliche Meinung sahen die Gelegenheit günstig, um den aggressiven Nachbarn weit zurückzudrängen und möglicherweise die Rheinlinie als neue Ostgrenze festzulegen (▶ M2).

US-Präsident Wilson sah sich häufig als Vermittler zwischen Siegern und Besiegten. Als er anerkennen musste, dass ein Frieden auf Grundlage seiner „Vierzehn Punkte" von den übrigen Alliierten nicht unterstützt wurde, machte er die Gründung des Völkerbundes als Garanten einer dauerhaften Friedensordnung zu seinem Hauptanliegen. Der Völkerbund war für Wilson „der Schlüssel des ganzen Friedens".

Italien hatte bei Kriegsausbruch noch seine Neutralität verkündet. 1915 versuchten italienische Diplomaten, Gebietsforderungen an Österreich-Ungarn in Tirol und an der Adria durchzusetzen. Wien zeigte sich wenig nachgiebig, die Entente versprach Italien jedoch für den Fall des Kriegseintritts die gewünschten Gebiete. In Versailles verfocht Ministerpräsident Orlando das Ziel, die Ansprüche seines Landes durchzusetzen.

Die territorialen Bestimmungen des Versailler Friedensvertrages Am 7. Mai 1919 wurde der deutschen Delegation das fertige Vertragswerk mit insgesamt 440 Artikeln in Versailles vorgelegt. Als die alliierten Mächte damit drohten, bei Nichtunterzeichnung des Vertrages das bereits demobilisierte Deutschland zu besetzen, musste schließlich die Nationalversammlung die Regierung zur Unterschrift ermächtigen. Am 28. Juni 1919 unterzeichneten im Spiegelsaal des Schlosses von Versailles Außenminis-

▲ **Der Friede von Versailles.**
Ölgemälde von William Orpen, 1921.
Das Gemälde zeigt den Moment der Vertragsunterzeichnung durch Verkehrsminister Johannes Bell (sitzend) und Außenminister Müller (stehend). Clemenceau hatte veranlasst, dass die deutschen Vertreter zuvor an einer Delegation französischer Soldaten mit schwersten Gesichtsverletzungen vorbeigehen mussten.

■ Interpretieren Sie die Absicht hinter diesem protokollarische Detail und schätzen Sie seine Wirkung ab..

ter *Hermann Müller* (SPD) und Verkehrsminister *Johannes Bell* (Zentrum) den Friedensvertrag.

Deutschland verlor durch Abtretungen Grenzgebiete von über 70 000 km² (13 Prozent des Staatsgebietes) sowie rund 6,6 Millionen Menschen (zehn Prozent der Bevölkerung). Natürlich musste es das erst 1871 annektierte Elsass-Lothringen wieder an Frankreich zurückgeben. Den größten Anteil bekam allerdings Polen. Es erhielt fast ganz Posen und Westpreußen, Teile Hinterpommerns und Ostpreußens, nachträglich (1921) auch Oberschlesien.

Das kohlereiche Saarland wurde für 15 Jahre unter Verwaltung des Völkerbundes gestellt, ehe eine Volksabstimmung über die künftige Staatszugehörigkeit entscheiden sollte. Die erzwungenen Gebietsverluste schwächten Deutschlands Wirtschaft erheblich. Rund 20 Prozent des Bergbaus und der Eisenindustrie und 15 Prozent der landwirtschaftlichen Erzeugung gingen verloren. Weiterhin musste das Deutsche Reich auf alle überseeischen Kolonien verzichten.

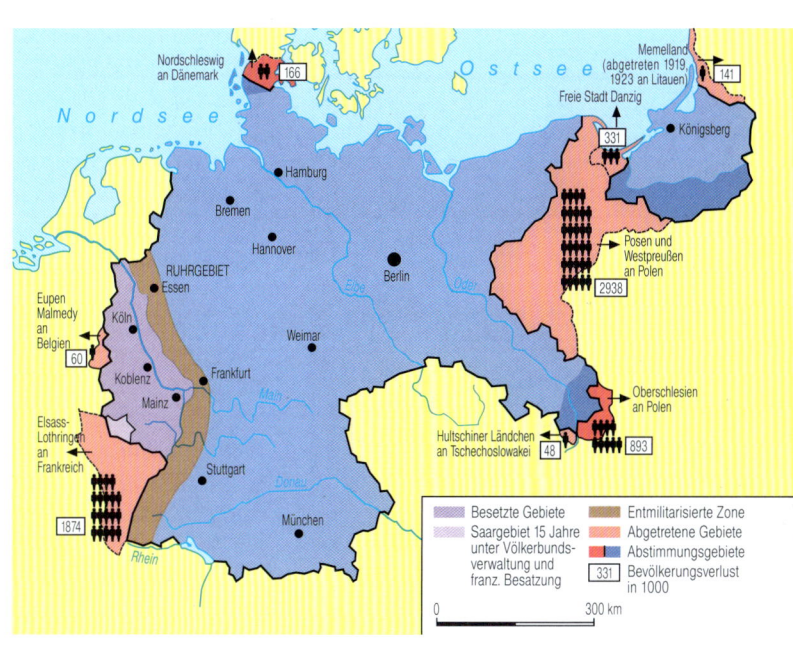

▲ **Der Friedensvertrag von Versailles.**
Territoriale, demografische und militärische Regelungen des Friedensvertrages für das Deutsche Reich.

Reparationen und erzwungene Abrüstung Neben den territorialen Fragen waren die Reparationsforderungen hart umstritten. Die Kriegsausgaben aller beteiligten Staaten beliefen sich auf 956 Milliarden Goldmark. Die Alliierten wollten sich ihre Aufwendungen und Verluste von den Kriegsgegnern erstatten lassen. Erst im Januar 1921 legte eine Reparationskommission den Deutschen das Ergebnis der Beratungen vor: Die Alliierten forderten 269 Milliarden Goldmark, verteilt auf 66 Jahre. Die Forderung löste eine schwere Krise und den Rücktritt der Regierung aus.

Das Deutsche Reich musste sich in Versailles verpflichten, sein gesamtes Kriegsmaterial zu zerstören oder auszuliefern. Die meisten modernen Waffengattungen, Panzer-, U-Boot- und Luftwaffe, wurden ihm verboten, auch der Besitz schwerer Waffen. Deutschland wurde nur ein Berufsheer von 100 000 Mann (zusätzlich 15 000 Mann Marine) zugestanden. Das linksrheinischen Gebiet wurde von den Alliierten besetzt gehalten, dort und in einer 50 Kilometer breiten neutralen Zone rechts des Rheins durften die Deutschen kein Militär stationieren. Die Besatzungstruppen sollten schrittweise nach fünf, zehn und fünfzehn Jahren abgezogen werden, ihre Kosten hatte Deutschland zu tragen.

Diktatfrieden? Die Bestimmungen des Friedensvertrages lösten in der deutschen Öffentlichkeit einen Schock aus. Vor allem der Artikel 231 des Vertragswerkes, der sogenannte *Kriegsschuldartikel*, wurde in Deutschland als moralische Ächtung des ganzen Volkes empfunden. Hier hatte die emotionalisierende Wirkung des gesamten Vertrages ihre tief greifende Ursache, denn nach wie vor glaubte die Bevölkerung an die Einkreisung durch neidische Mächte und an die erzwungene Reaktion des Reiches im Jahre 1914 (▶ M3).

Reichskanzler **Philipp Scheidemann** bezeichnete den Vertrag als unannehmbar: „Welche Hand müsste nicht verdorren, die sich und uns in diese Fesseln legt?", erklärte

Philipp Scheidemann (1865-1939): SPD-Politiker; unter Max von Baden 1918 Staatssekretär; 1919 Reichskanzler

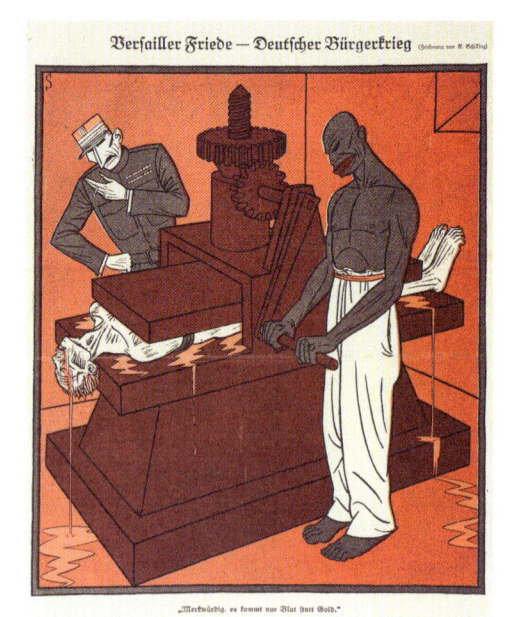

▲ „Versailler Friede – Deutscher Bürgerkrieg." – „Merkwürdig, da kommt nur Blut statt Gold."
Karikatur von Erich Schilling aus dem „Simplicissimus" vom 2. August 1922.
■ Erläutern Sie die Zeichnung.

er vor der Nationalversammlung. Als die deutschen Einsprüche erfolglos blieben, trat die Regierung Scheidemann geschlossen zurück. Unter dem Druck eines alliierten Ultimatums wurde die neue Regierung von der Nationalversammlung beauftragt, den Vertrag zu unterzeichnen.

Mit dem Vertragswerk war zugleich der Völkerbund geschaffen worden, zu dem die Kriegsverlierer jedoch zunächst nicht zugelassen wurden. Dies nährte in Deutschland die Auffassung, diese Institution diene nicht der Friedenssicherung, sondern lediglich der Durchsetzung von Ansprüchen der Sieger.

Die Wirkung des Vertrages ■ Das Werk der „Friedensmacher" von 1919 war von Anfang an Gegenstand umfassender Kritik. Die deutsche Öffentlichkeit lehnte den Versailler Vertrag nahezu einhellig ab, eine Revision der Vertragsregelungen war daher das oberste Ziel jeder Regierung der Weimarer Republik. Die gesellschaftliche Forderung nach entschiedener und offensiver Ablehnung des Friedensvertrages engte den Handlungsspielraum der Regierungen ein, denn jede Verständigungsbereitschaft wurde von den extremen Rechten mit lärmender Propaganda als „Verrat" gebrandmarkt. Die Möglichkeiten, dem starren Verweilen in einer deutschen Opferrolle ein anderes Programm entgegenzustellen, das auf Kooperation und Verhandlung unter den Staaten beruht, waren sehr beschränkt.

Kritik am Vertrag gab es aber auch aufseiten der Alliierten. Der Militärführung und nationalistischen Verbänden in Frankreich erschienen die Bedingungen für Deutschland noch zu milde, wofür sie Clemenceau verantwortlich machten. Andere sahen im Versailler Friedensschluss den Keim für künftiges Unheil gelegt. Der englische Nationalökonom *John Maynard Keynes*, der als Vertreter des Finanzministeriums Mitglied der britischen Delegation war, trat kurz vor Ende der Vertragsverhandlungen unter Protest von seinem Posten zurück. Er kritisierte die hohen Reparationsforderungen als ökonomisch unsinnig und befürchtete, eine Diskriminierung Deutschlands würde das Gefüge der Weltwirtschaft erschüttern und die politische Stabilität in Europa gefährden. Keynes verfasste 1919 das Buch „The economic consequences of peace" (dt. „Die ökonomischen Folgen des Friedens"), das nicht nur in Deutschland zu einem Bestseller wurde.

Historische Einschätzung von Versailles ■ Nach dem Zweiten Weltkrieg wurden international von Historikern besonders die Mängel des Versailler Vertrages betont. Man schätzte das Vertragswerk als eine vorhersehbare extreme Belastung der jungen deutschen Demokratie ein. Den Kriegsverlierern, die darauf vertraut hatten, seien die zuvor verkündeten Prinzipien der Völkerverständigung und des Selbstbestimmungsrechts verwehrt worden. Nahezu einhellig wurde auch anerkannt, dass die Behandlung Deutschlands im Versailler Vertrag eine Hauptursache für das Aufkommen des Nationalsozialismus war (▶ M4).

Inzwischen zeichnet sich eine ausgeglichenere Einschätzung des Versailler Vertrages ab. Historiker berücksichtigen stärker als früher, welchem Druck die Verhandlungspartner in Paris durch die öffentliche Meinung ihrer Nationen ausgesetzt waren. Auch wird anerkannt, dass Deutschland nach der totalen Niederlage nicht seine staatliche Existenz und auch nicht sämtliche Möglichkeiten zur wirtschaftlichen, politischen und kulturellen Entfaltung genommen wurden. All dies hätte durchaus im Rahmen der alliierten Möglichkeiten gelegen.

M1 Wie soll man mit Deutschland umgehen?

David Lloyd George äußert sich in einer Denkschrift, dem sogenannten Fontainebleau-Memorandum vom März 1919, zur Behandlung Deutschlands durch die Alliierten:

Man mag Deutschland seiner Kolonien berauben, seine Rüstung auf eine bloße Polizeitruppe und seine Flotte auf die Stärke einer Macht fünften Ranges herabdrücken; dennoch wird Deutschland zuletzt, wenn es das Gefühl hat, dass es im Frieden von 1919 ungerecht behandelt worden ist, Mittel finden, um seine Überwinder zur Rückerstattung zu zwingen. Der Eindruck, der tiefe Eindruck, den vier Jahre des beispiellosen Hinschlachtens auf die Herzen der Menschen gemacht haben, wird vergehen mit diesen Herzen, in die er mit dem schrecklichen Schwert des großen Krieges geschlagen war. Die Erhaltung des Friedens wird dann davon abhängen, dass es keine Ursachen der Erbitterung gibt, von denen der Geist des Patriotismus, der Gerechtigkeit, der Ehrlichkeit im Völkerspiel aufgestachelt wird. Um Vergütung zu erreichen, mögen unsere Bedingungen streng, sie mögen hart und sogar rücksichtslos sein, aber zugleich können sie so gerecht sein, dass das Land, dem wir sie auferlegen, in seinem Innern fühlt, es habe kein Recht, sich zu beklagen. Aber Ungerechtigkeit und Anmaßung, in der Stunde des Triumphs zur Schau getragen, werden niemals vergessen noch vergeben werden. [...]

Die größte Gefahr, die ich in der gegenwärtigen Lage sehe, ist die, dass Deutschland sich mit dem Bolschewismus zusammentun und seine Hilfsmittel, seinen Verstand, seine breite Organisationskraft zur Verfügung der revolutionären Fanatiker stellen könnte, deren Traum ist, die Welt mit Waffengewalt für den Bolschewismus zu erobern. Diese Gefahr ist keine bloße Chimäre. Die gegenwärtige Regierung in Deutschland ist schwach; sie hat kein Ansehen; ihre Autorität findet Widerstand; sie schleppt sich nur fort, weil außer den Spartakisten keine andere Macht da ist und Deutschland, heute, noch nicht für den Spartakismus reif ist. [...]

Wenn Deutschland zu den Spartakisten überläuft, ist es unausbleiblich, dass Deutschland sich mit den russischen Bolschewisten zusammentut. Tritt das ein, so wird ganz Osteuropa in den Kreis der bolschewistischen Revolution verschlungen, und über ein Jahr sind wir vielleicht Zeugen des Schauspiels von fast dreihundert Millionen Menschen, die, in einer großen roten Armee unter deutschen Instrukteuren und deutschen Generalen organisiert, mit deutschen Kanonen und deutschen Maschinengewehren ausgerüstet, zur Erneuerung des Angriffs auf Westeuropa bereit sind. [...]

Ich würde deshalb in den Vordergrund des Friedens die Versicherung stellen, dass wir Deutschland, sobald es unsere Bedingungen, besonders den Schadensersatz, annimmt, wir ihm die Rohstoffe und die Märkte der Welt zu den gleichen Bedingungen, wie sie für uns selbst gelten, öffnen und alles Mögliche tun wollen, um dem deutschen Volk zu helfen, dass es wieder auf seine Füße kommt. Wir können nicht zugleich Deutschland verkrüppeln und erwarten, dass es uns bezahlt. Schließlich müssen wir Bedingungen anbieten, die eine verantwortliche Regierung in Deutschland sich zutrauen kann auszuführen. [...] Wenn wir aber niemand in Deutschland finden, der seine Hand unter den Friedensvertrag setzt, wie wird dann die Lage sein? [...]

Weder das Britische Reich noch Amerika würden der Okkupation Deutschlands zustimmen. Frankreich für sich allein könnte die Last der Besatzung nicht tragen. Wir würden deshalb zur Politik der Blockade gegen Deutschland zurückgeführt. Das würde unvermeidlich den Spartakismus vom Ural bis zum Rhein bedeuten [...].

Von jedem Gesichtspunkt aus scheint es mir deshalb, dass wir versuchen müssten, eine Friedensregelung abzufassen, als ob wir unparteiische Schiedsrichter wären, ohne Erinnerung an die Leidenschaften des Kriegs. Diese Regelung sollte drei Ziele im Auge haben. Zuallererst muss sie den Alliierten Gerechtigkeit widerfahren lassen, indem sie die Verantwortlichkeit Deutschlands für die Entstehung des Krieges und für die Art, in der er ausgefochten wurde, in Rechnung zieht. Zweitens muss es eine Regelung sein, die eine verantwortliche Deutsche Regierung im Glauben an die Möglichkeit der Erfüllung der übernommenen Verpflichtungen unterschreiben kann. Drittens muss es eine Regelung sein, die in sich selbst keine Neigung zu künftigen Kriegen enthält und die eine Alternative zum Bolschewismus bildet, weil sie sich der vernünftigen allgemeinen Meinung als eine billige Regelung des europäischen Problems darstellt.

Klaus Schwabe (Hrsg.), Quellen zum Friedensschluss von Versailles, Darmstadt 1997, S. 156-162

1. *Erläutern Sie die Argumentation Lloyd Georges für einen „gerechten" Vertrag mit Deutschland.*
2. *Arbeiten Sie heraus, welche Gefahren Lloyd George bei einer Isolierung Deutschlands durch die Alliierten sieht.*

M2 Georges Clemenceaus Entgegnung

Der französische Premierminister widerspricht dem Memorandum von Lloyd George (M1) vier Tage später entschieden und entwickelt völlig andere Grundsätze:

Die Note vom 26. März besteht auf der Notwendigkeit, einen Frieden zu schaffen, der den Deutschen als gerechter Frieden erscheint – und die Französische Regierung stimmt damit überein. Man muss allerdings sagen, dass es angesichts der
5 deutschen Mentalität nicht sicher ist, ob die Gerechtigkeit von den Deutschen ebenso aufgefasst werde, wie sie von den Alliierten aufgefasst wird. Sondern muss man feststellen, dass diesen Eindruck von Gerechtigkeit nicht nur die Feinde, sondern auch und vor allem die Alliierten haben müssen.
10 Die Alliierten, die zusammen gekämpft haben, müssen den Krieg durch einen Frieden beschließen, der für alle gleich ist. Welches wäre nun das Ergebnis, wenn man die in der Note vom 26. März vorgeschlagene Methode befolgte? Die maritimen Völker, die den Einfall des Feindes in ihr Land nicht
15 kennengelernt haben, würden eine bestimmte Anzahl von vollständigen und endgültigen Garantien beraten:
- vollständig und endgültig wäre die Abtretung der deutschen Kolonien,
- vollständig und endgültig die Auslieferung der deutschen
20 Kriegsflotte,
- vollständig und endgültig die Auslieferung eines großen Teils der deutschen Handelsflotte,
- vollständig und von Dauer, wenn auch nicht endgültig, die Ausschließung Deutschlands von den fremden Märkten.
25 Für die kontinentalen Länder aber, d. h. die, die am meisten unter dem Krieg gelitten haben, wären nur partielle und zeitlich begrenzte Bestimmungen vorgesehen:
- als partielle Bestimmung: die für Polen und Böhmen vorgeschlagene Einschränkung der Grenzen;
30 - als zeitlich begrenzte Bestimmung: das Defensiv-Abkommen, das Frankreich zum Schutz seines Gebietes angeboten wird;
- als zeitlich begrenzte Bestimmung: das vorgeschlagene Regime der Saargebietskohle.
35 Hierin liegt eine Ungleichheit, die einen schlechten Einfluss auf die Beziehungen der Alliierten untereinander nach dem Kriege ausüben könnte, die doch noch wichtiger sind als die Beziehungen zwischen ihnen und Deutschland nach dem Kriege.
40 Es wäre also, wie gezeigt, eine Illusion, wollte man hoffen, in territorialen Genugtuungen, die man Deutschland anbietet, genügende Kompensation für die Weltkatastrophe zu sehen, die es erlitten hat. Ich darf hinzufügen, dass es eine Ungerechtigkeit wäre, die Lasten dieser Kompensationen denjenigen unter den alliierten Ländern aufzubürden, die die Last des Krieges am schwersten gefühlt haben. Diese Länder können nicht nach den Kosten des Krieges auch die Kosten des Friedens auf sich nehmen.

Klaus Schwabe (Hrsg.), a. a. O., S. 186-189

1. *Fassen Sie zusammen, mit welchen Argumenten Clemenceau die Vorschläge Llyod Georges zurückweist.*
2. *Arbeiten Sie heraus, was Clemenceau mit den aufgestellten Gegensätzen (partiell – vollständig; zeitlich begrenzt – endgültig; kontinentale Länder – maritime Völker) jeweils meint. Welcher politische Gegensatz kündigt sich hier an?*

M3 Die Fallhöhe der Niederlage

Warum hatten die Niederlage im Ersten Weltkrieg und die Resultate der Friedenskonferenzen derart verheerende Auswirkungen auf das deutsche Empfinden? Der Historiker Peter März meint:

Man muss […], wenn man sich die mit Kriegsende und Kriegsdesaster verbundene Fallhöhe für die Menschen in Deutschland vergegenwärtigen will, vor allem auch einen Umstand mit bedenken, der unserer Gegenwart sehr fern gerückt ist: die rein militärischen Leistungen während des Ersten Weltkrieges als positiver Faktor der Orientierung und Identifikation, dazu das, was damals als Opferbereitschaft so hoch rangierte. Der physische, psychische und mentale Einsatz war nicht nur enorm gewesen, er hatte auch alles übertroffen, was die eigenen militärischen Fachleute vor dem Krieg für möglich gehalten hatten. […]
Militärische Leistungen und Erfolge, gelungene Feldzüge in einem weiten Radius, vom Baltikum über Galizien, Rumänien, das Zweistromland bis Oberitalien, sind nach den Erfahrungen des Zweiten Weltkrieges […] ein nicht nur zweifelhafter, sondern vielfach anrüchiger Teil der eigenen Geschichte geworden. Die Deutschen der Zwischenkriegszeit aber lebten und dachten hier ganz überwiegend in einer kulturell völlig anderen Welt, sieht man von der sich durchaus festigenden, aber isolierte Minderheit bleibenden Gruppe der Pazifisten ab. Bis weit in die Sozialdemokratie hinein herrschten Stolz auf und Genugtuung über das in vier Jahren gegen eine „Welt von Feinden" Erreichte. Dazu kam auch insbesondere im Reflex auf die vier Jahre Stellungskrieg im Westen so etwas wie die Ikonisierung der Schützengrabengemeinschaft. Sie habe in Dreck und Maschinengewehrfeuer Volksgemeinschaft konstituiert. Von dieser, ob tatsächlichen oder angenommenen Substanz zehrte noch die Volksgemeinschafts-

Ideologie der Nationalsozialisten, mit dem Kult um den „einfachen" Gefreiten Adolf Hitler an der Spitze, mit Eintopf-Essen und Werben um den deutschen Arbeiter. [...]
Die Nation hatte in den Augen vieler, wenn nicht der meisten, alles gegeben, hatte erstaunliche Erfolge errungen und stand nun verarmt und gedemütigt da; dieses traumatisierende Resultat ging in seinen Wirkungen weit über die reine Dolchstoßlegende hinaus. Und das hier beschriebene Empfinden trug auch dazu bei, dass ein wirklich kritisch-bohrendes Fragen nach dem Warum und dem Wohin jetzt sehr weitgehend unterblieb bzw. als denunziatorisches Bemühen abgetan wurde. Die wirkliche Rechenschaftsablage über den Ersten Weltkrieg, über die Gründe für die deutsche Auskreisung vor 1914, über den eigenen Beitrag zur Herbeiführung des Krieges, über die fatalen Wirkungen der Siegfriedensambitionen, über die Intentionen der Menschenschlächterei im Stellungskrieg, all dies fand viel zu wenig statt. [...]
An dieser Stelle ergibt sich auch eine bedeutsame Diskrepanz zum Wahrnehmen und Erinnern unserer europäischen Nachbarn: Für sie ist und bleibt es der „Große Krieg", der letzte Reserven mobilisiert, der Landstriche verheert, Generationen teils ausgelöscht, teils geprägt und am Ende einen Sieg gebracht hat, der ein sehr bitterer war – aber eben doch noch einmal ein Sieg für Mächte, die dann nach 1945 deutlich an Gewicht in der Welt einbüßten. So ergaben sich „Ungleichzeitigkeiten" zwischen Deutschen einerseits, Briten und Franzosen andererseits.

Peter März, Der Erste Weltkrieg. Studien zu Politik und Geschichte, Bd. 1, München ²2008, S. 306f.

▶ „Die Grundlage für den Völkerbund. Nur so kann Deutschland darin geduldet werden!"
Karikatur aus dem „Simplicissimus" vom 11. März 1919.
■ *Analysieren Sie die Haltung, die der Zeichner zur außenpolitischen Situation Deutschlands einnimmt. Beachten Sie dabei die Entstehungszeit der Karikatur und benennen Sie die in der Abbildung gezeigten Akteure.*

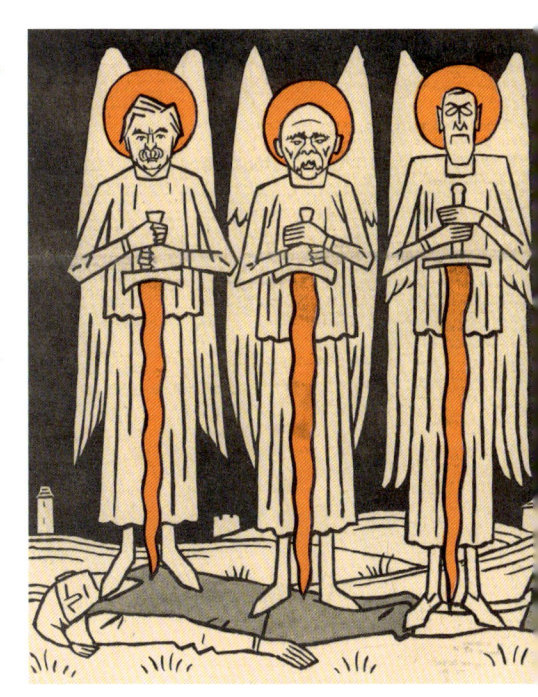

1. *Stellen Sie zusammen, welche Faktoren in der deutschen Gesellschaft die Niederlage von 1918 besonders unverträglich erscheinen ließen.*
2. *Erörtern Sie den Unterschied in der Wahrnehmung des Ersten Weltkrieges zwischen Deutschland und seinen ehemaligen Kriegsgegnern.*

M4 Der Vertrag von Versailles – eine Bilanz

Der Historiker Peter Longerich geht auf die Chancen ein, die der Friedensvertrag der deutschen Politik geboten hat:

Positiv zu verbuchen war, dass trotz erheblicher Gebietsverluste die Reichseinheit erhalten geblieben war, was nach der verheerenden Niederlage keineswegs als selbstverständlich hatte angenommen werden können. Zweitens stand Deutschland nicht mehr der geschlossenen Front der Kriegsgegner gegenüber: Im Gegenteil ergab sich die Chance, die tiefen Gegensätze, die nach der bolschewistischen Revolution zwischen Russland und den westlichen Siegermächten herrschten, zugunsten der deutschen Politik zu nutzen; und nach der Ablehnung der Ratifizierung des Versailler Vertrages durch das amerikanische Repräsentantenhaus und dem Abschluss eines deutsch-amerikanischen Friedensvertrages 1921 spielten die USA eher die Rolle eines Mittlers denn eines Siegers. Drittens eröffneten sich für die deutsche Außenpolitik vielfältige Möglichkeiten, gegenüber dem von Finnland bis Jugoslawien reichenden Gürtel kleiner, neu geschaffener Staaten eine Führungsrolle zu übernehmen. Viertens sprach der Zeitfaktor für eine allmähliche Lockerung der harten und diskriminierenden Friedensbestimmungen, etwa hinsichtlich der Bewaffnung und der Reparationen. Die mittel- und langfristigen Perspektiven der deutschen Politik sahen demnach keineswegs nur düster aus – vor allem wenn man sie mit der Sackgasse verglich, in die die wilhelminische „Weltpolitik" 1914 geführt hatte. Eine solche Betrachtungsweise lag aber außerhalb der seinerzeit vorherrschenden nationalistischen Selbsttäuschung.

Peter Longerich, Deutschland 1918-1933. Die Weimarer Republik, Hannover 1995, S. 100

1. *Erläutern Sie, in welchen Punkten der Friedensvertrag nach Ansicht Longerichs für Deutschland positiver ausfiel, als es den Zeitgenossen bewusst war.*
2. *Nennen Sie Gründe dafür, warum es in Deutschland keine Mehrheit gab, die den Friedensvertrag positiv sehen wollte.*

Die Konferenz von Potsdam: Beendigung des Zweiten Weltkrieges

Ziele der Alliierten im Zweiten Weltkrieg Die westlichen Alliierten hatten sich in der Atlantik-Charta vom 14. August 1941 über allgemeine Kriegsziele geeinigt:* Churchill und Roosevelt verzichteten auf eine Vergrößerung ihrer Länder und sicherten zu, dass territoriale Veränderungen nur mit Zustimmung der betroffenen Bevölkerung erfolgen sollten und dass alle Völker das Recht haben sollten, ihre Staatsform selbst zu wählen.

Im Januar 1943, am Ende einer Konferenz der Westalliierten in Casablanca, formulierte Roosevelt mit Zustimmung Churchills als vorrangiges Kriegsziel die bedingungslose Kapitulation Deutschlands, Italiens und Japans. Die Sieger sollten freie Hand erhalten, über das Schicksal der besiegten Länder nach ihren Vorstellungen zu verfügen.

Nach der für die Alliierten günstigen Wende im Kriegsverlauf während des Jahres 1943 begannen sie, erste Überlegungen über ihre Politik in der Zeit nach dem Kriege anzustellen. Noch während des Krieges fand eine Reihe von Konferenzen statt: nach einer vorbereitenden Konferenz der Außenminister in Moskau (Oktober 1943) die Treffen der „Großen Drei" (Churchill, Roosevelt und Stalin) in Teheran (28. November bis 1. Dezember 1943) und in Jalta auf der Krim (4. bis 11. Februar 1945).**

▲ **Die Konferenz von Jalta.**
Foto von Februar 1945. Das zweite Treffen der „Großen Drei" fand vom 4. bis 11. Februar 1945 im Badeort Jalta auf der Krim statt. Churchill, Roosevelt und Stalin verständigten sich über die Kriegsziele in Deutschland: Entwaffnung, Entmilitarisierung, Entnazifizierung, Dezentralisierung von Staat und Wirtschaft, Demokratisierung des politischen Lebens sowie Wiederaufbau einer lokalen Selbstverwaltung „nach demokratischen Grundsätzen".

- Erläutern Sie, warum besonders die beiden letzten Ziele sehr bald zum Streitpunkt zwischen den Verbündeten wurden.

Einheit oder Zerstückelung Deutschlands? Keine Meinungsverschiedenheiten gab es über die die Vernichtung des Nationalsozialismus und des Militarismus in Deutschland. Einig war man sich auch über die Wiederherstellung Österreichs und der Tschechoslowakei als selbstständige Staaten. Deutschland sollte auf seine Grenzen am Ende des Jahres 1937 zurückgeführt werden.

Unterschiedliche und wechselnde Meinungen gab es dagegen zu der Frage, ob Deutschland als Einheit zu behandeln sei oder in Einzelstaaten aufgeteilt werden solle. In Jalta wurde schließlich eine Aufteilung in Besatzungszonen und eine zentrale Verwaltung aller Zonen durch eine Kontrollkommission mit Sitz in Berlin festgelegt. Frankreich wurde eingeladen, sich daran zu beteiligen.

Stalin und Roosevelt hatten sich noch in Jalta in besonderem Maße für die Zerstückelung Deutschlands eingesetzt. Bald darauf wurden diese Pläne jedoch weitgehend fallengelassen. Politiker in Washington und London hatten erkannt, dass eine Anzahl deutscher Kleinstaaten eine ökonomische Belastung der Sieger darstellen und zudem die zukünftige Sicherheit gefährden würde.

Eine andere strittige Frage, die das Schicksal Deutschlands betraf, war die der künftigen polnischen Grenzen. Stalin hatte bereits in Teheran darauf bestanden, den 1939 mit Hitler vereinbarten Gebietszuwachs auf Kosten Polens zu behalten.*** Polen sollte dafür im Westen mit deutschem Gebiet entschädigt werden. Dem stimmten die Westmächte zu. In Jalta trat Churchill für die Oder-Linie als künftige polnische Westgrenze ein, Stalin für die Oder-Neiße-Linie.

---
* Siehe S. 175 und M3 auf S. 180.
** Siehe S. 177.
*** Siehe S. 168 und 173.

Spannungen in der Anti-Hitler-Koalition Zu schweren politischen Belastungen des Bündnisses führte die Politik der sowjetischen Führung in den Gebieten Osteuropas, die durch die Rote Armee befreit worden waren. Im Gegensatz zu den Abmachungen von Jalta ließ Stalin in Polen, Rumänien, Ungarn und Bulgarien keine liberal-demokratische Entwicklung zu. Durch Unterdrückung und Einschüchterung der Bevölkerung, durch Schauprozesse und Wahlterror sowie die Zwangsvereinigung der sozialdemokratischen mit den kommunistischen Parteien festigten die Kommunisten in diesen Ländern ihre Alleinherrschaft. Wenig später wurden sie durch die Kollektivierung der Landwirtschaft und die Errichtung zentral geplanter Volkswirtschaften nach Moskauer Muster in den sowjetischen Wirtschaftsbereich einbezogen.

Vor dem Krieg waren die kommunistischen Parteien in jenen Ländern bedeutungslose Splitterparteien gewesen, nach 1945 entwickelten sie sich zu Massenparteien in der Hand einer kleinen Gruppe kommunistischer Politiker. Deren bedingungslose Unterordnung unter den Willen Stalins war die Voraussetzung für ihr politisches Überleben (▶ M1).

Bedingungslose Kapitulation und Berliner Erklärung Die am 8. Mai 1945 in Kraft getretene bedingungslose Kapitulation der deutschen Wehrmacht hatte Pläne der „Geschäftsführenden Reichsregierung" unter Großadmiral Dönitz durchkreuzt, durch Teilkapitulationen an einzelnen Fronten zu einer für Deutschland günstigen Regelung zu kommen. Der deutsche Staat hatte de facto aufgehört zu bestehen, das Land und seine Bewohner waren dem Willen der Sieger unterworfen. Diese beließen die letzten staatlichen Vertreter Deutschlands nur so lange im Amt, bis gesichert war, dass alle Streitkräfte die Kampfhandlungen eingestellt hatten.* Am 23. Mai setzten sie sie ab und verhafteten die Regierung Dönitz.

Am 5. Juni 1945 übernahmen die vier Siegermächte in einer „Erklärung in Anbetracht der Niederlage Deutschlands" gemeinsam die oberste Regierungsgewalt in Deutschland. Höchstes Organ der Besatzungsherrschaft wurde der Kontrollrat aus den vier alliierten Militärbefehlshabern. Gleichzeitig wurde die Aufteilung Deutschlands in vier Besatzungszonen und Berlins in vier Sektoren verkündet. Ausgangspunkt für die weitere Behandlung Deutschlands waren nun die Vorstellungen, die die alliierten Mächte zuvor für die Zeit nach dem Sieg entwickelt hatten.

Die Potsdamer Konferenz Die führenden Staatsmänner der drei Hauptsiegermächte trafen sich vom 17. Juli bis 2. August 1945 auf Schloss Cecilienhof bei Potsdam. Diese letzte „Kriegskonferenz" war zugleich die letzte Zusammenkunft dieser Politiker überhaupt. Für den im April 1945 verstorbenen Präsidenten Roosevelt vertrat Präsident Harry S. Truman die USA. Churchill wurde noch während der Konferenz durch den neuen Premierminister Clement Attlee abgelöst. Einzig Stalin und sein Außenminister Molotow repräsentierten die Kontinuität und konnten geltend machen, die früheren Absprachen authentisch zu interpretieren.

Die Potsdamer Konferenz sollte sich hauptsächlich mit der Regelung der deutschen Frage sowie dem Kriegsbeitritt der UdSSR gegen Japan befassen. Eine auf die europäischen Fragen beschränkte Kurzfassung der Ergebnisse wurde als Abschlusskommuniqué publiziert und ist unter der Bezeichnung „Potsdamer Abkommen" bekannt. Die Alliierten kamen überein, Deutschland in den Grenzen der vier Besatzungszonen als

---

* Siehe S. 178.

▶ **Die Befehlshaber der vier Besatzungszonen nach der Bekanntgabe der Viermächte-Erklärung über die Bildung des Alliierten Kontrollrates.**
Foto aus Berlin, 5. Juni 1945. Von links: Feldmarschall Montgomery (Großbritannien), General Eisenhower (USA), Marschall Schukow (Sowjetunion) und General de Lattre de Tassigny (Frankreich).

Einheit zu behandeln. Der Alliierte Kontrollrat sollte die Oberhoheit in allen „Deutschland als Ganzes betreffenden Fragen" ausüben, ferner wurde ein Rat der Außenminister der vier Mächte gebildet, der Friedensregelungen für Deutschland und seine ehemaligen Verbündeten vorbereiten sollte. Ein Friedensvertrag sollte später einer deutschen Regierung vorgelegt werden (▶ M2).

Während sich die Teilnehmer der Potsdamer Konferenz über die Einheit Deutschlands formal einig waren, wurde die Reparationsfrage zum beherrschenden Gegensatz. Die mühsam gefundene Einigung sah eine Beschränkung der Reparationsentnahmen auf die eigenen Zonen vor, die UdSSR sollte aber zusätzlich Werte aus den Westzonen im Tausch gegen Lebensmittel erhalten. Der eigentlich zur Wahrung der wirtschaftlichen Einheit Deutschlands gedachte Kompromiss veranlasste Stalin zur Ausplünderung der sowjetischen Zone und verschärfte die Teilung.

Am Tag vor dem Zusammentritt der Potsdamer Konferenz hatten die USA die erste Atombombe erfolgreich getestet. Mit dem Einsatz dieser Waffe gegen Japan wurde wenig später (Hiroshima 6. August, Nagasaki 9. August 1945) der Zweite Weltkrieg auch auf dem asiatischen Schauplatz beendet, ohne dass es zu einem sowjetischen Eingreifen kam.

Getrennte Entwicklung in den Zonen Auf Grundlage der alliierten Beschlüsse richteten die Sieger sich in ihren Besatzungszonen ein. Bis Juli 1945 hatten die Amerikaner Mecklenburg, Sachsen und Thüringen, die nach alliierter Abmachung zur sowjetisch kontrollierten Zone gehören sollten, geräumt. In das von der Roten Armee eroberte Berlin marschierten bis August amerikanische, britische und französische Truppen ein und nahmen ihre Sektoren in Besitz.

Die vier Hauptsiegermächte verfuhren in ihren Besatzungszonen gänzlich unterschiedlich: Die „Sowjetische Militäradministration für Deutschland" (SMAD) unter Marschall *Georgi K. Schukow* nahm entschieden Einfluss auf die wirtschaftlichen und politischen Verhältnisse in ihrer Zone. Schon im Juni 1945 war die Gründung von vier Parteien angeordnet worden, die auf Druck der Besatzungsmacht eine „Einheitsfront" bildeten. Im September 1945 begann unter dem Schutz der SMAD eine Bodenreform mit Enteignungen und Umverteilungen, im Herbst wurden Privatbanken geschlossen, das Schul- und Justizwesen umgestaltet und ein Teil von Bergbau und Industrie verstaatlicht.

In der amerikanischen Zone übertrug die Militärverwaltung unter General Eisenhower rasch die Verantwortung auf lokaler Ebene an deutsche Bürgermeister und Landräte, später auch an Länderregierungen in Bayern, Württemberg-Baden und Hessen. Letzteren wurde im September 1945 „unter Vorbehalt der übergeordneten Macht der Militärregierungen volle gesetzgebende, vollziehende und richterliche Gewalt" übertragen. Parteigründungen förderten die Amerikaner dagegen erst nach der Potsdamer Konferenz und zunächst nur auf lokaler Ebene. Besonderen Nachdruck legten sie auf die Entnazifizierung der deutschen Gesellschaft.

Die britische Militärregierung unter Feldmarschall *Bernard L. Montgomery* betrachtete ihre Zone als wirtschaftliche Einheit. Im industrialisierten Ruhrgebiet linderten die Briten durch Hilfslieferungen die schlimmsten Hungersnöte unter der notleidenden Bevölkerung, obwohl Großbritannien selbst schwer vom Krieg getroffen war.

Die Franzosen förderten in ihrer Zone dagegen die Eigenständigkeit der gebildeten Länder. Die Besatzungsmacht unter General *Jean de Lattre de Tassigny* hatte kein Interesse, an Frankreichs Ostgrenze starke Territorien zu dulden. Aus diesem Grund hatte Frankreich bei den USA auch die Abtretung des Saarlandes durchgesetzt, das 1946 dem französischen Wirtschaftsraum angegliedert wurde.

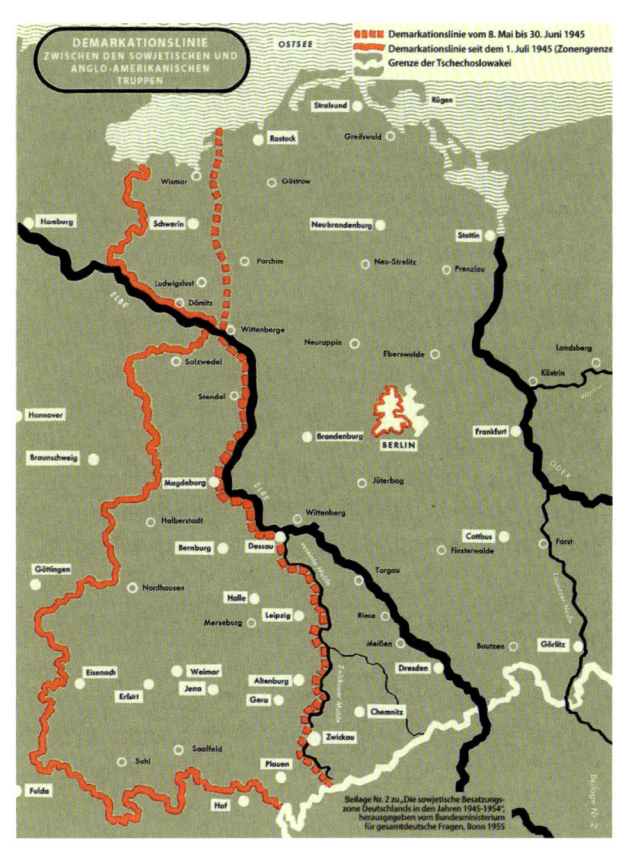

▲ **Front und Zonengrenze.**
Westdeutsche Karte von 1955.
Die Amerikaner waren im April 1945 bis zur Elbe und Mulde vorgestoßen. Bis Juli 1945 räumten sie alle Gebiete, die vereinbarungsgemäß zur Sowjetischen Besatzungszone gehören sollten, und die Rote Armee rückte in Westmecklenburg, Sachsen, Anhalt und Thüringen ein.

Scheitern der alliierten Pläne Der Alliierte Kontrollrat hatte sich noch auf der Potsdamer Konferenz konstituiert. In über 80 Sitzungen beschloss er Direktiven für das besetzte Land.

Die Entnahme von Reparationen wurde dagegen von jeder Besatzungsmacht autonom durchgeführt, ohne dass eine einheitliche Politik des Kontrollrats bestand. Als die USA 1946 im Kontrollrat die vereinbarte Behandlung Deutschlands als wirtschaftlichen Einheit einforderten, wies die UdSSR dies als Einmischung in ihre inneren Angelegenheiten zurück. Anfang 1947 wurde mit Kontrollratsgesetz Nr. 46 der Staat Preußen aufgelöst. Dies war die letzte wesentliche Entscheidung des Gremiums. Nach März 1948 wurde es durch die Sowjets boykottiert und trat nicht mehr zusammen.

Das Scheitern der in Potsdam geplanten alliierten Politik und der dazu geschaffenen Institutionen bedeutete zugleich das Entfallen einer wichtigen Klammer für Gesamtdeutschland. In der Folgezeit dominierten die Kräfte der Trennung, die 1949 zur Gründung zweier deutscher Staaten in gegensätzlichen Lagern führte. Der Zweite Weltkrieg war zum Kalten Krieg zwischen den Blöcken geworden, dessen Frontlinie mitten durch Deutschland verlief (▶ M3).

M1 Churchill prophezeit den Eisernen Vorhang

Im Mai 1945 warnt der britische Premierminister Winston Churchill in einem Telegramm an den US-amerikanischen Präsidenten Harry S. Truman vor der Politik der Sowjetunion:

1. Die Lage in Europa beunruhigt mich zutiefst. Ich erfahre, dass die Hälfte der in Europa stehenden amerikanischen Fliegerkräfte bereits die Verlegung nach dem Fernen Osten eingeleitet hat. Die Zeitungen sind voll von Nachrichten über den massiven Abzug der amerikanischen Armeen aus Europa hinaus. Auch unsere Armeen dürften aufgrund früherer Beschlüsse wesentlich reduziert werden. Die kanadische Armee zieht bestimmt ab. Die Franzosen sind schwach und schwer zu behandeln. Es liegt offen zutage, dass unsere bewaffnete Macht auf dem europäischen Kontinent binnen Kurzem dahinschwinden wird und dort nur noch bescheidene Kräfte zur Niederhaltung Deutschlands verbleiben.

2. Was aber soll dann in Bezug auf Russland geschehen? Ich habe mich stets um die Freundschaft der Russen bemüht; aber ihre falsche Auslegung der Jalta-Beschlüsse, ihre Haltung gegen Polen, ihr überwältigender Einfluss auf dem Balkan bis hinunter nach Griechenland, die uns von ihnen in Wien bereiteten Schwierigkeiten, die Verkopplung ihrer Macht mit der Besetzung und Kontrolle so ungeheurer und weiter Gebiete, die von ihnen inspirierte, kommunistische Taktik in so vielen anderen Ländern und vor allem ihre Fähigkeit, lange Zeit große Armeen im Felde stehen zu lassen, beunruhigen mich ebenso sehr wie Sie. Wie wird sich die Lage in ein bis zwei Jahren darstellen, wenn die britischen und amerikanischen Armeen nicht mehr existieren und die Franzosen noch keine beachtliche Armee aufgestellt haben, sodass wir nur über eine Handvoll Divisionen, davon die Mehrzahl französischer, verfügen, während Russland zwei- bis dreihundert unter den Fahnen hält?

3. Ein eiserner Vorhang ist vor ihrer Front niedergegangen. Was dahinter vorgeht, wissen wir nicht. Es ist kaum zu bezweifeln, dass der gesamte Raum östlich der Linie Lübeck-Triest-Korfu schon binnen Kurzem völlig in ihrer Hand sein wird. Zu all dem kommen noch die weiten Gebiete, die die amerikanischen Armeen zwischen Eisenach und der Elbe erobert haben, die aber, wie ich annehmen muss, nach der Räumung durch Ihre Truppen in ein paar Wochen gleichfalls der russischen Machtsphäre einverleibt sein werden. General Eisenhower wird alle nur möglichen Maßnahmen treffen müssen, um eine zweite Massenflucht der Deutschen nach Westen zu verhindern, wenn dieser enorme moskowitische Vormarsch ins Herz Europas erfolgt. Und dann wird der Vorhang von Neuem bis auf einen schmalen Spalt, wenn nicht gänzlich niedergehen. Damit werden uns russisch besetzte Territorien von vielen hundert Kilometern Tiefe wie ein breites Band von Polen abschneiden.

4. Die Aufmerksamkeit unserer Völker aber wird sich mit der Bestrafung Deutschlands, das ohnehin ruiniert und ohnmächtig darniederliegt, beschäftigen, sodass die Russen, falls es ihnen beliebt, innerhalb sehr kurzer Zeit bis an die Küsten der Nordsee und des Atlantik vormarschieren können.

5. Es ist unbedingt lebenswichtig, zu einer Verständigung mit Russland zu kommen, beziehungsweise zu sehen, wo wir mit Russland stehen, und das sofort, ehe wir unsere Armeen bis zu Ohnmacht schwächen und uns auf unsere Besatzungszonen zurückziehen [...].

Günter Schönbrunn, Weltkriege und Revolutionen 1914-1945. Geschichte in Quellen, München 1979, S. 574 f.

1. Arbeiten Sie heraus, welche Probleme in Europa der britische Premierminister im Mai 1945 sieht.
2. Nennen Sie für die angeführten Punkte, die Churchill beunruhigen, konkrete Beispiele.
3. Erläutern Sie die Forderung, die Churchill aus seiner Analyse zieht (Punkt 5). Wie kann sie im Rahmen der politischen Lage im Frühjahr 1945 konkret umgesetzt werden?

M2 Die Beschlüsse von Potsdam

Wolfgang Benz, deutscher Historiker, fasst die Ergebnisse der Potsdamer Konferenz zusammen:

Zur Debatte standen die politischen und ökonomischen Grundsätze der künftigen alliierten Kontrolle Deutschlands, die Ausübung der obersten Regierungsgewalt in Deutschland durch die Oberbefehlshaber der Streitkräfte der vier Besatzungsmächte im Alliierten Kontrollrat, Reparationen, Grenzen und die Demokratisierung Deutschlands oder wenigstens dessen Säuberung von nationalsozialistischer Ideologie. [...]

In formaler Hinsicht ist das „Potsdamer Abkommen" kein völkerrechtlicher Vertrag, was aber die Gültigkeit und Wirkung der Verabredungen keineswegs behinderte. Beschlossen war:

- die Errichtung eines Rats der Außenminister der vier Hauptmächte [...] zur Vorbereitung von Friedensverträgen mit Deutschlands Verbündeten, zur Regelung ungelöster territorialer Fragen und zur Beratung und Lösung der „deutschen Frage";
- die Festlegung politischer und wirtschaftlicher Grundsätze für die Behandlung Deutschlands in der Besatzungszeit, und zwar:

- Ausübung der Regierungsgewalt durch die Oberbefehlshaber der Streitkräfte der vier Großmächte in ihren Besatzungszonen und gemeinsam im Alliierten Kontrollrat in Berlin,
- völlige Abrüstung und Entmilitarisierung Deutschlands,
- Auflösung aller Streitkräfte einschließlich der SS und SA,
- Auflösung der NSDAP,
- Aufhebung aller Gesetze aus dem Dritten Reich,
- Verurteilung und Entlassung aller NSDAP-Angehörigen aus Ämtern und Anstellungen,
- Demokratisierung der Bevölkerung,
- Verhaftung und Verurteilung der Kriegsverbrecher,
- Demokratisierung des Erziehungssystems, der Justiz, der Verwaltung und des öffentlichen Lebens;
- Verbot jeglicher Waffenproduktion, Beschränkung der deutschen Industriekapazität, Dezentralisierung und Dekartellisierung der Wirtschaft unter alliierter Kontrolle.

Deutschland sollte aber trotz der Einteilung in Besatzungszonen als wirtschaftliche Einheit betrachtet werden. In der Frage der Reparationen war mit Mühe ein Kompromiss gefunden worden. Die Sowjetunion sollte ihre Ansprüche (und die Polens) aus ihrer Besatzungszone befriedigen, die Ansprüche der Westmächte und aller anderen Gläubiger sollten aus den westlichen Besatzungszonen erfüllt werden, die Sowjetunion sollte darüber hinaus Industrieausrüstungen und andere Reparationsleistungen aus den Westzonen erhalten.

Neben der Reparationsregelung gehörte die Definition des künftigen deutschen Territoriums zu den zentralen Problemen der Konferenz. Die Oder-Neiße-Linie bildete („bis zur endgültigen Festlegung") die Westgrenze Polens. Die Westmächte stimmten, als Kompromiss gegenüber der UdSSR (vorbehaltlich einer endgültigen Lösung in einem Friedensvertrag) der Abtretung der Gebiete östlich der Oder-Neiße-Linie an Polen zu (ebenso der Annexion Königsbergs und des nördlichen Ostpreußens durch die Sowjetunion). Zu den folgenreichsten Beschlüssen gehörte die „ordnungsmäßige Überführung" – wie die euphemistische Umschreibung im Protokoll lautete – der deutschen Bevölkerung aus Polen, der Tschechoslowakei und aus Ungarn nach Deutschland. Damit sollten ein für allemal sämtliche Probleme gelöst werden, die die deutschen Bevölkerungsminderheiten in Ostmitteleuropa hervorgerufen hatten.

Zu den Grundlinien des westalliierten Verständnisses gehörte die Betonung der zeitlich befristeten Funktionen der Potsdamer Beschlüsse über Reparationen, Entnazifizierung, Entmilitarisierung und Demokratisierung Deutschlands ebenso wie über territoriale Fragen. Und zum Grundverständnis gehörte es in den ersten Nachkriegsjahren auch noch, dass Potsdam die erste Station auf dem Weg zu einer Friedensregelung war, die, vom dazu beauftragten „Rat der Außenminister" vorbereitet, in einem Friedensvertrag mit Deutschland gipfeln sollte. Darauf setzten auch die Deutschen ihre Hoffnungen, und dazu gehörte anfänglich die Vorstellung der Vereinigung der vier Besatzungszonen zu einem neuen deutschen Staat – das war in Aussicht gestellt – und die Vorstellung des Rückgewinns wenigstens eines Teils der verlorenen Ostgebiete in Schlesien, Ost- und Westpreußen, Pommern und Brandenburg.

Wolfgang Benz, Deutschland unter alliierter Besatzung 1945-1949, in: Gebhardt. Handbuch der Deutschen Geschichte, Bd. 22, Stuttgart 2009, S. 51-53

▶ **Das Deutsche Gebäude.**
Titelblatt des „Ulenspiegel" vom August 1946.
Die Zeitschrift „Ulenspiegel" wurde von Herbert Sandberg und Günther Weisenborn von 1945 bis 1950 in Berlin herausgegeben. Mit Mitteln der Kunst und Satire wollte sie einen Beitrag zur demokratischen Erneuerung Deutschlands leisten.

■ *Vergleichen Sie die Karikatur mit den Beschlüssen von Potsdam (M2). Erläutern Sie, wie der Künstler die gemeinsame Umsetzung durch die Besatzungsmächte beurteilt.*

1. *Arbeiten Sie heraus, welche Beschlüsse in Potsdam sofort getroffen wurden, welche Entscheidungen vorläufigen Charakter hatten und welche auf später vertagt wurden. Diskutieren Sie mögliche Gründe.*

2. *Erläutern Sie, welche Beschlüsse der Potsdamer Konferenz bereits den Keim für eine spätere Entzweiung der Alliierten in sich trugen.*

3. *Beurteilen Sie, welche Entscheidungen der Alliierten den Deutschen 1945 besonders hart vorkamen und welche ihnen Hoffnung für die Zukunft machten.*

M3 Wann begann die Spaltung Deutschlands?

Der Historiker Edgar Wolfrum geht der Frage nach, wann die Trennung Deutschlands in zwei Teile begonnen hat, und beleuchtet dabei auch die Rolle der Potsdamer Konferenz:

Einen exakten Zeitpunkt kann man nicht angeben, denn es handelte sich um einen Prozess, der über verschiedene Stufen und Ereignisse ablief, sich dadurch beschleunigte und 1949 zur doppelten Staatsgründung von Bundesrepublik und
5 DDR führte. Unter den Alliierten war während des Krieges umstritten, wie die Zukunft des Deutschen Reiches aussehen sollte. Würde es weiterhin einen Einheitsstaat geben oder würde das besiegte Land aufgesplittert werden? Sollte man dieses kriegerische Deutschland nicht ein für alle Mal ruhig-
10 stellen und in einen „Agrarstaat" verwandeln – so einer der radikalsten Entwürfe, der Morgenthau-Plan aus den USA? In welchen ordnungspolitischen und gesellschaftlichen Prägungen sollte Deutschland fortbestehen?
Auf der Kriegskonferenz von Jalta im Februar 1945 einigten
15 sich die Alliierten darauf, dass Deutschland in Besatzungszonen eingeteilt werden sollte. Sofort nach dem Krieg übernahmen die vier Siegermächte die Oberste Gewalt in Deutschland und verabschiedeten auf der Potsdamer Konferenz im Juli und August 1945 gemeinsame Prinzipien. Aber verstan-
20 den auch alle das Gleiche darunter? Bedeutete etwa „Demokratisierung" im kommunistischen Gebrauch nicht etwas völlig anderes als im liberal-kapitalistischen?
Das Problem war, dass sich die Alliierten zwar verpflichteten, gemeinsam für „Deutschland als Ganzes" verantwortlich zu
25 sein – daher wurde ein „Alliierter Kontrollrat" in Berlin eingerichtet –, dass jedoch jede Siegermacht in ihrer Besatzungszone die Politik bestimmen konnte. Weil in den Westzonen und in der Ostzone unterschiedliche gesellschaftspolitische Wege eingeschlagen wurden, ging bald ein Riss durch
30 Deutschland. Mit den „antifaschistisch-demokratischen Umwälzungen" in der Sowjetischen Besatzungszone – eine spezifische Entnazifizierung, die Enteignung der Großbetriebe und eine Bodenreform – wurde ein kommunistisches System installiert, das mit westlichen Vorstellungen nicht mehr
35 vereinbar war.
Auf vielen Feldern schlug der Osten einen Sonderweg ein. Am frühesten zeichnete sich die Spaltung Deutschlands in den Parteien ab. Zusammen mit den ostdeutschen Kommunisten übte die sowjetische Besatzungsmacht massiven Druck auf
40 die Sozialdemokraten aus und zwang sie im April 1946, sich mit der KPD zur Sozialistischen Einheitspartei, SED, zusammenzuschließen. Mit dieser Zwangsvereinigung hatte die SPD im Osten aufgehört zu existieren, während sie in vielen Teilen Westdeutschlands die stärkste Kraft war.

Auf internationalen Konferenzen wurde rasch klar, dass die
45 Zweckallianz des Kriegs zerfiel und die Idee, der Westen könne Deutschland gemeinsam mit den Sowjets regieren, eine Illusion war. 1947 reagierten die Amerikaner mit dem Marshall-Plan, der Europa finanzielle Hilfs- und Wiederaufbaumittel zur Verfügung stellte, aber auch eine ideologische
50 Speerspitze gegen den Kommunismus und die Sowjetunion darstellte. US-Präsident Harry S. Truman hatte zuvor von einer Zweiteilung der Welt gesprochen, und die Trennlinie verlief durch Deutschland. Im Kreml beurteilte Stalin die Lage nicht anders. Die Sowjets gingen davon aus, dass sich zwei
55 Lager unversöhnlich gegenüberstanden, und gründeten das „Kommunistische Informationsbüro", das für die Weltrevolution zuständig sein sollte.
Nach heftigem Streit über die künftige Deutschlandpolitik der Siegermächte zog die Sowjetunion im März 1948 ihre
60 Vertreter aus dem Alliierten Kontrollrat zurück, der infolge des Einstimmigkeitsprinzips seither nicht mehr arbeitsfähig war. So zerbrach eine wichtige gesamtdeutsche Klammer. Amerikaner und Briten schlossen ihre Besatzungszonen zur Bizone zusammen, später kam die französische Zone noch
65 dazu (Trizone). Der Streit um eine Währungsreform führte 1948 zur Berlin-Blockade der Sowjetunion, was wiederum die Westmächte dazu veranlasste, von „ihren" Deutschen die Gründung eines Weststaates zu fordern. In der Sowjetischen Besatzungszone waren die Vorbereitungen für einen Ost-
70 staat schon seit Langem angelaufen, denn die ostdeutschen Kommunisten drängten früh auf eine eigene Staatsbildung. Dass die DDR erst wenige Monate nach der Bundesrepublik offiziell aus der Taufe gehoben wurde, hatte allein strategische Gründe: So konnte dem Westen die Schuld an der deut-
75 schen Teilung in die Schuhe geschoben werden.

Edgar Wolfrum, Die 101 wichtigsten Fragen: Bundesrepublik Deutschland, München 2009, S. 56f.

1. *Zählen Sie die einzelnen Ereignisse auf, die zu einer Spaltung Deutschlands beitrugen.*
2. *Beurteilen Sie, a) welche Regelung von Potsdam und b) welche Aktionen der Siegermächte besonders zur Teilung Deutschlands beitrugen.*
3. *Diskutieren Sie, welche anderen Möglichkeiten der Behandlung des besiegten Deutschland die militärischen Verbündeten 1945 gehabt hätten.*

Der Zwei-plus-Vier-Vertrag: Beendigung der deutschen Teilung

Auf dem Weg zur Einheit Nach dem Rücktritt der DDR-Staats- und Parteiführung und der Öffnung der Mauer* ergriff Bundeskanzler Helmut Kohl Ende November 1989 die Initiative. Sein „Zehn-Punkte-Programm zur Überwindung der Teilung Deutschlands und Europas" basierte auf der Überlegung, dass die Bundesregierung mit einer demokratisch legitimierten DDR-Regierung in einer „Vertragsgemeinschaft" behutsam die Vereinigung der beiden Staaten vorantreiben sollte. Einen Zeitplan gab es nicht, denn noch wusste niemand, wie die Sowjetunion auf den Verfall des SED-Regimes reagieren würde.

Doch die politische und wirtschaftliche Situation der DDR setzte die Regierenden in Ost und West unter Zugzwang: Die Übersiedlerwelle der zumeist jungen und beruflich gut qualifizierten DDR-Bürger stieg im Januar 1990 auf 73 729 Personen an. Weil der wirtschaftliche Zusammenbruch der DDR offenkundig nicht mehr aufzuhalten war und gute Beziehungen zu Deutschland im sowjetischen Interesse lagen, bestätigte Michail Gorbatschow im Februar 1990, keine Einwände gegen eine deutsche Vereinigung zu haben (▶ M1).

▲ In Anwesenheit der Außenminister der „Zwei-plus-Vier-Verhandlungen" wird der alliierte Checkpoint Charlie in Berlin aufgehoben.
Foto vom 22. Juni 1990. Der Checkpoint Charlie, der einzige Übergang für Alliierte und Ausländer in Berlin, hatte Symbolcharakter für die Teilung Deutschlands und den Kalten Krieg bekommen, als sich hier im Oktober 1961, kurz nach dem Mauerbau, sowjetische und amerikanische Panzer direkt gegenüberstanden.

Der internationale Rahmen der deutschen Einheit Ohne die Zustimmung der vier Siegermächte des Zweiten Weltkrieges, die sich im „Potsdamer Abkommen" 1945 ihre Zuständigkeit für „Deutschland als Ganzes" vorbehalten hatten,** konnte es keine Wiedervereinigung geben. Ebenso mussten die Interessen der übrigen europäischen Staaten, insbesondere Polens, berücksichtigt und mögliche Befürchtungen über ein größer und mächtiger werdendes Deutschland entkräftet werden. Die Bundesregierung entwickelte deshalb eine Strategie, die fünf Ziele umfasste:

- Einhegung der wirtschaftlichen und politischen Macht Deutschlands durch eine verstärkte europäische Integration mit einer Wirtschafts- und Währungsunion;
- Beschränkung der deutschen Streitkräfte, nuklearwaffenfreier Status Deutschlands, besondere Zusicherungen an die Sowjetunion;
- grundlegende Erneuerung des Verhältnisses zwischen Deutschland und der Sowjetunion;
- endgültige Anerkennung der Oder-Neiße-Linie als Westgrenze Polens;
- Mitwirkung bei der Schaffung von neuen Formen und Mechanismen einer gesamteuropäischen Zusammenarbeit.

Der Bundesrepublik kam dabei das große Vertrauen zugute, das sie sich durch die jahrzehntelange Zusammenarbeit mit den USA, im westlichen Bündnissystem und in der Europäischen Gemeinschaft, aber auch im Verhältnis zu den östlichen Staaten erworben hatte.

Im Februar 1990 begannen die sogenannten „Zwei-plus-Vier-Gespräche". Dabei verhandelten die Regierungen Frankreichs, Großbritanniens, der Sowjetunion, der USA sowie der DDR und der Bundesrepublik Deutschland über die endgültigen Grenzen, die

---

* Siehe S. 120 f.
** Siehe S. 196 f.

MARCH OF THE FOURTH REICH

▲ „March of the Fourth Reich."
Karikatur von Bill Caldwell aus der britischen Zeitung „Daily Star" vom Februar 1990.
▪ Erläutern Sie, was mit der Zeichnung ausgesagt werden soll.

Wolfgang Schäuble (geb. 1942): deutscher Politiker, 1989 - 1991 sowie 2005 - 2009 Bundesminister des Innern, 1991 - 2000 Vorsitzender der CDU-Fraktion im Bundestag, 1998 - 2000 CDU-Parteichef, seit 2009 Bundesminister der Finanzen

Bündniszugehörigkeit Deutschlands, die Höchststärke einer gesamtdeutschen Armee und die deutsche Souveränität.

Mit dem *Vertrag über die abschließende Regelung in Bezug auf Deutschland* vom 12. September 1990 (*Zwei-plus-Vier-Vertrag*), der die Funktion eines Friedensvertrages hatte, erhielt das wiedervereinigte Deutschland die volle staatliche Souveränität zuerkannt und damit auch das Recht, seine Bündniszugehörigkeit frei zu wählen (▶ M2). In einem weiteren Vertrag zwischen Deutschland und der Sowjetunion vom 9. November 1990 vereinbarten beide Staaten ihre umfassende Zusammenarbeit. Den Abschluss bildete der deutsch-polnische Grenzvertrag vom 14. November 1990, worin das wiedervereinigte Deutschland die Grenze zu Polen definitiv anerkannte. 45 Jahre nach dem Ende des Zweiten Weltkrieges war damit die „Nachkriegszeit" für Deutschland und Europa abgeschlossen.

Wirtschafts-, Währungs- und Sozialunion Um die Übersiedlerzahlen und den Einigungsprozess insgesamt unter Kontrolle zu bringen, beschloss die Bundesregierung schon im Februar 1990, die Wirtschafts- und Währungsunion so schnell wie möglich durchzuführen. Sie tat dies gegen die Empfehlung der meisten Wirtschaftsexperten und Politiker. So wurde, noch bevor die äußeren Voraussetzungen der staatlichen Vereinigung geklärt waren, durch die Einführung der D-Mark in der DDR die Einheit Deutschlands praktisch unumkehrbar.

Der *Staatsvertrag zur Wirtschafts-, Währungs- und Sozialunion* zwischen der Bundesrepublik und der DDR trat am 1. Juli 1990 in Kraft. Am Tag darauf wurde die D-Mark als offizielle Währung in der DDR eingeführt. Was die in der DDR lebenden Menschen seit Jahrzehnten ersehnt hatten, war Wirklichkeit geworden: Mit „richtigem" Geld konnten sie die begehrten Westwaren kaufen. Sozusagen über Nacht wurde aber auch die gesamte Wirtschaft der DDR dem internationalen Wettbewerb ausgesetzt, dem die meisten Betriebe nicht gewachsen waren. Ein gewaltiger Modernisierungsschock erfasste Wirtschaft und Gesellschaft.

Aushandlung des Einigungsvertrages Anfang Juli 1990 begannen in Ost-Berlin die Verhandlungen der beiden deutschen Regierungen über den zweiten Staatsvertrag zur deutschen Einheit (*Einigungsvertrag*) unter der Leitung von Bundesinnenminister Wolfgang Schäuble und DDR-Staatssekretär Günther Krause.

Die Übernahme der bundesdeutschen Rechtsordnung in Ostdeutschland erforderte komplizierte Regelungen. Probleme bereiteten besonders die Fragen, wie die Einheit finanziert und wie die Rechtsansprüche all derer, die in der DDR enteignet worden waren (Grundsatz „Rückgabe vor Entschädigung"), geregelt werden sollten. Darüber hinaus musste geklärt werden, welche Verfassung im wiedervereinigten Deutschland gelten sollte. Denn das Grundgesetz sah zwei Wege vor: Artikel 23 ermöglichte den Beitritt „weiterer Teile Deutschlands" zum Geltungsbereich des Grundgesetzes. Nach der (ursprünglichen) Präambel sowie lt. Artikel 146 sollten die politischen Vertreter Deutschlands eine neue Verfassung erarbeiten, sobald die „Einheit und Freiheit Deutschlands" vollendet sei.

Grundgesetz oder neue Verfassung? Aus den ersten freien Wahlen zur DDR-Volkskammer am 18. März 1990 war das Parteienbündnis „Allianz für Deutschland" aus CDU (Ost), Demokratischem Aufbruch (DA) und der Deutschen Sozialen Union (DSU) als eindeutiger Sieger hervorgegangen. Diese Parteien hatten sich auf das Ziel geeinigt, „Wohlstand und soziale Gerechtigkeit für alle Bürger der DDR zu sichern, Freiheit und Rechtsstaatlichkeit durchzusetzen, die Einheit Deutschlands nach Verhandlungen mit der Bundesrepublik auf der Grundlage von Artikel 23 des Grundgesetzes zügig und verantwortungsvoll für die gesamte DDR gleichzeitig zu verwirklichen und damit einen Beitrag zur europäischen Friedensordnung zu leisten".

Am 12. April 1990 wählte die Volkskammer Lothar de Maizière zum Ministerpräsidenten und bestätigte sein Kabinett der Großen Koalition aus CDU, SPD, Liberalen, DSU und Demokratischem Aufbruch (DA).

Nach Artikel 23 GG konnten die neu gegründeten fünf Länder der DDR (Brandenburg, Mecklenburg-Vorpommern, Sachsen, Sachsen-Anhalt, Thüringen) sowie Ost-Berlin der Bundesrepublik beitreten. Dafür hatten sich neben der „Allianz für Deutschland" auch die Bundesregierung in Bonn festgelegt – mit dem Argument, dass die in der DDR mit Händen greifbare Erosion der Wirtschaft und ein bedrohlicher Zerfall der politischen Strukturen eine rasche Vereinigung unumgänglich machten. Die oppositionelle SPD in Bonn sprach sich für die Wiedervereinigung nach Artikel 146 aus, also eine neue gesamtdeutsche und durch eine Volksabstimmung in Kraft gesetzte Verfassung.

Die Bevölkerung in Ost- wie in Westdeutschland wollte mehrheitlich keine neue Verfassung. Das zeigte sich in Umfragen und bei allen Wahlen im Jahr 1990. Die politische und soziale Ordnung des Grundgesetzes hatte sich in den Augen der meisten Bürger bewährt (▶ M3).

Nach einem komplizierten Diskussions- und Verhandlungsprozess im Frühjahr und Sommer 1990 erklärte die Volkskammer am 23. August 1990 den Beitritt der DDR zum Geltungsbereich des Grundgesetzes nach Artikel 23 mit Wirkung zum 3. Oktober 1990. Über zwei Drittel der Abgeordneten stimmten dafür, die PDS, die Nachfolgerin der SED, sowie Bündnis 90 stimmten für die Ausarbeitung einer neuen Verfassung.

Lothar de Maizière (geb. 1940): Rechtsanwalt und seit 1956 Mitglied der Ost-CDU, von November 1989 bis 1990 deren Vorsitzender; vom 12. April bis 2. Oktober 1990 letzter Ministerpräsident der DDR, 3. Oktober bis 19. Dezember 1990 Bundesminister für besondere Aufgaben; Mitarbeit an den Verhandlungen über die deutsche Wiedervereinigung; Rücktritt am 6. September 1991 aufgrund von Vorwürfen, Inoffizieller Mitarbeiter des MfS gewesen zu sein

Einigungsvertrag und Wiedervereinigung

Am 31. August 1990 wurde der Einigungsvertrag in Ost-Berlin unterzeichnet und am 20. September von beiden Parlamenten, Volkskammer und Bundestag, mit großer Mehrheit verabschiedet. Die im Juli von der Volkskammer wieder ins Leben gerufenen (seit 1952 aufgelösten) Länder Brandenburg, Mecklenburg-Vorpommern, Sachsen, Sachsen-Anhalt und Thüringen sollten am 3. Oktober 1990 der Bundesrepublik beitreten. Auch Berlin würde nicht länger geteilt sein.

Der Einigungsvertrag von 1990 erklärte Berlin zur Hauptstadt. Er ließ jedoch offen, welches das politische Zentrum des neuen Deutschland sein sollte, ob Parlament und Regierung in Bonn blieben oder nach Berlin zogen. Quer durch alle Parteien gab es sowohl Befürworter für einen Verbleib in Bonn als auch für einen Umzug nach Berlin. Das Thema wurde in der Öffentlichkeit breit diskutiert. Am 20. Juni 1991 entschied der Bundestag nach einer leidenschaftlichen Debatte mit knapper Mehrheit, dass Berlin auch Regierungs- und Parlamentssitz werden sollte.

▲ „Von der Teilung zur Einheit".
Karikatur von António Calado da Maia (Portugal), 2. Oktober 1990.
■ Analysieren Sie die dargestellte Szene.

◄ **Abzug der russischen Armee.**
Foto, 31. August 1994, Berlin. Mit seiner Zustimmung zur Wiedervereinigung und völligen Souveränität Deutschlands willigte Gorbatschow auch in den vollständigen Abzug aller sowjetischen Streitkräfte aus dem Gebiet der DDR ein. Im Gegenzug verpflichtete sich die Bundesrepublik, die Gesamtstärke ihrer Streitkräfte auf 370 000 Mann zu begrenzen.
Der Abzug der Sowjetarmee zog sich über mehrere Jahre hin. Am 31. August 1994 wurde die russische Armee schließlich mit einer Parade feierlich verabschiedet.

M1 Gorbatschow gibt grünes Licht

Bundeskanzler Helmut Kohl gibt am 10. Februar 1990 in Moskau eine Presseerklärung ab:

Meine Damen und Herren!
Ich habe heute Abend an alle Deutschen eine einzige Botschaft zu übermitteln. Generalsekretär Gorbatschow und ich stimmen darin überein, dass es das alleinige Recht des deut-
5 schen Volkes ist, die Entscheidung zu treffen, ob es in einem Staat zusammenleben will.
Generalsekretär Gorbatschow hat mir unmissverständlich zugesagt, dass die Sowjetunion die Entscheidung der Deutschen, in einem Staat zu leben, respektieren wird, und dass
10 es Sache der Deutschen ist, den Zeitpunkt und den Weg der Einigung selbst zu bestimmen.
Generalsekretär Gorbatschow und ich waren uns ebenfalls einig, dass die deutsche Frage nur auf der Grundlage der Realitäten zu lösen ist: d.h. sie muss eingebettet sein in die
15 gesamteuropäische Architektur und in den Gesamtprozess der West-Ost-Beziehungen. Wir müssen die berechtigten Interessen unserer Nachbarn und unserer Freunde und Partner in Europa und in der Welt berücksichtigen.
Es liegt jetzt an uns Deutschen in der Bundesrepublik und in
20 der DDR, dass wir diesen gemeinsamen Weg mit Augenmaß und Entschlossenheit gehen.
Generalsekretär Gorbatschow und ich haben ausführlich darüber gesprochen, dass auf dem Wege zur deutschen Einheit die Fragen der Sicherheit in Europa herausragende Bedeu-
25 tung haben. Wir wollen die Frage der unterschiedlichen Bündniszugehörigkeit in enger Abstimmung auch mit unseren Freunden in Washington, Paris und London sorgfältig beraten, und ich bin sicher, dass wir eine gemeinsame Lösung finden.
30 Ich danke Generalsekretär Gorbatschow, dass er dieses historische Ergebnis ermöglicht hat. Wir haben vereinbart, im engsten persönlichen Kontakt zu bleiben.
Meine Damen und Herren,
dies ist ein guter Tag für Deutschland und ein glücklicher Tag
35 für mich persönlich.

Bulletin des Presse- und Informationsamtes der Bundesregierung Nr. 24, 13. Februar 1990, S. 189

▪ Zeigen Sie die Zugeständnisse, die die Bundesregierung an die UdSSR macht.

M2 Der „Zwei-plus-Vier-Vertrag"

Am 12. September 1990 unterzeichnen die vier Siegermächte USA, Sowjetunion, Frankreich und Großbritannien und die beiden deutschen Staaten in Moskau den „Vertrag über die abschließende Regelung in Bezug auf Deutschland". Am 15. März 1991 tritt er in Kraft:

Artikel 1
(1) Das vereinte Deutschland wird die Gebiete der Deutschen Demokratischen Republik, der Bundesrepublik Deutschland

und ganz Berlins umfassen. Seine Außengrenzen werden die Grenzen der Deutschen Demokratischen Republik und der Bundesrepublik Deutschland sein und werden am Tage des Inkrafttretens dieses Vertrages endgültig sein. Die Bestätigung des endgültigen Charakters der Grenzen des vereinten Deutschlands ist ein wesentlicher Bestandteil der Friedensordnung in Europa.
(2) Das vereinte Deutschland und die Republik Polen bestätigen die zwischen ihnen bestehende Grenze in einem völkerrechtlich verbindlichen Vertrag.
(3) Das vereinte Deutschland hat keinerlei Gebietsansprüche gegen andere Staaten und wird solche auch nicht in Zukunft erheben. [...]

Artikel 3
(1) Die Regierungen der Bundesrepublik Deutschland und der Deutschen Demokratischen Republik bekräftigen ihren Verzicht auf Herstellung und Besitz von und auf Verfügungsgewalt über atomare, biologische und chemische Waffen. [...]
(2) Die Regierung der Bundesrepublik Deutschland hat in vollem Einvernehmen mit der Regierung der Deutschen Demokratischen Republik am 30. August 1990 in Wien bei den Verhandlungen über konventionelle Streitkräfte in Europa folgende Erklärung abgegeben: „Die Regierung der Bundesrepublik Deutschland verpflichtet sich, die Streitkräfte des vereinten Deutschlands innerhalb von drei bis vier Jahren auf eine Personalstärke von 370 000 Mann (Land-, Luft- und Seestreitkräfte) zu reduzieren. [...] Im Rahmen dieser Gesamtobergrenze werden nicht mehr als 345 000 Mann den Land- und Luftstreitkräften angehören, die gemäß vereinbartem Mandat allein Gegenstand der Verhandlungen über konventionelle Streitkräfte in Europa sind." [...]

Artikel 5
(3) Nach dem Abschluss des Abzugs der sowjetischen Streitkräfte vom Gebiet der heutigen Deutschen Demokratischen Republik und Berlins können in diesem Teil Deutschlands auch deutsche Streitkräfte stationiert werden, die in gleicher Weise militärischen Bündnisstrukturen zugeordnet sind wie diejenigen auf dem übrigen deutschen Hoheitsgebiet, allerdings ohne Kernwaffenträger. [...] Ausländische Streitkräfte und Atomwaffen und deren Träger werden in diesem Teil Deutschlands weder stationiert noch dorthin verlegt. [...]

Artikel 7
(1) Die Französische Republik, die Union der Sozialistischen Sowjetrepubliken, das Vereinigte Königreich von Großbritannien und Nordirland und die Vereinigten Staaten von Amerika beenden hiermit ihre Rechte und Verantwortlichkeit in Bezug auf Berlin und Deutschland als Ganzes. [...]

▲ **Einheitsgleichung.**
Karikatur von Brigitte Schneider aus der Wochenzeitung „Das Parlament", 22. Juni 1990.

(2) Das vereinte Deutschland hat demgemäß volle Souveränität über seine inneren und äußeren Angelegenheiten.

Presse- und Informationsamt der Bundesregierung (Hrsg.), Bulletin Nr. 109, 14. September 1990, S. 1154 ff.

1. *Erläutern und bewerten Sie Vorteile und Forderungen, die der Vertrag für Deutschland beinhaltet.*
2. *Der damalige Bundesaußenminister Hans-Dietrich Genscher nannte den Vertrag den „wichtigsten und chancenreichsten [...], den Deutschland je geschlossen" habe. Diskutieren Sie diese Wertung.*
3. *Arbeiten Sie heraus, inwieweit der „Zwei-plus-Vier-Vertrag" die Funktion eines Friedensvertrages zum Abschluss des Zweiten Weltkrieges hatte.*

M3 Ist eine Verfassunggebende Versammlung erforderlich?

Über den geeigneten verfassungsrechtlichen Weg zur Wiedervereinigung nach Artikel 23 GG oder Artikel 146 GG führen Mitte März 1990 Innenminister Wolfgang Schäuble (CDU) und der Bürgerrechtler und stellvertretende Vorsitzende der DDR-SPD Markus Meckel ein Streitgespräch auf Einladung des SPIEGEL:

Auszug aus dem Grundgesetz:
Art. 23: Dieses Grundgesetz gilt zunächst im Gebiete der Länder Baden, Bayern, Bremen, Groß-Berlin, Hamburg, Hessen, Niedersachsen, Nordrhein-Westfalen, Rheinland-Pfalz, Schleswig-Holstein, Württemberg-Baden und Württemberg-Hohenzollern. In anderen Teilen Deutschlands ist es nach deren Beitritt in Kraft zu setzen.

▲ **Kein Zurück.**
*Foto vom August 1990.
Ausgestemmtes DDR-Emblem an der Fassade des ehemaligen Rates des Bezirks Cottbus.*

Art. 146: Dieses Grundgesetz verliert seine Gültigkeit an dem Tage, an dem eine Verfassung in Kraft tritt, die von dem deutschen Volke in freier Entscheidung beschlossen worden ist.

Meckel: Auch der Weg nach 146 muss überhaupt nicht lange dauern. Ich denke, dass sich die Artikel 23 und 146 gar nicht ausschließen. Ich strebe es nicht an, aber ich halte es auch nicht für unmöglich, auf der Grundlage des Artikels 23 in Verhandlungen mit der Bundesregierung einzutreten, um konkrete Bedingungen auszuhandeln. Im Ergebnis soll dann eine neue Verfassung entsprechend Artikel 146 herauskommen, die der gesamten Bevölkerung zur Abstimmung vorgelegt wird.

Schäuble: Man kann theoretisch durchaus beide Wege miteinander verbinden. Die Zeitfrage ist auch nicht das entscheidende Argument. Wichtig ist, dass bei einem Prozess über Artikel 146 überhaupt keine Klarheit besteht, wie die Grundstrukturen unserer Verfassung aussehen werden. Wir brauchen aber ein Element der Vertrauensbildung, der Stabilität […].

Meckel: Jetzt bauen Sie aber einen Buhmann auf. Wir haben mit aller Klarheit gesagt, wir wollen vom Grundgesetz ausgehen, nur ein paar Bestimmungen sollen thematisiert werden. Es ist doch eigentlich sinnvoll, dass sich das Volk 45 Jahre nach dem Krieg in einer historischen Situation eine neue Verfassung gibt […]. Natürlich soll nichts von dem, was sich bewährt hat, worauf auch viele DDR-Bürger mit Bewunderung blicken, über den Haufen geworfen werden.

Schäuble: Das ändert nichts daran, dass der Weg über Artikel 146 erst am Ende Klarheit schafft, während nach Artikel 23 von vornherein Klarheit besteht, dass dieses Grundgesetz in seinen Grundstrukturen erhalten bleibt.

Meckel: Was unterstellen Sie denn eigentlich den Bürgern der DDR? Das, was wir als Verfassung hatten, ist doch ein Lappen. Und das Grundgesetz ist die beste deutsche Verfassung. Dies ist Konsens in der DDR, behaupte ich. Aber das heißt nicht, sie sei nicht noch verbesserungswürdig.

Schäuble: Gleichwohl können Sie so keine Verlässlichkeit schaffen. Eine Verfassunggebende Versammlung nach Artikel 146 entscheidet mit einfacher Mehrheit. Nach Artikel 23 ist Grundlage das Grundgesetz, das nur mit Zweidrittelmehrheit geändert werden kann. Sonst gilt das Grundgesetz weiter […]. Der Risikospielraum für Verfassungsänderungen bei den qualifizierten Mehrheitserfordernissen – Zweidrittelmehrheit im Bundestag und im Bundesrat – ist und bleibt sehr viel geringer. Das ist genau der Punkt. Bei 146 ist alles offen, bei 23 nicht.

Gerhard Maier, Die Wende in der DDR, Bonn 1990, S. 83 f.

1. *Stellen Sie Meckels und Schäubles Argumente gegenüber.*
2. *Diskutieren Sie in Gruppenarbeit, welche inhaltlichen Positionen sich hinter dem verfassungsrechtlich geführten Streitgespräch verborgen haben könnten.*
3. *Entscheiden Sie selbst und begründen Sie: Halten Sie den gewählten Weg der Wiedervereinigung für richtig oder hätten Sie dem Verfahren nach Artikel 146 Grundgesetz den Vorzug gegeben? Berücksichtigen Sie dabei das Verhalten der Bürger in der DDR 1989/90.*

Essay – was ist das?

Wenn wir ein Thema knapp, kenntnisreich, kritisch, klar und sprachlich ausgefeilt auf wissenschaftlichem Niveau erörtern, ist uns ein Essay gelungen. Ein historischer Essay ist der Versuch, eine Antwort auf ein Problem oder eine zentrale Frage zu geben.

Anders als das systematisch angelegte Referat erhebt der Essay weder Anspruch auf eine detailgenaue Darstellung von Sachverhalten noch referiert er den aktuellen Forschungsstand. Ziel ist es, das Thema in einem größeren Zusammenhang aus verschiedenen Perspektiven verständlich zu diskutieren, eigene Positionen zu entwickeln und dem Leser subjektive, zur weiteren Auseinandersetzung anregende Antworten zu geben.

Einen Essay verfassen

Vorarbeit
- Grundlage ist zunächst eine Idee für ein Thema. Als Anregungen können aktuelle Ereignisse oder Anlässe wie Jubiläen, historische Jahrestage dienen.
- Anschließend ist eine gründliche Recherche und intensive Auseinandersetzung mit dem Thema notwendig, um ein Konzept mit einer tragfähigen Leitfrage entwickeln zu können. Sammeln Sie Argumente für und gegen bestimmte Thesen und ordnen Sie diese Ihrem Konzept zu. Konzentrieren Sie sich auf wesentliche Aspekte.
- Entwerfen Sie einen realistischen Zeitplan für die Bearbeitungsschritte Recherche, Konzept, Schreiben und Überarbeitung.

Aufbau
- Ausgangspunkt ist ein Problem, eine offene Frage oder eine provokante These. Die Überschrift sollte bereits die Kernaussage wiedergeben und den Leser neugierig machen, etwa als Zitat, Metapher, Frage.
- Ein motivierender Einstieg („Aufhänger") führt anschaulich in das Thema ein und kann die Gründe für die Wahl des Themas sowie seine Relevanz erklären.
- Das Problem wird genannt, in den historischen Kontext eingeordnet und seine Bedeutung erläutert, indem etwa kontroverse Positionen argumentativ gegenübergestellt werden.
- Die These/Stellungnahme gibt die Argumentationslinie vor.
- Der Hauptteil enthält die Argumentation, die den eigenen Standpunkt plausibel erläutert, mit Beispielen, eigenen und fremden Thesen (Sekundärliteratur, Zeitungsartikel) oder Belegen (Statistiken, Daten, Fakten) untermauert und Gegenpositionen widerlegt. Der Essay ist frei von Quellennachweisen und Fußnoten, fremde Positionen und Zitate werden jedoch im Text kenntlich gemacht („Wie Autor A belegt …" oder „Autor B meint dazu …").
- Das Fazit fasst das Ergebnis der Erörterung knapp zusammen, spitzt sie auf eine abschließende Stellungnahme zu und nennt offene oder weiterführende Aspekte.

Überarbeitung
- Bevor Sie an die Überarbeitung gehen, sollten Sie den Essay einige Zeit ruhen lassen, um innere Distanz zu ihm zu gewinnen. Prüfen Sie dann die Argumentation noch einmal gründlich. Stimmt der Bezug zum Thema? Ist der Aufbau logisch? Weicht die Darstellung vom „roten Faden" ab? Wurden nur Fakten gereiht statt argumentiert? Ist das Fazit schlüssig?
- Feilen Sie abschließend an der Sprache, denn sprachliche und inhaltliche Klarheit sind nicht zu trennen. Formulieren Sie präzise, voraussetzungslos, verständlich und anschaulich.

Knapper, aber vieldeutiger Titel	**Grenzfragen** *Essay von Reinhard Müller*
Erster Satz macht neugierig auf den weiteren Text	Es hätte auch ganz anders kommen können. Mitte März 1991 trat der Zwei-plus-Vier-Vertrag in Kraft. Zu diesem Zeitpunkt hinterlegte die Sowjetunion ihre Ratifikationsurkunde. Wenige Monate später überstand Gorbatschow einen Putschversuch. Der letzte russische Soldat verließ Deutschland Ende August 1994.
Provokante These, widerspricht herkömmlicher Chronologie rhetorische Frage	Vor zwanzig Jahren endete der Zweite Weltkrieg, auch wenn die Waffen schon seit Jahrzehnten ruhten. Der „Vertrag über die abschließende Regelung" regelte die äußeren Aspekte der deutschen Einheit. Was hat er abgeschlossen? Der „Deutschlandvertrag" von 1955 beendete für die Bundesrepublik zwar formell das Besatzungsregime und gab ihr die „volle Macht eines souveränen Staates über ihre inneren und äußeren Angelegenheiten". Doch war das nur die halbe Wahrheit. Denn die Alliierten hielten fest an den von bisher ausgeübten „Rechten und Verantwortlichkeiten in Bezug auf Berlin und Deutschland als Ganzes einschließlich der Wiedervereinigung Deutschlands und einer friedensvertraglichen Regelung". Die Rechte der Alliierten in Bezug auf Deutschland als Ganzes sicherten damit wie eine Klammer den Fortbestand Deutschlands.
Schilderung der Situation „vorher": Deutschland hat keine volle Souveränität	
Hintergrundinformationen: Vorgeschichte des Vertragswerkes	An diese Sonderrechte knüpfte der Zwei-plus-Vier-Vertrag an. Schon am 11. Dezember 1989 hatten sich die Botschafter der vier Mächte in West-Berlin erstmals seit 18 Jahren getroffen. Als Bundeskanzler Kohl im Januar 1990 davon erfuhr, dass die Sowjetunion angesichts der geplanten Vertragsgemeinschaft zwischen den beiden deutschen Staaten den Amerikanern ein Viermächte-Treffen vorgeschlagen hatte, äußerte er: „Wir brauchen keine vier Hebammen." Er verlangte eine enge Abstimmung mit den Deutschen, schließlich gehe es um deren Selbstbestimmungsrecht. Die britische Premierministerin Thatcher hatte immerhin in einem Telefonat mit Bush deutlich gemacht, dass Deutschland das Japan Europas sei, nur schlimmer als Japan. Und: Die Deutschen würden nun im Frieden das erhalten, was Hitler im Krieg nicht bekommen habe.
Prägnantes Zitat eines politischen Akteurs	
Unterscheidung zwischen Name und Gehalt	Der Zwei-plus-Vier-Vertrag heißt aus guten Gründen nicht Friedensvertrag. Doch der Sache nach war er einer. Er ist jene friedensvertragliche Regelung, bis zu der die alliierten Vorbehaltsrechte gelten sollten. Dass auch eine „abschließende Regelung" Fragen offenlässt, erstaunt nicht.
1. Hypothese: (allgemein) „Der Preis für die Einheit war sehr hoch"	Das Zeitfenster für die Wiedervereinigung war klein, aber der Preis für die schnelle Einheit war nicht gering. Immerhin gingen viele Jahre nicht nur alle wesentlichen deutschen Parteien und das Bundesverfassungsgericht, sondern auch zumindest die Westalliierten davon aus, dass die lange Zeit unzweifelhaft zu Deutschland gehörenden Gebiete jenseits von Oder und Neiße nach dem Zusammenbruch von 1945 nur (zeitweise) unter polnische beziehungsweise sowjetische Verwaltung gefallen waren. Einem Memorandum des britischen Außenministeriums vom März 1990 ist eine Karte von Deutschland in den Grenzen von 1937 beigefügt („Zones of Occupation"). Die Gebiete östlich von Oder und Neiße sind als „under Polish administration" beziehungsweise „under Soviet administration" markiert. Das alles kam noch einmal hoch, als im Bundestag über den deutsch-polnischen Grenzvertrag abgestimmt wurde. 18 Abgeordnete stimmten dagegen, 10 enthielten sich. Ein Grund für viele waren widersprüchliche Angaben der Bundesregierung: Zum einen hieß es, der endgültige Verzicht auf die Oder-Neiße-Gebiete sei Conditio sine qua non für die Vereinigung von Bundesrepublik und DDR gewesen. Zum anderen wurde gesagt, es sei keinerlei Druck ausgeübt worden, was wiederum mancher nicht glaubte. Einer fragte gar, ob nicht die Gefahr bestehe, „dass eine derartige, auf Druck von außen zustande gekommene Grenzanerkennungserklärung als ‚Super-Versailles' wieder auf Jahrzehnte die europäische Politik belasten könnte".
Einzeltatsache als Beleg für einen größeren Sachverhalt	
Konsequenzen: Abstimmungsergebnisse Bundestag	
Zugespitzte Konsequenz aus der These	
Entkräftung dieser Konsequenz	So ist es nicht gekommen. Die endgültige Anerkennung der Oder-Neiße-Grenze war jedoch verbunden mit einem Gebietsverlust, der freilich politisch schon lange Wirklichkeit war. An-

gesichts der allgemeinen Tendenz, den Einzelnen an Gebietswechseln zu beteiligen und ihn auch sonst an der Willensbildung zu beteiligen, ist allerdings die Art und Weise des Wechsels der territorialen Souveränität über die Gebiete jenseits von Oder und Neiße bemerkenswert. Die Menschen wurden nicht gefragt, weder Vertriebene noch die Wohnbevölkerung. Zwar gab es keine völkerrechtliche Pflicht, bei einem Wechsel der territorialen Souveränität über ein Gebiet dessen Bewohner dazu zu befragen. Doch war die erst mit dem Zwei-plus-Vier-Vertrag besiegelte Abtrennung der Oder-Neiße-Gebiete verknüpft mit der gewaltsamen Vertreibung von Millionen von Deutschen aus ihrer Heimat – auf die es ein Recht gibt. Das ändert nichts an der Gültigkeit der Regelung. Doch hatten offenbar auch die Beteiligten ein Gefühl für die besondere historische Lage. Warum sonst wäre, abgesehen vom Grenzvertrag, ein deutsch-polnischer (und auch ein deutsch-russischer) Nachbarschaftsvertrag geschlossen worden? Erstmalig wird die Existenz einer deutschen Minderheit erwähnt und damit anerkannt. Es hat sich allerdings als schwierig erwiesen, auch nur zweisprachige Ortsschilder zuzulassen – obwohl Polen das damals zumindest prüfen wollte. Als am 12. November 1989 zahlreiche Deutsche an einem Versöhnungsgottesdienst mit Kohl und Mazowiecki in Kreisau teilnahmen, hielten einige Transparente mit der Aufschrift hoch: „Helmut, Du bist auch unser Kanzler". 20 Jahre später ist es für diejenigen, die sich in Polen noch als Deutsche bekennen, nicht leicht, ihre Identität zu wahren. Eigentlich geht es hier wie auch beim Heimatrecht um das Selbstbestimmungsrecht der Ostdeutschen (im ursprünglichen Sinne), dass im Zuge des Zwei-plus-Vier-Vertrages nicht ausreichend beachtet wurde. Es besteht in seinen verschiedenen Ausprägungen fort.

Unter den Betroffenen weiterhin für Unmut sorgen zudem die Enteignungen in der Sowjetischen Besatzungszone von 1945 bis 1949. Im Zusammenhang mit der Unterzeichnung des Vertrages sandten die beiden deutschen Außenminister einen gemeinsamen Brief an die Außenminister der Alliierten. Darin wird wiederum auf die gemeinsame Erklärung der beiden deutschen Regierungen zur Regelung offener Vermögensfragen Bezug genommen. Demnach waren sich beide Seiten einig, dass Enteignungen auf besatzungshoheitlicher Grundlage nicht mehr rückgängig zu machen sind. Vor dem Bundesverfassungsgericht hat die Bundesregierung vorgetragen, die Sowjetunion hätte der Wiedervereinigung ohne diesen sogenannten Restitutionsausschluss nicht zugestimmt. Andere haben dem später widersprochen, darunter sogar Gorbatschow. Eine Rückgabe ist möglich, aber es fehlt der politische Wille.

Hat Deutschland nun wirklich die „volle Souveränität über seine inneren und äußeren Angelegenheiten"? Zum einen gibt es noch immer die Feindstaatenklauseln in der UN-Charta. Demnach sind „Maßnahmen" nicht untersagt, „welche die hierfür verantwortlichen Regierungen als Folge des Zweiten Weltkriegs in Bezug auf einen Staat ergreifen oder genehmigen, der während dieses Krieges Feind eines Unterzeichnerstaats dieser Charta war". Man kann das mit guten Gründen längst für obsolet halten, doch ist diese Regelung weiterhin Bestandteil der Charta der Vereinten Nationen – eine formelle Diskriminierung.

Zum anderen gibt es auch heute noch fortgeltendes Besatzungsrecht. Es handelt sich um Bestimmungen des Überleitungsvertrages aus dem Jahr 1953. In Kraft bleiben alle Maßnahmen, die für „Zwecke der Reparation oder Restitution oder aufgrund des Kriegszustandes" gegen das „deutsche Auslands- oder sonstige Vermögen durchgeführt worden sind". Gegen diese Maßnahmen darf die Bundesrepublik Deutschland keine Einwendungen erheben. Klagen gegen Personen, die aufgrund solcher Maßnahmen Eigentum erworben haben, sowie Klagen gegen internationale Organisationen oder ausländische Regierungen „werden nicht zugelassen". [...]

Der Zwei-plus-Vier-Vertrag war eine diplomatische Meisterleistung. Es ist freilich keinesfalls ausgeschlossen, dass die eine oder andere Frage dereinst wieder für Zündstoff sorgen wird.

Reinhard Müller, Grenzfragen, in: FAZ vom 20. April 2011, Nr. 94, S. 7

---

2. Hypothese: „Die Zustimmung der Bevölkerung zum Vertrag wurde nicht eingeholt"

Konsequenz aus der These: Der Vertrag legitimiert nachträglich die Vertreibung nach 1945
Entkräftung durch weitere Tatsachenfeststellung: Verknüpfung mit Nachbarschaftsverträgen
Beobachtungen, die diese Entkräftung wiederum einschränken

Zuspitzung und Benennung des Problems: „Selbstbestimmungsrecht der Ostdeutschen"

3. Hypothese: „Der Vertrag legitimiert die Enteignungen von 1945 bis 1949"

Argument für dieses These: eine andere Regelung wäre denkbar gewesen. Benennung eines prominenten „Kronzeugen" dafür
Aufgreifen der (unausgesprochenen) Frage von oben: „Ist Deutschland jetzt souverän?"

Gegenargument 1: Feindstaatenklausel

Gegenargument 2: fortgeltendes Besatzungsrecht

In die Zukunft weisende Schlussthese

Konflikt und Konfliktlösung im 20. Jahrhundert

◄ **La bombe.**
Gemälde des isländischen Künstlers Erró (Gudmundur Gudmundsson) von 1977.

Blockbildung/Erste Schritte zur Europäischen Einigung

- **1945** — Im Oktober werden die Vereinten Nationen (UNO) von 51 Staaten gegründet.
- **1945–1948** — Sowjetisierung Ostmitteleuropas. Die USA verstärken ihr Engagement in Westeuropa.
- **1949** — Der Europarat wird gegründet, um Kooperation und Demokratie in Europa zu fördern. Die USA, Kanada und zehn westeuropäische Staaten gründen die NATO.
- **1951** — Die Benelux-Staaten, die Bundesrepublik, Frankreich und Italien gründen die Europäische Gemeinschaft für Kohle und Stahl (EGKS).
- **1950–1953** — Der Korea-Krieg endet mit der Teilung des Landes.
- **1955** — „Vertrag über Freundschaft, Zusammenarbeit und gegenseitigen Beistand" zwischen der Sowjetunion und ihren Satellitenstaaten („Warschauer Pakt").
- **1957** — Die EGKS-Staaten gründen die Europäische Wirtschaftsgemeinschaft (EWG) und die Europäische Atomgemeinschaft (Euratom).

Globale Rivalität

- **1958–1961** — Zweite Berlin-Krise. Berlin wird durch eine Mauer geteilt.
- **1962** — Die Kuba-Krise bringt die Welt an den Abgrund eines Atomkrieges.
- **1965–1975** — Die US-Politik scheitert im Vietnam-Krieg, ganz Vietnam wird kommunistisch.

Entspannung und neue „Eiszeit" im Kalten Krieg/Die EG und die wirtschaftliche Integration

- **1967** — EGKS, EWG und Euratom vereinigen sich zur EG (Europäische Gemeinschaften).
- **1968** — In der ČSSR wird der „Prager Frühling" niedergeschlagen.
- **1973–1986** — Mit dem Beitritt von Großbritannien, Dänemark und Irland sowie von Griechenland, Spanien und Portugal gelingt die Nord- bzw. Süderweiterung der EG.
- **1975** — Erste Konferenz über Sicherheit und Zusammenarbeit in Europa (KSZE).
- **1979** — NATO-Doppelbeschluss zur Nachrüstung von Mittelstreckenraketen in Europa.
- **1986/87** — Abschluss der INF-Verhandlungen in Genf: Abbau von Raketen beschlossen.

Neue Weltordnung/Die EU und die politische Integration

- **1991** — Die Sowjetunion und die Warschauer Vertragsorganisation lösen sich auf.
- **1993** — Der Maastrichter Vertrag begründet die Europäische Union (EU).
- **1999–2007** — Die meisten Staaten Ostmitteleuropas treten der NATO sowie der EU bei.
- **2002** — In elf EU-Staaten löst der Euro als Bargeld die nationalen Währungen ab.
- **2009** — Der Vertrag von Lissabon tritt in Kraft, der die Handlungsfähigkeit der EU stärkt.

Europa zwischen Teilung und Integration Der politische Gegensatz zwischen den Großmächten USA und Sowjetunion wurde während des Zweiten Weltkrieges durch die gemeinsame Frontstellung gegen das nationalsozialistische Deutsche Reich und dessen Verbündete überlagert. Schon wenige Jahre nach dem Sieg über Deutschland verschärfte sich die Rivalität der beiden Mächte. Die Welt schien in zwei gegnerische Lager zu zerfallen (Bipolarität), in den Osten unter Führung der UdSSR und den Westen mit den USA als Vormacht.

Als Reaktion auf die Sowjetisierung Ostmitteleuropas betreiben die Vereinigten Staaten eine Politik der Eindämmung des Kommunismus. Sie gewährten noch nicht kommunistischen Staaten wirtschaftliche, politische und militärische Unterstützung und betreiben die Gründung der NATO im Jahr 1949. Dagegen wurde eine direkte Konfrontation vermieden – nicht zuletzt wegen der atomaren Bewaffnung von USA und UdSSR. Stattdessen bekämpften sich beide Mächte in den Jahrzehnten nach 1945 politisch, weltanschaulich und wirtschaftlich sowie durch Stellvertreterkriege. Das Zeitalter des „Kalten Krieges" prägte die Weltpolitik. Die Trennlinie zwischen Ost und West, der „Eiserne Vorhang", verlief dabei mitten durch Deutschland. Seit ihrer Einbindung in beide Machtblöcke standen sich auch Bundesrepublik und DDR feindlich gegenüber. 1961 wurde der Bau der Mauer quer durch Berlin zum Symbol des Kalten Krieges.

Gleichzeitig prägte der Zusammenschluss von Staaten die Geschichte Westeuropas nach 1945, seit dem weltpolitischen Umbruch von 1989/90 die Geschichte ganz Europas. Bis zum 20. Jahrhundert hatten die europäischen Staaten nicht versucht, sich politisch zusammenzuschließen, doch die Notlage nach Ende des Zweiten Weltkrieges änderte alles. Erste politische Vereinbarungen wurden ab 1949 im Europarat getroffen, dem zunächst zehn Staaten beitraten. Der Europarat hat mit seinen heute 47 Mitgliedern viel für Menschenrechte und Demokratie bewirkt, er blieb jedoch eine intergouvernementale Vereinigung. D. h. die Staaten verhandeln miteinander, haben aber noch keine Souveränitätsrechte abgetreten.

Die erste supranationale Institution, der Hoheitsrechte übertragen wurden, war die 1951 gegründete Europäische Gemeinschaft für Kohle und Stahl (EGKS). Die EGKS traf auf dem Feld der Kohle- und Stahlpolitik Entscheidungen, die für ihre sechs Mitgliedstaaten (Benelux, Bundesrepublik, Frankreich, Italien) rechtsverbindlich waren. Diesem supranationalen Integrationskern wurden andere Wirtschafts-, dann Politikbereiche und weitere Staaten angegliedert. So begründete die EGKS 1957 die Europäische Wirtschaftsgemeinschaft (EWG), die einen gemeinsamen Markt schuf. Nachdem der Binnenmarkt 1993 weitgehend verwirklicht war, setzte sich die wirtschaftliche Integration mit der Osterweiterung der Europäischen Union (EU) fort. Zugleich begründete ein Teil der EU eine Währungsunion, die mit der Einführung des Euro 2002 vollendet war.

▶ Warum kam es nach 1945 zu einer weltweiten Blockbildung und wodurch war diese gekennzeichnet?
▶ Wo lagen die Ursachen für Krisen und Konflikte im Zeichen des Kalten Krieges, wie verliefen diese und wie wurden sie bewältigt?
▶ Welche Rolle spielte die Entwicklung kollektiver Sicherheitssysteme wie der UNO für die Sicherung des Friedens nach 1945?
▶ Welche Entwicklungsstufen kennzeichneten die europäische Integration und wodurch wurde diese vorangetrieben?
▶ Welche Ursachen und Folgen hatte das Ende des Kalten Krieges und welche Möglichkeiten bestanden für die Neuordnung des internationalen Systems nach 1989/1990?

Der Ost-West-Konflikt seit dem Zweiten Weltkrieg

Wettstreit der Visionen Der Ost-West-Konflikt im 20. Jahrhundert war die globale Auseinandersetzung zwischen zwei politischen Weltanschauungen: dem Modell einer liberaldemokratisch und marktwirtschaftlich bestimmten Gesellschaft einerseits und dem einer sozialistischen Staats- und Gesellschaftsordnung nach den Lehren des Marxismus-Leninismus andererseits.

Der Ursprung des Ost-West-Konflikts lag in der russischen Oktoberrevolution von 1917, als die kommunistische Partei unter Wladimir Iljitsch Lenin die Macht in Russland übernahm. An die Stelle des Zarenreichs trat die 1922 gegründete Union der Sozialistischen Sowjetrepubliken (UdSSR). Das Sowjetregime verkündete die Herrschaft der Arbeiterklasse im eigenen Land und ging davon aus, dass sich ihr Gesellschaftsmodell weltweit durchsetzen werde. Seither befürchteten viele Menschen in den Industrieländern, die an der bisherigen Gesellschaftsordnung festhalten wollten oder um ihre Machtgrundlagen bangten, eine sozialistische Revolution.

Demgegenüber wurden vor allem die USA zum Vorreiter des Selbstbestimmungsrechts der Völker, der parlamentarischen Demokratie und eines reformierten Kapitalismus, der auch den sozial Schwachen ein menschenwürdiges Dasein sichern sollte. Dies waren die Antworten des „Westens" auf die Probleme des internationalen Friedens und der Sozialen Frage im Innern der Staaten. Hatten sich die USA nach dem Ende des Ersten Weltkriegs aus der europäischen Politik wieder zurückgezogen, so zwang sie der Zweite Weltkrieg, ihre isolationistische Haltung endgültig aufzugeben. Zusammen mit Großbritannien und der Sowjetunion unter Josef Stalin* bildeten die USA ein Kriegsbündnis gegen ihre Angreifer, das Deutsche Reich (Anti-Hitler-Koalition)** und Japan.

1945 war Europa vom Nationalsozialismus befreit und der Krieg in Ostasien beendet. Die UdSSR trat zwar 1945 den Vereinten Nationen (UNO) bei, die von den USA und Großbritannien zuvor als neue Weltfriedensorganisation gegründet worden war. Dennoch schufen die beiden Weltmächte USA und UdSSR – die übrigen Mächte waren bei Kriegsende entweder geschlagen oder allzu geschwächt – keine gemeinsame Weltfriedensordnung. Vielmehr führten sie die beiden entstehenden feindlichen Machtblöcke an und rangen weltweit um die Erweiterung ihres Einflussbereiches (*Bipolarität*). Sie bekämpften sich in den Jahrzehnten nach 1945 politisch, ideologisch und wirtschaftlich sowie durch **Stellvertreterkriege**, während eine direkte militärische Konfrontation unterblieb. Daher spricht man auch vom „Kalten Krieg"(▶ M1).

Die Anti-Hitler-Koalition zerfällt Angesichts ihrer unvereinbaren macht- und sicherheitspolitischen Interessen konnten sich die beiden Weltmächte nicht über die Probleme der Nachkriegszeit verständigen (▶ M2).

Das Kriegsende in Europa und Ostasien wurde zu einem Wettlauf um die Einflusszonen der Siegermächte. Sowjetische Truppen standen in Berlin sowie im östlichen Teil Deutschlands, nachdem zuvor schon ganz Osteuropa von der Roten Armee besetzt worden war.

▲ „Ja, der hat's gut, der lebt unter einem besseren Himmel."
Karikatur von Karl Holtz, 1946. Titelblatt einer Ausgabe der Satirezeitschrift „Ulenspiegel".
■ Erklären Sie die einzelnen Elemente der Karikatur.

Stellvertreterkrieg: Staaten führen einen militärischen Konflikt nicht unmittelbar gegeneinander, sondern tragen ihn auf externem Gebiet oder gegen eine dritte Macht aus.

* Siehe S. 10.
** Siehe S. 175.

Im Fernen Osten versuchte Stalin erfolglos, nach der Kapitulation Japans (2. September 1945) Einfluss auf die Besetzung und Kontrolle des Landes zu gewinnen. In Korea kam es im Dezember 1945 zur Teilung in einen sowjetisch beherrschten Norden und einen von den Amerikanern kontrollierten Süden. In China, das die USA traditionell zu ihren Verbündeten zählten, flammte 1946 der Bürgerkrieg zwischen den Kommunisten unter Mao Zedong und der Nationalregierung unter *Chiang Kai-shek* wieder auf. Er endete mit der Proklamation der Volksrepublik China durch Mao (1. Oktober 1949).

In Vorderasien weigerte sich die Sowjetunion zunächst, ihre Truppen vereinbarungsgemäß aus dem Iran zurückzuziehen. Außerdem forderte sie Küstengebiete der Türkei sowie die türkischen Meerengen. Die USA antworteten mit der demonstrativen Entsendung ihrer Flotte ins Mittelmeer. Auch die britische Regierung sah ihre Sicherheitsinteressen bedroht: In Griechenland, Ägypten, in der gesamten arabischen Welt, in Indien und in den fernöstlichen Kolonien förderte die Sowjetunion „nationale Befreiungsbewegungen". Ebenso wurde die Unterstützung der kommunistischen Parteien in Frankreich und Italien als Beleg dafür gewertet, dass Stalin das Nachkriegschaos für seine Zwecke nutzen wollte.

Mao Zedong (1893-1976): chinesischer Revolutionär; 1949-1959 erster Staatschef der Volksrepublik China

Die Sowjetisierung Ostmitteleuropas

Entscheidend für das immer schlechter werdende Verhältnis zwischen den Siegermächten war die Sowjetisierung der Staaten Ostmitteleuropas. Im Gegensatz zu den Abmachungen von Jalta ließ die Rote Armee in Polen, Rumänien, Ungarn und Bulgarien keine freie, demokratische Entwicklung zu. Durch Unterdrückung und Einschüchterung der Bevölkerung, durch Schauprozesse und Wahlterror sowie die Zwangsvereinigung der sozialdemokratischen mit den kommunistischen Parteien festigten die Kommunisten in diesen Ländern ihre Alleinherrschaft. Die Kollektivierung der Landwirtschaft sowie die Einbeziehung der zentral gesteuerten Volkswirtschaften in den sowjetischen Wirtschaftsbereich folgten auf dem Fuß. Stalins Gefolgsleute sorgten durch die systematische Entfernung nationaler „Abweichler" dafür, dass der Machtanspruch Moskaus nicht infrage gestellt wurde.

Nach 1945 entwickelten sich die kommunistischen Parteien in jenen Ländern zu Massenparteien in der Hand einer kleinen Gruppe von Aktivisten. Deren bedingungslose Unterordnung unter den Willen Stalins war die Voraussetzung für ihr politisches Überleben. Als letztes Land wurde im Frühjahr 1948 die Tschechoslowakei durch einen kommunistischen Staatsstreich mit sowjetischer Unterstützung in das politisch-ökonomische Herrschaftssystem der UdSSR einbezogen. Nur Jugoslawien unter Tito konnte sich der sowjetischen Kontrolle entziehen. Winston Churchill* sah diese Entwicklung schon früh und prägte 1946 das Wort vom *„Eisernen Vorhang"*, der sich auf Europa herabsenke und den sowjetischen Machtbereich vom Rest der Welt abriegle.

Die USA reagieren: Eindämmung und Wiederaufbau

Die Vereinigten Staaten sahen sich gehalten, auf die Sowjetisierung zu antworten. US-Präsident Harry S. Truman** erhob im März 1947 die „Eindämmung" (*containment*) des Kommunismus und der Sowjetunion zum Grundprinzip seiner Außenpolitik (*Truman-Doktrin* ▶ M3). Als Antwort darauf gründete Stalin Ende September 1947 das Kommunistische Informationsbüro (*Kominform*), das die weltweite Steuerung der kommunistischen Parteien unter

Josip Broz, genannt Tito (1892-1980): Partisanenführer der jugoslawischen Kommunisten im Zweiten Weltkrieg; 1945 Ministerpräsident, 1953-1980 Staatspräsident Jugoslawiens

---

* Siehe S. 10 und S. 200, M1.
** Siehe S. 10.

Ausdehnung des sowjetischen Herrschaftsbereiches in Europa.

George C. Marshall (1880-1959): General im Zweiten Weltkrieg, 1947-1951 US-Außenminister; erhielt 1953 den Friedensnobelpreis

NATO (North Atlantic Treaty Organization): Die Zugehörigkeit verpflichtet nicht zum automatischen militärischen Beistand, sondern stellt die erforderlichen Maßnahmen in das Ermessen jedes Partners. Truppen der NATO wurden nach dem Ende des Kalten Krieges als Krisenreaktionskräfte auch zur Durchsetzung von Resolutionen der UNO eingesetzt.
Die NATO besteht nach wie vor, derzeit gehören ihr 28 Staaten an. Zu den zehn europäischen Gründungsmitgliedern gehören Belgien, Dänemark, Frankreich, Großbritannien, Island, Italien, Luxemburg, Niederlande, Norwegen und Portugal.

Führung der Kommunistischen Partei der Sowjetunion (KPdSU) zur Aufgabe hatte.

Zur Stützung der nichtkommunistischen Länder in Europa rief die US-Regierung im Frühjahr 1948 das Europäische Wiederaufbauprogramm (*European Recovery Program*, ERP) ins Leben, nach seinem Initiator George Marshall auch Marshall-Plan genannt. Der Marshall-Plan bot den kriegszerstörten Ländern Europas wirtschaftliche Hilfe beim Wiederaufbau.* Den Ländern in seinem Machtbereich verbot Stalin die Beteiligung an diesem Programm und bildete stattdessen den Rat für Gegenseitige Wirtschaftshilfe (RGW). Dieser leistete keine Aufbauhilfe in den Mitgliedstaaten.

Die Gründung der NATO Wegen des großen militärischen Übergewichts der Sowjetunion an Landstreitkräften in Europa gaben die britische und französische Regierung den Anstoß zu einem längerfristigen militärischen Engagement der USA in Europa. Nur ein gemeinsames Verteidigungssystem unter Mitwirkung der USA schien Westeuropa gegen die Sowjetunion schützen zu können. Die Berlin-Blockade von 1948/49** verstärkte das Gefühl der Bedrohung im Westen noch weiter.

Am 4. April 1949 gründeten zehn europäische Staaten sowie die USA und Kanada die NATO. Ihre Hauptaufgabe sollte der Schutz sämtlicher Mitglieder gegen einen bewaffneten Angriff sein. Mit der Gründung der NATO gewährten die USA den Staaten Westeuropas dauerhaft militärischen Beistand.

* Siehe S. 19 und S. 26 f.
** Siehe S. 28 f.

Die Sowjetunion hatte dagegen schon seit 1945 bilaterale (zweiseitige) Abkommen über Freundschaft, Zusammenarbeit und gegenseitigen Beistand mit allen Staaten ihres Machtbereichs geschlossen.

Blockbildung in Ost und West Die Teilung Europas, der „Eiserne Vorhang", verlief unterdessen mitten durch das besiegte Deutschland. 1948 waren die Besatzungszonen der USA, Großbritanniens und Frankreichs zu einem gemeinsamen Wirtschaftsraum (Trizone) verschmolzen, im Mai 1949 wurde daraus die Bundesrepublik Deutschland als Staat mit eingeschränkter Souveränität. Im Oktober desselben Jahres erfolgte die Gründung der Deutschen Demokratischen Republik auf dem Boden der Sowjetischen Besatzungszone im Osten Deutschlands. Die DDR wurde wie ihre östlichen Nachbarn ein von der Sowjetunion abhängiger Satellitenstaat.

Als die Bundesrepublik Deutschland 1955 der NATO beitrat, unterzeichneten die UdSSR und ihre Verbündeten in Warschau den *Vertrag über Freundschaft, Zusammenarbeit und gegenseitigen Beistand*. Die beiden deutschen Teilstaaten waren seitdem vollständig in das westliche bzw. östliche Bündnissystem integriert. War die deutsche Teilung durch den Kalten Krieg verursacht worden, so standen sich Bundesrepublik und DDR nun selbst als verfeindete Staaten gegenüber.

„Friedliche Koexistenz" und atomares Gleichgewicht Auf den Tod des Diktators Stalin im Jahr 1953 folgte eine neue Phase der Ost-West-Beziehungen. Der neue sowjetische Staats- und Parteichef Nikita Chruschtschow* verkündete 1956 die Doktrin von der „friedlichen Koexistenz". Die unterschiedlichen Gesellschaftssysteme in Ost und West sollten vorerst nebeneinander bestehen und auf einen Krieg verzichten.

Diese Forderung stand in der Tradition Lenins und Stalins, die ihre revolutionären Ziele nötigenfalls an die Realpolitik angeglichen hatten. Sie war desto dringender, als beide Seiten inzwischen über Nuklearwaffen verfügten. Die USA waren seit 1945 zunächst der einzige Staat gewesen, der Atomwaffen besaß. Im August 1949 war auch der Sowjetunion die Zündung einer Atombombe gelungen. 1955 hatte die Sowjetunion mit den USA bei der Herstellung einer Wasserstoffbombe gleichgezogen. Am 4. Oktober 1957 sandte die Sowjetunion den ersten künstlichen Satelliten („Sputnik") in den Weltraum. Der „Sputnik-Schock" führte der westlichen Öffentlichkeit schlagartig die Fortschritte des Ostblocks bei der Raketentechnik vor Augen. Bald darauf verfügte die Sowjetunion über Raketen, die direkt auf die USA zielen konnten. Die USA hatten ihre atomare Überlegenheit verloren und waren nun auf dem eigenen Territorium angreifbar. Zwischen den Weltmächten trat eine strategische Pattsituation ein.

Die Entwicklung der Raketen als Trägersysteme wurde vor allem durch die Weltraumfahrt vorangetrieben. Der Wettlauf um die Vorherrschaft im Weltraum, der u. a. zur ersten bemannten Mondlandung der Amerikaner am 21. Juli 1969 führte, war ein weiteres Feld, auf dem der Kalte Krieg ausgetragen wurde. Dabei diente der technologische Vorsprung als Indiz für die Überlegenheit des jeweiligen Gesellschaftssystems. Unterdessen wuchs das Atomwaffenarsenal auf beiden Seiten stetig an. Mit den vorhandenen Sprengköpfen konnte die Menschheit mehrfach ausgelöscht werden („overkill capability"). Die Hochrüstung führte zu einem *„Gleichgewicht des Schreckens"*.

Vertrag über Freundschaft, Zusammenarbeit und gegenseitigen Beistand: Militärbündnis, gegründet am 14. Mai 1955; im Westen „Warschauer Pakt" genannt. Ihm gehörten die UdSSR, Albanien (bis 1968), Bulgarien, ČSSR, DDR (bis 1990), Polen, Rumänien und Ungarn an. Ökonomisch waren die Staaten des Ostblocks bereits seit 1949 im Rat für Gegenseitige Wirtschaftshilfe organisiert. Der Vertrag von 1955 wurde am 1. April 1991 aufgelöst.

---

* Siehe S. 81.

M1 Erklärungsversuche zum Kalten Krieg

Der Historiker Bernd Stöver fasst Erklärungsversuche für die Entstehung des Kalten Krieges zusammen:

(1) Nach der *traditionellen Vorstellung*, der frühesten Erklärung, war aus westlicher Sicht für die Entstehung und Forcierung des Kalten Krieges die marxistisch-leninistische Ideologie mit ihrem Anspruch auf die Weltrevolution verant-
5 wortlich. Diese habe die Sowjetunion prinzipiell auf einen aggressiven Kurs gegenüber dem Westen festgelegt. Pragmatische Annäherungen in Entspannungsphasen seien zwar möglich gewesen, nicht jedoch eine Abschwächung des Expansionsdrangs. [...]
10 (2) [*Revisionistische Erklärung*] [...] Als der erste Band der revisionistischen Schule, William A. Williams' *The Tragedy of American Diplomacy*, 1959 erschien, befand sich die Welt nach der nur kurze Zeit zurückliegenden Doppelkrise um Ungarn und Suez[1] mit der Zweiten Berlin-Krise wieder auf
15 Konfrontationskurs. Die Revisionisten [...] unterstrichen ausdrücklich die amerikanische Verantwortung für die Entstehung des Kalten Krieges. Die Sowjetunion sei aus dem Zweiten Weltkrieg geschwächt hervorgegangen und habe dem wirtschaftlich überlegenen Westen, insbesondere den USA
20 und ihrer forcierten „Politik der Offenen Tür"[2], nahezu hilflos gegenübergestanden. Neben der ökonomischen Überlegenheit wurde hier ausdrücklich das amerikanische Atomwaffenmonopol der ersten Nachkriegsjahre als Argument für die amerikanische Verantwortung herangezogen. Stalins
25 Politik sei weniger von imperialen Vorstellungen ausgegangen als von der Bewahrung und Sicherung des bestehenden Staates, der kontinuierlich gefährdet gewesen sei. [...]
(3) Beide Positionen näherten sich seit den Siebzigerjahren in der sogenannten *postrevisionistischen Interpretation* des
30 Kalten Krieges an: Sie geht davon aus, dass gerade die angenommene Bedrohung durch die Gegenseite für die rasante Dynamik der Auseinandersetzung maßgeblich war. Kontinuierlich habe die verfehlte Wahrnehmung falsche Entscheidungen produziert. [...] Tatsächlich können die Postrevisionisten für sich verbuchen, dass vieles, was man nach der Öffnung bisher verschlossener Archive in den Jahren nach 1991 zutage förderte, in die Richtung wies, dass der Verlauf des Kalten Krieges nicht zuletzt durch massive Kommunikationsprobleme gefördert wurde. Gerade sein Ende – etwa der Wandel des Gorbatschow-Bildes im Westen – zeigt deutlich, wie stark die Überwindung von eingefahrenen Perzeptionsmustern[3] zur Beendigung des Kalten Krieges beitrug. Dennoch stießen auch diese Interpretationen auf Kritik. Tatsächlich muss man sich natürlich fragen, ob die Einschätzungen der Gegenseite wirklich so konsequent falsch waren wie
45 unterstellt. Schloss nicht schon der Universalanspruch der beiden Ordnungsentwürfe den jeweils anderen kategorisch aus? Wurde nicht trotz der Abrüstungsverhandlungen alles versucht, das gegnerische System weiterhin zu unterminieren[4], und zwar nicht nur im eigenen Machtbereich, sondern
50 auch an den entlegensten Peripherien des Konflikts? Wo konnte es eine Fehlinterpretation der jeweiligen gegnerischen Vorstellungen bei der gigantischen nuklearen Aufrüstung geben, die schließlich militärisch sinnvoll nicht mehr eingesetzt werden konnte und in der Lage war, nicht nur die
55 gesamte Erdbevölkerung mehrfach zu vernichten, sondern die Erde auf Dauer unbewohnbar zu machen?
Alle drei Antworten auf die Frage, *warum* dieser Konflikt begann und mit aller Härte und vollem Einsatz der Kräfte bis zum Ende geführt wurde, blieben zeitgebundene Teilerklä-
60 rungen. So wie die traditionelle und revisionistische Erklärung jeweils einseitige Schuldzuweisungen unternahmen, schloss der kommunikationstheoretische Ansatz des Postrevisionismus weitgehend die Möglichkeit aus, dass der Kalte Krieg ein klassischer Machtkonflikt war, der nicht aus
65 Versehen oder aufgrund von Verständigungsproblemen, sondern bewusst und kalkuliert in Eskalationen und Deeskalationen geführt wurde, weil er ausgefochten und siegreich beendet werden sollte. Gerade für diese Annahme sprach jedoch immer vieles.
70

Bernd Stöver, Der Kalte Krieg 1947-1991. Geschichte eines radikalen Zeitalters, München 2007, S. 16-19

1. Arbeiten Sie heraus, wie der Westen und der Ostblock den Kalten Krieg erklärten.
2. Erläutern Sie die Feststellung Stövers, die drei Interpretationen seien jeweils „zeitgebundene Teilerklärungen" (Zeile 60f.).
3. Nehmen Sie Stellung zur These Stövers, der Kalte Krieg sei ein „klassischer Machtkonflikt" gewesen (Zeile 65).

---

[1] Ungarn-Krise: 1956 führte in Ungarn ein Volksaufstand zur Abschaffung der kommunistischen Einparteiendiktatur. Die sowjetische Armee beseitigte die neue Regierung und stellte die alten politischen Verhältnisse wieder her.
Suez-Krise: Ägypten hatte 1956 die Kontrolle über den Suezkanal übernommen, der bis dahin für die internationale Schifffahrt geöffnet war. Großbritannien und Frankreich griffen militärisch ein. Die USA und die Sowjetunion erreichten daraufhin den Rückzug der britischen und französischen Truppen.
[2] Politik der Offenen Tür: Sie zielt darauf, dass keinem Land der freie Handel mit einem anderen Land verwehrt werden darf. Geprägt wurde der Begriff Ende des 19. Jahrhunderts im Zeitalter des Imperialismus. Die USA befürchteten damals, beim Wettlauf mit anderen Mächten um Einflusssphären zu unterliegen.
[3] Perzeptionsmuster: Wahrnehmungsmuster
[4] unterminieren: untergraben

M2 „Drahtbericht aus Moskau"

Am 22. Februar 1946 schickt der Berater des US-Botschafters in Moskau, George F. Kennan, ein Telegramm nach Washington, das wesentliche Grundsätze der späteren amerikanischen Außenpolitik enthält:

Die UdSSR lebt immer noch inmitten feindseliger „kapitalistischer Einkreisung", mit der es auf die Dauer keine friedliche Koexistenz geben kann. [...] Die Erfordernisse ihrer eigenen vergangenen und gegenwärtigen Position sind es, die die
5 sowjetische Führung dazu zwingen, ein Dogma zu verkünden, nach dem die Außenwelt böse, feindselig und drohend, aber zugleich von einer schleichenden Krankheit befallen und dazu verurteilt ist, von immer stärker werdenden inneren Kämpfen zerrissen zu werden, bis sie schließlich von einer
10 erstarkenden Macht des Sozialismus den Gnadenstoß erhält und einer neuen und besseren Welt weicht. Diese These liefert den Vorwand für das Anwachsen von Militär und Polizei im russischen Staat, für die Isolierung der russischen Bevölkerung von der Außenwelt und für die ständigen Versuche,
15 die russische Polizeigewalt noch weiter auszuweiten, alles Dinge, die seit je den natürlichen Instinkten russischer Herrscher entsprechen. [...]
Wo es angezeigt und Erfolg versprechend scheint, wird man versuchen, die äußeren Grenzen der Sowjetmacht zu erwei-
20 tern. [...]
Gegenüber Kolonialgebieten und rückständigen oder abhängigen Völkern wird die sowjetische Politik sogar auf amtlicher Ebene das Ziel verfolgen, Macht, Einfluss und Kontakte der hoch entwickelten westlichen Nationen zu schwächen, und
25 zwar unter dem Gesichtspunkt, dass bei einem Erfolg dieser Politik ein Vakuum entstünde, das sowjetisch-kommunistisches Eindringen erleichtern müsste [...].
Alles in allem haben wir es mit einer politischen Kraft zu tun, die sich fanatisch zu dem Glauben bekennt, dass es mit Ame-
30 rika keinen dauernden Modus Vivendi¹ geben kann, dass es wünschenswert und notwendig ist, die innere Harmonie unserer Gesellschaft, unsere traditionellen Lebensgewohnheiten und das internationale Ansehen unseres Staates zu zerstören, um der Sowjetmacht Sicherheit zu verschaffen [...].
35 Sie [die Sowjetunion] arbeitet nicht nach festgelegten Plänen. Sie geht keine unnötigen Risiken ein. Der Logik der Vernunft unzugänglich, ist sie der Logik der Macht in hohem Maße zugänglich. Daher kann sie sich ohne Weiteres zurückziehen – und tut das im Allgemeinen –, wenn sie irgendwo
40 auf starken Widerstand stößt. Wenn also dem Gegner genügend Hilfsmittel zur Verfügung stehen und er die Bereit-

▶ **Demonstration gegen das wegen sowjetischer Atomspionage angeklagte Ehepaar Rosenberg im März 1951.**
Die USA bekämpften die „rote Gefahr" auch im eigenen Land. 1951 befand ein Gericht den Elektroingenieur Julius Rosenberg und seine Frau Ethel für schuldig, im Krieg Atomgeheimnisse an die Sowjetunion weitergegeben zu haben. Beide wurden zum Tode verurteilt und am 19. Juni 1953 hingerichtet. Die Hysterie wurde Anfang der 1950er-Jahre noch durch die „Hexenjagd" des republikanischen Senators Joseph McCarthy gegen vermeintliche Kommunisten in Politik und Öffentlichkeit geschürt („McCarthyismus").

schaft zu erkennen gibt, sie auch einzusetzen, wird er das selten tun müssen. Wenn die Situation richtig gehandhabt wird, braucht es zu keiner das Prestige verletzenden Kraft-
45 probe kommen. [...]
Ich bin überzeugt, dass es in unserem Lande heute viel weniger antisowjetische Hysterie gäbe, wenn unser Volk mit der Situation besser vertraut wäre. Nichts ist so gefährlich oder so schrecklich wie das Unbekannte [...].
50 Viel hängt von der Gesundheit und Kraft unserer eigenen Gesellschaft ab. Der Weltkommunismus ist wie ein bösartiger Parasit, der sich nur von erkranktem Gewebe nährt. Das ist der Punkt, in dem Innen- und Außenpolitik einander begegnen.

George F. Kennan, Memoiren eines Diplomaten, Bd. 1, Stuttgart 1968, S. 553 ff.

1. Arbeiten Sie heraus, worin Kennan den Unterschied zwischen „Logik der Vernunft" und „Logik der Macht" sieht.
2. Vergleichen Sie die im Text skizzierten Bilder, die die UdSSR und die USA voneinander entwerfen.
3. Nennen Sie mögliche außenpolitische Konsequenzen der US-Regierung aus Kennans Analyse.

¹ Modus Vivendi (lat.): Zustand erträglichen Zusammenlebens

▲ „One world?"
Karikatur von Daniel R. Fitzpatrick aus dem „St. Louis Post-Dispatch" vom 12. März 1947.

M3 Die Truman-Doktrin

In seiner Rede vor dem amerikanischen Kongress am 12. März 1947 fordert Präsident Truman die Bereitstellung von 400 Millionen Dollar zur Unterstützung Griechenlands und der Türkei. Dadurch soll verhindert werden, dass kommunistische Kräfte im griechischen Bürgerkrieg die Macht an sich reißen. Truman führt aus:

Eins der ersten Ziele der Außenpolitik der Vereinigten Staaten ist es, Bedingungen zu schaffen, unter denen wir und andere Nationen uns ein Leben aufbauen können, das frei von Zwang ist. Das war ein grundlegender Faktor im Krieg gegen
5 Deutschland und Japan. [...]
In einer Anzahl von Ländern waren den Völkern kürzlich gegen ihren Willen totalitäre Regimes aufgezwungen worden. Die Regierung der Vereinigten Staaten hat mehrfach gegen Zwang und Einschüchterung bei der Verletzung des Jalta-
10 Abkommens in Polen, Rumänien und Bulgarien protestiert. Und weiter muss ich feststellen, dass in einer Anzahl anderer Staaten ähnliche Entwicklungen stattgefunden haben. Im gegenwärtigen Abschnitt der Weltgeschichte muss fast jede Nation ihre Wahl in Bezug auf ihre Lebensweise treffen. Nur
15 allzu oft ist es keine freie Wahl. Die eine Lebensweise gründet sich auf den Willen der Mehrheit und zeichnet sich durch freie Einrichtungen, freie Wahlen, Garantie der individuellen Freiheit, Rede- und Religionsfreiheit und Freiheit vor politischer Unterdrückung aus. Die zweite Lebensweise gründet sich auf den Willen einer Minderheit, der der Mehrheit auf- 20 gezwungen wird. Terror und Unterdrückung, kontrollierte Presse und Rundfunk, fingierte Wahlen und Unterdrückung der persönlichen Freiheiten sind ihre Kennzeichen.
Ich bin der Ansicht, dass es die Politik der Vereinigten Staaten sein muss, die freien Völker zu unterstützen, die sich der 25 Unterwerfung durch bewaffnete Minderheiten oder durch Druck von außen widersetzen. Ich glaube, dass wir den freien Völkern helfen müssen, sich ihr eigenes Geschick nach ihrer eigenen Art zu gestalten. [...]
Die Saat der totalitären Regimes gedeiht in Elend und Man- 30 gel. Sie verbreitet sich und wächst in dem schlechten Boden von Armut und Kampf. Sie wächst sich vollends aus, wenn in einem Volk die Hoffnung auf ein besseres Leben ganz erstirbt. Wir müssen diese Hoffnung am Leben erhalten. Die freien Völker der Erde blicken auf uns und erwarten, dass 35 wir sie in der Erhaltung der Freiheit unterstützen.

Ernst Schräpler und Herbert Michaelis (Hrsg.), Ursachen und Folgen. Vom deutschen Zusammenbruch 1918 und 1945 bis zur staatlichen Neuordnung in der Gegenwart, Bd. 25, Berlin o. J., S. 148 ff.

1. Stellen Sie dar, inwiefern die Rede eine fundamentale Neuorientierung der US-Außenpolitik anzeigt.
2. Die USA müssten nach Truman den freien Völkern helfen, „sich ihr eigenes Geschick nach ihrer eigenen Art zu gestalten" (Zeile 28 f.). Erörtern Sie, inwieweit diese Verpflichtung über den Grundsatz des Selbstbestimmungsrechts der Völker hinausgeht, den die USA bis dahin vertraten.
3. Diskutieren Sie den Anspruch von Großmächten, sich in die Belange „freier Völker" einzumischen.

Krisen und Konflikte im Zeichen des Kalten Krieges

▲ **Massaker in Korea.**
Gemälde des spanischen Künstlers Pablo Picasso (1881–1973) von 1951, das zeigt, wie sehr der Krieg in Korea auch in Europa Beachtung fand.

Von Korea nach Berlin Das militärische Gleichgewicht bewahrte die USA und die Sowjetunion davor, gegeneinander Krieg zu führen. Dennoch hielten zahlreiche Krisen und Konflikte in den 1950er- und 60er-Jahren den Ost-West-Gegensatz wach.

Zwischen 1950 und 1953 kämpften im Korea-Krieg US-Truppen an der Seite Südkoreas gegen nordkoreanische Truppen, die mit Billigung Moskaus von China unterstützt wurden. Der Krieg endete mit einem Waffenstillstand, der die Teilung des Landes bestätigte und die Grenzen von 1945 wiederherstellte. Die Auseinandersetzungen hinterließen ein zerstörtes Land und Millionen von Kriegsopfern.

1953 wurde der *Arbeiter- und Volksaufstand gegen das DDR-Regime* mit dem Einsatz der in Ostdeutschland stationierten Roten Armee beendet. Die Westmächte griffen nicht ein, ebenso wenig wie 1956 beim *Aufstand der Ungarn* gegen das kommunistische Regime, der ebenfalls von den Sowjets niedergeschlagen wurde.

In der *Zweiten Berlin-Krise* 1958–1961 drängte der sowjetische Staats- und Parteichef Chruschtschow auf eine Neuregelung des Status von Berlin. Dabei wollte er den Abzug der westlichen Alliierten erreichen. Beide Seiten konnten sich nicht einigen, auch ein Gipfeltreffen im Juni 1961 blieb erfolglos. Die Welt befürchtete angesichts der sowjetischen Drohungen einen Atomkrieg. Die USA unter Präsident John F. Kennedy lenkten schließlich ein, indem sie lediglich für West-Berlin eine Bestandsgarantie aussprachen. Damit erkannte der Westen auch offiziell die alleinige Vormacht der Sowjetunion über die DDR und Ost-Berlin an. Moskau gab daraufhin der DDR-Führung im August 1961 freie Hand für den Bau der Berliner Mauer. Sie wurde weltweit zum Symbol des Kalten Krieges.

Die Kuba-Krise Das Zurückweichen der USA vor den sowjetischen Drohungen in der Berlin-Krise des Sommers 1961 veranlasste den sowjetischen Staats- und Parteichef Nikita Chruschtschow zur Fortsetzung seines Konfrontationskurses in unmittelbarer Nachbarschaft der amerikanischen Weltmacht. Nie wieder stand die Welt so nah am

Rand eines dritten Weltkrieges wie in den dreizehn Tagen der *Kuba-Krise* vom 16. bis 28. Oktober 1962. Die Ereignisse fielen in den Beginn der Amtszeit von John F. Kennedy. Trotz der massiven Aufrüstung, die der US-Präsident nach seiner Wahl betrieb, war er überzeugt, den Kalten Krieg durch eine wirtschaftliche Stabilisierung der schwachen und für den Kommunismus anfälligen Länder gewinnen zu können. Für die unter amerikanischem Einfluss stehende Karibikinsel Kuba kam diese Politik allerdings zu spät.

Nach einem jahrelangen Guerillakrieg gegen das korrupte Regime des Diktators *Batista* hatte der kommunistische Revolutionär Fidel Castro die Macht in Havanna übernommen. Er erklärte Kuba zu einer sozialistischen Republik, führte eine Bodenreform durch und leitete die Verstaatlichung des gesamten US-Besitzes (Zucker- und Erdöl-Raffinerien, Banken, sonstige Unternehmen) ein. Die USA reagierten darauf mit einem Handelsembargo und dem Abbruch der diplomatischen Beziehungen. Unterstützung fand Castro bei Chruschtschow, der im Sommer 1960 ein Militärabkommen mit Kuba schloss. Der sowjetische Parteichef wollte die Gelegenheit nutzen, um sich in Lateinamerika eine Operationsbasis in der westlichen Hemisphäre zu schaffen. Im April 1961 scheiterte eine von US-Präsident John F. Kennedy geförderte Invasion von Exilkubanern zur Entmachtung Castros, dessen Position dadurch erheblich gestärkt wurde.

Zu diesem Zeitpunkt verfügten die USA und die Sowjetunion über atomare Mittelstreckenraketen, die Nuklearsprengköpfe in wenigen Minuten mehrere tausend Kilometer weit transportieren konnten. Die Vereinigten Staaten besaßen jedoch einen strategischen Vorteil, da sie solche Raketen 1959 in den NATO-Staaten Italien und der Türkei stationiert hatten, von wo aus der Süden der UdSSR ohne wesentliche Vorwarnzeit erreichbar war. Demgegenüber konnte die Sowjetunion das Gebiet der USA nur mit Bombern oder Interkontinentalraketen erreichen, die durch eine ungleich längere Vorwarnzeit Abwehrmaßnahmen zuließen. Chruschtschow wollte nun die Gelegenheit nutzen, um das militärische Gleichgewicht zugunsten der Sowjetunion zu verschieben. Zudem bildete Kuba eine Basis für die Ausbreitung des Kommunismus in Lateinamerika, die er sich sichern wollte. 1961 begann die UdSSR deshalb, heimlich Atomraketen auf Kuba zu stationieren (▶ M1).

Seit Mitte Oktober 1962 hatte die US-Regierung durch Luftaufnahmen ihres Geheimdienstes den Beweis in den Händen, dass auf Kuba sowjetische Mittelstreckenraketen in Stellung gebracht wurden. Die USA waren nun unmittelbar bedroht. Nach mehreren Krisensitzungen ordnete Kennedy eine Seeblockade an, außerdem forderte er Chruschtschow zum sofortigen Abzug der Waffen auf. In einer Fernsehansprache am 22. Oktober 1962 informierte er die Weltöffentlichkeit über die Existenz sowjetischer Raketen auf Kuba und über die Forderung seiner Regierung, diese wieder abzubauen. In einem geheimen Briefwechsel lenkten beide Staatschefs Ende Oktober 1962 schließlich ein. Chruschtschow befahl den Rücktransport der Raketen, während Kennedy auf alle Invasionspläne gegen Kuba verzichtete und die – wenngleich veralteten – US-Raketen in der Türkei abzog (▶ M2).

▲ **Nikita Chruschtschow (rechts) und Fidel Castro bei dessen Moskau-Besuch im Mai 1963.**
Für Chruschtschow war Castro der Hoffnungsträger des Kommunismus der Zukunft. Castros Ziel war es, Kuba endgültig aus dem amerikanischen Machtkreis zu befreien. Er wurde zur weltweiten Symbolfigur des Antiamerikanismus und zum Feindbild für Washington. Dort befürchtete man nun, Kuba könne zum Einfallstor für die Ausdehnung des Kommunismus in Süd- und Mittelamerika werden. Ein US-Präsident nach dem anderen nahm sich vor, Castro zu stürzen; mehrfach versuchte der amerikanische Geheimdienst, ihn zu ermorden.

Fidel Castro (geb. 1926): kubanischer Revolutionsführer und kommunistischer Diktator; von 1959 bis 2008 kubanischer Regierungs- und von 1976 bis 2008 zudem Staatspräsident

▲ **Kinder fliehen nach einem Napalmangriff.**
Foto vom 8. Juni 1972.
Napalm ist ein militärisches Brandmittel, das nur sehr schwer gelöscht werden kann.
■ *Von dem Foto wird oft nur ein Ausschnitt abgebildet, bei dem das nackte Mädchen (Kim Phúc) in den Mittelpunkt rückt. Erläutern Sie, wie sich dadurch die Wirkung des Bildes verändert.*

▲ **Von Napalm verbrannte vietnamesische Frau.**
Foto von 1965.

Krieg in Vietnam Der Vietnam-Krieg war ein Stellvertreterkrieg im Rahmen des Ost-West-Konflikts. Er fiel in eine Phase, in der die Sowjetunion und die USA nach der Kuba-Krise bemüht waren, die militärische und scharfe machtpolitische Konfrontation abzubauen. Das globale Ringen um Einflusszonen aber hörte deshalb nicht auf.

Vietnam war 1954 auf einer internationalen Konferenz geteilt worden. Außerdem waren freie Wahlen beschlossen worden, die jedoch der diktatorisch regierende Präsident Südvietnams verhinderte. Die in Nordvietnam regierenden Kommunisten unterstützten die prokommunistischen Guerillakämpfer (Vietcong) in Südvietnam, die bis 1962 mit brutaler Gewalt einen Großteil der ländlichen Gebiete Südvietnams unter ihre Kontrolle brachten. In Washington fürchtete man, bei einem Sieg des Kommunismus in Südvietnam würden auch die übrigen Staaten Südostasiens einer nach dem anderen unter kommunistische Herrschaft geraten („*Domino-Theorie*"). Daher entsandte die US-Regierung zunächst Waffen und Militärberater, ehe sie im August 1964 unter Präsident *Lyndon B. Johnson* (1908-1973) offiziell in den Krieg eintrat. Der Krieg dauerte elf Jahre, kostete über 58 000 Amerikaner das Leben und konnte nur unter größtem Einsatz der US-Militärmacht beendet werden.

Obwohl die US-Regierung chemische Kampfstoffe, mehr Bomben als im Zweiten Weltkrieg und bald auch mit 543 000 Mann (1968) doppelt so viele Soldaten wie Nordvietnam und der Vietcong einsetzte, gewann sie militärisch nicht die Überhand.

Die Zivilbevölkerung Südvietnams litt unsäglich unter dem Bomben- und Dschungelkrieg. Bilder toter und verstümmelter Menschen gingen um die Welt. Flächenbombardements und chemische Kampfstoffe verwüsteten weite Landstriche. Etwa drei Millionen Vietnamesen kamen um, darunter eine Million Soldaten. Die Berichte in den Medien steigerten die öffentliche Kritik und den Widerstand gegen den Krieg, vor allem in den USA selbst. Waffenstillstandsverhandlungen zogen sich jedoch in die Länge; obwohl bereits 1968 begonnen, wurden sie erst 1973 abgeschlossen. Die US-Truppen zogen sich daraufhin ganz zurück, sodass nordvietnamesische Truppen bis 1975 den Süden erobern konnten. 1976 folgte die Vereinigung zur Sozialistischen Republik Vietnam. Der Schaden für die US-Politik indes war enorm.

Vietcong: Untergrundorganisation aus verschiedenen politischen Gruppen, die 1960 den bewaffneten Kampf gegen die Regierung Südvietnams aufnahm

Alexander Dubček (1921-1992): 1968 Chef der tschechoslowakischen KP; wurde nach dem „Prager Frühling" von der Partei ausgeschlossen, 1989 rehabilitiert und zum Parlamentspräsidenten ernannt

Die gewaltsame Unterdrückung des „Prager Frühlings" Auf der Gegenseite zeigte der Ostblock im *„Prager Frühling"* von 1968 erste Risse. In der Tschechoslowakei versuchte Alexander Dubček Anfang 1968, einen „Kommunismus mit menschlichem Antlitz" einzuführen. So sollten unter anderem die Einparteiendiktatur über alle Bereiche des gesellschaftlichen Lebens aufgehoben und oppositionelle Parteien zugelassen werden. Der Reformkurs wurde von der Bevölkerung begeistert aufgenommen. Der sowjetische Parteichef Leonid Breschnew fürchtete allerdings Auswirkungen auf andere Staaten des Ostblocks und sah die absolute Vorherrschaft seines Landes in Gefahr. Als die tschechoslowakische Regierung trotz aller Einschüchterungsmaßnahmen ihre Demokratisierungspolitik fortsetzte, marschierten Truppen der Warschauer Vertragsorganisation am 20. August 1968 in die ČSSR ein. Die DDR unterstützte die Aktion propagandistisch. Die führenden Köpfe des „Prager Frühlings" wurden verhaftet, die Abhängigkeit der „sozialistischen Bruderrepublik" von Moskau wiederhergestellt.

◀ **Niederschlagung des „Prager Frühlings" in Bratislava.**
Foto vom 21. August 1968.
Im Rahmen des „Prager Frühlings" gab es Massendemonstrationen nicht nur in der tschechoslowakischen Hauptstadt Prag, sondern auch in anderen großen Städten des Landes.
Das Bild entstand nach dem Einmarsch der Truppen der Warschauer Vertragsorganisation in Bratislava. Ein Einzelner stellt sich vor einen sowjetischen Panzer. Er entblößt dabei seine Brust von seinem karierten Handwerkeranzug.

- Oft wurde nur der markierte Ausschnitt gezeigt. Erläutern Sie, wie sich dadurch die Wirkung des Bildes verändert.
- Das Bild wurde zu einem Symbol für die „Macht der Ohnmächtigen". Stellen Sie dar, wodurch der Mann als unterdrückt und hilflos erscheint.
- Erörtern Sie, ob es angemessen ist, die Wirkung von Nachrichtenbildern durch Ausschnitte zu verändern.

Versuche zur Annäherung Der Ost-West-Konflikt ließ freilich auch Raum für Verständigung. Schon nach der Kuba-Krise 1962 hatten das Weiße Haus und der Kreml eine direkte Fernschreiberverbindung („*Heißer Draht*") eingerichtet, die die Kommunikation in Konfliktfällen sicherstellte. Das „Gleichgewicht des Schreckens" hielt nicht nur den militärischen Rüstungswettlauf in Gang, sondern förderte im Laufe der Sechzigerjahre auch die Bereitschaft zu Rüstungskontrollverhandlungen. 1963 wurde das *Atomteststoppabkommen* unterzeichnet, das überirdische Kernwaffentests untersagte, um Mensch und Umwelt vor weiterer radioaktiver Verseuchung zu schützen. 1968 einigten sich die USA, die Sowjetunion, Großbritannien, Frankreich und China auf die Nichtverbreitung von Kernwaffen (*Atomwaffensperrvertrag*). Bis zum Jahr 2006 traten diesem Abkommen 189 Staaten bei.

Zu Beginn der Siebzigerjahre, mit dem Amtsantritt von US-Präsident *Richard Nixon* (1914-1994), standen die Zeichen auf Entspannung. Die Sowjetunion suchte die Kooperation mit Amerika, um das kostspielige Wettrüsten einzuschränken und an der fortschrittlichen Technologie des Westens teilzuhaben. Nicht zuletzt war Bewegung in die Ost-West-Beziehungen geraten, seit sich die USA und China erstmals annäherten.

Vor dem Hintergrund dieser Interessenlage schlossen Washington und Moskau eine Reihe von Verträgen zur Rüstungsbegrenzung und Rüstungskontrolle sowie zum wirtschaftlichen Austausch. Das Klima der Ost-West-Beziehungen schien sich zu bessern, insbesondere in Europa wuchs die Hoffnung auf einen gesicherten Frieden im Rahmen des Status quo.

Von besonderer Bedeutung war der 1972 abgeschlossene SALT-I-Vertrag über die Begrenzung der vorhandenen nuklearen Abwehr- und Angriffssysteme und über die Kontrolle des Rüstungswettlaufs. Der bizarren Logik der Rüstungsstrategen im Atomzeitalter folgend sollte sich aus der erstmals festgeschriebenen gegenseitigen Vergeltungsfähigkeit ein Zugewinn an globaler Sicherheit ergeben. Doch weder die Zahl noch die Zerstörungskraft der atomaren Sprengköpfe wurden festgelegt, und viele Bestimmungen waren bewusst vage gehalten. So war letztlich die Tatsache des Vertragsabschlusses wichtiger als dessen Inhalt. Auch der 1979 von US-Präsident *Jimmy Carter* (geb. 1924) und Breschnew in Wien unterzeichnete *SALT-II-Vertrag* schrieb lediglich eine leicht abgesenkte Obergrenze für die Trägersysteme vor, ließ jedoch die Zahl der nuklearen Sprengköpfe und anderer Waffensystem (U-Boote) für beide Seiten offen.

Ein Höhepunkt der Ost-West-Entspannung war die Konferenz über Sicherheit und Zusammenarbeit in Europa (KSZE), zu der seit 1972 35 Länder zusammengefunden hatten und die am 1. August 1975 mit der Unterzeichnung der sogenannten *Schlussakte von Helsinki* vorläufig endete (▶ M3)*. Die Unterzeichnerstaaten (die USA, Kanada und alle europäischen Länder außer Albanien) gingen damit die politisch-moralische Verpflichtung ein, ihre Beziehungen auf friedlicher Basis unter Verzicht auf Gewaltandrohung, im Rahmen der gegebenen Grenzen und bei Respektierung der Menschenrechte im Inneren zu entwickeln. Die Sowjetunion erhielt mit der Anerkennung der Grenzen in Europa ihren Hegemonialanspruch im Ostblock bestätigt, die Westmächte pochten vor allem auf verbesserte Freizügigkeit für die Menschen im sozialistischen Teil Europas. Seither mussten die kommunistischen Diktaturen Reiseerleichterungen und Familienzusammenführung gewähren und den Austausch von Informationen erleichtern. Auch wenn sie weiter an der Praxis der Verfolgung Andersdenkender festhielten, konnten sie nicht länger verhindern, dass sich Regimekritiker wie Václav Havel in der Tschechoslowakei (Charta '77) oder wie Lech Walesa in Polen (Solidarność)** und später auch in der DDR Bürgerrechtler auf die Prinzipien von Helsinki beriefen. Bereits auf der ersten KSZE-Folgekonferenz in Belgrad (Oktober 1977/März 1978) kam es zum Streit zwischen der Sowjetunion und US-Präsident Carter über die Umsetzung der Menschenrechte – ein Signal für die Krise, in welche die Ost-West-Beziehungen mittlerweile wieder geraten waren.

Rückfall in den Kalten Krieg

Die Annäherung zwischen Ost und West kam Ende der 1970er-Jahre rasch an ihr Ende, als die UdSSR eine neue Phase massiver Aufrüstung einläutete. Mit einer aktuellen Generation von Interkontinentalraketen, zusätzlichen atomgetriebenen U-Booten und den neuen *Mittelstreckenraketen* SS-20 versuchte die Sowjetunion, ihre militärische Position, insbesondere in Europa, zu stärken. Auf Anraten des deutschen Bundeskanzlers Helmut Schmidt einigte sich die NATO im Dezember 1979 auf den sogenannten „Nachrüstungsdoppelbeschluss" (NATO-Doppelbeschluss). Er sah die Aufrüstung im Bereich der Mittelstreckenraketen, zugleich aber Verhandlungen mit der Sowjetunion vor. In der amerikanischen Innen-

SALT: Abkürzung für „Strategic Arms Limitation Talks"

Václav Havel (1936 - 2011): tschechischer Schriftsteller und Bürgerrechtler, 1993 - 2003 Präsident der Tschechischen Republik

Lech Walesa (geb. 1943): polnischer Arbeiterführer und Bürgerrechtler, erhielt 1983 den Friedensnobelpreis, 1990 - 1995 Staatspräsident Polens

---
* Siehe S. 103.
** Siehe S. 119.

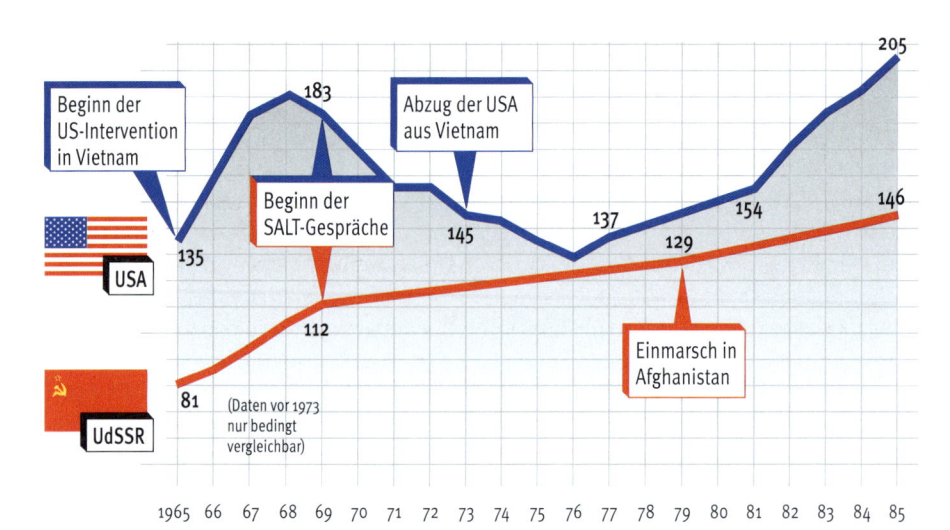

Ausgaben der Supermächte für militärische Zwecke in Mrd. Dollar (in Preisen von 1980).

USA: 135 (1965) – Beginn der US-Intervention in Vietnam – 183 (1968) – Beginn der SALT-Gespräche – 145 – Abzug der USA aus Vietnam – 137 – 154 – 205

UdSSR: 81 (Daten vor 1973 nur bedingt vergleichbar) – 112 – 129 – Einmarsch in Afghanistan – 146

politik gewannen allerdings die Gegner der Entspannung wieder an Einfluss. Den SALT-II-Vertrag von 1979 über weitere Maßnahmen zur Rüstungskontrolle ließ der Senat scheitern, zudem kündigte US-Präsident Carter die Erhöhung des Verteidigungshaushalts ab 1981 an.

Am 27. Dezember 1979 marschierten sowjetische Truppen in Afghanistan ein. Dort sollte die prokommunistische Regierung gegen eine islamisch-fundamentalistische Oppositionsbewegung geschützt werden. Der Westen befürchtete, Moskau werde die Ölvorkommen am Persischen Golf unter seine Kontrolle bringen. Die US-Regierung reagierte mit einer Reihe von Sanktionen (Stopp von Weizenlieferungen und Gütern der Hochtechnologie, Landeverbot für sowjetische Flugzeuge in den USA, Boykott der Olympischen Spiele 1980 in Moskau).

Noch entschiedener setzte seit Anfang 1981 der neue US-Präsident *Ronald Reagan* (1911-2004) auf eine Politik der Stärke gegenüber der Sowjetunion, die er öffentlich als „Reich des Bösen" bezeichnete. Mit einem gigantischen Rüstungsprogramm wollte er die Sowjetunion zu Verhandlungen zwingen (▶ M4). Entwickelt werden sollte dabei auch ein weltraumgestütztes Raketenabwehrsystem (*Strategic Defense Initiative*, SDI), das bald den Spottnamen „Krieg-der-Sterne-Programm" erhielt. Der US-Verteidigungshaushalt wuchs bis 1985 um 60 Prozent auf knapp 287 Milliarden Dollar an. Dieser Kurs, der einen neuen Tiefstand der amerikanisch-sowjetischen Beziehungen markierte (▶ M5), fand die Zustimmung eines Großteils der Amerikaner, die Ronald Reagan im November 1984 ein zweites Mal zum Präsidenten wählten.

◀ **Ohne Worte.**
Karikatur von Horst Haitzinger, April 1982.
- Beschreiben Sie die Karikatur und charakterisieren Sie die Rolle der Beteiligten, wie der Karikaturist sie sieht.

M1 Sowjetische Interessen auf Kuba

Die Historikerin Daniela Spenser fasst die Gründe zusammen, die den sowjetischen Regierungschef Nikita Chruschtschow dazu bewogen haben, ab 1961 Nuklearwaffen auf Kuba zu stationieren:

Als Chruschtschow die Entscheidung traf, Nuklearwaffen auf Kuba zu stationieren, hatte er nicht die Absicht, einen Weltkrieg zu entfesseln. In seinen Memoiren schreibt er: „Wir wollten, dass Kuba revolutionär und sozialistisch bleibt, und wir wussten, dass es dazu Hilfe benötigte [...]. Um den Kubanern gegen die Bedrohung durch die US-Amerikaner beizustehen, hatten wir keine andere Möglichkeit, als unsere Raketen auf der Insel zu stationieren, die aggressiven Kräfte der Vereinigten Staaten vor ein Dilemma zu stellen: Wenn ihr in Kuba einmarschiert, müsst ihr mit einem atomaren Angriff auf eure Städte rechnen." [...]
Chruschtschow glaubte fest an die Überlegenheit der UdSSR über den Westen und den unaufhaltsamen Vormarsch des Kommunismus. Entspannungspolitik zur Stabilisierung der Ost-West-Beziehungen hielt er zwar für ebenso notwendig wie Aufrüstung, doch vor allem meinte er, dass der Sozialismus auf dem Weg sei, die USA militärisch, politisch und ökonomisch zu überholen [...].
Darüber hinaus handelte Chruschtschow in dem Bewusstsein, dass die UdSSR zu einer nuklearen Supermacht geworden war und damit die USA auf militärischer Ebene offenbar eingeholt hätte. Diese veränderte Realität veranlasste ihn, Revolution, Sozialismus und internationale Beziehungen neu zu durchdenken. Wenn die Drohung mit Nuklearwaffen den USA zur Eindämmung des Kommunismus diente, warum sollte sie dann nicht umgekehrt der Sowjetunion dazu dienen, den US-Imperialismus einzudämmen, befreundete Staaten in der kolonialen Welt vor der Bedrohung mit einem Atomkrieg zu schützen und den Kapitalismus zum Rückzug zu zwingen? Mittels atomarer Aufrüstung wollte Chruschtschow erreichen, dass die USA die UdSSR als ebenbürtigen weltpolitischen Gegenspieler anerkannten; der nukleare Gleichstand sollte die Sowjetunion in den Stand versetzen, nationale Befreiungsbewegungen vor Interventionen der USA und der europäischen Kolonialmächte zu schützen.

Daniela Spenser, Die Kubakrise 1962 und ihre Folgen für das kubanisch-sowjetische Verhältnis, in: Bernd Greiner, Christian Th. Müller und Dierk Walter (Hrsg.), Krisen im Kalten Krieg. Studien zum Kalten Krieg, Bd. 2, Bonn 2009, S. 298 f.

1. Fassen Sie Chruschtschows Motive zusammen.
2. Bewerten Sie Chruschtschows Aussage im Gesamtkontext. Berücksichtigen Sie, dass es sich um persönliche Erinnerungen handelt.

M2 Krisenmanagement um Kuba

Als die UdSSR ihre Mittelstreckenraketen auf Kuba in Stellung bringt, verhängen die USA eine Seeblockade. Daraufhin schreibt der sowjetische Staatschef Chruschtschow am 26. Oktober 1962 an US-Präsident Kennedy:

Wie können Sie [...] diese völlig falsche Interpretation geben, die Sie jetzt verbreiten, dass einige Waffen in Kuba Offensivwaffen sind, wie Sie sagen? Alle Waffen dort – das versichere ich Ihnen – sind defensiver Art; sie sind ausschließlich zu Verteidigungszwecken in Kuba gedacht, und wir haben sie auf Bitten der kubanischen Regierung nach Kuba entsandt. Und Sie behaupten, es seien Offensivwaffen. [...]
Sie haben nun piratenhafte Maßnahmen der Art angekündigt, die man im Mittelalter praktiziert hat, als man Schiffe überfiel, die internationale Gewässer befuhren; und Sie haben das eine „Quarantäne" um Kuba genannt. Unsere Schiffe werden wahrscheinlich bald die Zone erreichen, in der Ihre Kriegsmarine patrouilliert. Ich versichere Ihnen, dass die Schiffe, die gegenwärtig nach Kuba unterwegs sind, die harmlosesten, friedlichsten Ladungen an Bord haben. [...]
Lassen Sie uns deshalb vernünftig sein, Herr Präsident. Ich versichere Ihnen, dass die Schiffe, die nach Kuba unterwegs sind, keinerlei Rüstungsgüter an Bord haben. Die Waffen, die zur Verteidigung Kubas notwendig sind, sind bereits dort. Ich will nicht behaupten, dass es überhaupt keine Waffenlieferungen gegeben hat. Nein, es hat solche Lieferungen gegeben. Aber nun hat Kuba die notwendigen Verteidigungswaffen bereits erhalten. [...]
Wenn der Präsident und die Regierung der Vereinigten Staaten zusichern würden, dass die Vereinigten Staaten sich selbst nicht an einem Angriff auf Kuba beteiligen werden und andere von einem solchen Vorgehen abhalten; wenn Sie Ihre Kriegsmarine zurückrufen würden – das würde sofort alles ändern. Ich spreche nicht für Fidel Castro, aber ich glaube, er und die Regierung Kubas würden vermutlich eine Demobilisierung verkünden und würden das kubanische Volk aufrufen, ihre friedliche Arbeit aufzunehmen. Dann würde sich auch die Frage der Waffen erübrigen; denn wo keine Bedrohung ist, stellen Waffen für jedes Volk nur eine Belastung dar. [...]
Lassen Sie uns deshalb staatsmännische Klugheit beweisen. Ich schlage vor: Wir erklären unsererseits, dass unsere Schiffe mit Kurs auf Kuba keine Waffen an Bord haben. Sie erklären, dass die Vereinigten Staaten weder mit eigenen Truppen eine Invasion in Kuba durchführen werden noch andere Truppen unterstützen werden, die eine Invasion in Kuba planen könnten. Damit hätte sich die Präsenz unserer Militärexperten in Kuba erübrigt.

Kennedys Antwort vom 27. Oktober 1962:

Sehr geehrter Herr Vorsitzender,
ich [...] begrüße Ihre Absichtserklärung, eine sofortige Lösung des Problems anzustreben. Was jedoch als Erstes getan werden muss, ist, die Arbeit an den offensiven Raketenstützpunkten in Kuba einzustellen und alle Waffensysteme in Kuba, die sich offensiv einsetzen lassen, zu entschärfen, und dies unter angemessenen Vorkehrungen der Vereinten Nationen.
[...] Wie ich Ihren Brief verstanden habe, enthalten Ihre Vorschläge [...] folgende Schlüsselelemente:
1) Sie würden sich bereit erklären, diese Waffensysteme unter angemessener Beobachtung und Überwachung der Vereinten Nationen abzuziehen, und sich verpflichten, geeignete Sicherheitsvorkehrungen vorausgesetzt, die weitere Einfuhr solcher Waffensysteme nach Kuba zu unterbinden.
2) Wir unsererseits würden uns bereit erklären – nachdem die Vereinten Nationen geeignete Vorkehrungen getroffen haben, die Erfüllung und Einhaltung dieser Verpflichtungen sicherzustellen –,
a) die Quarantäne-Anordnungen, die derzeit gelten, umgehend aufzuheben; und
b) Garantien gegen eine Invasion Kubas zu geben. Ich bin zuversichtlich, dass andere Länder der westlichen Hemisphäre bereit wären, das Gleiche zu tun.
Wenn Sie Ihren Vertretern entsprechende Anweisungen erteilen, gibt es keinen Grund, weshalb wir nicht in der Lage sein sollten, diese Vereinbarungen innerhalb einiger Tage zustande zu bringen und sie der Welt bekannt zu geben. Die Wirkung, die eine solche Klärung für den Abbau der Spannungen in der Welt hätte, würde es uns ermöglichen, auf eine umfassendere Vereinbarung über „andere Rüstungen" hinzuarbeiten, wie Sie es in Ihrem zweiten Brief vorschlagen, den Sie veröffentlicht haben. Ich möchte noch einmal erklären, dass die Vereinigten Staaten sehr daran interessiert sind, die Spannungen abzubauen und den Rüstungswettlauf zu beenden; und sollte Ihr Brief signalisieren, dass Sie bereit sind, Gespräche über eine Entspannung bezüglich der NATO und des Warschauer Paktes zu führen, sind wir gerne bereit, mit unseren Verbündeten über jeden sachdienlichen Vorschlag nachzudenken. Doch der erste wesentliche Schritt – lassen Sie mich dies betonen – ist die Einstellung der Arbeiten an den Raketenstützpunkten in Kuba und das Einleiten von Maßnahmen, diese Waffen zu entschärfen, und zwar unter wirksamen internationalen Garantien.

Bernd Greiner, Kuba-Krise. 13 Tage im Oktober, Nördlingen 1988, S. 319 ff. und 382 f.

1. *Nennen Sie die Formulierungen, mit denen die sowjetische Seite ein Nachgeben andeutet.*
2. *Arbeiten Sie heraus, welche Strategien US-Präsident Kennedy verfolgt, um die Situation zu entschärfen.*

◄ „O.k., Mr. President, wir reden miteinander."
Karikatur aus der britischen Zeitung „Daily Mail" von 1962. Das „H" auf den Bomben ist das Zeichen für Wasserstoff. Links Chruschtschow, rechts Kennedy.

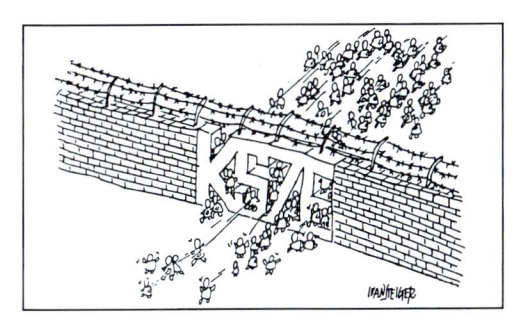

▲ „Helsinki und die Folgen."
Karikatur aus dem „Deutschen Allgemeinen Sonntagsblatt" vom 19. Oktober 1975.

M3 KSZE-Schlussakte von Helsinki

Die Schlussakte vom 1. August 1975 stellt ausdrücklich kein völkerrechtlich verbindliches Abkommen, sondern eine Absichtserklärung dar:

I. Souveräne Gleichheit, Achtung der der Souveränität innewohnenden Rechte
Die Teilnehmerstaaten werden gegenseitig ihre souveräne Gleichheit und Individualität sowie alle ihrer Souveränität innewohnenden und von ihr umschlossenen Rechte achten, einschließlich insbesondere des Rechtes eines jeden Staates auf rechtliche Gleichheit, auf territoriale Integrität sowie auf Freiheit und politische Unabhängigkeit. Sie werden ebenfalls das Recht jedes anderen Teilnehmerstaates achten, sein politisches, soziales, wirtschaftliches und kulturelles System frei zu wählen und zu entwickeln sowie sein Recht, seine Gesetze und Verordnungen zu bestimmen. [...]
II. Enthaltung von der Androhung oder Anwendung von Gewalt
Die Teilnehmerstaaten werden sich in ihren gegenseitigen Beziehungen sowie in ihren internationalen Beziehungen im Allgemeinen der Androhung oder Anwendung von Gewalt, die gegen die territoriale Integrität oder politische Unabhängigkeit irgendeines Staates gerichtet oder auf irgendeine andere Weise mit den Zielen der Vereinten Nationen und mit der vorliegenden Erklärung unvereinbar ist, enthalten. [...]
III. Unverletzlichkeit der Grenzen
Die Teilnehmerstaaten betrachten gegenseitig alle ihre Grenzen sowie die Grenzen aller Staaten in Europa als unverletzlich und werden deshalb jetzt und in der Zukunft keinen Anschlag auf diese Grenzen verüben. [...]
V. Friedliche Regelung von Streitfällen
Die Teilnehmerstaaten werden Streitfälle zwischen ihnen mit friedlichen Mitteln auf solche Weise regeln, dass der internationale Frieden und die internationale Sicherheit sowie die Gerechtigkeit nicht gefährdet werden. [...]
VI. Nichteinmischung in innere Angelegenheiten
Die Teilnehmerstaaten werden sich ungeachtet ihrer gegenseitigen Beziehungen jeder direkten oder indirekten, individuellen oder kollektiven Einmischung in die inneren oder äußeren Angelegenheiten enthalten, die in die innerstaatliche Zuständigkeit eines anderen Teilnehmerstaates fallen. [...]
VII. Achtung der Menschenrechte und Grundfreiheiten
Die Teilnehmerstaaten werden die Menschenrechte und Grundfreiheiten, einschließlich der Gedanken-, Gewissens-, Religions- oder Überzeugungsfreiheit für alle ohne Unterschied der Rasse, des Geschlechts, der Sprache oder der Religion achten.

Helmut Krause und Karlheinz Reif (Bearb.), Die Welt seit 1945 (Geschichte in Quellen, Bd. 6), München 1980, S. 691ff.

1. Stellen Sie gegenüber: Welche Teile des Dokuments entsprechen vorwiegend den sowjetischen, welche den westlichen Interessen?

2. Begründen Sie, warum die KSZE-Schlussakte große Bedeutung für die Oppositionsbewegung in den osteuropäischen Staaten hatte.

M4 Ronald Reagan und die Politik der Stärke

US-Präsident Ronald Reagan rechtfertigt im Januar 1984 seine Politik in einer Fernsehansprache:

Die Geschichte lehrt uns, dass Kriege beginnen, wenn Regierungen glauben, dass der Preis einer Aggression niedrig ist. Um den Frieden zu erhalten, müssen wir und unsere Verbündeten stark genug sein, jeden potenziellen Aggressor überzeugen zu können, dass Krieg keinen Vorteil, sondern nur die Katastrophe bringen würde. [...]
Die Abschreckung ist von entscheidender Bedeutung für die Erhaltung des Friedens und den Schutz unserer Lebensform, aber die Abschreckung ist nicht Anfang und Ende unserer Politik gegenüber der Sowjetunion. Wir müssen und werden die Sowjets in einen Dialog einbinden, der so ernsthaft und konstruktiv wie möglich ist und der der Förderung des Friedens in den Unruhegebieten der Welt dienen, den Stand der Rüstungen verringern und ein konstruktives Arbeitsverhältnis schaffen wird. [...] Stärke und Dialog gehen Hand in Hand.

Europa-Archiv, 39. Jahrgang (1984), S. D 109ff.

Untersuchen Sie, weshalb die außen- und militärpolitische Strategie Reagans unter den NATO-Mitgliedern umstritten war.

M5 Fieberkurve der Ost-West-Beziehungen

Die Schärfe der Konfrontation und der Grad der Entspannung werden von dem Politikwissenschaftler Karl Dietrich Bracher in eine Skala von −10 bis +10 eingeteilt. Im Mittelpunkt seiner Wertungen stehen die amerikanisch-sowjetischen Beziehungen:

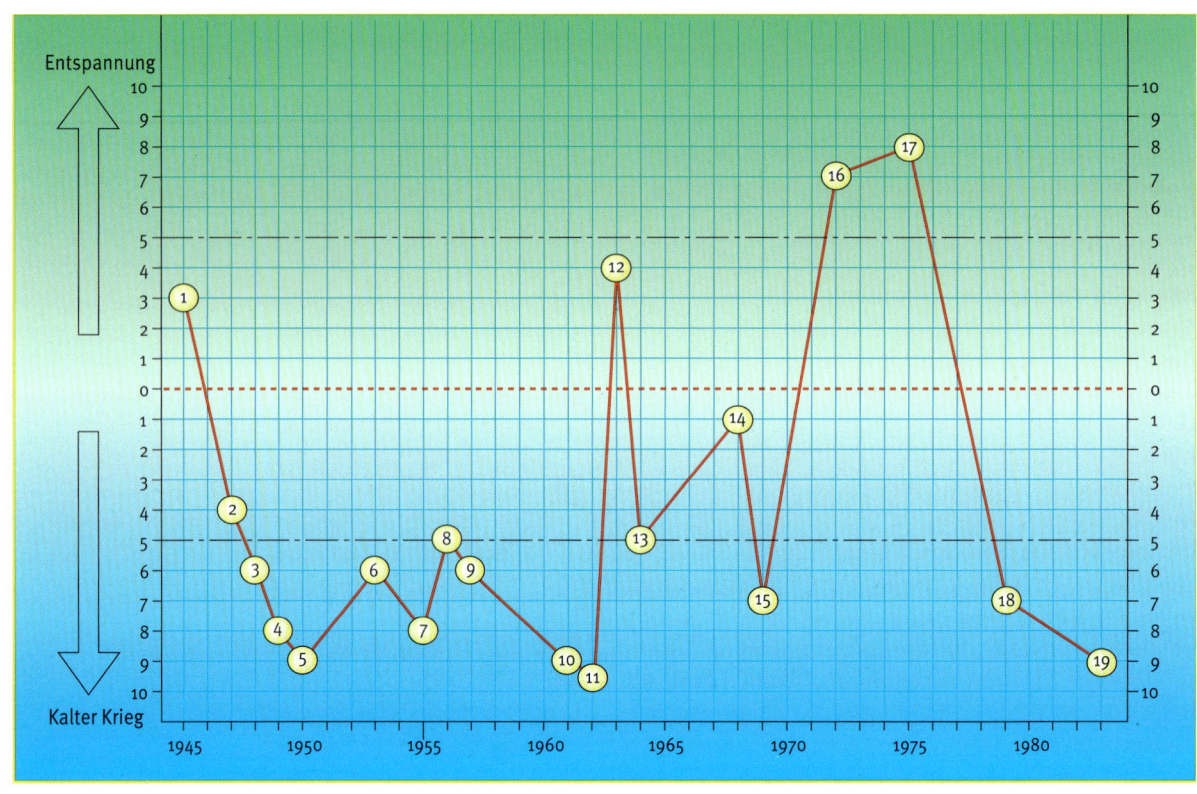

Nr.	Jahr	Ereignis
1	1945	Ende des Zweiten Weltkrieges; Gründung der UNO
2	1947	Truman-Doktrin; Marshall-Plan; Zwei-Lager-Theorie
3	1948	Kommunistischer Umsturz in der Tschechoslowakei; Beginn der sowjetischen Blockade Berlins
4	1949	Gründung der NATO; kommunistische Staatsgründungen in China und der DDR
5	1950	Ausbruch des Korea-Krieges
6	1953	Tod Stalins; Volksaufstand in der DDR; Waffenstillstand in Korea
7	1955	Bundesrepublik wird NATO-Mitglied; Gründung der Warschauer Vertragsorganisation
8	1956	Aufstände in Polen und Ungarn; Suez-Krise[1]
9	1957	„Sputnik"-Erfolg der Sowjetunion
10	1961	Bau der Berliner Mauer
11	1962	Kuba-Krise
12	1963	Vertrag über den Stopp von Atomtests; „Heißer Draht" zwischen der amerikanischen und sowjetischen Führung
13	1964	Die USA erhöhen ihren militärischen Einsatz in Vietnam
14	1968	Kernwaffensperrvertrag; Ende des „Prager Frühlings"
15	1969	Mondlandung der Amerikaner
16	1972	SALT-I-Abkommen begrenzt die Zahl nuklearer Angriffswaffen zwischen den USA und der UdSSR
17	1975	Schlussakte der KSZE in Helsinki
18	1979	NATO-Doppelbeschluss; sowjetischer Einmarsch in Afghanistan
19	1983	Abbruch aller Rüstungskontrollverhandlungen

1. Erläutern Sie den Verlauf der Ost-West-Beziehungen.
2. Bewerten Sie, ob der Verlauf der „Kurve" zutreffend ist.
3. Führen Sie die Grafik für die Zeit bis 1991 weiter.

[1] Suez-Krise: auch Sinai-Krieg genannt; siehe S. 218, Anm. 1

Reden sind rhetorische Texte, die auf eine bestimmte Situation eingehen, welche der Redner im eigenen Sinne beeinflussen will. Dabei steht der Appell an die Zuhörer im Vordergrund. Bei der Beschäftigung mit historischen Themen begegnet uns hauptsächlich die politische Rede, die ein Politiker hält, um für sich, sein Programm oder ein Vorhaben zu werben, Gegner zu kritisieren oder um Ereignisse und Personen zu würdigen.

Reden als gesprochene Geschichte

Politische Reden interpretieren

Reden sind für uns in Zeitung, Rundfunk, Fernsehen und digitalen Medien, aber auch in Geschichtsbüchern etwas Alltägliches. Wenn wir sie im Druckbild vor uns haben, vergessen wir leicht, dass es sich hierbei nicht um „normale" schriftliche, sondern mündlich vorgetragene Quellen handelt. Nicht umsonst heißt es bei im Vorabdruck veröffentlichten Reden ausdrücklich: „Es gilt das gesprochene Wort", denn: „Rede ist nicht Schreibe!"

Anders als alle anderen schriftlich fixierten Texte wurden und werden politische Reden für einen bestimmten Anlass, Ort und Adressatenkreis mit einer bestimmten Wirkungsabsicht verfasst und gehalten. Neben Inhalt und rhetorischen Stilmitteln beeinflussen Mimik und Gestik des Redners, die Redesituation und die Atmosphäre die Wirkung auf die Zuhörer. Auch wenn diese Faktoren nur in Ton- oder Bilddokumenten nachvollzogen werden können, darf ihre Wirkung für die Gesamtbewertung aber auch in nur schriftlich vorliegenden Reden nicht außer Acht gelassen werden. Bei der Analyse und Interpretation einer (politischen) Rede sind deshalb mehrere Ebenen zu berücksichtigen:

Formale Kennzeichen
- Wer ist der Redner und welche Funktion hat er?
- Was ist über seine politische Haltung oder seine Weltanschauung bekannt?
- Wann, wo und aus welchem Anlass wurde die Rede gehalten?

Inhalt und Stil
- Was ist Thema und Inhalt der Rede?
- Wie ist die Rede aufgebaut? Welche Merkmale kennzeichnen sie (Länge, Argumentation, Sprach- und Wortwahl, Stil, Umgangs- oder Hochsprache)?
- Wie wird der Vortrag gehalten (freier Vortrag oder abgelesen, Stimme, Tonfall, Tempo, Lautstärke, Körpersprache)?

Historischer Kontext
- Welchen Zeitraum, welches Ereignis oder welche Person behandelt die Rede?
- In welchem Bezug steht der Redner zum Thema?
- Wie ist die Redesituation und Atmosphäre (Art und Anlass der Veranstaltung, besonderer Redeort, Publikum, Rundfunk- oder Fernsehaufzeichnung)?

Intention und Wirkung
- An wen wendet sich der Redner?
- Welche Absichten verfolgt er?
- Welche Wirkung hatte die Rede auf Zuhörer, Zeitgenossen und spätere Leser/Zuhörer?

Einordnung und Bewertung
- Wie lässt sich die Rede in den historischen Kontext einordnen und bewerten?
- Welchen Einfluss hatte die Rede auf die Situation oder Entwicklung?

Lösungsvorschlag für die Analyse

John F. Kennedy: Amtsantrittsrede vom 20. Januar 1961 (Ausschnitte)

Anrede in Tradition früherer Amtsantrittsreden	Meine Mitbürger,
Überhöhung des Redeanlasses; Signalwort „wir"	wir feiern heute nicht den Sieg einer Partei, sondern wir begehen eine Feier der Freiheit – die sowohl ein Ende als auch einen Anfang symbolisiert, die sowohl eine Erneuerung als auch eine Veränderung bedeutet, denn ich habe vor Ihnen und dem allmächtigen Gott den gleichen feierlichen Eid geschworen, den unsere Vorväter vor beinahe eindreiviertel Jahrhunderten vorgeschrieben haben. [...]
Anspielung auf atomares Wettrüsten; Appell/Dialogangebot an Sowjetunion	Und schließlich möchten wir an all jene Nationen, die sich selbst zu unserem Gegner erklären wollen, nicht ein Versprechen, sondern ein dringendes Ersuchen richten: dass beide Seiten erneut mit der Suche nach dem Frieden beginnen mögen, bevor die dunklen Mächte der Zerstörung, die von der Wissenschaft entfesselt worden sind, die ganze Menschheit in geplanter oder zufälliger Selbstvernichtung verschlingen.
Politisches Ziel: Überwindung des „Missile Gap" durch atomares Patt	Wir werden sie nicht durch Schwäche in Versuchung führen. Denn nur, wenn die Stärke unserer Waffen über jeden Zweifel erhaben ist, können wir ganz sicher ausschließen, dass sie jemals angewandt werden. [...]
Anapher „Lasst uns" als Appell an Solidarität und gemeinsame Verantwortung	Lasst uns auf beiden Seiten zum ersten Mal ernsthafte und präzise Vorschläge für die Inspektion und Kontrolle der Rüstungen formulieren – und die absolute Macht, andere Nationen zu vernichten, unter die absolute Kontrolle anderer Nationen bringen.
Aufbruch in Weltraum („New Frontier") als Reaktion auf „Sputnik-Schock"	Lasst uns von beiden Seiten zusammenkommen, um die Wunder der Wissenschaft anstatt ihre Schrecken zu erwecken. Lasst uns gemeinsam die Sterne erforschen, die Wüsten erobern, die Krankheiten ausrotten, die Tiefen des Ozeans ausmessen und die Künste und den Handel fördern. [...]
Vision einer neuen Weltordnung	Und wenn in dem Dschungel des Argwohns ein Brückenkopf der Zusammenarbeit errichtet werden kann, dann lasst uns von beiden Seiten zu der nächsten Aufgabe zusammenkommen: der Schaffung nicht eines neuen Gleichgewichts der Kräfte, sondern einer neuen Welt des Rechtes und des Gesetzes, in der die Starken gerecht und die Schwachen sicher sind und der Friede für immer erhalten bleibt. [...]
Traditioneller, mit Pathos verbundener Appell an Nation und ihre Geschichte	In Ihren Händen, meine Mitbürger, wird noch viel mehr als in den meinigen der letztliche Erfolg oder Fehlschlag unseres Kurses liegen. Seit dieser Staat gegründet wurde, ist jede Generation aufgerufen gewesen, Zeugnis ihrer nationalen Loyalität abzulegen. Die Gräber junger Amerikaner, die diesem Ruf nachgekommen sind, sind auf dem ganzen Erdball verstreut. [...]
Anspielung auf Roosevelts „Vier-Freiheiten-Rede"	In der langen Geschichte dieser Welt ist es nur wenigen Generationen vergönnt gewesen, die Rolle der Verteidigung der Freiheit in der Stunde ihrer höchsten Gefahr zu spielen. Ich schrecke vor dieser Aufgabe nicht zurück – ich begrüße sie. [...]
Historischer, viel zitierter Satz: Aufruf zur Übernahme persönlicher Verantwortung für Bestehen der globalen Herausforderungen; Adressaten nicht nur Nation, sondern Weltöffentlichkeit	Und so, meine amerikanischen Mitbürger: Fragt nicht, was euer Land für euch tun wird – fragt, was ihr für euer Land tun könnt. Meine Mitbürger in der Welt: Fragt nicht, was Amerika für euch tun wird, sondern fragt, was wir zusammen für die Freiheit des Menschen tun können. Und schließlich, ob ihr Bürger Amerikas oder der Welt seid, verlangt von uns das gleiche hohe Maß an Stärke und Opferbereitschaft, das wir von euch verlangen werden. Mit einem guten Gewissen als einzigen sicheren Lohn, mit der Geschichte als dem letztlichen Richter unserer Taten lasst uns die Aufgabe in Angriff nehmen, das Land zu führen, das wir lieben, um seinen Segen und um seine Hilfe bitten – in dem Wissen aber, dass hier auf der Erde unser Werk wahrhaft Gottes Werk sein muss.
Abschließender Appell für den Erfolg der amerikanischen „Mission" (Sendungsbewusstsein)	

Herbert Schambeck, Helmut Widder und Marcus Bergmann (Hrsg.), Dokumente zur Geschichte der Vereinigten Staaten von Amerika, Berlin ²2007, S. 547-551

Formale Kennzeichen In den Präsidentschaftswahlen von 1960 konnte sich der demokratische Senator aus Massachusetts John F. Kennedy knapp gegen den langjährigen republikanischen Vizepräsidenten Richard Nixon durchsetzen. Am 20. Januar 1961 wurde Kennedy als jüngster gewählter US-Präsident vor dem Kongressgebäude in Washington feierlich in sein Amt eingeführt. Im Anschluss an seine Vereidigung hielt er wie jeder neue Präsident eine Amtsantrittsrede, die er mit seinem Redenschreiber Theodore C. Sorensen formuliert hatte.

Inhalt und Stil Kennedys Antrittsrede ist eindeutig auf die Außenpolitik zugeschnitten. Der Präsident warnt vor der drohenden Gefahr einer Vernichtung durch Nuklearwaffen. Seinen ersten Appell richtet er an die Sowjetunion und ihre Verbündeten, gemeinsam mit der „Suche nach dem Frieden" zu beginnen. Sicherheit vor einem gegnerischen Atomschlag garantiere jedoch nur ein atomares Patt, das Kennedy durch weitere Aufrüstung erreichen will. Er vermittelt ein Bild der USA, die in einem – durch seinen Amtsantritt eingeläuteten – neuen Abschnitt der Weltgeschichte aus einer Position der Stärke heraus dem Gegner die Hand zu Verhandlungen ausstrecken und für die Vision einer von Frieden, Freiheit und Fortschritt erfüllten Weltordnung eintreten. Die Rede ist mit etwa 14 Minuten relativ kurz. Kennedy spricht pointiert und in knappen, verständlichen Sätzen, die er durch kurze Pausen zusätzlich unterteilt. Die Rede zeichnet sich nicht durch Argumente oder konkrete Vorschläge, sondern durch plakative Bilder, pathetische Aussagen, Signalwörter und emotionale Aufrufe aus. Wiederholt appelliert Kennedy nicht nur an die Opferbereitschaft und Verantwortung der eigenen Nation, sondern an die „Mitbürger der Welt", was den Anspruch der USA auf ihre Rolle als Weltordnungsmacht unterstreicht.

Historischer Kontext Bei Kennedys Amtsantritt wurde die Außenpolitik besonders vom Rüstungswettlauf zwischen Ost und West geprägt. Im Mai 1961 umkreiste der sowjetische Kosmonaut Juri Gagarin als erster Mensch die Erde. Die Sowjetunion eröffnete damit nicht nur das Zeitalter der bemannten Raumfahrt, sondern auch die Weltraumrüstung. Erstmals war eine atomare Bedrohung der USA aus dem All durch sowjetische Raketen denkbar. Schon im Wahlkampf bemühte Kennedy den Mythos der „New Frontier", die er nun auf den Weltraum richtete. Kennedys Amtsantrittsrede war Teil einer vierstündigen Zeremonie, an der mehrere tausend Zuschauer teilnahmen. Die Rede wurde in Rundfunk und Fernsehen weltweit direkt übertragen.

Intention und Wirkung Die Rede hat auf die Zeitgenossen der westlichen Welt, besonders die junge Generation, einen großen Eindruck gemacht und bei vielen ihr Ziel erreicht, die Hoffnung auf eine bessere, friedlichere Zukunft zu bestärken und die Nation auf ihren Zusammenhalt einzuschwören. Jedoch mag Kennedys mitunter apokalyptischer Unterton sowie die eingeforderten weitreichenden Verpflichtungen gegenüber Volk und Verbündeten manche Zuhörer verschreckt haben.

Einordnung und Bewertung Kennedys Amtsantrittsrede gehört zu den berühmtesten politischen Reden. Besonders die Worte „Fragt nicht, was euer Land für euch tun wird – fragt, was ihr für euer Land tun könnt" sind bis heute populär. Sie leiteten eine neue Phase des politischen Aktivismus in den USA ein. Ein Beitrag zur Entspannung oder gar Lösung des Kalten Krieges war die Rede jedoch nicht. Kennedys Dialogangebot wurde von der Sowjetunion nicht als Zeichen der Stärke, sondern als Schwäche aufgefasst. Es kam zu keiner Annäherung. Im Gegenteil: Im August 1961 wurde unter sowjetischer Aufsicht die Berliner Mauer errichtet, im November desselben Jahres ordnete Kennedy eine Verstärkung des amerikanischen Engagements in Südvietnam an, und 1962 drohte der Kalte Krieg in der Kuba-Krise zu eskalieren.

Das Ende der Bipolarität

Wende in der Sowjetunion Im Rüstungswettlauf mit der überlegenen amerikanischen Wirtschaftsmacht konnte die Sowjetunion nicht mithalten. Sie hatte stets wesentlich mehr Mittel in den Militärsektor gelenkt als ihre Volkswirtschaft verkraften konnte. Eine schwere Schädigung der Leistungskraft und Innovationsfähigkeit der sowjetischen Volkswirtschaft war die Folge. Der Lebensstandard der Bevölkerung sank immer weiter ab – teilweise unter das Niveau der Zarenzeit.

Der Wendepunkt kam mit Michail Gorbatschow, dem neuen Generalsekretär der KPdSU seit März 1985. Mit einer Politik der „Offenheit" (*Glasnost*) und der „Umgestaltung" (*Perestroika*) versuchte er, der ökonomischen Krise seines Landes Herr zu werden. Gorbatschows Reformen im Innern wollten den Sozialismus keineswegs abschaffen, sondern ihn menschlicher und leistungsfähiger machen. Er ordnete Wahlen zum *Kongress der Volksdeputierten* an (März 1989). Erstmals seit 1917 konnten die Bürger zwischen mehreren Kandidaten frei und geheim entscheiden. Im März 1990 wurde Gorbatschow in das neu geschaffene Amt eines Präsidenten der UdSSR gewählt. Die Freiheit zur öffentlichen Kritik an den Missständen im Land und an der Kommunistischen Partei entwickelte nun eine Dynamik, die das Machtmonopol der KPdSU binnen Kurzem beendete.

▲ **Titelblatt des Time-Magazine vom 1. Januar 1990.**
Gorbatschow wird als „Man of the Decade" (Mann des Jahrzehnts) gefeiert.

INF-Vertrag (intermediate range nuclear forces): Abkommen der Supermächte über die Beseitigung aller Mittelstreckenraketen mit einer Reichweite zwischen 500 und 5500 km

Abkehr von der Weltmachtpolitik Auch in der Außenpolitik verkündete Gorbatschow seit 1985 ein „neues Denken". Es führte zu einem völligen Bruch mit der bisherigen Militär- und Sicherheitspolitik der Sowjetunion. Gorbatschow machte eine Reihe von Vorschlägen zur Beendigung des Wettrüstens, betonte den Gedanken der „gemeinsamen Sicherheit" und forderte die einvernehmliche Ausgestaltung des „europäischen Hauses".

Innerhalb weniger Jahre wandelten sich die sowjetisch-amerikanischen Beziehungen tief greifend. Nach mehreren Gipfeltreffen Gorbatschows mit US-Präsident Reagan unterzeichneten beide in Washington am 8. Dezember 1987 den **INF-Vertrag**. Erstmals wurde ein wirklicher Abrüstungserfolg erzielt. Die Sowjetunion musste 1500, die USA 500 Systeme verschrotten. Moskau stellte zudem seine Unterstützung sozialistischer Regime in der Karibik, in Afrika und Asien ein (1986), zog seine Streitkräfte aus Afghanistan ab (1988/89) und kündigte vor der UNO einseitige Truppenverringerungen an (1989). Der wichtigste Schritt war jedoch die Anerkennung der nationalen Unabhängigkeit der bisherigen Ostblockstaaten (1987/88). Der neuen sowjetischen Führung war es ernst mit ihrem Wunsch, ihr Land politisch und wirtschaftlich in die Weltgemeinschaft zu integrieren.

Erfolgreiche Abrüstungsverhandlungen Nach dem Sieg der Reformkräfte in den Staaten des Ostblocks unterzeichneten die NATO-Staaten und die Staaten der Warschauer Vertragsorganisation am 19. November 1990 anlässlich der KSZE-Folgekonferenz in Paris den *Vertrag über konventionelle Streitkräfte in Europa* (KSE-Vertrag). Vereinbart wurden ein drastischer Waffenabbau sowie ein detailliertes Überprüfungssystem. Außerdem wurden für die einzelnen Regionen zwischen Atlantik und Ural verbindliche Rüstungsobergrenzen festgelegt.

Im Juli 1991 einigten sich die Sowjetunion und die USA nach neunjähriger Verhandlungszeit auf eine Reduzierung ihrer interkontinentalen Atomraketen um knapp 40 Prozent (START-I-Vertrag). Einen weiteren einschneidenden Abbau der atomaren Vernichtungswaffen sollte schließlich der im Januar 1993 unterzeichnete START-II-Vertrag bringen, der die Beseitigung von etwa zwei Dritteln aller Nuklearwaffen bis zum Jahr 2003 festschrieb. Damit wäre in etwa der Stand der späten Fünfzigerjahre wieder erreicht worden. Allerdings trat der Vertrag nicht in Kraft.

So wurde der Rüstungswettlauf zwischen den beiden Supermächten und ihren Verbündeten beendet – die logische Konsequenz des in der *Charta von Paris für ein neues Europa* am 21. November 1991 von 34 Staats- und Regierungschefs feierlich verkündeten Endes der Feindschaft zwischen Ost und West. Die Ära des Ost-West-Konflikts war zu Ende (▶ M2).

START: Abkürzung für „Strategic Arms Reduction Talks"

Von der Sowjetunion zur Gemeinschaft Unabhängiger Staaten

In der Sowjetunion verstand es Gorbatschow zunächst virtuos, sich an die Spitze der inneren Demokratisierungsprozesse zu stellen und dafür auch den Beifall der gebannt zuschauenden westlichen Öffentlichkeit zu erhalten. Allerdings verfügte er über kein Konzept für den dringend notwendigen Umbau der sowjetischen Planwirtschaft.

Der Zerfall des Landes war nicht länger aufzuhalten. Zahlreiche Sowjetrepubliken, darunter die baltischen Staaten, die Ukraine und Moldawien, lösten sich von Moskau. Die Kommunistische Partei wurde verboten. Am 21. Dezember 1991 gründeten 15 nunmehr unabhängige Republiken die *Gemeinschaft Unabhängiger Staaten* (GUS) und erklärten die UdSSR für aufgelöst. Russland als bedeutendstes Mitglied der GUS übernahm deren Sitz in der UNO. Fünf Tage später trat Gorbatschow als Präsident der Sowjetunion zurück (▶ M1).

▲ **Das Ende der Sowjetunion.** Titelbild des „Spiegel", 2. September 1991.

Der Ostblock löst sich auf

Die von Moskau ausgehenden Reformanstöße ab Mitte der 1980er-Jahre stärkten auch die oppositionellen *Bürgerrechtsbewegungen* in den Mitgliedstaaten der Warschauer Vertragsorganisation. Als die sowjetische Außenpolitik ab 1989 die Entwicklung wieder bremsen wollte, war es bereits zu spät: Das Ende der kommunistischen Parteidiktaturen war nicht mehr aufzuhalten. Vorreiter waren Polen und Ungarn, wo unter Mitwirkung kommunistischer Reformkräfte 1989 bzw. 1990 freie Wahlen stattfanden. Auch die DDR, die Tschechoslowakei, Bulgarien, Rumänien und Albanien befreiten sich meist friedlich von ihren kommunistischen Regierungen. Die DDR löste sich auf, und die aus ihr gebildeten fünf ostdeutschen Länder traten am 3. Oktober 1990 der Bundesrepublik Deutschland bei. Im Juni und Juli 1991 wurden der Rat für Gegenseitige Wirtschaftshilfe (RGW) und das Militärbündnis der Warschauer Vertragsorganisation aufgelöst. Seit 1999 sind Polen, Ungarn und die Tschechische Republik, seit 2004 die baltischen Staaten, Bulgarien, Rumänien, die Slowakei und Slowenien Mitglieder der NATO und seit 2004 bzw. 2007 auch Mitglieder der Europäischen Union. Sie und weitere Länder Ostmitteleuropas unternahmen in den 1990er-Jahren erhebliche Anstrengungen beim Aufbau von Rechtsstaat, Demokratie und Marktwirtschaft sowie der Schaffung einer sich in Parteien, freien Verbänden und Gewerkschaften organisierenden Bürgergesellschaft.

Baltische Staaten: Estland, Lettland und Litauen, seit 1918 unabhängig, 1940 von der Sowjetunion annektiert. 1991 erklärten sie ihre Unabhängigkeit und traten aus dem Staatsverband der UdSSR aus.

M1 Das Ende der Sowjetunion

Der anhaltende Demokratisierungsprozess in der Sowjetunion lässt Anfang der 1990er-Jahre nicht mehr darüber hinwegtäuschen, dass das Land vor enormen Problemen steht. Die beharrenden Kräfte erweisen sich stärker als das geforderte „neue Denken". Im August 1991 putscht eine Gruppe orthodox-kommunistischer Politiker, die strikt gegen Gorbatschows Reformen ist, gegen den amtierenden Staatschef. Unter Federführung des sowjetischen Geheimdienstes KGB setzen die Verschwörer den Präsidenten gefangen und verhängen den Ausnahmezustand über das Land. Doch schon nach zwei Tagen geben die Putschisten auf. Mittlerweile ist die Versorgungslage der Bevölkerung jedoch so schlecht, dass auch Streiks und Demonstrationen zunehmend für Unruhe im Land sorgen. Der Widerstand der Bevölkerung wird von Boris Jelzin (1931 - 2007) angeführt, dem kurz zuvor gewählten Präsidenten der Russischen Föderation, dem Kernland der Sowjetunion. Nach unruhigen Monaten tritt Gorbatschow am 25. Dezember 1991, einen Tag nach seiner Abschiedsrede, schließlich zurück. In der Rede heißt es:

Das Schicksal hat es so gefügt, dass es sich bereits bei meiner Amtsübernahme zeigte, dass es im Land Probleme gab. Gott hat uns viel geschenkt: Land, Erdöl, Gas und andere Naturreichtümer. Und auch viele talentierte und kluge Menschen.
5 Und dabei leben unsere Menschen schlechter als in den anderen entwickelten Ländern. Wir bleiben sogar immer weiter hinter ihnen zurück. Der Grund dafür war schon zu sehen – die Gesellschaft befand sich in der Schlinge eines bürokratischen Kommandosystems. Die Gesellschaft musste der Ideologie
10 dienen und dabei die furchtbare Last des Wettrüstens tragen. [...] Alle Versuche von halbherzigen Reformen [...] scheiterten nacheinander. Das Land verlor immer mehr an Perspektive. So konnte man nicht weiterleben. Es musste alles grundlegend verändert werden. [...]
15 Mir war klar, dass die Einleitung von solchen großen Reformen in einer solchen Gesellschaft wie der unseren eine äußerst schwere und auch in bestimmter Hinsicht eine riskante Sache ist. Und auch heute bin ich noch von der historischen Richtigkeit der demokratischen Reformen überzeugt, die im Frühjahr
20 1985 eingeleitet wurden.
Der Prozess der Erneuerung des Landes und der grundlegenden Veränderungen in der Weltgemeinschaft hat sich komplizierter erwiesen, als man voraussagen konnte. Trotzdem muss man das Vollbrachte gebührend einschätzen. Die Ge-
25 sellschaft wurde frei. Und das in politischer und geistiger Hinsicht. Und das ist die größte Errungenschaft. [...] Es wurde ein totalitäres System beseitigt, das ein weiteres Aufblühen und Wohlergehen des Landes verhinderte. Es wurde ein Durchbruch zu demokratischen Veränderungen vollzogen.

30 Freie Wahlen, eine freie Presse, Religionsfreiheit, wirkliche Machtorgane und ein Mehrparteiensystem wurden zur Realität. Die Menschenrechte wurden als oberstes Prinzip anerkannt. Es wurde mit dem Übergang zu einer vielseitigen Wirtschaft begonnen. Alle Formen des Eigentums werden als
35 gleichberechtigt anerkannt, im Rahmen der Bodenreform ist die Bauernschaft wiedererstanden. Farmen wurden gegründet, Millionen Hektar Land werden an Land- und Stadtbewohner übergeben. Die wirtschaftliche Freiheit des Produzenten wurde gesetzlich verankert. Das Unternehmertum,
40 die Gründung von Aktiengesellschaften und die Privatisierung gewannen immer mehr an Kraft. Es muss daran erinnert werden, dass der Übergang zur Marktwirtschaft im Interesse des Menschen erfolgt. [...]
Wir leben in einer anderen Welt: Der „Kalte Krieg" ist vorbei.
45 Das Wettrüsten wurde gestoppt. Die wahnsinnige Militarisierung unseres Landes, die unsere Wirtschaft, das gesellschaftliche Bewusstsein und die Moral zugrunde richtete, wurde beendet. Die Gefahr eines Weltkrieges wurde beseitigt. [...] Wir öffneten uns der Welt und verzichteten auf die Einmi-
50 schung in fremde Angelegenheiten sowie auf den Einsatz von Truppen außerhalb unseres Landes. Und man antwortete uns mit Vertrauen, Solidarität und Respekt. Wir wurden zu einer der wichtigsten Stützen bei der Umgestaltung der modernen Zivilisation auf friedlicher und demokratischer Basis. Die Völker
55 und Nationen haben die reale Freiheit erhalten, den Weg ihrer Entwicklung selbst zu bestimmen. Die Suche nach einer demokratischen Reformierung unseres Vielvölkerstaates führte uns an die Schwelle eines neuen Unionsvertrages.
Ich möchte von ganzem Herzen all jenen danken, die in all
60 diesen Jahren mit mir für die gerechte und gute Sache eingetreten sind. Sicherlich war eine Reihe von Fehlern vermeidbar. Vieles hätte man besser machen können. Aber ich bin überzeugt, dass unsere Völker in einer aufblühenden und demokratischen Gesellschaft leben werden.

Zitiert nach: Die Sowjetunion 1953-1991, hrsg. von der Bundeszentrale für politische Bildung (Informationen zur politischen Bildung, Heft 236), Bonn 1992, S. 38

---

1. *Arbeiten Sie heraus, welche schwierigen Bedingungen und Probleme in der Sowjetunion Gorbatschow nennt.*

2. *Fassen Sie die Kritikpunkte Gorbatschows am Zustand der Sowjetunion zusammen. Welche innen- und außenpolitischen Ziele und Grundsätze verfolgten die Reformen?*

3. *Prüfen Sie, ob sich aus dieser Bilanz neue politische Visionen ableiten lassen.*

4. *Leiten Sie ab, welche Kritikpunkte an Gorbatschows Kurs aus marxistisch-leninistischer Sicht vorgebracht werden können.*

M2 „Wir sind nicht länger mehr Gegner"

Anfang 1992 unterzeichnen der amerikanische Präsident George Bush und der russische Präsident Jelzin eine gemeinsame Erklärung:

Zum Abschluss dieses historischen Treffens zwischen einem amerikanischen Präsidenten und dem Präsidenten eines neuen und demokratischen Russland stimmen wir – die Führer von zwei großen Völkern und Nationen – überein, dass eine Reihe von Prinzipien die Beziehungen zwischen Russland und Amerika leiten sollten:
Erstens, dass Russland und die Vereinigten Staaten sich nicht länger als potenzielle Gegner betrachten. Von heute an wird ihre Beziehung durch Freundschaft und Partnerschaft charakterisiert sein, die auf gegenseitigem Vertrauen und Respekt und einer gemeinsamen Verpflichtung zu Demokratie und wirtschaftlicher Freiheit beruht.
Zweitens, dass wir daran arbeiten werden, irgendwelche Überreste von Kalter-Kriegs-Feindseligkeit zu beseitigen, eingeschlossen Schritte zur Verringerung unserer strategischen Arsenale.
Drittens, dass wir alles in unserer Macht Stehende tun werden, um gegenseitiges Wohlbefinden unserer Völker zu fördern und die Bindungen so weit als möglich auszubauen, die unsere Völker jetzt vereinen. Offenheit und Toleranz sollten das Markenzeichen der Beziehungen zwischen unseren Völkern und Regierungen sein.
Viertens, dass wir aktiv freien Handel, Investitionen und wirtschaftliche Zusammenarbeit zwischen unseren beiden Ländern fördern.
Fünftens, dass wir jede Anstrengung unternehmen, die Förderung der von uns geteilten Werte der Demokratie, der Herrschaft des Rechts, der Respektierung der Menschenrechte einschließlich der Rechte von Minderheiten, der Respektierung von Grenzen und der friedlichen Veränderung weltweit zu unterstützen.
Sechstens, dass wir aktiv zusammenarbeiten, – die Ausbreitung von Massenvernichtungswaffen und dazugehöriger Technologie zu verhindern und die Ausbreitung von konventionellen Waffen auf der Grundlage von zu vereinbarenden Prinzipien zu beschränken; – regionale Konflikte friedlich beizulegen und – Terrorismus entgegenzutreten, Rauschgifthandel zu stoppen und der Umweltschädigung vorzubeugen.
Mit der Annahme dieser Prinzipien beginnen die Vereinigten Staaten und Russland heute eine neue Ära in ihren Beziehungen. In dieser neuen Ära streben wir nach Frieden, einem anhaltenden Frieden, der auf dauerhaften gemeinsamen Werten beruht. Dies kann ein Zeitalter von Frieden und Freundschaft sein, das nicht nur unseren Völkern, sondern Völkern in der ganzen Welt Hoffnung bringt. Denn während unser Konflikt die Welt für Generationen teilen half, können wir nun, in Zusammenarbeit mit anderen und zwischen uns, die Welt durch unsere Freundschaft vereinigen – eine neue Allianz von Partnern, die gegen die gemeinsamen Gefahren arbeitet, vor denen wir stehen.

Süddeutsche Zeitung vom 3. Februar 1992, S. 27

▲ **Gipfeltreffen.**
Foto vom 30. Juli 1991.
Der russische Präsident Boris Jelzin (l.), der sowjetische Staatspräsident Michail Gorbatschow (m.) und US-Präsident George H. W. Bush (r.) unterhalten sich auf einem Empfang zu Ehren des US-Präsidentenpaares während des Gipfeltreffens zur Unterzeichnung des START-I-Vertrags in Moskau.

1. Nennen Sie die wichtigsten Gründe für das Ende des Kalten Krieges zwischen den beiden Weltmächten.
2. Analysieren Sie, ob sich in der Erklärung überwiegend westliche Vorstellungen finden.
3. Gegenwärtig bedrohen neue Konflikte den Frieden in Europa und in der Welt. Benennen Sie dafür die Ursachen. Beurteilen Sie, inwiefern eine Verständigung zwischen den USA und Russland wirksam ist gegen diese Gefahren für den Frieden.

Der Weg zur europäischen Integration

Europainitiativen in der Nachkriegszeit Winston Churchill, bis 1945 Premierminister Großbritanniens, setzte nach Ende des Zweiten Weltkrieges ein erstes wichtiges Signal für die europäische Integration, indem er in seiner berühmten Züricher Rede (1946) eine „Struktur der Vereinigten Staaten von Europa" entwarf (▶ M1). Frankreich und Deutschland sollten den Kern bilden, dabei alle großen und kleinen Nationen politisches Gewicht haben und friedlich den Wiederaufbau des Kontinents leisten.

Der Appell Churchills fand zunächst keine Resonanz in der Politik, beflügelte aber die Initiativen und privaten Vereinigungen in vielen Nationen. Sie propagierten eine europäische Föderation. Die nun erwachende Europabewegung forderte anders als Churchill, die Staaten sollten auf zentrale Souveränitätsrechte verzichten. Auf einem *Europa-Kongress* in Den Haag, der im Mai 1948 etwa tausend Delegierte aus Parlamenten, Verbänden und Kirchen von 19 Staaten zusammenführte, wurden die Europakonzeptionen vorgetragen. Diese hätten zu einem Souveränitätsverlust der föderierten Staaten geführt. Der Kongress, ein Höhepunkt der Europabewegung in der Nachkriegszeit, beschäftigte Rundfunk und Presse. Die Politik musste reagieren.

Den Visionen wurden durch die Realität enge Grenzen gesetzt. Kein maßgebender Politiker trat dafür ein, die Souveränität seines Staates einzuschränken. Unter diesen Voraussetzungen gründeten zehn Staaten 1949 den Europarat. Er war die erste politische Organisation Europas, die freilich nur allgemeine Fragen des Kontinents beriet. Eine „Versammlung" des Europarats unter dem Vorsitz Graf *Coudenhove-Kalergis* erarbeitete 1951 den „Entwurf einer europäischen Bundesverfassung", der die „Vereinigten Staaten von Europa" vorbereiten sollte. Er hatte aber praktisch keine Folgen.

Die wichtigsten Herausforderungen waren die Bedrohungen des Kalten Krieges und der wirtschaftliche Wiederaufbau. Die unumgängliche Wirtschaftskooperation konnte der Europarat nicht organisieren. Den entscheidenden Impuls, um die westeuropäischen Staaten in Wirtschaftsfragen an einen Tisch zu bringen, gab der Marshall-Plan.* Nach seinen Vorgaben stellten die USA für die Wirtschaft Mittel zur Verfügung, die von den Europäern selbst untereinander verteilt wurden. Seit 1948 bestand dafür die *Organisation für Europäische Wirtschaftliche Zusammenarbeit* (OEEC).

Bis 1949 existierten als europäische Einrichtungen folglich der Europarat und die OEEC. Sie berieten über europäische Fragen und verteilten die Gelder aus dem Marshall-Plan. Dabei trafen die Verhandlungspartner gemeinsame Entscheidungen. Eigene Rechte gegenüber den Mitgliedstaaten hatten weder der Europarat noch die OEEC.

Die historischen Grundlagen des Einigungsprozesses Um den wirtschaftlichen Wiederaufbau Europas einzuleiten, wurde mit der OEEC 1948 eine erste wirtschaftliche Hilfsorganisation für die Staaten des alten Kontinents gegründet. Die Wirtschaft sollte zur treibenden Kraft der Integration werden. Unmittelbar nach 1950 war allerdings noch offen, ob nicht doch ein Zusammenschluss auf politischer Ebene vorrangig sein sollte.

Die folgenden *historischen Grundlagen* bestimmten um 1950 den Einigungsprozess:
1. Politisch herrschte der Wunsch vor, dauerhaft Frieden herzustellen.
2. Daraus folgte, dass die europäischen Völker den Nationalismus eindämmen mussten, der sie in zwei Weltkriege gestürzt hatte. Weltanschaulich hatten die führenden

---

Europarat: 1949 als erste europäische Staatenorganisation gegründet. Er sieht seine Aufgabe vorwiegend in der Förderung der Demokratie und dem Schutz der Menschenrechte. Von den über 200 von ihm verabschiedeten Abkommen und Konventionen ist die bedeutendste die Europäische Menschenrechtskonvention (1950). Der Europarat zählt mittlerweile 47 Mitglieder. Er ist keine Institution der EU.

OEEC (Organization for European Economic Cooperation): 1948 gegründete Organisation; Mitglieder waren 16 (später 18) Teilnehmerstaaten. Die OEEC koordinierte den Wiederaufbau und förderte die wirtschaftliche und politische Zusammenarbeit Europas.
Nachfolgeorganisation ist seit 1960 die OECD (Organization for Economic Cooperation and Development), die sich nicht mehr auf Europa beschränkt. Sie berät und informiert zu Wirtschaft und Bildung.

---

* Siehe S. 19 und 26 f.

Nachkriegspolitiker, die den Einigungsprozess Europas in Gang brachten, jetzt eine andere Plattform: das Christentum.
3. Das drängende Problem nach dem Krieg war die wirtschaftliche Not, die noch einmal in der Geschichte Europas Hungerkrisen auslöste. Die Wirtschaft aufzubauen und den Lebensstandard zu heben, erzeugte kurz- und mittelfristig den größten Handlungsdruck.
4. Eine Lösung konnte nicht national, sondern nur im internationalen, freien Personen- und Warenverkehr gesucht werden.
5. Die langfristige Perspektive der Akteure war die machtpolitische Aufwertung Europas. Die Einigung sollte bewirken, dass Europa in der Weltpolitik wieder Gewicht hatte.

Diese Grundlagen wirken im Einigungsprozess Europas größtenteils bis heute. Umstritten war, auf welcher Grundlage gemeinsame Vereinbarungen getroffen werden sollten. Staaten, die möglichst wenig Hoheitsrechte abgeben wollten, bevorzugten die Verständigung zwischen den nationalen Regierungen. Man nannte das die *intergouvernementale* Ebene. Die Anhänger einer *supranationalen* Einigung hingegen wollten, dass die Einzelstaaten möglichst viele Hoheitsrechte an gemeinsame europäische Organe abgaben, die dann für alle entschieden. Die Auseinandersetzung um die unterschiedlichen Lösungen zieht sich durch die Geschichte der europäischen Gemeinschaften.

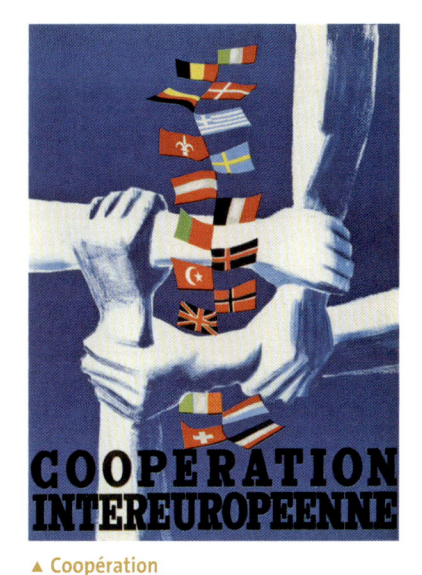

▲ **Coopération Intereuropéenne.**
Plakat, 1950.
Das Plakat entstand im Rahmen eines Wettbewerbs des European Recovery Program („Marshall-Plan").

Begründung und Gründerväter der europäischen Einigung Die politische Einigung, wie sie beispielsweise Churchills Plan von den „Vereinigten Staaten von Europa" vorsah, schien nach 1945 angesichts der Spaltung in Ost und West die wünschenswerte Option. Denn das westliche Europa sah sich von der sowjetischen Militärmacht bedroht und vom Schutz der amerikanischen Truppen abhängig. Der 1949 ins Leben gerufene Europarat konnte nur in sehr beschränktem Ausmaß Wirkung entfalten.

Zum *Integrationskern* wurde aber letztendlich die *wirtschaftliche Kooperation*. Im Mai 1950 veröffentlichte der französische Außenminister Robert Schuman den Plan, die Stahl- und Kohleproduktion in Frankreich und der Bundesrepublik Deutschland einer übernationalen Behörde zu unterstellen. Dieser Organisation sollten andere europäische Staaten beitreten können (▶ M2).

Schuman sowie sein Mitarbeiter Jean Monnet, der Architekt des Plans, beendeten damit die Politik, Deutschland dauerhaft zu schwächen. Gegen die USA, die nach Beginn des Kalten Krieges die Bundesrepublik als starken Verbündeten wollten, war dies ohnehin nicht durchzusetzen. Stattdessen suchte Frankreich die Kooperation, auch um von der deutschen Montanindustrie* zu profitieren und sie zugleich zu kontrollieren. Die französische Stahlindustrie war angewiesen auf Kohle aus Deutschland. Monnet schrieb, wenn man „bei uns die Furcht vor einer deutschen industriellen Vorherrschaft beseitigen könnte", sei „das größte Hindernis für die Einigung Europas weggeräumt". Der Nutzen für Frankreich deckte sich mit dem Gewinn für Europa. Die Verweigerung Großbritanniens gegenüber einer wirtschaftlichen Kooperation mit Frankreich sowie das Drängen der USA, Deutschland auf europäischer Ebene einzubinden, begünstigten den Plan.

Diese Politik musste aber auf alte Feindbilder verzichten. Sie ergab sich aus der Erfahrung zweier Weltkriege und der Einsicht, dass alles für eine westeuropäische Kooperation sprach. Neben Schuman gelten zwei weitere Persönlichkeiten als Gründerväter der europäischen Einigung: Bundeskanzler Konrad Adenauer hegte als Rhein-

Robert Schuman (1886-1963): französischer Politiker; geboren im damals deutschen Reichsprotektorat Elsass-Lothringen; besaß bis 1918 die deutsche Staatsbürgerschaft, danach die französische. Der Christdemokrat war 1948 bis 1952 französischer Außenminister und setzte sich früh für eine Aussöhnung mit Deutschland ein.

Jean Monnet (1888-1979): französischer Unternehmer; 1946-1950 Leiter des französischen Planungsamtes; enger Mitarbeiter des französischen Außenministers Schuman

---
* Montanindustrie: zusammenfassende Bezeichnung für Bergbau (hier: Kohle, Eisen), Eisen- und Stahlindustrie

länder seit jeher Sympathien für Frankreich. Der italienische Ministerpräsident Alcide De Gasperi war im österreichischen Trient aufgewachsen, das 1919 zu Italien kam. Schon die Lebensgeschichte dieser Politiker überbrückte die Nationen. Alle drei gehörten christlichen Parteien an, und im Christentum hatten sie auch ihre politische Heimat jenseits der Nationen. Adenauer und De Gasperi machten sich den Schuman-Plan zu eigen. Adenauer soll Monnet versichert haben, Europa sei „die wichtigste Aufgabe, die vor mir steht". Für Deutschland lag der politische Nutzen in der Rückkehr zur Gemeinschaft der Völker. Für alle Beteiligten bedeutete der Schuman-Plan den ersten realpolitischen Schritt, sich der Verwirklichung der europäischen Vision zu nähern.

Alcide De Gasperi (1881-1954): italienischer Politiker. Der überzeugte Antifaschist war einer der Mitbegründer der italienischen Christdemokratischen Partei; 1945-1953 Ministerpräsident.

Erste Schritte zur wirtschaftlichen und politischen Integration

Der Plan wurde verwirklicht im Vertrag über die Gründung der *Europäischen Gemeinschaft für Kohle und Stahl* (EGKS) vom 18. April 1951. Sie war die erste supranationale Organisation Europas, vereinbart zwischen Belgien, der Bundesrepublik Deutschland, Frankreich, Italien, Luxemburg und den Niederlanden. Nachdem die Mitgliedstaaten Hoheitsrechte an die Gemeinschaft abgegeben hatten, konnte diese im vorgegebenen Rahmen verbindlich Entscheidungen auch gegen den Willen der Mitgliedstaaten treffen.

Die Gemeinschaft hatte Organe mit Vorbildcharakter für den gesamten Einigungsprozess: die Hohe Behörde (später „Kommission"), den Ministerrat mit Vertretern der Mitgliedstaaten, einen Gerichtshof und eine Parlamentarische Versammlung (später „Europäisches Parlament"). Die Rechtsakte der Hohen Behörde hatten unmittelbare Wirkung („Durchgriffswirkung") für einzelne Unternehmen in den sechs Staaten. Die Präambel des EGKS-Vertrages, der 1952 in Kraft trat, sprach aber nicht nur von Marktregelung, sondern vom „ersten Grundstein" für die europäische Völkergemeinschaft, die „lange Zeit durch blutige Auseinandersetzungen entzweit" gewesen war.

Der zweite Grundstein, ein politischer, sollte zur selben Zeit gelegt werden. Der französische Premierminister *René Pleven* plante seit 1950 eine *Europäische Verteidigungsgemeinschaft* (EVG). Wie bei der wirtschaftlichen war auch bei der militärischen Kooperation das französische Interesse maßgebend. Die USA drängten auf die Wiederbewaffnung Deutschlands. Sie erschien Pleven jedoch nur im Rahmen einer europäischen Armee unter einem einheitlichen Oberbefehl akzeptabel. 1952 unterzeichneten demzufolge die EGKS-Staaten einen Vertrag zur Bildung der Europäischen Verteidigungsgemeinschaft. Er wurde allerdings von der französischen Nationalversammlung 1954 nicht ratifiziert*, ja nicht einmal debattiert. Das Parlament wollte die Selbstbestimmung Frankreichs über seine Streitkräfte nicht infrage stellen. Eine parallel verhandelte politische Union scheiterte damit ebenfalls und wurde auf unbestimmte Zeit verschoben (▶ M3).

▲ „Die EVG bedroht den Frieden."
DDR-Plakat von 1954.
- Beschreiben und analysieren Sie das Plakat.
- Stellen Sie die Aussage des Plakats den Zielen der EVG gegenüber.

Die Römischen Verträge 1957 und die Organe der Gemeinschaft

Die sechs EGKS-Staaten setzten den wirtschaftlichen Einigungsprozess fort. Sie schlossen am 25. März 1957 auf dem Kapitol in Rom zwei Verträge zur Gründung der *Europäischen Wirtschaftsgemeinschaft* (EWG) und der *Europäischen Atomgemeinschaft* (Euratom). Ihr Sitz wurde die belgische Hauptstadt Brüssel. Die beiden Organisationen traten neben die EGKS und nahmen am 1. Januar 1958 ihre Tätigkeit auf. Sie hatten das Ziel, einen gemeinsamen Markt zu schaffen und die Atomenergie zu nutzen. Letzteres sollte helfen, die Energieknappheit zu überwinden. Die Europäische Wirtschaftsgemeinschaft bildete

---

* Ratifikation: völkerrechtlich verbindlicher Akt, um einen internationalen Vertrag zu beglaubigen

im Kern eine Zollunion, deren Binnenzölle tatsächlich nach etwa einem Jahrzehnt entfielen. Außerdem entschlossen sich die Gründerstaaten zu einer *Gemeinsamen Agrarpolitik* (GAP). Besonders Frankreich wollte seine Landwirtschaft mit hohen Außenzöllen vor billiger Konkurrenz schützen und seinen Bauern Absatzgarantien sichern. Dafür öffnete es sich Staaten mit einem stärker gewerblich-industriellen Profil. Die Gemeinsame Agrarpolitik sollte der Einstieg in die gemeinsame Wirtschaftspolitik und den gemeinsamen Binnenmarkt sein.

Dieser *Ausgleich politisch-wirtschaftlicher Interessen* war bedeutsam. Das Fundament war der *Ausgleich zwischen Frankreich und Deutschland*. Das Einvernehmen der beiden großen EU-Staaten ist noch heute der Motor der europäischen Integration.

Die Organe der EWG wurden den Organen der EGKS nachgebildet mit dem Ministerrat, der Europäischen Kommission* und der „Versammlung" (später: „Europäisches Parlament"). Der Gerichtshof der EGKS wurde als Europäischer Gerichtshof (EuGH) neu gegründet. Die Organe bestehen in der Grundform bis heute.

Der Ministerrat vereinigte Vertreter der nationalen Regierungen. Er traf die Entscheidungen und setzte Gemeinschaftsrecht, zunächst allerdings nur bei Einstimmigkeit. Die Kommission, in die jeder Staat je nach Größe ein oder zwei Mitglieder schickte, überwachte den vereinbarten Fortgang der Integration. Die „Versammlung" (Sitz seit 1952 in Straßburg, Aufenthalt auch in Luxemburg und Brüssel) setzte sich aus Abgeordneten der nationalen Parlamente zusammen. Sie hatte zunächst nur beratende, nicht gesetzgebende Funktion. Dem Gerichtshof (Sitz in Luxemburg) gehörte jeweils ein unabhängiger Richter pro Mitgliedstaat an. Er urteilte bei Streitigkeiten zwischen Organen und Staaten, aber auch bei Klagen natürlicher oder juristischer Personen gegen einen Rechtsakt der Gemeinschaften.

Bedeutung und Hindernisse des Integrationsprozesses in den 1960er-Jahren

Die Römischen Verträge schufen 1957 eine neue supranationale Organisation, aber nur für die sechs Staaten, die sich schon 1951 zusammengeschlossen hatten.

Im Rückblick ist besonders erstaunlich, wie spät die Bedeutung der Römischen Verträge erkannt wurde. Denn die Kompetenzen der vier Organe wuchsen stetig und erlangten für immer mehr europäische Staaten Bedeutung. Die Verträge begründeten zugleich eine europäische Rechtsordnung. Das Gemeinschaftsrecht galt nämlich unmittelbar in jedem Staat und war schließlich nationalem Recht übergeordnet (▶ M4).

Aber auch Schwierigkeiten und Rückschläge begleiteten den Integrationsprozess. Der Präsident des ersten Europäischen Parlaments, *Walter Hallstein*, formulierte in seiner Rede zur konstituierenden Sitzung am 19. März 1958: „Unsere Gemeinschaft ist nicht ein Sein, sondern ein Werden." Die Öffentlichkeit nahm beim „Werden" vor allem die Probleme wahr, die tatsächlich bis etwa 1970 nur wenige Fortschritte zuließen. Die Gemeinsame Agrarpolitik regelte marktwidrig die Preise und gewährte den Landwirten Absatzgarantien für ihre Produkte. Die Subventionen drohten deshalb in den 1960er-Jahren ins Unermessliche zu steigen.

Die negative Entwicklung kennzeichnet auch, dass die Erweiterung der drei Gemeinschaften EGKS, EWG und Euratom nicht glückte. Die Verhandlungen mit Großbritannien über einen Beitritt wurden 1963 und 1967 ergebnislos vertagt. Frankreich versagte einer britischen Mitgliedschaft die Zustimmung, da es fundamentale politische und wirtschaftliche Veränderungen der Gemeinschaft befürchtete sowie einen wachsenden Einfluss der USA, dem wichtigsten Verbündeten Großbritanniens.

---

* Europäische Kommission: bis zum Vertrag von Maastricht (S. 246) „EG-Kommission"

M1 Rede Churchills am 19. September 1946 in Zürich

Winston Churchill, 1946 Oppositionsführer im britischen Unterhaus, erkennt die Chancen für ein „Wiederaufleben Europas" früh. Seine Rede am 19. September 1946 an der Universität Zürich ist vom Plan Aristide Briands einer Föderation der europäischen Staaten im Jahr 1929 inspiriert, formuliert aber eine eigene Vision:

Der erste Schritt bei der Neugründung der europäischen Familie muss eine Partnerschaft zwischen Frankreich und Deutschland sein. Nur auf diese Weise kann Frankreich die moralische Führung Europas wiedererlangen. Es gibt kein
5 Wiederaufleben Europas ohne ein geistig großes Frankreich und ein geistig großes Deutschland. Die Struktur der Vereinigten Staaten von Europa, wenn sie gut und echt errichtet wird, muss so sein, dass die materielle Stärke eines einzelnen Staates von weniger großer Bedeutung ist. Kleine Nationen
10 zählen ebenso viel wie große und erwerben sich ihre Ehre durch ihren Beitrag zu der gemeinsamen Sache. Die alten Staaten und Fürstentümer Deutschlands, frei vereint aus Gründen gegenseitiger Zweckmäßigkeit in einem Bundessystem, können alle ihren individuellen Platz in den Vereinig-
15 ten Staaten von Europa einnehmen.
Ich versuche nicht, ein ausführliches Programm zu entwerfen für Hunderte von Millionen Menschen, die glücklich und frei sein wollen, zufrieden und sicher, die die vier Freiheiten[1], von denen der große Präsident Roosevelt sprach, genießen und
20 nach den in der Atlantik-Charta verankerten Grundsätzen[2] leben wollen. Ist dies ihr Wunsch, so müssen sie es nur sagen, und gewiss finden sich Mittel und Möglichkeiten, um diesen Wunsch Wirklichkeit werden zu lassen.
Ich muss Sie aber auch warnen. Die Zeit ist vielleicht knapp.
25 Gegenwärtig haben wir eine Atempause. Die Geschütze schweigen. Der Kampf hat aufgehört, aber nicht die Gefahren. Wenn es uns gelingen soll, die Vereinigten Staaten von Europa oder welchen Namen auch immer sie tragen werden zu errichten, müssen wir jetzt damit beginnen.

Curt Gasteyger, Europa zwischen Spaltung und Einigung. Darstellung und Dokumentation 1945-2005, Bonn 2005, S. 47f.

1. Zeigen Sie auf, welche Struktur sich Churchill bezüglich der Vereinigten Staaten Europas und welche bezüglich Deutschland vorstellt.

[1] Freiheit der Meinung, Freiheit der Religion, Freiheit von Not und Freiheit von Furcht
[2] Erklärung der USA (Roosevelt) und Großbritanniens (Churchill) von 1941. Grundsätze waren u. a. Selbstbestimmungsrecht, Gewaltverzicht, Verzicht auf territoriale Expansion.

2. Analysieren Sie die These Churchills, dass nur in der Partnerschaft mit Deutschland Frankreich „die moralische Führung Europas wiedererlangen" kann.
3. Ordnen Sie die Überlegungen Churchills in die Nachkriegssituation ein. Erörtern Sie, was der Realisierung der „Vereinigten Staaten von Europa" entgegenstand, und berücksichtigen Sie dabei besonders das Verhältnis zwischen Frankreich und Deutschland.

M2 Der Schuman-Plan: Realpolitik und Vision

Der französische Außenminister Robert Schuman trägt am 9. Mai 1950 in einer Regierungserklärung den Plan aus der Feder seines Mitarbeiters Jean Monnet vor, die bundesdeutsche und französische Stahlproduktion zusammenzulegen:

Europa lässt sich nicht mit einem Schlag herstellen und auch nicht durch eine einfache Zusammenfassung: Es wird durch konkrete Tatsachen entstehen, die zunächst eine Solidarität der Tat schaffen. Die Vereinigung der europäischen Nationen erfordert, dass der jahrhundertealte Gegensatz zwischen 5 Frankreich und Deutschland ausgelöscht wird. Das begonnene Werk muss in erster Linie Deutschland und Frankreich umfassen. Zu diesem Zweck schlägt die französische Regierung vor, in einem begrenzten, doch entscheidenden Punkt sofort zur Tat zu schreiten. 10
Die französische Regierung schlägt vor, die Gesamtheit der französisch-deutschen Kohlen- und Stahlproduktion unter eine gemeinsame Oberste Aufsichtsbehörde (Haute Autorité) zu stellen, in einer Organisation, die den anderen europäischen Ländern zum Beitritt offensteht. 15
Die Zusammenlegung der Kohlen- und Stahlproduktion wird sofort die Schaffung gemeinsamer Grundlagen für die wirtschaftliche Entwicklung sichern – die erste Etappe der europäischen Föderation – und die Bestimmung jener Gebiete ändern, die lange Zeit der Herstellung von Waffen gewidmet 20
waren, deren sicherste Opfer sie gewesen sind.
Die Solidarität der Produktion, die so geschaffen wird, wird bekunden, dass jeder Krieg zwischen Frankreich und Deutschland nicht nur undenkbar, sondern materiell unmöglich ist. Die Schaffung dieser mächtigen Produktionsgemeinschaft, 25
die allen Ländern offensteht, die daran teilnehmen wollen, mit dem Zweck, allen Ländern, die sie umfasst, die notwendigen Grundstoffe für ihre industrielle Produktion zu gleichen Bedingungen zu liefern, wird die realen Fundamente zu ihrer wirtschaftlichen Vereinigung legen. [...] 30
Durch die Zusammenlegung der Grundindustrien und die Errichtung einer neuen Obersten Behörde, deren Entscheidungen für Frankreich, Deutschland und die anderen teilneh-

menden Länder bindend sein werden, wird dieser Vorschlag den ersten Grundstein einer europäischen Föderation bilden, die zur Bewahrung des Friedens unerlässlich ist.

Klaus-Jörg Ruhl (Hrsg.), „Mein Gott, was soll aus Deutschland werden?" Die Adenauer-Ära 1949-1963, München 1985, S. 86 ff.

1. Benennen Sie die Grundzüge der französischen Deutschlandpolitik nach 1945.
2. Arbeiten Sie die zentralen Argumente heraus. Worin liegt – aus französischer Sicht – die zukunftsweisende Bedeutung der geplanten Montanunion?
3. Erläutern Sie am Beispiel der Europäischen Gemeinschaft für Kohle und Stahl das europäische Integrationskonzept des „funktionalistischen Modells". Welche Annahmen lagen diesem Konzept zugrunde?

M3 Resolution zur EVG

Vor allem Franzosen, Italiener und Niederländer aus den Widerstandsbewegungen gegen die deutsche Besatzung im Zweiten Weltkrieg gründen 1946 die Union der Europäischen Föderalisten (UEF), die beharrlich einen europäischen Bundesstaat propagiert. Die Union veröffentlicht am 19. September 1954, drei Wochen nach der Ablehnung der Europäischen Verteidigungsgemeinschaft (EVG) in der französischen Nationalversammlung, eine Resolution:

Im Jahre 1950 ging von Frankreich der Gedanke des Vertrages über die Europäische Verteidigungsgemeinschaft aus. 1952 stimmte die französische Nationalversammlung den Grundsätzen des Vertragswerkes zu. 1954 haben Regierung und Parlament Frankreichs das Scheitern des Vertrages bewirkt. Frankreich trägt, wenn auch nicht ausschließlich, eine schwere Verantwortung; denn diese Entscheidung berührt nicht nur Frankreich. Über die westliche Einheit und über die Hoffnung auf die europäische Einheit hinaus gefährdet sie die Existenz eines jeden Staates der freien Welt. Das Bündnis zwischen Nationalismus und Kommunismus, das die Chancen des Neutralismus in allen europäischen Ländern stärkt, hat Moskau zu einem großen Sieg verholfen.
Die so geschaffene Lage ist äußerst ernst. Überall findet der Nationalismus seine Rechtfertigung in der französischen Haltung und erhebt sein Haupt. [...] Deutschland politisch und wirtschaftlich an den Westen zu binden, es an der gemeinsamen Verteidigung zu beteiligen, es in keiner Weise zu diskriminieren und so die Grundlagen für ein vom Vertrauen getragenes Verhältnis zwischen Deutschland und Frankreich zu legen – das sind die unveränderlichen Gegebenheiten der großen Probleme unserer Zeit.

Eine deutsche Nationalarmee löst dieses Problem nicht. Wir erinnern noch einmal mit besonderem Nachdruck an die Gefahren, die eine deutsche Nationalarmee für die Demokratie der Bundesrepublik ebenso wie für ihre Beziehungen zu den Nachbarländern darstellt – Gefahren, auf welche die Föderalisten und weitsichtigsten deutschen Politiker unablässig hingewiesen haben.

Europa-Archiv, 9. Jahrgang (1954), S. 6988

1. Erklären Sie, weshalb Nationalismus und Neutralismus als existenzgefährdend für die „freie Welt" angesehen werden.
2. Ordnen Sie die Ablehnung einer deutschen Nationalarmee in die Wiederbewaffnungsproblematik Deutschlands nach 1945 ein. Worin bestanden die möglichen Gefahren einer deutschen Nationalarmee?

M4 Erinnerungen an die Römischen Verträge

Jürgen Habermas, vor allem in Frankreich hochgeschätzter deutscher Philosoph, beschreibt im Rückblick, wie er die Gründung der EWG 1957 wahrgenommen hat:

Als vor 50 Jahren die Gründung der Europäischen Wirtschaftsgemeinschaft feierlich beschlossen wurde, stand die innenpolitische Frage der atomaren Ausrüstung der Bundeswehr weit mehr im Zentrum nicht nur meiner Aufmerksamkeit. Wie viele andere habe auch ich damals nicht begriffen, dass diese Zollunion bereits mit verfassungsähnlichen Institutionen ausgestattet wurde und damit die Perspektive auf eine Europäische Gemeinschaft, also eine politische Vereinigung der Länder Westeuropas, eröffnete.
Andererseits standen die pazifistischen Motive, die damals die Anhänger der Friedensbewegung im nationalen Rahmen bewegten, im Einklang mit den Motiven, welche die sechs Gründungsstaaten und die Hauptakteure Adenauer, De Gasperi und Schuman angetrieben haben: Nie wieder Krieg zwischen den Nationalstaaten, die sich in zwei Weltkriegen zerfleischt hatten, natürlich die Einbindung Deutschlands, das den Krieg angezettelt hatte und mit dem monströsen Verbrechen der Judenvernichtung belastet war.

Jürgen Habermas, Europa: Vision und Votum, in: Blätter für deutsche und internationale Politik 2007, S. 517-520, hier 517

1. Setzen Sie sich mit der Aussage auseinander, dass die „Zollunion" „verfassungsähnliche Institutionen" besaß.
2. Erklären Sie, warum Habermas wie andere Zeitgenossen die historische Bedeutung der EWG bei ihrer Gründung nicht erkannt hat.

Von der Wirtschaftsgemeinschaft zum Markt ohne Grenzen

Die nationalen Regierungen schieben an Die Entscheidungsstrukturen der supranationalen europäischen Organe waren schwerfällig. Kommission und Parlamentarische Versammlung hatten nur einen engen Gestaltungsspielraum. Der beinahe hundertköpfige Ministerrat musste seine Beschlüsse in den wichtigen Sachfragen einstimmig fassen. Entscheidungen fielen in erster Linie bei den regelmäßigen Treffen der Regierungschefs und ihrer Vertreter; solche Treffen waren in den Verträgen eigentlich nicht vorgesehen. Neben der supranationalen Ebene der Einigung, die von den Organen der EWG verkörpert wurde, bekam nun die intergouvernementale größeres Gewicht. Die Regierungen verhandelten direkt miteinander, zunächst informell, später in einer institutionellen Verfestigung, dem Europäischen Rat, den die Medien heute oft „EU-Gipfel" nennen. Die Regierungen beschränkten die Autonomie der supranationalen Organe. Nach den Krisen der 1960er-Jahre brachten sie die Europäische Einigung weiter voran, wenn auch nur schleppend. Die Arbeit der Organe wurde beeinträchtigt, weil Beschlüsse nur bei Einstimmigkeit zustande kamen. Die Fortentwicklung des gemeinsamen Marktes stagnierte. Aber die Europäischen Gemeinschaften wurden besser vernetzt. Seit 1967 waren nicht nur Parlament und Gerichtshof gemeinsame Einrichtungen von EGKS, EWG und Euratom, sondern auch Ministerrat und Kommission. Offiziell firmierten sie nun unter dem Titel *Europäische Gemeinschaften* (EG).

> **Europäischer Rat:** unter dieser Bezeichnung 1974 vereinbarte regelmäßige Konferenz der Staats- und Regierungschefs der EG und späteren EU. Sie fand alle drei bis sechs Monate statt. Der Vorsitz wechselt bis heute, jedes halbe Jahr übernimmt ein anderer Mitgliedstaat den Vorsitz.
> Der Rat wurde 1986 in die Einheitliche Europäische Akte der EG aufgenommen. Diese bestätigte seine Aufgabe, die gemeinsame Politik zu steuern. Jedoch wurde der Europäische Rat kein Organ der EG oder der EU.

> **EFTA** (European Free Trade Association): Europäische Freihandelsvereinigung, 1959 gegründet; Gründungsmitglieder waren Österreich, Dänemark, Portugal, Schweden, die Schweiz und Großbritannien; später traten Finnland und Island bei; 1994 Bildung eines Europäischen Wirtschaftsraums von Staaten der EFTA und der EU.

Fortschritte in der Wirtschafts-, Währungs- und Erweiterungspolitik Mit der Regierungszeit Schmidts (1974-1982) fallen Fortschritte in der Wirtschafts- und Währungspolitik der Gemeinschaft zusammen. Abkommen mit 58 afrikanischen Staaten (1975) und der *Europäischen Freihandelsassoziation* (EFTA, 1977) erleichterten den Außenhandel. In der EFTA hatten sich 1960 sieben Staaten zusammengeschlossen, um ein Gegengewicht gegen die Gemeinschaft aufzubauen, was nicht gelang. Mit Ausnahme Norwegens und der Schweiz traten diese Staaten später der Gemeinschaft bei. Den Einstieg in die Währungseinheit markierte 1978 die Gründung des europäischen Währungssystems mit dem *ECU* (European Currency Unit). Der ECU diente als Rechnungseinheit. Er stabilisierte bis zur Einführung des Euro die Wechselkurse zwischen den nationalen Währungen und machte dadurch internationale Geschäfte berechenbarer.

Zwischen 1970 und 1986 gelangen die *Nord-* und die *Süderweiterung*. 1970 begannen die Beitrittsverhandlungen mit Großbritannien, Dänemark, Irland und Norwegen. Die Schwierigkeiten um einen Beitritt Großbritanniens wurden überwunden. Der Inselstaat hielt Distanz, weil er sich auf dem Kontinent nicht binden wollte und sich dem Commonwealth und den USA verpflichtet sah. Norwegen entschied sich 1972 per Volksentscheid gegen Europa, aber Großbritannien, Dänemark und Irland traten mit Wirkung vom 1. Januar 1973 den Europäischen Gemeinschaften der nunmehr Neun bei. Irland zog wirtschaftlich daraus den größten Gewinn. Einen ähnlichen Aufschwung erlebten später Griechenland als zehntes EG-Mitglied ab 1981 sowie Spanien und Portugal ab 1986.

Der Aufbruch zu Reformen Schon vor der Erweiterung auf zwölf Mitglieder hatte sich der Reformdruck auf die vertragliche Grundlage der Gemeinschaft verstärkt. Zwei Entwicklungen spielten eine Rolle:

Erstens erwies sich seit etwa 1970 eine *Koordination der Außenpolitik* als immer dringlicher. Die wirtschaftlichen Krisen der 1970er-Jahre erforderten gemeinsame Reaktionen, noch mehr die politischen, etwa der Einmarsch sowjetischer Truppen in Afghanistan 1979.* Um die Politik abzustimmen, bildete sich ein Stab von Beamten in einer Organisation der *Europäischen Politischen Zusammenarbeit* (EPZ). Die EPZ vernetzte zwar die Außenministerien der EG-Staaten, aber international fehlte ihr die machtpolitische Durchsetzungsfähigkeit. Der amerikanische Außenminister *Henry Kissinger* kommentierte bissig, er wisse keine Nummer, um mit „Europa" zu telefonieren. Aber die EPZ wurde zum Vorläufer eines europäischen Außenministeriums, dessen Aufbau 2009 begann. Wie so oft im Einigungsprozess war der Beginn unscheinbar.

Zweitens erkannten maßgebliche Politiker, dass die supranationalen Organe mehr Eigenverantwortung erhalten mussten. Bundesaußenminister Hans-Dietrich Genscher legte 1981 mit seinem italienischen Kollegen *Emilio Colombo* eine *Europäische Akte* zur Intensivierung der Arbeit der Organe vor. Später steigerten die Regierungschefs Frankreichs und der Bundesrepublik, François Mitterrand und Helmut Kohl, das europapolitische Engagement. Kohl erstrebte einen engeren politischen Zusammenschluss im Sinne von „Vereinigten Staaten von Europa". Für Mitterrand und andere Regierungschefs war das vordringliche Ziel, in einem „Europa der Bürger" den Alltag der Menschen zu verbessern.

Die beiden Entwicklungen erforderten Lösungen, zum einen mehr politische Koordination, zum anderen eine bürgernähere Arbeit der Organe.

François Mitterrand (1916-1996): französischer Politiker; Minister in insgesamt elf Regierungen; 1981-1995 Staatspräsident

Die Einheitliche Europäische Akte

Die *Einheitliche Europäische Akte* (EEA), 1986 von den zwölf EG-Staaten unterzeichnet und am 1. Juli 1987 in Kraft getreten, trug dem Reformdruck Rechnung. Mit ihr setzte eine neue Phase des Einigungsprozesses ein, die bis heute andauert.

Die EEA verbesserte die Koordination. Sie verknüpfte einerseits die Europäische Politische Zusammenarbeit vertragsrechtlich mit den Europäischen Gemeinschaften; deshalb wurde der Vertrag „einheitliche" Akte genannt. Endlich war nun die *politische Integration* Europas vertraglich begründet. Die wirtschaftliche setzte sich intensiviert fort, weil die EEA nun den Fahrplan für die „Vollendung" des Binnenmarkts festlegte.

Andererseits stärkte die EEA die supranationalen Organe, ohne indessen Bürgernähe zu erreichen. Der Ministerrat sollte mit Mehrheit jene Maßnahmen beschließen können, die zur Vollendung des Binnenmarkts nötig waren. Es ging nun darum, die Behinderungen für den freien Verkehr von Personen, Waren, Kapital usw. bis Ende 2002 abzustellen.

Europäische Integration im weltpolitischen Umbruch

Entscheidend für den Fortgang wurde freilich der weltpolitische Umbruch. Der Fall des „Eisernen Vorhangs" veränderte das Gesicht Europas radikal. Zudem stand ab November 1989 die Frage der *deutschen Einheit* auf der Tagesordnung. Helmut Kohl besaß die Unterstützung des amerikanischen Präsidenten *George Bush* und ebenso des sowjetischen Präsidenten Michail Gorbatschow. Aber die europäischen Partner verhielten sich reserviert gegenüber einer Wiedervereinigung der beiden deutschen Staaten. Mitterrand war dafür, während die britische Regierungschefin Margaret Thatcher zunächst schroff ablehnend reagierte. Helmut Kohl wollte die Ängste der Nachbarn durch ein dezidiertes

Margaret Thatcher (geb. 1925): konservative britische Politikerin; 1979-1990 Premierministerin. Sie setzte den sogenannten „Britenrabatt" durch; Großbritannien zahlt seitdem bis heute weniger Beiträge als andere an die EU, da es von der Gemeinsamen Agrarpolitik kaum profitiert.

---
* Siehe S. 226.

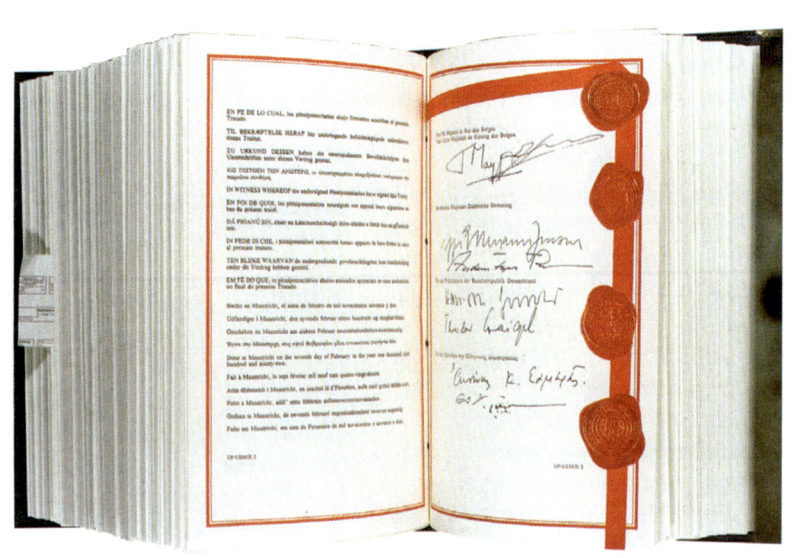

▲ Der Vertrag von Maastricht vom 7. Februar 1993.

Entgegenkommen auf europäischem Feld verringern. Die neue Lage beschleunigte den Einigungsprozess, der seit Mitte der 1980er-Jahre in Gang gekommen war.

Der Vertrag von Maastricht

Der im niederländischen Maastricht verabschiedete Vertrag von 1992, der am 1. November 1993 in Kraft trat, begründete die *Europäische Union*. Unter dem Namen „Union" wurden die bestehenden Verträge vereinigt. Das neue politische Gebilde verglich man gern mit einer dreisäuligen griechischen Tempelfront. Unter dem Dach der Europäischen Union bilden die Regelungswerke der EWG und Euratom die erste Säule; der EGKS-Vertrag lief 2002 aus. Die zweite Säule umfasste die *Gemeinsame Außen- und Sicherheitspolitik* (GASP), die „Verteidigungspolitik" sollte später hinzugenommen werden. Die dritte Säule bezog sich auf die Zusammenarbeit der Polizei und der Justiz. Da Grenzkontrollen zwischen den EU-Staaten entfallen sollten, waren Kooperationen bei Polizei und Grenzschutz, der Zollfahndung wie der Einwanderungspolitik vorzusehen (▶ M1).

Die erste Säule blieb als einzige supranational. Sie war insofern die wichtigste, als sie die „Kohärenz" und Fortentwicklung der beiden anderen Säulen mittragen sollte, die auf der Stufe der intergouvernementalen Kooperation verharrten. Die EU-Staaten traten somit auf den politischen Feldern keine Hoheitsrechte an gemeinsame Organe ab (▶ M2).

Auf den ersten Blick scheint Maastricht nur eine Umgruppierung komplizierter europäischer Regelungen zu sein. Aber es wurde rasch klar, dass der Vertrag die Lebenswelt der EU-Bürger wie noch kein anderer zuvor verändern konnte. Dies entfachte lebhafte Diskussionen. Der freie Personenverkehr beunruhigte, weil er die Konkurrenz um Arbeitsplätze verschärfte. Jeder Bürger eines EU-Staates erhielt jetzt zusätzlich die Unionsbürgerschaft, sodass er im gesamten Unionsgebiet seinen Wohnsitz nehmen konnte. Angesichts der Öffnung der Grenzen war vermeintlich auch die Kriminalität grenzenlos. Die gemeinsame Währung, die „Euro" genannt wurde, verunsicherte am meisten. Vor allem die Deutschen trennten sich ungern von der D-Mark und befürchteten Inflation und Nachteile für die deutsche Wirtschaft.

Medien und Bürger kritisierten scharf, dass derart weitgehende Maßnahmen ohne ausreichende demokratische Legitimation getroffen wurden. Sie waren nur von Regierungen abgesprochen, nicht durch ein europäisches Parlament beschlossen worden. Das „Demokratiedefizit" der EU zu beheben, wurde demzufolge zur Aufgabe, die nun ernster genommen wurde als zuvor.

M1 Die Ziele der EU im Maastrichter Vertrag

Im Artikel B des Vertrages über die Europäische Union vom 7. Februar 1992 werden die allgemeinen Ziele und Prinzipien der Abmachungen genannt:

Die Union setzt sich folgende Ziele:
- Die Förderung eines ausgewogenen und dauerhaften wirtschaftlichen und sozialen Fortschritts, insbesondere durch Schaffung eines Raumes ohne Binnengrenzen, durch Stärkung des wirtschaftlichen und sozialen Zusammenhalts und durch Errichtung einer Wirtschafts- und Währungsunion, die auf längere Sicht auch eine einheitliche Währung nach Maßgabe dieses Vertrags umfasst;
- die Behauptung ihrer Identität auf internationaler Ebene, insbesondere durch eine gemeinsame Außen- und Sicherheitspolitik, wozu auf längere Sicht auch die Festlegung einer gemeinsamen Verteidigungspolitik gehört, die zu gegebener Zeit zu einer gemeinsamen Verteidigung führen könnte;
- die Stärkung des Schutzes der Rechte und Interessen der Angehörigen ihrer Mitgliedstaaten durch Einführung einer Unionsbürgerschaft;
- die Entwicklung einer engen Zusammenarbeit in den Bereichen Justiz und Inneres;
- die volle Wahrung des gemeinschaftlichen Besitzstands und seine Weiterentwicklung, wobei [...] geprüft wird, inwieweit die durch diesen Vertrag eingeführten Politiken und Formen der Zusammenarbeit mit dem Ziel zu revidieren sind, die Wirksamkeit der Mechanismen und Organe der Gemeinschaften sicherzustellen.

Die Ziele der Union werden nach Maßgabe dieses Vertrags entsprechend den darin enthaltenen Bedingungen und der darin vorgesehenen Zeitfolge unter Beachtung des Subsidiaritätsprinzips[1], wie es in Artikel 3b des Vertrags zur Gründung der Europäischen Gemeinschaft bestimmt ist, verwirklicht.

Presse- und Informationsamt der Bundesregierung (Hrsg.), Bulletin Nr. 16, 12. Februar 1992, S. 114

1. *Untersuchen Sie, welche Ziele neu sind und welche Ziele bestehende Zielsetzungen weiterführen. Die Beantwortung schließt ein Sowohl-als-auch ein.*

2. *Nehmen Sie Stellung dazu, inwiefern die genannten Ziele die Umsetzung von moralischen Vorstellungen widerspiegeln.*

[1] Auf die EU bezogen bedeutet das Subsidiaritätsprinzip, dass die EU nur tätig wird, wenn ein Ziel auf europäischer Ebene besser erreicht werden kann als auf der Ebene der einzelnen Mitgliedstaaten.

3. *Formulieren Sie zu jedem der Punkte eine mögliche Gefahr, die mit der Zielsetzung verbunden ist, und wägen Sie Vor- und Nachteile ab.*

4. *Erörtern Sie Chancen und Grenzen des Subsidiaritätsprinzips.*

M2 François Mitterrand über die Bedeutung Europas für Frankreich

Nach der Unterzeichnung des Maastrichter Vertrages hält der französische Staatspräsident François Mitterrand am 5. Juni 1992 eine leidenschaftliche Rede. Anlass ist das französische Referendum über den Maastrichter Vertrag:

Von einer Generation zur nächsten haben wir gelernt, dass Frankreich Erbfeinde hatte; es waren allerdings nie dieselben! Frankreich hatte ungefähr ganz Europa zum Erbfeind. Die Zeit Englands ist wohlbekannt, aber die Spaniens ist auch noch nicht so lange her, und das österreichisch-ungarische Reich, Preußen, die Sowjetunion und Deutschland, oder sagen wir das Reich, das macht eine Menge Erbfeinde, und sogar ein paar zu viele, wenn man sich darin zurechtfinden will. Ich erinnere mich, sie gezählt zu haben: In Wirklichkeit gibt es in Europa nur ein einziges Land, mit dem wir nie im Krieg waren. Das einzige Land, mit dem wir niemals Krieg geführt haben – es ist angelegen, daran zu erinnern, aber wir werden es nicht tun – das ist Dänemark. Kurz, Frankreich war die meiste Zeit ein unangenehmer Nachbar. [...]

Schließlich die letzte Alternative, diejenige, die ohne Zweifel die Debatte der nächsten Monate beherrschen wird: das Vaterland oder Europa? Handelt es sich um gegensätzliche Begriffe? Ist derjenige, der sich als Gemeinschaftseuropäer versteht, ein schlechter Patriot? Gibt derjenige sein Vaterland auf, der aus Patriotismus Frankreich, und nur Frankreich wählt – ohne die Nützlichkeit bestimmter Abkommen zu leugnen, aber ohne ein strukturell entscheidendes Abkommen, wie das von Maastricht, zu unterstützen? Ist er deshalb ein schlechter Europäer? Ich werde mich nicht auf diese Art von Diskussion einlassen. Ich habe einmal versucht, dies auszudrücken, indem ich sagte: „Frankreich ist unsere Heimat, aber Europa ist unsere Zukunft."

François Mitterrand, Auszug aus seiner Rede vor Studierenden und Lehrenden des Institut d'Études Politiques anlässlich des französischen Referendums über den Maastrichter Vertrag (1992), in: Themenportal Europäische Geschichte (2009), URL: http://www.europa.clio-online.de/2009/Article=423 [Zugriff vom 10. Februar 2012]

Benennen Sie die Aspekte, die sich aus dem Spannungsfeld zwischen nationalstaatlicher und europäischer Identität ergeben.

Weltmacht Europa? Erweiterung und gegenwärtige Herausforderungen der Europäischen Union

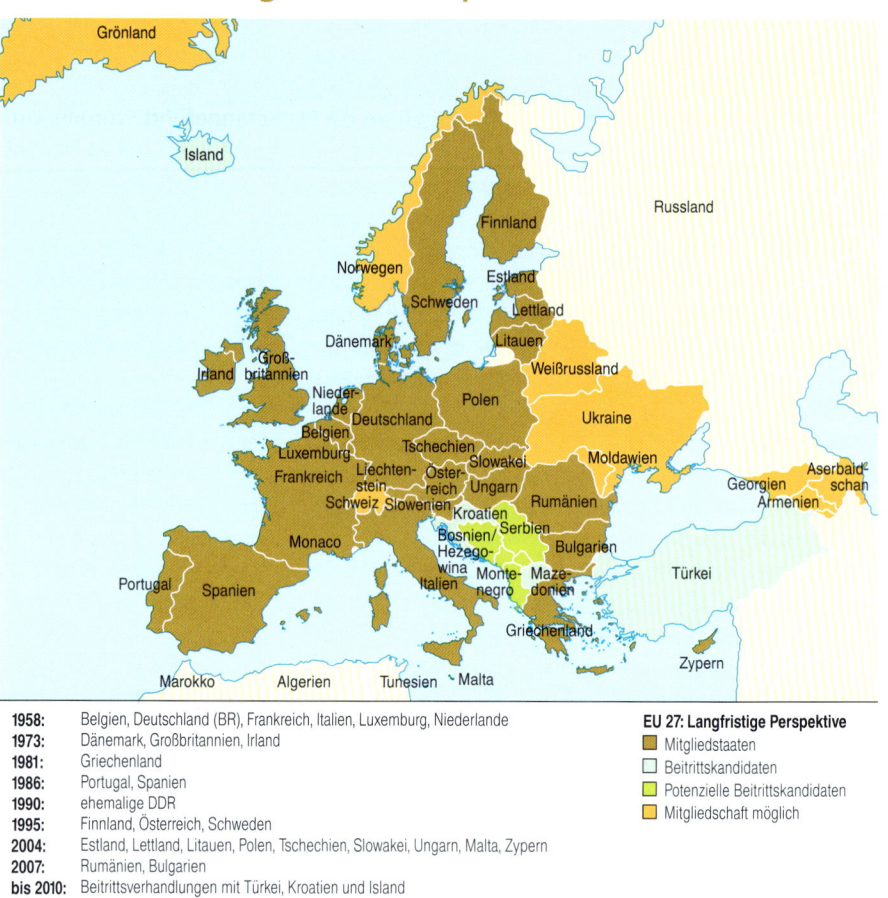

▶ Die europäische Integration seit 1958.

1958:	Belgien, Deutschland (BR), Frankreich, Italien, Luxemburg, Niederlande
1973:	Dänemark, Großbritannien, Irland
1981:	Griechenland
1986:	Portugal, Spanien
1990:	ehemalige DDR
1995:	Finnland, Österreich, Schweden
2004:	Estland, Lettland, Litauen, Polen, Tschechien, Slowakei, Ungarn, Malta, Zypern
2007:	Rumänien, Bulgarien
bis 2010:	Beitrittsverhandlungen mit Türkei, Kroatien und Island

EU 27: Langfristige Perspektive
- Mitgliedstaaten
- Beitrittskandidaten
- Potenzielle Beitrittskandidaten
- Mitgliedschaft möglich

Die Erweiterungen 1990 - 2010 Trotz der vorausgehenden Nord- und Süderweiterungen wuchs die europäische Staatengemeinschaft zwischen 1990 und 2010 noch einmal von zwölf auf 27 Staaten. Der weltpolitische Umbruch um 1990 öffnete vor allem den Osteuropäern das Tor zur Mitgliedschaft. Sie wünschten den Beitritt wegen des Binnenmarkts und der wirtschaftlichen Hilfen, aber die EU bot auch politischen Schutz und Sicherheit. Gerade gegenüber Russland hegten die osteuropäischen Staaten großes Misstrauen.

Die Erweiterungen waren eine große Herausforderung für die europäische Integration. Das Wirtschaftsgefälle innerhalb der EU-Staaten verdoppelte sich und erzeugte einen härteren Verteilungskampf um knappere Finanzmittel. Die Politikstile und -traditionen der West- und Osteuropäer lagen weit auseinander, ebenso die außenpolitischen Orientierungen. Zu Russland etwa hatten die Deutschen traditionell gute, osteuropäische Staaten hingegen sehr gespannte Beziehungen.

Die erste Erweiterung vollzog sich mit der deutschen Wiedervereinigung am 3. Oktober 1990; die neuen Bundesländer gehörten nun ebenso zur Europäischen Gemeinschaft. Um Zugang zum europäischen Wirtschaftsraum zu erhalten, beantragten um 1990 Finnland, Norwegen, Österreich und Schweden den Beitritt. Sie wollten ebenfalls an den EU-Gesetzen zu Handel und Wirtschaft mitwirken, die sie sonst als Partner der

EU in der Regel akzeptieren mussten. 1995 wurden sie Mitglieder, mit Ausnahme Norwegens, dessen Bürger wie schon 1972 mit Nein stimmten.

Weitaus schwieriger gestaltete sich die „Osterweiterung". In der Mitte der 1990er-Jahre stellten Polen, Ungarn, die Tschechische Republik, die Slowakei, Slowenien, Rumänien, Bulgarien, Lettland, Estland und Litauen Anträge für eine Aufnahme in die EU. Für sie wie für Malta und Zypern wurde dem Beitritt eine Phase vorgeschaltet, in der die Neumitglieder wirtschaftlich und politisch an die EU herangeführt wurden. Um 2000 lag das Pro-Kopf-Einkommen in den Staaten der Kandidaten bei rund 50 Prozent des EU-Durchschnitts. Während der Heranführung erhielten sie schon Förderungen in Höhe von 30 Milliarden Euro, um sich dem Standard der EU anzunähern. Zugleich hatten sie für eine „demokratische und rechtsstaatliche Ordnung" zu sorgen, wozu die Achtung der Menschenrechte und der Schutz von Minderheiten gehörten.

Am Ende befürworteten der Europäische Rat, die Kommission und das Europäische Parlament den Beitritt der geförderten Kandidaten. Zehn von ihnen wurden 2004 Vollmitglieder der EU. Bulgarien und Rumänien folgten 2007, obwohl die Zweifel an ihrer EU-Reife nicht ausgeräumt waren; diese bestanden aufgrund der dortigen Korruption, der strukturschwachen Wirtschaft und des hohen Staatsdefizits. Seit etwa 2000 wurden auch Kroatien, Mazedonien, die Türkei, neuerdings Albanien und weitere Staaten Kandidaten. Der geplante Beitritt der Türkei spaltete die Meinungen innerhalb der EU (▶ M1). Die Türkei ihrerseits zögerte, die politischen Bedingungen zu erfüllen.

Die historische Tragweite der Erweiterungen

Die Bewertung der Erweiterungen aus der Distanz weniger Jahre muss zuerst den Gewinn hervorheben. Einerseits wurde ein riesiger Raum von Skandinavien bis zum Schwarzen Meer der EU angegliedert und politisch stabilisiert. Immer wieder wird der Friedensaspekt hervorgehoben. Seit der Neuordnung Osteuropas 1919 war die Geschichte der dortigen Staaten von deutscher und sowjetischer Gewalt- und Fremdherrschaft geprägt. Die Integration in die EU lässt auf eine Zukunft in Selbstbestimmung, Frieden und Wohlstand hoffen. Andererseits hat die Erweiterung historischen Rang, weil der Einigungsprozess jetzt erst über Westeuropa hinauswuchs und gesamteuropäisch wurde.

Die Kritik lässt sich in der Frage zusammenfassen, ob die EU die Ausdehnung politisch verkraftet. Der frühere Bundeskanzler Helmut Schmidt befürchtete beispielsweise eine „führungslose Agglomeration* von Staaten". Dies lasse die EU weltpolitisch nicht zur Geltung kommen und gegenüber den USA und China zurückfallen.

Die Verträge von Amsterdam und Nizza

Die Erweiterung machte es unumgänglich, im Europäischen Rat und im Verfahren der Organe mehr Handlungsfähigkeit zu gewinnen. Noch in Maastricht 1992 wurde diesem Ziel Vorrang eingeräumt. Die richtige Methode schien, die Mehrheitsentscheidungen der Organe auszuweiten, auch auf politische Felder.

Die Beratungen dazu wurden im Amsterdamer Vertrag 1997 zusammengeführt, der am 1. Mai 1999 in Kraft trat. Er ließ jedoch das Problem der Handlungsfähigkeit ungelöst. Die kleineren Staaten verzichteten nicht auf Vetorechte, die größeren erhielten kein Stimmgewicht, das ihrer Bevölkerungszahl angemessen war. Beim anderen Ziel der Erweiterungsphase, der Demokratisierung der EU, erreichte der Amsterdamer

---
* Agglomeration: Anhäufung, Zusammenballung

Vertrag indessen Fortschritte. Das Europäische Parlament, nun auf 700 Abgeordnete begrenzt, wurde als Gesetzgeber dem Ministerrat nahezu gleichgestellt.

Das Amsterdamer „Left-over", Überbleibsel, wie man es beschönigend nannte, war also immer noch die Frage der Entscheidungsfähigkeit. Dazu sollte der Europäische Rat in Nizza im Jahr 2000 eine Lösung finden. Doch auch in einem Verhandlungsmarathon von 108 Stunden konnten die Interessen der Fünfzehn nicht zum Ausgleich gebracht werden. Der Vertrag, der am 1. Februar 2003 in Kraft trat, sah nur in wenigen Nebenfeldern, etwa der Einwanderungspolitik, Mehrheitsentscheidungen vor. Immerhin verabschiedete der EU-Gipfel von Nizza eine Grundrechtecharta. Sie enthielt eine Sammlung von Grundrechten, die aber nicht in die EU-Verträge aufgenommen wurde und vorläufig „Dekorationsstück" blieb. Nizza stürzte die EU in eine Krise.

Die Transformation des Verfassungsprozesses

Deshalb arbeitete ein Konvent unter Leitung des ehemaligen französischen Staatschefs *Giscard d'Estaing* eine „Verfassung" aus. Sie sollte alle seit 1951 geschlossenen, mittlerweile kaum noch überschaubaren Verträge in einem Text komprimieren und den nötigen Reformen anpassen. Dem Konvent war ebenso aufgegeben, das Demokratie- und Entscheidungsdefizit abzubauen. Nach entsprechenden Änderungen wurde die Verfassung 2004 in Brüssel unterzeichnet, trat aber nicht in Kraft, weil sich Volksabstimmungen in Frankreich und den Niederlanden 2006 dagegen aussprachen.

Der Schock über das Scheitern lähmte die Akteure nur für kurze Zeit. Die rund 500-seitige „Verfassung" wurde zum „Vertrag" umgeschrieben, der nahezu 90 Prozent der Verfassungsbestimmungen aufnahm. Er machte die EU handlungsfähiger und demokratischer. Die EU erhielt mehr Kompetenzen in der Außenpolitik, der Verteidigungs- und der Sozialpolitik. Ein *Hoher Vertreter für die Außen- und Sicherheitspolitik*, faktisch ein Außenminister, sollte die Gemeinschaft künftig gegenüber Nicht-EU-Ländern vertreten. Mehr Demokratie wurde erreicht, insofern dem Parlament weitergehende Mitsprache, besonders in der Haushaltspolitik, eingeräumt wurde.

Für eine mehrjährige Übergangszeit wurde ein Ausgleich zwischen größeren und kleineren Staaten bei der Stimmenverteilung im Ministerrat gefunden. Künftig soll das *Prinzip der doppelten Mehrheit* das Zustandekommen von Beschlüssen erleichtern (Mehrheit der Staaten, die zugleich 65 Prozent der EU-Bevölkerung repräsentieren; ▶ M2 und M3).

Der Vertrag wurde 2007 in Lissabon unterzeichnet. Obwohl er die Handlungsfähigkeit der Union stärkte und die Rechte des Europäischen Parlaments erweiterte, stieß er auf verbreitete Ablehnung in der Öffentlichkeit; die Bürger Irlands stimmten erst bei einem zweiten Referendum zu.

▲ **„Das böse Wort."**
Karikatur von Klaus Stuttmann, 2007.
Dargestellt sind von links der EU-Kommissionspräsident Barroso, Bundeskanzlerin Merkel, der britische Premierminister Blair, der polnische Staatspräsident Kaczynski, der französische Staatspräsident Chirac und der italienische Ministerpräsident Prodi.

Der Binnenmarkt wird zum Binnenraum Parallel zu den Erweiterungen und Reformen öffnete sich der Binnenmarkt der EU zum Binnenraum, aber in Form einer *differenzierten Integration*. Differenziert bedeutet, dass nicht alle EU-Staaten weitere Schritte zur Integration sofort mitgingen, sondern erst später nachfolgten. Beispiele sind der Wegfall der Grenzkontrollen und die Einführung des Euro.

Das *Schengener Übereinkommen* 1985 plante den Verzicht auf Grenzkontrollen (zwischen den Benelux-Staaten, der Bundesrepublik und Frankreich). Zehn Jahre später fielen tatsächlich die Schlagbäume dieser Staaten, zugleich auch Portugals und Spaniens. Die übrigen EU-Staaten wurden erst später zu „Schengen-Staaten" mit Ausnahme Großbritanniens, Irlands und Zyperns.

Als vorrangiges wirtschaftspolitisches Ziel hatte der Maastrichter Vertrag die *Währungsunion* angestrebt. Wer beitreten wollte, musste „Konvergenzkriterien" erfüllen, vor allem Preisstabilität und gesunde Staatsfinanzen. Darauf hatte am meisten die Bundesregierung gedrängt. Das Projekt schien aufgrund der strengen Kriterien zu scheitern, aber 1998 bescheinigte der Europäische Rat elf Ländern die „Euro-Reife". Die großzügige Prüfung der Zahlen nahm den Kriterien die Schärfe, nicht zuletzt bei Griechenland, das als zwölftes Land 2001 hinzukam. 1999 wurde der Euro an den Devisenmärkten eingeführt. Ab 1. Januar 2002 bezahlten die Bürger in der „Euro-Zone" nicht mehr mit der nationalen, sondern mit der europäischen Währung. Bis 2011 waren es Bürger von 17 EU-Staaten.

Der Euro war und ist historisch beispiellos. Erstmals in der neuesten Geschichte kam eine Währung in Umlauf, die nicht durch einen zentralen politischen Willen und eine zentrale Wirtschaftspolitik abgesichert war. Der Euro hatte zunächst bei den Bürgern als „Teuro"* und als labile Währung wenig Ansehen. Aber selbst die skeptischen Deutschen mussten zugeben: Die Inflationsraten lagen niedriger als zu Zeiten der D-Mark, und der Außenwert des Euro stieg. Sogar während der *Weltfinanzkrise* 2008/09 zeigte sich der Euro stabiler als der Dollar. Jedoch wurde die Schuldenkrise Griechenlands 2010 zum Belastungstest. Nur die späte Einigung, für die Schulden Griechenlands gemeinsam zu bürgen, rettete die Euro-Zone bei der ersten Existenzkrise vor schweren Verwerfungen.

▲ **Sonderbriefmarke der Deutschen Post, Januar 2002.**

Auf dem Weg zu einem demokratischen Bundesstaat?
Die EU hat kein Vorbild in der Geschichte. Deshalb ist die Antwort nicht leicht, wenn man nach der künftig denkbaren Staatsform fragt. Die Europaaktivisten wollen möglichst einen EU-Bundesstaat. Ist er erreichbar? Das Bundesverfassungsgericht gestattete 2009 zwar die Übertragung substanzieller nationaler Rechte auf die EU, aber nicht die Übertragung der „Verfassungsidentität" der Bundesrepublik Deutschland, also der Souveränität. Das Gericht verneinte damit einen Bundesstaat EU, bejahte aber den Einigungsprozess.

Der Fortgang der Einigung ist darüber hinaus prinzipiell wegen der politischen Grundhaltungen der Bürger schwierig: erstens aufgrund ihrer verbreiteten Vorbehalte gegenüber der EU, zweitens aufgrund ihrer starken natio-

▲ **Die Qual der Wahl.**
Karikatur von Klaus Stuttmann, 2009.

* Der Eindruck, dass Wirtschaft und Handel die Währungsumstellung für eine starke Erhöhung der Preise nutzten, war in der Bevölkerung weit verbreitet.

▲ **Europaflagge.**
Die Fahne wurde am 26. Mai 1986 in Brüssel als übergeordnetes Emblem für alle Institutionen der Europäischen Gemeinschaften (und später der Europäischen Union) offiziell eingeweiht.

Ratspräsidentschaft: Nach einem festgelegten Turnus übernehmen die einzelnen Mitgliedsländer jeweils für ein halbes Jahr den Vorsitz im Ministerrat. Dabei leiten sie die Sitzungen und arbeiten ggf. Kompromisse aus.

nalen Bindung. Noch immer haben die nationalen Staats- und Regierungschefs und ihre Minister ein entscheidendes Gewicht. Bei Gipfeltreffen oder im Rahmen der **Ratspräsidentschaft** bietet ihre Doppelfunktion Chancen und Risiken. Ein Einsatz für die Union eröffnet die Möglichkeit, sich international zu profilieren. Im eigenen Land jedoch kann dieser Einsatz zu Ansehensverlust führen, wenn die Bürger europakritisch sind.

Die Vorbehalte gegen Europa lauten, dass die EU bürokratisch und bürgerfeindlich sei. Sprichwörtlich für die Regulierungswut der Brüsseler Beamten sind die Bananen- oder die Gurkenverordnung, die deren Krümmung und Länge vorschreiben (▶ M4; M5). Vergessen wird demgegenüber, dass EU-Vorschriften den Verbraucher auch schützen. Schwerer wiegt der Vorwurf, die EU sei bürgerfeindlich und unzureichend demokratisch legitimiert. Die Rechte des Europäischen Parlaments wurden zwar gestärkt. Aber immer noch erfahren die Bürger Europa als bürokratisches Handlungsfeld, nicht als Forum der Demokratie. Die Beamten, nicht das Parlament erscheinen als das eigentliche Machtzentrum der EU.

Neben der Europaskepsis ist die nationale Bindung ein noch größeres Hindernis. Die meisten Europäer verstanden sich in den Jahrhunderten der Neuzeit als Angehörige einer Nation. In der neuesten Geschichte waren sie bereit, ihr Leben für ihre Nation einzusetzen. Diese historische Tiefenstruktur ist nicht verschwunden. Vor allem aber ist die Identifizierung jedes Einzelnen mit der Nation als Schicksals- und Lebensgemeinschaft weiterhin sehr stark.

Wegen der Vorbehalte verfügt die EU über zu wenig *Legitimation* (Berechtigung), um ein Bundesstaat für die Europäer zu werden. Wegen der nationalen Bindungen haben die Bürger zu wenig europäische *Identität*, um sich einem europäischen Staat zugehörig zu fühlen.

Erneut deutlich wurde die Anziehungskraft des Nationalen nach dem Zusammenbruch des Ostblocks. Er führte in den 1990er-Jahren zu einer Renaissance des Nationalstaats, insbesondere in Ostmitteleuropa. Der Kommunismus hatte das Nationalgefühl unterdrückt, das sich nun umso stärker entfaltete. Das Bedürfnis, die eigene Geschichte und Sprache zu pflegen und sich von den Nachbarn zu unterscheiden, erfasste aber nicht nur die Balkanvölker, sondern ebenso die Flamen und Wallonen* in Belgien.

Ein Europa der unterschiedlichen Geschwindigkeiten? Trotz ihrer regionalen Bindungen identifizieren sich Politiker und Bürger der EU in der Regel mit dem Nationalstaat. Dabei gibt es Unterschiede. Die Briten hielten seit Jahrhunderten ihre Distanz zum Kontinent. Sie verfielen außerdem nie in einen blinden Chauvinismus**, der das hässliche Gesicht der Nation gezeigt hätte. Bei den Deutschen ist das anders. Sie vergaßen nicht, dass ihr schrankenloser Nationalismus die Katastrophe des Zweiten Weltkrieges heraufbeschworen hatte. Nach 1989 wussten ihre Politiker deshalb sehr wohl, dass ein starkes Deutschland in der Mitte Europas das Einvernehmen der Nachbarn gewinnen musste.

Weil die EU-Staaten sich in ihrer Bereitschaft zur Integration unterscheiden, wird das Konzept eines *Europa der unterschiedlichen oder der zwei Geschwindigkeiten* praktiziert. Gemeint ist ein Einigungsprozess, den einige EU-Staaten rascher, andere lang-

---
* Flamen und Wallonen: Volksgruppen in Belgien mit niederländischer bzw. französischer Sprache und Tradition
** Chauvinismus: übersteigerter Nationalismus, der die eigene Nation für überlegen hält

samer vollziehen. Die *innere Differenzierung* der Gemeinschaft begann mit der Umsetzung der Einheitlichen Europäischen Akte nach 1986. Die von den Kritikern befürchtete Spaltung der Einigung blieb aus. Dies war auch der Fall beim Schengener Abkommen, dem sich mittlerweile auch Nicht-EU-Staaten angeschlossen haben, und bei der Erweiterung der Euro-Zone.

Bei den unterschiedlichen Geschwindigkeiten kristallisierte sich ein „Kerneuropa" mit einer rascheren Integration heraus, zu dem die Sechs der Römischen Verträge gehören. Demgegenüber steht die verzögerte Integration der „äußeren", vor allem osteuropäischen EU-Staaten. Außerhalb der EU finden wir weitere Abstufungen. So arbeiten die Kandidaten für einen Beitritt schon vor der Aufnahme mit der EU zusammen. Einige Nachbarn der EU schließen sich auch ohne Mitgliedschaft dem Wirtschafts- oder Schengen-Raum an (u. a. Norwegen, Island, Liechtenstein).

Wohin mit dem Geld? Der EU-Haushalt

Die Einnahmen der EU stammen zu zwei Dritteln aus den *Zuweisungen* der Mitgliedstaaten. Das letzte Drittel kommt aus Zolleinnahmen und aus der nationalen Mehrwertsteuer (maximal 0,3 Prozent). Jedoch darf der Etat 1,24 Prozent des Bruttonationaleinkommens der EU nicht übersteigen; demgemäß werden die Zuweisungen angepasst.

Unter den Ausgaben machen die *Struktur- und Entwicklungshilfen* fast die Hälfte aus. Sie fließen überwiegend an Regionen, deren Bruttosozialprodukt weniger als 75 Prozent des EU-Durchschnitts beträgt. Die Subventionen aus der gemeinsamen Agrarpolitik betragen immer noch rund 30 Prozent, die Verwaltungsausgaben sechs Prozent der Gesamtausgaben.

Jeder Staat bezahlt für den EU-Haushalt und bekommt daraus Hilfen. Dabei unterscheidet man *Nettozahler* und *Nettoempfänger*, je nachdem, ob die erhaltenen Fördergelder oder die gezahlten Beiträge höher sind. Zu den Nettoempfängern gehören vor allem wirtschaftsschwache Süd- und Ostländer. Die Bundesrepublik (wie auch die Niederlande, Österreich oder Schweden) ist Nettozahler. Als Exportnation profitiert sie jedoch indirekt sehr vom intensiven Handel innerhalb des Binnenmarktes.

Zukünftige Reformen sollen die Akzeptanz bei den Bürgern erhöhen und das Prinzip der Solidarität festigen. Folgende Überlegungen sind von Bedeutung: Bei den Einnahmen könnte eine allgemeine EU-Steuer die Zuweisungen ersetzen; allerdings, so wird gefordert, sollten die Einnahmen der EU dadurch nicht steigen. Bei den Ausgaben erschwert das noch maßgebende Prinzip der Einstimmigkeit Reformen. EU-Staaten, die sehr stark von den Struktur- und Agrarhilfen profitieren, können Veränderungen blockieren. Für andere Bereiche wie Wissenschaft und Forschung stehen bisher nicht ausreichend Fördergelder zur Verfügung.

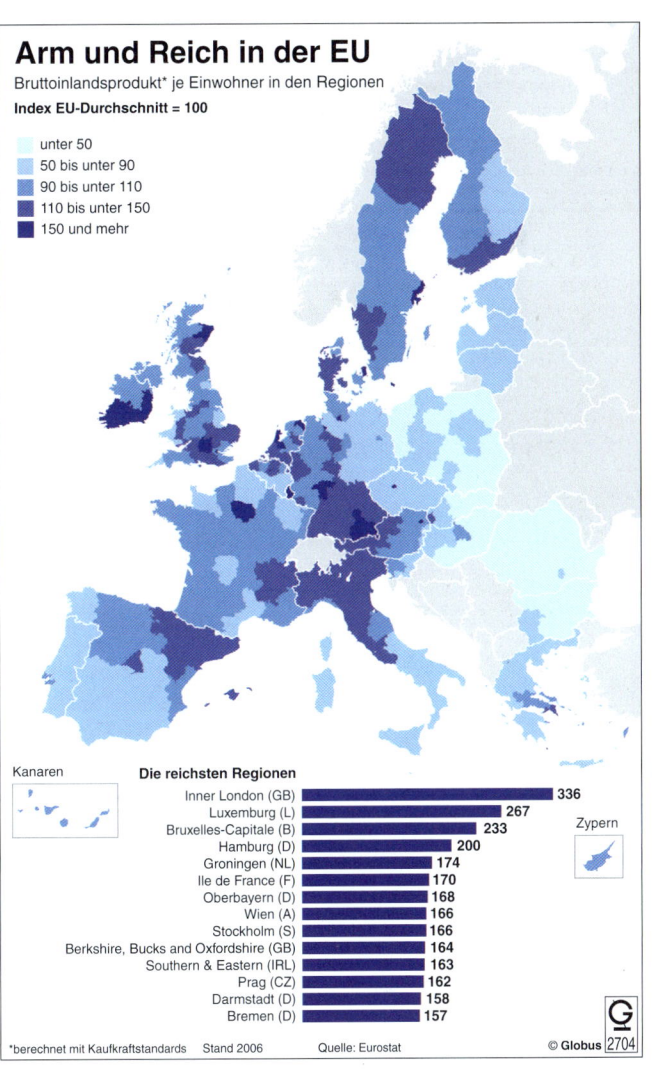

▲ **Die Wirtschaftskraft der EU-Länder im Jahr 2006.**
- Nennen Sie die Länder mit dem geringsten und die Regionen mit dem höchsten Bruttoinlandsprodukt.
- Diskutieren Sie, ob sich die wirtschaftliche Leistung in der Stimmengewichtung für die jeweiligen Länder niederschlagen sollte.

▲ **Wer den Schaden hat …**
Karikatur zur Situation in Griechenland von 2012.

Welche Richtung nimmt der Binnenmarkt? Die Währung als Problem
Der Einigungsprozess war um 1950 zunächst als politisches Projekt gedacht. Sein Motor wurde dann doch der Binnenmarkt. Es gelang, ihn zu „vollenden", als er weitgehend den freien Verkehr von Waren, Personen, Dienstleistungen und Kapital gewährleistete. Jedoch bedarf er des fortgesetzten Ausbaus, wie auch die Währungsunion, die nach dem Maastrichter Vertrag 1993 verwirklicht wurde.

Dem Binnenmarkt stellen sich drei Herausforderungen: Erstens soll eine *Energiepolitik* den Ausbau erneuerbarer Energien und die Energieeffizienz fördern. Die größere Herausforderung ist zweitens die Koordinierung der *Sozialpolitik*, die im Amsterdamer Vertrag 1999 als Aufgabe formuliert wurde. Bisher ist die Sozialpolitik immer noch ein nationales Politikfeld, das in Wahlkämpfen eine bedeutende Rolle spielt. Die Wähler erwarten allerdings auch ein Engagement der EU. Drittens muss der weite Abstand zwischen reichen und armen EU-Staaten verringert werden.

Die Währungsunion galt den einen als Krönung des Binnenmarkts, den anderen als Union des Währungsverfalls. Die meisten Experten freilich versichern heute, dass sich der Euro in einer Weise bewährt hat, wie man es nicht erwarten konnte. Sie bestätigen aber auch die Bedenken, dass die *Stabilität* des Euro stets gefährdet ist, sobald Einzelstaaten in wirtschaftliche und finanzielle Schieflage geraten.

Außerdem verlangt die Währungsunion „Konvergenzkriterien", d. h. als Bedingung für ihre Mitglieder eine Haushalts- und Preisstabilität. Die Staaten dürfen sich jährlich nicht höher verschulden als um drei Prozent, insgesamt nicht höher als mit 60 Prozent ihres Bruttosozialprodukts. Die Verstöße gegen diese Kriterien sind zahlreich. Die Preisstabilität der Euro-Zone wurde von der Europäischen Zentralbank in Frankfurt erfolgreich überwacht. Jedoch erwies sich in der Schuldenkrise Griechenlands 2010, dass die Europäische Zentralbank nicht anders als die Nationalbanken der USA und Großbritanniens gegen die eherne Regel verstieß, keine Staatsanleihen anzukaufen. Letztlich erweitert das den Geldumlauf und kann inflationäre Entwicklungen auslösen. Dabei wies das gemeinsame, obschon späte Handeln der EU-Staaten in der Schuldenkrise in die Zukunft. So wollen die Mitgliedsländer ihre Finanz- und Wirtschaftspolitik künftig stärker miteinander abstimmen und Einzelstaaten gemeinsam notfalls mit Krediten und der Übernahme von Schulden vor der Zahlungsunfähigkeit bewahren.

Europa – eine Weltmacht? Der Einsatz des europäischen Potenzials
Wirtschaftlich ist die EU eine Weltmacht, politisch und militärisch nicht. In den 1970er-Jahren begann die „Europäische Politische Zusammenarbeit" die Politik zu koordinieren. Als erster EU-Vertrag stellte die Einheitliche Europäische Akte 1986 die Weichen für eine Gemeinsame Außen- und Sicherheitspolitik (GASP), die der Maastrichter Vertrag formulierte.

Tatsächlich aber sprach Europa in allen darauf folgenden Krisen mit nationalen Stimmen. Erst der Lissaboner Vertrag etablierte 2009 einen Hohen Vertreter für die Außen- und Sicherheitspolitik der EU und einen Europäischen Auswärtigen Dienst. Damit verfügt die EU über ein eigenes Außenministerium. Gegner kritisieren die 2010 in Gang gekommene Besetzung des Dienstes als zu kostspielig und überflüssig. Aber Skepsis begleitete den Einigungsprozess in allen fünf Jahrzehnten, in denen er trotzdem stetig voranschritt.

Soll und kann Europa eine Gemeinsame Außen- und Sicherheitspolitik betreiben, letztlich eine *Weltpolitik*, die seinem Potenzial entspricht? Es gibt Argumente dafür. Im Zeitalter der Globalisierung versteht sich die EU nicht in erster Linie als Binnenmarkt. Vielmehr will sie ihre Kräfte bündeln, da sich der politische Einfluss ihrer Einzelstaaten verringert. Zudem erwarten die Partner weltweit ein stärkeres Engagement Europas. Die EU wird das freilich nicht in einem eng verstandenen Vorteilsdenken tun können. Der Friede, den sie auf dem eigenen Kontinent stabilisiert, ist abhängig vom Frieden außerhalb. Daher muss die EU ihr wirtschaftliches und militärisches Potenzial künftig stärker für den Frieden in der Welt einsetzen (▶ M6).

Um auch in der Hochtechnologie als konkurrenzfähige „global player" zu agieren, arbeiten Unternehmen, Banken und Staaten aus verschiedenen europäischen Ländern in Konsortien* und Organisationen zusammen. Beispiele dafür sind die EADS (*European Aeronautic Defence and Space Company*) mit dem Luftfahrtunternehmen Airbus und die europäische Weltraumorganisation ESA (*European Space Agency*). Teure Projekte dienen zum Teil dem Prestige der europäischen Staaten und lassen die europäische Wirtschaft von technologischen Entwicklungen profitieren.

Gibt es eine Wertegemeinschaft? Europäische Identität

Die EU hat im Lauf der Jahrzehnte eine *Identität* entwickelt. Die Reden der führenden Staatsmänner erinnern nicht mehr so häufig wie um 1950 an die Werte des Christentums und der Antike. Frieden und Freiheit sind jedoch Kernbegriffe der Wertegemeinschaft geblieben. Darüber hinaus werden Werte genannt, die europäisch und westlich-atlantisch zugleich sind: die Vernunft (Rationalität, Rationalismus), die Säkularisierung (Trennung von Kirche und Staat) sowie die Demokratie (Herrschaft des Volkes) als Garant der Menschenrechte und des Rechts.

Die Frage, ob diese Orientierungen in der Politik zum Tragen kommen, stellt sich in jedem Einzelfall. Ein Beispiel ist die Integration der arabischen und türkischen Minderheiten. Sie kommen aus einer anderen Wertewelt, in der die Religion weit mehr gilt als rein weltliche Vernunftgründe, in der auch die Demokratie keine vergleichbare Tradition hat und anders verstanden wird als in Europa. Die Herausforderung für Europa ist, die schwierige Integration der Zuwanderer zu bewältigen, ohne die eigenen Werte des Friedens, der Freiheit und der Demokratie zu missachten. Aber die Herausforderung, die in Reden beschworenen Werte in unmittelbare Politik umzusetzen, betrifft jedes Handlungsfeld, auch die demokratischen Ordnungen der Europäer selbst.

Stiftet die gemeinsame Kultur und Akzeptanz der Werte auch eine Identität bei den Bürgern, verstanden als Übereinstimmung, *Identifizierung* mit Europa? Eine Umfrage im Jahr 2004 brachte folgendes Ergebnis: 86 Prozent der Befragten waren stolz auf ihre Nationalität, 68 Prozent waren stolz darauf, Europäer zu sein.

Noch kann keine Rede davon sein, dass sich eine gemeinsame europäische Öffentlichkeit gebildet hat. Deshalb konzentrieren sich – abgesehen von Eliten in Politik, Wirtschaft und Kultur – die Diskussionen über europäische Fragen noch immer auf den nationalen Raum. Europäische oder länderübergreifende Medien spielen somit nur eine sehr untergeordnete Rolle. Um den Austausch zwischen den Ländern zu erweitern und zu vertiefen, ermöglichen europäische Bildungsprogramme wie **SOKRATES** und **ERASMUS** jungen Menschen für längere Zeit in anderen europäischen Ländern zu leben und helfen Sprachbarrieren sowie Vorurteile abzubauen.

---

*Konsortium: Zusammenschluss von Unternehmen und Banken zur Durchführung eines größeren Geschäftes

▲ **Lena Meyer-Landrut, die Gewinnerin des Eurovision Song Contest 2010.**
Der Eurovision Song Contest (früher Grand Prix Eurovision de la Chanson) ist ein Liederwettbewerb der Europäischen Rundfunkunion (EBU), in der 57 Länder aus Europa, Asien und Nordafrika vertreten sind. Er wird seit 1956 jährlich ausgetragen. Beim Finale entscheiden die Zuschauer der teilnehmenden Länder das Ergebnis mit.

- Erörtern Sie, ob die Veranstaltung die europäische Identität stärkt oder ob der Konkurrenzgedanke im Vordergrund steht.
- Nennen Sie weitere europäische Organisationen aus unterschiedlichen gesellschaftlichen Bereichen (z. B. Sport, Kultur). Informieren Sie sich über die beteiligten Mitgliedsländer. Diskutieren Sie, welche Bedeutung sie für Europa haben.

SOKRATES: Aktionsprogramm der EU zur Förderung der transnationalen Zusammenarbeit im Bildungsbereich; 2006 abgelöst durch das „Programm für lebenslanges Lernen"

ERASMUS: Teil des Programms SOKRATES und dann des „Programms für lebenslanges Lernen"; gegründet 1997, um die Zusammenarbeit der europäischen Hochschulen und vor allem die Mobilität der Studenten zu fördern

▲ „Aber bitte – schön artig!"
Karikatur von Burkhard Mohr/Baaske Cartoons, 1995.
■ Erläutern Sie, worauf die Karikatur anspielt.

M1 Überdehnungsschmerzen

Der Politikwissenschaftler Heinz Theisen zeigt sich äußerst skeptisch bezüglich einer weiteren Ausdehnung des EU-Raums:

Statt um Vertiefung und Erweiterung geht es jetzt um Differenzierung und Abstufung. Um der Union zu einer handlungsfähigen Selbstbehauptung zu verhelfen, muss sie sich in der politischen Zusammenarbeit auf ihren engeren Integ-
5 rationsraum konzentrieren. In einem weiteren Raum würde es nicht mehr um eine auf politischen Gemeinsamkeiten beruhende Integration, sondern nur um eine auf ökonomischen Interessen beruhende Kooperation gehen. Dies gilt vor allem hinsichtlich der nur relativ gleichen Länder des ortho-
10 doxen Osteuropa. Im Raum der Koexistenz mit der islamischen Welt ginge es primär um die gegenseitige Organisation von Distanz. [...]
Mit der Türkei als Vollmitglied würde die Europäische Union zu einem Anrainer des Nahen Ostens und des Kaukasus. Mit
15 einem muslimischen Mitgliedstaat würde die Union zwischen alle kulturellen Fronten und Konflikte geraten und als neutraler Vermittler etwa im Nahen Osten ausfallen. Die angestrebte Gemeinsame Außen- und Sicherheitspolitik der EU hätte keine Chance mehr. Eine nicht dezidiert westliche
20 Europäische Union wäre gewissermaßen ein transkulturelles Gebilde und daher kein Beitrag zu einer neuen Weltordnung der Kulturen, die sich in der entstehenden Multipolarität abzeichnet. Sowohl die zunehmende Islamisierung als auch die erstarkende Wirtschaft der Türkei verringert die dortige Begeisterung für Europa. Die Türkei ist eine Macht aus eigenem Recht und könnte darüber zum wichtigsten Kooperationspartner der EU im östlichen Mittelmeer werden. [...]
Die Türkei ist längst stark genug, um eine eigene Führungsrolle in der Region zu übernehmen. Da eine politische Integration in die EU diese behindern würde, liegt ein Beitritt nur noch im wirtschaftlichen Interesse der Türkei. Die EU fände sich auf die Rolle reduziert, anatolische Armutsregionen zu subventionieren, und würde dem türkischen Staat eine Konzentration auf seine Machtobjekte erleichtern. [...]
Das Ziel einer gesamteuropäischen Union ist irreal. Möglich ist eine differenzierte Integration, in der nicht Gemeinsamkeiten, sondern Gegenseitigkeiten die Maßstäbe sind für eine Differenzierung nach Räumen der politischen Integration, der ökonomischen Kooperation und der kulturellen Koexistenz. Für den Wiederaufbau eines handlungsfähigen Kerns sind die Ein- und Ausgrenzungen in Zukunft nach realpolitischen Kriterien des Möglichen zu treffen. Allerdings müsste dafür auch unser Realitätsverständnis erweitert werden. Kulturen, dies haben Spätsozialisten und Neoliberale noch zu lernen, sind eine wesentliche Voraussetzung für das Funktionieren von Währungszonen, politischen Strukturen und Märkten.

Heinz Theisen, Überdehnungsschmerzen. Die EU muss ihre Grenzen definieren, in: Merkur 64 (2010), S. 1059-1067, hier S. 1064-1067

1. Nehmen Sie Stellung zu den Prinzipien, die Theisen für eine weitere Integration der EU formuliert.
2. Bewerten Sie die Argumente, die aus seiner Sicht gegen einen Beitritt der Türkei zur EU sprechen.
3. Erwägen Sie grundsätzlich das Pro und Kontra eines Beitritts der Türkei. Sammeln Sie dazu selbstständig Gesichtspunkte (über die im Text genannten hinaus) und diskutieren Sie in der Form eines Podiumsgesprächs. Jeweils zwei Mitschüler sollten die Argumente für bzw. gegen einen Beitritt vortragen, woran sich eine allgemeine Diskussion anschließt.
4. Diskutieren Sie die Schlussthese von Theisen, dass Kulturen eine wesentliche Voraussetzung für das Funktionieren von Währungszonen, politischen Strukturen und Märkten seien. Klären Sie dabei, wie der Begriff „Kultur" definiert werden kann, den Theisen nicht näher kennzeichnet.

M2 Der Vertrag von Lissabon

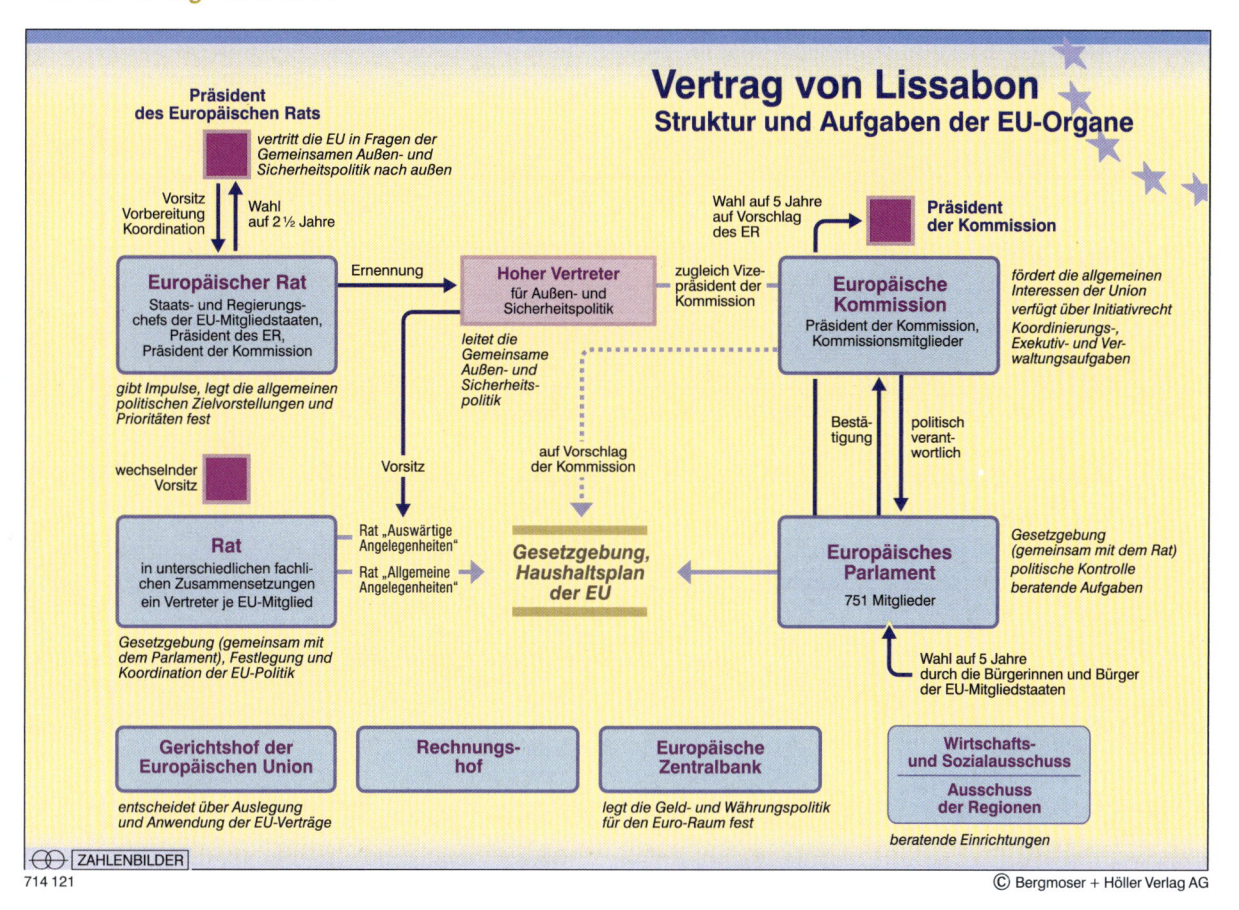

Vertrag von Lissabon
Struktur und Aufgaben der EU-Organe

Präsident des Europäischen Rats
vertritt die EU in Fragen der Gemeinsamen Außen- und Sicherheitspolitik nach außen
Vorsitz / Vorbereitung / Koordination — Wahl auf 2 ½ Jahre

Europäischer Rat
Staats- und Regierungschefs der EU-Mitgliedstaaten, Präsident des ER, Präsident der Kommission
gibt Impulse, legt die allgemeinen politischen Zielvorstellungen und Prioritäten fest

Ernennung →

Hoher Vertreter für Außen- und Sicherheitspolitik
leitet die Gemeinsame Außen- und Sicherheitspolitik
zugleich Vizepräsident der Kommission

Präsident der Kommission
Wahl auf 5 Jahre auf Vorschlag des ER

Europäische Kommission
Präsident der Kommission, Kommissionsmitglieder
fördert die allgemeinen Interessen der Union; verfügt über Initiativrecht; Koordinierungs-, Exekutiv- und Verwaltungsaufgaben

wechselnder Vorsitz

Rat
in unterschiedlichen fachlichen Zusammensetzungen ein Vertreter je EU-Mitglied
Gesetzgebung (gemeinsam mit dem Parlament), Festlegung und Koordination der EU-Politik

Rat „Auswärtige Angelegenheiten"
Rat „Allgemeine Angelegenheiten"

auf Vorschlag der Kommission

Gesetzgebung, Haushaltsplan der EU

Bestätigung / politisch verantwortlich

Europäisches Parlament
751 Mitglieder
Gesetzgebung (gemeinsam mit dem Rat), politische Kontrolle, beratende Aufgaben
Wahl auf 5 Jahre durch die Bürgerinnen und Bürger der EU-Mitgliedstaaten

Gerichtshof der Europäischen Union
entscheidet über Auslegung und Anwendung der EU-Verträge

Rechnungshof

Europäische Zentralbank
legt die Geld- und Währungspolitik für den Euro-Raum fest

Wirtschafts- und Sozialausschuss
Ausschuss der Regionen
beratende Einrichtungen

---

1. Im Vertrag von Lissabon haben die Staats- und Regierungschefs versucht, verschiedene Ziele zu erreichen. Die Union sollte erstens bürgernäher und transparenter werden; zweitens sollten die Entscheidungsstrukturen effizienter werden; drittens wollten die einzelnen Mitgliedstaaten ein möglichst großes Mitspracherecht für sich reservieren. Arbeiten Sie heraus, welche(s) der drei Ziele jeweils durch Neuregelungen des Reformvertrages erreicht werden kann/können.

2. Ordnen Sie die Institutionen den drei Gewalten Legislative, Exekutive und Judikative zu. Arbeiten Sie die Gründe dafür heraus, dass an der Legislative mehrere Organe beteiligt sind.

3. Nehmen Sie Stellung dazu, ob die Europäische Union durch den Vertrag tatsächlich demokratischer und bürgernäher wird.

M3 Die Institutionen der Europäischen Union

Europäische Kommission (früher „Hohe Behörde"):
- oberstes Exekutivorgan in den Europäischen Gemeinschaften und der EU
- überwacht die Einhaltung der EU-Verträge, den Wettbewerb und die Haushaltsdisziplin der Mitgliedsländer
- alleiniges Gesetzesinitiativrecht
- ihm gehören seit 2009 der Kommissionspräsident, der Hohe Vertreter für Außen- und Sicherheitspolitik (Vizepräsident) sowie je ein stimmberechtigter Kommissar aus den 27 Mitgliedsländern an

Europäischer Rat:
- oberstes Lenkungsorgan, das über die Leitlinien der EU entscheidet; tritt mindestens zweimal im Jahr zusammen
- 1974 als Institution gebildet; seit 2009 festes Organ der EU
- Mitglieder: Staats- bzw. Regierungschefs (bis 2009 auch die Außenminister der Länder)
- seit 2009 steht ihm der Präsident des Europäischen Rates vor

Europäisches Parlament (bis 1986 offiziell „Versammlung der Europäischen Gemeinschaften"):
- Mitglieder wurden zunächst von den Parlamenten der Mitgliedstaaten entsandt; 1979 erste Direktwahl
- jedem Mitgliedsland steht eine bestimmte Anzahl an Mandaten zu
- ursprünglich nur sehr beschränkte Haushalts- und Kontrollfunktionen gegenüber der Kommission; entscheidet mittlerweile mit bei den meisten Gesetzesvorschlägen (ausgenommen Außenpolitik sowie Bereiche bei der sozialen Sicherheit, in der Justiz- und Innenpolitik); Letztentscheidungsrecht bei den Ausgaben der EU; muss zustimmen bei der Entscheidung über den Kommissionspräsidenten und die Besetzung der Kommission

Rat der Europäischen Union (Ministerrat):
- ursprünglich einziges legislatives Organ der Europäischen Gemeinschaften (EGKS, Euratom und EWG)
- entscheidet als Exekutivorgan über die Durchführung von Rechtsakten
- tagt je nach Fachbereich in verschiedenen Zusammensetzungen; das Abstimmungsverhalten für die einzelnen Mitgliedsländer legt der jeweilige Vertreter der Regierungen fest
- ursprünglich in der Regel Einstimmigkeit vorgeschrieben; diese gilt noch immer grundsätzlich bei der Gemeinsamen Außen- und Sicherheitspolitik; ab 2014 soll das Prinzip der doppelten Mehrheit gelten (55% der Mitgliedstaaten, die gleichzeitig 65% der Bevölkerung repräsentieren)

Europäischer Gerichtshof:
- sichert Wahrung des Rechts und einheitliche Rechtsauslegung
- verhandelt Klagen von Mitgliedstaaten, EU-Institutionen, Unternehmen und Einzelpersonen

1. Bestimmen Sie die Einflussmöglichkeiten der Bürgerinnen und Bürger.
2. Nehmen Sie Stellung zu dem Urteil, wonach es unstatthaft sei, dass sich eine Union demokratischer Länder eine undemokratische Regierung leisten könne. Ziehen Sie dafür auch historische Gründe heran.

M4 Bananenbürokratie und politische Enteignung der Bürger

Hans Magnus Enzensberger, deutscher Dichter, der sich leidenschaftlich immer wieder Zeitfragen zuwendet, kritisiert unter dem Titel „Wehrt euch gegen die Bananenbürokratie!" 2010 in der „Frankfurter Allgemeinen Zeitung" die Europäische Union:

Meine Lobrede auf die Europäische Union ist kurz. In der Geschichte unseres Erdteils gibt es nur wenige Jahrzehnte, in denen der Friede geherrscht hat. Zwischen den Staaten, die diesem Bund angehören, ist es seit 1945 zu keinem einzigen bewaffneten Konflikt mehr gekommen. Das ist eine Anomalie, auf die Europa stolz sein kann.

Auch über eine Reihe von anderen Annehmlichkeiten können wir uns freuen. Sie sind inzwischen so selbstverständlich geworden, dass sie uns kaum noch auffallen. Ich bin aber alt genug, um mich daran zu erinnern, wie mühsam es nach dem Zweiten Weltkrieg war, ein benachbartes Land zu betreten. [...]

Schon seit der Gründung der Europäischen Gemeinschaften haben Ministerrat und Kommission dafür gesorgt, dass die Bevölkerung bei ihren Beschlüssen nichts mitzureden hat. Als hätte es die Verfassungskämpfe des neunzehnten und zwanzigsten Jahrhunderts nie gegeben, haben sie sich von Anfang an auf eine Kabinettspolitik verständigt, die alles Wesentliche im Hinterzimmer aushandelt. Dass dieser Rückfall in vorkonstitutionelle[1] Zustände durch kosmetische Korrekturen zu heilen wäre, glaubt inzwischen niemand mehr. Das viel beschworene demokratische Defizit ist also nichts weiter als ein vornehmer Ausdruck für die politische Enteignung der Bürger.

Damit befinden sich die Akteure in einer äußerst komfortablen Situation. Anders als in einem klassischen Rechtsstaat gibt es im Regime der Europäischen Union keine richtige Gewaltenteilung. [...] Die Kommission hat praktisch ein Monopol für die Gesetzesinitiative. Sie verhandelt und entwirft ihre Richtlinien hinter geschlossenen Türen. Die Kontrolle durch das Europaparlament ist schwach. Es kann nur über etwa vierzig Prozent des Budgets entscheiden. Die klassische Regel „No taxation without representation" hat hier keine Gültigkeit. Die über fünfzehntausend Lobbyisten, die in Brüssel tätig sind, haben mehr Einfluss auf die Entscheidungen der Kommission als alle Abgeordneten. [...]

Was aber die Bewohner unseres Erdteils am meisten nervt, ist der Regelungswahn der Brüsseler Behörden. [...] Es gibt einen schönen Satz des deutschen Philosophen Odo Marquard, den man der Eurokratie gerne hinter die Ohren schreiben möchte: „Es kommt nicht darauf an, die Welt zu verändern, sondern sie zu verschonen." Leider folgt man in Brüssel lieber einer anderen Maxime. Sie lautet: Augen zu und durch. Nun fällt es den Angehörigen einer jeden politischen Klasse natürlich schwer einzusehen, dass sie nicht unsere Herren, sondern unsere Diener sind.

Hans Magnus Enzensberger, Wehrt euch gegen die Bananenbürokratie!, in: FAZ vom 3. Februar 2010, Nr. 28, S. 27

[1] vorkonstitutionell: bevor es Verfassungen gab

1. Fassen Sie die Kritik Enzensbergers zusammen.
2. Arbeiten Sie anhand selbst gewählter Beispiele heraus, wie aus Ihrer Sicht überflüssige Vorschriften erlassen wurden. Geben Sie dabei, wenn möglich, den Akteur an (Kommune, Land ... EU).
3. Diskutieren Sie den Vorwurf der „politische[n] Enteignung der Bürger" (Zeile 23).

M5 Zustimmung zur Mitgliedschaft in der EG bzw. EU 1981–2009

Der Umfrage in allen Ländern der EG bzw. EU lag die Frage zugrunde: „Glauben Sie, dass die Mitgliedschaft in der Europäischen Gemeinschaft ... ist?"

1. Beschreiben Sie die überwiegend geringen Veränderungen, die aus dem Liniendiagramm hervorgehen.
2. Diskutieren Sie, ob aus solchen Umfragen Rückschlüsse auf eine europäische Identität gezogen werden können.

Nach: Standard Eurobarometer 52 und 73; http://ec.europa.eu/public-opinion [Zugriff vom 29. November 2010]

◀ **EUPOL.**
*Foto vom 28. März 2010.
Zur Gemeinsamen Außen- und Sicherheitspolitik der EU gehören auch friedenserhaltende oder -schaffende Maßnahmen. Bei der Mehrzahl der EU-Missionen, die es im Zeitraum zwischen 1992 und 2009 gab, handelte es sich um zivile Einsätze.
In Afghanistan unterstützt die EU den Aufbau einer Polizei. Das Bild zeigt einen Ausbildungsleiter aus Schleswig-Holstein (rechts).*

M6 Die weltpolitische Herausforderung der EU

Der Politikwissenschaftler Herfried Münkler erläutert 2005 in seinem Buch über „Imperien" (vom antiken Rom bis zu den USA) auch die weltpolitische Lage Europas:

Europa ist durch die veränderten Konstellationen nach dem Ende des Ost-West-Gegensatzes und dem Zusammenbruch der Sowjetunion erheblich stärker herausgefordert, als man sich dies Anfang der 1990er-Jahre vorstellen konnte und wollte. Zunächst wurde das Ende des weltpolitischen Gegensatzes als Chance begriffen, die Teilung des Kontinents in zwei konträre politische Lager zu überwinden und den in Westeuropa begonnenen Prozess einer die Nationalstaaten übergreifenden wirtschaftlichen und politischen Integration schrittweise auf Mittel- und Osteuropa auszudehnen. Rückblickend zeigt sich, dass man den befürchteten Widerstand Russlands überschätzt, während man die dabei auftretenden wirtschaftlichen und sozialen Probleme unterschätzt hat. Dass sich mit der „Wiedervereinigung Europas" auch dessen politisches Gewicht verändern und es weltpolitisch eine gewichtigere Rolle spielen werde, ist von einigen Beobachtern vorausgesagt worden, wobei die Erwartungen bezüglich der Rolle, die den Europäern dabei zufallen werde, in der Regel weit überzogen waren. [...]

Tatsächlich bestand und besteht die Herausforderung der Europäischen Union darin, dass sie auf der einen Seite mit einem postimperialen Raum konfrontiert war, in dem sich mit großer Geschwindigkeit alle die Konflikte und Instabilitäten entwickelten, die für postimperiale Räume typisch sind, während sich auf der anderen Seite die bislang als wohlwollender Hegemon[1] agierende westliche Führungsmacht zunehmend in einen imperialen Akteur verwandelte, der auf die Wünsche und Vorstellungen seiner Verbündeten kaum noch Rücksicht nahm. Die meisten europäischen Politiker sind von diesen Entwicklungen auch deswegen überrascht worden, weil sie die Handlungslogik eines Imperiums nicht auf ihrer Rechnung hatten: Sie dachten in der politischen Recheneinheit Staat – und wurden mit postimperialen Räumen auf der einen und einem imperialen Akteur auf der anderen Seite konfrontiert. Die Irritationen begannen bei der Frage, welche Reaktion auf die jugoslawischen Zerfallskriege angemessen sei, und steigerten sich bis zu den politischen Zerwürfnissen im Vorfeld des Irak-Krieges. Hat nun, wie einige meinen, Europa an Bedeutung und Einfluss gewonnen? Oder hat es, wie andere dagegenhalten, an beidem verloren?

Herfried Münkler, Imperien. Die Logik der Weltherrschaft – vom Alten Rom bis zu den Vereinigten Staaten, Berlin 2005, S. 245 f.

1. *Erläutern Sie die „Wiedervereinigung Europas" durch die EU. Was ist mit postimperialem Raum gemeint?*
2. *Analysieren Sie das politische Verhalten der EU-Staaten im Rahmen der Jugoslawien-Kriege und des Irak-Krieges, die Münkler nennt.*
3. *Überprüfen Sie, welche Antwort auf die beiden Schlussfragen Münklers angemessen ist. Ist Europa seit 1990 in der Welt wichtiger geworden?*

[1] Hegemon (griech.): Vorherrscher, Vormacht

Kollektive Sicherheitssysteme: die Vereinten Nationen

Vom Völkerbund zur UNO Bereits vor dem Eintritt der Vereinigten Staaten in den Zweiten Weltkrieg hatten der amerikanische Präsident Franklin D. Roosevelt und der britische Premierminister Winston S. Churchill den Plan gefasst, eine neue Weltorganisation zur Sicherung des Friedens zu schaffen, da sich der 1920 gegründete Völkerbund und der Briand-Kellogg-Pakt von 1928 als wirkungslos erwiesen hatten. Vor allem die Amerikaner wollten ihre freiheitlichen Ideale in einer künftigen „One World" verwirklicht sehen. Das Ergebnis der amerikanisch-britischen Gespräche war die am 14. August 1941 verkündete Atlantik-Charta*. Auch der sowjetische Diktator Josef W. Stalin bekannte sich 1942 zu den Zielen der Charta. Trotz des entstehenden Ost-West-Gegensatzes zwischen den beiden bipolaren Systemen hielten die Mächte auch nach Kriegsende an der Idee fest, eine neue Weltorganisation zu gründen.

Am 26. Juni 1945 – in Japan dauerte der Krieg noch an – beschlossen in San Francisco 50 Staaten** einstimmig die Satzung der Vereinten Nationen (UN = *United Nations*). Die Charta trat wenige Monate später, am 24. Oktober 1945, in Kraft. Feierlich erklärten die Staaten, die „kommenden Generationen vor der Geißel des Krieges" bewahren zu wollen. Ein hehres Ziel, ist der Traum vom Frieden doch so alt wie die Menschheit selbst, deren Geschichte über Jahrtausende durch Kriege und Konflikte gekennzeichnet ist. Auch heute, mehr als 20 Jahre nach dem Ende des Ost-West-Konflikts, hat sich die Hoffnung vieler Menschen auf eine friedliche Epoche der Weltgeschichte und auf eine weitergehende Demokratisierung und Zivilisierung internationaler politischer und ökonomischer Beziehungen noch immer nicht erfüllt.

Ziele und Prinzipien Die Vereinten Nationen entstanden unter dem Eindruck der Katastrophe des Zweiten Weltkrieges mit dem Ziel, durch eine globale Organisation künftig Frieden und Sicherheit in der Welt zu gewährleisten, wobei man damals vor allem an die Verhinderung von zwischenstaatlichen Kriegen dachte. Die UNO beruht auf dem Prinzip der gleichberechtigten Zusammenarbeit souveräner Staaten (multilaterale intergouvernementale Zusammenarbeit). Es werden im Gegensatz zur EU keine Souveränitätsrechte an die UNO abgetreten, sondern in deren Gremien verhandeln und beschließen Vertreter der beteiligten Staaten. Allerdings verpflichten sich die Mitgliedstaaten, ihr Verhalten an den in der Charta der Vereinten Nationen festgelegten Prinzipien zu orientieren. Für die Sicherung des Friedens besonders wichtig sind hier die Verpflichtung zur Beilegung von Streitfällen mit friedlichen Mitteln und das Verbot der Androhung oder Anwendung von Gewalt (▶ M1).

▲ „Non-Violence."
Foto von 2003. Skulptur von Carl Fredrik Reuterswärd auf der Visitor's Plaza vor dem UN-Gebäude in New York.

Briand-Kellogg-Pakt: vom französischen Außenminister Aristide Briand und seinem amerikanischen Amtskollegen Frank Billings Kellogg ausgearbeitetes Abkommen zur Friedenssicherung; legte den Grundstein für die völkerrechtliche Ächtung des Krieges. Der Pakt wurde am 27. August 1928 in Paris von 15 Staaten unterzeichnet, die sich verpflichteten, künftig auf Krieg als Mittel zur Lösung internationaler Streitfälle zu verzichten. Deutschland trat dem Abkommen – wie 62 andere Staaten bis 1929 auch – ebenfalls bei.

---
* Siehe S. 175.
** Da Polen die Charta erst später unterzeichnete, waren es nur 50 Staaten. Polen zählt dennoch zu den 51 Gründungsmitgliedern der UNO.

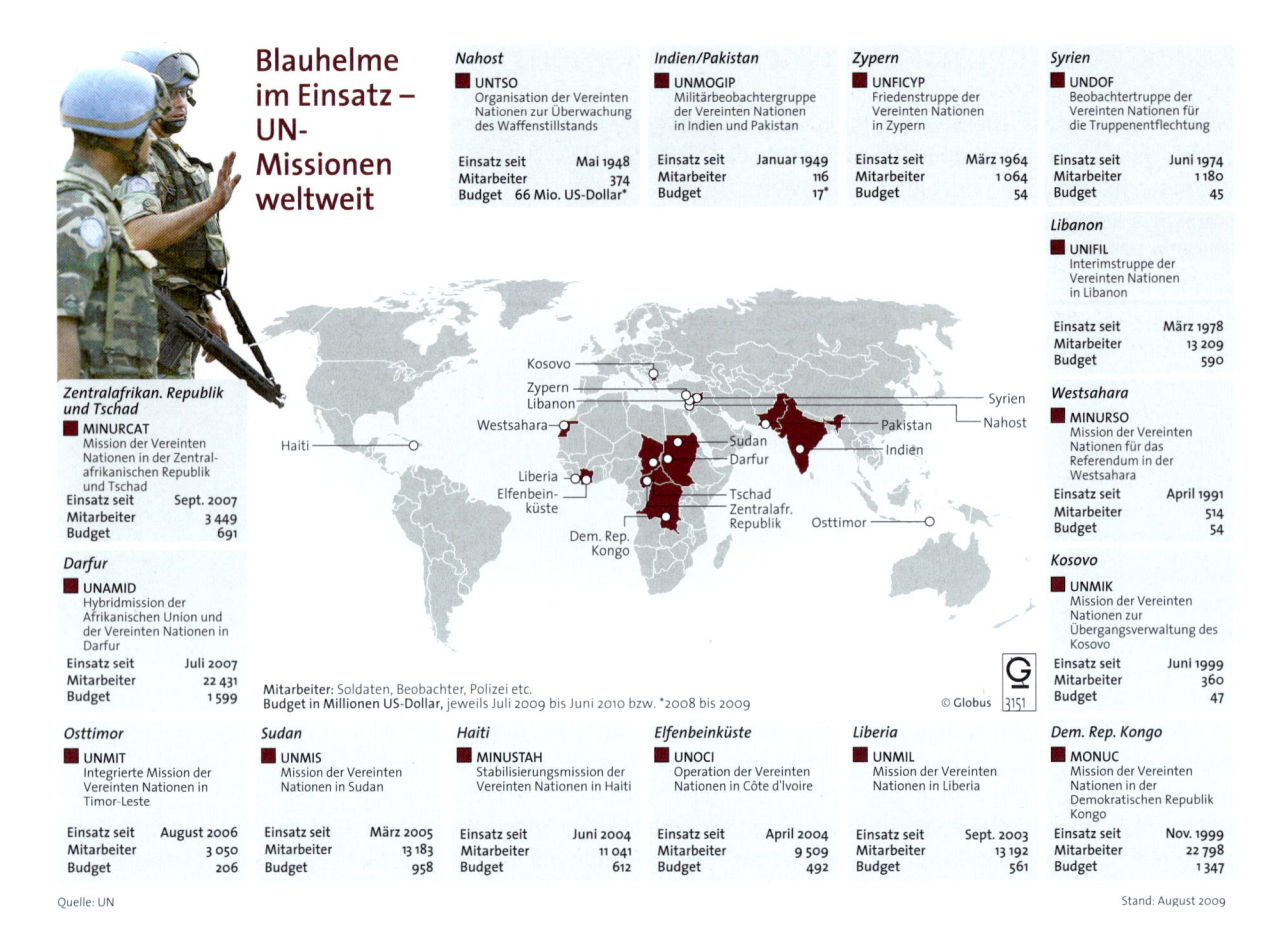

Blauhelme im Einsatz – UN-Missionen weltweit

Nahost
- UNTSO
  Organisation der Vereinten Nationen zur Überwachung des Waffenstillstands
  Einsatz seit: Mai 1948
  Mitarbeiter: 374
  Budget: 66 Mio. US-Dollar*

Indien/Pakistan
- UNMOGIP
  Militärbeobachtergruppe der Vereinten Nationen in Indien und Pakistan
  Einsatz seit: Januar 1949
  Mitarbeiter: 116
  Budget: 17*

Zypern
- UNFICYP
  Friedenstruppe der Vereinten Nationen in Zypern
  Einsatz seit: März 1964
  Mitarbeiter: 1 064
  Budget: 54

Syrien
- UNDOF
  Beobachtertruppe der Vereinten Nationen für die Truppenentflechtung
  Einsatz seit: Juni 1974
  Mitarbeiter: 1 180
  Budget: 45

Libanon
- UNIFIL
  Interimstruppe der Vereinten Nationen in Libanon
  Einsatz seit: März 1978
  Mitarbeiter: 13 209
  Budget: 590

Westsahara
- MINURSO
  Mission der Vereinten Nationen für das Referendum in der Westsahara
  Einsatz seit: April 1991
  Mitarbeiter: 514
  Budget: 54

Zentralafrikan. Republik und Tschad
- MINURCAT
  Mission der Vereinten Nationen in der Zentralafrikanischen Republik und Tschad
  Einsatz seit: Sept. 2007
  Mitarbeiter: 3 449
  Budget: 691

Darfur
- UNAMID
  Hybridmission der Afrikanischen Union und der Vereinten Nationen in Darfur
  Einsatz seit: Juli 2007
  Mitarbeiter: 22 431
  Budget: 1 599

Kosovo
- UNMIK
  Mission der Vereinten Nationen zur Übergangsverwaltung des Kosovo
  Einsatz seit: Juni 1999
  Mitarbeiter: 360
  Budget: 47

Osttimor
- UNMIT
  Integrierte Mission der Vereinten Nationen in Timor-Leste
  Einsatz seit: August 2006
  Mitarbeiter: 3 050
  Budget: 206

Sudan
- UNMIS
  Mission der Vereinten Nationen in Sudan
  Einsatz seit: März 2005
  Mitarbeiter: 13 183
  Budget: 958

Haiti
- MINUSTAH
  Stabilisierungsmission der Vereinten Nationen in Haiti
  Einsatz seit: Juni 2004
  Mitarbeiter: 11 041
  Budget: 612

Elfenbeinküste
- UNOCI
  Operation der Vereinten Nationen in Côte d'Ivoire
  Einsatz seit: April 2004
  Mitarbeiter: 9 509
  Budget: 492

Liberia
- UNMIL
  Mission der Vereinten Nationen in Liberia
  Einsatz seit: Sept. 2003
  Mitarbeiter: 13 192
  Budget: 561

Dem. Rep. Kongo
- MONUC
  Mission der Vereinten Nationen in der Demokratischen Republik Kongo
  Einsatz seit: Nov. 1999
  Mitarbeiter: 22 798
  Budget: 1 347

Mitarbeiter: Soldaten, Beobachter, Polizei etc.
Budget in Millionen US-Dollar, jeweils Juli 2009 bis Juni 2010 bzw. *2008 bis 2009

Quelle: UN © Globus 3151 Stand: August 2009

▲ **Blauhelme im Einsatz.**
Grafik der UNO von 2009.

Organisation der UNO Das im Laufe der Jahre entstandene, äußerst komplexe UNO-System besteht aus den Hauptorganen und den durch die UN geschaffenen Hilfsorganisationen (z. B. Kinderhilfswerk UNICEF, Entwicklungsprogramm UNDP) sowie den durch Abkommen an die UNO gebundenen Sonderorganisationen (z. B. die UNESCO oder der Internationale Währungsfonds IWF). Die UNO hat 192 Mitgliedstaaten (2008); diese haben ihre Tätigkeitsbereiche inzwischen auf alle Weltprobleme ausgeweitet – von der Bekämpfung von Armut und Hunger über den Klimawandel bis zu Kinderarbeit und Bildungsprogrammen. Die Hauptorgane der UNO sind die Folgenden:
- Die in der Regel einmal jährlich tagende *Generalversammlung* ist offiziell das zentrale Beratungsorgan der UNO. Jedes Mitglied hat in ihr eine Stimme. Die Generalversammlung wählt für jeweils fünf Jahre einen Generalsekretär, der die laufenden Geschäfte führt. Neben Wahlen für weitere UN-Organe beschränkt sich die Tätigkeit der Generalversammlung darauf, Resolutionen zu verabschieden, die für die Mitglieder aber nicht verbindlich sind.
- Der *Sicherheitsrat* verfügt über weit mehr Macht und ist besonders im Hinblick auf die Erhaltung des Weltfriedens das eigentliche Entscheidungsorgan. Er besteht aus fünf ständigen (USA, Russland als Nachfolgestaat der Sowjetunion, Großbritannien, Frankreich und China) und zehn nichtständigen, von der Generalversammlung auf zwei Jahre gewählten Mitgliedern. Der Sicherheitsrat (auch: Weltsicherheitsrat) stellt fest, ob eine Bedrohung des Friedens vorliegt, und kann Zwangsmaßnahmen

zur Wahrung des Weltfriedens beschließen, die von Wirtschaftssanktionen bis zur Anwendung von Waffengewalt zur Herstellung und Sicherung des Friedens reichen. „Beschlüsse des Sicherheitsrats [...] bedürfen der Zustimmung von neun Mitgliedern einschließlich sämtlicher ständigen Mitglieder" (Art. 27 UN-Charta). Es kann also jedes ständige Mitglied mit seinem Vetorecht Beschlüsse verhindern. Die UN-Mitglieder sind verpflichtet, die Resolutionen des Sicherheitsrates umzusetzen; bei militärischen Einsätzen ist die UNO allerdings immer darauf angewiesen, dass von den Mitgliedstaaten ausreichend Streitkräfte zur Verfügung gestellt werden.
- Der *UNO-Generalsekretär* (*Ban Ki-moon*, Südkorea, seit 2007) leitet die gesamte Verwaltung der UNO, ist also der höchste Verwaltungsbeamte und Repräsentant der Weltorganisation. Er wird auf Vorschlag des Sicherheitsrates von der Generalversammlung für fünf Jahre gewählt, mit der Möglichkeit einer einmaligen Wiederwahl. Ihm steht ein ganzes Bündel an Kompetenzen im politischen Bereich zu. Die Leitung der UN-Friedensmissionen nimmt darunter eine herausragende Stellung ein.

Friedenssicherung durch die UNO In der UN-Charta wurden wichtige Prinzipien für die Friedenserhaltung festgelegt:
- Verpflichtung aller Staaten zur friedlichen Beilegung von Konflikten;
- Verbot der Androhung und Anwendung von Gewalt;
- Beistandsverpflichtung aller UN-Mitglieder für Maßnahmen der UNO.

Nur der UN-Sicherheitsrat ist befugt, im Falle einer Friedensbedrohung Zwangsmaßnahmen, Sanktionen oder Militäraktionen zu beschließen. Es wird unterschieden zwischen einem „weichen Mandat" (Kapitel VI der UN-Charta), das nur friedliche Mittel zur Konfliktlösung vorsieht, und einem „robusten Mandat" (Kapitel VII der UN-Charta), das UN-Blauhelmen auch den Einsatz von Waffengewalt gestattet.

Die Friedenseinsätze der Vereinten Nationen haben sich zu einem wichtigen Instrument des UN-Sicherheitsrates bei der Wahrnehmung seiner Verantwortung für den Frieden entwickelt. Ende des Jahres 2007 waren mehr als 83 000 Uniformierte – also Soldaten, Zivilpolizisten und Militärbeobachter – sowie etwa 20 000 Zivilpersonen für friedenserhaltende oder friedensstiftende Maßnahmen der UNO im Einsatz.

Die Zielsetzung der Einsätze hat sich in den vergangenen Jahren gewandelt: Noch zu Beginn der 1990er-Jahre ging es meist darum, Frieden zu schaffen. Heute tendiert der Sicherheitsrat vor allem wegen der Rückschläge in Somalia, Ruanda und dem ehemaligen Jugoslawien (▶ M2) zum klassischen Mandat der Friedenserhaltung, bei dem die Konfliktparteien ihr Einverständnis erteilen.

Die Bilanz der Sicherung des Weltfriedens durch die UNO ist angesichts von mehr als 200 kriegerischen Konflikten seit 1945 zwiespältig. Zwar ist die Zahl der Friedensmissionen nach dem Ende des Ost-West-Konfliktes deutlich gestiegen, aber immer wieder ruft zögerliches und halbherziges Reagieren der Weltgemeinschaft auf Verbrechen gegen eine Bevölkerungsgruppe bis hin zum Genozid (z. B. 1994 Ruanda, seit 2003 Darfur/Westsudan) Empörung und Zweifel an den Fähigkeiten der UNO hervor. Einen wesentlichen Beitrag zur verbesserten Konfliktregelung stellt die 1992 im Auftrag des Sicherheitsrats vom damaligen Generalsekretär *Boutros Boutros-Ghali* erstellte Agenda für den Frieden dar, da die hier enthaltenen Ansätze einer präventiven Sicherheitspolitik sowie von Maßnahmen zur Stabilisierung nach dem Konfliktende die Erfolgschancen von Friedenseinsätzen erhöhen.

Als neues Konzept für die internationale Staatengemeinschaft wurde 2005 die „*Responsibility to protect*" (Schutzverantwortung) in das Abschlussdokument des

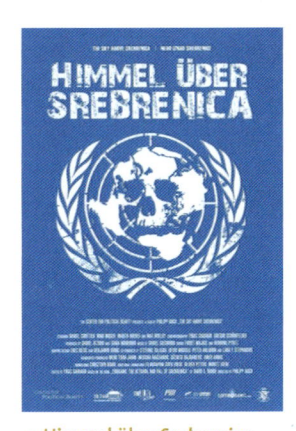

▲ **Himmel über Srebrenica.**
Filmplakat von 2012. Der Völkermord im ehemaligen Jugoslawien und das Versagen der Weltgemeinschaft beschäftigt Juristen, Politiker, Historiker, Filmemacher und andere Künstler und nicht zuletzt die Menschen in der Region bis heute. Zum Massaker in Srebrenica erschien im Frühjahr 2012 dieser Film, der auf geheimen Protokollen des Führungsstabs der UNO beruht und zeigt, was die Generäle am Vorabend der Katastrophe, die fast 8 400 Tote fordern sollte, im Hauptquartier in Zagreb besprechen.

▲ **Ohne Worte.**
Karikatur von Gerhard Mester/ Baaske Cartoons, 2004.

UN-Weltgipfels aufgenommen (▶ M3). Dabei geht es um den Schutz vor vier Bedrohungen: Völkermord, ethnische Säuberungen, Kriegsverbrechen und Verbrechen gegen die Menschlichkeit. Die internationale Gemeinschaft soll in diesen Fällen geeignete diplomatische, humanitäre und andere friedliche Mittel gemäß Kapitel VI und VIII der UN-Charta ergreifen, um den Schutz der Bevölkerung vor diesen Bedrohungen zu gewährleisten.

Probleme der Friedenssicherung Doch es behindern eine Reihe von strukturellen Problemen die Effizienz der kollektiven Friedenssicherung. So besteht trotz der in der Charta der Vereinten Nationen verankerten Gleichberechtigung der Mitgliedstaaten ein deutliches Machtgefälle durch das Vetorecht der fünf ständigen Mitglieder des Sicherheitsrates. Außerdem können die wirtschaftlich und militärisch starken Staaten durch Einbehalten von fälligen Beitragszahlungen oder Verweigerung der Hilfe bei Friedensmissionen die UNO erpressen. Die Vetomächte verhindern erfahrungsgemäß Beschlüsse des Sicherheitsrates durch ihr Veto, soweit sie eigenen Interessen zuwiderlaufen würden. So wird eine wirksame Arbeit des Sicherheitsrates häufig blockiert.

Für den Einsatz von Friedensmissionen ist die UNO auf die freiwillige Beteiligung von Mitgliedstaaten angewiesen, die meist von deren Interessenlage abhängig ist. Dieses Problem wird noch verschärft durch die Tatsache, dass nur relativ wenige Staaten über die nötigen Finanzen und Streitkräfte für aufwändigere Missionen verfügen.

Die Diskussion um Reformen der UNO Die Krise des multilateralen Sicherheitssystems der UNO förderte die Diskussion um notwendige Reformen. Neben den hohen Zahlungsrückständen der Mitgliedstaaten steht auch die Reform des Sicherheitsrates nach wie vor aus. Seit 1993 laufen innerhalb der UNO Bemühungen, den Sicherheitsrat zu reformieren. Als weitgehend konsensfähig gilt eine Erweiterung auf 25 Mitglieder, also um fünf neue ständige Mitglieder. Diese Zahlen würden es erlauben, sowohl die bislang nicht vertretenen Weltregionen Afrika, Lateinamerika und Südasien mit ständigen Sitzen auszustatten als auch zwei weitere politische bzw. ökonomische Schwergewichte zu berücksichtigen.

Außerdem sollten Aufnahmekriterien für den 2006 neu gegründeten UN-Menschenrechtsrat verhindern, dass diktatorische Regime wie Libyen oder der Sudan dort Sitz und Stimme haben; auch dieser Reformversuch ließ sich nicht konsequent umsetzen. Korruptionsskandale, wie sie z. B. beim Programm „Öl für Lebensmittel" im Irak aufgedeckt wurden, sollen künftig durch bessere Kontrollen und Strafmaßnahmen verhindert werden. Die Generalversammlung konnte sich im September 2005 nicht auf Reformen einigen; die Krise der UNO besteht weiter fort. Auch drohen die USA immer wieder mit der Einstellung ihrer Beitragszahlungen und stellen sie auch ein.

Insgesamt gilt es möglichst rasch die Kluft zwischen dem Anspruch der Gründungscharta und der politischen Wirklichkeit zu verringern; nur so kann die Glaubwürdigkeit der Organisation wiederhergestellt werden. Angesichts der Vielzahl und Komplexität globaler Probleme ist die UNO als politisches Weltforum unverzichtbar.

M1 Die UN-Charta: Ziele und Prinzipien

Die Charta (Grundgesetz) tritt am 24. Oktober 1945 in Kraft, nachdem die fünf Großmächte China, Frankreich, Großbritannien, UdSSR und USA sowie die Mehrheit der übrigen Unterzeichnerstaaten die Ratifikationsurkunden bei der US-Regierung hinterlegt haben. In der Charta heißt es:

Artikel 1
Die Vereinten Nationen setzen sich folgende Ziele:
1. den Weltfrieden und die internationale Sicherheit zu wahren und zu diesem Zweck wirksame Kollektivmaßnahmen zu treffen, um Bedrohungen des Friedens zu verhüten und zu beseitigen, Angriffshandlungen und andere Friedensbrüche zu unterdrücken und internationale Streitigkeiten oder Situationen, die zu einem Friedensbruch führen könnten, durch friedliche Mittel nach den Grundsätzen der Gerechtigkeit und des Völkerrechts zu bereinigen oder beizulegen;
2. freundschaftliche, auf der Achtung vor dem Grundsatz der Gleichberechtigung und Selbstbestimmung der Völker beruhende Beziehungen zwischen den Nationen zu entwickeln und andere geeignete Maßnahmen zur Festigung des Weltfriedens zu treffen;
3. eine internationale Zusammenarbeit herbeizuführen, um internationale Probleme wirtschaftlicher, sozialer, kultureller und humanitärer Art zu lösen und die Achtung vor den Menschenrechten und Grundfreiheiten für alle ohne Unterschied der Rasse, des Geschlechts, der Sprache oder der Religion zu fördern und zu festigen;
4. ein Mittelpunkt zu sein, in dem die Bemühungen der Nationen zur Verwirklichung dieser gemeinsamen Ziele aufeinander abgestimmt werden.

Artikel 2
Die Organisation und ihre Mitglieder handeln im Verfolg der in Artikel 1 dargelegten Ziele nach folgenden Grundsätzen:
1. Die Organisation beruht auf dem Grundsatz der souveränen Gleichheit aller ihrer Mitglieder.
2. Alle Mitglieder erfüllen, um ihnen allen die aus der Mitgliedschaft erwachsenden Rechte und Vorteile zu sichern, nach Treu und Glauben die Verpflichtungen, die sie mit dieser Charta übernehmen.
3. Alle Mitglieder legen ihre internationalen Streitigkeiten durch friedliche Mittel so bei, dass der Weltfriede, die internationale Sicherheit und die Gerechtigkeit nicht gefährdet werden.
4. Alle Mitglieder unterlassen in ihren internationalen Beziehungen jede gegen die territoriale Unversehrtheit oder die politische Unabhängigkeit eines Staates gerichtete oder sonst mit den Zielen der Vereinten Nationen unvereinbare Androhung oder Anwendung von Gewalt.
5. Alle Mitglieder leisten den Vereinten Nationen jeglichen Beistand bei jeder Maßnahme, welche die Organisation im Einklang mit dieser Charta ergreift; sie leisten einem Staat, gegen den die Organisation Vorbeugungs- oder Zwangsmaßnahmen ergreift, keinen Beistand.
6. [...].
7. Aus dieser Charta kann eine Befugnis der Vereinten Nationen zum Eingreifen in Angelegenheiten, die ihrem Wesen nach zur inneren Zuständigkeit eines Staates gehören, oder eine Verpflichtung der Mitglieder, solche Angelegenheiten einer Regelung aufgrund dieser Charta zu unterwerfen, nicht abgeleitet werden [...].

Charta der Vereinten Nationen, verabschiedet am 26. Juni 1945
Zitiert nach: http://www.documentarchiv.de/in/1945/un-charta.html
[Zugriff vom 26. März 2012]

1. *Die UN-Charta wurde von der Entstehung und vom Verlauf des Zweiten Weltkrieges beeinflusst. Arbeiten Sie die Bestimmungen heraus, die dies deutlich machen.*
2. *Untersuchen Sie die die UN-Charta daraufhin, an welchen Wertvorstellungen sich die UNO orientiert.*
3. *„Mächtige Nationen sind selten gute Mitglieder eines internationalen Clubs, der dafür eingerichtet ist, die Ausübung nationaler Macht einzugrenzen." Erläutern Sie, was der Historiker Paul Kennedy damit in Bezug auf die Organisation der Vereinten Nationen gemeint hat.*

M2 Blutbad auf dem Balkan

Auf den Seiten der Bundeszentrale für politische Bildung findet sich folgende kurze Erklärung zum Krieg in Bosnien-Herzegowina:

Dem Krieg in Bosnien-Herzegowina ging der Zerfall des Vielvölkerstaats Jugoslawien voraus. Seit 1989 führten ethnisierte politische Konflikte – forciert durch nationalistische Akteure – zu Spannungen zwischen muslimischen Bosniaken, bosnischen Serben und bosnischen Kroaten. Diese eskalierten nach der Unabhängigkeitserklärung von Bosnien und Herzegowina und der Ausrufung einer bosnisch-serbischen Republik (Republika Srpska) Anfang März 1992. In der Folge kam es zwischen den Teilrepubliken zu kriegerischen Auseinandersetzungen. [...]
Im Verlauf des Krieges kam es in großem Umfang zu „ethnischen Säuberungen". Nach einer NATO-Intervention wurde am 21. November 1995 der Krieg mit der Annahme des Ver-

◀ **Wenige Stunden vor dem Massaker.**
Foto vom 13. Juli 1995. Niederländische UN-Blauhelme schauen von einem Schützenpanzerwagen in Potocari zu, wie die aus Srebrenica kommenden Flüchtlinge getrennt werden. Männer und Jungen wurden anschließend nach Bratunac transportiert und dort hingerichtet, nur wenige überlebten.

trages von Dayton beendet. Der Bosnien-Krieg forderte mindestens 100 000 Tote. Etwa 2,2 Millionen Menschen flohen oder wurden vertrieben.

Der Sozialwissenschaftler und Journalist Hans-Michael Kloth beschreibt, was sich 1995 in Bosnien abgespielt hat:

Den Horror von Srebrenica illustriert eine einfache Zahl: 7800 Bosniaken wurden dort von einer serbischen Soldateska im Jahr 1995 umgebracht – unter den Augen der Weltöffentlichkeit.
[...] Vieles wies darauf hin, dass die „ethnische Säuberung" Srebrenicas das nächste Ziel im Feldzug der Serbenführer Karadzic und Mladic sein würde. Andererseits schien das 75 Kilometer nordöstlich Sarajewos gelegene Srebrenica sicher. Die Bergbaustadt lag in einer von fünf UNO-Schutzzonen, die die Vereinten Nationen 1993 im Kriegsgebiet ausgerufen hatte. Rund 500 Blauhelm-Soldaten aus den Niederlanden waren seit gut einem Jahr bei Srebrenica stationiert, um den „Safe haven" zu schützen und Bürgerkriegsflüchtlingen einen Zufluchtsort zu bieten. Doch die Serben interessierte das Konzept der Schutzzonen wenig; ihnen kam sogar entgegen, dass sich ihre Opfer dort konzentriert versammelten. Für die Blauhelme hatten sie nur Verachtung übrig; von der UNO wollten sie sich nicht hindern lassen, die verhassten Muslime zu vertreiben – oder gleich umzubringen.
Am 6. Juli 1995 begannen die Serben vorzurücken. Die UNO-Schutztruppe verhielt sich passiv. Vier Tage später drangen Mladics Truppen in die Stadt selbst ein, in der sich rund 50 000 muslimische Bosnier drängten. Angesichts der Übermacht von 15 000 Angreifern reagierten die Blauhelme kopflos. Ihr Mandat erlaubte es ihnen eigentlich zurückzuschießen, aber die nur leicht bewaffnete Einheit machte sich vor allem Sorgen um die eigene Haut. Dazu kam Chaos in der Führung. Erst am Abend des 10. Juli forderte das „Dutchbat" Luftunterstützung an – doch obwohl zeitweise 60 Flugzeuge in der Luft kreisten, warf nur eine einzelne niederländische F-16 eine einsame Bombe ab. Am Vormittag des 11. Juli zogen sich die Blauhelme auf ihre Basis zurück. „Haut ab", riefen die Abrückenden der Zivilbevölkerung zu, „die Tschetniks kommen!"
Um 16 Uhr am 11. Juli 1995 besetzten serbische Milizionäre das Rathaus. Dann brach die Hölle über Srebrenica herein. „Es wird ein Fest werden, dann reicht das Blut bis zu den Knien", soll Eroberer Mladic gesagt haben, als er die Stadt betrat. Ob diese Worte so fielen oder nicht – der Gewaltexzess, der folgte, war ungeheuerlich. [...] In einer Zinkfabrik im Vorort Potocari pferchten die serbischen Eroberer gefangene Zivilisten zusammen. Am frühen Morgen des 13. Juli wurden die Internierten zu Bussen und Lkws getrieben, um angeblich nach Tuzla evakuiert zu werden. Doch besteigen durften die wartenden Wagen nur Frauen und Kinder – die Männer wurden separiert. Betroffene berichteten später, wie sich ihre Busse den Weg durch lange Kolonnen von Gefangenen beiderseits der Straße bahnen mussten. Die meisten dieser Männer wurden kurz darauf ermordet. [...]
Die Rolle der Blauhelme in den Tagen nach der Einnahme Srebrenicas wurde zu einem der dunkelsten Kapitel der Geschichte des Balkan-Krieges. Ausführliche Untersuchungen belegten später, dass die niederländischen Soldaten zwar in Einzelfällen auch halfen, insgesamt aber eine katastrophale Rolle spielten: Schutzsuchende wurden abgewiesen, gegen Gräueltaten wurde nicht eingeschritten. Es kam im Gegenteil zu Verbrüderungen zwischen Serben und „Dutchbat"-

Soldaten – und sogar zur Beteiligung von Niederländern bei der Selektion von Bosniern. Zum Symbol des Versagens wurde ein Foto, auf dem sich UNO-Befehlshaber Oberst Ton Karremans und General Mladic zuprosten. In den Gläsern sei Wasser gewesen, kein Sekt, rechtfertigte sich Karremans später.

Erster Text: Zitiert nach: http://www.bpb.de/themen/FPLCJN.html [Zugriff vom 16. Februar 2012]
Zweiter Text: Hans-Michael Kloth, Blutrausch auf dem Balkan, in: http://einestages.spiegel.de/static/topicalbumbackground/2415/blutrausch_auf_dem_balkan.html [Zugriff vom 26. März 2012]

1. *Erstellen Sie eine Chronologie der Geschehnisse um Srebrenica im Jahr 1995.*
2. *Informieren Sie sich ausführlich über den Krieg auf dem Balkan und arbeiten Sie Konfliktursachen, -gegenstände und beteiligte Akteure heraus.*
3. *Recherchieren Sie, wie die Vereinten Nationen auf die Gräueltaten in Bosnien reagierten. Erläutern Sie dabei insbesondere die Rolle des Internationalen Strafgerichtshofs in Den Haag für die Verfolgung der Verbrechen im Jugoslawien-Krieg und präsentieren Sie Ihre Ergebnisse in Form eines Referates oder einer Power-Point-Präsentation.*

M3 Ein neuer völkerrechtlicher Grundsatz?

Die Zunahme von kriegerischen Konflikten innerhalb von Staaten mit verheerenden Folgen für die Zivilbevölkerung haben auf der Ebene der UN-Charta den Konflikt zwischen den zentralen Prinzipien der Nichteinmischung in innerstaatliche Angelegenheiten (Achtung der Souveränität) und dem Menschenrechtsschutz deutlich hervortreten lassen. Das Prinzip der „Responsibility to Protect" versucht, einen Ausweg aus diesem Konflikt zu finden:

Der Begriff „Responsibility to Protect" findet sich erstmals in einem so betitelten Bericht der „International Commission on Intervention and State Sovereignty" (ICISS) aus dem Jahr 2001. [...] Der Expertenbericht [...] definiert das Grundprinzip der „Responsibility to Protect" zweigliedrig: Erstens bringe staatliche Souveränität Verantwortung mit sich. Es sei daher vorrangige Aufgabe eines jeden Staates, für den Schutz seiner eigenen Bevölkerung zu sorgen. In einem zweiten Schritt gingen die Experten auf den Fall ein, dass ein Staat infolge eines internen Krieges (internal war), eines Aufstandes (insurgency), von Unterdrückung (repression) oder wegen Staatsversagens (state failure) nicht in der Lage oder nicht willens ist, schwerwiegenden Schaden von seiner Bevölkerung abzuwenden. Ihrer Auffassung nach soll in diesem Fall der Grundsatz der Nichteinmischung in die Angelegenheiten des unwilligen oder unfähigen Staates hinter der internationalen Schutzverantwortung (International Responsibility to Protect) zurücktreten.

Zur „Responsibility to Protect" heißt es in einer Wissenschaftszeitschrift für Friedensforschung, Friedensbewegung und Friedenspolitik:

[Im] Responsibility to Protect-Bericht [ist die] Verantwortung zu schützen [...] dreigeteilt: Sie besteht erstens aus einer Verantwortung zur Prävention („responsibility to prevent"). Hier geht es um wirtschaftliche oder politische Unterstützungsmaßnahmen, die das Entstehen von Gewaltkonflikten verhindern sollen. Zweitens soll die Verantwortung zu reagieren („responsibility to react") greifen, und zwar dann, wenn sich die Präventionsmaßnahmen als unzureichend erwiesen haben und eine akute Bedrohung des Lebens einer großen Anzahl von Menschen vorliegt. Und drittens geht es um den Wiederaufbau („responsibility to rebuild") in Nachkriegssituationen. [...]

Einerseits bindet [der Vorschlag] den Einsatz von militärischer Gewalt an ein Mandat des UN-Sicherheitsrats. Andererseits aber plädiert er für die Einschränkung des Vetorechts der fünf ständigen Sicherheitsrats-Mitglieder, falls sich dieser als unfähig erweist, tätig zu werden. Hinzu kommt, dass der Bericht bei der Suche nach möglichen Gründen für Militärinterventionen Anleihen bei der Theorie des gerechten Krieges macht, so wenn etwa eine gerechte Sache verfolgt werde, oder wenn als primäre Motivation die Rettung von Menschenleben behauptet wird [...]. In solchen Fällen könnten nämlich Staatengruppen oder einzelne Staaten auch ohne Beschluss des Sicherheitsrats intervenieren.

Erster Text: Deutscher Bundestag, Wissenschaftliche Dienste, 29. Mai 2008, Verfasser: Matthias Köngeter
Zweiter Text: Lena Jöst und Peter Strutynski, Humanitär intervenieren – aber nur mit humanitären Mitteln, in: Wissenschaft & Frieden 2009-1, S. 6

1. *Erklären Sie die beabsichtigte Funktion des Konzepts der „Responsibility to Protect" und die Ziele seiner Befürworter.*
2. *Nehmen Sie Stellung zur Frage, ob das Konzept der Schutzverantwortung eine begrüßenswerte Weiterentwicklung des Völkerrechts darstellt.*

▲ „Guernica."
Gemälde (3,51 m x 7,82 m) von Pablo Picasso aus dem Jahr 1937, das die Zerstörung der baskischen Stadt Gernika durch einen deutsch-italienischen Luftangriff („Legion Condor") während des Spanischen Bürgerkrieges im gleichen Jahr dokumentiert.

■ Das berühmteste Antikriegsgemälde der Welt? In einem Artikel für die Zeitschrift „Die Welt" bezweifelt der Journalist Ulrich Baron im Jahr 2007, ob „Guernica" jemals ein propagandistisch erfolgreiches Antikriegsbild war. Denn, so Baron, „wen sollte die Darstellung leidender Menschen und Tiere von was abhalten? Werden doch Kriege nie von Opfern, sondern stets von Menschen begonnen, die sich selbst als sichere Sieger sehen" (zitiert nach: http://www.welt.de/kultur/literarischewelt/article823783/Die-Geschichte-von-Picassos-Guernica.html; Zugriff vom 19. April 2012). Recherchieren Sie zum Entstehungshintergrund und zur Rezeption des Gemäldes und nehmen Sie anschließend begründet Stellung zur These Barons.

1. Das Jahr 1917 wird von vielen Historikern als „Epochenjahr" bzw. „Wendejahr" bezeichnet. Erläutern Sie die Gründe für diese Bewertung und diskutieren Sie, welche anderen Jahre im 20. Jahrhundert ebenfalls als „Epochenjahre" gelten können.

2. Seit der Französischen Revolution bekam der Krieg durch die Einführung der allgemeinen Wehrpflicht und die innere und äußere Mobilisierung von Massen den Charakter des Volkskrieges. Dieser gipfelte im Zweiten Weltkrieg in der Freisetzung aller wirtschaftlichen, technologischen, personellen und moralischen Mittel, mit dem Ziel der gänzlichen Vernichtung des Gegners. Erstellen Sie eine tabellarische Übersicht und nennen Sie jeweils mindestens drei Beispiele für die Freisetzung oben genannter Mittel während des Zweiten Weltkrieges.

3. Zeigen Sie am Beispiel einer Region, welche Mittel die USA im Kalten Krieg im Kampf gegen den ideologischen Gegner einsetzten.

4. Beschreiben Sie den Prozess der Entspannung während des Kalten Krieges.

5. Prüfen Sie die These des Historikers Bernd Stöver, der sagt, der Kalte Krieg sei ein „Weltanschauungskrieg" gewesen, dessen Fronten nicht nur durch die gegensätzliche Ideologie, sondern vor allem durch die gegenseitige Wahrnehmung gebildet worden seien.

6. Skizzieren Sie entscheidende Stationen der europäischen Einigung bis 1990 und erläutern Sie die Entwicklungen, die die Phase der beschleunigten Integration Europas ab 1990 bestimmten.

7. Stellen Sie die Gemeinsamkeiten und Unterschiede im Aufbau der EU heute und der EWG bei ihrer Gründung 1957 dar. Erläutern Sie, was die Gründe für die strukturellen Änderungen sind was diese Änderungen erschwert.

8. Der britische Politiker Winston Churchill (1874-1965) sagte einst über die Aufgabe der UNO: „The United Nations was created not to lead mankind to heaven, but to save humanity from hell." Interpretieren Sie diese Aussage und ordnen Sie sie in ihren zeitgebundenen Kontext ein.

9. Die UNO hat in ihrer Satzung Krieg nur noch als Ausübung des Rechts zur Selbstverteidigung völkerrechtlich anerkannt. Darüber hinaus kann die UNO selbst zur Aufrechterhaltung oder Wiederherstellung des internationalen Friedens und der internationalen Sicherheit den Einsatz militärischer Mittel anordnen. Prüfen Sie anhand eines aktuellen Konflikts, inwieweit sich das Völkerrecht gegenüber rivalisierenden Konfliktparteien auch tatsächlich durchsetzen lässt. Präsentieren Sie Ihre Ergebnisse in einem Kurzvortrag.

Literaturtipps

Jörg Echterkamp, Die 101 wichtigsten Fragen – Der Zweite Weltkrieg, München 2010

Alexander Emmerich, Der Kalte Krieg, Stuttgart 2011

Christian Hartmann, Unternehmen Barbarossa 1941-1945. Der deutsche Krieg im Osten, München 2011

Dieter Janssen, Menschenrechtsschutz in Krisengebieten. Humanitäre Interventionen nach dem Ende des Kalten Krieges, Frankfurt am Main 2008

Paul Kennedy, Parlament der Menschheit. Die Vereinten Nationen und der Weg zur Weltregierung, Bonn 2008

Peter März, Der Erste Weltkrieg. Deutschland zwischen dem langen 19. Jahrhundert und dem kurzen 20. Jahrhundert, München 2004

Wolfgang Schmale, Geschichte und Zukunft der Europäischen Identität, Stuttgart 2008

Rolf Steininger, Die Kubakrise 1962: dreizehn Tage am atomaren Abgrund, München 2011

Bernd Stöver, Der Kalte Krieg 1947-1991. Geschichte eines radikalen Zeitalters, München 2007

Guido Thiemeyer, Europäische Integration. Motive – Prozesse – Strukturen, Stuttgart 2010

Klaus Dieter Wolf, Die UNO. Geschichte, Aufgaben, Perspektiven, München 2010

Internettipps

http://www.bpb.de/publikationen/4QXQQP,0,Kalter_Krieg_von_1945_bis_1989.html

http://www.dhm.de/lemo/html/wk1/index.html
(Informationen und Materialien zum Ersten Weltkrieg)

http://www.dhm.de/lemo/html/wk2/index.html
(Informationen und Materialien zum Zweiten Weltkrieg)

http://europa.eu/index_de.htm
(offizielle Website der Europäischen Union mit Informationen über ihren Aufbau und ihre Aufgaben)

http://www.frauenkirche-dresden.de

http://www.hdg.de/eurovisionen
(virtuelle Reise in die europäische Geschichte von der Antike bis zur Gegenwart)

http://www.mhmbw.de
(Homepage des Militärhistorischen Museums in Dresden)

http://www.un.org

http://www.un-infos.info

▲ **Nachdenken über Krieg und Frieden.**
Links eine vergrößerte Kopie der Skulptur „Mutter mit totem Sohn" (Pietà) von Käthe Kollwitz in der Neuen Wache in Berlin, der Zentralen Gedenkstätte der Bundesrepublik Deutschland für die Opfer von Krieg und Gewaltherrschaft (Foto von 2008), rechts das neu eröffnete Militärhistorische Museum der Bundeswehr in Dresden (Foto von 2012).

Der Erste Weltkrieg im europäischen Gedächtnis

Unterschiedliche Erinnerungskulturen Im August 2014 jährt sich der Ausbruch des Ersten Weltkrieges zum hundertsten Mal. Zahlreiche Veranstaltungen, wissenschaftliche Konferenzen, Publikationen und museale Ausstellungen sind dazu bereits geplant oder werden gerade vorbereitet.

Ohne Frage gehört der Erste Weltkrieg heute zu den dynamischsten Forschungsthemen der Neueren Geschichte. Ob und auf welche Weise der Krieg allerdings seit seinem Ende Eingang in die europäische Erinnerungskultur gefunden hat oder ob überhaupt von einer solchen gemeinsamen Geschichtskultur im Zusammenhang mit dem Ersten Weltkrieg die Rede sein kann, der Krieg im europäischen (Alltags-)Gedächtnis des 20. Jahrhunderts eine Rolle spielte bzw. heute noch spielt, ist eine weitaus schwierigere Frage. Im Folgenden soll sich ihr über einen Ländervergleich zwischen Deutschland, Frankreich und Großbritannien angenähert werden.

▲ **Grab des unbekannten Soldaten am Arc de Triomphe in Paris.**
Foto von 2007.
Die Inschrift auf der Grabplatte lautet: Hier ruht ein französischer Soldat, der für das Vaterland starb, 1914-1918.

Erinnerung im Westen ... Der 11. November, der Jahrestag des Waffenstillstandes von 1918, ist in Frankreich ein nationaler Feiertag mit einer jährlich stattfindenden zentralen militärischen Zeremonie am Pariser Arc de Triomphe, und auch in Großbritannien lernt man schon von Kindesbeinen an, was es heißt, am 11. November den Remembrance Day zu begehen. In beiden Ländern wird dann der Kriegsopfer mit Ansteckern in Form von Mohnblumen, die an die Mohnfelder in Flandern erinnern, gedacht, wo Hunderttausende im Stellungskrieg an der Westfront zugrunde gegangen waren. Deutsche verbinden mit dem 11. November lediglich den Beginn des Karnevals. Im kollektiven Gedächtnis der Deutschen ist der Erste Weltkrieg hauptsächlich zu Jubiläen präsent. Selbst für Kanadier und Australier scheint der Krieg eine größere Bedeutung zu haben.* Als Tourist begegnet man heute an den entlegensten Orten in Kanada, Australien, Neuseeland und selbst in Indien Denkmälern und Gedenktafeln. Grenzübergreifend und nicht eindeutig national zu verorten ist indes die besonders lebendig erscheinende Fülle an Internetauftritten, Diskussionsforen und wissenschaftlichen und halbwissenschaftlichen Netzwerken wie NZ history online, firstworldwar.com oder firstworldwarstudies.org etc.

... und im Osten Europas In weiten Teilen Mittel- und Osteuropas ist der Erste Weltkrieg hingegen ein weitgehend vergessener Krieg. Mit Ausnahme Polens, welches seine Unabhängigkeit am 11. November 1918 erlangte, wurde die Erinnerung an den Krieg durch die Nationsbildungskriege in dessen Gefolge und von den enormen Verlusten zwischen 1939 und 1945 verdrängt. Die Sowjetunion gedachte vor allem der

---

* In beiden Ländern, Kanada wie Australien, verbindet man den Ersten Weltkrieg mit der nationalen Eigenständigkeit. Australien hatte im Ersten Weltkrieg von allen Alliierten im Verhältnis zur Bevölkerungsgröße die meisten Gefallenen zu beklagen. Die Niederlage des ANZAC (Australian and New Zealand Army Corps, dt.: das Australisch-Neuseeländische Armee Korps) im ersten Militäreinsatz des Landes in der Schlacht von Gallipoli 1915 gilt vielen Australiern als Geburt der Nation. Auch Kanada leistete seinen Beitrag insbesondere an der Westfront und 1919 trat es erstmals als eigenständiges Staatswesen bei den Verhandlungen zum Friedensvertrag von Versailles auf.

Revolution von 1917 sowie des „Großen Vaterländischen Krieges" gegen Hitler-Deutschland. Erst in jüngster Zeit zeichnet sich hier ein stiller Wandel ab. Äußerst bedenklich erscheint jedoch die damit einhergehende politische Instrumentalisierung im Putin-Staat.

Formen und Konjunkturen der Erinnerung Die Gründe für das unterschiedliche Gedenken lassen sich neben der nahe liegenden uneinheitlichen nationalen Bedeutung des Krieges am besten an den verschiedenartigen Konjunkturen der Erinnerung nachzeichnen. Phasen- und nationenübergreifend im Rahmen der Erinnerungskultur sind dabei die Formen des Gedenkens. Sie erinnern, so der Historiker *Reinhard Koselleck*, sowohl an die Kriegstoten und wirken gleichzeitig identitätsstiftend bei den Überlebenden. Sie lassen sich im Wesentlichen in sieben verschiedene Typen einteilen:

1) die visuelle bzw. museologische Erinnerung, zunächst ausgedrückt durch Fotografien von Toten, vom Sterben in den Schützengräben, Schlachtenszenen oder Waffen, wie sie in den ersten Museen und bis heute bei Ausstellungen zum Einsatz kommen; dazu Zeichnungen und Gemälde, zumeist aus der Zeit unmittelbar nach dem Krieg
2) die steinerne Erinnerung in Form von Denkmälern und Gedenktafeln
3) die lokale Erinnerung, bei der die besondere Atmosphäre von Schlachtfeldern, Massengräbern und Soldatenfriedhöfen oder zentralen Gedenkorten wie dem Grab des unbekannten Soldaten bis heute eine große Rolle spielt
4) die schriftliche Erinnerung und Verarbeitung durch Prosatexte, Lieder und Gedichte, Erzählungen und Memoiren
5) die soziale Interaktion als Erinnerung in Form der bereits angesprochenen Trauerfeiern, Zeremonien sowie Gedenk- und Feiertage
6) die wissenschaftliche Aufarbeitung, die gerade seit den 1960er-Jahren einen großen Anteil am Erinnerungsprozess hat
7) die Erinnerung in Form bewegter Bilder und des Tons in Film, Funk und Fernsehen und seit den 1990er-Jahren auch im Internet

Was die einzelnen Zyklen der Erinnerung angeht, so gilt es festzustellen, dass die erste Phase schon während des Krieges einsetzte. Nach einer gewissen Erinnerungsflaute unmittelbar nach dem Ende der Kriegshandlungen setzte die zweite Welle ungefähr mit dem zehnten Jahrestag des Kriegsausbruches, der Festlegung eines Volkstrauertages 1925* bzw. zu Beginn der 1930-Jahre ein. Die dritte Phase lässt sich, wiederum nach einer Flaute nach dem Schock des Zweiten Weltkrieges, zu Beginn der 1960er-Jahre feststellen. Nachdem in den 1970er- und 80er-Jahren der Erste Weltkrieg zumindest im öffentlichen Raum an Bedeutung einbüßte, folgte in den 1990er-Jahren – zeitgleich mit dem allmählichen Ableben der Veteranengeneration – wieder ein erhöhtes Interesse.

▲ **Weltkriegsdenkmal.**
Foto aus Oelsnitz/Erzgebirge von 2012.
Das Denkmal wurde im September 1927 geweiht und erinnert seitdem an 103 gefallene Soldaten aus dem Stadtteil Neuoelsnitz, die in der Zeit vom 8. August 1914 bis zum 4. November 1918 an den Fronten des Ersten Weltkrieges starben. Wie in Oelsnitz finden sich heute auch in Sachsen noch überall Gedenktafeln und Denkmäler, die den „gefallenen Helden" einer Stadt gewidmet wurden.

---

* Die Trauerfeier im Reichstag wurde deutschlandweit im Radio übertragen und 1926 wurde angeordnet, dass alle staatlichen Stellen an diesem Tag ihre Fahnen auf Halbmast zu setzen hatten. Die Zeremonien, bei denen zumeist Reichspräsident Paul von Hindenburg in zentraler Funktion zugegen war, hatten einen entschieden militärischen Charakter. Das Parlament war geschmückt mit den Farben der Burschenschaften und den Flaggen der Berliner Regimenter. Die preußische Militärtradition stand eindeutig im Vordergrund, wie auch die immer wiederholten preußischen Tugenden Glaube, Gehorsam, Pflichterfüllung, Opferbereitschaft und Patriotismus unterstrichen. Beschlossen wurden die Feierlichkeiten mit dem Trauermarsch: der gute Kamerad. Die Glorifizierung des Todes wie auch die Betonung der Volksgemeinschaft und nicht das Gedenken an die Toten standen im Vordergrund.

▲ **Verdun-Gedenkstätte mit Beinhaus.**
*Foto von 1996.
Allein in den Kämpfen bei Verdun starben 700 000 Menschen. In dem zwischen 1920 und 1932 errichteten Beinhaus von Douaumont (franz. „Ossuaire de Douaumont") werden die Gebeine von über 130 000 nicht identifizierten deutschen und französischen Soldaten aufbewahrt. Vor dem Beinhaus befindet sich ein Friedhof mit Gräbern von 15 000 französischen Soldaten. Inzwischen gilt die Gedenkstätte als Symbol der Versöhnung zwischen Frankreich und Deutschland.*

Verdrängung und Erinnerung in der Zwischenkriegszeit

Der Ausgang des Ersten Weltkrieges führte zunächst zu einem grenzübergreifenden Schockzustand. Von 13 Millionen deutschen Soldaten wurden zwei Millionen getötet und über 4,2 Millionen kehrten als Kriegsversehrte von den Schlachtfeldern zurück. Frankreich hatte gemessen an seiner Bevölkerung mit 1,3 Millionen Toten die höchste Verlustrate und Großbritannien hatte mit 900 000 Gefallenen in keinem Krieg zuvor und keinem seither mehr Menschenleben zu beklagen.

Während die Tagespolitik über den Kriegsschuldparagrafen 231 des Versailler Friedens und den angeblichen Dolchstoß diskutierte, um die Herrschaft im Nachkriegsdeutschland zu erringen, hieß die allgemeine Reaktion zunächst Verdrängung. Erst allmählich machte dieser Reflex ersten Kriegs- und Kriegerdenkmälern Platz, die zum einen das Geschehen darstellen, aber vor allem zu dessen Bewältigung beitragen sollten. An den Krieg und die Opfer wurde dabei einerseits an Orten tatsächlicher Kampfhandlungen erinnert. Im Mittelpunkt standen hierbei zumeist umgestaltete Friedhöfe, auf welchen neben den einheitlich gestalteten Gräbern der Gefallenen auch Denkmäler errichtet wurden – darunter sogenannte Beinhäuser oder Ruinen aus der Kriegszeit. Andererseits wurden Denkmäler aber auch inmitten der Städte und Nachkriegsgesellschaften errichtet.

Eine zentrale Form war dabei das Grab des unbekannten Soldaten, stellvertretend für alle Opfer zunächst des Ersten Weltkrieges, später Opfer aller Kriege. Den Anfang mit dieser Form des Gedächtnisses machten London und Paris, wo an bereits vorhandenen symbolträchtigen, nationalen Erinnerungsorten wie der Westminster Abbey und dem Arc de Triomphe bereits 1920 Gräber für den unbekannten Soldaten errichtet wurden. Ein Jahr später folgten Washington, Rom, Lissabon und Brüssel. Und auch in Rumänien, Österreich, Ungarn, Polen und der Tschechoslowakei finden sich heute zentrale Erinnerungsorte, die aber zumeist erst nach 1945 für beide Weltkriege errichtet worden sind.

Denkmäler und Erinnerungsorte waren aber nicht die einzigen Wege, sich an den Krieg zu erinnern. Neue Medien wie das Radio und die Wochenschauen, Geschichtsbücher und populäre Schlachtengeschichten, Memoiren, Zeitschriften, bebilderte Chroniken und Abenteuergeschichten taten ihr Übriges.

Ziel all dieser Erinnerung war und ist es zunächst vor allem, an den Mut zu erinnern, mit denen die überwiegend jungen Soldaten ihr Leben für eine gerechte Sache opferten. Die grausamen Realitäten der Schützengräben, der tödlichen Feuerzone, dem sogenannten Niemandsland zwischen den Frontlinien, wurden erst allmählich in Form visueller Darstellungen bei *George Grosz, Otto Dix* oder in schriftlichen Erinnerungen verarbeitet. Zu einem Meilenstein, der den Spannungsbogen der Vermächtnisse von 1914/18 offenbarte, wurden die Veröffentlichungen von *Ernst Jüngers* „In Stahlgewittern" (1920) und *Erich Maria Remarques* „Im Westen nichts Neues" (1928). Während Jüngers Werk trotz aller Brutalität vor allem die heroische Opferbereitschaft der Soldaten in den Vordergrund stellt, geht es Remarque, dessen Buch 1930 in den USA verfilmt wurde, um das Einzelschicksal eines jungen Soldaten und die Sinnlosigkeit des Krieges. Damit zog das Buch als Antikriegsroman bald den Zorn der Nazis auf sich.

In den 1930er-Jahren wandelte sich das Bild. In Publizistik, Wissenschaft und Öffentlichkeit nutzten vornehmlich die faschistischen Regime in Deutschland und Italien, aber auch in Japan Denkmäler vielfach zur Präsentation ihres Ideals eines neuen, wehrhaften Menschenbildes und der Wehrhaftmachung für einen als zunehmend unausweichlich empfundenen Endkampf aller gegen alle. In Deutschland kam es dabei zu einer mythischen Beschwörung historischer Schlachtenorte wie Tannenberg (▶ M1), Langemarck (▶ M2) oder Verdun.

Während in Frankreich und Großbritannien in dieser Zeit vor allem die Opferzahlen und im Zuge massiver Abrüstungen nach 1919 und einer Politik des Appeasement gegenüber Hitler-Deutschland die Sinnlosigkeit des Ersten Weltkrieges hervorgehoben wurden, deuteten die Nationalsozialisten die Niederlage als Warnung und Hinweis, um den nächsten Krieg siegreich zu gestalten.

Erinnerung nach dem Zweiten Weltkrieg Nach 1945 wurde der Erste Weltkrieg in Deutschland zunächst durch den Schock des Zweiten Weltkrieges und des Holocaust sowohl in der Forschung wie auch erinnerungskulturell klar überlagert. Erst Anfang der 1960er-Jahre entbrannte mit dem ersten bundesrepublikanischen Historikerstreit um die Thesen des Historikers *Fritz Fischer*, der sogenannten *Fischerkontroverse*, das Interesse am Ersten Weltkrieg in einer breiten Öffentlichkeit. Im Mittelpunkt der auch in Massenmedien und Politik ausgetragenen Kontroverse stand die Frage nach der deutschen Schuld auch am Ersten Weltkrieg und in der Folge davon, ob eine Kontinuitätslinie zwischen der Außenpolitik des Kaiserreiches und dem Nationalsozialismus gezogen werden könne. Damit rückte allerdings nicht der Erste Weltkrieg an sich, sondern erneut das „Dritte Reich" in den Vordergrund der Nationalgeschichte.

In Frankreich und England ging es dagegen nicht um Schuldfragen. Die Thesen Fischers wurden ohnehin weitgehend geteilt. Der Erste Weltkrieg fand im Gegensatz zum Zweiten Weltkrieg überwiegend auf französischem Boden statt und wurde siegreich beendet, während die Wehrmacht Frankreich innerhalb von drei Wochen besiegt hatte. Wichtig ist für den französischen Fall das zwiespältige Verhältnis zum Zweiten Weltkrieg, der durch den Dualismus aus Résistance und Kollaboration deutlich belastet ist. Insofern behindert Demütigung und Scham gleichermaßen die Erinnerung an den Zweiten zugunsten der Erinnerung an den Ersten Weltkrieg.

In den 1960er-Jahren stieg das öffentliche Interesse am „Großen Krieg" sowohl in England als auch in Frankreich durch Hörspiele, Radiosendungen, Theaterstücke und Verfilmungen, in denen man sich auch mit den sozialen und kulturellen Konflikten der Zeit auseinandersetzte. 1964, 50 Jahre nach Kriegsausbruch, wartete die BBC gemeinsam mit dem kanadischen und australischen Fernsehen mit einer 26-teiligen Fernsehserie auf, die auf eine überwältigende Resonanz stieß, zu weiteren Erinnerungs- und Gedenkveranstaltungen führte und einen wahren Weltkriegsboom auslöste, der etwa in Deutschland bis heute unvorstellbar wäre. Auffällig war aber auch hier die Wiederholung der Perspektive der 1920er- und 30er-Jahre: die Idealisierung der unschuldigen Jahre vor 1914 ging durch die erhöhte Medialisierung noch einen Schritt weiter.

Englische Historiker hatten unterdessen den Mythos der angeblich heilen britischen Empire-Welt vor 1914 längst dekonstruiert und entlarvt. Am Beispiel des britischen Weltkriegsgedächtnisses zeigt sich daher insgesamt eine zweigeteilte Wahrnehmung zwischen der breiten Öffentlichkeit und der Historikerzunft. Während letztere den Zäsurcharakter des Krieges immer wieder differenzierten, hat sich der Mythos des Krieges als „Urkatastrophe" in der öffentlichen Wahrnehmung bis heute erhalten.

Résistance: bezeichnet die französisch-belgische Widerstandsbewegung gegen die deutsche und italienische Besatzung im Zweiten Weltkrieg. Da diese auch gegen die einheimischen Kollaborateure (Unterstützer) der Besatzer kämpfte, weist die Geschichte der Résistance auch auf die Spannungen innerhalb der französischen und belgischen Gesellschaft in dieser Zeit hin und belastete zudem die Nachkriegsgeschichte beider Länder.

▶ **In Trauer vereint.**
Foto vom 22. September 1984. Der französische Staatspräsident François Mitterrand und Bundeskanzler Helmut Kohl gedenken in Verdun gemeinsam der Toten beider Weltkriege.

Die Erinnerung an den Weltkrieg im Kalten Krieg

Nach den mitunter hitzigen Kontroversen der 1960er-Jahre ist für die 1970er- und 80er-Jahre eine deutliche Flaute im Interesse zu verzeichnen. Umso außergewöhnlicher war daher das öffentlich zelebrierte Gedenken am 68. Jahrestag der Schlacht von Verdun im September 1984. Bei dieser Gelegenheit hielten sich der französische Staatspräsident François Mitterrand und der deutsche Kanzler Helmut Kohl bei den Händen, als die Nationalhymnen beider Länder erklangen. Sowohl die deutsche als auch die französische Presse waren sich einig, dass diese Szenerie in die Geschichte eingehen würde, und sie sollten recht behalten.

Für einen Moment schien Verdun beide Länder zu vereinen, auch wenn die Symbolsprache hierbei natürlich wesentlich komplexer war und nicht allein mit dem Gedenken an den Ersten Weltkrieg zu tun hatte. Vielmehr suchten beide Staatsmänner bewusst die Nähe des jeweils anderen, um für die unmittelbar bevorstehenden Beschlüsse über einen gemeinsamen europäischen Markt Einigkeit zu demonstrieren. Aber, und dies ist angesichts der Medienresonanz nicht zu leugnen, Mitterrand und Kohl reflektierten auch über den langen deutsch-französischen Weg von den beiden Weltkriegen bis zur deutsch-französischen Partnerschaft und europäischen Einheit. In Frankreich führte der Erinnerungserfolg von Verdun dazu, dass man ein Jahr später ein „Büro für nationale Festlichkeiten" einführte, das Verteidigungsministerium in „Ministerium der Verteidigung und der Veteranen" umbenannte sowie Listen über die Veteranen aller Kriege zu führen begann, an denen die Grande Nation im 20. Jahrhundert beteiligt war.

Der Weltkrieg nach dem Kalten Krieg – ein europäischer Erinnerungsort?

Erst seit dem Ende des Kalten Krieges nimmt das akademische, aber auch öffentliche Interesse wieder zu. In Frankreich wirkte dabei besonders die Gründung des *Historial de la Grande Guerre* (dt.: Museum des Großen Krieges) 1992 in Péronne prägend und sinnstiftend zugleich. In Deutschland wurde das achtzig- bzw. neunzigjährige Gedenken an Kriegsausbruch und Kriegsende 1994, 1998 und 2004 mit großen Ausstellungen begleitet, wenngleich sich dafür, anders als etwa für die Wehrmachtsausstellung, keinerlei private Sponsoren finden ließen. Aber immerhin: Bücher und Zeitschriften, Radio und Fernsehen griffen den Ersten Weltkrieg seither wiederholt als Thema auf. *Der Spiegel* suchte erneut, wie schon 1964 zum fünfzigjährigen Jubiläum, seine Leser mit einer ganzen Artikelserie zu gewinnen, und es deutete sich für Deutschland eine „kleine Konjunktur der Weltkriegserinnerung" an. Keine Frage, mit Großbritannien und Frankreich ist diese Entwicklung nicht zu vergleichen. Aber es scheint, dass der Erste Weltkrieg langsam aus dem Schatten des Zweiten tritt. Im Zuge der Jubiläen bekam der Krieg mehr und mehr Aufmerksamkeit. Nicht nur historische, auch politische Magazine, TV-Dokumentationen und Filme widmen sich seit 2004 regelmäßig dem Thema. Ob dies nur ein Strohfeuer angesichts der Jubiläumsflut ist, bleibt zwar abzuwarten. Aber es gibt Anzeichen, dass gerade eine Zusammenarbeit der Erinnerung zwischen Frankreich und Deutschland für ein dauerhaftes Interesse sorgen kann.

Eine Reihe von bilateralen Ausstellungen haben in den letzten Jahren durchaus für Aufsehen gesorgt und waren mitunter auch Fernsehmeldungen wert. So widmete sich das Deutsche Historische Museum in Berlin im Jahr 2004 gleich in zwei Ausstellungen der Erinnerung an den Ersten Weltkrieg („Die letzten Tage der Menschheit. Bilder des Ersten Weltkrieges" sowie „Der Weltkrieg 1914 - 1918. Ereignis und Erinnerung"), und auch das Museum für Industriekultur in Osnabrück nutzte das Jubiläum im Jahr 2004 für die Ausstellung „Der Tod als Maschinist. Der industrialisierte Krieg 1914 - 1918". Ganz besonders ins Auge fiel dabei die deutsch-französische Kooperation im Historial de la Grande Guerre in Péronne oder ein erstes französisch-deutsches Gemeinschaftsprojekt, „Orages de papier 1914 - 1918. Les collections de guerre des bibliothèques" („In Papiergewittern 1914 - 1918"), die von den Nationalbibliotheken Straßburg und Paris sowie der Bibliothek für Zeitgeschichte in Stuttgart von 2008 bis 2010 gezeigt wurde und für großen Andrang sorgte.

Über die Gründe der jüngsten Wiederentdeckung des Ersten Weltkrieges auch in Deutschland kann nur spekuliert werden: Sie mag den Jahrestagen wie auch dem Aussterben der letzten Augenzeugen geschuldet sein oder als Teil eines allgemeinen Booms der Geschichte als Reaktion auf die sich rascher wandelnde Gesellschaft begriffen werden. Fragen an die Geschichte und nach Kontinuitäten können hierbei zweifellos gerade in Zeiten einer noch immer vagen Europäisierung Orientierung liefern und identitätsstiftend wirken. In der gegenwärtigen Erinnerung ist es jedenfalls unübersehbar, den Krieg, der bereits früh und nicht unberechtigt als „Urkatastrophe des 20. Jahrhunderts" bezeichnet wurde, als Beginn eines zweiten „Dreißigjährigen Krieges" zwischen 1914 und 1945 und als Ausgangspunkt für das kurze 20. Jahrhundert bis 1989 zu betrachten. Der Erste Weltkrieg, so hat es den Anschein, wird dabei als integrierender Gedächtnisort in einem zusammenwachsenden, pazifistisch orientierten Europa verstanden. In den Vordergrund rücken damit die nationale Grenzen transzendierenden Kriegserfahrungen von Männern wie Frauen, an der Front wie in der Heimat. Anders als in den 1920er- und 30er-Jahren werden inzwischen vor allem erlittenes Leid auf allen Seiten, auch bei den einfachen Soldaten, sowie Kriegskritik und Pazifismus hervorgehoben. Mit dem Ersten Weltkrieg als Symbol des „Alten Europa" soll das Neue geschaffen werden, bei dem sich die Nationen endlich jenseits aller Schuldfragen auf Augenhöhe in gemeinsamer Trauer und gemeinsamer Verantwortung für das Neue begegnen können. Wie sehr gerade Deutschland und Frankreich bemüht sind, eine gemeinsame Erinnerungskultur zu schaffen, belegt auch die Teilnahme Angela Merkels als erste deutsche Regierungschefin an den Pariser Feierlichkeiten zum Jahrestag des Waffenstillstandes am 11. November 2009 (▶ M3, M4).

▲ **Krieg der Plakate.**
Oben ein Plakat deutscher Propaganda von Egon Tschirch, unten ein französisches Plakat aus dem Ersten Weltkrieg. Beide wurden während der Ausstellung „In Papiergewittern" gezeigt.

▲ **Trauerfeier für Paul von Hindenburg am Tannenberg-Denkmal.**
Foto vom 7. August 1934.
Nach Hindenburgs Tod verfügte Adolf Hitler, dass das Denkmal zu einem Mausoleum für den toten Helden von Tannenberg werden sollte. Das Tannenberg-Nationaldenkmal wurde nun in Reichsehrenmal umgetauft. Der Versuch, es zu einem Kriegerdenkmal für die ganze Nation zu machen, scheiterte indes. In den 1930er-Jahren war es höchstens eine Touristenattraktion, aber nie ein zentraler Gedenkort. 1945 zerstörten es die Russen auf ihrem Weg nach Berlin.

M1 Das Tannenberg-Nationaldenkmal

Das Tannenberg-Denkmal wird zwischen 1924 und 1927 bei Hohenstein in Ostpreußen im heutigen Polen errichtet. Es erinnert an die Schlacht bei Tannenberg (1410) während der Litauerkriege des Deutschen Ordens sowie an die Tannenberg-Schlacht im August 1914 und die Schlacht an den Masurischen Seen im September 1914. An seinem 80. Geburtstag, am 18. September 1927, weiht Reichspräsident Paul von Hindenburg das Denkmal ein, das künftig als „nationaler Sammlungspunkt" dienen sollte. In seiner Rede heißt es unter anderem:

Die Anklage, dass Deutschland schuld sei an diesem Kriege, weisen wir, weist das deutsche Volk in allen seinen Schichten einmütig zurück! Nicht Neid, Hass oder Eroberungslust gaben uns die Waffen in die Hand. Der Krieg war uns vielmehr
5 das äußerste, mit dem schwersten Opfer verbundene Mittel der Selbstbehauptung einer Welt von Feinden gegenüber. Reinen Herzens sind wir zur Verteidigung des Vaterlandes ausgezogen und mit reinen Händen hat das deutsche Heer das Schwert geführt. Deutschland ist jederzeit bereit, dies vor unparteilichen Richtern nachzuweisen. In den zahllosen Grä- 10
bern, welche Zeichen deutschen Heldentums sind, ruhen ohne Unterschied Männer aller Parteifärbungen. Sie waren damals einig in der Liebe und in der Treue zum gemeinsamen Vaterlande. Darum möge an diesem Erinnerungsmale stets innerer Hader zerschellen; es sei eine Stätte, an der sich alle 15 die Hand reichen, welche die Liebe zum Vaterlande beseelt und denen die deutsche Ehre über alles geht!

Hindenburg gegen die Kriegsschuldlüge. Einweihung des Tannenberg-Denkmals, in: Coburger Zeitung Nr. 219 vom 20. September 1927

1. *Analysieren Sie, worauf sich die Ansprache Hindenburgs zur Einweihung des Tannenberg-Denkmals bezieht.*
2. *Erläutern Sie, welche Rolle die Propaganda und die Mythenbildung bei der Weltkriegserinnerung in der Zwischenkriegszeit spielten.*

M2 Grundsteinlegung für das Langemarck-Denkmal

Am 23. August 1930 wird auf dem Soldatenfriedhof in Langemarck (Belgien) der Grundstein für das geplante Ehrenmal gelegt. Im Text der Stiftungsurkunde heißt es:

Deutschland muss leben und wenn wir sterben müssen! Im Andenken an ihre gefallenen Brüder errichtet die Deutsche Studentenschaft an dieser geweihten Stelle, an der 10 000 deutsche Studenten mit dem Lied „Deutschland, Deutsch-
5 land über alles" auf den Lippen für Volk und Vaterland in den Tod gingen, ein Denkmal, das in später Zeit vom Heldentum und Opfermut deutscher Studenten künden soll. Den gefallenen Brüdern zur Ehre, für Deutschlands Ansehen in der Welt und der studentischen Jugend zur Mahnung.

Zitiert nach: Rainer Ludwig, „Pflanzt die Säulen des Reichs in die Verwesung der Welt!". Zur Geschichte und Konzeption des deutschen Soldatenfriedhofs Langemarck-Nord, in: Burschenschaftliche Blätter 120, Heft 4 (2004), S. 118

1. Beschreiben Sie, welchen Anspruch die Studentenschaft auf das Erbe von Langemarck erhebt.
2. Diskutieren Sie, inwiefern es sich bei dem Gedenken von Langemarck um ein Propagandamittel handelt.

M3 Deutsch-französische Freundschaft

In einer Rede äußert sich Bundeskanzlerin Angela Merkel 2009 folgendermaßen zum Jahrestag des Waffenstillstands vom 11. November 1918, der in Frankreich nationaler Feiertag ist:

Monsieur le Président, lieber Nicolas,
meine Damen und Herren,

für die Einladung, heute Gast der Feiern des Armistice-Tages zu sein, danke ich Ihnen aus ganzem Herzen. […]
5 Wir stehen hier heute gemeinsam im Gedenken an das Ende eines furchtbaren Krieges, der unermessliches Leid mit sich brachte. Ich verneige mich vor allen Opfern. […]
Wir werden nie vergessen, wie sehr in der ersten Hälfte des 20. Jahrhunderts Franzosen durch Deutsche zu leiden hatten.
10 Der schonungslose Umgang mit der eigenen Geschichte ist – davon bin ich überzeugt – die einzige Grundlage, um aus der Geschichte zu lernen und die Zukunft gestalten zu können. Zugleich weiß ich: Geschehenes kann nicht ungeschehen gemacht werden.
15 Wohl aber gibt es eine Kraft, die uns helfen kann, das Geschehene zu ertragen: Es ist die Kraft der Versöhnung. Aus ihr kann Vertrauen entstehen, ja sogar Freundschaft. Die Kraft der Versöhnung befähigt uns, neue Herausforderungen gemeinsam anzugehen und Verantwortung gemeinsam wahrzunehmen.
20 Deutschland weiß um die Kraft der Versöhnung. Denn wir Deutsche durften sie nach den Abgründen der beiden Kriege des vergangenen Jahrhunderts erfahren. Frankreich hat Deutschland die Hand zur Versöhnung gereicht. Deutschland wird das nie vergessen. Deutschland hat diese Hand
25 dankbar angenommen. […]
Aus der Kraft der Versöhnung wurde Freundschaft. Welch ein wunderbares Geschenk. Aus dem Geschenk der Freundschaft wurde der Wille zur gemeinsamen Verantwortung – einer Verantwortung, die weit mehr umfasst als das Schick-
30 sal unserer beiden Länder. Die deutsch-französische Freundschaft findet ihr Ziel in Europa. Wir Europäer – wir sind heute zu unserem Glück vereint.
Genau das symbolisiert für mich auch der heutige Tag. Wir stehen hier in der Überzeugung, dass unsere beiden Länder,
35 dass Frankreich und Deutschland im Bewusstsein der Geschichte die gemeinsame Berufung haben, Frieden und Freiheit auf unserem Kontinent zu bewahren. […]

▲ **Soldatenfriedhof in Langemark.**
Foto von 1998.
Der flandrische Ort Langemarck (Name bis 1945) wurde im Herbst 1914 zum Grab für Tausende, zumeist sehr junge deutsche Kriegsfreiwillige. Die Freiwilligenregimenter, darunter viele Gymnasiasten und Studenten, die unzureichend ausgebildet und ausgerüstet waren, waren den britischen Einheiten bei ihrem Angriff über offenes Feld hoffnungslos unterlegen. Der „Langemarck-Mythos" besagt, beim Sturm auf die englischen Stellungen hätten die Kriegsfreiwilligen das Deutschlandlied angestimmt. Langemark ist heute einer von vier Soldatenfriedhöfen auf belgischem Territorium, auf dem deutsche Gefallene begraben sind. Im Foto oben ist das Gemeinschaftsgrab zu sehen, in dem die Gebeine von allein fast 25 000 Menschen liegen. Vor dem Gemeinschaftsgrab befindet sich auf einer Steinplatte ein Kranz aus bronzenen Eichenblättern, der die biblischen Worte: „Ich habe Dich bei Deinem Namen gerufen, Du bist mein" (Jes. 43,1) in sich trägt. Insgesamt ruhen heute über 44 000 deutsche Soldaten in Langemark.

▲ Kranzniederlegung anlässlich des Armistice-Tages durch Nicolas Sarkozy und Angela Merkel am Triumphbogen in Paris. Foto vom 11. November 2009.

So, wie für uns heute der 11. November ein Tag des Friedens in Europa geworden ist, so ist der Tag des Mauerfalls für alle ein Tag der Freiheit.

Beide Gedenktage – der des Endes des Ersten Weltkrieges und der des Falls der Berliner Mauer – mahnen uns. Sie mahnen uns, stets für die unschätzbaren Güter Frieden und Freiheit einzutreten. Sie mahnen uns, unsere Werte zu verteidigen – Demokratie und Menschenrechte, europäische Solidarität und transatlantische Partnerschaft. Das ist unser Auftrag. Deutschland und Frankreich nehmen diesen Auftrag an – und wir tun das gemeinsam. Gemeinsam haben wir in und für Europa viel geschafft. Heute trennen uns keine Grenzen mehr. Wir zahlen in derselben Währung. Unsere Soldaten setzen ihr Leben gemeinsam, Seite an Seite, für unsere Sicherheit ein.

Wir wissen, gemeinsam haben wir alle Chancen, die heutigen und zukünftigen Herausforderungen zu bewältigen. [...]

Deutschland und Frankreich wissen um den Wert ihrer engen Zusammenarbeit. Aufbauend auf unserer Freundschaft vertiefen wir unsere Partnerschaften in Europa und im Atlantischen Bündnis. Aufbauend auf unserer Freundschaft und unserem gemeinsamen Fundament freiheitlicher und demokratischer Werte bauen wir unsere Zusammenarbeit mit anderen Ländern und Regionen aus.

Doch die Beziehungen zwischen unseren beiden Ländern – sie bleiben etwas Besonderes, etwas Einzigartiges. Uns einen ebenso viele wie feste Bande. Damit meine ich nicht nur die politische Zusammenarbeit. Damit meine ich auch die täglich gelebte und erlebte Freundschaft und den mannigfaltigen Austausch zwischen Deutschen und Franzosen.

Herr Präsident, meine Damen und Herren, die Zeremonie, die wir eben erlebt haben, hat mich tief bewegt. Deutsche und französische Soldaten – vereint im ehrenden Gedenken an die Gefallenen. [...]

Die Freiheit unseres Kontinents Europa – sie ist ein Wunder. Wir wissen nur zu gut, wie kostbar beides ist. Wir verpflichten uns, beides zu bewahren und zu schützen.

Vive la France, vive l'Allemagne, vive l'amitié franco-allemande!

Rede von Angela Merkel am 11. November 2009 in Paris, zitiert nach: http://www.bundesregierung.de/Content/DE/Rede/2009/11/2009-11-11-rede-merkel-erster-weltkrieg-paris.html [Zugriff vom 10. Dezember 2011]

1. Analysieren Sie, wie Angela Merkel das Gedenken an den Weltkrieg mit der Gegenwart in Beziehung setzt.

2. Stellen Sie dar, welche Aufgaben Deutschen und Franzosen noch bevorstehen.

M4 Aussöhnung ist immer möglich

In einem gemeinsamen Brief fordern der parlamentarische Staatssekretär beim Bundesministerium für Verteidigung Christian Schmidt und der Staatssekretär für Verteidigung und Kriegsveteranen Hubert Falco den Tag des Waffenstillstandes „als Fest des Friedens neu zu beleben":

Am 11. November nimmt Bundeskanzlerin Angela Merkel an der Seite von Präsident Nicolas Sarkozy an den Feierlichkeiten anlässlich des Waffenstillstands zur Beendigung des Ersten Weltkriegs in Paris teil. Dies ist eine große Geste, deren Sym-
5 bolgehalt und politische Bedeutung jedem bewusst ist. [...]
Es waren die ehemaligen Kombattanten, die erreicht haben, dass der 11. November in Frankreich ein nationaler Feiertag geworden ist. Dieser Feiertag wurde durch das Gesetz vom 24. Oktober 1922 eingeführt, das in seinem ersten Artikel
10 bestimmt: „Die Französische Republik begeht alljährlich feierlich das Gedenken an den Sieg und den Frieden." [...]
Indem er die deutsch-französische Aussöhnung hervorhebt und die deutsche Bundeskanzlerin zu den Feierlichkeiten am Triumphbogen einlädt, kommt der französische Präsident in
15 diesem Jahr auf den ursprünglichen Sinn der Begehung des 11. November zurück. Dies ist keine bloße Rückkehr zu den Ursprüngen, sondern eine Rückbesinnung auf die eigentliche Bedeutung dieses Feiertags.
Es handelt sich keinesfalls darum, die Geschichte zu leugnen,
20 sie umzuschreiben oder einem falschen Relativismus nachzugeben. Die Verpflichtung zum Gedenken erlegt jedem die Verpflichtung zur Wahrheit auf. Wir können nichts vergessen und werden es auch nicht. Der Erste Weltkrieg war einer der schrecklichsten Kriege, den die Welt je gesehen hat. [...] Als
25 Europa am Morgen des 11. November 1918 erwachte, gab es 10 Millionen Tote, Soldaten wie Zivilisten, zu beweinen und mehr als 20 Millionen Verwundete zu versorgen.
Den Überlebenden, die an der Front gekämpft und ihre Kameraden sterben gesehen hatten, blieb nur die eine Hoff-
30 nung: nie wieder eine solche Katastrophe zu erleben. Aber zwanzig Jahre später brach der Zweite Weltkrieg aus und machte den Frieden zu einem trügerischen Versprechen. Kann man sich vorstellen, wie das Leben dieser Generation aussah, die 1914 erlebt hatte und 1939 erleben sollte? Ihr
35 Schicksal schien unausweichlich der Zerstörung und dem Krieg geweiht zu sein. Gerade diese Generation, nämlich die Konrad Adenauers und die General de Gaulles, verstärkte ihre Anstrengungen und ihren Willen, unsere beiden Nationen auszusöhnen und einen dauerhaften Frieden zu schaffen.
40 Aussöhnung und Frieden erscheinen uns heute selbstverständlich zu sein. Dabei vergessen wir aber die Opfer, die ganze Generationen bringen mussten. Indem wir am 11. November das „Fest des Friedens" feiern, bringen wir unsere Schuld denjenigen gegenüber zum Ausdruck, die uns vorangegangen sind.
45
Heute, da wir ihrer gedenken, appellieren die Toten des Ersten Weltkriegs an uns. Sie stellen den Lebenden die Frage: „Was habt ihr aus unserem Opfer gemacht?", und wir antworten: „Wir haben Frieden geschlossen. Wir erhalten ihn und leben ihn. In eurem Namen." Mit dieser Antwort werden sie weder 50
verraten noch entehrt. Im Gegenteil. Es ist die schönste Ehrung, die wir ihnen bereiten können. Damit richten wir uns auch an die Völker, die mitten im Krieg die Hoffnung auf Frieden schon fast verloren haben. Wir – Deutsche und Franzosen –, die wir die furchtbarsten Leiden erlebt haben, 55
sind heute Träger einer immensen Hoffnung: Aussöhnung ist immer möglich.

Hubert Falco und Christian Schmidt, Aussöhnung ist immer möglich, in: Frankfurter Allgemeine Zeitung Nr. 262 vom 11. November 2009, S. 10

1. *Erklären Sie, was die Autoren mit der „Verpflichtung zur Wahrheit", die das Gedenken an den Ersten Weltkrieg heutigen Generationen auferlegt, meinen.*

2. *Überprüfen Sie vor dem Hintergrund der Rede Angela Merkels (M3) und des Textes von Hubert Falco und Christian Schmidt, inwiefern es gerechtfertigt ist, vom Ersten und auch vom Zweiten Weltkrieg als Bindemittel der Europäischen Union zu sprechen.*

Mythen der Nationen:
Arminius – „Gründungsvater" der Deutschen?

Arminius und die Varusschlacht Noch heute ist das Hermannsdenkmal ein beliebtes Ausflugsziel. Tausende pilgern an jedem Sommerwochenende nach Hiddesen nahe Detmold im südlichen Teutoburger Wald, um die Grotenburg zum Denkmal hinaufzuwandern. Sein Erbauer *Ernst von Bandel* wollte damit an den Sieg der Germanen über die Römer im Teutoburger Wald erinnern. Dort sollen im Jahr 9 n. Chr. der Cheruskerfürst *Arminius*, „Hermann" genannt, und die vereinten germanischen Stämme das Heer des römischen Statthalters *Publius Quinctilius Varus* vernichtend geschlagen haben.

Seit etwa 16 v. Chr. unternahmen die Römer Militärzüge bis an die Nordsee, Weser und Elbe, errichteten Militäranlagen und Stützpunkte, um das germanische Gebiet rechts des Rheins zu befrieden und zu sichern. Bald entstanden zivile Siedlungen, allmählich wurde das Gebiet zwischen Weser und Rhein römischer Verwaltung unterstellt. Aus „Germanien" sollte eine römische Provinz werden.

Arminius war der Sohn eines römerfreundlichen cheruskischen Stammesfürsten. Um sich die Loyalität dieser führenden Familien zu sichern, verliehen ihnen die Römer das Bürgerrecht. Ihre Söhne – so auch Arminius – wurden oft im Reich erzogen und ausgebildet. Als Anführer cheruskischer Hilfstruppen machte Arminius im römischen Heer eine militärische Karriere. Nach seiner Rückkehr nach Germanien 7/8 n. Chr. führte er einen Aufstand gegen die römischen Besatzer an. Er lockte drei Legionen des römischen Feldherrn Varus in einen Hinterhalt. In einem dreitägigen Kampf soll Rom etwa 20 000 Mann verloren haben. Varus beging nach der verheerenden Niederlage Selbstmord.

Was wir über die Germanen, Arminius und die „Schlacht im Teutoburger Wald" wissen, wissen wir nur aus antiken römischen Schriften (▶ M1). Schriftliche Quellen der Germanen gibt es nicht. Wo genau die unter Arminius vereint kämpfenden germanischen Völker den Sieg über die Römer errangen, ist bis heute umstritten. *Tacitus* nennt den Teutoburger Wald als Ort der Varusschlacht. Dort, wo heute das Hermannsdenkmal steht, fand sie jedoch mit Sicherheit nicht statt. Archäologen konnten dort keinerlei Spuren eines Kampfes finden. Stattdessen weisen römische und germanische Funde immer deutlicher auf Kalkriese bei Osnabrück als Ort einer großen Schlacht dieser Zeit hin. Ob es sich dabei um die Varusschlacht handelt, darüber sind sich die Forscher allerdings nicht einig.

▲ **Das Hermannsdenkmal bei Detmold.**
Foto von 2008.
Unterbau und Figur sind knapp 54 m hoch. Auf dem Schwert steht: „Deutsche Einigkeit meine Stärke, meine Stärke Deutschlands Macht."
Unter einem Relief Wilhelms I. befindet sich die Inschrift: „Der lang getrennte Stämme vereint mit starker Hand / Der welsche Macht und Tücke siegreich überwandt / Der längst verlorne Söhne heimführt zum Deutschen Reich / Armin, dem Retter ist er gleich."

■ Erläutern Sie, welche historischen Parallelen mit dem Spruch gezogen werden. Was bedeutet „welsch"?

Arminius: „Befreier Germaniens"? „Er war zweifellos der Befreier Germaniens, der nicht die Anfänge des römischen Volkes, wie andere Könige und Führer, sondern das Reich in vollster Blüte herausgefordert hat, in Kämpfen mit wechselndem Erfolg, im Krieg aber unbesiegt." Mit diesen Worten rühmt Tacitus in seinen Annalen den Cherusker Arminius als großen Rivalen Roms. Das von Tacitus überlieferte Bild prägt vielfach bis heute die Vorstellungen der historischen Ereignisse und der Person des Arminius. Lange galt die Niederlage der Römer als Anfang vom Ende ihrer Herrschaft in Germanien, als „Wendepunkt der Geschichte" und Arminius als „Befreier Germaniens".

Möglicherweise trug die verlorene Varusschlacht tatsächlich dazu bei, dass der mittlere und nördliche Teil Deutschlands und Europas nicht römisch wurden, denn die Römer zogen sich – wenn auch erst einige Jahre später unter Kaiser *Tiberius* – an den Rhein zurück. Einfluss auf Germanien behielten sie aber trotzdem, nämlich über das erprobte Mittel der Verträge mit benachbarten Völkerschaften. Einen historischen Wendepunkt markiert das Jahr 9 n. Chr. jedoch nicht.

Auch die Vorstellung von einem Freiheitskampf des „germanischen Volkes" widerspricht den historischen Tatsachen. Der Widerstand gegen die römischen Besatzer war keine Sache des Volkes, denn ein „germanisches Volk", das sich zusammengehörig fühlte, gab es nicht; der von Arminius geführte Aufstand war vielmehr eine Angelegenheit von Führungsgruppen germanischer Stämme, die ihre Stellung durch die römischen Besatzer bedroht sahen und gegen diese Kampfverbände mobilisierten. Interne Stammesrivalitäten und Auseinandersetzungen zwischen pro- und antirömischen Gruppen verhinderten zudem einen geschlossenen germanischen Widerstand. Gerade im Familienclan des Arminius scheint es große Führungsrivalitäten gegeben zu haben: Um das Jahr 21 n. Chr. wurde Arminius von seinen Verwandten ermordet.

„Germanen" und „Deutsche"

Wie die Teilnehmer der Einweihungsfeier des Hermannsdenkmals 1875 betrachteten sich die meisten Deutschen im 19. Jahrhundert als Teil eines Volkes, dessen Wurzeln bis zu den „Germanen" und ihrem „Gründungsvater" Arminius zurückreichten. Dabei hat es „die Germanen" nie gegeben, sondern lediglich das von den Römern geprägte „Bild" von ihnen. Seit sie um die Mitte des 1. Jahrhunderts die Völker links des Rheins unterworfen hatten, bezeichneten die Römer die unterschiedlichen Stämme jenseits des Rheins pauschal als „Germanen". Es gibt keinerlei Belege dafür, dass sich diese Völkerschaften selbst so bezeichneten. Obwohl Wissenschaftler vorgeschlagen haben, auf diese Fremdbezeichnung zu verzichten, wird sie doch bis heute beibehalten.

Die „Erfindung" der deutschen Nation

Im Mittelalter waren die Schriften des Tacitus und damit auch die Geschichte von Arminius und der Varusschlacht so gut wie vergessen. In der Renaissance durchforsteten italienische Humanisten auf der Suche nach antiken Texten die Klosterbibliotheken. 1425 fanden sie eine Abschrift der verloren geglaubten „Germania" des Tacitus, 1507 seine „Annalen" wieder. Damit wurden die germanische Frühzeit und die Varusschlacht bekannt.

Tacitus hatte Arminius zum „Befreier Germaniens" erklärt. Dies nahmen die Humanisten wörtlich: Mit zunehmender Vereinfachung erklärten sie die Germanen zu Vorfahren der Deutschen, von denen sie ihre kriegerische Stärke und Tugend übernommen hätten.

Zwar gab es bereits in der Antike und im Mittelalter die Vorstellung, dass sich Völker von mythischen Stammvätern herleiteten. Einen gesamtdeutschen Ursprungsmythos gab es vor 1500 jedoch nicht. In der mittelalterlichen Ständegesellschaft hatte das „Herkommen" eine andere Bedeutung. Ein deutscher Adliger fühlte sich seinen

▶ **Aus Arminius wird Hermann.**
Holzschnitt von Jost Amman von 1566 als Illustration in der seit 1522 erschienenen „Bayerischen Chronik" des Humanisten Johann Turmair alias Johannes Aventinus.
Der bayerische Geschichtsschreiber Aventinus verfasste auf der Grundlage der Annalen des Tacitus die erste deutsche Darstellung der Germanenkriege unter Arminius, hier als Sachsenfürst dargestellt. Er folgt damit der humanistischen Tradition, den Arminiusstoff dem sächsischen Kurfürsten zu widmen. Zugleich unternimmt er den Versuch, aus dem lateinischen Namen Arminius die vermeintliche germanische Urform „Ermann" für „Ehren-Mahner" zu rekonstruieren. Auch die Namensgebung „Hermann" für „Mann des Kriegsvolkes und des Heeres" findet sich bei ihm, wohl von Martin Luther übernommen. In dessen Namensbuch von 1530/1537 wird Arminius als „Hermann" („Heer-Mann") übersetzt.

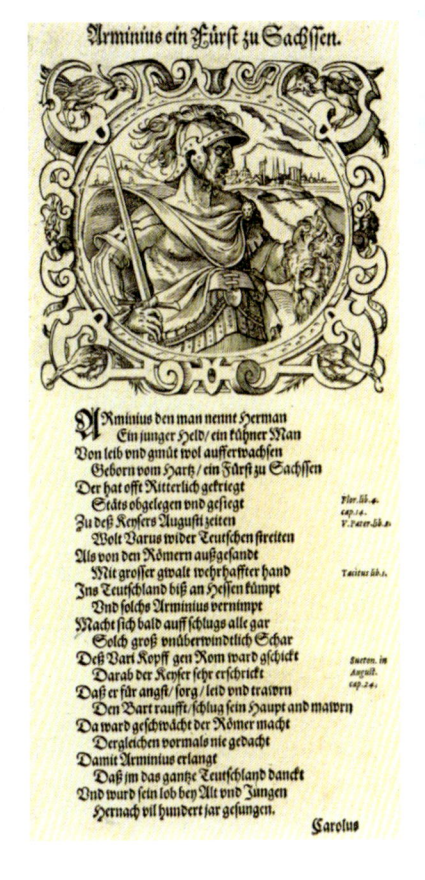

▲ **Die Hermannsschlacht im Teutoburger Wald.**
Gemälde von Wilhelm Lindenschmidt d. Ä., um 1840.
■ *Analysieren Sie die Bildkomposition. Erläutern Sie, inwiefern Lindenschmidt den Ausgang der Schlacht vorwegnimmt.*

französischen oder italienischen Standesgenossen stärker verbunden als den Untertanen seines Landes.

Erst in der Frühen Neuzeit entstand unter Gelehrten von Tacitus ausgehend die Vorstellung eines ethnisch in sich geschlossenen „germanischen" Volkes, das sich geradlinig zur deutschen Nation entwickelt habe. Der Reichsritter *Ulrich von Hutten* feierte Arminius Anfang des 16. Jahrhunderts als einen der „ersten Vaterlandsbefreier", der das „römische Joch" abgeworfen hätte. Arminius, bald in „Hermann" umbenannt, wurde zum ersten deutschen Helden und zum Führer eines germanisch-deutschen Freiheitskampfes, der sich in der Gegenwart fortsetzte.

Nationaler Mythos im 19. Jahrhundert Seit Ende des 18. Jahrhunderts setzte eine wahre „Hermannseuphorie" ein. Den eigentlichen Aufstieg zum Nationalmythos erlebte der „Hermannsmythos" seit der Zeit *Napoleons* und der Befreiungskriege zu Beginn des 19. Jahrhunderts. Hermann wurde zur Leit- und Vorbildfigur der nationalen Erhebung gegen die französische Fremdherrschaft und zum Symbol der kriegerischen Nation. So wie er 1800 Jahre zuvor Varus aus Germanien vertrieben hatte, wollte man nun Napoleon aus Deutschland vertreiben.

Der „Hermannsmythos" wurde nach dem Untergang des alten Reiches immer mehr zur Antriebs- und Rechtfertigungsideologie der nationalen Einigung und Hermann zur Integrationsfigur. Der bayerische König ließ die Varusschlacht 1842 im Giebel der nationalen Gedenkstätte Walhalla verewigen, seit 1836 sammelte ein Verein deutschlandweit für die Errichtung des Hermannsdenkmals (▶ M2). Die großen historiografischen Werke der Zeit begannen wie selbstverständlich mit einer Darstellung der „deutschen Völkerschaften in der Urzeit" und dem „Freiheitskampf der Deutschen gegen Roms Weltmacht". Dies alles war Ausdruck der „organischen" Geschichtsauffassung einer Nation, die sich vorstellte, von einem ethnisch und sprachlich einheitlichen „Volk" (einen „Stamm") abzustammen.

Durch das 19. und die erste Hälfte des 20. Jahrhunderts hindurch wurde der „Hermannsmythos" von nationalen Kreisen verwendet. Der auf seinem Denkmal bei Detmold stehende Hermann reckte bei seiner Enthüllung 1875 sein Schwert nicht gegen die Römer, sondern gegen Frankreich, das 1870/71 militärisch besiegt worden war und als jahrhundertelanger „Erbfeind" betrachtet wurde. Das Kaiserreich von 1871 galt dabei als Wiederbelebung des mittelalterlich-germanischen Reiches der Deutschen.

Nach 1918 wurde der „Arminiusmythos" in „völkischen" Kreisen verwendet. Diese verstanden ihn jedoch nicht als heroischen Sieg der Germanen, sondern stellten die Ermordung des Arminius durch die eigenen Leute der Dolchstoßlegende gleich, nach der die deutsche Armee durch oppositionelle „vaterlandslose" Zivilisten aus der Heimat von hinten „erdolcht" worden sei. Während der Weimarer Republik wurde der „Hermannsmythos" vor allem gegen die Republik und ihre Vertreter instrumentalisiert. So wussten ihn auch die Nationalsozialisten für ihre Zwecke zu nutzen und mit ihrer germanischen Rassenideologie zu verbinden. In unterschiedlicher Weise wurde Arminius somit jeweils als Identifikationsfigur herangezogen (▶ M3).

Ursprungsmythen im europäischen Rundblick Nationale Ursprungsmythen sind ein Kennzeichen so gut wie aller nationalen Geschichtserinnerungen und -vorstellungen. Zeitgleich mit dem Aufstieg Hermanns des Cheruskers in der deutschen Nationalmythologie im 19. Jahrhundert erinnerte man sich in Frankreich an **Vercingetorix**, den von **Caesar** im Jahre 52 v. Chr. besiegten Gallierfürsten. Über die Jahrhunderte hinweg hatten sich die Franzosen als Nachkommen der Franken gesehen. Die Revolution von 1789 hatte jedoch mit dem Ende der von den Merowingern hergeleiteten französischen Monarchie die fränkische Nationalidentifikation aus den Angeln gehoben. Der Rückgriff auf die vorfränkische Geschichte sollte daher eine neue nationale Identifikation bieten.

Für die Tschechen war im 19. Jahrhundert die alte Sage von *Libussa* mythischer Ausgangspunkt für die tschechische Nation. Die Wahrsagerin und spätere Fürstin Libussa soll den tschechischen Slawen geraten haben, eine Burg namens Praha zu erbauen und einen Bauern namens Přzemisl zu ihrem Herrscher zu bestellen. Diese mittelalterliche Sage, die in vormoderner Zeit die Bedeutung Prags und die Altehrwürdigkeit der Přzemislidenherrschaft begründen sollte, erfuhr nun eine Umdeutung und sollte den Anspruch der bäuerlichen tschechisch-slawischen Nation gegenüber den angeblich feudalen deutschen bzw. germanischen Eindringlingen verdeutlichen.

Wie verhängnisvoll sich Ursprungsmythen bis in die Gegenwart auf die Entwicklung einer Nation auswirken können, zeigte sich in den 1990er-Jahren in Serbien, dessen Nationalgeschichte an die zum Mythos verklärte Schlacht auf dem Amselfeld („Kosovo") im Jahre 1389 anknüpft. Sie zeigt, wie auch „heroische" Niederlagen zum Kern von Ursprungsmythen werden können. Der angebliche Untergang des serbischen Reiches in der Schlacht auf dem Amselfeld sollte durch die Gründung eines neuen „großserbischen Reiches" rückgängig gemacht werden. Im nach-jugoslawischen Serbien war dies der ideologische Hintergrund für den blutigen Krieg um das angebliche „Herz Serbiens" und gegen das Unabhängigkeitsstreben der Kosovo-Albaner.

Vercingetorix (um 82-46 v. Chr.): gallischer Fürst aus einem keltischen Adelsgeschlecht. 52 v. Chr. vereinigte er fast alle gallischen Völker zum Verteidigungskampf gegen die römischen Truppen unter Caesar. Vercingetorix' Armee unterlag in der Entscheidungsschlacht bei Alesia. Ganz Gallien wurde daraufhin besetzt, Vercingetorix gefangen genommen und ermordet. Trotzdem wurde er im 19. Jahrhundert, endgültig seit der Niederlage Frankreichs gegen Deutschland 1870/71, zum französischen Helden und Begründer Frankreichs stilisiert, da er den Kampf gegen die Römer gewagt und die Ehre des Vaterlandes gerettet habe.

Caesar (Gaius Iulius C., 100-44 v. Chr.): römischer Feldherr und Staatsmann. Als Statthalter von Provinzen in Oberitalien und Gallien unterwarf er zwischen 58 und 51 v. Chr. alle nicht schon mit Rom verbündeten gallischen Völker. Er begann 49 einen Bürgerkrieg, um seine Machtansprüche durchzusetzen. Ab 48 v. Chr. wurde er zum Diktator ernannt, 44 v. Chr. von Angehörigen des Senats ermordet. „Caesar" wurde zum Beinamen, später zum Titelbestandteil der römischen Kaiser.

M1 Tacitus über die Germanen

Der römische Politiker Publius Cornelius Tacitus (um 55 - 116/120 n. Chr.) beginnt um 97 n. Chr. mit der Niederschrift umfangreicher Geschichtsdarstellungen. Im Mittelalter fast vergessen, wird das Werk „De origine et situ Germanorum liber", kurz „Germania", seit seiner Wiederentdeckung 1425 für Jahrhunderte die wichtigste Quelle zu „Germanien" und den „Germanen". 1472 wird die „Germania" erstmals in Bologna, später vor allem im deutschsprachigen Raum gedruckt, wo sie sich mit großer Wirkung verbreitet. In diesem Werk beschreibt Tacitus in 46 Kapiteln neben Ursprung und Grenzen „Germaniens" auch die Sitten und Gebräuche seiner Bevölkerung:

2. Die Germanen selbst sind, möchte ich meinen, Ureinwohner und von Zuwanderung und gastlicher Aufnahme fremder Völker gänzlich unberührt. Denn ehemals kam nicht auf dem Landwege, sondern zu Schiff gefahren, wer neue Wohnsitze suchte, und das Weltmeer, das ins Unermessliche hinausreicht und sozusagen auf der anderen Seite liegt, wird nur selten von Schiffen aus unserer Zone besucht. Wer hätte auch [...] Asien oder Afrika oder Italien verlassen und Germanien aufsuchen wollen, landschaftlich ohne Reiz, rau im Klima, trostlos für den Bebauer wie für den Beschauer, es müsste denn seine Heimat sein? [...]

4. Ich selbst schließe mich der Ansicht an, dass sich die Bevölkerung Germaniens niemals durch Heiraten mit Fremdstämmen vermischt hat und so ein reiner, nur sich selbst gleicher Menschenschlag von eigener Art geblieben ist. Daher ist auch die äußere Erscheinung trotz der großen Zahl von Menschen bei allen dieselbe: wild blickende blaue Augen, rötliches Haar und große Gestalten, die allerdings nur zum Angriff taugen. Für Strapazen und Mühen bringen sie nicht dieselbe Ausdauer auf, und am wenigsten ertragen sie Durst und Hitze; wohl aber sind sie durch Klima und Bodenbeschaffenheit gegen Kälte und Hunger abgehärtet. [...]

6. Auch an Eisen ist kein Überfluss, wie die Art der Bewaffnung zeigt. Nur wenige haben ein Schwert oder eine größere Lanze. Sie tragen Speere oder, wie sie selbst sagen, Framen, mit schmaler und kurzer Eisenspitze, die jedoch so scharf und handlich ist, dass sie dieselbe Waffe je nach Bedarf für den Nah- oder Fernkampf verwenden können. Selbst der Reiter begnügt sich mit Schild und Frame; die Fußsoldaten werfen auch kleine Spieße, jeder mehrere, und sie schleudern sie ungeheuer weit: Sie sind halb nackt oder tragen nur einen leichten Umhang. Prunken[1] mit Waffenschmuck ist ihnen fremd [...].

7. [...] Besonders spornt sie zur Tapferkeit an, dass nicht Zufall oder willkürliche Zusammenrottung, sondern Sippen und Geschlechter die Reiterhaufen oder die Schlachtkeile bilden. Und ganz in der Nähe haben sie ihre Lieben; von dorther können sie das Schreien der Frauen, von dorther das Wimmern der Kinder vernehmen. Ihr Zeugnis ist jedem das heiligste, ihr Lob das höchste: Zur Mutter, zur Gattin kommen sie mit ihren Wunden [...]; auch bringen sie den Kämpfenden Speise und Zuspruch. [...]

18. Gleichwohl halten die Germanen auf strenge Ehezucht, und in keinem Punkte verdienen ihre Sitten größeres Lob. Denn sie sind fast die Einzigen unter den Barbaren, die sich mit einer Gattin begnügen; sehr wenige machen hiervon eine Ausnahme, nicht aus Sinnlichkeit, sondern weil sie wegen ihres Adels mehrfach um Ehebindungen angegangen werden. [...]

19. [...] Die Zahl der Kinder zu beschränken oder ein Nachgeborenes zu töten, gilt für schändlich, und mehr vermögen dort gute Sitten als anderswo gute Gesetze.

Tacitus, Germania. Latein-Deutsch, übersetzt, erläutert und mit einem Nachwort herausgegeben von Manfred Fuhrmann, Stuttgart 2000, S. 9, 11, 13, 15, 27, 29 und 31

1. *Erläutern Sie das Bild, das Tacitus von den Germanen entwirft.*
2. *Tacitus' Aufzeichnungen dienten als Grundlage für die seit der Frühen Neuzeit entwickelte Annahme, die Germanen seien ein ethnisch geschlossenes Volk mit gemeinsamem Ursprung gewesen. Prüfen Sie, an welche Aussagen dabei angeknüpft wurde.*
3. *Analysieren Sie die Haltung des Autors. Überlegen Sie, inwiefern Tacitus' Schilderungen auf römische Verhältnisse bezogen sein könnten.*
4. *Ziehen Sie aus Ihren Ergebnissen Schlüsse auf den Quellenwert von M1.*

---

[1] prunken: prangen, prahlen, zur Schau stellen

M2 Arminius als deutscher Nationalheld

Nachdem der Architekt und Bildhauer Ernst von Bandel mit seinem seit 1819 geplanten Denkmal der Befreiungskriege zu Ehren des Arminius („Hermann") beim bayerischen König Ludwig I. nicht auf die gewünschte Resonanz gestoßen ist, kehrt er 1834 München den Rücken und sucht im Teutoburger Wald nach einem geeigneten Platz für das Bauwerk. Dort gründet sich 1838 ein „Verein für die Errichtung des Hermanns-Denkmals". Erste Skizzen zu einem „deutschen National-Denkmal" entstehen. 1841 wird auf dem Teutberg südwestlich von Detmold der Grundstein gelegt. Danach geht der Bau nur schleppend voran, da das öffentliche Interesse und damit auch die Fördermittel gering sind. Die nationale Begeisterung nach dem Ende des Deutsch-Französischen Krieges 1871 und Großspenden Kaiser Wilhelms I. ermöglichen schließlich die Fertigstellung. Am 16. August 1875 wird das Hermannsdenkmal feierlich eingeweiht. In einer Broschüre zur Feier der Grundsteinlegung 1841 heißt es:

Da wird die Zeit kommen, wo der alte Kaiser erwacht, der im Kyffhäuser[1] [...] schläft, dem vor langem Schlafen der Bart durch den Felsen gewachsen ist. Wenn die Husaren in die Trompete blasen und die Trommelwirbel durch alle Gauen[2]
5 tönen, dass vor lauter Lärmen die Felsen erdröhnen; da wird der alte Kaiser sich regen, und aus dem Schlummer erwachend und sich besinnend wird er fragen!
„Was ist das für ein Lärmen in meinen Deutschen Landen, der mich aus dem langen Schlummer erweckt?" – Und seine
10 Dienstmannen werden ihm antworten müssen: „Das Deutsche Volk ist in Bewegung. Deutschland ist wieder erstanden zur gewaltigen Einheit, zur mächtigen Größe!" Und der Kaiser wird erstaunt fragen: „Ist das Deutschland, das zerrissen war?" Und sie werden ihm antworten: „Nein! es ist das Einige
15 Deutschland!"
Und freudig sich ermannend wird der Kaiser sagen: „Das ist wieder Mein Deutschland! Mein großes schönes Deutschland! Die Zeit ist um. Ich habe den langen Schlaf ausgeschlafen. Wohlan! Bringt mir mein Ross, dass ich es besteige, dass

ich durch alle Deutschen Gauen reite, und mein Volk mustere. 20
Wo ist der Feind?" [...] Und erschüttert von dem gewaltigen Jauchzen des Volks, und erweckt durch die deutschen Töne, wird Hermann von seinem Felsen herabsteigen und unter das Volk treten. Und der alte Kaiser und die Fürsten und Könige werden ihm entgegenschreiten, und ihn in ihre Mitte 25 nehmen. Sie werden ihn als den ersten deutschen Helden begrüßen, dem das Vaterland seine Freiheit und Selbstständigkeit verdankt, und der der erste Begründer seiner jetzigen Größe gewesen ist.

Zitiert nach: Ludger Kerssen, Das Interesse am Mittelalter im deutschen Nationaldenkmal, Berlin u.a. 1975, S. 81f.

[1] Bergrücken in Thüringen, wo einer Sage nach Kaiser Friedrich I. Barbarossa (um 1122-1190) schlafend auf den richtigen Moment für seine Wiederkehr wartet. Im 19. Jahrhundert wurde die Regionalsage zum deutschen Nationalmythos erhoben: Der Rückgriff auf die alte Kaiserherrlichkeit der Stauferzeit verband sich mit der Sehnsucht nach einem geeinten Deutschen Reich, die 1871 in Erfüllung zu gehen schien. Zwischen 1890 und 1897 wurde zu Ehren Kaiser Wilhelms I. auf den Resten der Reichsburg Kyffhausen das Kyffhäuserdenkmal errichtet.
[2] Gau: geschlossener germanischer Siedlungsraum; auch Bezeichnung für eine Region als Verwaltungseinheit

▲ **Zur Enthüllungsfeier des Hermannsdenkmals am 16. August 1875.**
Holzschnitt aus der Zeitschrift „Kladderadatsch" vom 15. August 1875. Arminius und Martin Luther vor dem Petersdom „gegen Rom". Arminius: „Ich habe gesiegt!" Luther: „Ich werde siegen!"
■ Erläutern Sie die Aussage des Holzschnittes. Warum werden hier Arminius und Luther „gegen Rom" dargestellt? Recherchieren Sie dazu zum nationalen Luthermythos (siehe auch M3) und zum „Kulturkampf".

▲ „Germanenumzug" durch die Detmolder Innenstadt bei den Jubiläumsfeiern zur Varusschlacht 1909.

▶ Kundgebung zum Bezirkstag der NSDAP am Hermannsdenkmal.
*Foto von 1928.
In der Weimarer Republik wurde das Denkmal zu einer Art Wallfahrtsort republik- und demokratiefeindlicher Nationalisten.*

Auf zum Hermannsdenkmal
Sonntag, 1. September, nachm. 3.30 Uhr

Große Kundgebung

des Reichs=Ausschusses gegen Pariser Tributplan u. Kriegsschuldlüge

Es sprechen u. a.:

Dr. Hugenberg u. Franz Seldte

Militärmusik ✦ Lautsprecher

Alle im Reichs=Ausschuß vereinigten Wirtschaftsorganisationen, vaterländischen Verbände und Parteien nehmen hieran teil.

Auch Du darfst nicht fehlen!

▲ Aufruf zur Kundgebung gegen den Young-Plan, 1929 (Ausschnitt).

▶ Zwermann, der Cheruskerzwerg aus dem Hermannsland.
Souvenir aus Kunststoff (39 cm), Detmold 2008.

1. Ordnen Sie Text und Bilder in den historischen Kontext ein. Erläutern Sie Bedeutung und Nutzung des Hermannsdenkmals von der Zeit seiner Entstehung bis heute.

2. Analysieren Sie, inwiefern der Arminiusmythos für politische Vorstellungen und Ziele in Anspruch genommen wurde. Welche Funktion kommt Arminius dabei zu?

3. Finden Sie weitere Beispiele für historische Persönlichkeiten, Ereignisse oder Symbole, die in ähnlicher Weise für nationale Bestrebungen herangezogen wurden.

M3 Was haben Arminius, Luther und die „Stunde Null" gemein?

Die Historikerin Heidi Hein-Kircher definiert 2009 anlässlich des zweitausendjährigen Jubiläums der Varusschlacht in einem Aufsatz politische Mythen und ihre Funktion:

Unter einem Mythos ist eine sinnstiftende Erzählung zu verstehen, die Unbekanntes oder schwer zu Erklärendes vereinfacht mit Bekanntem erklären will. Er entflechtet schwer oder gar nicht erklärbare Vorgänge und stellt sie auf einfache
5 Weise dar, wobei mythisches Denken auf einem Raster apriorischer Prämissen[1] beruht. [...] Eine Gesellschaft besitzt daher zahlreiche, häufig miteinander vernetzte und voneinander abhängige politische Mythen; zumeist bilden politische Mythen ein sich ergänzendes und aufeinander aufbauen-
10 des Mosaik, so ist der Arminiusmythos nicht ohne den im 19. Jahrhundert entstandenen Germanenmythos zu verstehen. [...]
So gibt es Gründungs- und Ursprungsmythos, Mythen der Katharsis[2], der Beglaubigung und Verklärung, wobei aber der
15 politische Gründungsmythos letztlich eine alle anderen umfassende Kategorie ist, da jeder Mythos in seinem Kern über den Sinn und das Entstehen einer Gemeinschaft berichtet. Er behandelt eben nicht irgendeine Person oder irgendein Ereignis, sondern *die* Person, die nach der Interpretation des
20 Mythos einen grundlegenden Beitrag zur Entstehung der Gemeinschaft oder des Gemeinwesens geleistet hat, *das* Schlüsselereignis, das zu deren bzw. dessen Gründung führte, oder *den* Raum, der wesentlich für die Definition des eigenen Territoriums ist. So thematisiert der Varusschlachtmythos
25 den „Wendepunkt der Geschichte Europas" [...], sodass er heute als Ausgangspunkt für das Werden Europas gesehen wird, während er im 19. Jahrhundert für die Identitätsbildung der deutschen Nation von fundamentaler Bedeutung war. In einem engen Zusammenhang steht eine andere Perspektive,
30 nämlich der Blick auf die „Botschaft" politischer Mythen. Sie behandeln einen Erfolg, Niederlage/Verlust und/oder Opfer, wobei Letztere auch im Sinne der historischen „Leistungsschau" interpretiert werden. So resultiert die „Stunde Null" aus der vernichtenden Niederlage Nazi-Deutschlands im
35 Zweiten Weltkrieg. [...]
Politische Mythen behandeln nur das, was für die jeweilige Gesellschaft konstitutiv und von Bedeutung ist. Diese im Mythos erzählten Bilder repräsentieren die Werte, Ziele und Wünsche einer sozialen Gruppe. Sie beglaubigen ihre grund-
40 legenden Werte, Ideen und Verhaltensweisen, weil sie die historischen Vorgänge aus ihrer Sicht und in ihrem Sinne interpretieren, sodass diese durch die Erzählung einer geschichtlich wirksamen Einheit zusammengebunden wird. Daher geben politische Mythen nationalen und nicht-natio-
45 nalen (Massen-)Gesellschaften bzw. Gruppen Sinn, beispielsweise ist etwa der Mythos von „Luther auf der Wartburg" prägend für protestantische Identität geworden. [...]
Eine solche Identitätsbildung ist jedoch nur möglich, wenn zugleich eine Abgrenzung nach außen, zu anderen Gruppen
50 hin, stattfindet. Auch dies wird durch Mythen geleistet, weil sie kennzeichnen, wer zur Gruppe gehört und wer nicht. Dies geschieht, indem Mythen immer den Gegensatz zwischen „gut", also „eigen/selbst", und „böse", also „die anderen", schaffen. [...] Insofern ist ein Mythos auch ein Mittel zur
55 Selbstdarstellung nach innen und außen, etwa indem die Varusschlacht eindeutig auf die Stärke der „Germanen" und damit der dem Mythos folgenden Gruppe, der deutschen Nation, hinweist. Mit dieser Funktion geht die integrative Rolle politischer Mythen einher. [...]
60 Darüber hinaus können, wie es der Germanenmythos zeigt, politische Mythen zu Elementen von Ideologien werden und auch als deren Essenz[3], Umschreibung oder Erklärung dienen. Auf diese Weise wird das gegenwärtige politische Handeln, werden territoriale Machtansprüche, Krieg und damit auch
65 die herrschende Gruppe gerechtfertigt. Denn durch einen politischen Mythos werden diejenigen, die ihn „erfunden" haben und ihn fördern, vom Glanz der im Mythos dargestellten Leistung bestrahlt.

Heidi Hein-Kircher, Zur Definition, Vermittlung und Funktion von politischen Mythen, in: Landesverband Lippe (Hrsg.), 2000 Jahre Varusschlacht – Mythos, Stuttgart 2009, S. 149-154, hier S. 149, 151-154

1. *Definieren Sie den Begriff „politischer Mythos". Erläutern Sie dessen Funktion am Beispiel des Varusschlacht- bzw. Arminiusmythos.*
2. *Begründen Sie am Text und auf der Grundlage ergänzender Recherchen, was Arminius, Luther und die „Stunde Null" gemeinsam haben. Ziehen Sie die Abbildung auf Seite 285 hinzu.*

---

[1] apriorisch: rein aus Vernunftgründen erschlossen, rein durch Denken gefunden; Prämisse: vorherige Annahme
[2] Katharsis: griech. „Reinigung"; nach Aristoteles' Definition der Tragödie die Reinigung des Zuschauers nach dem Durchleben von Mitleid und Furcht; in der Psychologie Bezeichnung für das Sichbefreien
[3] Essenz: konzentrierter Auszug; das Wesen, der Kern einer Sache

Hinweise zur Bearbeitung der Probeklausur

Die Anforderungen und Erwartungen in Geschichtsklausuren liegen nicht in der bloßen Wiedergabe von Erlerntem ohne genauen Fragenbezug, sondern überwiegend im souveränen Anwenden gelernter Inhalte auf andere Sachverhalte und im angemessenen, eigenständigen Beschreiben und Beurteilen komplexer Problembereiche.

1. Lesen Sie die Aufgabenstellung langsam und sorgfältig durch.

2. Beachten Sie bei den Aufgaben die jeweiligen Anforderungsbereiche. Diese können Sie an den „Operatoren" erkennen (siehe dazu auch vorne im Buch). Je schwieriger die Aufgaben sind, desto stärker werden sie bei der Bewertung gewichtet – unabhängig davon, wie umfangreich die Ausarbeitung der Aufgaben ist.
   Insgesamt gibt es drei Anforderungsniveaus:
   Im **Anforderungsbereich I** (Reproduktion) wird von Ihnen bei der Bearbeitung das Wiedergeben und Beschreiben von Sachverhalten und Zusammenhängen aus einem abgegrenzten Gebiet erwartet.
   Der **Anforderungsbereich II** (Reorganisation und Transfer) verlangt von Ihnen das selbstständige Erklären, Bearbeiten, Ordnen und Anwenden von Ihnen schon bekannten Inhalten und Methoden.
   Im **Anforderungsbereich III** (Reflexion und Problemlösung) wird von Ihnen der genau durchdachte Umgang mit neuen Problemstellungen und Erkenntnissen sowie eingesetzten Methoden erwartet. Ziel Ihrer Arbeit ist es, Begründungen, Folgerungen, Beurteilungen oder Schlussfolgerungen für das eigene Verhalten zu finden.

3. Erschließen Sie die Intention der Aufgabenstellungen mit zentralen Fragen (z. B. Was verlangt die Aufgabe von mir? Welche Schlüsselbegriffe sind enthalten und welche Schwerpunkte muss ich deswegen bei der Beantwortung setzen?).

4. Halten Sie die Reihenfolge der Aufgaben möglichst ein. Nehmen Sie den Einsatz an Arbeit und damit den Zeitaufwand entsprechend der erreichbaren Punktezahl vor.

5. Arbeiten Sie bei der Analyse und Interpretation einer Quelle mit farbigen Stiften:
   a) Lesen Sie den Text sorgfältig durch, wenn nötig auch mehrfach, und markieren Sie wesentliche Gedanken und Schlüsselbegriffe, soweit sie zur Aufgabenstellung gehören.
   b) Verwenden Sie, soweit möglich und für das Textverständnis nötig, Angaben zum Autor (z. B. politischer Standort, seine Intentionen) und zur Quelle selbst (Entstehungszeit, historischer Kontext, Adressaten des Textes).
   c) Arbeiten Sie zu den gestellten Aufgaben aus der Quelle stichpunktartig, aber bereits grob strukturiert, wichtige inhaltliche Aussagen heraus und belegen Sie sie mit treffenden Zitaten (Zeilenbelege!) und eigenen Argumenten.

6. Schreiben Sie ganze, nicht zu lange Sätze und benutzen Sie die notwendigen Fachbegriffe. Die Wortwahl sollte klar und sachlich sein.

7. Achten Sie beim abschließenden Durchlesen in erster Linie auf den Inhalt, aber auch auf Rechtschreibung, Grammatik und Satzbau.

Übungsaufgabe: Interpretation einer schriftlichen Quelle

M Aus der Regierungserklärung von Willy Brandt am 28. Oktober 1969 vor dem Deutschen Bundestag

Die Deutschen sind nicht nur durch ihre Sprache und ihre Geschichte – mit ihrem Glanz und ihrem Elend – verbunden; wir sind alle in Deutschland zu Haus. Wir haben auch noch gemeinsame Aufgaben und gemeinsame Verantwortung: für den Frieden unter uns und in Europa. 20 Jahre nach Gründung der Bundesrepublik Deutschland und der DDR müssen wir ein weiteres Auseinanderleben der deutschen Nation verhindern, also versuchen, über ein geregeltes Nebeneinander zu einem Miteinander zu kommen.

Dies ist nicht nur ein deutsches Interesse, denn es hat seine Bedeutung auch für den Frieden in Europa und für das Ost-West-Verhältnis. Unsere und unserer Freunde Einstellung zu den internationalen Beziehungen der DDR hängt nicht zuletzt von der Haltung Ost-Berlins selbst ab. Im Übrigen wollen wir unseren Landsleuten die Vorteile des internationalen Handels und Kulturaustausches nicht schmälern. [...]

Die Bundesregierung wird sich von der Erkenntnis leiten lassen, dass der zentrale Auftrag des Grundgesetzes, allen Bürgern gleiche Chancen zu geben, noch nicht annähernd erfüllt wurde. Die Bildungsplanung muss entscheidend dazu beitragen, die soziale Demokratie zu verwirklichen. Aufgabe der praktischen Politik in den jetzt vor uns liegenden Jahren ist es, die Einheit der Nation dadurch zu wahren, dass das Verhältnis zwischen den Teilen Deutschlands aus der gegenwärtigen Verkrampfung gelöst wird. [...]

Wir wollen mehr Demokratie wagen. Wir werden unsere Arbeitsweise öffnen und dem kritischen Bedürfnis nach Information Genüge tun. Wir werden darauf hinwirken, dass durch Anhörungen im Bundestag, durch ständige Fühlungnahme mit den repräsentativen Gruppen unseres Volkes und durch eine umfassende Unterrichtung über die Regierungspolitik jeder Bürger die Möglichkeit erhält, an der Reform von Staat und Gesellschaft mitzuwirken.

Wir wenden uns an die im Frieden nachgewachsenen Generationen, die nicht mit den Hypotheken der Älteren belastet sind und belastet werden dürfen; jene jungen Menschen, die uns beim Wort nehmen wollen – und sollen. Diese jungen Menschen müssen aber verstehen, dass auch sie gegenüber Staat und Gesellschaft Verpflichtungen haben. [...]

Mitbestimmung, Mitverantwortung in den verschiedenen Bereichen unserer Gesellschaft wird eine bewegende Kraft der kommenden Jahre sein. Wir können nicht die perfekte Demokratie schaffen. Wir wollen eine Gesellschaft, die mehr Freiheit bietet und mehr Mitverantwortung fordert. Diese Regierung sucht das Gespräch, sie sucht kritische Partnerschaft mit allen, die Verantwortung tragen, sei es in den Kirchen, der Kunst, der Wissenschaft und der Wirtschaft oder in anderen Bereichen der Gesellschaft. [...]

Die Regierung kann in der Demokratie nur erfolgreich wirken, wenn sie getragen wird vom demokratischen Engagement der Bürger. Wir haben so wenig Bedarf an blinder Zustimmung, wie unser Volk Bedarf hat an gespreizter Würde und hoheitsvoller Distanz. Wir suchen keine Bewunderer; wir brauchen Menschen, die kritisch mitdenken, mitentscheiden und mitverantworten. Das Selbstbewusstsein dieser Regierung wird sich als Toleranz zu erkennen geben. Sie wird daher auch jene Solidarität zu schätzen wissen, die sich in Kritik äußert. Wir sind keine Erwählten; wir sind Gewählte. Deshalb suchen wir das Gespräch mit allen, die sich um diese Demokratie mühen. In den letzten Jahren haben manche in diesem Lande befürchtet, die zweite deutsche Demokratie werde den Weg der ersten gehen. Ich habe dies nie geglaubt. Ich glaube dies heute weniger denn je. Nein: Wir stehen nicht am Ende unserer Demokratie, wir fangen erst richtig an. Wir wollen ein Volk der guten Nachbarn werden im Innern und nach außen.

Zitiert nach: Klaus von Beyme, Die großen Regierungserklärungen der deutschen Bundeskanzler von Adenauer bis Schmidt, München/Wien 1979, S. 252 und 281

Aufgabenstellungen

1. Arbeiten Sie heraus, mit welchen programmatischen Ankündigungen der neu gewählte Bundeskanzler den Beginn einer neuen Ära markieren will und wie sich dies auf den Satzbau und die Wortwahl der Rede niederschlägt.

2. Prüfen Sie, ob die angekündigten Zielsetzungen von der Politik der sozial-liberalen Koalition unter Bundeskanzler Willy Brandt eingelöst wurden.

Lösungsvorschlag

> **1.** Arbeiten Sie heraus, mit welchen programmatischen Ankündigungen der neu gewählte Bundeskanzler den Beginn einer neuen Ära markieren will und wie sich dies auf den Satzbau und die Wortwahl der Rede niederschlägt.
>
> Der **Operator „Herausarbeiten"** gehört dem Anforderungsbereich II (Reorganisation und Transfer) an.
>
> Herausarbeiten bedeutet,
> Informationen und Sachverhalte (**hier: die programmatische Ankündigung und deren Ausdruck in Satzbau und Wortwahl der Rede**)
> aus dem vorgegebenen Material (**hier: der Auszug der Regierungserklärung Brandts**) herausfinden, die nicht explizit genannt werden (**hier: Ankündigungen, die auf den Beginn einer neuen Ära verweisen**)
> und zwischen ihnen Zusammenhänge herstellen.

Nach den Jahren der Großen Koalition (CDU/CSU und SPD) von 1966 bis 1969 unter dem christdemokratischen Bundeskanzler Kurt Georg Kiesinger wurde mit Willy Brandt an der Spitze einer Koalition von SPD und FDP erstmals ein Sozialdemokrat zum Regierungschef in der Bundesrepublik Deutschland gewählt.

Brandt kündigt in seiner Rede an, dass sich die neue Bundesregierung den Beziehungen zur DDR besonders widmen will (Zeile 4-6). Brandt unterstreicht die herausragende Bedeutung dieser Beziehungen nicht nur für die gespaltene deutsche Nation, sondern für den gesamten Ost-West-Konflikt. Vorrangiges Ziel bleibt für Brandt die Wahrung der „Einheit der Nation" (Zeile 15/16). Allerdings bedeutet die Charakterisierung des angestrebten deutsch-deutschen Verhältnisses als „geregeltes Nebeneinander" (Zeile 5/6) eine Abkehr vom strikten Alleinvertretungsanspruch der Bundesrepublik, den die Regierungen vor der Großen Koalition vertreten hatten. Diesem Ziel ordnet Brandt nun den politischen Gegensatz und die fehlende demokratische Legitimation der DDR-Regierung unter.

Im Innern strebt Brandt eine „Reform von Staat und Gesellschaft" an (Zeile 22) an. Dabei sollen die Mitwirkungsmöglichkeiten der Bürgerinnen und Bürger erweitert werden. Die neue Regierung will einen Dialog mit allen gesellschaftlichen Schichten, Generationen und Führungskräften in Organisationen anstoßen (Zeile 31/32: „[...] in den Kirchen, der Kunst, der Wissenschaft und der Wirtschaft oder in anderen Bereichen der Gesellschaft"). Brandts Selbstverständnis als „Gewählter", nicht „Erwählter" streicht seine Verantwortung gegenüber den Wählern heraus.

Brandt erläutert, Regierung und Wählerinnen und Wähler müssten aufeinander zugehen. Die Regierung will eine offene Informationspolitik betreiben (Zeile 18-22: „[...] Anhörungen im Bundestag, [...] ständige Fühlungnahme mit den repräsentativen Gruppen unseres Volkes [...] umfassende Unterrichtung [...]"). Gleichzeitig wird aber auch an die Pflicht der Bürgerinnen und Bürger appelliert, sich für den Staat zu engagieren. Die Bemerkung „[Die] jungen Menschen müssen aber verstehen, dass auch sie gegenüber Staat und Gesellschaft Verpflichtungen haben" (Zeile 25 / 26) kann auch als Anspielung auf die Proteste der „1968er"-Bewegung verstanden werden, die Ende der Sechzigerjahre die politischen Verhältnisse im Land sowie vorherrschende Grundeinstellungen infrage stellte. In diesem Sinne verstanden, leitet Brandt aus der dort geäußerten Kritik die folgerichtige konstruktive Mitwirkung an Veränderungen ab. Die Verbindung der beiden Begriffe „Mitbestimmung" und „Mitverantwortung" zu Beginn eines Absatzes (Zeile 27) und die baldige Wiederholung des zweiten Begriffs (Zeile 29 / 30) unterstreichen, wie sehr die beiden Aspekte für Brandt zusammengehören und sich gegenseitig bedingen.

Ein Anliegen der sozial-liberalen Regierung ist auch die Solidarität innerhalb der Bevölkerung. Im Sinne einer „sozialen Demokratie" soll systematisch die Bildung breiter Bevölkerungsschichten (Zeile 14: „Bildungsplanung") gefördert und Chancengleichheit erzielt werden. Brandt sieht dabei noch erheblichen Nachholbedarf (Zeile 12 - 15).

Die Begriffe „Gespräch", „kritische Partnerschaft" (Zeile 30), „Solidarität" (Zeile 38) drücken aus, dass sich der Bundeskanzler „auf Augenhöhe" mit allen Bürgerinnen und Bürgern auseinandersetzen will. Die Bedeutung von Kooperation und Teamfähigkeit, die auch Kritik einschließt, verdeutlicht, dass er sich nicht in erster Linie als Chef seiner Regierung sieht, sondern als deren Repräsentant. Die ständige Wiederholung von „Wir", mit dem oft auch aufeinanderfolgende Sätze eingeleitet werden, legt die damit verbundene Abgrenzung vom Führungsstil Konrad Adenauers nahe, der in seiner Zeit als Bundeskanzler von 1949 bis 1963 für zentrale Weichenstellungen in der Bundesrepublik verantwortlich war. Dessen straffer und zum Teil autoritärer Führungsstil wurde bereits zu Beginn der Fünfzigerjahre in den Begriff „Kanzlerdemokratie" gefasst.

Die Stärkung und Ausgestaltung der Demokratie (Zeile 18: „Wir wollen mehr Demokratie wagen") und die Verbesserung der friedlichen Beziehungen zu den Nachbarstaaten als zentrale Vorhaben seiner Regierung führt Brandt im letzten Absatz zusammen und stellt sie damit heraus.

2. *Prüfen Sie, ob die angekündigten Zielsetzungen von der Politik der sozial-liberalen Koalition unter Bundeskanzler Willy Brandt eingelöst wurden.*

Der Operator „Prüfen" gehört dem Anforderungsbereich III (Reflexion und Problemlösung) an.

Prüfen bedeutet,
vorgegebene Aussagen bzw. Behauptungen (hier: der Beginn einer neuen Ära) auf ihre Angemessenheit hin untersuchen (hier: die Politik der sozial-liberalen Koalition unter Bundeskanzler Willy Brandt).

Willy Brandt war Bundeskanzler von 1969 bis 1974, bevor er anlässlich der Affäre um den DDR-Spion Günter Guillaume zurücktrat.

Die 1970 beschlossene Senkung des Wahlrechtsalters (beim aktiven Wahlrecht von 21 auf 18 Jahre, beim passiven von 25 auf 21 Jahre) verbreiterte die Wählerbasis. Nicht zuletzt aufgrund des großen politischen Engagements von Jugendlichen im Rahmen der Proteste der „1968er"-Bewegung hatte sich die Überzeugung durchgesetzt, dass auch Teenager die nötige politische Reife besäßen und deshalb die Möglichkeit zur Mitbestimmung bekommen sollten.

Die Voraussetzung dafür, dass in Betrieben Arbeitgeber und Arbeitnehmer gemeinsam soziale und personelle Angelegenheiten regelten, schuf die sozial-liberale Koalition mit dem Erlass des Betriebsverfassungsgesetzes 1972, das die Rechte von Betriebsräten stärkte.

Eine wichtige Entscheidung zugunsten einer besseren sozialen Absicherung der Bevölkerung war die Rentenreform von 1972. Nun wurden über die Angestellten hinaus auch nicht berufstätige Frauen und Selbstständige in die 1957 geschaffene gesetzliche Rentenversicherung einbezogen. Dies sowie die Einführung einer Mindestrente, die Erhöhung des Rentenniveaus und die Öffnung der gesetzlichen Krankenversicherung für Landwirte und Studierende führten von 1972 bis 1975 zu einer Verdoppelung der staatlichen Sozialausgaben. Langfristig verengte sich dadurch der finanzielle Spielraum der Sozialversicherungen und des Bundeshaushaltes, besonders in wirtschaftlichen Krisenzeiten mit hoher Arbeitslosigkeit und geringeren Steuereinnahmen.

Auch bei der Bekämpfung des Bildungsnotstandes, den die OECD laut einer Studie von 1966 als Gefahr für die Leistungsfähigkeit der deutschen Wirtschaft angesichts eines drohenden Fachkräftemangels ansah, konnte die neue Bundesregierung auf erste Schritte der vorherigen Koalitionen aufbauen. Die gesetzliche Grundlage dafür, dass Bund und Länder beim Ausbau der Hochschulen und Fachhochschulen zusammenwirken, war im Mai 1969 gelegt worden. Der Mitte der Sechzigerjahre einsetzende Bau neuer Hochschulen und die Einstellung neuer Lehrer an den Schulen und von Dozenten wurden vorangetrieben. Das 1971 erlassene Bundesausbildungsförderungsgesetz (BAföG) gewährte Schülern und Studierenden aus einkommensschwachen Familien finanzielle Unterstützung. Die Investitionen führten zu einer starken Zunahme der Schülerzahlen an Realschulen und Gymnasien und insgesamt zu einer Erhöhung des Bildungsniveaus. Vor allem junge Frauen profitierten von dem größeren Bildungsangebot. Arbeiterkinder besuchten vermehrt Realschulen und Gymnasien, blieben aber auch weiterhin gemessen am Anteil an der Gesamtbevölkerung stark unterrepräsentiert.

Auch wenn bereits von der Großen Koalition eine Liberalisierung der Gesetzgebung eingeleitet wurde, beispielsweise mit der Abschaffung von Ehebruch und Homosexualität als Straftatbestand, konnte eine Koalition ohne Beteiligung der konservativen Union in den Siebzigerjahren die Gesetzgebung an den Wertewandel in der Gesellschaft anpassen. Die 1974 eingeführte Fristenlösung wollte die bisher geltende generelle Bestrafung von Schwangerschaftsabbrüchen abschaffen, musste aber nach dem Einspruch des Bundesverfassungsgerichts 1976 durch eine Indikationenlösung (Straffreiheit der Abtreibung nur bei bestimmten Indikationen und nach vorheriger Beratung) ersetzt werden. Das neue Ehe- und Familienrecht folgte dem Grundsatz von der Gleichheit der Geschlechter sowie dem Selbstbestimmungsrecht der Frau. Ab 1977 galt beim Scheidungsrecht das Zerrüttungsprinzip statt des Schuldprinzips. Das sich durchsetzende Verständnis von Kindern als schützenswerte, selbstständige Persönlichkeiten führte zu einem teilweisen Verbot körperlicher Züchtigung. Im Strafvollzug bekam der Anspruch, Straftäter zu resozialisieren, einen größeren Stellenwert.

Die bedeutendste außenpolitische Weichenstellung während der Kanzlerschaft von Willy Brandt war die sogenannte Neue Ostpolitik. Bereits zu Beginn der Sechzigerjahre von Egon Bahr, einem engen Vertrauten von Willy Brandt, konzipiert, lag ihr die Vorstellung zugrunde, dass eine Wiedervereinigung der beiden deutschen Staaten durch eine konfrontative Haltung gegenüber der DDR und der Sowjetunion nicht zu erreichen sei. Die Politik sollte gegenseitiges Vertrauen schaffen, humanitäre Erleichterungen erzielen und damit einen „Wandel durch Annäherung" erreichen. In Verträgen mit der Sowjetunion (1970), Polen (1970) und der Tschechoslowakei (1973) akzeptierte die Bundesregierung den Status quo, verzichtete auf jegliche Gebietsansprüche und vertiefte die wirtschaftlichen und kulturellen Beziehungen zu diesen Ländern. Der Kniefall Willy Brandts vor dem Ehrenmal der Helden des Warschauer Ghettos im Rahmen des Staatsbesuchs zur Unterzeichnung des Vertrags mit Polen wurde zum Symbol der Verantwortung der Bundesrepublik gegenüber der NS-Vergangenheit. Besonders heftig bekämpft wurden von CDU/CSU und von den Vertriebenenverbänden die Anerkennung der Oder-Neiße-Grenze und damit der Verzicht auf die ehemaligen Ostgebiete. Auf heftigen Widerstand von konservativer Seite stieß auch der Grundlagenvertrag von 1972 mit der DDR. Zwar verweigerte auch er der DDR die völkerrechtliche Anerkennung durch die Bundesrepublik, bedeutete aber de facto eine Anerkennung der DDR als zweiten deutschen Staat. Damit verabschiedete sich die Bundesregierung endgültig von der 1955 formulierten Hallstein-Doktrin, nach der die Bundesrepublik jedem Staat nach dessen Anerkennung der DDR den Abbruch der Beziehungen androhte. Die Bundesrepublik verzichtete auf ihren bisherigen Alleinvertretungsanspruch und bekam dafür die Zusicherung, dass „praktische und humanitäre Fragen" einvernehmlich mit Ost-Berlin geregelt würden. Das Transit- sowie das Verkehrsabkommen sicherten den freien Zugang von der Bundesrepublik nach West-Berlin und erleichterten Reisen von Westbürgern in die DDR.

Zusammenfassend lässt sich sagen, dass die sozial-liberale Koalition unter Willy Brandt bzw. ab 1974 unter seinem Nachfolger Helmut Schmidt in Bereichen wie der Bildungspolitik, einer Modernisierung der Gesetzgebung sowie einer veränderten Haltung gegenüber dem Ostblock an Ansätze der Großen Koalition anknüpfen konnte und Veränderungen in diesen Bereichen intensivierte. Die Neue Ostpolitik schuf die Grundlage für eine Zusammenarbeit mit der DDR, die die Konsequenzen aus der verfestigten Ost-West-Konfrontation akzeptierte. Die 15 Jahre zuvor eingeführten Sozialversicherungen nutzte die sozial-liberale Koalition für den weiteren Abbau sozialer Ungleichheit.

Die zeitweilige Zerstrittenheit der Koalitionsparteien, die nur knappe Mehrheit im Bundestag und die Mehrheit der Opposition im Bundesrat verhinderten oft weitergehende Reformen. Zudem ließ der von der ersten Ölkrise 1973 ausgelöste wirtschaftliche Abschwung, der zu einer Zunahme der Arbeitslosigkeit und einem Sinken der staatlichen Einnahmen führte, kostspielige Neuerungen nur noch in geringem Umfang zu.

Historienbilder als „Geschichtsbilder"

Historiengemälde „erzählen" Geschichte. Es gibt sie seit der Antike. Die Gattung beschränkt sich nicht auf Malerei, sondern umfasst auch Mosaike, Kupferstiche oder Reliefs. Besonders beliebt waren Historienbilder im 19. Jahrhundert, als sie auf bedeutende Ereignisse, Personen, Leistungen und Traditionen der Geschichte aufmerksam machten. Sie trugen so zur Identifikation der Öffentlichkeit mit dem eigenen Volk und der eigenen Nation bei.

Historiengemälde interpretieren

Historienbilder sind Kunstwerke. Die Künstler bemühen sich, historische Sachverhalte darzustellen und zu deuten – die „historische Realität" bilden sie nicht ab. Das gilt unabhängig vom zeitlichen Abstand zum dargestellten Geschehen. Sie verherrlichen, rechtfertigen oder kritisieren vergangene Ereignisse. Oft sind Historienbilder öffentliche oder private Auftragsarbeiten. Sie sagen dann immer auch etwas über die Sichtweisen der Auftraggeber aus.
Die Analyse und Interpretation erfordert daher nicht nur Kenntnisse über die dargestellte Zeit, sondern auch über die Entstehungszeit des Bildes, den Künstler und seinen Auftraggeber.

Formale Kennzeichen
- Wer ist der Künstler / die Künstlerin?
- Wann und wo ist das Kunstwerk entstanden?
- Stammt der „Bildtitel" vom Künstler oder wurde er von anderer Seite zugefügt?
- Um welche Kunstgattung (Gemälde, Holzstich, Kupferstich, Fresko, Relief etc.) und welches Format (z. B. Monumentalgemälde) handelt es sich?

Bildinhalt
- Wen oder was zeigt das Kunstwerk?
- Welche Komposition (Bildaufbau, Figuren etc.) liegt dem Bild zugrunde?
- Welche Perspektive (Vogel-, Zentralperspektive etc.) hat der Künstler gewählt?
- Wie ist die Farbgebung (hell, dunkel, kontrastreich etc.) und die Lichtführung (konzentriert oder gleichmäßig)?
- Welche Symbole und Sinnbilder (Allegorien) werden verwendet?

Historischer Kontext
- Aus welchem Anlass ist das Bild entstanden?
- An welches Ereignis, an welchen Sachverhalt oder an welche Person wird erinnert?
- Handelt es sich um eine realistische oder allegorische (sinnbildliche) Darstellung?
- Inwiefern haben die politischen, religiösen oder sozialen Verhältnisse der Entstehungszeit das Kunstwerk beeinflusst?

Intention und Wirkung
- Was ist über die Haltung des Künstlers und der Auftraggeber bekannt?
- An wen richtet sich das Kunstwerk?
- Welche Absichten verfolgten Künstler bzw. Auftraggeber?
- Welche Wirkungen erzielte das Bild bei zeitgenössischen Betrachtern?

Bewertung und Fazit
- Wie lassen sich Aussage und Wirkung des Gemäldes bewerten?
- Gibt es weitere Quellen zum Bildthema, mit denen sich das Kunstwerk vergleichen lässt?

Schriftliche Quellen als erzählte Geschichte

Schriftliche Quellen sind Texte, die in einem bestimmten geschichtlichen Zusammenhang geschrieben wurden und im Original oder als Abschrift überliefert worden sind. Dazu gehören ganz unterschiedliche Quellengattungen wie Urkunden, Gesetze, Protokolle, Flugblätter, Briefe, Reden, Lebenserinnerungen und Tagebücher sowie Akten, Zeitungsartikel, Chroniken und Annalen – kurz: alle Textquellen, aus denen Kenntnisse über die Vergangenheit gewonnen werden können.

Schriftliche Quellen analysieren

Geschichtsschreibung ist der Versuch, die Vergangenheit zu rekonstruieren und zu interpretieren. Dabei sind wir besonders auf schriftliche Quellen angewiesen. Unterschieden werden kann bei Textquellen zwischen „Traditionsquellen" und „Überrestquellen": Als Tradition werden in der Geschichtswissenschaft Quellen bezeichnet, die nicht nur für Zeitgenossen, sondern bewusst für die Nachwelt geschrieben worden sind, wie vor allem Chroniken, Annalen oder (Auto-)Biografien. Zum Überrest zählen demgegenüber Quellen, die wie Urkunden, Gesetzestexte oder Policey-Ordnungen, Rechnungen, Protokolle oder Briefe für die jeweilige Gegenwart verfasst wurden.

Keine Quelle „spricht für sich". Der Historiker muss die Vergangenheit aus den Quellen rückblickend erschließen, formale Merkmale klären, den Inhalt kritisch prüfen und in den historischen Kontext einordnen. Schriftliche Quellen können unvollständig oder gefälscht sein, Fehler oder Unwahrheiten enthalten. Darüber hinaus sind sie immer durch die Sichtweise und die Intention des Verfassers geprägt. Zu berücksichtigen ist daher immer auch der zeitliche Abstand zwischen dem dargestellten Geschehen und dem Zeitpunkt der Abfassung.

Die Schlüsse, die wir aus Quellen ziehen, hängen aber immer auch von unserem Vorwissen und unseren sozialen, politischen und religiösen Einstellungen ab.

Formale Kennzeichen
- Wer ist der Verfasser oder Auftraggeber?
- Welche Funktion, welchen Beruf oder welche Stellung hat er?
- Um welche Quellengattung handelt es sich (Tradition oder Überrest)?
- Wann, wo und aus welchem Anlass wurde der Text verfasst?

Textinhalt
- Was ist Gegenstand des Textes? Was wird thematisiert?
- Wie ist der Text aufgebaut? Welche Merkmale kennzeichnen ihn (Sprache, Stil)?

Historischer Kontext
- Welchen Zeitraum, welche Ereignisse oder welche Personen behandelt die Quelle?
- In welchem Bezug steht der Verfasser zu dem, was er berichtet (Handelnder, Zeitzeuge oder Geschichtsschreiber)?

Intention und Wirkung
- An wen wendet sich der Text?
- Welche Absichten verfolgen Verfasser oder Auftraggeber mit dem Text?
- Welche Wirkung sollte mit der Quelle erzielt werden?

Einordnung und Bewertung
- Wie lässt sich die Quelle in die Überlieferung einordnen und bewerten?
- Gibt es alternative oder ergänzende Quellen?

Sekundärliteratur als interpretierte Vergangenheit

Sekundär- oder Fachliteratur ist der Sammelbegriff für jede Form der wissenschaftlichen Auseinandersetzung mit historischen Quellen oder Themen. Der Begriff umfasst Textsorten wie wissenschaftliche Bücher (Monografien), Aufsätze in (Fach-)Zeitschriften, gedruckte Vorträge, Lexikonartikel und Rezensionen (Buchbesprechungen).

Umgang mit Sekundärliteratur

Die Fachliteratur über den Nationalsozialismus, das „Dritte Reich" und den Holocaust ist unüberschaubar. Eine Bibliografie aus dem Jahr 2000 nennt 17 609 Monografien, 11 857 Beiträge aus Sammelwerken und 7557 Zeitungs- und Zeitschriftenaufsätze aus dem Zeitraum von 1945 bis 2000. Seitdem sind zahlreiche weitere Veröffentlichungen hinzugekommen. Zu vielen Monografien sind Rezensionen erschienen, die die Veröffentlichung in die Forschung einordnen, bewerten und oft gegensätzliche Auffassungen vertreten.

Es gibt keine objektive, ein für alle Mal gültige oder richtige und verbindliche Geschichtsschreibung. Sie ist immer abhängig von der Person, die ein Thema mit einem bestimmten Erkenntnisinteresse subjektiv bearbeitet, von der Zeit, in der geforscht wird, von den ausgewählten oder zur Verfügung stehenden Quellen und der verwendeten Fachliteratur. Für das Verständnis eines Textes, seine Einordnung und Bewertung ist es daher notwendig, ihn mit anderen Darstellungen zu vergleichen und ihn nach bestimmten Kriterien zu untersuchen.

Formale Kennzeichen
- Wer ist der Autor oder Rezensent?
- Welche Funktion, welchen Beruf oder welche Stellung hat er?
- Um welche Textsorte handelt es sich (z. B. Lexikonartikel, Fachbuch oder Rezension)?
- Wann, wo und aus welchem Anlass ist der Text veröffentlicht worden?

Textinhalt
- Was wird thematisiert?
- Welche Behauptungen oder Thesen werden aufgestellt?
- Mit welchen Argumenten bzw. Belegen (Quellen, Sekundärliteratur) begründet der Autor seine Aussagen?
- Wie ist der Text aufgebaut? Welche besonderen Merkmale gibt es (Sprache, Stil)?

Historischer Kontext
- Welchen Zeitraum, welches Ereignis oder welche Person behandelt der Text?
- Auf welche wissenschaftliche oder politische Diskussion geht er ein?
- In welchem Bezug steht der Autor / der Rezensent zum behandelten Thema?

Intention
- An welche Adressaten wendet sich der Text?
- Welche Aussageabsicht hat er?
- Welchen Standpunkt nimmt der Autor / der Rezensent ein?

Bewertung
- Wie lässt sich der Text bzw. die Publikation insgesamt einordnen und bewerten?
- Wurde das Thema schlüssig und überzeugend bearbeitet oder ist die Argumentation lückenhaft? Wurden mehrere Perspektiven berücksichtigt?
- Nimmt der Autor Wertungen vor oder stellt er Vermutungen auf?

Gegenständliche Quellen und Sachquellen

Gegenständliche Quellen und Sachquellen umgeben uns fast überall. Meist nehmen wir im Alltag gar nicht wahr, dass wir es ständig mit historischen Objekten zu tun haben: mit alten Fotos, Möbeln oder Lampen zu Hause, mit den Kirchen, Denkmälern oder Gebäuden im Ort. Sie geben Zeugnis von einer vergangenen Zeit wie Schriftstücke und Bilder. Aber man kann sie betasten, in die Hand nehmen, sie betreten. Sie ermöglichen Erinnerung mit vielen Sinnen und machen Vergangenheit auch emotional erfahrbar.

Umgang mit gegenständlichen Quellen und Sachquellen

Historische Gegenstände und Sachquellen sind damit in ganz anderer Weise authentisch als im Schulbuch abgedruckte Quellen, aber es ist nicht leicht, aus ihnen unmittelbar historische Informationen zu gewinnen. Die frühen Fotos aus dem Familienalbum geben nur Privates wieder. Über die Möbel und Lampen lässt sich das Alter erfahren – aber welcher Mode geben sie Ausdruck und wie hat sich diese Mode entwickelt? Über viele Kirchen gibt es eine Broschüre, in der wir über die Bauzeit, die Bilder, Altäre und Plastiken nachlesen können – aber welche sozialen und kulturellen Bedingungen bestimmten ihre Geschichte? Ein Denkmal kann man berühren und von allen Seiten betrachten, aber um mehr über seine Bedeutung und Entstehung zu erfahren, brauchen wir oft ebenso Dokumente aus einem Archiv wie für historische Gebäude, ihre Entwicklung und Veränderung, auch wenn deren Tafeln uns das Baujahr, den Bauherrn und Architekten nennen.

Formale Kennzeichen
- Um welchen Gegenstand / welche Sachquelle handelt es sich?
- Wann wurde der Gegenstand / die Sachquelle hergestellt / erbaut / veröffentlicht?
- Welche Besonderheiten lassen sich erkennen?
- Welche Wirkung haben die Umgebung bzw. der Kontext für die Wirkung des Gegenstands / der Sachquelle?

Entstehungsgeschichte
- Wer hat den Gegenstand / die Sachquelle erbaut / hergestellt / initiiert?
- Welche Beweggründe gab es für die Erstellung bzw. welchem Zweck sollte sie dienen?
- Vor welchem historischen Hintergrund ist der Gegenstand / die Sachquelle entstanden?
- Welche Vorbilder oder alternativen Entwürfe gibt es dafür?

Inhalt und Gestaltung
- An welches Ereignis, an welchen Sachverhalt soll der Gegenstand / die Sachquelle erinnern?
- Wie sind dargestellte Symbole, Formeln und Allegorien zu deuten?

Intention und Wirkung
- An welche Adressaten / Nutzer richtete sich der Gegenstand / die Sachquelle?
- Welche Selbstaussagen von Betrachtern / Nutzern liegen vor?
- Welche Absicht wird mit dem Gegenstand / der Sachquelle verfolgt?

Beurteilung
- Wie lassen sich Form, Gestaltung und Zweck des Gegenstands / der Sachquelle einordnen und bewerten?
- Ist die beabsichtigte Wirkung durch die Gestaltung umgesetzt?
- Welche Wirkung hat der Gegenstand / die Sachquelle auf heutige Betrachter?

Die hervorgehobenen Seitenzahlen verweisen auf die Begriffserläuterungen.

Abelshauser, Werner 55f.
Adenauer, Konrad 8, **18**, 29, 31, 37-42, 45, 51-53, 60f., 68, 81, 239f., 243, 279, 291
Apel, Ernst **99**
Arminius 280-283, 285, 287
Attlee, Clement R. 10, 197
Aventinus, Johannes 281

Baader, Andreas 63f.
Bade, Klaus 71
Bahr, Egon 69, 292
Bahro, Rudolf 87, 128
Ban Ki-moon 263
Bandel, Ernst von 280, 285
Barzel, Rainer 63
Batista 222
Bell, George 185
Bell, Johannes 190f.
Benz, Wolfgang 200f.
Bera, Wolfgang 115
Berchtold, Leopold 149
Bethmann Hollweg, Theobald von 144, 147, 149
Biermann, Wolf 100, 128
Bisky, Jens 129f.
Bloch, Ernst **99**
Bohley, Bärbel **119**
Boutros-Ghali, Boutros 263
Bracher, Karl Dietrich 230
Brandt, Willy 36f., **42**, 47, 50, 56f., 63, 69, 73, 101, 124, 289-293
Breschnew, Leonid **62**, 100, 107-109, 224f.
Briand, Aristide 242, 261
Buback, Siegfried 64
Bülow, Bernhard von 146
Bush, George H. W. 210, 237, 245
Byrnes, James F. 24, 32

Caesar **283**
Carter, Jimmy 225f.
Castro, Fidel **222**, 227
Chamberlain, Neville 167f., 185
Chiang Kai-shek 215
Chruschtschow, Nikita S. 81f., 99f., 217, 221f., 227f.
Churchill, Winston 10, 174-177, 179f., 182, 185, 196, 200, 215, 238f., 242, 261
Clay, Lucius D. **18**f., 32
Clemenceau, Georges 190, 192, 194
Colombo, Emilio 245
Coudenhove-Kalergi, Richard Nikolaus 238

Daladier, Édouard 168
De Gasperi, Alcide **240**, 243
Dehler, Thomas **52**
Dix, Otto 160, 272
Dönitz, Karl 178, 197

Dubček, Alexander 47, 224
Dutschke, Rudi **48**

Eden, Robert Anthony 40
Eisenhower, Dwight D. 178, 199f.
Ensslin, Gudrun 63f.
Enzensberger, Hans Magnus 259
Eppelmann, Rainer **118**, 122
Erhard, Ludwig **27**f., 43, 45, 68
Estaing, Giscard d' 250

Falco, Hubert 279
Falkenhayn, Erich von 150
Fechter, Peter 114f.
Fischer, Fritz 273
Fischer, Joschka **127**
Franco, Francisco **165**
Frank, Hans 16
Franz Ferdinand von Österreich-Este 144
Franz Joseph I. von Österreich 148f.
Frick, Wilhelm 16
Fricke, Karl Wilhelm 86, 89
Friedrich I. Barbarossa 285
Friedrich, Jörg 185f.
Funk, Walter 16

Gagarin, Juri 233
Gaulle, Charles de **41**, 47, 279
Genscher, Hans-Dietrich 66, 124, 245
Goebbels, Joseph 140, 176, 178
Gorbatschow, Michail 116f., **119**f., 203, 206, 210f., 218, 234-237, 245
Göring, Hermann 16, 164
Grosz, George 272
Grotewohl, Otto **25**, 31, 33, 35, 84
Guevara, Che 47
Guillaume, Günter 63, 69, 291

Habermas, Jürgen 243
Hallstein, Walter 38, 241
Hardinge, Sir Charles 146
Harris, Sir Arthur **183**
Hartwig, Karl-Hans 129
Havel, Václav 21f., **225**
Havemann, Robert **99**f., 118
Hein, Christoph 123
Heine, Heinrich 52, 128
Heinemann, Gustav **52**, 56
Hein-Kircher, Heidi 287
Heisig, Bernhard 102
Henlein, Konrad 166f., 172
Herzog, Roman 94
Heß, Rudolf 16
Heuss, Theodor **18**, 31
Heym, Stefan 128
Hindenburg, Paul von 140, **151**, 155, 271, 276
Hirsch, Ralph 119

Hitler, Adolf 27, 138, 140, **164**-179, 181f., 185, 195f., 210, 276
Hockets, Hans Günter 108
Honecker, Erich **63**, 72f., 96, 101f., 104f., 109, 116f., 120
Hoßbach, Friedrich 171f.
Hutten, Ulrich von 282

Janka, Walter 92f.
Jelzin, Boris 237
Jodl, Alfred 178
Johnson, Lyndon B. 223
Jünger, Ernst 158, 272

Kaltenbrunner, Ernst 16
Keitel, Wilhelm 16
Kellogg, Frank B. 261
Kennan, George F. 219
Kennedy, John F. 69, **82**, 96, 221f., 227f., 232f.
Keynes, John Maynard 192
Kiesinger, Kurt Georg **45**, 47, 68, 290
Kissinger, Henry 245
Kloth, Hans-Michael 266f.
Kohl, Helmut 36f., **66**, 117, 124, 127, 203, 206, 210f., 245, 274
Köhler, Hanns Erich 60f.
Kollwitz, Käthe 269
Koselleck, Reinhard 271
Krause, Günther 204
Krauss, Marita 20f.
Krenz, Egon **120**f.
Krüger, Thomas 131
Kunert, Günter 128
Kuttner, Erich 159f.

Lafontaine, Oskar **124**
Lange, Bernd-Lutz 123
Lattre de Tassigny, Jean de 199
Lenin, Wladimir I. 47, 75, 140, **154**, 214, 217
Leonhard, Wolfgang 24
Libussa 283
Lindenschmidt d. Ä., Wilhelm 282
Lloyd George, David 190, 193f.
Longerich, Peter 195
Ludendorff, Erich **151**, 155
Ludwig I. von Bayern 285
Luther, Martin 281, 285, 287
Luxemburg, Rosa 47

Maizière, Lothar de **205**
Mann, Golo 150
Mao Zedong **215**
Marquard, Odo 259
Marshall, George C. **216**
März, Peter 194f.
Masur, Kurt 123
Mattheuer, Wolfgang 102
Max von Baden **155**

Mazowiecki, Tadeusz 211
McCarthy, Joseph 219
Meckel, Markus 207f.
Meinhof, Ulrike 63
Merkel, Angela **127**, 275, 277-279
Meyer, Kurt 123
Meyer-Landrut, Lena 255
Mielke, Erich **76**, 101
Minh, Ho Chi 47
Mittag, Günter **101**
Mitterand, François **245**, 247, 274
Modrow, Hans **121**
Mohr, Reinhard 132
Molotow, Wjatscheslaw M. 168, 197
Moltke, Helmuth von 150
Monnet, Jean **239**f., 242
Montgomery, Bernard L. 199
Müller, Heiner 128
Müller, Hermann 190f.
Müller, Reinhard 210f.
Müller-Armack, Alfred 27
Münkler, Herfried 260
Mussolini, Benito **165**, 167f., 170f., 173

Nadig, Friederike 30
Napoleon 282
Nikolaus II. von Russland 145
Nixon, Richard 224, 233

Oelßner, Fred 84
Ohnesorg, Benno 48
Ollenhauer, Erich 42, 53
Orlando, Vittorio 190

Paulus, Friedrich 175
Pétain, Philippe 173
Picasso, Pablo 221, 268
Pieck, Wilhelm **31**, 33
Pleven, René 240
Poincaré, Raymond 145
Pommert, Jochen 123
Ponto, Jürgen 64
Poppe, Gerd 119
Princip, Gavrilo 144

Raspe, Jan-Carl 64
Reagan, Ronald 226, 229, 234
Remarque, Erich Maria 272
Resa, Mohammed **48**
Reuterswärd, Carl Fredrik 261
Ribbentrop, Joachim von 16, 168
Roosevelt, Franklin D. **167**, 175-177, 180, 196, 242, 261
Rosenberg, Alfred 16
Rosenberg, Julius und Ethel 219

Sabrow, Martin 126
Sandberg, Herbert 201
Sarkozy, Nicolas 277-279

Sauckel, Fritz 181
Schacht, Hjalmar 16
Schäuble, Wolfgang **204**, 207f.
Scheel, Walter **50**, 63
Scheidemann, Philipp **191**f.
Schiller, Karl **45**
Schleyer, Hanns Martin 64
Schlieffen, Alfred Graf von 145, 150
Schmid, Carlo **29**
Schmidt, Christian 279
Schmidt, Helmut 37, **63**-66, 104, 225, 244, 249, 293
Schröder, Gerhard **127**
Schukow, Georgi K. 198
Schüle, Erwin 17
Schumacher, Kurt **18**, 25, 31, 35, 42, 53
Schuman, Robert **239**, 242f.
Schürer, Gerhard 111, 131
Schuschnigg, Kurt **166**
Schwammberger, Josef 17
Schwarzer, Alice **49**
Selbert, Elisabeth 30
Seyß-Inquart, Arthur 166
Sitte, Willi 102
Sokolowski, Wassili D. 28
Sontheimer, Michael 185
Sophie von Hohenberg 144
Sorensen, Theodore C. 233
Speer, Albert **176**
Spenser, Daniela 227
Stalin, Josef W. **10**, 15, 19, 27-29, 31, 39, 51f., 74, 77-79, 99, 168, 174, 177, 185, 196-198, 202, 214-218, 261
Stoph, Willi **62**
Stötzner, Andreas 137
Stöver, Bernd 218
Strauß, Franz Josef **45**, 68
Streicher, Julius 16
Stürmer, Michael 147

Tacitus 280-282, 284
Templin, Wolfgang 119
Thatcher, Margaret 210, **245**
Theisen, Heinz 256
Tiberius 280
Tisza, István 149
Tito **215**
Truman, Harry S. **10**, 197, 200, 202, 215, 220
Tübke, Werner 102
Turmair, Johann 281

Ulbricht, Walter 24, 72f., 74, 76, 79-82, 84, 96, 100-102, 107-109

Varus, Publius Quinctilius 280, 282
Vercingetorix **283**
Vogel, Hans-Jochen **124**

Walesa, Lech **225**
Weber, Helene 30
Wehner, Herbert **42**
Weisenborn, Günther 201
Weizsäcker, Richard von 21
Wessel, Helene 30
Weygand, Maxime 179
Wilhelm I. 280, 285
Wilhelm II. 142-**144**, 146, 148f.
Williams, William A. 218
Wilson, Woodrow 140, **154**f., 159, 163, 190
Winkler, Heinrich August 33f.
Wolf, Christa 128
Wolfrum, Edgar 52, 202
Wollenberger, Vera 119
Wötzel, Roland 123

Zimmermann, Peter 123

Abrüstung 34, 68, 155, 164, 191, 201, 218, 234, 273
Abtreibungsverbot 49f., 292
Achse Berlin-Rom(-Tokio) 165, 170f.
68er-Bewegung 47f., 291
Ahlener Programm 18
Aktion Festigung 96
Alesia 283
Alexanderplatz 116, 128
Alleinvertretungsanspruch 38, 51, 63, 81, 290, 293
Allgemeine Wehrpflicht 36, 72, 99, 164
Allianz für Deutschland 204f.
Alliierter Kontrollrat 14, 19, 24, 197f., 199-202
Amselfeld 283
Anschluss Österreichs 140, 165-167
Antifa-Block 25, 75
Antifaschismus 97, 106, 202
Anti-Hitler-Koalition 138, 175, 197, 214
Antikominternpakt 165, 170
Antikommunismus 37, 42, 97, 106
Antisemitismus 164
Appeasement-Politik 168, 273
Arbeiter- und Bauernräte 154
Arbeiter- und Volksaufstand gegen das DDR-Regime (17. Juni 1953) 72f., 80, 84f., 221, 230
Arbeiterbewegung 97, 106
Arbeitsbeschaffungsmaßnahmen 125
Arbeitsgesetzbuch der DDR 103
Arbeitslosigkeit, Arbeitslose 28, 37, 41, 45, 54, 61, 65f., 104, 125, 129f., 292f.
Asyl, Asylrecht, Asylbewerber 67, 71, 126
Atlantik-Charta 175, 180, 196, 242, 261
Atomenergie 37, 64, 68, 240
Atomkrieg 65, 82, 212, 227f.
Atomteststoppabkommen 224, 230
Atomwaffen, Atombomben 40, 65, 198, 207, 213, 217f., 222, 224f., 227f., 233, 235-237
Atomwaffensperrvertrag 224, 230
Auschwitz-Prozess 17, 47
Außerparlamentarische Opposition (APO) 36, 46, 48, 63
Aussiedler 67
Autarkie 170f.
Autokratie 154

Baader-Meinhof-Gruppe 63
BAföG 50, 292
Bagdadbahn 143
Balkan-Krise, Balkan-Kriege 140, 143-149, 266
Baltische Staaten **235**
Basisdemokratie **68**
Bausoldaten 99
Bedingungslose Kapitulation 6, 10f., 140, 155, 176, 178, 188, 196f.
Berliner Erklärung 197

Berlin-Krisen 8, 28f., 82, 212, 216, 218, 221
Besatzungsstatut 34f., 38
Besatzungszonen 8f., 14f., 24, 29, 31, 188, 196-202, 217
Bewegungskrieg 150, 152, 156
Bildung, Bildungswesen, Bildungsreform 45, 49f., 73, 98f., 199, 255, 262, 289, 291-293
Binnenmarkt 104, 213, 241, 245, 247f., 251, 253-255
Bipolarität 213f., 234, 261
Bizone 8, 24, 202
Blankoscheck 144
Blauhelm-Soldaten 263, 266
Blitzkrieg 140f., 174
Blockade West-Berlins 8, 28f., 82, 202, 216, 230
Blockbildung 27, 40f., 80, 212-214, 217
Blockbuster 183
Blockparteien 75
Bodenreform 8f., 14, 25f., 79, 103, 198, 202, 222, 236
Bolschewiki 140, 154
Bolschewismus 42, 168, 174, 179, 181, 193, 195
Bombenkrieg 20, 174, 182-187
Bosporus 143
Brest-Litowsk 140, 154, 159
Briand-Kellogg-Pakt **261**
Bundesentschädigungsgesetz 43
Bundesgrenzschutz (GSG 9) 64
Bundesrepublik Deutschland 6, 8f., 13f., 30f., 33, 36-73, 77f., 80-82, 85, 97, 102, 105f., 108, 110, 116f., 119, 124f., 127f., 188, 202-211, 213, 217, 235, 239, 251, 289-293
Bundestagswahlen 8, 31, 40-43, 47f., 61, 116, 124, 127
Bundesverfassungsgericht 33, 42, 50, 127, 210f., 292
Bundesversammlung **31**
Bundesvertriebenengesetz 13, 43
Bundeswehr 36, 40, 61, 243
Bündnis 90 127, 205
Bürgerinitiative 68
Bürgerrechte 72, 84, 101, 280
Bürgerrechtsbewegung 116f., 119-124, 184, 207, 225, 235
Büro Dr. Schumacher 18
Bürokratie 17, 78, 101, 236, 252, 259

Calais 173
CARE-Paket **12**f.
CDU 18, 25, 28-31, 36f., 41f., 45, 47, 50, 61 63, 66, 68, 74f., 124, 127, 204f., 290, 293
Charta '77 117, **119**, 225
Charta der Vereinten Nationen 211, 261, 263-265, 267
Charta von Paris für ein neues Europa 235

Chauvinismus 142, 252
Checkpoint Charlie 115, 203
Cherusker 280, 283, 286
Compiègne 155, 173, 188
Containment-Politik → Eindämmungspolitik
Coventry 94, 174, 182, 184
CSU 18, 29-31, 37, 41f., 45, 47, 50, 61f., 68, 124, 127, 290, 293

Dardanellen 143, 159
D-Day 177
DDR 6, 8f., 13f., 31, 35, 37f., 41, 51, 62f., 69, 72-137, 184, 188f., 202-211, 213, 217, 221, 224f., 235, 289f., 292f.
Dehousing 183
Demokratie Jetzt 116, 119f., 122
Demokratische Bauernpartei Deutschlands (DBD) 74f.
Demokratischer Aufbruch (DA) 116, 119, 122, 204f.
Demokratischer Block 75
Demokratischer Frauenbund Deutschlands (DFD) 75
Demokratisierung 9, 18, 35, 47, 120, 176, 189, 196, 200-202, 224, 235f., 249, 261
Demonstrationen 40, 47f., 57, 65, 80, 115-117, 120-123, 128, 130, 187, 219, 224, 236
Demontage 19, 26
Denkmäler 270-273, 276f., 280-283, 285f.
Denunzianten 176
Deutsche Bundesbank 44, 66
Deutsche Kommunistische Partei (DKP) 47
Deutsche Partei (DP) 30f.
Deutsche Soziale Union (DSU) 204f.
Deutsche Volksunion (DVU) 127
Deutscher Studentenbund (SDS) 48
Deutscher Volksrat 8f., 31
Deutscher Volkssturm 178
Deutsches Historisches Museum 275
Deutsch-Französischer Freundschaftsvertrag 36, 41
Deutsch-Französischer Krieg 285
Deutschlandvertrag 40, 210
Devisen 34, **99**, 104, 176, 251
Dezentralisierung 196, 201
Die Grünen 36f., 65, 68, 127, 187
Die Linke 127, 132, 187
Die Republikaner 127
Diktatur 6, 22, 30, 32f., 52, 56, 67, 72-77, 89, 106, 115, 120f., 131, 165-168, 175, 222-225, 235, 264, 283
Displaced Persons 9, 11, 34
D-Mark 8, 27f., 44, 61, 204, 246, 251
Dolchstoßlegende 195, 272, 283
Domino-Theorie 223
Dreibund 168
Dünkirchen 173

EADS 255
ECU 244
EFTA **244**
Eindämmungspolitik 213, 215, 227
Einheitliche Europäische Akte (EEA) 244f., 253f.
Einheitsliste 72, 75
Einigungsvertrag 116, 204f.
Eiserner Vorhang 119, 200, 213, 215, 217, 245
Elsass-Lothringen 155, 159, 191
Emanzipation 49, 98
Enteignung 8f., 25-27, 73, 82, 103, 163, 199, 202, 204, 211, 259
Entente **145**, 149-152, 154f., 157, 165, 190
Entmilitarisierung 32, 34f., 165, 196, 201
Entnazifizierung 8f., 17, 22, 25, 35, 79, 196, 199-202
Entstalinisierung **99**
ERASMUS **255**
Erfüllungspolitiker 188
Erneuerbare Energien/Ressourcen 64, 254
Erster Weltkrieg 138, 140-163, 182, 188-190, 194f., 214, 270-279
ESA 255
Euro 212f., 244, 246, 251, 253f.
Europäische Atomgemeinschaft (Euratom) 212, 240f., 244, 246, 258
Europäische Einigung 138, 212, 238-247, 251-254, 260, 274
Europäische Gemeinschaft für Kohle und Stahl (EGKS) 212f., 240f., 244, 246, 258
Europäische Gemeinschaften (EG) 117, 203, 212, 244f., 247f., 258f.
Europäische Kommission 240f., 244, 249f., 257-259
Europäische Politische Zusammenarbeit (EPZ) 245, 254
Europäische Union (EU) 138, 212f., 235, 246-260
Europäische Verteidigungsgemeinschaft (EVG) 40, 53, 240, 243
Europäische Wirtschaftsgemeinschaft (EWG) 41, 44, 212f., 240f., 243f., 246, 258
Europäische Zentralbank (EZB) 254, 257
Europäischer Auswärtiger Dienst 254
Europäischer Gerichtshof (EuGH) 240f., 244, 257f.
Europäischer Rat 244, 249-251, 257f.
Europäisches Parlament 240f., 249f., 252, 257-259
Europa-Kongress in Den Haag 238
Europarat 212f., **238**f.
European Recovery Program (ERP) → Marshall-Plan
Eurovision Song Contest 255
EVG-Vertrag → Europäische Verteidigungsgemeinschaft (EVG)

Ewigkeitsklausel 33
Exportnation 44, 103, 253

Fachhochschule 45, 50, 70, 292
FDP 18, 31, 37, 41f., 45, 50, 66, 124, 127, 205, 290
Februarrevolution 154
Fischerkontroverse 273
Flächenbombardement 182f., 185f., 223
Fliegende Kommandos 176
Flottenbauprogramm 142, 146
Flucht, Flüchtlinge 11-13, 25f., 34, 36f., 42f., 67, 71-73, 79, 81f., 85, 87, 96, 100, 114-117, 119f., 178, 183, 186
Fonds Deutsche Einheit 125
Frankfurter Dokumente 29
Frankfurter Wirtschaftsrat 8, 24, 27
Frauen 20f., 30, 49f., 58, 68, 73, 90, 98, 102, 141, 175, 180f., 292
Frauenarbeit 49, 58, 98, 175, 292
Frauenbewegung 21, 37, 49
Frauenkirche 184, 187
Freie Deutsche Jugend (FDJ) 75, 78, 98
Freie Wahlen 8, 18, 62, 80, 116f., 121, 123, 188, 220, 223, 235f.
Freier Deutscher Gewerkschaftsbund (FDGB) 27, 75
Fremdarbeiter 177, 181
Friedensbewegung 37, 65, 117f., 243, 267
Friedliche Koexistenz 217, 219
Friedliche Revolution 117, 120f.

Gallien 283
Gallipoli 270
Gastarbeiter 43, 67
Gemeinsame Agrarpolitik (GAP) 241, 253
Gemeinsame Außen- und Sicherheitspolitik (GASP) 246f., 254-256, 258, 260
Gemeinschaft Unabhängiger Staaten (GUS) 235
Generationenvertrag 43
Genfer Abrüstungskonferenz 164
Germanen 280-284, 286f.
Germany-first-Strategie 175
Gernika 268
Gesetz zum Schutz des Volkseigentums 79
Gestapo 15f., 174, 176
Gewaltenteilung 259
Gewerkschaften 18, 40, 43, 46, 74, 119, 235
Giftgas 152, 157
Glasnost 234
Gleichberechtigung von Mann und Frau 30, 49f., 68, 292
Gleichgewicht des Schreckens 217, 224
Gleiwitz 173
Godesberger Programm 36, 42
Görlitzer Abkommen 77

Große Drei 10, 177, 196
Große Koalition 36, 45-48, 290, 292
Grundgesetz 8f., 29-31, 33-35, 42, 45f., 49, 56, 117, 131, 188, 204f., 207f., 289
Grundlagenvertrag 36f., 63, 72f., 101, 293
Grundrechte, Grundfreiheiten 29f., 33, 46, 250, 265
Grüne Liste Umweltschutz (GLU) 68
Guerillakrieg 222f.
Guillaume-Affäre 63, 69, 291
GULag 99
Gymnasium 45, 50, 292

Haager Landkriegsordnung 15, 185
Hallstein-Doktrin 38, 293
Heißer Draht 224, 230
Hermannsdenkmal 280-283, 285f.
Hiroshima 198
Historial de la Grande Guerre 274f.
Historikerstreit 273
Hitler-Stalin-Pakt 168, 177
Hoher Vertreter für die Außen- und Sicherheitspolitik 250, 254, 257f.
Holocaust 17, 39, 141, 273
Hoßbach-Mitschrift 171f.
Hoyerswerda 126
Hunger 11f., 14, 141, 152, 175-177, 181, 199, 239, 262

Imperialismus 35, 48, **97**, 106, **142**f., 184
Inflation 27, 45, 65, 246, 251, 254
INF-Vertrag 212, **234**
Initiative Frieden und Menschenrechte (IFM) 116, 119, 122
Inoffizielle Mitarbeiter (IM) 77, 83, 88, 92, 118
Interkontinentalraketen 222, 225, 235
Internationaler Militärgerichtshof 15f.
Internationaler Währungsfonds (IWF) 262

Jewish Claims Conference **38**f.
Juden 17, 62, 141, 164, 166, 174, 179, 243
Jüdischer Weltkongress **97**
Jugendliche 47f., 50, 56f., 65f., 80, 98f., 102, 118, 277, 289, 291
Julikrise 140, 144f.

Kalter Krieg 6, 71, 138, 184, 189, 199, 212-230, 233, 236-239, 274
Kapitalismus 48, 97, 100, 102f., 106, 110, 181, 202, 214, 219, 227
Kapitulation → bedingungslose Kapitulation
Kernkraft → Atomenergie
Kesselschlacht 174
Kinderarbeit 262
Klimawandel 262
Koedukation 45
Kollaboration 273

Kollektivierung 26, 78, 82, 103, 197, 215
Kommunismus 6, 14, 25, 47f., 53, 67, 73-77, 82, 98, 100, 102, 118, 120, 174, 189, 197, 202, 212-216, 219f., 222-227, 234-236, 252
Kommunistisches Informationsbüro (Kominform) 202, 215
Konferenz der Außenminister in Moskau 196
Konferenz über Sicherheit und Zusammenarbeit in Europa (KSZE) 72, 103f., 110, 118, 123, 212, 225, 229, 230, 234
Konferenz von Casablanca 176, 196
Konferenz von Jalta 10, 14, 177, 196f., 200, 202, 215, 220
Konferenz von Potsdam 8-10, 13, 18f., 25, 32, 35, 51, 106, 188f., 196-203
Konferenz von Teheran 177, 196
Kongress der Volksdeputierten 234
Konstruktives Misstrauensvotum **30**, 33, 66
Konsumgesellschaft 44, 55f., 81
Konvergenzkriterien 251, 254
Konzentrationslager 11, 177, 181
Korea-Boom 28
Korea-Krieg 28, 36, 39, 44, 212, 221, 230
KPD 8, 18, 24f., 30-33, 42, 202
KPdSU 73f., 84, 141, 216, 234
Kriegsgefangene 11, 15, 20, 141, 175f., 179
Kriegsopferversorgung 43
Kriegsschuldartikel 191, 272
KSE-Vertrag 234
Kuba-Krise 212, 221-224, 227f., 230, 233
Kulturbund (KB) 75
Kyffhausen 285

Länderfinanzausgleich **125**
Landtagswahlen 18f., 23, 25, 46, 68, 75, 124, 127
Landwirtschaftliche Produktionsgenossenschaft (LPG) 26, 78, 80, 82, 84
Langemarck 273, 277
Lastenausgleich, Lastenausgleichsgesetz 13, 36, 43
LDPD 25, 74f.
Lebensmittelkarten 79, 81, 84, 176
Lebensraumideologie 164, 169, 171, 174, 178
Legion Condor 268
Leningrad 174
Linksextremismus 47f., 63f.
Londoner Schuldenabkommen 38
Luftbrücke 29
Luftwaffe 142, 152, 164, 171, 173f., 180, 182-187, 191
Lusitania 151
Luxemburger Abkommen 38

Magisches Viereck 45
Magnettheorie 38
Majdanek-Prozess 17
Marshall-Plan 8f., 19, 26f., 38, 202, 216, 230, 238f.
Marxismus-Leninismus 48, **74**, 83, 98f., 106, 214, 218
Masurische Seen 151, 276
Materialschlacht 151, 160
Mauerbau 72f., 87, 96f., 99, 115, 212f., 221, 230, 233
Mauerfall, Maueröffnung 62, 116f., 120f., 188, 203, 278
McCarthyismus 219
Menschenrechte 29, 72, 103, 118, 120, 122f., 213, 225, 229, 236-238, 249, 255, 264f., 267, 278
Militarismus 91, 99, 144, 196
Mindestumtausch **105**
Ministerium für Staatssicherheit (MfS) → Stasi
Ministerrat 240f., 244f., 250, 252, 257-259
Misstrauensvotum → konstruktives Misstrauensvotum
Mittelmächte **145**, 150-152, 154f., 163f.
Mittelstreckenraketen 36f., 65f., 212, 222, 225, 227
Mobilmachung 145, 167
Mondlandung 217, 230
Montagsdemonstrationen 116f., 120-123
Moskauer Vertrag 62
Münchener Abkommen 168
Mythos 281-283, 285, 287

Nagasaki 198
Nahost-Konflikt 97
Napalm 223
Nationale Front 72, 75, 132
Nationale Volksarmee (NVA) 41, 72, 81, 96, 99
Nationalismus 46, 127, **142**, 146f., 163f., 192, 195, 238, 243, 252, 265, 286
Nationalsozialismus, Nationalsozialisten 6, 15-17, 22, 25, 38, 42, 75, 141, 164-172, 176, 181, 183, 192, 195f., 213f., 283, 286
NATO 36, 40f., 53, 60f., 65, 80-82, 106, 117, 212f., **216**f., 222, 225, 228, 230, 234f., 265
NATO-Doppelbeschluss, Nachrüstungsbeschluss 65, 212, 225, 230
NDPD 75
Neomarxismus **48**
Neue Ostpolitik 36, 62f., 69, 101, 292f.
Neues Forum 116, 119, 122
Neues Ökonomisches System (NÖS) 99

Neues Ökonomisches System der Planung und Lenkung (NÖSPL) 72, 99
Normandie 140, 177
Notstandsgesetze 36, **46**, 48, 56f.
Novemberrevolution 140
NPD 45-47, 127, 187
NSDAP 15f., 42, 141, 164, 201, 286
Nürnberger Prozess 8f., 15f.

Oberste Heeresleitung (OHL) 151, 155
Oder-Neiße-Linie 11, 62, 77, 196, 201, 203, 210f., 293
OECD **45**, 238, 292
OEEC 26, **238**
Oktoberrevolution 140, 154, 214
Ölkrise 36, 293
Ölpreisschock 63f., 105
Olympische Spiele 100, 226
OPEC 64
Ostalgie 125f., 132
Ostverträge 36, 62, 101
Ost-West-Konflikt 6, 38, 214, 221, 223f., 235, 260f., 263, 290, 293
Overkill capability 217

Panslawismus **142**f., 146-148
Panzer 152, 173f., 191
Pariser Verträge 36, 40, 53
Pariser Vorortverträge 162f.
Parlamentarischer Rat 8, 29f., 33
Parteien 18f., 23, 25, 31, 36f., 41f., 45, 65, 68, 74f., 83, 127
Passierscheinabkommen 99
Pazifismus 119, 169, 184, 194, 243, 275
PDS 121, 127, 205
Pearl Harbor 175
Perestroika 234
Persilschein **17**
Planwirtschaft 9, 73, 82, 102, 104, 124, 129, 235
Polens Westgrenze 10f., 62, 77, 116, 177, 196, 201, 203f., 210f.
Politbüro 74, 76, 79f., 83f., 101, 107, 111, 116f., 120f.
Politik der Offenen Tür 218
Polytechnische Oberschule 98
Postindustrialisierte Gesellschaft 46
Potocari 266
Potsdamer Abkommen 18, 35, 197, 200f., 203
Potsdamer Konferenz → Konferenz von Potsdam
Prager Deklaration 77
Prager Frühling 212, 224, 230
Prinzip der doppelten Mehrheit 250, 258
Protektorat Böhmen und Mähren 168
Provisorische Regierung 154
Provisorische Volkskammer 31

Rassismus, Rassenideologie 126 f., 141, 164, 179, 283
Rat der Europäischen Union → Ministerrat
Rat der Volkskommissare 154
Rat für Gegenseitige Wirtschaftshilfe (RGW) 27, 72, 77, 104, 216 f., 235
Rationalisierung **66**, 104, 176, 255
Ratspräsidentschaft **252**
Realschule 45, 50, 292
Rechtsextremismus 41, 46, 67, 126 f., 187
Rechtsstaat 6, 94, 120, 205, 235, 249, 259
Re-education → Umerziehung
Reformpädagogik 98
Reichsbank 176
Remembrance Day 270
Rentenreform **43**, 292
Reparationen 10, 15, 19, 34, 42, 81, 188, 191 f., 195, 198 - 201
Résistance **273**
Responsibility to protect 263, 267
Römische Verträge 240 f., 243, 253
Rostock-Lichtenhagen 126
Rote Armee 13, 73, 76, 173 - 175, 177, 197 - 199, 214 f., 221
Rote Armee Fraktion (RAF) 36, 48, 63 f.
Royal Air Force 182 f., 185
Runder Tisch 121
Rüstungswettlauf 37, 65, 142, 144, 146, 148, 189, 217, 224 - 228, 233 - 236

Saarland, Saargebiet 19, 40, 164, 191, 194, 199
Saarstatut 40
SALT - Verträge **225** f., 230
Sarajewo 140, 144, 148
Schengener Übereinkommen 251, 253
Schlieffen-Plan 145, **150**
Schlussakte von Helsinki → Konferenz über Sicherheit und Zusammenarbeit in Europa (KSZE)
Schuman-Plan 239 f., 242
Schutzstaffel (SS) 15 - 17, 173 f., 177, 180, 201
Schwarze Hand 144
Schwarzmarkt 12
SED 6, 8 f., 25, 31 f., 42, 63, 72 - 87, 97 - 99, 102, 105 - 109, 111, 116 f., 119 - 121, 127 f., 202, 205
Seeblockade 150 - 152, 222, 227
Sekretariat des Zentralkomitees 74, 80, 96
Selbstbestimmungsrecht der Völker 154, 166, 168, 189, 192, 210 f., 214
Sicherheitsdienst (SD) 15 f., 174
Skagerrak 151
Sockelarbeitslosigkeit 65
SOKRATES **255**
Soldatenfriedhof 271 f., 277
Solidarność 117, **119**, 225
Solidarpakt 125

Sowjetische Aktiengesellschaft (SAG) 26
Sowjetische Besatzungszone (SBZ) 8 f., 13, 15, 24 - 26, 28, 31 - 33, 35, 43, 51, 74, 106, 188, 198 f., 202, 211, 217
Sowjetische Militäradministration (SMAD) 25, 28, 74, 90, 198
Sowjetisches Militärtribunal 25, 80, 90
Sowjets 154
Sozialdemokratische Partei (SDP) 116, 119 f., 122, 127
Soziale Marktwirtschaft 9, 27 f., 36, 42 f., 82, 109, 117, 125, 129, 214, 235 f.
Sozialhilfe 66
Sozialismus 48, 72 f., 75, 78, 80, 82, 84, 97 f., 100, 102, 106 f., 128 f., 132, 154, 214, 219, 222, 224 f., 227, 234
Sozialistische Reichspartei (SRP) 42
Sozialpolitik 42 f., 66, 72 f., 102, 105, 108 f., 111, 250, 254, 296
Sozialstaat 41 f., 46, 49 f., 102, 105, 109
Spanischer Bürgerkrieg 165, 182, 268
SPD 8, 18, 25, 27, 29 - 33, 36 f., 40 - 42, 45, 47 f., 50, 63, 66, 68, 124, 127, 202, 205, 290
Spruchkammer 17
Sputnik-Schock 217, 232
Srebrenica 263, 266 f.
Staatsverschuldung 14, 63, 66, 104 f., 111, 125, 254
Stabilitätsgesetz 45
Stalingrad 140, 175 f.
Stalin-Noten 39, 51 f., 78
Ständige Vertretung 63, 101
START-Verträge **235**, 237
Stasi 72 - 74, 76 f., 80, 83, 86 - 95, 101, 116, 118, 120 - 123, 137
Status quo 41, 62, 69, 225
Steckrübenwinter 152
Stellungskrieg 140, 151 - 153, 156 f., 194 f., 270
Stellvertreterkrieg 138, 147, 213, **214**, 223
Strategic Defense Initiative 226
Streik 79 f., 82, 84 f., 103, 154, 176, 236
Strukturwandel 46, 56, 104, 125
Studentenunruhen 36, 46 - 48
Stunde Null 11, 287
Sturmabteilung (SA) 15, 201
Subsidiaritätsprinzip 247
Subventionen 99, 105, 129, 241, 253, 256
Sudentenkrise 166 f., 172
Sudetendeutsche Partei (SdP) 166, 172
Sudetenland 140, 166 f., 172
Suez-Krise 218, 230

Tag der deutschen Einheit 80
Tannenberg 151, 273, 276
Tarifautonomie 43, 103
Technische Hochschule 50
Terrorismus 36, 48, 63 f., 237
Totaler Krieg 140 f., 176

Transferleistungen 117, 125, 130
Treuhandanstalt 116, 125
Trizone 8 f., 29, 202, 217
Truman-Doktrin 215, 220, 230
Trümmerfrau 20 f.

Übersiedler 67, 85, 203 f.
Ulmer Einsatzgruppenprozess 17
Ultimatum 144 f., 149, 192
Umerziehung 9, 14
Umweltschutz, Umweltbelastung, Umweltinitiativen 37, 55 f., 64 f., 68, 70, 117 f., 237
UN-Charta → Charta der Vereinten Nationen
UNDP 262
Uneingeschränkter U-Boot-Krieg 151 f., 154
UNESCO 262
Ungarn-Krise 218, 221, 230
UNICEF 262
Union der Europäischen Föderalisten (UEF) 243
Unionsbürgerschaft 246 f.
Universität 10, 47 f., 50, 98
UN-Menschenrechtsrat 264
UNO → Vereinte Nationen (UNO)
UNO-Generalsekretär 263
UN-Sicherheitsrat 262 - 264, 267
Unternehmen „Barbarossa" 174
Unternehmen „Seelöwe" 174
Unterseeboot 151 f., 154, 191, 225
US Air Force 183

Varusschlacht 280 - 282, 286 f.
Verdun 140, 150, 272, 273 f.
Vereinigte Linke 119
Vereinigte Staaten von Europa 238 f., 242, 245
Vereinigung der gegenseitigen Bauernhilfe (VdgB) 75
Vereinigungsparteitag 25, 32 f.
Vereinte Nationen (UNO) 39, 63, 123, 138, 177, 212, 214, 216, 228 - 230, 234 f., 261 - 267
Verfassungen der DDR 72, 75 f., 100, 102, 106 f., 121
Versailler Vertrag 138, 164, 166, 170, 182, 188 - 195, 272
Verstaatlichung 9, 25 f., 199, 222
Vertrag über die abschließende Regelung in Bezug auf Deutschland → Zwei-plus-Vier-Vertrag
Vertrag über Freundschaft, Zusammenarbeit und gegenseitigen Beistand 212, **217**
Vertrag über konventionelle Streitkräfte in Europa → KSE-Vertrag
Vertrag von Amsterdam 249 f., 254
Vertrag von Lissabon 212, 250, 254, 257

Vertrag von Maastricht 212, 246f., 249, 251, 254
Vertrag von Nizza 249f.
Vertrag von Saint Germain 165
Vertrag von Versailles → Versailler Vertrag
Verträge von Locarno 165
Vertreibung, Vertriebene 8f., 11-14, 21f., 26, 36f., 42f., 71, 178, 211
Vertriebenenzuwendungsgesetz 14
Viermächte-Abkommen 36, 62
Vietcong **223**
Vietnam-Krieg 47f., 212, 223, 230, 233
Völkerbund 154, 164-166, 170, 177, 190-192, 195, 261
Völkermord 15, 141, 174, 263
Volksabstimmung 18, 26, 29, 40, 72, 117, 124, 166, 191, 205, 208, 250
Volksbegehren 34
Volkseigene Betriebe (VEB) 26, 78, 116
Volkseigene Güter 26
Volksentscheid 25, 34, 100, 244
Volksgemeinschaft 164, 194
Volkskammerwahlen 72, 75, 116, 121, 188, 204
Volkskongressbewegung 9, **31**
Volkspolizei 78, 81, 84, 87f., 92, 99, 114, 123
Volkstrauertag 271
Vollbeschäftigung 14, 37, 43, 45f., 65, 105, 108

Waffenstillstand 140, 154f., 173, 188, 190, 221, 223, 270, 275, 277-279
Wahlalternative Arbeit und Soziale Gerechtigkeit (WASG) 127
Wahlfälschung 75, 116f., 119, 220
Währungsreform 8f., 27f., 202
Währungsunion 116, 129, 204, 212f., 246f., 251, 254
Waldsterben **65**
Walhalla 282
Wandel durch Annäherung 62, 69, 292
Warschauer Vertragsorganisation, Warschauer Pakt 36, 41, 47, 65, 72, 81, 99, 107, 212, 217, 224, 228, 230, 234f.
Wehrmacht 10, 15f., 140, 165-167, 174-176, 179, 188, 197, 275
Wehrunterricht 99, 118
Weltfinanzkrise 251
Weltraumfahrt 217, 226, 232f., 255
Westeuropäische Union (WEU) 40
Westintegration 36f., 39, 42, 52, 78, 80
Wettrüsten → Rüstungswettlauf
Wiederbewaffnung 36f., 39, 60f., 240
Wiedergutmachungsabkommen mit Israel 36f., 39

Wiedervereinigung 6, 14, 39-41, 52f., 62f., 69, 80, 96, 99, 102, 116f., 120, 124-132, 184, 188f., 203-211, 245, 248, 292
Wilsons 14 Punkte 140, 154f., 159, 190
Wirtschafts-, Währungs- und Sozialunion 116, 129, 204
Wirtschaftskrise von 1973 **63**, 66
Wirtschaftswunder 36, 41, 43, 55, 61
Wohngemeinschaft 48
Wohnungsnot, Wohnungsbau 12, 43, 73, 102, 105

Young-Plan 286
Ypern 140, 157

Zentrale Stelle der Landesjustizverwaltungen zur Aufklärung nationalsozialistischer Verbrechen **17**
Zentralkomitee 74, 84, 107f., 121
Zentrum 18, 30
Zivilgesetzbuch der DDR 102
Zuwanderungsgesetz 67
Zwangsarbeit, Zwangsarbeiter 11, 15, 17, 25, 75, 80, 176
Zweibund 144
Zweifrontenkrieg 145, 150
Zwei-plus-Vier-Gespräche 203
Zwei-plus-Vier-Vertrag 116f., 188f., 203-211
Zwei-Staaten-Theorie 81
Zweiter Weltkrieg 6, 10, 13, 138, 140f., 164, 173-183, 188f., 196, 198f., 210f., 213f., 218, 230, 252, 261, 273, 279, 287